兩岸四地
依法行政
與社會治理
比較研究

主編 張大共

目錄

序 7

行政決策中的公眾參與研究 9

行動選擇與規範重構：地方政府決策公眾參與的兩個實證案例之分析 23

行政規劃中公眾參與制度的構建 55

完善中國行政決策風險評估機制 71

宏觀決策聽證制度研究 81

大陸地區行政決策程序立法中公眾參與規則評析——以若干地方規章及規範性文件文本為研究對象 93

試談構建與完善公眾參與行政決策的機制 105

基於互聯網的權力運行創新模式考察[1]——以杭州等地權力陽光運行機制為對象 113

法治軌道上的社會治理模式創新——以制度的自反性為切入點 125

現代行政程序理念之重塑 131

論環境保護社會管理及其創新 143

先行先試權運用的示範性效應初探——以浦東經驗為例 151

法律闕如、政治正確與現實合理——對公安機關處理勞動糾紛的調查與分析 163

從西方法治理論探析中國的法治實踐 177

論 NGO 在中國社會治理中的作用 191

論民間組織在社會治理中的主體地位 201

社會治理過程的非政府組織的功能與作用——以臺灣消費者文教基金會為例 215

臺灣「剛果NGO」現象與法律治理難題 231

非政府組織在社會文化治理過程中的功能與作用 243

揭開NGO之面紗——試議中國大陸非政府組織之長遠發展 249

臺灣「行政訴訟法」的演變歷程及其對大陸的啟示與完善思考 261

社會治理中行政糾紛之解決途徑——以社會保險為中心 283

論澳門行政訴訟法中預防及保存程序在實施上之若干法律問題 295

加快公民救助行為保護與促進立法，創新與完善社會管理 309

兩岸行政強制立法的回顧與展望 333

必須高度重視行政執法風險防範的重要性 345

行政守法責任書與法治主義 353

海峽兩岸欠薪行政強制制度比較研究 371

海峽兩岸行政強制制度比較 381

行政機關參與公益訴訟中的正當性分析[1]——以昆明市環保局參與環境公益訴訟為分析對象 387

海峽兩岸精神病人強制治療制度的比較研究 395

兩岸的政府採購救濟機制之比較研究 405

兩岸行政處罰制度的比較研究 415

海峽兩岸行政處罰制度比較研究——以完善大陸地區行政處罰制度為視角 423

論行政訴訟中行政首長出庭應訴的意義——以群體性事件的司法化解為視角 433

行政機關糾紛解決機制的路徑思考 451

臺灣訴願審議委員會制度對大陸行政復議委員會試點工作的啟示 461

兩岸有關行政機構事務管轄爭議解決機制的比較與評析 471

臺灣行政調解制度之初探 479

行政救濟視野下的領事服務 493

兩岸行政訴訟若干問題比較研究 503

論行政糾紛中的替代性糾紛解決機制 513

論行政訴訟調解的制度建構 519

內地社會治理法律制度探析 529

兩岸行政處罰制度比較研究——以「秩序行政」與「秩序罰」之分野為討論重心 535

大陸行政即時強制立法之拙見——以《中華人民共和國行政強制法》與臺灣「行政執行法」為視角 549

對加強住房公積金行政執法力度的反思 557

完善行政監督體系建設 構建和諧社會 565

兩岸「共同管理」體制機制研究——海西區與平潭實驗區 571

平潭綜合實驗區之社會治理模式——法制建構層面之重要課題 587

試論平潭綜合實驗區的性質、法律地位及若干立法問題 615

保障與促進平潭綜合實驗區「先行先試」法律機制的初步思考 631

警政視角下的社會治理——以推動平潭共同家園為例 ······ 639

公法人路徑下平潭實驗區管委會組織架構的思考 ············ 649

平潭綜合實驗區社會治理模式初探 ························· 659

試驗性立法的憲法界限 ··································· 669

創設平潭綜合實驗區社會治理新型模式問題研究 ············ 679

序

  2012年8月18日，一年一度的「海峽法學論壇」在美麗的海濱城市福州舉行，兩岸及港澳的法律界人士歡聚一堂，共同研討「依法行政與社會治理」的相關議題，交流成果，結識朋友，共話情誼，研討會取得了圓滿成功。與往屆相比，本屆論壇有以下幾個方面突出特點：一是研討領域不斷拓展。隨著兩岸關係的不斷發展，涉臺法學研究的方向和重點也隨之轉變，本屆論壇確定了「依法行政與社會治理」為主題，邁出了從「私法」到「公法」的重要一步，有力地促進了涉臺法學研究的深入開展。二是理論與實務結合的導向更加彰顯。參加本屆論壇的既有法學界知名專家學者，也有一批立法、行政、司法機關和律師界的實務工作者，會議期間，閩臺兩地檢察官開展了業務會晤，理論與實踐相輔相成，相得益彰。三是服務地方發展的特色更加鮮明。為突出福建特色，更好地為福建發展、海西建設服務，本屆論壇專門設置平潭專題，並組織部分專家赴平潭進行實地考察座談。

  「海峽法學論壇」創辦至今，已走過了十個年頭。這十年來，論壇緊緊把握經濟社會發展脈動，圍繞國家立法進程和法治建設需要，秉持自由包容、平等切磋的學術立場，先後舉辦了物權法、公司法、反壟斷法、知識產權法、金融法等相關法律問題的研討會，有力地推動了兩岸法學交流和涉臺法學研究，成為兩岸及港澳法律界人士交流互動的重要平臺，在海內外具有廣泛的影響力。「海峽法學論壇」歷經十年發展，搭建了一個較為成熟穩定、具有品牌影響力的交流平臺。我們將充分發揮該平臺的作用，藉助兩岸關係和平發展的有利契機，發揮優勢，發揚傳統，充分利用積累的寶貴資源，繼續引領涉臺法學研究方向，為推動兩岸法學交流作出更大貢獻。

  作為本屆論壇的成果總結，本書收錄了本屆論壇的大部分論文，既有行政強制、行政處罰和行政訴訟等具體部門法的研究，也有行政決策與公眾參與、社會治理中的法治問題等焦點問題的探討，內容豐富，富有新意，體現了兩岸學者對「依法行政與社會治理」相關議題研究的最新進展。我相信，本書的出版對持續推動「依法行政與社會治理」問題的深入研究，推進兩岸法學交流與合作不斷向前發展，將造成積極作用。

福建省第十一屆人大常委會副主任 袁錦貴

行政決策中的公眾參與研究

姬亞平

◎西北政法大學行政法學院教授、副院長，博士

　　中共中央一直致力於推進中國的民主與法治建設進程，胡錦濤總書記在十七大報告中明確提出「推進決策科學化、民主化，完善決策訊息和智力支持系統，增強決策透明度和公眾參與度，制定與群眾利益密切相關的法律法規和公共政策原則上要公開聽取意見」。行政決策程序中的公眾參與日益受到了各級政府的重視，公眾參與行政決策的立法在各地頻頻出現，如，2006年6月27日通過的《廣州市規章制定公眾參與辦法》和2008年4月9日通過的《湖南省行政程序規定》，在中國廣袤的大地上為公眾參與行政決策的法制化豎起了標誌性的旗幟。但是，與立法上的高度重視相反，某些地方政府仍然習慣於單方面決策，忽視公眾意見，導致群體性事件時有發生。例如，上海市民不滿磁浮方案，廈門市民反對PX項目，郴州摩的司機抗議政府禁摩，均引發了集體「散步」。公眾參與行政決策是中國民主政治建設的必然趨勢，然而，中國現行法律、法規並未全面建立公眾參與行政決策的制度，只是在一些單行法中有一些原則性的規定。例如，《價格法》第二十二條規定：「政府價格主管部門和其他有關部門制定政府指導價、政府定價，應當開展價格、成本調查，聽取消費者、經營者和有關方面的意見。」再如，《婦女權益保護法》第九條規定：「婦女有權透過各種途徑和形式，管理國家事務，管理經濟和文化事業，管理社會事務。」但是，從總體上看，中國的公眾參與立法滯後，參與行政決策的公眾範圍模糊，導致實踐中行政機關單方面決定參與的主體，這些主體往往缺失代表性，參與的事項範圍也是政府決定，往往是一些無關痛癢的事情邀請公眾參與，而重大事項公眾不能參與，致使公眾參與常常流於形式。儘管公眾參與的熱情日益高漲，但是囿於現有的參與方式較為單一，公眾往往不知透過何種方式表達自己的意見。除此之外，由於中國沒有建立公眾參與意見反饋機制，公眾提出意見後不知道自己的意見是否被採納，即使不被採納也不知原因是什麼。以上這些問題成為擺在我們面前必須研究解決的一個重要課題。本文將剖析中國當前行政決策中公眾參與存在的問題與理論基礎，然後提出完善中國行政決策中公眾參與的路徑。

　　一、行政決策程序中公眾參與的緣起與基礎

行政決策公眾參與，是指為了保證行政決策的民主、公正與科學，受行政決策影響的利害關係人或組織以及專家學者等多種社會角色透過法定的程序直接參與到行政決策過程中發表意見並施加影響的活動。公眾參與機制的體系相當豐富，其內容不但包括了行政決策公眾參與主體、行政決策動議方式、行政決策公眾參與程序、行政決策反饋機制、行政決策聽證制度等，而且還包括了這些制度之間的互相作用的機理。

（一）行政決策程序中公眾參與的緣起

1. 代議制的缺陷促生公共決策程序中公眾參與

資產階級革命的重要成果就是代議制的普遍建立，代議制政體曾被認為是最好的政體，但是，「西方國家進入壟斷資本主義階段後，各種利益集團迅速發展，民主思想逐漸高漲，無論公民個人，還是各種利益集團都開始透過行使結社權、知情權來關注自身利益的維護，公民要求積極參與國家政治生活的願望也越來越強烈。各種非政府組織在從事經濟社會發展事業中異軍突起，發揮了政府和市場難以替代的巨大作用，填補了社會經濟發展領域上的一些空白，諸如環境保護、消除貧困和落後地區的教育等」。[1] 政府不再是實施社會管理職能的唯一權力核心，公益性組織、會員性組織以及其他非營利性組織等第三部門與政府一起承擔社會公共事務管理責任。然而，在這一背景下，代議制民主的缺陷充分暴露出來：由於代議決策機關的代表是人民選舉出來的，「人民選舉了官吏議員以後，便不能再過問，也就是西方學者所謂：選舉一結束，專制即開始。人民只有在投票的時候才是主權者，投票完畢又成為奴隸」。[2] 這就很可能出現代表不能忠實地履行自己職責的情況，或者說代議制民主是「多重少數人的統治」[3]，如此一來，人民的利益完全有可能由於代表們的背棄而受到損害。在這種情況下，人們把目光投向公眾參與，希望以公眾的直接參與與代議制民主相結合，來彌補代議機關在反映民意方面的不徹底性。

在中國，由於長期維持著國家社會一體化結構，缺乏市民社會與公眾參與的傳統。新中國建立後，以人民代表大會為標誌的代議制民主的歷程可謂「一波三折」。1949—1966 年，新中國嘗試初步建立人民民主政權，人民代表大會開始起步，「決策工作雖然沒有像現在這樣的嚴格正規的程序，公眾參與是當時中國決策工作的最自然不過的事情。」[4] 1966—1976 年，在「階級鬥爭」一浪高過一浪的政治運動中，民主政治的進程受到嚴重挑戰，人大制度的「驟然冷清直至幾乎廢棄」是這一時期決策的顯著特徵。[5] 改革開放以來，中國社會正經歷主體一體

化到多元化的結構變遷,中國的經濟、政治和文化體制發生了令人矚目的變化,人民代表大會制度恢復正常工作。「體制的驅動自然而然地導致國家與社會、政府與公民的二元化,從而更強有力地推進中國市民社會的成長壯大。」[6] 與此同時,社會分層的多元化促使行政權的行使社會化、多元化,當前,紛繁複雜的利益群體已經形成,不同的利益群體訴求表達空前旺盛,僅僅依靠人大制度同樣不能充分反映民意。這直接推動了政府在決策過程中的公眾參與。

2. 行政法治的演變推動了行政決策程序中的公眾參與

從洛克、霍布斯等先賢那裡可以看到這樣一種根深蒂固的傳統觀念,即權力合法性的根基在於合意。而合意的程序機制在於民主,由民主選舉產生的國會便天然地具備了超越於司法和行政部門的合法性,國會制定的相關法律和規定也毫無疑問地成為整個國家生活中的基本準則。正是立足於這樣一種觀念,行政行為的合法性以法律授權為依據,這也是傳統的行政法治模式。這種模式被美國法學家斯圖爾特教授稱為「傳送帶理論」。這種理論認為,行政機關只要忠實地執行法律,就可以將立法中的正義傳送到公民和社會當中。這也許是資本主義早期的現實,但是,到了20世紀初,特別是「羅斯福新政」時期,代議制民主的弊端日益凸顯,立法機關制定的規則經常是含糊的、概括的或模棱兩可的,一些重大的社會和經濟政策是由行政官員而非民選議會制定的,行政自由裁量權日趨擴大,並威脅到傳送帶模式的合法化功能。這迫使西方國家對其進行了深刻的反思,他們意識到,要使得代議政治健康運行,不僅要尋求權力與權力間的相互制約與平衡,還需要公民對國家權力運行過程的積極參與,以公民權利限制、監督和抵制國家權力的異化和變質,於是,斯圖爾特提出了利益代表模式,即為利益受影響者提供一個表達見解、參與行政決定的程序,就是利益代表程序。現代行政法已經不再是保障私人自主權,代之以提供一個政治過程,利益代表模式就是要確保所有受到政策決定影響的利益在作出影響利益的決定過程中有恰當的代表參與決策過程,並具有公平的決定權[7],這是戰後公民參與運動興起的本質。以美國為代表的行政程序法與公民參與運動的興起,突破了傳統憲制背景下透過國家機關之間相互制衡來制約行政權的模式,使得公民直接參與行政過程,行政程序成為溝通公民熱望和行政實踐的架橋。[8]

(二)行政決策程序中公眾參與的基礎

1. 行政決策程序中公眾參與的憲法基礎

一般認為，憲政就是以憲法為前提，以民主政治為核心，以法治為基石，以保障人權為目的的政治形態或政治過程。民主是憲政的基本內容。現代行政法伴隨著民主與憲政而建構，行政法的發展也因憲法的演變而發展，行政法治本身雖然是由基於法治的理念、制度與實踐構成的一個體系，但是如果沒有憲政體制下的民主政治，憲法基礎上的公民自由與行政法治便無以維繫，所以，公眾參與的興起有其深刻的憲政背景。對行政法治和公眾參與的理解和研究不能停留於行政法規範本身，而應以憲政為基礎。

中國1982年《憲法》第2條明確規定：「中華人民共和國的一切權力屬於人民。人民依照法律規定，透過各種途徑和形式，管理國家事務，管理經濟和文化事業，管理社會事務。」公眾參與是人民主權重要的實現形式和民主政治的重要標誌，也是社會主義民主得以實現的重要機制。行政決策中的公眾參與機制是憲法中的人民主權原則在行政法領域的必然延伸，彰顯了人民作為主權享有者的地位。行政機關在作出與公民有利害關係的行政行為時，公民有權置身其中，對該行政行為的內容產生一定程度的影響。

從1949年新中國成立，尤其是改革開放30年來，中國共產黨堅持和發展社會主義民主政治。十六大報告強調：「健全民主制度，豐富民主形式，擴大公民有序的政治參與，保證人民依法實行民主選舉、民主決策、民主管理和民主監督。」十六屆四中全會通過的《中共中央關於加強黨的執政能力建設的決定》再次予以強調：「擴大公民有序的政治參與。」胡錦濤總書記在十七大報告中提出：「從各個層次、各個領域擴大公民有序政治參與」，「保障人民的知情權、參與權、表達權、監督權」，並明確指出：「增強決策透明度和公眾參與度，制定與群眾利益密切相關的法律法規和公共政策原則上要公開聽取意見。」在十一屆全國人民代表大會二次會議上，溫家寶總理在政府工作報告中又再次明確提出：「加強政府法制工作，提高政府決策透明度和公眾參與度。」充分表明中央十分重視擴大公民有序政治參與，進一步加大了擴大公民有序政治參與力度，把社會公平正義賦予了民主新意。可以肯定，擴大公民有序的政治參與將成為今後中國民主法治建設中的一個重要內容，而進一步擴大作為公眾政治參與重要一環的決策參與，亦是建設社會主義政治文明的必然要求。

2. 公眾參與的治理理論基礎

政治學家和社會學家對治理作出了許多新的界定，其中，全球治理委員會的定義具有很大的代表性和權威性。該委員會於1995年發表了一份題為「我們的全

球夥伴關係」的研究報告，在該報告中對「治理」作出了如下界定：治理是各種公共的或私人的機構管理其共同事務的諸多方式的總和，它是使相互衝突的或不同的利益得以調和並且採取聯合行動的持續的過程，它既包括有權迫使人們服從的正式制度和規則，也包括各種人們同意或以為符合其利益的非正式的制度安排。[9]治理的目的是為了在各種不同的制度關係中運用權力去引導、控制和規範公民的各種活動，以最大限度地增進公共利益。

善治即是使公共利益最大化的社會管理過程和管理活動。善治的基本要素是：1. 合法性；2. 透明性；3. 責任性；4. 法治；5. 回應；6. 有效。[10]善治的本質特徵，就在於它是政府與公民對公共生活的合作管理，是政治國家與公民社會的一種新穎關係，是兩者的最佳狀態。[11]善治表示國家與社會或者說政府與公民之間的良好合作，從全社會的範圍看，善治離不開政府，但更離不開公民。善治有賴於公民自願的合作和對權威的自覺認同，沒有公民的積極參與和合作，至多只有善政，而不會有善治。

治理和善治，作為一種民主政治與社會制度，日益成為許多發達國家為了更好地適應變化的環境而選擇的一種新的政治形式。從發展趨勢來看，治理與善治制度，以及作為其支持的價值觀和知識，修正了主流政治學的統治理論，在全球範圍引起人們的興趣和共識。

學者們之所以提出治理概念，主張用治理替代統治，是因為他們在社會資源的配置中既看到了市場的失效，又看到了國家的失效，治理可以彌補國家和市場在調控、協調過程中的某些不足。[12]治理與統治不同，治理雖然需要權威，但這個權威並不一定是政府機關，而統治的權威必定是政府。統治的主體一定是公共機構，而治理的主體可以是公共機構，也可以是私人機構，還可以是公共機構和私人機構的合作。治理是政府國家與公民社會的合作、政府與非政府的合作、強制與自願的合作。

實現治理與善治的核心路徑，就是政府與公民對公共生活的合作管理。政府應認識到公權的公共性，公權是公民委託的權力，公民有權進行監督，要努力擴大公民參與公共事務和政治生活的範圍，提高公民的政治參與和社會參與程度。政府官員應認識到，權力不是私人物品，不可以隨意亂用，真正從官本位的束縛中解脫出來。[13]另一方面，公民有平等參與政治的權利，要樹立公民是權力主體的意識。公民的政治參與，既是一個實現民主的過程，也是一個自我管理的過程。只有在積極參與的過程中，公民才能最大限度地表達自己的願望，實現自己的利

益。沒有公民的積極參與，政府單方面很難有效地協調複雜的利益矛盾。讓公民參與公共管理，既是執政為民的必然要求，也是民主政治的最高表現。

二、中國行政決策程序中公眾參與存在的問題

當前，中國的公眾參與發展勢頭良好，但是，有關的制度極不完善，影響著公眾參與的健康發展，具體而言，存在以下問題亟待解決：

（一）行政決策程序中公眾參與的主體不明確

第一，現有法律未明確參與主體的範圍。法律、法規、規章對行政決策公眾參與主體的規定帶有模糊性，由誰來參與不明確，雖然實踐中採取的是由利害關係人來參與的方式，但是，由於決策中缺乏明確標準，利害關係人的範圍有多大，決定權掌握在了行政機關的手裡。與此同時，受決策者主觀因素的影響，對利害關係人的理解有所差異，導致的結果往往是本應參與的人未參與，對此不感興趣、關係不密切的人卻成為了參與主體。這樣一來，參與效果就大打折扣了。例如，2006年北京市召開出租車漲價聽證會，在此聽證會召開之前，各種媒體的隨機採訪都表明大約70%的公眾和出租車司機都不贊成漲價，而聽證的結果是參與聽證的代表有56%贊成漲價，政府據此提高了價格。這種公眾參與根本無實質意義，政府是「先做決定，後找根據」，所選定的代表根本不具有廣泛代表性。這種參與方式其實比沒有參與更糟，不但是對民主的褻瀆，而且是對公眾參與期待的一種挫傷。

第二，代表產生機制不健全。大多數公共決策，我們不能採用全民參與的方式，目前中國決策實踐中採取的是利害關係人參與的方式，然而利害關係人常常人數眾多，難以全體參與，需要產生代表人。但是代表人如何產生，名額如何分配，在官方文本中均未作任何規定。與此同時，現有的代表機構名不副實。由於行政決策參與主體多以個體形式出現，就必然出現公眾「人單力薄」的局面，這樣的參與與實力雄厚的行政決策者相比，話語權明顯地一邊倒，即使公眾提出意見，我們也很難期待這聲音有多大的穿透力。這就需要形成代表機構，只有他們的聲音足夠大才能讓決策者聽到並引起重視，然而中國各種代表機構（如工會、婦聯、消費者協會、律師協會等）被控制在政府手中，其代表功能受到抑制，其治理功能被政府行政權力同化和吸納，成為官僚體系中貫徹統治任務的一環，無法有效地發揮代表成員利益的功能。

第三，專家專制的出現。由於缺乏有效的機制阻止行政專家越出技術領域，專家會以自己的價值判斷代替大眾的價值判斷，而這種價值判斷又和專家自身利

益相勾連。專家們可能以行政官僚的利益或壟斷組織的利益代替公眾的利益,較輕微的影響可能是價值上的偏差導致事實認定不全面。嚴重的情況是,公共行政成為利益集團的營利行為,行政機關被各種強勢集團「俘獲」而失去自身的獨立性、中立性,最後,專家則成為實現私利的代理人,在這些情況下,專家知識的運用可能導致「專家專制」。

(二)行政決策程序中公眾參與的啟動權缺失

目前,除了少數地方性法規規章對行政決策公眾動議權有所涉及外,法律、行政法規和部門規章均未作任何規定。可以說,中國行政決策啟動權基本上被行政機關所壟斷,帶有濃厚的職權主義特色,公眾只是公共決策程序的承受者。例如,《婦女權益保障法》第十條規定:「制定法律、法規、規章和公共政策,對涉及婦女權益的重大問題,應當聽取婦女聯合會的意見。」可以看出,婦女聯合會並無啟動權,只是在有關國家機關立法或者制定政策時,被動地服從召喚,發表意見。決策啟動權是公眾參與行政決策的第一環節,如果在這個環節缺少公眾參與,決策機關就可以我行我素,需要公眾裝點門面時就啟動參與程序,不想讓公眾參與時就不啟動,這樣,公眾參與就成了政府決策的裝飾物,行政決策的民主性顯然會大打折扣,公眾表達參與決策的意願也會嚴重受挫,並且還破壞了決策進程的完整性。

(三)行政決策程序中公眾參與的方式單一,形式主義嚴重

目前政府採用的公眾參與方式主要有公示、公開聽取公眾意見、展示和諮詢、民意調查、座談會和聽證等,方法簡單,形式有限。而這些形式使用起來也非常僵硬,有的成了裝飾性的形式主義。如城市規劃已經規定規劃草案必須要有公開展示,但實際上一些地方做的目前最多是在規劃大廳搞一個公告、展示。公眾看不到、也看不懂那些規劃圖紙。沒有動員、激發和用公眾可達性的方法作公眾參與,就不可能有真正的公眾參與。公眾反映最多的聽證會,已經被廣大公眾認為是一種假戲假唱的形式,在價格聽證方面使聽證會惹上「逢聽必漲」的不好名聲。很多聽證會連公眾據以作出判斷的基本訊息都沒有披露,如車票漲價必須披露的運行成本都沒有告訴公眾,甚至公眾索要都得不到,這種聽證只能是「瞎聽」。而在形式上,聽證會搞得興師動眾,豪華喧囂,公眾可看而不可及,脫離了聽證作為一種十分普遍收取民意的方式的本意。公眾參與在中國目前尚處於初始階段,公眾參與呈形式化、表演化和被操縱的危險[14]。缺乏可操作性的制度保障,使得

一個普通公民真正能參與到決策中去的方式十分有限,能夠發揮的作用也十分微弱。

(四)行政決策程序中公眾參與的意見得不到反饋

現有法律未建立公眾意見反饋機制,因此,對聽取的公眾意見採納與否,不採納的是否應說明理由、如何說明理由等均缺乏必要的約束性的具體規定,完全由行政決策主體自己決定。如此一來,公眾參與的效果必然大打折扣,久而久之,會導致公眾不相信公眾參與的效力,讓公眾對政府的誠意表示懷疑。美國的做法則是行政機關在決策過程中對每一位公眾的意見都要認真閱讀、分析、歸納、整理。分類歸納整理後,對每一類意見是否採納作出統一的說明,採納的還要在法規草案上劃出黑線,標出採納的內容,沒有採納則說明理由。特別是對直接利益關係人或組織一般透過電子郵件的形式回覆。這是頗值得我們學習和借鑑的。

三、中國行政決策程序中公眾參與的完善

針對中國公眾參與存在的上述問題,筆者認為,完善公眾參與行政決策的機制,應著重從以下幾個方面著手:

(一)明確行政決策程序中公眾參與的主體

第一,科學設定參與主體的標準。如何確定參與行政決策主體的標準,使參與者既不失代表性,又體現典型性,目前各國一般以是否存在利害關係作為主要理論依據。但是,僅以利害關係為標準是否合理呢?舉一例來說:某市欲制定煙花爆竹燃放條例,由於燃放煙花爆竹可能造成人身傷害、環境汙染等不利影響,但同時也可以增強節日氣氛,弘揚民族文化,這樣說來全市人民都為利害關係人。當然,由於顧及行政成本與效率,不可能讓全市人民均參與,而會選舉代表參與,那麼,是否可以任意選取一位市民?也許他對是否燃放煙花爆竹並不關心,認為過節時放不放煙花爆竹都可以,那麼他所提出的意見對此條例的制定並沒有多大意義,由此可以看出僅以利害關係為標準顯然並不合理。

其實,除了利害關係外,還有一個重要因素會影響決策效果,那就是參與主體對各項決策項目的關心程度。由於參與主體與行政決策的利害關係和對其的關心程度的不同,所以對參與主體的選取上及意見的採納上要區別對待。筆者試以圖示的方式來擬定參與主體的標準,根據與決策的利害關係和對其的關心程度對參與主體加以分析,可以分為4個區域,見下圖:

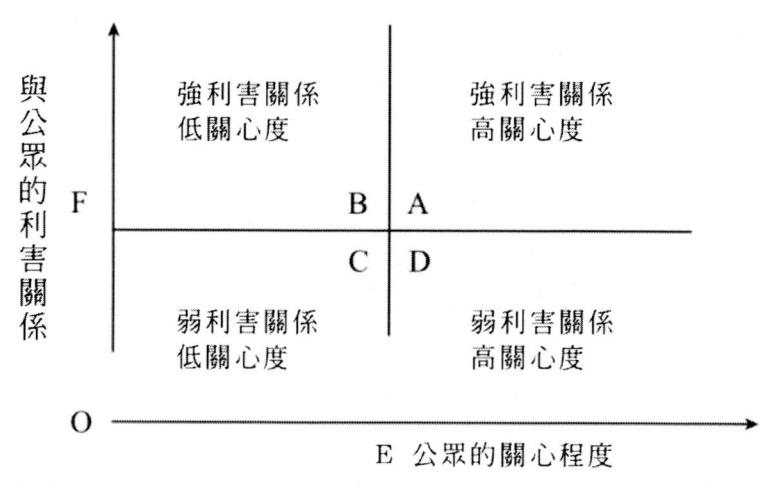

```
              ↑
              │
              │  強利害關係      強利害關係
 與            │  低關心度        高關心度
 公            │
 眾         F ┼─────────┬─────────
 的            │         B │ A
 利            │           │
 害            │         C │ D
 關            │  弱利害關係      弱利害關係
 係            │  低關心度        高關心度
              │
            O └─────────────────────→
                    E  公眾的關心程度
```

行政決策中公眾的類型圖

　　以利害關係為縱軸，距離原點 O 越遠，則利害關係越大；以關心程度為橫軸，距離原點越遠則關心程度越高。E 點是對該行政決策關心程度的分界點，F 點是公眾與該行政決策利害關係的分界點。從 E 點向上的垂線和從 F 點向右的水平線把第 1 象限分成 4 部分，即 4 種公眾類型所在的部分。A 區利害關係和關心程度都很強，B 區利害關係很強但關心程度較低，C 區利害關係和關心程度均較弱，D 區利害關係較弱但關心程度較高。A 區如：制定房屋拆遷辦法中的被拆遷戶和開發商；B 區主要是對現有決策規定較為滿意或基於多一事不如少一事的心態而不關心、不願參與的公眾；C 區如：某市政府制定出租汽車管理條例，對於既無出租車，又很少打的的公眾；D 區如：某市政府在制定有關文物保護條例過程中要拆遷一部分民用房，其中未涉及拆遷但久居此地的市民多屬於此類。

　　以上只確定了公眾參與行政決策的基本類型，在行政決策中最終由誰來參與，還要根據決策的不同階段來決定，見下表：

公眾參與行政決策的標準表

	動議階段	論證階段	審議階段	實施階段
A	主	主	主	主
B	次	次	次	次
C	無	無	無	無
D	次	次	次	次

註：本表中，「主」，為主要參與者，「次」，為次要參與者，「無」，為未參與者。

一般來說，決策分為四個階段，即：動議階段、論證階段、審議階段、實施階段，由於A、B、C、D四類公眾與行政決策的利害關係和對其關心程度不同，行政決策機關在選取公眾代表和對其意見的採納所占比例應根據上圖作區別對待。如在動議階段，假設要選取40名公眾來參與決策，處於A區的公眾在數量上應大於等於20人，B區、D區的公眾則應當適當選取，但C區的公眾則不宜選取，對代表意見的採納也應遵循上述標準。

第二，完善利益集團代表機制。所謂利益集團是指，在參與行政決策過程中，具有共同利益，為爭取共同利益而組織起來採取共同行為以影響決策的團體。有時一項行政決策涉及面相當廣泛，是否其涉及範圍內的公民均要參與？隨著現代科技的發展，也許可以藉助網路來完成這個龐大的任務，但是，站在公眾這一角度來看，由於中國目前網路還未達到完全普及的地步，特別是利益密切相關但文化程度偏低的農民、工人等弱勢群體不能支配這種資源。除此之外，如此龐大的參與主體不但要增加決策成本，投入大量人力、物力，同時會影響行政效率，因此，必須完善行政決策的利益集團代表機制。

朱光磊教授以利益集團是否屬於國家政治制度的基本組成部分為標準，將其分為兩類：制度性意見表達集團，又稱為制度內利益表達團體，和結構性意見表達團體，又稱為制度外利益表達團體。[15]中國制度內的利益表達集團有四大基本類型：即八大民主黨派、工會、共青團、婦聯。制度內利益表達團體因為其與政治體系的互動關係良好，能有充分的機會進行表達。但也正是這個優點，不可避免地帶來相反的一個結果，即利益表達的不充分問題，這些團體的政治組織色彩較濃，機構人事編制套用的是國家機關的人事編制，決策參與過程中往往傾向於與決策機關保持一致，公眾與這些利益團體之間缺乏一種親和力。制度外利益表達團體，雖然不屬於國家政治制度的基本組成部分，但它是代表著某一方面或某一部分群體利益的社會團體。該類利益表達團體於1980年代在中國出現並得以發展，就是通常所說的社會中介組織，它以非官方性為主要特徵，按民主原則成立與運作，是介於政府與公眾之間的非營利性組織，大體上包括市場中介組織、社會公共事務管理機構、公益性服務機構、社區自治組織等。這些利益表達團體代表著一定社會利益群體的具體利益與要求，在中國決策過程中，它們已經成為不可缺少的一部分。

當代社會是利益多元化的時代，多元的利益主體需要透過一種新的方式聯結和溝通，以維護自己的利益，相對於沒有組織、人微言輕的個人，以集團方式參

與，其影響力，受關注程度會大大提高；與此同時，決策機關也需要新的方式來與公眾溝通，利益集團正恰如其分地造成了訊息溝通的橋樑作用。總之，公眾以有組織的方式參與行政決策是民主政治的一種積極方式，不僅可以降低政府決策的組織成本，還可以拓展公眾參與的廣度與深度，此種方式在中國未來的決策過程中將會日顯其重要性。

第三，完善專家參與行政決策的機制。現代行政決策所遭遇的議題日益向複雜化、專業化、高科技化的方向發展，只有普通公眾參與決策程序已不能確保現代行政決策的科學性與合理性。技術發展帶來的困境只有依靠技術來解決，只有掌握專業技術的專家參與行政決策才能使行政決策合理化、公正化、科學化[16]。專家參與決策還可以在社會矛盾發生後發揮重要作用，即利用專家的獨立地位和專業知識向公眾釋疑解惑，化解矛盾。

基於目前中國專家參與行政決策還處於初始階段，應當借鑑其他國家行政決策中專家參與決策的運作模式，總結中國一些地方在這一領域的成功經驗，從專家論證會的組成、職權、程序性要求等方面來構建中國的行政決策專家諮詢論證制度，為專家參與行政決策提供制度化的途徑。

（二）建立行政決策程序中的公眾動議機制

賦予行政相對人決策動議權，不僅可以增加政治民主化的程度，而且也可以實現行政決策的利益平衡功能。美國的《聯邦行政程序法》對於公眾參與的程序作了詳盡的規定，該法將行政行為分為規則制定行為（rule-making）與行政裁決行為（adjudication），類似於中國行政法學上的抽象行政行為和具體行政行為，然後再進一步把二者分為適用正式程序的和非正式程序的規則制定行為和行政裁決行為。適用正式程序的必須採取審判式的聽證，凡是權力和利益可能受到影響的人都可以申請聽證。適用非正式程序的，必須經過通告和評論兩個程序，通告就是行政機關把行政行為的建議在《聯邦登記》上公布，供公眾瞭解，評論就是公眾對公告的內容發表意見，未履行法定程序的行政行為不能生效[17]。然而，中國長期以來行政決策的啟動權掌握在政府手中，「國家在決策意向上，首先是把政府的價值放在第一位；在決策定位上，即需要頒布哪方面的政策，以政府階段性決策進行演繹」。[18]行政決策雖然從形式上看是一種行政機關主導的活動，但是相對人有時更能切身感覺到行政決策的制定、修改或廢止的必要，因此規定相對人行政決策動議權，能夠更好地保障公民的合法權益，使行政決策更好地服務於和諧社會的建設。《廣州市規章制定公眾參與辦法》中明確規定了行政決策

的公眾動議權,該辦法第 10 條第 1 款規定:「公眾可以透過信函、傳真、電子郵件等書面方式向市政府法制機構提出規章制定、修改或者廢止的意見,意見應當包括規章的名稱,制定、修改或者廢止的理由,可行性和必要性,需要解決的主要問題和措施等內容。」第 12 條第 1 款:「市政府法制機構擬訂的市政府年度規章制定工作計劃應當在上報市政府常務會議或者全體會議討論前透過市政府網站、市政府法制機構網站等徵求公眾意見。」行政決策公眾動議權作為行政決策公眾參與制度的組成部分,應與其保持一致,因此,行政決策公眾動議權主體應為:受行政決策影響的具有利害關係的個人或組織以及參與行政決策的專家。這樣不但有利於行政決策公眾動議機制的具體操作,而且有利於保持整個行政決策公眾參與機制的統一。

(三)拓展公眾參與方式,注重公眾參與效果

參與方式越豐富,意味著公眾決策參與越發達。中國應該在法律中明確公眾參與行政決策的方式,除了座談會、論證會和聽證會以外,還應該明確規定一定數量的公眾可以聯名提出議案、可以對決策涉及的事項進行評議。應該特別注意規定公眾參與決策方式的同時還應該明確規定採取該決策方式的約束機制,如規定在公共決策過程中不徵求公眾意見或者使用違法的方式徵求意見(如政府選擇的參與人與決策並無利害關係)將導致該草案無效,如此一來將避免行政決策過程中公眾參與被架空。

隨著全球化和訊息化的迅猛發展,公眾參與行政決策在技術上已經不成問題,關鍵在於政府的誠意;建立起一個可以聯繫各地區各部門的政府決策的公眾參與訊息系統,為公眾參與提供技術支持和保障,是非常必要的。除此之外,政府還應透過召開新聞發布會、訊息通報會,藉助廣播電視等更多媒體介紹行政決策,尤其是對決策內容直接約束的公眾,要採取定向的宣傳方式,保證民眾能夠更多地瞭解決策的基本內容及其決策背景、決策目的、適用範圍,使得更多公眾能夠發表有效合理的意見和建議。

(四)建構行政決策程序中公眾參與的意見反饋機制

如果公眾參與僅僅是走走過場,決策機關對公眾意見只是聽聽而已,或者有關方案早在公眾參與之前就已經有了定奪,那麼,公眾參與就會流於形式,對決策結果不可能產生實質性影響,這樣的參與是在浪費參與者的時間和精力。因此,為了對行政決策機關的自由裁量權進行限制,同時,為了提振公眾參與行政決策的積極性,建立行政決策公眾參與的意見反饋機制非常必要。

首先，各級行政機關應有專人負責處理公眾意見，負責收集、分析、歸納各方意見。其次，明確反饋公眾意見的方式，對直接利益關係人或組織要直接回覆；對專業性較強的意見可透過新聞發布會的方式集中回覆；對於其他意見，可先對其分類，然後透過報紙、布告欄或互聯網的形式回覆。最後，如果不進行任何反饋，那麼，可以認為該行政決策程序存在重大瑕疵，經由有權機關予以撤銷。這樣既可以保證公眾參與行政決策的真實性，又可以提升公眾參與行政決策的積極性。

四、行政決策中公眾參與的法治化路徑

上述諸多問題及其完善措施必須透過立法的途徑解決，立法是公眾參與法治化的基礎。西方國家一般都是透過行政程序法規範其公眾參與活動的。中國的《行政程序法》正在緊鑼密鼓的起草之中，已經出現了多個專家建議版本，這些版本儘管差異很大，但是，都把行政決策程序作為重要內容。例如，應松年教授主持起草的方案第 6 條規定了參與原則：「當事人、利害關係人有權參與行政程序的進行。行政機關應當告知當事人、利害關係人享有參與權，並為當事人、利害關係人參與行政程序提供便利。」並在第三章「行政決定一般程序」中詳盡地規定了針對特定相對人作出行政決定的程序，比如，第 37 條規定了程序啟動的方式：「行政程序由行政機關依照職權主動啟動，或者由當事人向行政機關申請開始。」第五節規定了當事人參與聽證的程序。第四章規定了針對不特定的相對人制定行政規範的程序。其中，第 130 條規定了行政規範制定的啟動程序：「行政規範的制定，由行政機關依職權啟動、草擬。公民、法人或者其他組織有權提議制定行政規範。」第 133 條規定了聽取意見的方式：「制定行政規範，應當深入調查研究，總結實踐經驗，廣泛聽取有關機關、組織和公民的意見。聽取意見可以採取書面徵求意見、座談會、論證會、聽證會等多種形式。」姜明安教授主持起草的專家建議稿也非常重視公眾參與。但是，二者都還存在一些需要進一步明確的問題，如，剝奪公眾參與權的法律責任是什麼，決策機關是否應當對公眾的意見進行反饋，如何反饋等。我們相信，《行政程序法》的頒布將會給中國的公眾參與提供有力的法律保障。

注　釋

[1]. 王建芹著：《第三種力量——中國後市場經濟論》，中國政法大學出版社 2003 年版，第 78 頁。

[2]. 羅傳賢著：《行政程序法基礎理論》，五南圖書出版公司 1993 年版，第 185 頁。

[3].［美］達爾著：《民主理論的前言》，顧昕譯，三聯書店出版社1999年版，第181頁。

[4]. 朱景文著：《關於立法的公眾參與的幾個問題》，《浙江社會科學》，2000年第1期，第74頁。

[5]. 周旺生著：《中國立法五十年——1949—1999年中國立法檢視》。

[6]. 張樹義著：《中國社會結構變遷的法學透視——行政法學背景分析》，中國政法大學出版社2002年版，第53頁。

[7]. 理查德·B. 斯圖爾特：《美國行政法的重構》，商務印書館2002年5月。

[8]. 羅豪才主編：《現代行政法制的發展趨勢》，法律出版社2004年版，第279頁。

[9]. 苗月霞：《治理理論與中國政府的創新模式》，《特區經濟》2005年第3期。

[10]. 俞可平：《治理與善治》，北京：社會科學文獻出版社2000年版。

[11]. 俞可平：《社會公平和善治是和諧社會的兩大基石》，《中國特色社會主義研究》2005年第1期。

[12]. 梁瑩：《治理、善治與法治》，《求實》2003年第2期。

[13]. 姚永平、梁平：《走向善治》，《探索》2004年第1期。

[14]. 蔡定劍：《公眾參與及其在中國的發展》，《團結》2009年第4期。

[15]. 朱光磊著：《當代中國政府過程》，天津人民出版社2002年版，第99—107頁。

[16]. 劉莘著：《行政決策研究》，北京：法律出版社2003年版，第135頁。

[17]. 王名揚：《美國行政法》，北京：中國法制出版社，2005年版。

[18]. 關保英著：《行政法的價值定位》，中國政法大學出版社1997年版，第21頁。

行動選擇與規範重構：地方政府決策公眾參與的兩個實證案例之分析

徐振東

◎廈門大學法學院副教授

一、廈門 PX 事件中公民的集體行動和制度建設

（一）廈門 PX 事件回放

廈門市政府與市民之間圍繞「PX 項目」[1]的利益博奕成為 2007 年公民利益表達的標誌性事件。PX 項目是廈門市政府 2006 年爭取來的重大外資項目，預計投入資金高達 108 億元人民幣，正式投產後可為廈門市增加 800 億元人民幣的工業產值和數百億元人民幣的財政收入。該項目中心地區 10 公里的半徑範圍內，覆蓋了廈門市中心、國家級風景名勝區鼓浪嶼、廈門海洋珍稀物種國家級自然保護區，與擁有 5000 名學生的廈門外國語學校和北師大廈門附屬學校更是咫尺之距。早在 2004 年 2 月，該項目已經經過專家的環保評估論證，並經國家發改委批准立項，通過國土資源部建設用地的預審。2005 年 7 月，國家環保總局審批通過其環境影響評價報告書，國家發改委更是將其列為「十一五」PX 產業規劃的 7 個大型 PX 項目之一。

但在 2007 年 3 月的全國人大、政協會議上，廈門大學化學系教授、中科院院士、全國政協委員趙玉芬與其他 104 名全國政協委員聯名簽署提案，這一提案成為當年全國政協頭號提案。提案指出，PX 是高致癌物，對人體具有極大危險性，離居民區僅 1.5 公里的 PX 項目存在洩漏或爆炸隱患，廈門市百萬人口面臨危險，要求政府暫緩 PX 項目建設，並重新選址勘查論證。此提案一經媒體披露，立即引起社會公共輿論和民眾的強烈關注，廈門市民反對 PX 項目的呼聲越來越高。2007 年 6 月 1 日和 2 日，廈門市民以「散步」的形式，集體在廈門市政府門前公開表達反對意見。廈門市政府被迫宣布緩建，委託中國環境科學研究院評估該項目可能對環境產生的影響。

此後，廈門市政府啟動了公民參與程序，廣開簡訊、電話、傳真、電子郵件、來信等渠道，充分傾聽市民意見。12 月 13 日，透過公開隨機抽號方式產生的 100 名與會代表中的首批 49 位代表，參加了廈門市政府召開的《廈門市重點區域（海滄南部地區）功能定位與空間布局環境影響評價》座談會，座談會氣氛熱烈

又不失理性，85%以上的代表反對興建 PX 項目。2007 年 12 月 16 日，福建省政府針對廈門 PX 項目問題召開專項會議，會議決定 PX 項目遷到漳州古雷半島，從而成功地化解了圍繞 PX 項目的社會爭議。

在廈門 PX 事件中，廈門市民在整個過程中所彰顯的公共精神，體現了中產階層為主體的公民社會的崛起，表明了中國民間內生力量發展的蓬勃生機，他們透過自己的積極參與，最終改變了自身的命運。同時，該事件也意味著中國傳統社會治理模式面臨著必須轉型的挑戰，廈門市政府在面對「統治型公共行政」和「參與性公共行政」新舊兩種治理模式不斷交錯的選擇時，最終選擇了疏而不是堵，選擇了向民意靠攏而不是與民意對抗，將社會意志和公眾參與納入到地方治理，使得地方治理具有現代服務性、公共性的色彩。在這個事件過程中，正是廈門市政府改變了傳統的公共行政模式，採取開明的態度和明智的抉擇，使得事件發生了根本的變化，廈門市民的積極參與，非政府組織的適時加入，公共輿論的強烈關注和評述，知識分子在職業範圍內提供的專業意見，使得地方公共政策在一個公開的平臺上進行廣泛的溝通、自由的討論以及民主協商，最終實現了民主化、科學化的政府決策。從這個意義上來說，廈門 PX 事件的意義超越了事件本身，成為現代社會公民參與政府公共政策的時代標本。

（二）PX 事件前的公眾參與程序的缺失

環境影響評價制度是為了預防和減輕規劃建設項目可能造成的對環境的不良影響而進行調查、分析、預測和評估，並提出相應的對策性建議和措施，最後經環保主管部門審批後方能實施或建設的法律制度。中國的環評制度已經施行了 30 多年，特別是 2002 年《環境影響評價法》頒布後，該項制度得到了社會各界的普遍重視。近年來隨著公眾環保意識的增強，公眾要求參與環評和決策的呼聲也越來越高，「無公眾參與無環境影響評價」的理念逐漸被社會所廣泛接受。但環評制度在實踐中的執行效果卻不如人意，環評報告屢屢受到社會的質疑，環評制度也遭遇到信任危機。近年來，在環境影響評價、審批過程中發生了多起傾向全國的環境群體事件，廈門 PX 事件就是其中非常典型的案例。廈門 PX 事件給社會提出了一個亟待解決的問題就是，一個已經完成了環境影響評價並得到國家環保主管部門批准的、形式上程序合法的規劃建設項目為什麼會受到廈門市民的普遍質疑，並最終釀成群體性事件和公共行政危機呢？這暴露了中國環評制度的侷限性與公眾參與程序的缺失。

中國的《環境影響評價法》雖然對規劃環評進行了規定，但其規定較為原則化，系統標準較低且沒有具體的操作程序。如環評法對於土地利用規劃和區域、流域、海域的建設、開發利用規劃只要求在規劃中編制環境影響篇章或者說明，而只有專項規劃才需要編制環境影響報告書。而且，對於環境影響篇章或環境影響報告只要求向作為規劃環評審批機關而非環保主管部門提出，作為環保主管部門的國家環保總局只有項目環評審批權，卻沒有規劃環評審批權。在現行環境影響評價制度下，規劃環評決策基本是由各級地方政府說了算，公眾與環保主管部門對規劃環評幾乎沒有影響力。在缺少社會監督、公眾參與和環保部門把關的情況下，各級地方政府為了追求「GDP 政績」，在審批規劃時只注重眼前利益而不顧長期的利益，為了經濟發展而忽略對整體環境影響的考慮，從而使環評制度形同虛設。環評制度所適用系統標準極低，以及缺乏相應的對地方政府規劃環評的約束，很容易造成一個合格項目導致一種極不合理的地區或產業規劃布局。正如國家環保總局副局長潘岳所指出的那樣，「一些地方在推進工業化和城市化時，較少在宏觀決策和整體規劃上考慮環境與資源因素，帶來了深刻教訓。近日引起廣泛關注的廈門海滄空間布局失調等問題就是如此」。[2]中國當前的環境性群體事件很多都是因為環評流於形式，城市規劃缺乏良好布局，工業汙染項目與居民生活區混雜在一起，使得當時審批合格的項目，在一段時間之後常常會因為規劃的變動而變成高風險項目，廈門 PX 事件就明顯暴露了這一缺陷。廈門 PX 項目規劃所在地海滄區最初被規劃為以化工石化項目為主的大型工業區。2000 年前後由於房地產市場興起，當地政府又加速了海滄房地產的開發，後來更將其定位為海灣型城市廈門新城區，其人口規劃為 70 萬人。但是，海滄區作為石化工業項目為主的工業區並沒有因此改變，這樣使得單個看來符合環保標準的項目變成了一個高風險的項目。

廈門 PX 項目前期存在的一個最明顯的失誤就是缺少公眾參與。公民對訊息的擁有程度決定了公民參與決策和採取行動的能力，因此公民對環境訊息的知悉權是公眾參與和公眾監督的基礎和前提。PX 項目本身是對公眾生命健康權構成重大影響的項目，它的立項、審批直到開工建設都應該是公共事件，但這個本質意義上的公共事件在前期卻沒有進入公眾的視野。由於政府訊息的不公開，從項目環評到審批，公眾幾乎毫不知情，這使得政府和公眾在訊息占有上出現嚴重的不對稱，公眾被完全排除在公共決策過程之外，政府在前期的項目環評過程中幾乎沒有進行過正式的訊息公開，這也是中國傳統的統治型的精英決策模式。中國《憲法》第 2 條規定：「中華人民共和國的一切權力屬於人民。人民依照法律規定，

透過各種途徑和形式，管理國家事務，管理經濟和文化事務，管理社會事務。」這是公民對於公共事務具有最終決定權的概括性規定。中國《環境影響評價法》第 5 條規定：「國家鼓勵有關單位、專家和公眾以適當方式參與環境影響評價。」第 21 條規定：「除國家規定需要保密的情形外，對環境可能造成重大影響、應當編制環境影響報告書的建設項目，建設單位應當在報批建設項目環境影響報告書前，舉行論證會、聽證會，或者採取其他形式，徵求有關單位、專家和公眾的意見。建設單位報批的環境影響報告書應當附具對有關單位、專家和公眾的意見採納或者不採納的說明。」這是現行環境影響評價制度對公眾參與的要求。在廈門 PX 事件中，雖然廈門市政府認為該項目已經經過國家法定程序批准，並且聲稱 PX 項目在環境影響評價報告書編制期間「開展了大量的現場調查和公眾參與工作」，但是對於如何開展了大量的現場調查和公眾參與工作並沒有作出具體的說明，而公眾對於該項目的相關環境訊息毫不知悉，更談不上對於環評的公眾參與了。由於該項目規劃環評過程中公眾對於環境訊息的知悉權完全缺位，沒有啟動公眾參與的程序，違反了環評法中關於環評報告書要求公眾參與的規定，致使公共政策的合法性受到了社會的質疑。

　　公共政策缺失公眾參與的情況下，不僅公共政策的正當性難以得到公眾的確認，而且政策的合理性、科學性也無法保證。儘管前期項目環評有專家的參與，但這些專家是由政府指定的，缺少民意基礎，因此專家的論證並沒有社會公信力。專家的專業理性由於缺少公眾的有效監督而可能被濫用，且不能排除政府與專家之間進行利益交換的可能性。在訊息社會中，當公眾不能得到準確的訊息，甚或訊息被隱瞞和封鎖，很容易造成各種謠言和小道消息的傳播和不斷強化，可能會使社會公眾陷入普遍的恐慌中，進而激化社會矛盾，影響社會安定秩序，削弱政府部門的社會公信力，最終導致一場本可以避免的公共危機。試想如果當初 PX 項目在引進之初，廈門市政府便向社會廣泛徵求意見，讓各種專業意見和非專業意見都得到充分的表達，納入公眾參與程序，最大程度上聽取或接納社會公眾的意見，那麼這場公共危機就能夠避免。

　　此外，廈門 PX 事件前期存在的另外一個突出的問題就是行政權越位和政治監督的缺位。根據中國憲法和法律的規定，地方人大及其常委會依照法定程序行使對本行政區域各方面重大事項決定權。海滄區的區域規劃、PX 項目的立項和遷址都是 PX 事件中的核心問題，這些問題都屬於關係到廈門市社會發展、經濟發展和廣大廈門市民的社會經濟生活、生命健康安全的重大事項，完全屬於廈門市人大及其常委會的職能範圍，而廈門市政府無權單獨作出決策。但在 PX 事件前

期,廈門市人大及其常委會重大事項決定權的行使並沒有到位,而且對於項目的立項和審批整個過程沒有起碼的把關,也沒有對該項目可能造成的海滄區區域規劃混亂無序表示任何的態度,對行政機關的政治監督形同虛設。

(三)「散步事件」:公民的非制度參與集體行動

近些年來隨著中國社會經濟發展和工業化的展開,環境污染的情況日趨嚴重,因環境污染引發的群體性事件大量增加。中國獨特的以經濟增長為主要考核指標的行政架構下,GDP 和財政稅收成為地方政府優先取向,從而導致地方政府很容易不顧民眾的生命健康利益來設計工業的發展方向,與追求利潤增長的企業結成利益聯盟,對民眾的利益棄之不顧。當政府權力不再是公民權利的保護站而異化為政府謀取私利的工具,公民權利訴求又缺乏相應的制度化機制時,公民最後只能訴諸非制度化的利益表達渠道,甚至採用「非法」的途徑來實行自我解救。在廈門 PX 事件中,在種種公民利益表達渠道阻卻和政治監督措施失效的情況下,廈門市民最後採取了「散步」形式的集體行動來改變自己的處境。2007 年 6 月 1 日,部分廈門市民走上街頭,聚集在廈門市政府廣場,公開表達自己的利益要求,並促請廈門市政府改變決定遷建 PX 項目。集體行動作為一種大眾抗議的利益表達形式,經常被看做是利益受損群體爭取自己合法權益的有力武器,往往由於其游離於合法與不合法之間,政府對其處理具有合法的依據,而集體行動的發起者和參與者則沒有相應的法律地位,因此集體行動的參與者要付出比其他公眾參與方式更高的成本,有時還會受到政治上的壓制和法律上的制裁,為自己帶來嚴重後果。廈門市民的「散步」本質上就是遊行示威形式,雖然是中國憲法明確規定的公民基本權利和自由之一,然而 1989 年全國人大常委會制定的《集會遊行示威法》規定,中國對於公民集會遊行示威行為實行許可制,事前必須向國家有關機關提出申請,得到批准後應按照批准的時間、場所和方式來進行。法律對集會遊行示威的程序性限制使得在現實中廈門市民的集會遊行示威幾乎不可能得到許可或批准,廈門市民試圖打法律的「擦邊球」,以生活用語「散步」替代了作為法律概念的「遊行示威」。

以「散步」方式展開的公民行動最初是以分散的個體形式存在的,但現實中分散的、數量眾多的個體在保護自己的合法權益問題上卻是困難重重的,單獨的個體在面對政府權力時顯得無能為力。「當一個社會中各種成分缺乏有組織的集團充分代表自己的利益時,一個偶然的事件或一個領袖的出現都有可能觸發人們蓄積著的不滿,並會以難以預料和難以控制的方式突然爆發。」[3] 而集群或聯合

行動顯然比單個人的利益訴求擁有更強的組織能力和組織資源，因而在與政府進行利益博弈的過程中更為有效。按照集體行動理論，透過個體之間的聯合，人們可以透過一系列的活動過程建立一種規則，透過群體成員之間的合作來降低個體的風險，提高個體和集體的收益。作為集體行動的參與者，他們都必須有一種集體的使命感、責任感和緊密的社會共同體意識，亦即集體的共意性是公民由分散的個體行動走向聯合的集體行動的前提和基礎。在廈門PX事件中，網路論壇和簡訊等現代傳播技術工具的運用以及傳統大眾媒體的跟進報導都對於這種集體共意性的形成發揮了關鍵性的作用。2007年3月的全國政協頭號提案經新聞媒體曝光，呈現出廈門PX項目立項過程中公眾參與的缺乏以及政府權力的暗箱操作問題。問題暴露後，廈門市民圍繞PX項目問題進行了積極的組織和動員，QQ群中發出了「還我廈門碧水藍天」、「廈門是廈門人的廈門」、「反對PX，保衛廈門」的民意動員，廈門當地最大的網路論壇小魚社區，網友們的熱議也將PX項目推向了風口浪尖，5月28日關於PX項目有毒的手機簡訊在廈門百萬市民中迅速傳播，號召公眾走上街頭「散步」的呼籲也在網路上被廣泛轉載。而後，海內外媒體紛紛跟進報導，作為主流媒體的《中國經營報》以「廈門危險」作為小標題率先進行了報導，《南方週末》的報導則引用了一個歸國留學生的話評述：「PX項目的上馬正摧毀著廈門市民一直以來對於環境的優越感和自信心。」《華盛頓郵報》等國際性媒體在報導中用略帶感情色彩的筆觸描繪廈門特殊的環境條件，並以趙玉芬委員意味深長的一句話「廈門是不一樣的」作為結尾。

從網路和QQ群上的小道消息傳播到海內外主流媒體全面、公開報導，廈門市民對於PX項目有了較為科學的認識，建構了特殊榮譽感和身分的認同感，形成了共同的價值觀和態度以及共同的心理話語，強化了集體共意性，從而在各自不同的社會利益自我意識上產生了集體行動的動力以追求和維護自身的權益。「利益不一致的人生活在一起的基礎是基於身分的認同和利益互惠，同時也是對公民社會中自身角色所承載的責任的把握。」[4]大眾媒體的傳播透過對共同榮譽感、責任感和身分的認同感的塑造，並透過自身的影響力在廈門市民中產生了強大的效果，廈門市民們彼此之間產生了集體的共同情感，突破了「搭便車」的集體行動困境，積極參加到集體行動中來，因此，大眾媒體透過新聞報導和事件評論等形式給予了集體行動鮮明的主題包裝，促進了市民之間互動和集體共意性，激活和形成了集體行動的動員潛力。與此同時，集體行動自身也為公共話語貢獻了自己的力量，他們不僅是大眾媒體的素材，而且也影響著媒體討論的結果。從分散的個體行動到集體行動的過程，彰顯了廈門市民的公共精神和集體榮譽感。在這

次以「散步」為名的集體行動中，參與者表現得溫和、理性和克制，表現出廈門市民堅強的公民意志和成熟的公民倫理。

(四) PX 事件後期的公眾參與和民主協商

在 PX 事件後期階段，廈門市政府面對市民「散步」式的遊行示威，沒有走向保守和封閉，面對民意的反對聲浪，感受到了公眾強烈的參與意識和權利訴求，沒有將「散步」行為視為惡性的群體性事件，沒有以危害社會秩序為理由進行壓制而惡化政府與市民之間的關係，而是積極拓展公眾利益表達的渠道，積極溝通協商，善意回應民意，挖掘民情，集納民智，從而疏導了民間的情緒，並努力為雙方如何解決公共危機的問題尋找建設性共識。2007 年 5 月 28 日晚，《廈門晚報》以環保局負責人答記者問的形式，正式對海滄 PX 項目進行全方位介紹。廈門市政府的環境訊息公開的意義不僅僅在於保障公眾對於環境訊息的知悉權，更在於為公眾積極有效參與並與政府平等協商來解決公共危機提供前提和基礎。6 月，廈門市將 PX 項目納入廈門市城市總體規劃環境影響評價，進行新的考量。中國環境科學院受廈門市政府委託，承擔這一課題，包括兩院院士在內的 21 名專家出任顧問。經過前期的危機階段，廈門市政府在「散步」事件後並面對外界強大輿論壓力的情況下，引入了規劃環評程序，積極回應公眾的呼聲，宣布暫緩 PX 項目，並且升級環評層次，公布必要的政府訊息，啟動了公眾參與的法律程序，召開了市民代表、專家和人大代表參加的座談會，實行平等的民主協商，在公眾參與和專家理性的基礎上作出最後的決定。

12 月 5 日，廈門市政府召開的《廈門市重點區域（海滄南部地區）功能定位與空間布局環境影響評價》的公眾參與正式拉開帷幕，從參與座談會的代表構成來看，包括 50 名透過市民自己報名並隨機搖號產生的公益代表和 50 名人大代表和政協委員。公眾座談會在代表遴選和發言權分配上都很有特色，現場直播隨機搖號的方式在技術上克服了公眾對於代表遴選環節的可能質疑，在發言權分配上保證了絕大多數公眾代表都有發言的機會。值得一提的是，廈門市政府除了將相關的環評訊息公開外，還對公眾環評座談會從代表的產生到座談會的具體內容等訊息都給予準確和即時的公開。廈門市政府在這次規劃環評和公眾參與過程中的訊息公開可能開中國規劃環評訊息的先河，是在《環境訊息評價法》規範過於原則化而缺少可操作性的情形下進行的有益探索。用座談會主持人、廈門市政府副祕書長朱子鷺的話來說，廈門這次環評座談會透過電視向場外直播，無論是在訊息的透明，還是程序的公正上，在中國國內沒有先例可循，「一切都是摸著石頭

過河」。座談會的最終結果，85% 的與會代表表示堅決反對興建 PX 項目。12 月 16 日，福建省政府針對廈門 PX 項目問題召開專項會議，會議決定遷建 PX 項目。

廈門市政府在 PX 事件後期所啟動的公眾參與程序，以政府、專家和公眾在程序中的理性協商為主，協商從形式上看是保證參與者的平等，讓公眾、專家參與決策而不是政府自上而下地徵求意見，最終讓專家的意見形成明確的結論，並對政府公共決策產生約束力，以民本為導向促成了多方利益博奕達到合作共贏，這也反映了現代公共決策協商民主的發展趨勢。在民主協商過程中，公眾代表的意見得到了空前的重視，因為現代公共政策的受眾不是作出決策的專家而是成千上萬的社會公眾，因此決策者必須首先考慮公眾的感受和需要。當代科學技術的高度複雜性和不確定性往往使得專家難以真正處理和解決環境風險問題，甚至專家的判斷之間也會存在爭議或矛盾之處，如果完全依靠專家的論證，強調環境風險問題由專家解決，而忽視社會公眾的認知和參與價值，排除環境風險應對過程中的公眾參與，必然會造成科學理性和社會理性的割裂，嚴重削弱公共政策的正當性基礎，最終導致公眾對政府的不信任和對公共決策的合法性質疑。廈門市政府的最終決策合理考慮了公眾在參與程序中的意見表達，並最終作出了科學合理的決定，實現了公共利益和個人利益的最佳平衡，使得公共決策具有了某種可接受性和可執行性，政府的公信力和公共政策的正當性、合法性得到了恢復。在 PX 事件後期階段，廈門市政府改變了傳統的社會治理模式，採取了一種較為開放、寬容和民主的現代型社會治理模式。在現代型的社會治理模式下，公眾參與一方面是治理模式轉型的產出結果，另一方面也是推動社會治理模式的動力源泉。公眾透過參與公共政策的制定程序，在制度的框架下自由地表達自己的觀點和主張，造就了具有參與能力的公民和具有公共精神的公民社會，實現與政府之間良性互動，推動了公共政策的科學化和民主化，促進了政府社會治理模式的轉型。廈門市政府正是透過公眾的廣泛參與，促進了現代社會多元治理主體的形成，實現其治理模式從傳統的命令、強制和封閉的模式向開放、公眾參與和互動協商的模式的轉型。

（五）PX 事件的省思和規範重建

廈門 PX 事件從一個簡單的環境爭議問題演變為政府決策和民意相互對峙的公共行政危機，雖然在事件後期廈門市政府在公眾壓力下轉變了傳統的公共治理模式，啟動了公眾參與程序，實行了民意與政府之間的良性互動，從而解決了事件前期公眾利益表達渠道受到阻卻，政府決策缺少監督的公共行政的合法性危機，

但是,該事件還是留下了很多讓我們省思的空間和重要的啟示,引導我們對於該事件整個過程中所呈現出的制度缺失部分進行規範重建。

首先,應該理順政府職能,發揮人大的政治監督功能。根據中國憲法的規定,國家一切權力屬於人民,公民主要透過全國人大和地方各級人大來行使國家權力,各級地方人大的職權包括決定本區域內的重大事項。PX 項目所在地海滄區的功能定位和 PX 項目的立項和遷址問題顯然屬於「本區域內的重大事項」,應當由廈門市人大及其常委會決定,廈門市政府單獨對海滄區的定位和 PX 項目設立問題作出決定屬於超越其法定職權範圍,廈門市人大及其常委會有權加以撤銷。但是,由於中國人大制度還存在著很多制度性和組織性缺陷,違背了原先的制度設計或政治安排時的原則和初衷,不能有效地履行其應有的對政府決策的政治監督職能,面對政府超越行使職權的情形往往無動於衷。在廈門 PX 事件過程中,作為廈門市民利益整合和利益表達的制度化機制,廈門人大和政協沒有針對 PX 項目提出相應的提案。廈門市人大及其常委會人大監督主體的缺位,削弱了公眾對於制度化參與機制的信任和信心。當制度化參與渠道被阻卻,公眾最後只能訴諸非制度化的利益表達方式。因此,我們必須推進人大監督的制度化、規範化和程序化,健全各項制度,理順政府和人大的權責關係,明確人大監督的內容、形式和程序,讓人大制度真正體現出其作為各種利益整合、利益表達的制度平臺和制度性監督主體的功能,成為現代社會職能體系中的重要組織載體。

其次,暢通公眾利益表達的渠道,構建公眾與政府之間互動協商的平臺。在現代法治社會中,公眾參與是公共政策科學化、合理化的重要保證,也是公共政策獲得正當性的根本途徑。雖然中國的《環境訊息評價法》對公眾參與作出了要求,但由於缺乏有效的制度化參與機制,這一強大公眾參與的決策方式往往難以得到切實執行。公民參與公共決策的渠道不暢,致使政府在制定公共政策時,只能依靠政府自上而下地對於公眾意見的收集和對於民意的自我體察。一旦政府對於民意的認定與現實不符,就可能直接影響到公共決策的合法性和可接受性,釀成公共行政危機,進而造成政府公信力的喪失,因此必須構建公眾與政府之間的互動協商平臺,透過理性溝通和協商作出結論,政府應合理考慮公眾意見從而作出能夠實現公共利益和個體利益最佳平衡的公共決策。公眾與政府之間針對公共決策的互動協商能夠增進政府的責任意識和民主意識,避免公共政策的制定向精英決策模式的蛻變,保證公眾對於政府決策的監督權。廈門 PX 事件最後以遷址結束被社會視為政府公共政策協商民主精神的標本,正是因為該事件的解決是建立在公眾廣泛、有效參與基礎上的,而廈門市政府本著開放、民主的精神對公眾

意志進行了積極的回應，沒有一意孤行，轉變了傳統的公共行政治理方式，體現了服務性政府的理念。如果沒有廈門市民和政府之間的互動協商，沒有公眾參與的制度設計，就不可能作出能在最大程度上反映民意的高水準的民主決策。暢通公民利益表達渠道就必須落實政府訊息公開制度，完善公共決策的透明度。公民對政策訊息的知悉權是公民利益表達的前提，在很大程度上決定了公民採取行動和作出決策的能力。從中國憲法和法律的精神來看，公民有權瞭解或知曉與公共事務相關的訊息，除了涉及國家祕密、商業祕密和個人隱私外。在廈門 PX 事件前期階段，從項目環評審批到公眾事後的強烈反對的過程，廈門市政府都是消極應對，試圖透過規避環境訊息公開來排斥公眾參與，體現了政府決策者的權力傲慢。但是，在訊息化的時代，這種暗箱操作、迴避訊息公開的做法是很難行得通的，這種權力暗箱操作的決策方式很容易引起公眾對於公共決策的誤解，導致流言滿天飛，嚴重影響公眾對於政府的信任度，削弱公共決策的合法性，最終造成公共危機。因此，必須實行政府訊息公開，提高公共決策的透明度，切實保障公眾的訊息瞭解權，讓公眾可以在資源和訊息相對平等的基礎上與政府進行互動協商，防止政府官僚的技術控制，增進政府與公眾之間的相互信任，從而確保社會公眾具有參與公共決策過程的能力。如果廈門市政府把 PX 項目的環評過程向社會公開，讓公眾瞭解相關環境訊息，這場公共危機就能夠避免。

再次，發展民間社團組織，培育公民社會。在與政府進行利益博奕時，公眾的力量不取決於人數的多寡，而是取決於自身的組織化程度。隨著現代社會內部結構的複雜變化，民間社團組織日益成為人們參與公共生活的重要組織形式，它能依託自身所聚合的物質資源和精神資源，將分散化的、相對弱小的公民個體聯合起來，藉助社團組織的力量達到個人無法達到的利益訴求和監督政府權力的目標。民間社團組織可以透過內部的交流、討論和凝聚共識的過程，把公眾的利益以合法化的、制度化的渠道導向公共領域，促成政府行動，從而為政府公共決策提供合法性基礎和條件。所以，民間社團組織的活力就在於透過集體的力量、組織化的方式來影響政府的公共政策，以維護處於社團組織狀態下的公眾的合法權益。同時，民間社團組織的大量發展也意味著公民社會的日益成熟，公民社會中各種自主、自律、多元化的民間社團組織是深化民主法治文化價值，培養民主、平等、寬容、妥協和理性精神等現代公民意識的重要場所。在最近幾年因環境問題引發的公共事件中，民間社團組織在與政府利益博奕和協商談判過程中發揮了重要的功能，如雲南怒江水壩建設、北京圓明園湖底防滲過程被緊急叫停的原因就在於民間環保團體積極參與，形成了有組織的力量，其意見表達最終為政府所

接受。而在廈門 PX 事件中，儘管趙玉芬、袁東星等一些知名學者曾經透過寫信、走訪和座談等方式向政府表示反對意見，一些廈門市民也透過各種途徑向政府決策者表達訴求，皆無果而終。因此，無論是知名專家還是普通市民在與政府的利益博弈中都顯得很弱勢，無法形成組織化的力量來抗衡政府權力。廈門最大的民間環保組織「廈門綠十字」雖然曾經多次向政府部門索取環評報告等相關資料，但沒有得到相應回應，除此之外與政府沒有進行互動溝通，也沒有與利益相關方進行接觸瞭解公眾訴求，也沒有對公眾訴求提出任何的建設性意見，在「散步」事件發生時明確採取不支持、不反對、不組織的消極態度，沒有主動承擔起整合公眾利益訴求、凝聚社會共識，監督和抗衡政府權力的職能。現代社會治理模式體現了公眾與政府良性互動、協商民主的價值取向，而協商民主以公共理性為基礎，本著相互體諒、相互妥協的精神相互溝通最後達成共識，從而確保公共利益的實現。廈門 PX 事件最終以協商理性的途徑解決，這與廈門市民所彰顯的公共理性和政治浪漫主義密不可分，也標誌著廈門的公民社會已具雛形。但是由於廈門民間社團組織發展尚不成熟，資源和社會公信力不足，公共責任感缺失，對政府依賴性太強，社會公眾也很少主動尋求民間社團組織的協助，民間社團組織發展的先天不足和制度缺失也在相當程度上制約了公民社會的形成和發展。因此，推動民間社團組織的發展，重建民間社團組織的公共精神和公共責任意識，規範民間社團組織的內部制度運作，普及網路知識和推動網路論壇的建設，對於培育公民社會將發揮不可估量的作用，而公民社會的生成和發展也將為現代社會治理模式的轉型、構建多元治理主體提供基礎和前提。

二、浙江溫嶺公共預算「民主懇談會」的實踐分析

公眾參與預算是指在政府預算的編制、審批和執行過程中，必須聽取公眾意見，將公眾的意見表達作為政府預算決算的依據，預算的執行必須接受公眾監督的制度。公眾參與預算是現代公共行政協商民主理念在政府預算領域的體現，協商民主是現代民主理論的核心，其基本要義是指公民透過自由平等的對話、溝通、協商等形式參與公共決策和政治生活。協商民主理論為公眾參與政府預算提供了理論基石，而預算本身所具有的公共性特徵也蘊含了公眾參與預算的巨大空間。在傳統的公共治理模式下，公共決策過程是一個缺乏溝通，由政府或官僚獨享話語霸權的過程，政府透過自上而下的強制性命令執行而公眾被完全排斥在預算決策話語體系之外，公共政策只反映政府和官僚精英們的政策偏好而沒有經過公眾同意或認可的合法性檢驗，因此背離了民主政治的實質。而公眾參與有利於提高政府預算決策的科學化與合理化，彌補預算程序中代議民主體制的不足，提高公

民的權利意識，發展公民的人格和精神，增強公民對社會共同體的認同，樹立政府的責任意識和服務意識。公眾參與預算是對以「官僚權力為中心」「政府壟斷話語霸權」傳統公共治理模式的修正，公眾參與政府預算決策可以在公眾和政府之間建立平臺和機制，為雙方提供一個闡述自己利益訴求和利益博弈的場所，透過彼此間的對話、交流、溝通和協商達成政治共識，從而為公共預算的形成和執行提供合法性基礎。近些年來在中國基層民主建設中所出現的「協商民主式」的實踐逐漸為學界普遍關注，如山東陵縣的「聽證決策」、上海閔行區的「預算聽證」和浙江溫嶺的「民主懇談會」等，特別是溫嶺的「民主懇談」更是被學界稱為協商民主和參與式民主在基層民主建設的經典型案例，並被有關機構授予「中國地方制度創新獎」。

（一）溫嶺「民主懇談」的生成機理

從發生學意義上看，中國傳統政治文化是與鄉村自然經濟、傳統宗法家族制社會構造密切聯繫的，因此按照一般的觀點，傳統政治文化對中國農村民主政治建設的影響是根深蒂固的，而作為西方式概念的「協商民主」在中國農村乃至整個中國基層都缺乏實踐的基礎。但是，浙江溫嶺的「民主懇談會」卻透過讓普通民眾參與地方公共事務的決策，形成公眾與政府之間的有效溝通，而使政府公共決策吸納公眾意志，從而將協商民主的精神運用於基礎民眾的政治生活之中。

浙江溫嶺的「民主懇談會」創建於 1999 年 6 月，最初被當地村民稱為「焦點訪談」，其本質上是一種公共事務的人民會商制度，亦即村鎮建設、道路交通、治安管理、計劃生育、生活必需品價格、投資環境、社會糾紛、醫療保障、政府預算、黨委和政府對於重大事務所作出的決定等問題都要經過民主懇談會的程序，聽取各方意見，鼓勵公眾參與公共事務的制定過程，進行協商、討論和對話並形成共識性意見，以此共識性意見作為政府公共決策的依據。後來經過不斷發展和完善，民主懇談會已經成為浙江溫嶺涉及民主決策、民主管理和民主監督的形式，並成為黨委和政府民主決策和民主行政的必要緩解以及人大制度的有益補充。民主懇談會出現在浙江溫嶺不是偶然的，而有著其獨特的生成背景和社會文化機理。發達的民營經濟是「民主懇談會」實踐的社會基礎。浙江溫嶺是中國農村股份合作制經濟的發源地，地處中國經濟最活躍、發展最快速的甬臺溫地帶。1978 年中國實行市場化改革後，溫嶺的經濟獲得了飛速發展，誕生了中國第一家農村股份合作制企業，各類民營企業紛紛產生，出現了行業協會和商會的市場化、民間化的趨勢。隨著農村社會經濟的快速發展，人們的生活水平不斷提高。經濟的發展

使得中國農民具有了自由流動的權利和能力，逐漸從對國家的人身依附的狀態中擺脫出來而擁有更多的自主選擇機會。市場經濟不僅改變了溫嶺人的經濟生活方式，而且培養了他們平等、契約、競爭、公開、樂觀等行為觀念和生活態度。民營經濟的發達使得傳統中國農村的狹隘性、血緣性和依賴性等思維觀念和行為模式被逐步打破，產生了具有開放性、自主性和獨立性的新時代村民，這些新時代的村民的獨立感和自主意識得到顯著增強，每個人都意識到自己作為獨立個體的存在價值，權利觀念和規則意識都逐步確立了起來，這為溫嶺鄉村「協商式民主」的發展提供了堅實的社會經濟基礎。

面對溫嶺經濟的發展和社會結構的變遷，原來的鄉村治理模式遇到了強有力的挑戰。傳統的鄉村治理模式下，雖然作為基層群眾自治組織的村民自治委員會與鄉鎮政權之間並非命令與服從關係而是指導與協助關係，但是在具體實踐中這一關係並沒有得到體現和落實，鄉鎮政權仍然把村民自治委員會當做自己的下級進行「驅使」，村民自治委員會的自治權有名無實。而村民委員會與同級黨委之間的關係也不太協調，經常處於矛盾鬥爭之中，根本無暇服務村民和解決村民的困難問題，一些鄉鎮幹部工作方式簡單粗暴，仍然抱有以權壓人的威權觀念，教育方法老套單調，幹群關係疏離；村級黨委和村民委員會矛盾不斷，財務混亂，有些幹部私分集體財產，公款消費，村民不堪忍受，敢怒不敢言。[5] 面對異化的村民委員會和鄉鎮政權的權力濫用，村民利益受到損害以及村民在社會生產生活實踐過程中遇到的諸多問題，村民因為沒有相應的民意表達的渠道而顯得無能為力。為了改變這種不正常的鄉村民主政治生態，暢通民意表達的渠道，推動基層民主政治的實踐，溫嶺市委和政府努力尋求各種解決之道。1999年，中央提出了「沿海地區要加快農村現代化」的要求，為了呼應中央的這一要求，浙江省委決定「在全省進行一次農業農村現代化教育」，並將這一精神落實到基層。經過多次的協商和溝通，溫嶺市委在松門鎮舉辦了「農業農村現代化建議論壇」。論壇使得民眾與鄉鎮領導平等對話，內容涉及生產生活的各個方面，從投資環境、村鎮規劃、道路建設到鄰里糾紛、生活瑣事，雙方進行了廣泛的交流和溝通，並且提出了具體的解決建議和設想。該論壇的最初目標是增加鄉鎮黨委和政府的群眾親和力，縮小幹部與群眾之間的疏離感，改變原來的灌輸式教育為政府幹部與群眾之間面對面交流的教育形式。沒想到該論壇形式受到了民眾的廣泛認可和熱烈歡迎，激發了民眾的參與熱情，產生了良好的效果。當年松門鎮連續舉辦了四期論壇，參加群眾達600多人次，提出問題110餘件，答覆84件，承諾交辦26件，被群眾譽為松門的「焦點訪談」。此後，溫嶺市委推廣了這一做法，各鄉鎮出現

了各種形式的民主溝通和民主對話活動。2000年8月,溫嶺市委將各地開展的「民主論壇」、「民情直通車」、「農民講壇」、「民情懇談會」「村民民主日」、「民主議事會」等活動形式統一命名為「民主懇談」,並將懇談的範圍由村鎮兩級向企業、社區、事業單位和政府部門延伸。民主懇談要求鄉鎮政府對既定的政策和未來的政策預案進行說明,透過溝通、交流和對話,形成政策反饋,以此作為未來政策制定的重要參考。這樣,民主懇談會成為解決村民利益表達渠道缺失的「鄉村民主困局」和鄉鎮黨政部門作出重大公共事務決定前的必經程序,同時也使得公眾意見成為公共決策的合法性基礎。

在中國特殊的時代背景下,作為草根性制度創新的「民主懇談會」沒有相應的法律地位,其生存難度是可想而知的,往往隨著人走政息而被湮滅。中國大陸大量的草根性制度試驗就是由於沒有制度化、規範化而最終自生自滅的。為了使這項新生的制度實踐能夠獲得持續性發展,同時也為瞭解決群眾意見是否能夠被納入公共決策中去,避免民主懇談流於形式的問題,溫嶺市委對民主懇談的內容和形式都進行了規範設計,形成了村、鄉鎮和市縣三級民主懇談的規範,民主懇談的實踐在內涵上得到進一步深化。2002年溫嶺市委下發了《關於進一步深化民主懇談,推進基層民主政治建設的意見》,該文件規定,民主懇談一般由鄉鎮黨委主持,邀請當地的人大代表、各行業協會和群眾團體代表參加,並允許其他群眾自願參加。懇談會的基本程序是,村黨委或村委會、鄉鎮黨委或政府、市縣級黨委或政府提出初步意見或擬定待決事項,在各方代表充分表達觀點,認真聽取群眾意見和要求後,經黨委或政府集體研究後作出初步決定,然後向群眾反饋,再次徵求群眾意見,對於多數群眾反對或不同意見較多、較集中的事項,要暫緩決策,重新論證,充分考慮和吸收群眾合理的要求建議,並作出相應的修改或調整後再作決策,決策的實施過程由鎮人大主席團監督。

從2003年下半年開始,溫嶺市委開始探索將民主懇談會與基層人大制度結合的有效途徑,以此深化民主懇談會的規範化和制度化,推動基層人大制度的改革。根據2004年溫嶺市委下發的《關於「民主懇談」的若干規定》文件,將民主懇談納入人大工作範圍,規定將民主懇談結果以人大決議的形式組織實施,把基層重大公共事務的建議權和決定權交給了人大代表和公眾,借用人大制度的法律地位把民主懇談會納入現行制度框架之內,從而完成了民主懇談會由體制外創新的自發生長到體制內發展的過程。該文件提出了鄉鎮民主懇談、鄉鎮黨內民主懇談、社區民主懇談的明確議題範圍,並規定民主懇談會上意見分歧較大而難以協商確定的重大事項,應由鎮政府提請鄉鎮人大主席團召集人大代表審議,依法作

出決定；村民主懇談會應由村民會議或村民代表對討論事項進行表決；懇談會形成的建議和意見未被採納的應作出解釋和說明；群眾對於鄉鎮「民主懇談會」作出的決定持有異議的，可向鄉鎮人大主席團或人大代表反映，若獲得五分之一以上人大代表支持聯名提出，鄉鎮主席團應召開人大會議表決。

2005年溫嶺新河鎮將民主懇談的經驗運用於年度政府財政預算改革，改革涉及預算草案的初審、審議與批准、執行與監督三個步驟，民主懇談增加了預算草案初審程序，從而增加了政府財政預算過程的公開性和透明度，加強了公眾對於政府財政預算審議過程的監督，創立了公眾制度化參與政府預算決算的新河模式。該模式基本做法是：鄉鎮政府提出的財政預算草案提交給鄉鎮人大，鄉鎮人大將預算草案向全鎮公開，舉行由人大主持的關於預算的民主懇談會，並將懇談會討論的結果向隨後召開的人大會議宣布，經人大代表就預算的具體內容對政府進行詢問，並提出自己的修改意見後，再由鎮政府和人大的預算審查小組共同修改預算，形成新的預算方案，再提交給人大會議討論通過，形成正式的預算。新河公共預算改革試驗促進公眾參與，加大了公眾對於政府公共決策的發言權和決策權，激活人大監督政府預算的功能，克服了鄉鎮人大在閉會期間無法有效監督政府財政預算的缺陷，推進了人大制度的建設，同時也將民主懇談提高到了一個新的高度，推動了中國基層民主深化發展。該項制度創新受到了中國內外學術界的廣泛關注，有學者認為，新河鎮的試驗創新有四個特點：一是採取民主懇談與人大制度相結合；二是以政府預算為懇談的重點，而且是全部的政府預算；三是在鎮黨委的領導下，透過在政府官員、人大代表和公民之間展開對話的形式，讓大家充分交流，然後對政府預算進行修正；四是設計了相應的程序，確保人大代表和公民的預算參與是有序的。新河試驗是為瞭解決各種新問題而發展出來的新型治理模式，是真正中國式的參與預算，代表了中國建立公共財政的方向。[6]

（二）民主懇談在公共預算領域中的運作邏輯：新河模式和澤國模式

2005年，溫嶺市幾個鄉鎮先後啟動了公眾參與公共預算的試點改革，將民主懇談運用於公共預算領域，將民主懇談與公共預算的審查結合起來，深化了協商民主在中國基層民主建設中的具體實踐。溫嶺實行的公眾參與政府預算試點改革形成了兩種不同的模式。

1. 新河模式的運作邏輯

2005年7月，溫嶺市新河鎮召開年度人大財政預算民主懇談會，將民主懇談和人大制度結合起來，讓公眾參與到公共預算的審核和監督過程中。這次會議有

93位鎮人大代表和193位公眾就年度的財政預算草案與鎮政府進行討論和對話，提出了減少政府行政管理開支、增加教育投入等諸多問題。懇談會結束後，鎮政府、人大主席團、預算審查小組召開聯席會議討論人大代表提出的問題，調整了包括縮減政府行政管理費25萬元在內的9個項目，增減的資金合計237萬元，鎮政府據此修改了政府預算報告，該報告在第二天的人大代表全體會議上經表決獲得通過。[7]這標誌著民主懇談以公眾參與的形式拓展到財政預算的新領域。在這次新河鎮公共預算審查改革中，還將鎮人大財經審查小組轉變為財經小組，負責對公共預算的執行情況進行監督，財經小組作為常設的專業性機構，擁有諮詢權、預算執行審查權、聽取政府報告和參與制定政府下一季度預算的權力，從而改變過去在人大閉會期間無人監督的局面，加強了人大對於鄉鎮財政預算執行的監督和約束。新河模式將民主懇談引入政府預算審查程序，將政府公共預算的決策權和監督權交給了公眾與人大代表。

2006年3月，會議通過了《新河鎮財政預算民主懇談會實施辦法》，從而將公共預算的民主懇談會和人大制度有機結合起來，民主懇談得到了法律化、制度化。此外，新河鎮就預算改革在程序方面作了一些改進。在預算初審討論大會前，鎮人大主席團請專家、學者對人大代表和其他自願參加的村民進行培訓，讓人大代表和村民瞭解公眾參與預算的積極意義，使得人大代表和公民能夠熟練掌握預算過程所需的相關知識。在預算初審民主懇談會上，人大代表和公眾在財經小組的主持下分成農業、工業和社會發展三組，就《鎮政府預算細化說明》（附表一）中的預算條目進行討論，人大代表和公眾的意見被整理出來，形成預算初審報告，提交人大會議向代表們報告。新河鎮的這些措施，改進預算的審議程序，提高公眾的參與程度和參與質量，促進人大代表充分表達意見，充分發揮財經小組的監督作用。7月，新河鎮再次舉行關於預算中期執行的民主懇談會，在會議議程中，民主懇談還增加了預算調整的內容，會前先安排部分人大代表對當年預算確定的幾個建設項目進行考察，然後由財經小組組織人大代表和公眾對公共預算進行初審討論，提交預算修正議案，經人大主席團審核形成有效議案，對建設項目預算的具體金額進行調整，提交人大會議表決通過。

附表一：《2006年新河鎮財政預算細化說明》

一、支入方面：11078萬元；

1、一般預算補助收入1738萬元；

2、土地出讓金返還收入5700萬元；

3、工業集聚區企業用地收入 400 萬元；

4、城建配套費返還收入 150 萬元；

5、社會事業發展捐贈收入 200 萬元；

6、市場攤位招標收入 350 萬元

7、社會撫養費返還收入 60 萬元；

8、其他收入 100 萬元；

9、財產處置收入 280 萬元；

10、專用基金補助收入 2100 萬元；

二、支出方面：9297 萬元；

1. 城建基本建設支出 2191 萬元；

江濱新區等項目開發投入 500 萬元，項目徵地費 700 萬元，項目報批費用 400 萬元，村莊整治投入 200 萬元，歷史街區整治規劃 40 萬元，金清大港景觀改造設計 30 萬元，土地利用總體規劃調整 30 萬元，環城東路道路、下水道 50 萬元，環衛綜合樓 58 萬元，市民小區排水道 5 萬元，市民小區配電工程 22 萬元，廣場綠化工程 40 萬元，移民錦山支路道路 6 萬元，老城區街面維修改造 50 萬元，其他 60 萬元。

2. 農業事業支出 1645 萬元；

管理費用 250 萬元，標準農田建設 1250 萬元，農業項目補助支出 100 萬元，素質培訓支出 25 萬元，抗臺及其他支出 20 萬元。

3. 林業事業支出 69 萬元；

管理費用 29 萬元，森林防火及造林支出 40 萬元；

4. 水利事業支出 129 萬元；

管理費用 29 萬元，河道、溪渠整治疏濬支出 100 萬元；

5. 工業交通部門事業支出 490 萬元；

管理費用 30 萬元，工業集聚區建設 300 萬元，工業企業扶持 20 萬元，交通標誌線建設支出 30 萬元，民間交通橋樑、道路維護支出 55 萬元，石松一級公路建設支出 55 萬元。

6. 文化體育事業費 118 萬元；

管理費用 51 萬元，創省級全民健身先進集體、省小康型老人體育鄉鎮 15 萬元，基層文化俱樂部建設 30 萬元，文化藝術精品創作費用 5 萬元，文體活動經費 10 萬元，其他 7 萬元。

7. 計生事業費 268 萬元；

管理費用 100 萬元，流動人口管理費用 20 萬元，計生聯繫員工資 20 萬元，四項手術及外出調查經費 100 萬元，指導站設備購置 5 萬元，計生溫暖工程支出 6 萬元，計生宣傳及其他支出 15 萬元。

8. 科技支出 40 萬元。

9. 教育事業支出 750 萬元；

新河小學綜合樓 185 萬元，新河鎮中學運動場 35 萬元，新河鎮中學學生宿舍樓 150 萬元，塘下片校網調整 36 萬元，中小學食堂工程 50 萬元，教師節開支 19 萬元，生均不足經費 30 萬元，成人教育 18 萬元，新河鎮中學橋樑工程 12 萬元，長嶼中學學生宿舍樓 75 萬元，校舍修理及其他 140 萬元。

10. 衛生支出 455 萬元；

農村合作醫療保險 140 萬元，滅鼠滅蟑支出 10 萬元，農民飲用水工程補助支出 50 萬元，環保生態鎮建設支出 30 萬元，水廠及管網改造工程支出 200 萬元，傳染病、職業病防治 10 萬元，無償獻血支出 5 萬元，社區衛生、食品安全支出 10 萬元。

11. 其他部門事業支出 298 萬元；

統計、勞動保障、其他部門事業管理費用 70 萬元，農業、企業、三產、農村住房調查統計 26 萬元。

旅遊基礎設施建設支出 200 萬元，其中隧道拓寬 100 萬元，明清古街、閘橋群等歷史文化保護修復 100 萬元。

12. 撫卹和社會福利救濟事業費 450 萬元；

社會救濟補助 46 萬元，優撫補助 129 萬元，現役軍人優待金 110 萬元，殘聯補助 35 萬元，最低生活保障金 120 萬元，雙擁支出 10 萬元。

13. 行政管理費 1587 萬元；

管理費用 530 萬元，離退休、退職工資費用 245 萬元，聘用人員 57 萬元，精簡下放及遺囑補助支出 15 萬元，水電費、電話費 80 萬元，交通費、差旅費 70 萬元，辦公費 80 萬元，會議及公務經費 120 萬元，辦公設備購置費 30 萬元，維修保養費 30 萬元，住房公積金及社會保險費 50 萬元，機關工作人員培訓、考察費 50 萬元，其他公務費用 70 萬元，婦聯、代表年經費 20 萬元，黨建訊息化平臺、「七一」系列活動、非公企業及非公黨人才培訓 50 萬元，工會費 25 萬元，車輛購置 65 萬元。

14. 城市維護費 382 萬元；

環衛支出 167 萬元（包括承包款 90 萬元、填埋場付費 12 萬元、環衛設備 65 萬元），城建監察管理費 65 萬元，消防管理費 50 萬元，市場管理及修理費 70 萬元，綠化及亮化支出 30 萬元。

15. 其他支出 425 萬元；

綜合治理支出 125 萬元。其中禁毒開支 10 萬元，護村隊開支 30 萬元，巡治隊員開支 60 萬元，「五五」普法開支 10 萬元，歸正幫教經費 5 萬元，其他經費 10 萬元。

利息支出 100 萬元。

慰問、扶貧支出 30 萬元。

武裝支出 50 萬元。其中民兵訓練經費支出 20 萬元，徵兵費用支出 30 萬元。

村幹部工資支出 120 萬元。

三、消化赤字 1500 萬元。

四、預備費 280 萬元。

在中國鄉鎮人大審查公共預算的體制中，經常會出現因沒有審批前的辯論程序而缺乏不同利益主體的意見交鋒，不同意某一條款但在表決時卻不能全部否決的問題，致使表決結果的真實性不能完全反映。為了改變民主懇談流於形式、改革成效不彰的問題，並進一步深化參與式公共預算的改革，2008 年新河鎮在公共預算提交大會表決前設置了辯論程序，根據辯論程序，首先由提出議案的代表陳述理由，然後所有代表就議案展開辯論，各方意見得到充分表達以後再將議案付諸表決。辯論遵循四項準則：第一，辯論採取大會形式，由大會主席主持；第二，領銜代表提出議案的理由、論據和方案，其他代表可以提出疑問或異議，由報告

人作出回應;第三,對報告人的回應有新異議,任一代表可以繼續發言,否則,該輪辯論宣告結束;第四,議案報告的時間限制在 10 分鐘以內,異議和回應的時間不能超過 5 分鐘。[8]2009 年 12 月,新河鎮將民主懇談會引入財政預算編制階段,公民參與式預算的新河模式基本形成。

經過多年發展,新河模式得到了進一步制度化、規範化,推進了中國的公共治理模式和基層民主建設。總結起來,新河模式包括以下主要步驟:

(1) 預算初審民主懇談。鎮人大主席團提名並在人大預備會議上由全體人大代表表決通過組成人大財經小組,財經小組成員由人大代表組成,可聘請若干專業人士參加工作;在人大正式會議前,鎮人大主席團領導鎮人大財經小組組織預算報告初審民主懇談會;由鎮人大財經小組成員主持工業、農業、社會三個專門小組,分別組織人大代表、各協會、社會團體、各界代表和公民對預算報告進行初審;預算報告初審民主懇談後,各專門小組分別負責彙總各方意見並形成各自的預算初審意見。

(2) 人大預算審議的民主懇談。鎮人大主席團在人大會議期間組織人大代表進行民主懇談審議政府預算報告,鎮人大財經小組的各專門小組分別向大會做大會預算初審報告;人大代表對上年度預算執行情況和本年度政府的預算報告發表意見和建議,鎮人大主席團、鎮政府召開聯席會議,討論預算初審報告以及人大代表就政府預算報告提出的相關意見和建議,由政府形成預算修改方案,並向大會通報,然後由代表團進行分組審議;在分組審議的基礎上,人大代表可提出預算修正議案。人大代表的預算修正權限包括:削減、否決、增加,但提出增加時必須同時提出其他支出項目的削減,以保持預算平衡;5 名以上代表可聯名提出預算修正案。

(3) 修改並通過預算報告。鎮人大主席團就人大代表聯名提出的預算修正議案,召開會議進行審查,在審查時,鎮人大主席團可以召集有關人員就某項議案進行溝通、協商,並綜合各方情況決定某項議案是否提交人代會全體會議表決;人大全體會議對人大主席團審查提交的預算修正議案進行表決,超過出席代表的二分之一以上贊成為通過;鎮政府根據人大會議表決通過的預算修正議案,對政府財政預算報告進行修改,形成預算報告(修改稿),並提交人大會議表決;人代會對預算報告(修正稿)進行審議並表決。獲得出席代表的二分之一以上贊成通過,若不通過,則對預算報告重新修改,直至通過。

(4) 預算執行與監督。人大閉會期間,鎮人大財經小組對鎮政府的預算執行情況進行監督,可隨時向鎮政府瞭解預算執行情況;鎮政府應每季度向鎮人大財經小組匯報預算執行情況;政府調整預算應提交人大財經小組備案,對於重大的預算調整或使用超收收入追加預算項目支出,鎮政府提交相關方案或議案給人大財經小組進行討論,並由財經小組提請鎮人大主席團召開鎮人大代表會議,進行審議表決,通過後方能執行;人代會在審查新一年度的預算報告之前,應對上年度預算執行情況進行審議。

2. 澤國模式的運作邏輯

在新河鎮實行公共預算改革之前,溫嶺市委在專家和學者的幫助和推動下在民主懇談基礎較好的澤國鎮進行了公眾參與公共預算改革的試驗。澤國模式是典型的「協商民主」的實踐形式,其公民參與的方式不同於新河模式。

2005 年初,澤國鎮政府在年度公共基本建設項目安排中,提出了事關民生問題的四大類共 30 個城建項目,共需資金 13692 萬元,而 2005 年度預計可用於公共基本建設投資的資金只有約 4000 萬元左右。這就產生了幾個問題,即其中哪些項目是村民最希望建設的項目,如何從中挑選出總投資為 4000 萬元的若干重點項目。為瞭解決這些問題,澤國鎮政府決定組織各方面的代表召開民主懇談會,在聽取各方意見後再集體討論決定。2005 年 4 月,澤國鎮聘請了 12 位專家組成專家委員會,由專家委員會對各個建設項目的可行性方案寫出說明書,提出各個項目的資金預算,並擬定出預算項目的民意調查問卷。然後,透過乒乓球搖號的抽樣方式,根據 2000 人以上的村每村 4 人,1500—2000 人的村每村 3 人,1000—1500 人的村每村 2 人,1000 人以下的村每村 1 人的原則,從 12 萬人中隨機抽樣產生了 275 名民意代表。在民主懇談會召開前 15 天,將這 30 個項目的詳細說明材料和專家委員會論證的中立、公正的項目介紹發送給代表,代表們就這 30 個項目按照重要程度填寫了第一份調查問卷。後來有 259 名民意代表參加了 4 月 9 日的民主懇談會。會議正式召開後,民意代表以隨機抽樣的方式將代表分成 16 個小組開展討論,小組討論由事先經過培訓的中立主持人主持,討論結束後,由每個小組選派代錶帶著本小組討論時最關注的問題和最集中的意見參加大會的交流發言。當天下午,民意代表在聽取各組不同的意見後再分組討論,然後再選派代錶帶著本小組討論的新建議和新問題參與第二次大會交流。在兩次大會中,專家委員會對於民意代表的詢問進行回答和解釋,政府官員則列席會議旁聽。在第二次大會交流結束後,民意代表再次填寫與第一次相同的問題調查。會後,對兩次問

卷的數據輸入電腦進行處理，得到了每個項目的得分情況和 30 個項目從最重要到最不重要的優先排列順序。第二次調查問卷的填寫實際上就是民意代表對原來偏好優先秩序的一次調整與修正過程。在懇談會結束後，澤國鎮召開黨政聯席會議，根據民意代表提出的意見和建議，按第二次問卷調查中依得分優先順序自上至下的排序，將總投資約 3640 萬元的 12 個項目擬定為 2005 年城建基本項目，將隨後的總投資為 2250 萬元的另外 10 個項目作為備選項目，根據財力情況，再按優先順序選擇建設。隨後，4 月 30 日，澤國鎮政府將相關報告提交人大表決。人大會議以 84 票支持，7 票反對，1 票棄權，最終通過了 2005 年澤國鎮城鎮基本建設項目的預算安排。[9]

表二：澤國鎮 2005 年公共基建預選項目民意調查問卷結果[10]

得分排序	項目原序號與內容	投資額（萬元）	第一次問卷調查的平均值	第二次問卷調查的平均值	第一次與第二次問卷調查得分差距
1	30. 污水處理前期工程	100	8.916	9.658*	+0.742
2	25. 城鄉規劃設計	240	8.642	9.239*	+0.597
3	1. 文昌路主幹道	1095	8.261	9.230*	+0.969
4	29. 丹崖環衛中轉站	150	7.531	9.145*	+1.6145
5	28. 牧嶼環衛中轉站	150	7.301	8.866*	+1.565
6	21. 市民公園一期	300	6.693	7.440*	+0.747
7	22. 城區綠化工程	300	7.551	7.313	-0.238
8	23. 丹崖山公園	280	7.612	7.231	-0.382
9	24. 牧嶼山公園	280	7.11	7.04	-0.07
10	16. 牧嶼工業區配套、聯樹工業區配套和水倉工業區配套	200	6.667	6.895	+0.228
11	3. 橋梁	345	7.423	6.531+	-0.892
12	26. 示範街建設	200	6.746	6.491	-0.255
13	12. 西城路一期	1743	6.259	6.296	+0.037
14	7. 商城路一期	129	6.972	6.073*	-0.899
15	13. 澤國大道二期	1165	5.827	5.972	+0.145
16	18. 高家嶺邊坡治理	172	5.604	5.953	+0.349
17	10. 東河路填土拆建	256	7.140	5.828*	-1.312
18	27. 老街區拆建	100	6.369	5.577	-0.792
19	2. 牧長路一期主幹道	406	6.526	5.543*	-0.983
20	11. 東河路主幹道路	866	5.633	5.327	-0.306
21	17. 城區支路改造	600	5.680	5.196	-0.484
22	15. 空壓機工業區配套	100	5.629	5.062	-0.567
23	5. 東城路一期	65	5.428	5.055	-0.373
24	14. 復興路東段	129	5.781	5.052*	-0.729
25	19. 文昌公園一期	200	5.927	5.046*	-0.881
26	9. 騰橋路	193	5.023	4.733	-0.29
27	6. 東城路二期	1310	5.606	4.677*	-0.929
28	8. 商城路二期	187	6.000	4.656*	-1.344
29	14. 澤國土道三期	2331	4.667	4.591	-0.076
30	20. 文昌公園二期	100	5.184	3.500*	-1.684

＊的標記表示統計數據的變化極其有效。

　　澤國鎮的試驗成功給予了民主懇談設計者和推動者極大的信心，促使他們將公共預算的改革實踐進一步推動下去。2006年，澤國鎮對參與式公共預算在程序上作了某些改進，主要包括民意代表不再是按照村而是按照人口比例隨機抽選出，

從規模企業抽選出一定人數的外來員工代表參與懇談會，設置人大監督員對懇談會的過程進行監督，安排一定比例的預備資金用於預選項目之外民意代表共同關注項目的資金使用等。2008年，澤國鎮將預算協商民主的範圍從原來的項目預算擴展至全部財政預算，將澤國鎮年度財政預算全部交給隨機抽選出的民意代表進行公開討論，並組織鎮人大代表進行旁聽，「讓原本就是民意代表的人大代表能夠更多地、更真實地和更有實感地聽取民意、吸納民意」，[11]更好地實現民意代表與人大代表之間的互動，從而體現了代議民主與直接民主的有機結合。在大會交流中還增加了辯論程序，其基本程序是，由大會主持人抽籤決定民意代表發言提問，然後由專家答疑，辯論程序促進了民意代表之間的溝通，彌合或消解不同個體之間的分歧。此外，澤國鎮對整個預算草案的表決方式由過去的舉手錶決改為無記名票決，從而使得民主懇談會的結果更真實地反映民意。2009年，澤國模式更加規範，程序也更加合理，為了避免懇談會主題範圍過於寬泛失去焦點而致使參與者在討論時面對一大串數字感到無所適從，澤國鎮將懇談會的重點集中於財政政策補助和基本建設項目預算上。考慮到節省時間和成本，以及對於一些跨年度的項目，沿用前一年曾經參與懇談會的民意代表討論情況和對2008年預算情況的熟悉度，更有經驗，也有利於動態比較，2009年懇談會的民意代表沿用了2008年的版本。

　　澤國試驗在相當程度上確保了公共預算決策的民主化和科學化，但是澤國模式的缺陷還是較為明顯的。首先，隨機抽樣產生的民意代表作為預算涉及的利益相關者的代表性可能存在不足的問題。雖然隨機抽樣能夠體現機會均等，所有的相關利益者都有被抽中的同等機會，但預算項目的利益相關者或參與意願強烈而對於議題較為熟悉的人可能因為隨機抽取而無法被抽到，而非利益相關者或者參與熱情不高的人卻反而被抽到，這樣不僅會造成民意代表名額的浪費，也會打擊民眾參與預算民主懇談會的熱情。其次，因為利益分散，隨機抽樣的民意代表很難抱團與政府和利益團體進行有效的利益博奕，利益分散不利於利益集中，進而嚴重影響到公共預算決策的制定和執行。實踐證明，分散的農民很難與擁有訊息資源和專業技術的政府相抗衡，只有組織起來才能與政府進行互動。再次，隨機抽樣不能確保參加民主懇談會的代表的素質和參政能力，公共預算決算是專業性和技術性很強的工作，要求參與者具有一定的素養和參政能力，而隨機抽樣的代表則無法保證其素養與能力足以應付這一專業性較強的工作。在實踐中，對比澤國鎮和新河鎮的民主懇談會現場情況，新河鎮的人大代表參與的積極性和專業熟悉程度都要遠高於澤國鎮的民意代表。

從以上介紹我們可以看出，澤國模式與新河模式最大的差異之一就是澤國模式強調公眾直接參與政府項目預算決策，而新河模式強調的是公民透過人大代表全程參與政府全部預算決策和監督過程。澤國試驗在溫嶺市普遍推廣的民主懇談會基礎上，將懇談會與政府預算直接對接，使得民眾參與政府預算的過程中，透過參與討論，民眾的意見表達直接對政府預算產生影響。在澤國模式下，公眾與政府直接「民主懇談」後所形成的決議以人大會議的形式通過，而新河模式將民主懇談直接納入人大制度，透過人大代表與政府的直接對話的方式確立預算決策的民意基礎，以人大代表所代表的民意來對政府預算的決策和執行過程進行監督。新河模式將基層人大放置於民主懇談的主導位置，有利於參與式預算改革與基層人大的相關制度資源的有機結合，而澤國模式的培訓機制、主持人制度、專家專業理性的融入則有利於民主懇談中審慎的商談和公共理性的建構。澤國模式的抽樣民主接近直接民主，而新河模式則是代議民主制的體現。從現有法律來看，由於澤國模式透過隨機抽樣產生的民意代表沒有法定的代表身分，他們的意見只是作為民意調查報告而作為政府預算決策的參考，不具有強制性的法定效力，政府和人大會議可採納也可不採納。而新河模式則依託人大作為制度平臺，人大代表與民眾透過懇談會進行互動和配合，進而達成共識意見，並透過人大會議表決通過形成具有法律效力的決議，對政府的約束力更強。新河模式不僅超越了協商民主的範疇，而且較澤國模式更接近公共預算的理想類型，由人大代表而不是政府隨機抽出的民意代表參與預算的討論、修改和表決，人大代表的法定身分使得經過民主懇談得出的結論性意見可以透過人大制度平臺轉化為具有法定約束力的預算決議，從而具有要求政府必須執行的強制效果。用一位學者的話來說，「新河鎮的改革在公共預算中突出了人大的作用，將『橡皮圖章』的人大改造成一個有實際制約權力的人大，這樣就在地方事務當中激活了人大的作用，使得人大可以就此發揮更加積極的作用」。[12] 從這個意義上來說，新河模式對於進一步推動公共預算協商民主的發展更具有參考價值。

（三）溫嶺「民主懇談會」的現實價值

1. 民主懇談會是協商式民主在中國實踐的載體

從內涵來看，民主懇談與興起於西方的、強調現代社會公民作為決策者和決策受眾平等理性參與的協商式民主有著天然的契合。協商民主作為一種民主決策機制，旨在讓所有受決策影響的社會成員都能夠平等地參與到公共決策過程，都有條件自由地發表意見，交流訊息，透過促成社會成員之間的對話和溝通，能夠

在一定程度上彌合因社會分工所引發的社會分裂，促進社會階層和社會成員之間的理解，實現民主決策和民主治理。根據埃爾斯特的觀點，協商民主使得公民或公民代表能夠基於理性與公正的價值立場，透過討論和協商的方式形成集體決定。[13]協商民主同時也是一種具有巨大潛能的民主治理形式，它能夠有效回應文化間對話和多元文化社會認知的某些核心問題。它尤其強調對於公共利益的責任、促進政治話語的相互理解、辨別所在政治意願，以及支持那些重視所有人需求與利益的具有集體約束力的政策。[14]協商民主對程序的重視甚至超過結果本身，透過相互審議和彼此的對話，「在聯合性活動中的參與者認識到他們有助於且影響到結果的時候，即使他們對結果不贊同，協商也是成功的」。[15]協商式民主倡導透過對話、交流、傾聽、相互尊重和理解，重建社會共識，以此鼓勵公共參與和培養公共精神，激發公民的平等、自治的理想，增強公民的政治效能感和參與能力，從而將民主型塑為一個具有持續性的創造性過程。

而溫嶺的民主懇談機制強調重大公共事務的決定都要經過民主懇談的程序，聽取多元的利益主體的意見，鼓勵公眾參與公共決策的制定過程，進行對話、協商和交流最後形成社會共識，並將此社會共識性意見作為公共決策的依據。因此，作為中國新型的民主決策形式，民主懇談與協商式民主有著共同的機理和內涵。

第一，公共性。協商式民主旨在彰顯一種公共精神和公共責任，讓公民能真正參與公共決策。正如羅森·亨德里克斯所說：「協商民主更像是公共論壇而不是競爭的市場。其中，政治討論以公共利益為導向。在協商民主機制下，民主決策是平等公民之間理性公共討論的結果，正是透過追求實現理解的交流來尋求合理的替代，並做出合法的決策。」[16]在中國，政府主導的公共決策過程往往沒有公眾的參與，而溫嶺的民主懇談機制則凸顯公共議題，鼓勵公眾參與公共決策過程，讓公眾有機會和渠道就政策議題發表意見，提出建議，相互溝通和交流，最後形成結論性意見作為決策的依據。因此，民主懇談為公眾的利益表達和政治參與提供了平臺。民主懇談鼓勵公眾積極參與公共生活，可以使公眾在參與過程中形成彼此的合作互惠和相互信任的心理和社會關係網路，進而克服鄉村民眾個體的自利理性，培養起公共責任意識。

第二，開放性和多元性。協商式民主體現了現代民主的包容性和開放性，協商民主強調所有受公共政策影響的社會成員都應該參與其中，進行廣泛的交流、協商和討論。因此，對話和協商的參與者是每個人。協商式民主對於審議的結果也是開放的，隨時準備接受未來的挑戰。協商式民主對繼續對話保持開放的態度，

允許公民對先前的決策提出批評,並在此基礎上提出動議。儘管一項政策必然會持續一段時間,但它必須隨時準備在未來的某個時間點上迎接挑戰,在這個意義上,它又是臨時的。[17] 協商式民主承認對話的參與者之間存在多元性,強調公共討論中多元化視角有助於根據正義的要求來設計話語,所有人都可能提出自身的利益訴求,所有人都可能具有不同的行為模式和價值傾向,這樣就需要透過對話和協商,互相傾聽和相互包容,從而克服相對的偏見,最後集體決策作出符合公共利益的決定。隨著市場經濟的發展和社會結構的分層化,利益多元化的格局逐漸形成,不同主體、不同利益、不同階層的衝突也日益複雜,為了反映這一社會變化,公共政策的決策方式和決策過程都必須作出回應,民主懇談正是在這種情勢下應運而生的,透過自由平等的對話和協商的過程獲得社會共識,提升社會公共利益。溫嶺的民主懇談在程序上是開放的,參與對象也是多元的。民主懇談會的參加人,除了人大代表、政協委員、政府部門官員、專家、公眾代表,還包括自願參加的普通群眾,或者企業外來員工的代表,身分不受任何限制,只要有時間或興趣都可以參加,民主懇談為社會上的各種利益群體就其自身利益進行討價還價提供了平臺和機制。

第三,平等性。協商式民主主張平等的自由協商程序正是政治秩序合法性的來源,強調參與者具有平等的討論公共決策的權利和機會。協商民主的過程實際上就是各種具有不同利益訴求和偏好的政治主體進行政治對話的過程,這些參與的政治主體之間是完全平等的。[18] 每個參與者的地位都是平等的,他們平等地參與、平等地交往,訊息互通,給每個參與者提供平等的影響他人的機會,透過公共辯論和批判來決定公共事務。溫嶺的民主懇談也體現了協商式民主這一平等的精神,懇談會的參與者在對話過程中都有平等的發言機會,可以充分地表達自己的利益要求,提出各種意見和建議。澤國模式還採用隨機挑選的方式產生民意代表,大會發言也用抽籤的方式選取議題,都體現出民主懇談形式平等或機會平等的設計。

2. 民主懇談會促進了中國的「鄉村民主」建設

以村民自治為核心的中國鄉村民主建設進行了大約 20 年了,但是由於各方面因素的制約,中國的鄉村民主實踐仍存在諸多問題,農民的合法權益受到漠視而沒有相應的申訴渠道,農村社會的矛盾和衝突不但沒有得到解決,反而有日漸增多的趨勢。近幾年,中國農村社會的強徵土地、村集體資產流失、村務財務不公開、貪汙腐敗、環境生態汙染等問題及其引發的矛盾也層出不窮,農村社會的這

些矛盾和衝突深刻暴露了以村民自治為核心的鄉村民主並沒有造成當初制度設計者所要達到的目標。雖然村民自治的相關制度和程序設置越來越系統和規範，但是鄉村民主選舉、民主管理、民主決策和民主監督仍然存在巨大的落差。熱鬧的鄉村選舉背後是村民對政治和公共事務的冷漠，高選民登記率、高參與率的華麗外衣是建立在基層組織和選舉委員會的高度動員基礎上的，村民投完票就走，對選舉結果毫不關心，政府也把選舉當做了內部幹部選擇的組織過程，候選人和選舉結果沒有經過真正的民意考驗。村委會是由村民選舉產生的，但村民卻無法對其權力進行監督。「村莊的公共事務、資源分配仍然是由少數幾個人說了算，將廣大村民排除在外，惡劣的結果是嚴重忽視了村民的基本權益，由此引發出更多的社會矛盾和衝突。」[19] 實行村民自治的村民委員會不能按照村莊的實際獨立決定村莊事務，而聽命於鄉鎮政府。由於財力不足，公共事務無法展開，村委會對鄉鎮政府的依賴性明顯，村莊基本設施建設都依賴於鄉鎮政府的財政安排，村民自治有名無實。中國「鄉村民主」的困局有著深刻的社會文化背景。中國傳統政治文化中缺少「民主」的概念，也沒有公共精神的闡釋，傳統的鄉村社會結構產生了冷漠、自利的社會成員，對政治冷漠，責任意識和民主意識都很淡薄，政治參與的積極性和主動性普遍不高，數千年的專制權力結構使得公民的自主性迷失，培養了村民「順民」人格和服從權威的臣民文化，參與型公民文化的缺少，農村社會的公共空間、公民的主體地位和主體意識受到極大的壓抑，這些政治文化機理都造成了中國「鄉村民主」實踐的困局。面對「鄉村民主」的困局，中國不少基層地方都在努力尋求解決之道。而溫嶺的民主懇談機制透過開放、包容、平等、自由的討論溝通機制，以求在公共利益基礎上公眾廣泛的共識，成為推動中國鄉村民主建設的有效途徑。民主懇談促進了公民的有效參與，拓展了中國鄉村民主政治發展的廣度和深度，主要表現在以下幾個方面：

第一，民主懇談實踐促使鄉村社會公共精神和公民權利意識的覺醒。現代公共治理模式就是要實現公共權力向社會的復歸，而公民的權利意識和公共責任意識是實現這一目標的前提。溫嶺的民主懇談會讓每一個受其政策影響的公民都有表達其利益訴求的機會，透過對話和交流的方式決定公共事務。討論和對話的過程也是公眾就公共事務作出審慎決定的過程。在民主懇談會的機制下，參與者各方在相互交流和對話中，自由表達自己的意見和主張，認真傾聽並理解他人的觀點，可以促進彼此之間的相互包容和相互信賴感，其直接結果就是培育了民主政治社會必需的公民的集體責任意識、寬容精神和公共理性。民主懇談實踐對於公眾參與的強調，激發村民的參與意識和參與熱情，促進決策的民主化和科學化，

使得公民日益成為維護自身權利的「理性人」，極大增強了公民的自主性和自覺性，從而厚實了鄉村治理的社會力量。在公眾參與的氛圍中，參與者的權利意識和民主素養都會得到極大提升。「民主懇談會是一所『公民學校』，它使參與者能夠更好地理解他們作為公民的權利和責任，以及政府的職能和義務，培養出健康民主所需要的像政治共同體成員之間相互理解的公民品質。」[20]

　　第二，民主懇談實踐暢通了鄉村社會公民利益表達的渠道，促進公民有序參與。在傳統的鄉村治理結構中，政府工作態度粗暴，不聽群眾意見，動輒以權壓人，無視群眾合法的利益訴求，群眾一直希望得到解決的問題始終難以得到解決。公民的權利受到侵害，卻缺少相應的利益表達渠道。如果沒有公民的利益表達，單單村民自治中的選舉民主制無法保證公民權利訴求得到落實和維護。民主懇談則暢通了公民的利益表達渠道，公民可以透過民主懇談會的制度平臺，表達自己的利益訴求，與政府相互交流和溝通，形成結論性意見作為公共決策的依據，這樣也可以使政府公共決策能夠真實反映民意。民主懇談機制還透過鼓勵參與者進行理性反思，促進訊息整合，對彼此關切點進行歸納，從而實現利益綜合，形成各方都能接受的結論性意見，同時公共決策過程也由原來的「暗箱操作」變為「陽光決策」，提高了透明度，促進了決策的民主化。民主懇談暢通了公民利益表達渠道，提倡公民與政府間的意見溝通和交流，透過交流和溝通彌合或消除彼此的分歧，最後達成一致意見，由於民意透過民主懇談得到彰顯，因而能夠避免非制度化參與的方式，確保公眾有序參與。

　　第三，民主懇談實踐促進了政府與公眾之間的互動。溫嶺民主懇談實踐的產生和發展是政府與公眾之間良性互動的結果，這種互動合作在民主懇談的過程中得以反映出來。作為協商民主的決策形式，民主懇談機制強調政府與公眾之間保持相互溝通和交流，要求政府以一種開放的、包容的態度來吸納民意，善待民眾，將民意作為政府公共決策的出發點和最終歸宿。民主懇談中公民參與公共決策過程不僅為政府決策提供訊息，強化公眾對政策的理解，還確立了政府與公眾之間的良好合作關係。在溫嶺公共預算改革試驗中，政府與公眾之間的互動是非常清晰的，政府擬定相關的預算方案，然後組織民主懇談會對方案進行討論審議，再根據民主懇談中各方的意見對預算進行修改，最後由政府提交給人大進行表決，正是透過雙方之間的良性互動，消解了原來政府與公眾之間存在的疏離關係，才確保了公共決策的科學性、合理性，並賦予其合法性。

第四，民主懇談實踐促進了中國鄉村治理模式由權威型治理向多元主體合作型治理的轉變。中國傳統的公共治理模式都是獨白式的、自上而下的強制性指令，而民主懇談則徹底改變了政府「元話語」霸權的侷限，公共政策的制定不再是政府或行政集權單方面的事情，公民不再僅僅是公共政策的被動承受者，而且還是公共政策的參與者。民主懇談作為一種對話機制，拓展了公眾參與公共政策的空間，對話和交流直接影響到政府的公共行為，增加了公眾對於公共議題的發言權。任何涉及公共利益的事情，都可以被納入民主懇談的議題範圍，基於民主懇談這一制度平臺，政府走下「神壇」，與社會公眾平等地展開真誠的、真實的面對面的對話，政府對於公眾的質疑進行必要的回應，在互動與反饋中形成政策，在政策執行方面接受公眾的監督。民主懇談是一個多中心治理模式的平臺，它讓政府與公眾在平等對話協商的基礎上達成共識，形成了雙方平等夥伴關係的治理網路，從而對鄉村社會進行有效治理。民主懇談走出了強調權威、命令和強制的中國傳統鄉村治理模式，促進了鄉村治理民主化的發展。

第五，民主懇談重塑了中國鄉村社會的公共權力關係結構。隨著市場經濟的發展以及村民自治建設的發展，國家權力也逐漸從村級組織中柔性退出，帶來了中國鄉村社會基層社會政治結構和鄉村治理模式的變遷，形式上呈現出村民自治組織和鄉鎮政府所代表的國家治理並存的局面。但是，代表國家權力的鄉鎮政府與村民自治組織之間始終處於一種非均衡的狀態，掌握了絕大部分政經資源的鄉鎮政府在鄉村治理結構中居於核心地位，村民自治組織則處於依附地位。雖然法律上鄉鎮政府需要尊重村民的自治權力，不能任意干預村民自治範圍內的公共事務，然而，在實踐中，鄉鎮政府對村莊公共事務的直接干預是中國鄉村治理中的普遍現象，鄉鎮政府可以透過各種途徑和形式控制或支配村民自治組織完成各種任務目標。溫嶺的民主懇談在相當程度上重塑和改善了鄉村公共權力關係結構。隨著鄉村利益分配格局和社會結構的變化，村民手中的社會經濟資源逐漸增多，甚至可以透過組織化的形式在鄉村治理中發揮作用。民主懇談使得鄉村場域的各權力主體（鄉鎮政權、村民自治組織、村民）按照民主的遊戲規則進行利益博奕和互動合作。隨著民主懇談機制的推行，村民的參與意識和利益訴求使得鄉村治理結構中的權力關係發生移轉，協商的結果是權力逐漸移轉到村民手中，村民成為了鄉村場域利益博奕的最重要的權力中心，對公共決策結果產生決定性影響。從鄉鎮一級的權力關係結構來說，公民參與式預算激活了鄉鎮人大制度的功能，透過人大代表的充分討論和審議，使得鄉鎮權力關係結構得以重構。長期以來，中國鄉鎮人大職能一直處於虛置化的狀態，鄉鎮人大、政府和黨委之間權力關係

失衡嚴重。溫嶺民主懇談透過引入人大制度，並賦予相關的程序性設計，對於政府公共預算進行審議、調整和監督，有效地制約了政府權力，使得鄉鎮權力結構體系從「黨政獨大」向黨委、政府和人大相對平衡的權力結構體系轉變。

注　釋

[1]. 所謂 PX 是二甲苯（P-Xylene）的簡稱，是一種用途廣泛的重要有機化工原料。

[2]. 潘岳：廈門海滄工業布局失調戰略環評刻不容緩。

[3]. [美] 加布里埃爾·阿爾蒙德、小鮑威爾：《比較政治學》，曹沛霖等譯，上海：上海譯文出版社，1987 年版，第 202 頁。

[4]. Kit Welchman，Erik Erickson：His Life，Work and Significance，Philadelphia：Open University Press（2000），P50.

[5]. 胡家勇等：《浙江省溫嶺市澤國鎮經濟社會發展調研報告》，北京：中國社會科學出版社 2008 年版，第 305 頁。

[6]. 胡念飛：《新河試驗是中國式的公共預算——訪中山大學政治與公共事務管理學院副院長馬駿教授》，廣州：《南方週末》，2006 年 3 月 16 日（5）。

[7]. 陳奕敏：《預算民主：鄉鎮參與式公共預算的探索》，北京：《學習時報》第 336 頁。

[8]. 陳奕敏：《參與式預算：溫嶺模式》，復旦大學公共預算績效評估中心編，《地方人大公共預算審批與監督學術研討會論文集》，2008 年 6 月。

[9]. 陳奕敏：《從民主懇談到「參與式預算」》，李凡：《2008 年中國基層民主發展報告》，北京：知識產權出版社，2008 年版。蔣招華等：《民主懇談：參與式公共財政預算安排決策機制——溫嶺市澤國鎮公眾參與 2005 年城鎮建設資金使用安排決策過程的個案報告》，2005 年版。

[10]. 中共溫嶺市澤國鎮委員會，溫嶺市澤國鎮人民政府：《民主懇談：參與式公共財政預算安排決策機制——澤國鎮公眾參與 2005 年城鎮建設預算安排決策過程資料彙編》，2005 年。

[11]. 何包鋼、郎友興：《協商民主在中國基層的深化——澤國鎮的 2008 年財政預算民主懇談會》，北京：《學習時報》，2008 年 3 月 10 日。

[12]. 李凡：《中國公共預算改革的突破——對浙江溫嶺新河鎮公共預算改革的觀察》，《人大研究》，2005 年 12 月。

[13]. Jon Elster Edited，Deliberative Democracy，New York：Cambridge University Press，1998.P.57.

[14]. 陳家剛：《協商民主》，上海：上海三聯書店，2004 年版，第 3 頁。

[15]. [美] 詹姆斯·博曼：《公共協商：多元主義、複雜性與民主》，北京：中央編譯出版社，2006年版。

[16]. 陳家剛：《協商民主》，上海：三聯書店，2004年版，第27頁。

[17]. [美] 埃米·古特曼、丹尼斯·湯普森:《審議民主意味著什麼》，談火生等譯. 談火生：《審議民主》，南京：江蘇人民出版社，2007年版，第6頁。

[18]. 王慶兵:《協商民主與政黨制度》，《學術探索》，2007年3月，第11-15頁。

[19]. 項繼權：《集體經濟背景下的鄉村治理》，武漢：華中師範大學出版社，2002年版，第345頁。

[20]. 郎友興：《中國式的公民會議：浙江溫嶺民主懇談會的過程和功能》，《公共行政評論》，2010年第3期。

行政規劃中公眾參與制度的構建

李積霞

◎甘肅政法學院副教授

2006年,南京城市管理局經過專家多次論證後,計劃在江北天井窪垃圾填埋場附近建設垃圾焚燒發電廠,但該計劃一經提出,就遭到周邊市民的強烈反對,附近的開發商、業主以寫舉報信、上網發帖、打電話等方式向國家有關部門反覆投訴江北焚燒發電項目。2009年9月,為反對北京阿蘇衛垃圾焚燒項目的建設,一些民眾透過調查撰寫了一份《中國城市環境的生死抉擇——垃圾焚燒政策與公眾意願》的報告,要求政府回覆兩個問題:一是二惡英的排放能否有效控制,二是提供排放達到歐盟標準的垃圾焚燒廠的具體數據。2009年11月,廣州番禺垃圾焚燒發電廠選址及建設問題也引發了大規模群眾強烈爭議事件,居住在番禺規劃地周邊的居民紛紛抗議,反對在番禺地區建立垃圾焚燒發電廠。番禺區政府邀請專家講解,舉行萬民民意討論活動,召開座談會和聽證會,將所有的選址地點向社會公示,徵求社會公眾的意見,投票論證擇優選址,並表示儘量建立在遠離居民居住的地區,居民對區政府的行為感到滿意,該事件得到解決。

在這些事件中我們看到,在行政規劃過程中若重視公眾參與,可能引發的爭議就能避免或消除。現代社會的發展和環境保護並非是一對不可調和的矛盾體,合理有效的行政規劃不僅不會對環境和資源造成破壞,還能對環境保護、資源的可持續利用造成積極的促進作用,但不當的行政規劃則會加劇人類經濟發展過程中對環境和資源的破壞。

關於行政規劃,國外行政法學界還沒有完全統一的概念,[1]中國國內學者的觀點也各不相同。[2]姜明安教授認為行政規劃是指行政主體在實施公共事業及其他活動之前,首先綜合地提示有關行政目標,事前制定出規劃藍圖,以作為具體的行政目標,並進一步制定為實現該綜合性目標所必需的各項政策性大綱的活動。[3]從行政法學者對行政規劃的概念的界定來看,行政規劃的目的主要是為了實現公共利益的目的需要。它主要的活動方式則是制定目標規則或頒布抽象的規範性文件。

一、行政規劃中公眾參與的必要性

(一)公眾參與是行政規劃權運行實現民主化的保障

公民的廣泛參與是權力運行實現民主化的保障手段，而且參與機制的完善與否是判斷一個國家權力運行民主化程度的基本標準。民主是憲政運作的前提和基礎，也是憲政產生的根源和基礎，民主的統治形態就是法律支配權力的邏輯起點，也是憲政正常運行的基礎。[4]公眾參與行政規劃的過程，就融合了民主、法治、人權、正當程序這些憲政理念，這個過程的本身就說明了這些憲政理念的深刻內涵，如果將公眾參與加入進去，需要建立在這些憲政基礎之上。公民參與公共事務的討論是現代民主法治運作的條件和特徵，憲政秩序能調和憲政社會內部存在的矛盾衝突，這種整合功能依靠民主來實現。公眾參與行政規劃的過程充分體現了民主的形式和內容，要想做到依法行政，使規劃更為合理、正當，需要行政規劃機關廣泛地吸收民眾提出的各種意見，充分體現規劃的民主性，尤其是行政規劃程序中的民主性，使公眾在規劃的各個環節中都有機會參與規劃的制定過程。行政規劃是行政規劃機關依據法律的授權在管理社會時運用行政裁量權的政治活動的過程，在這一活動過程中，是國家權力運行的展示，讓公眾參與行政規劃權力運行是民主政治的體現。行政規劃方案涉及範圍很廣、屬於重大事件的，是需要廣大民眾的廣泛參與、討論的。公民參與行政規劃就是公民充分行使參政權進入公權力運作的活動。[5]

（二）公眾參與是規範、控制行政規劃裁量權的有效手段

法治原則要求行政機關或行政相對人都必須在法律規定的框架內進行各項活動，不允許任何個人和組織超越法律許可的範圍。規範行政規劃的法律包括實體和程序兩個部分，實施制定好的規劃內容，程序並沒有限制自由裁量，而是給自由裁量提供選擇的模式和選擇的標準，當我們選擇一個最合理的程序時，需要行政機關根據個人、政府、社會等各個利益群體的平衡來確定。實體法的相關規定，更有利於限制規劃裁量權的濫用，保障公民的權利，實現權力和權利的合理分配。行政規劃機關作出規劃行為，其核心和依據在於行政規劃權。行政規劃權一般是指有權的行政機關確定在未來一定時期內所要實現的規劃藍圖的權力。就是說，行政機關確定了目標後，選擇一定的方式和手段創制出規劃，這種創制和選擇的權力就是行政規劃權，在德國被稱為「規劃裁量權」，其重要特徵在於法律賦予了行政機關權衡的自由。規劃裁量權正是基於自由而存在的。規劃裁量權是一種獨特的行政權力，其可以創制規則，可以做出具體行政行為，又能造成指導作用，是一種具有綜合性質的行政權力。[6]源自不正當的目的、忽視相關因素、顯失公平的嚴厲制裁，以及不合理的遲延都是濫用自由裁量權的行為。專橫、任性隨意地使用行政規劃裁量權的行為應受到法院的審查和處理，由此引發出行政規劃方

面的訴訟案件。在實體法中，有許多行政規劃涉及的行政法原則和行政法律條文，比如，中國行政法上的合理性原則，也是用來限制自由裁量權的，它要求行政機關在行使自由裁量權時，除合法性要求外，還要做到：（1）行為的動因符合行政目的（2）建立在正當考慮的基礎之上（3）內容合乎情理（4）遵循比例原則、適度性原則和必要性原則。[7]

（三）公眾參與可以平衡行政規劃中公共利益與私人利益的衝突

行政規劃機關在行使規劃裁量權時，會涉及公共利益和私人利益，但二者的界限劃分很難把握。行政規劃部門在制定規劃方案時會觸及某個個體的土地及其財產權利等權益。但有人也會認為二者是相互滲透、配合和相互轉化的關係。在行政規劃的制定、確定、實施的過程中，須平衡公共利益和私人利益。公共利益也並沒有自然而然地優先於個人利益，公共利益並不必然就是限制私人利益的適當理由，權利本位主義的價值取向受到尊重。比如，在美國的司法實踐中，一個因為公共利益制定成立的行政規劃並不會構成一個需要政府支付補償費用的內容，但在特殊情況下，一個行政規劃可能嚴重地干預了私人的使用或者造成財產價值的急劇減少或者損失，法院就會認定該行為是一個需要支付補償款的行為。

二、中國行政規劃公眾參與的現狀及問題

（一）中國行政規劃中公眾參與的現狀

到目前為止，中國公眾參與行政規劃還處於初步發展階段，還沒有關於行政規劃公眾參與方面的專門法律規範。公眾參與主要被應用在行政許可、行政處罰、城鄉建設規劃、環境保護和環評等領域。在行政規劃的實踐中，部分地方已經開始了引入公眾參與機制。比較早的是1973年1月，桂林市政府率先引入公眾參與機制，將《桂林市城市總體規劃》向市民公開展覽徵求意見。但到1990年代中期才真正逐漸推廣，上海、杭州等一些大中城市開始廣泛推行以展覽、徵詢意見等形式為主的公眾參與活動。近年來，上海、深圳等地除了要求普通市民的參與外，還建立了規劃委員會制度吸收專家參與。但是，在取得一些收穫的時候，也應認識到行政規劃中公眾參與還存在許多需要改進的地方，比如目前的公眾參與只注重個人參與、忽視社會團體的介入，以宣傳為主、缺乏實質意義的參與活動，缺乏合理的組織機制和缺乏立法支持和制度保障等。

2007年10月通過《城鄉規劃法》第8、18、22、26條規定了公眾參與的內容。規定中國在城鄉規劃制定過程中的公眾參與包括三個階段：規劃決定的發布、舉行聽證會、聽取各個方面的意見。從總體上看公眾參與的層次比較低，公眾參

與規劃制定程序缺乏可操作性和實用性,不利於公眾全面、深入以及有效地參與。對於公眾參與的主體、範圍,公眾提出意見和建議的期限、效力,公眾和專家的不同意見該如何取捨,公眾的意見如何反饋等這些問題都沒有相關的規範。行政機關在規劃制定過程中對公民參與權利的不當縮減和剝奪是對公民權利的不當處分和嚴重侵害,應得到救濟,但《城鄉規劃法》對於救濟程序誰來啟動、如何啟動,均未作出具體規定,雖然各個省根據各省的情況制定相應的實施辦法,但還缺乏與之相關的保障救濟制度。

1989年12月26日頒布的《環境保護法》主要有三條涉及公眾和行政機關關係的條款。這三條都是在憲法的授權下制定的,[8] 這些法律條文的規定為公眾參與到環境規劃確定程序中提供了法律依據,並對規劃中涉及的環境因素發表意見和建議,但缺少一些責任追究機制和公眾能直接參與的條款。

中國《土地管理法》中所稱的土地利用總體規劃是土地規劃的一種,除此之外,還存在著城市總體規劃,村莊和集鎮規劃等,其中都不同程度地涉及土地利用和保護。《土地管理法》的第三章關於「土地利用總體規劃程序」包括了土地利用總體規劃和分級審批、變更、實施等程序的規定。這種程序設置不是要求土地行政規劃為當事人負責,而是對上級負責,只強調縱向的權力分配,而缺乏對立面設置、意見交涉等基本要素,相對人沒有充分的機會參與選址規劃的制定過程,只有服從行政規劃的義務。對規劃程序的規定幾乎成為審批程序,流露著非常濃厚的管理意識,與行政法律程序理念正好相反,缺少對提出的異議的受理、吸收其他行政機關意見、舉行聽證會等實質性民主參與環節。

由於中國對行政規劃的研究起步較晚,加之以前中國長期處於計劃經濟體制的束縛中,因此中國行政機關現在對行政規劃的運用中存在不少的問題。

1. 行政規劃主體雜亂

行政規劃主體不僅是判斷規劃決定行為的合法性標準,而且也關乎行政訴訟被告資格的確定。中國傳統的行政規劃體制是由很多個不同層級的行政機關組成的,以城鄉規劃領域為例,從中央到地方,從政府到政府部門,五個行政層級都有不同程度的行政規劃決定權,形成了一個龐大的規劃權體系。這種傳統行政體制最突出的特點是封閉性和垂直性。行政規劃編制、確定的主體均是掌握行政規劃權的政府部門,規劃專家扮演了技術專家的角色。一方面,這使得不同規劃主體間缺少協調或者規劃主體內部職能模糊;另一方面,技術導向的規劃,造成專業知識決定規劃,即專家決定論。

2. 社會公眾介入行政規劃決策的途徑受阻

行政規劃如果過分忽視了公眾的訴求,將直接導致在行政規劃過程中缺乏對公眾意志的合理考慮,降低行政規劃主體及其行政決定的合法性和正當性,降低公眾的接受程度。行政規劃最好建立在公民廣泛參與的前提下,在政府與有利益關係的公民團體或個人之間、團體或個人之間在充分的對話、溝通、相互協商或妥協的基礎上達成。但很多情況下根本看不到利益相關人的參與。許多行政規劃欠缺規劃草案公示程序,規劃方案按內部文件處理,拒絕向公眾展示。行政機關之間缺乏協調,比如土地規劃、城鄉規劃,往往涉及土地、規劃、建設、環保等數個行政機關,一方面存在著多部門之間的職能衝突,另一方面規劃程序規範中缺乏部門協調機制,最終導致了「多頭規劃、互相扯皮」局面的出現。此外,中國行政規劃往往具有封閉性,導致公益規劃反而積聚了很深的矛盾,引發了大量的信訪和訴訟行為。

儘管一些地方建立了如城市規劃委員會等形式的參與組織,但該制度亦存在諸多缺陷。首先,委員的構成不合理。全國各地現有的規劃諮詢委員會在委員構成上不是侷限於專家學者,就是官員過多,常常缺乏利益團體和市民的代表。若缺乏公眾代表對公眾利益的維護,其往往只能停留在技術的層面上,即便是有也存在沒有區分組織化的利益代表和未經組織化的利益代表的缺陷,忽略成員構成的均衡性,結果往往是社會公眾處於劣勢。其次,程序運作不公開。行政規劃工作的每一個步驟都涉及廣大市民的利益,而目前的規劃決策環節主要是在規劃編制單位、規劃部門和城市政府三者之間封閉運轉,廣大市民被排斥在外,比如會議議程不對外公布,會議材料嚴格保密,使公眾無法複製和查閱;或者雖然會議對外公開,但在會前沒有展示相關規劃。再次,運作效率過低。目前擔任委員的官員和專家學者多數日常事務繁忙,導致會議召開的頻次有限,對有些重要事項甚至無法根據需要及時安排審議。最後,缺乏法律依據和立法監督機制。現行的《城鄉規劃法》尚未對此作出明確規定,各級政府部門大多是以地方性法規、地方政府規章甚至是行政規定作為依據設立規劃諮詢委員會的。這種缺陷和做法很容易帶來職能定位、組織設計、審議效力上的諸多混亂。[9]

3. 行政規劃隨意啟動,隨意變更

行政規劃程序的啟動必須具有合法的目的性,即存在著現實的公共利益需要。隨著社會的發展,原來奉行消極行政的政府開始主動全面地干涉社會事務,政府的隨意性行政行為就加大了。政府若將把公共利益等同於其自身的利益,把利益

代表者和維護者當做了利益人自身,就會導致隨意地啟動、更改規劃方案。行政規劃一般不會發生變化,若發生變化,只能是因為一個新的、更大的公共利益的需要。但是在現實生活中往往會因為換了一個新的領導幹部,行政規劃就會發生變化,出現「一屆政府,一個規劃」的局面。因為中國尚未有統一的行政程序法典,各種行政規劃程序一般規定在土地管理、城鄉建設、環境保護等單行立法之中,加上有部門立法的痕跡,導致規劃的法律不僅實體規範不健全,而且程序規範也缺失。當前中國行政規劃程序存在的主要問題是行政規劃機關濫用「公共利益」,行政規劃程序啟動隨意,隨意變更。

4. 行政規劃的救濟和補償制度缺失

首先,依據現行的《行政訴訟法》,行政規劃機關確定規劃行為若存在程序違法,公民可以提起行政違法之訴。但實踐中並不區分規劃行為和規劃本身,而將行政規劃確定行為認為是一般性行政規範,屬於抽象行政行為,進而以不符合受案範圍為由,逃避《行政訴訟法》的適用,使因行政規劃受到損害的當事人基本上處於無法得到救濟的狀態。其次,行政規劃內容的變更可能會給許多相對人造成不利的後果,依據行政信賴保護原則,行政相對人對行政權力的正當合理信賴應當予以保護,行政機關不得擅自改變已生效的行政行為,確需改變的,應對行政相對人因此而遭受的損失予以補償。但是有關行政規劃的《城鄉規劃法》、《土地管理法》等法律中均無相關規定。

(二)域外行政規劃公眾參與制度及啟示

1. 德國的行政規劃中的公眾參與制度

德國是第一個將行政規劃納入行政程序法典的國家。早在1966年頒布的《行政程序法標準草案》(《慕尼黑草案》)中就規定了「確定規劃程序」。1976年頒布的《聯邦行政程序法》中保留了許多規劃確定程序的規定,經過了多次修改以後,相關的程序規定才初步完善起來。1997年最新頒布的《聯邦行政程序法》「確定規劃程序」一節就重點介紹了德國的規劃確定程序。在行政規劃的制定的過程中,公民參與的程度有所不同。其行政規劃制定的步驟主要有:(1)行政規劃的擬定。有權擬定行政規劃的主體應當提前擬定出規劃。規劃具體由描述和解釋兩部分組成,需要詳細說明規劃的起因、規劃的內容、規劃涉及的土地及設施等事項。(2)舉辦聽證。聽證程序規定得比較詳細和具體,主要包括:提交規劃、徵求意見、舉行聽證會、展示規劃的改動、聽證結束後的處理等步驟。[10] (3)規劃的裁決和通過。聽證之後,行政規劃的裁決應由計劃確定機關依法作出,之後

才能生效。在規劃的裁決過程中應全面考慮聽證獲得的材料,並以書面形式作出相應的裁決並說明理由,送達利害關係人的手中。對聽證會上沒有解決的異議也應當作出裁決,同時須要求行政規劃擬定主體採取一些必要的防護措施,出於保護公共福利的目的,避免對他人的正當權益造成損害;規劃確定機關不能作出終局裁定的,還應當在確定規劃裁決中保留決定權,告知規劃擬定主體及時提供仍缺少的證明材料。[11](4)規劃的變更和廢除。在制定完成前行政規劃變更內容的,原則上應重新進行規劃確定程序。如果只是變更規劃的次要部分,不影響其他人的利益或經關係人的同意的,可以不重新進行規劃確定程序。若重新進行,行政機關也無須透過聽證和公告的方式確定規劃裁決。

除此以外,對行政規劃的法律救濟途徑也有規定,比如,提出的申請人可就規劃主管機關的不作為行為提起履行職責之訴,第三人可以對規劃確定裁決提起撤銷之訴。由此我們可以看出,與其他國家比較,德國的行政規劃制度和內容是相對成熟和完善的。

2. 日本的行政規劃中的公眾參與

日本是一個具有特殊性法律傳統的國家,既有大陸法系傳統,又深受英美法系的影響。日本行政法學對行政規劃的研究,也是建立在實踐和立法基礎上的。日本行政程序法的立法活動,始於二次大戰結束後不久。1983年的《行政程序法草案》中規定了行政規劃,其主要程序與德國的相同。但後來正式頒布的《行政程序法》中去掉了行政規劃一章的內容。日本實定法上規定的行政規劃的種類已經超過300多種,大多是拘束力較弱的指導性行政規劃,這種特徵在規劃的制定程序上有一定的反映,其行政規劃在制定時一般要遵循合理性原則,注重保護利害關係人的合法權益。同時,為了保證行政過程的民主性,注重對利害關係人的利益平衡,對專業知識方面的依賴性較高。日本現有關於行政規劃程序的規定主要是分散式的,規定各類規劃程序的法律文件比較多。日本在制定行政規劃時比較注重:(1)保護利害關係人的利益;(2)保證規劃內容的合理性、正當性;(3)為了保障行政過程的民主性,需要調整關係人之間的利害,尊重基於各種專門知識作出的判斷,協調行政之間的相互關係和多個規劃之間的相互關係以及確保統一性,反映民眾的意見,行政規劃的制定程序須是民主的。[12]

總的來說,日本現行的行政規劃制定程序並不是固定的,不同的規劃類型有不同的規劃制定程序。日本制定行政規劃的法定程序主要有以下幾步:一、規劃的提出,一般有議會的決議、承認;二、由審議會進行調查、審查、認可;三、

聽取有關地方公共團體和相關人士的意見，進行民主考察；四、報請上級行政機關承認或批准；五、召開公聽會，由居民、利害關係人提出意見書，把其對規劃是否同意的意見表述出來，最後再公布規劃。[13]在日本規定的行政規劃程序中，明確規定了專家諮詢制度，尤其是透過立法確立的專門的審議委員會制度，即在作出行政決策時，還需要將專家審議作為一個必經的程序和環節來考慮，其中諮詢程序是指關於某種行政決定，在該處分廳之外設置作為合議機關的審議會，就案件向該審議會諮詢，在經過審議會審議的基礎上，處分廳作出正式決定。[14]這種做法是較符合中國國情的，可以避免專業知識的錯誤，提高行政效率，值得中國借鑑。

3. 美國行政規劃中的公眾參與制度

美國的法律條文對行政規劃的主體規定得很詳細，1916年，紐約市批准的《紐約城市規劃決議》，成為美國的第一個規劃立法。[15]依據合眾國憲法，土地利用規劃的決定權都授予州政府，各州政府又把大部分權力下放到了地方政府。比如地方政府設立了政府立法機構，其主要職權是頒布規劃法，對有關規劃法的修訂有最終的決定權，規劃法案一般由市鎮議會通過。設立規劃上訴委員會用來接受申訴，認真聽取行政部門關於執行規劃法案的意見；大部分地方政府都設立了規劃局來執行規劃委員會及地方議會的決議。美國的州、市、縣設有規劃委員會，它是規劃評審、監督機構，屬非政府組織，由政府官員、規劃專家、市民代表組成，負責規劃的制定、審批和監督執行。出於對公民私有財產權利的尊重，任何行政規劃權力的行使，都須取得代表公共利益的議會的授權，行政機關僅充當執行機關的角色。為了防止政府的規劃權的濫用，透過憲法條款進行限制。美國《憲法》第十四修正案規定，若規劃超過了財產權限制的容忍義務，甚至剝奪了所有權人的合理使用的，那麼此項規劃將被視為應當給予正當補償的行政徵收。該條規定強化了行政規劃權的程序要求，假如一個規劃行為不是立法性的而是行政性的，財產的所有權人被授予申請規劃委員會舉行聽證以及政府說明決定理由的權利。如果規劃法案沒有正當性就等於說違背了正當程序的實質性要件，另外，法案也不能違反憲法關於平等保護條款的規定，比如排除少數種族、宗教少數派和低收入人群的規劃法案。

美國《聯邦行政程序法》規定鼓勵行政機關允許「利害關係人」，「只要不擾亂公共秩序」即可參與行政程序。這些法律規定也表明，行政機關掌握著決定

利害關係人是否參與的主動權，美國法院為了鼓勵利益代表更廣泛地參與行政程序，通常會撤銷那些限制公眾參與的行政決定。

美國的公眾參與程序的發展過程經歷了兩個不同的階段：（1）從標準授權法案到 1970 年代，《標準分區規劃授權法案》和《標準城市規劃授權法案》這兩部法案，它們都將城市規劃的必經程序規定為舉辦公共聽證會，還將聽證會分為制定規劃階段的公共聽證和規劃確定階段的公共聽證，對美國各州在城市規劃中公眾參與的立法規定都產生了深遠的影響。（2）1970 年代以後，規劃的立法內容開始鼓勵民眾「儘早和持續的參與」，有些州規定了具體的操作條款，而有些州則表明了推動公眾參與的意圖，由此可以看出，公眾參與開始成為規劃程序的重要內容。

與世界其他國家相比，中國的公眾參與理論基礎很薄弱，就目前的中國的實際國情來看，全面引進西方國家對行政規劃的公眾參與的理論是很不現實的。合理地處理和解決中國行政規劃中存在的問題，使之更趨於完善，需要長期努力。從比較和借鑑的角度看，儘管各國具體規定和做法在表面上看有所差異，但它們在實質上有很多共同之處，也都對中國的公眾參與行政規劃產生了影響。首先，域外完善行政規劃主體制度值得借鑑。一些國家傾向於在行政規劃主體之內或之外設置諮詢委員會以更多地吸納民意，協助行政規劃之決策，以增強行政規劃裁決的正當性和民主性。也有一些國家對於規劃的管理，由最初的行政命令轉變成更為柔性的行政指導的方式，越來越需要與行政相對人緊密接觸的行政規劃實踐主體，即地方政府和公共團體。其次，行政規劃權力的合理分配。因為世界各國的憲制類型和社會結構的不同，所以行政規劃權力的分配出現不同，在國家與社會二元分化的大環境下，行政公權的改革已經興起。一些國家實行自上而下的分權來達到行政規劃權力的合理分配目的的做法，比較適合中國的國情。再次，加強行政規劃程序中的公眾參與的力度。行政規劃直接關係到公民個人的合法權利和利益，所以，在行政規劃程序中加強公眾參與的力度，使行政規劃機關作出決策的過程成為一個民主、透明、社會公眾參與的過程，一個多方參與討論並達成共識的、不斷修正行動方案的過程，讓其成為行政機關和與規劃事項有利害關係的公眾之間進行協商、溝通、合作的平臺，讓他們認識到行政規劃不是一個僵化的限制性規定。最後，將行政規劃的擬定、審議及裁決機關分離。行政規劃制定的是否合理、可行，不應當由行政規劃制定機關自己認定，因為「任何人都不允許做自己的法官」，而應當由其他機關審議，還需要公眾參與其討論後方可，這樣做可保證規劃的客觀與真實，所以行政規劃的擬定、審議及裁決機關各自分開。

三、完善中國行政規劃公眾參與制度的路徑

（一）明確公眾參與的主體

公眾參與的理論在當今社會被廣泛地提及，尤其是在行政規劃領域，得到了世界各國政府和公眾廣泛關注，並出現了學者之間的學術討論。[16] 一般來說，公眾參與主要包括兩個要素：一是主體是公眾。雖然有的學者認為公眾不應該包括公民以外的社會組織，但都認為公眾屬於不行使國家行政權力的群體。二是參與過程具體體現了公眾將對政府作出行政決策產生影響。

公眾參與中的參與者往往包括非直接利益相關者和直接利益相關者，即專家和市民。前者在技術因素的基礎上，產生專家群體；後者在利益的基礎上產生，又可分為利害關係人和社會公眾，利害關係人主要是出於維護自身財產性權利利益的目的，而社會公眾是出於維護自身利益的目的，使其意見在規劃過程中得到吸收，加入到行政規劃的參與程序中，因為人數眾多，形成一個利益集合。

1. 專家

目前在中國政府和社會範圍內存在專家群體，[17] 他們沒有政府部門的編制，主要是運用自己所學的專業知識對規劃事項作技術性指導，提出可以科學地解決問題的方案。比如在中國的城市規劃院中有很多專家，他們都具有很深的專業知識背景，但該院屬於事業單位，不是行政機關。

2. 行政規劃利害關係人

行政規劃利害關係人是指在行政規劃法律關係中，參與行政機關作出的規劃行為，並與其有一定法律上的利害關係的公民、法人和其他組織。利害關係人因其自身所享有的權利和承擔的義務與行政規劃機關，構成行政法上的權利義務關係，其權利受到行政規劃的直接影響。過去利害關係僅指直接的利害關係，即只有當個人合法財產或者人身權利受到行政行為的直接影響時，這種情況才可以稱為存在利害關係，實際上這僅照顧了少數人的權益。行政規劃作為一種特殊的行政行為，廣泛涉及各種利益，以往實踐中如果不被認定與行政行為之間有充分的利害關係就沒有資格維護自身合法權益的禁錮必須突破，隨著社會的發展，擴大行政規劃利害關係人的範圍，成為必然要求。結合中國行政法治的發展現狀，因為按受行政規劃約束和影響的方式不同，可將利害關係人分為規劃直接約束的直接利害關係人和受規劃實際影響的間接利害關係人。[18] 具體來說，直接利害關係人，又叫行政相對人，範圍更廣，是指行政機關在作出規劃行為時，在主觀上就

明確指向且客觀上也對其合法權益發生影響的人。從權利、義務上看，直接利害關係人因規劃行為而對行政機關直接享有權利或者承擔義務，是直接對應的關係，他們是行政規劃法律關係的當然主體，受行政法的調整。間接利害關係人，又稱行政相關人，範圍很小，是指行政機關作出規劃行為時，主觀上並沒有指向他的目的，但在客觀結果上影響了其權益的人。由於這類利害關係人受到規劃結果的實際影響，在事實上與行政機關形成權利義務關係，行政機關有保護他們的義務。

3. 普通公眾

公眾作為公共事務參與的主體，泛指公眾、民眾。主要包括市民，他們與行政機關及工作人員有所不同，後者有國家權力，我們這裡所說的是只要不行使國家權力也不以專家身分出現的主體都可以歸入公眾的範圍之中。

公眾參與制度在行政規劃過程中，有助於提高行政規劃的質量，使行政規劃更能回應參加行政程序的各種利益主體的需要，而且其本身也是有價值的，因為它使公民具有一種對政府管理過程的參與感，增進了公民對政府決策公正性的信任。[19]

(二) 建立和完善行政規劃的訊息公開制度

訊息公開制度不只是一種技術性規定，還是正當程序的保障。它是公眾參與制度的重要組成部分，良好的訊息公開制度能保障公眾的知情權，是公民參與的前提。

從目前的實際情況來看，完善行政規劃訊息公開制度，在程序環節，應著重從以下幾方面著手：(1) 應該儘量將規劃訊息公開貫穿於行政規劃活動的各個方面和環節，在行政規劃的制定上，最好公布規劃草案，讓公民充分參與討論，認真聽取其意見和建議；(2) 在起草階段，應允許利害關係人等發表意見，歡迎社會各界闡述對行政規劃草案的看法，廣泛地彙集民意民情。在行政規劃的確需要修改的情況下，允許公民聯名直接啟動修改草案程序；(3) 在審議階段，應當採取電臺轉播、網路直播的形式讓公眾瞭解會議情況，在報刊上公布行政規劃草案以徵求各方面意見，公開聽證會，允許公民自由旁聽討論會；(4) 在裁決階段，允許公眾旁觀，允許轉播表決會議全過程；(5) 在公布階段，不僅要公布行政規劃文本本身，而且應當公開議事記錄，包括每個代表的發言記錄；(6) 建議建立規劃訊息管理庫，將所有的訊息保存起來，方便政府或公眾以後查閱。

行政規劃機關公開行政規劃裁決會議內容，是公眾瞭解行政規劃活動的基本運作狀態及進程、掌握行政規劃草案最後結果的重要途徑，有利於加強對行政規劃機關的監督力度。在美國，通過《陽光下的政府法》這一專門的法律來保障行政規劃會議公開這一事項的執行。中國法律對此還未作出明確的規定，因此，應加快行政裁決會議公開的範圍、公開的形式、公眾參與的必要程序以及違反會議公開的法律後果等方面的法律制度的建設，以保障公民的知情權的實現。

（三）完善行政規劃的聽證制度

目前中國因為還沒頒布實施行政程序法，也無系統的行政規劃立法，只是在《城鄉規劃法》等法律文件中有零星的規定，所以行政規劃中的聽證制度尚處於初步建立的過程中。實踐中舉行規劃聽證會的次數並不多，且在具體實施過程中存在著很多不規範的地方，比如，聽證前期工作準備不充分，聽證申請形式模糊，聽證會代表選任中弊端多，社會公眾的權利保障意識淡薄等。應根據中國立法的現狀，借鑑其他國家或地區的規劃立法，運用一些規則和制度，構建行政規劃程序中聽證制度，其具體路徑和措施主要有：第一，轉變觀念，樹立權利意識。受傳統觀念的影響，社會公眾對行政事務漠不關心，轉變這種觀念需要行政機關和社會公眾雙方的共同努力。行政規劃機關要把規劃的具體事項、規劃後的影響和後果都展示給社會公眾看，以徵求意見，對制定規劃設計的必要性、可行性進行論證；同時，也為行政機關聽取社會各方面意見提供一個程序化、法制化的渠道，避免「暗箱操作」。透過這種方式，使公眾參與聽證會，樹立社會公眾的程序和權利意識。第二，轉變傳統方式，擴大公眾參與途徑。因為立法過高的成本要求容易使行政機關無法承擔財政開支，迫使行政相對人繳納高額稅費，所以在提高民主性的同時，可採取網路式程序。透過網路發布訊息，公布聽證會上討論的方案，讓廣大民眾知道並參與互動，來表達他們自己的意見，或者透過電子郵件、信件、傳真等方式直接向行政機關陳述意見，透過這種方式使行政相對人參與聽證。第三，確立案卷排他原則。聽證筆錄是行政機關作出行政決定的重要依據，聽證筆錄由於具有客觀真實性，對行政權可以產生制約。如果聽證筆錄對行政機關無約束力，則聽證會就僅僅是「作秀」。各國聽證程序中都規定了聽證必須製作相應的筆錄，但是否作為唯一的依據，規定各不同。聽證筆錄因其經過質證，所以應成為行政規劃決策的重要依據。第四，完善聽證主持人資格制度。從世界各國家來看，聽證主持人的選任主要有兩種方式，一是美國式的行政法官制，另一個是由行政機關的首長或指定的人員擔任。結合中國的國情，最好採用後一種

做法。另外，聽證主持人必須沒有參加行政規劃方案的擬定，以避免「先入為主」，不能聽取行政相對人的意見。

(四) 建立和完善行政規劃的專家參與規劃制度

專家意見已經逐步進入到行政決策的中心環節，經濟學領域也存在這種現象，一些專業人士只為政府「打工」已經成為美國常見的現象，也是其他國家發展的必然趨勢。

中國國內的各級政府都建立了相應的專家儲備庫，讓專家替政府把脈，進行技術諮詢工作。召開聽證會時一般都會邀請三至五名專家參加。克服技術性限度的方法是增進專家諮詢過程中的公眾參與，吸納非專家人士進入諮詢過程。當然，行政規劃的內容一般會涉及專業性較強的問題，有些確實不是專業之外的人可以解決的。在參與行政規劃制定的過程中，專家則是以其自身的專業知識參與，追求規劃方案的科學性與合理性，而公民是根據自身的利益對相應的規劃方案提出意見。專家與公民在參與過程中的立場並不相同。專家的活動如果不與民主的意見形成和意志形成過程相聯繫，那麼專家就不能傾聽公眾的反應的聲音。

綜觀並借鑑其他國家專家參與規劃的運作模式，總結中國一些地方在這一領域的成功經驗，從專家論證會的組成、職權、程序性要求等方面來構建中國的行政規劃專家諮詢論證制度，為專家參與行政規劃提供制度化的途徑。行政規劃要求對相關的部門和領域的實際狀況有深刻而全面的把握，需要高度負責地進行推敲，要求有理論作支撐。科學、合理的行政規劃，要求尊重各部門各領域行政權運作的客觀規律，在廣泛聽取民意的基礎上，採取行政執法人員、公眾、專家學者三結合的方式。行政規劃主體是特定的行政主體，專家學者參與立法，其使命在於對有關領域的理論進行深入探索，為行政規劃主體提供理論參考。但利用專家的專業知識，並不意味著讓專家學者代替行政機關履行職責，擔當規劃起草工作，這個專家組織應有民法、行政法等多個部門法的專家學者組成，同時還要吸納自然科學、社會科學等相關學科的專家參與。為確保行政規劃專家組織組成的科學性與合理性，應在法律中對這一內容加以強制性的規定。一般面臨重大專業性問題，行政機關都會積極聽取專家的意見。雖然專家的論證並不必然得出合理可行的結論，但行政規劃機關既要聽取肯定性的意見，又要聽取否定性的意見，綜合分析，全盤考慮，才能收到合理的效果。但最後的裁決還是要由行政規劃機關作出，不能被專家意見所左右。因為行政規劃不僅涉及專業方面的知識，而且還要考慮其他方面的價值問題，例如社會歷史遺留問題、倫理道德問題等等，這

些問題不是專家諮詢論證所能解決的。行政規劃機關要依靠自己的判斷來分析和解決問題,掌握行政決策權。

公眾參與理論顛覆了以前傳統的政府管理模式,過去主要是政府處於主導地位,政府制定規劃,而行政相對人只能按照制定好的規劃方案安排自己的生活,而現在政府實施的一些行政行為需要傾聽行政相對人的意見和建議,將公眾參與理論引入行政規劃就有著非常重要的法律意義和社會意義。在行政規劃中,充分運用公眾參與這一理論,有助於避免一些「規劃裁量權的濫用」的現象的出現,保障行政規劃的有效性和合法性,有助於中國公民的知情權、建議權、參與決策權、監督權、訴訟權等這些實體性權利和程序性權利的保障,為行政規劃提供合法性基礎,增強行政規劃的可接受性。

注　釋

[1]. 德國學者毛雷爾認為想要給「計劃」下定義是不可能的,因為計劃在相對人、內容、法律約束力、執行方式等許多方面都具有多樣性。[德] 哈特穆特毛雷爾著:《行政法學總論》,高家偉譯,法律出版社 2000 年版,第 408 頁。日本學者室井力:行政規劃是指為謀求行政計劃化,規定應達到的目標及其實現的順序以及為實現目標所表示是必要手段的行政方針行為的總稱。室井力主編:《日本行政法》,吳微譯,中國政法大學出版社 1995 年版,第 53 頁。日本學者鹽野宏:行政規劃是指行政權為了一定的公共目的而設定目標,綜合地提出實現該目標的手段的活動。[日] 鹽野宏:《行政法》,楊建順譯,法律出版社,1999 年版,第 15 頁。

[2]. 臺灣學者陳新民:行政規劃是指行政機關為了在未來一定時期內達到特定行政目的,或實現某種行政理想,就採行之步驟與方法所為規劃與設計之行為。陳新民:《行政法學總論》,三民書局 1995 年版,第 320 頁。行政規劃是指行政主體為了實現特定的行政目標而對未來一定時期內擬採取的方法、步驟和措施依法做出的具有約束力的設計與計劃。應松年主編:《當代中國行政法》,中國方正出版社 2005 年版,第 1038 頁。

[3]. 姜明安主編:《行政法與行政訴訟法》(第二版),法律出版社 2006 年版,第 135 頁。

[4]. 白鋼、林廣華:《憲政通論》,社會科學文獻出版社,2005 年 5 月版,第 135 頁。

[5]. 議政權是人民享有充分的言論自由,享有充分發表自己的各種政見的權利。舉行的聽證制度正是行政規劃機關為此提供的一個參與評論的平臺。白鋼、林廣華:《憲政通論》,社會科學文獻出版社,2005 年 5 月版,第 81 頁。

[6]. 濫用行政規劃自由裁量權是指行政規劃機關故意地實施某種行為，或行政規劃機關不遵守為行使自由裁量權所規定的有關法律限制，包括客觀上違反憲法原則及有關法律原則和主觀上為達到非法目的而行使自由裁量權。陳貴民：《現代行政法的基本理念》，山東人民出版社，2004年版第238頁。

[7]. 參見羅豪才：《行政法學》，中國政法大學出版社，1989年版，第43頁。

[8]. 《環境保護法》第6條規定，如果單位和個人發現有汙染環境的單位有權進行檢舉和控告，第8條規定，對保護和改善環境有顯著成績的單位和個人，由人民政府給予獎勵，第11條規定，環境保護行政主管部門應當定期發布環境狀況公報。

[9]. 參見宋雅芳：《行政規劃的法治化理念與制度》，法律出版社，2009年7月版，第224頁。

[10]. 參見姜明安：《行政程序研究》，北京大學出版社，2006年1月出版，第101頁。

[11]. 楊海坤、黃學賢：《中國行政程序法典化》，法律出版社1999年版，第156頁。

[12]. 參見［日］室井力：《日本現代行政法》，吳微譯，中國政法大學出版社，1995年版，第56頁。

[13]. 參見皮純協：《行政程序法比較研究》，中國人民公安大學出版社2000年版，第303頁。

[14]. 日本《國家行政組織法》第8條、《地方自治法》第138條之四第3款。

[15]. 參見黃艷：《美國的區劃》，《北京規劃建設》1998年第5期。

[16]. 有的學者認為，公眾參與只是擴展了正當程序的要求，由過去立法指令、司法審查的模式向正當程序擴展。這體現在三個方面：一是由實體向程序擴展，二是由事後向事前擴展，三是由立法和司法對行政控制向公眾直接控制擴展，這樣就形成了對行政權有效控制的完整體系。姜明安：《行政法論叢（第11卷）》，法律出版社，2009年版，第63頁。

[17]. 專家主要是對某一事物、學問有過專門研究的人或者是掌握某項技術的人。參見中國社會科學院語言研究所詞典編輯室編：《現代漢語詞典》（第5版），商務印書館2005年版，第1787頁。

[18]. 例如，韓國1991年《行政程序法草案》第2條規定：「利害關係人」謂因行政機關之行為而受到法律上或事實上利害關係之影響者。柳硯濤：《行政給付研究》，山東人民出版社，2006年8月版，第182頁。

[19]. ［美］理查德·B·斯圖爾特：《美國行政法的重構》，商務印書館，2002年版，第130頁。

完善中國行政決策風險評估機制

周實[1] 馬野[2]

◎[1] 東北大學文法學院法學系主任、教授

◎[2] 遼寧省檢察院檢察官

　　行政決策是政府依據既定政策和法律，對要解決的問題，收集訊息、擬定方案、作出決定的行為過程。行政決策往往涉及公共利益、全局性、綜合性的事項，中國現在進入了高速發展期與矛盾凸顯期，如果行政決策不能夠科學合理，在制度導向上發生偏差，其結果往往就會「失之毫釐，謬以千里」。而行政決策風險評估是指，在行政決策醞釀、制定過程中，由行政決策中樞系統牽線，行政諮詢系統參與對該決策可能面臨的威脅、存在的弱點、造成的影響、帶來的風險進行分析評估的工作。建立和完善行政決策風險評估機制，已經得到全國各級政府部門的認可，並在工作中加以推進。

　　一、行政決策風險評估的必然性

　　（一）風險評估使政府「經濟人」本色的目標取向更加科學

　　政府本身不是一個超脫於社會各方利益之上的沒有自身利益的組織，亞當·斯密運用「經濟人」的假設，解決了政府追求利益的動機，經過凱恩斯的發展，人們也普遍贊同政府已經不再是守夜人的角色。與市場決策過程中的「經濟人」對利益最大化的追求相對應，在行政決策過程中，政府不可避免地傾向於對自身利益的維護，也就導致一些地方政府重經濟利益，忽視環保建設，狂熱追求 GDP，追求政績，直接導致了地方經濟增長和環境保護失衡，可能導致利益實現發生偏向而無法達到公共利益最大化，甚至各地重複建設，產業結構趨同。為官一任三五年時間，地方政府為追求政績，或者為了提高地方就業機會和增加財政收入，更樂意投入短、平、快企業或產業，殊不知揠苗助長反而會自食其果。風險評估從專業化、深度化、多維度出發，會形成多元化利益的表達方式。充分的風險評估能使行政決策擺脫政府「經濟人」角色不理智、不全面的引導，克服拍腦袋決策的局面，充分評估決策的後果，平衡社會利益的分配，可以有效地遏制對部分利益的維護，提供利益整合的基礎。

　　（二）建立責任政府、法治政府的必然要求

當代政府已經摘掉「警察國家」的帽子，國家只是一個「守夜人」的說法即使是在自由主義者那裡也早已成為一個舊時的寓言，行政決策都是以責任政府、法治政府、服務政府的理念作為基礎的。當然，中國經濟社會發展也進入新階段，轉變經濟發展方式和行政體制改革的任務更加緊迫和艱巨，但是，社會公平正義追尋責任政府、法治政府、服務政府的要求卻愈加迫切。行政決策是實現政府職能的基礎。只有政府及時、正確地作出決策，政府職能才能得到科學、充分的發揮。而只有健全行政決策制度，透過相關決策內容和決策目標的調整，政府職能轉變才能實現。[1] 行政決策直接或間接涉及公眾的利益，任何決策失誤都將是一種無可挽回的既成事實，並會給社會公眾帶來不利後果，即便事後追究責任也無法挽回決策失誤的損失。所以面對紛繁的社會，高速發展的經濟，日新月異的技術更新，行政決策的風險評估便是責任政府、法治政府、服務政府為民負責的一種態度，更可以看做是一種客觀責任。

(三) 風險評估是政治民主化的實現途徑

經濟市場化和政治民主化，已經成為當今世界潮流。隨著公共行政範圍的擴大和行政權力的膨脹，行政已不僅僅是一種以「執行」為主的活動，行政的政治化傾向使行政決策的風險評估成為現代民主政治的必要支撐，是民主的程序化要求，也是政治民主走向行政民主的重要保障。行政決策作為政治決策的組成部分，其實質是對社會利益的權威性分配。由於被賦予了公共權力，政府作為行政決策的主體，會產生對普遍政策的具體操作和操縱。行政決策體制重要組成部分的中樞系統都以官員為核心，而現代決策也具有較高的技術性要求，隨著科學技術的發展，決策模式的科學化程度提高，同時也形成了其與民主化之間的摩擦。隨著市場經濟體制的建立和日益完善，社會結構的重大變化，多元利益主體逐步形成並壯大發展，從事公共事務管理不再只由政府唱獨角戲，公共機構與私人機構乃至個人都可以充當公共管理的主體。社會公民作為行政決策的主體參與到行政決策中去是政府管理之道變革的需要。而透過風險評估可以平衡官員過大的權力，增強行政決策的社會回應性，同時會給社會公民參與行政決策提供一個平臺和參考的範本，會在國家權威和個人自由之間形成一個緩衝地帶。

(四) 實現行政決策目的的要求

在中國，行政決策的根本目的在於追求公共效益最大化。「公共性」成為行政管理的出發點和原則，行政決策是行政管理的重要組成部分，行政決策的所有要素都表現為「公共性」。在當今立法機關的授權日益廣泛、行政職權不斷擴張

的情況下,政府進行的大量活動並不是按照法律,而是根據行政決策的內容。為了使行政能夠更好地發揮作用,行政機構就不得不逐步擴大行政的裁量範圍,但是大量的自由裁量卻往往容易導致權力的腐敗。實踐中,行政決策的公共性也不可避免地受到來自社會中不同階層和部門利益的影響。因此,需要透過風險評估制度,儘可能找到科學的、中立的、讓更多的人滿意的決策方案。行政決策風險評估可以整合和集中社會精英人士的意見,然後有效表達出來,有利於防止公權力的恣意行使,達到國家利益、地方利益與相對人個人利益的平衡。

二、中國行政決策風險評估制度的現狀及存在的問題

(一)中國行政決策風險評估制度的現狀

2004年國務院頒發《全面推進依法行政實施綱要》要求健全行政決策機制以來,各級政府越來越重視風險評估的制度建設。特別是2010年國務院發布《關於加強法治政府建設的意見》,提出要完善行政決策風險評估機制,對於凡是有關經濟社會發展和人民群眾切身利益的重大政策、重大項目等決策事項,都要進行合法性、合理性、可行性和可控性評估,重點是進行社會穩定、環境、經濟等方面的風險評估,要把風險評估結果作為決策的重要依據,未經風險評估的,一律不得作出決策。自此,也掀開中國行政決策風險評估制度建設的序幕。如福建省發布《關於建立重大項目社會穩定風險評估機制的意見(試行)》、江蘇省發布《省政府關於加快推進法治政府建設的意見》、河南省印發《關於深入推進社會穩定風險評估工作的意見》、廣州市印發《關於對重大事項進行社會穩定風險評估的實施意見(試行)》、龍口市頒布《關於實施行政決策風險評估工作的意見》、合肥市頒布《合肥市人民政府重大行政決策程序規定》、江陰市政府通過了《江陰市人民政府重大行政決策社會風險評估辦法》、黑龍江省孫吳縣印發《孫吳縣人民政府重大決策社會穩定風險評估方案》、遼寧省莊河市印發《莊河市群眾利益重大決策事項社會穩定風險評估暫行辦法》、連雲港市頒布《連雲港市人民政府重大行政決策風險評估暫行辦法》等。上述文件均作出相關規定,要求對涉及重大工程建設、拆遷改造、土地徵用、國企改革有關重大決策及涉及群眾利益等方面的事項進行風險評估。此外,北京市、河北省、浙江省、陝西省、湖南省、安徽省等省市在建立與完善行政決策風險評估方面都作了積極的嘗試和探索,積累了寶貴的經驗。

(二)中國行政決策風險評估制度存在的問題

雖然在實踐中許多行政機關都認識到了風險評估的重要性，作出了相關的規定，並以一定的規範性文件形式予以發布，且在作出重大行政決策時都會按照規範的要求進行風險評估，但是，由於中國沒有較為完善的行政決策風險評估法律制度，風險評估在實踐中還是有諸多問題。

第一，行政決策立法不規範，法制化程度低。從上文介紹的立法現狀不難看出，中國目前關於行政決策風險評估的立法是極其欠缺的，沒有專門的法律、法規來規範行政決策風險評估，只有一些零散的規章、規定。這些規章規定雖然在實踐中也造成了一定的作用，但是很容易淪為權宜之計，而且很難真正造成其應有的規範和制約作用。另外雖然有一些規章以下的規範性文件對行政決策風險評估作出了專門的規定，但是其效力層級比較低，因此隨意性相對較大，而科學性與民主性則多有欠缺。

第二，行政決策風險評估的制度混亂。由於傳統文化的影響，官僚主義、官本位的觀念根深蒂固，一些部門和領導對行政決策的風險評估工作的重要性認識不足，對決策科學的內容、程序、功能等缺乏深入瞭解。行政決策風險評估究竟如何進行，在中國法律、法規中並沒有明確的規定，雖然前面提到的一些規章、規範對相似內容作了規定，但缺乏統一的指導，各省、市的做法還存在一定的差異，只能算做是有益的探索。甚至有的地方頒布相關規章，存有一定譁眾取寵的姿態，部分決策者依照規章進行了行政決策的風險評估，也僅僅將之當做為了體現民主而走的形式，讓風險評估報告成為「被」報告的一種。既降低了風險評估的權威性，也浪費了行政資源及經濟資源。

第三，行政決策風險評估制度缺乏整體配套性。應當說，經過多年的努力，特別是隨著政治體制改革的不斷深化，我們已經建立了不少行之有效的有關行政決策的法規制度，諸如民主集中制、行政首長負責制、社會聽證會制度、社會公示制度、決策問責制度等等，但這些制度缺乏內在的相互銜接性，整體配套性不強，加之在執行過程中存在著較大的隨意性，難以發揮出應有的功能和作用。

第四，對行政決策評估結果缺乏有效的回應機制。政府舉辦決策風險評估的實質是科學決策、民主決策，然而，行政機關對於行政決策風險評估的過程比較重視，但對於行政決策風險評估結果的處理卻缺乏應有的透明度。決策者並沒有對行政決策風險評估意見進行及時的回應，給公眾留下「走過場」的印象。

三、國外相關經驗借鑑

（一）美國行政決策的風險評估機制

美國的行政決策風險評估制度的最大特點是法制化,無論是官方決策風險評估機構還是非官方決策風險評估機構美國政府都制定了相關的法律。美國官方決策風險評估機構的法制化應當歸功於1970年代通過的《聯邦諮詢委員會法》,它對政府內部風險評估部門的各種問題進行了規定,促使其行為規範化、合法化。對於非官方的決策風險評估機構,美國有一系列的法律進行規範,包括資金、稅收、組織等方面,經過了很長一段時間發展,這些法律也日益健全,因此決策諮詢機構運行也較規範。比如保密性,國防部就敢委託非官方的決策諮詢機構進行事關國家命運的研究而不用擔心洩密問題。

美國透過積極的市場競爭發展了決策風險評估制度。美國市場經濟發達,美國行政決策風險評估制度很大特點就是競爭,即各種決策風險評估機構之間在決策風險評估活動中的競爭。因為公眾相信有競爭才會有進步,在制定政策上也不例外。由此,也產生了許多專門從事風險評估及政策諮詢的公司,比如著名的蘭德公司、史丹福研究所、對外關係委員會等等,他們成為美國公共決策制定中的重要力量。市場的觀念也促進了領袖外部體系的發展。只有把政策支持看做一種服務,可以在相關的市場上獲得,才能發展政府內外兩種諮詢及風險評估的系統,形成兩個市場。而只有市場觀念深入人心,政府才會相信外部諮詢,民眾也才會轉而尊重風險評估機構的意見,從而使美國政府的決策在各種風險評估機構的競爭中得到優化。

美國的各級行政部門的訊息的公開化在世界各國是做得相對的,這就為行政決策的風險評估提供發展的良好平臺。美國的普通公民在法定的程序下對政府除機密文件以外的檔案和文件享有審閱的權利,經公民申請,政府部門允許公民以一定的方式對政策文件進行查看和研讀,此外,美國還制定了其他相關的法律從各方面保障公民對行政決策的知情權,這樣的知情權及相應的法律保障制度,保證了美國的行政決策風險評估能夠有效地進行,並落到實處。

(二)日本行政決策的風險評估機制

日本政府在決策活動過程中注重發揮專家的作用,注意調整各方面的利益關係,以增強決策的可行性與科學性。日本政府的決策評估論證機構人員構成比較複雜,代表著不同的社會集團和社會階層。在審議決策過程中,各方面的代表人物從各自立場出發,廣泛地提出意見和建議。即使這些意見未被採納,政府在作出最終決策時,仍然會考慮到多方利益,協調各方面的關係,使作出的決策能為更多人接受,減少決策實施中的阻力。日本政府形成了一個良好的決策訊息循環

系統和優化行政決策的環境。同時日本建立了一套完整的決策評估論證體系。一方面有政府系統內部精通業務、知識豐富、善於思考、年輕有為的專家，有政府系統內部設立的專門風險評估機構——審議會，其組成人員並非是政府官員，而是包括學術界、企業界、輿論界、群眾團體以及離職的政府官員等知名人士；另一方面存在半官方的「思想庫」。半官方的思想庫是由學者專家組成的專門從事政策調研的高級論證機構，同國家機構沒有直接隸屬關係，通常從決策機構獲取指令，又給決策者提供觀點方法等。日本官民協商的審議制度頗具特色，發揮著重要作用。按照日本《憲法》的規定，在決策制定過程中，可以充分吸收各方面意見，以保障決策的民主化。並且，有利於兼顧各方面利益，保證決策的可行性。

（三）兩國風險評估制度的借鑑意義

美國和日本行政決策風險評估制度主要存在以下幾點對我們建立科學的行政決策風險評估制度具有學習借鑑意義：第一，強調決策的程序化、法制化是這些發達國家行政決策體制的一個顯著特點。頒布《行政程序法》等相關法律把決策過程定位於相對穩定的決策程序，越是重大的決策越強調程序化、制度化，為行政決策完整有序運作提供了基本條件。第二，兩國的行政決策風險評估機構設置比較完善，機構設置科學，決策權力分配合理，決策組織體系的各系統功能清晰，任務明確。第三，完善的行政決策評估方式促進行政決策的民主化。隨著知識經濟和訊息時代的來臨，這些發達國家都呈現出決策主體逐步擴大的趨勢，在決策過程中注意發揮了智囊機構和專家群體的智慧，彌補決策者個人智力的不足；在方法上，更多地運用電子化諮詢手段、政府公布網址，公民自由上網等形式，讓公眾就決策議題發表意見。

四、完善中國行政決策風險評估機制的幾點建議

（一）完善行政決策風險評估的法律及制度建設

法諺云：「無規矩難以成方圓。」多數情況下，人們不知道行政決策的好壞，只能著眼於相關法律制度規定是否翔實及程序設計是否合理。與傳統的專制政治和無序政治相比較，現代民主政治是一種程序政治。[2] 因此，那些有了不利結果的行政決策，也會因公眾在程序中被公正、合理地對待而被認同和接受，從而形成對行政決策的普遍信仰和尊重；如果能透過法律制度對行政決策的整體制度加以規制，定會為行政決策風險評估的合法、合理發展提供一個良性平臺。同時行政決策風險評估作為行政決策制度一個重要環節，必須在行政決策整體的法律制度規範下實行。雖然中國現階段有些關於行政決策風險評估的規範性文件，但鑒

於其法律層級較低，而且各省市規範的內容差異較大，規定內容不夠翔實，實際運用中出入較大，筆者認為，應制定專門的行政決策法律，將行政決策風險評估內容作為重要部分予以規定，並逐步加強行政決策風險評估的體制機制建設，為行政決策風險評估保駕護航。

（二）完善行政決策風險評估的具體範圍

廣泛的行政決策風險評估可以塑造平等、公正的社會價值理念，有效降低錯誤決策帶來的負面效應，還可以降低社會不穩定因素，避免衝突的升級，保證社會生活和諧穩定。但任何行政決策都進行風險評估勢必會帶來行政效率的低下，也會給行政成本和行政收益之間的權衡帶來挑戰，同時也使行政自由裁量權面臨巨大挑戰。我們否定「法律萬能論」，承認立法不能解決行政決策中的所有問題。因為行政自由裁量權是行政權力的伴生物，決策者在法定權限範圍內有就行政條件、行政程序和是否作為及如何作為進行選擇的權力，它在行政過程中客觀存在。而「法治所要求的並不是消除廣泛的自由裁量，而是法律應當能夠控制它的行使」。[3] 因此，筆者認為，應區分行政決策為一般行政決策和重大行政決策，對二者的風險評估機制應區別對待，或者說對於一般行政決策應著重發揮行政自由裁量權，而對於重大行政決策因其關係到社會公眾的重大利益，所以必須進行風險評估。凡是涉及當地經濟社會發展的戰略舉措、發展規劃和有較大影響的重要政策，涉及公共利益或者與人民群眾切身利益密切相關的重大行政決策，均應列入風險評估範圍。如政府重大投資項目、重大公共設施建設、公用事業價格調整、企業改制、土地徵用、房屋拆遷、環境保護、教育醫療社會保障制度改革等。

（三）科學設定行政決策風險評估的內容

沒有法定的風險評估內容，就沒有決策的科學化與民主化。筆者認為，決策風險評估的內容，應主要包括：一是行政決策的合法性及合理性分析。沒有依法決策，民主決策和科學決策極易成為空洞的口號。依法決策包括兩個方面，即程序合法和內容合法，風險評估的任務更側重於行政決策的內容是否合法。包括行政決策是否符合法律法規和國家政策，是否符合本地經濟社會發展實際，是否做到了公開、公正、公平，是否為絕大多數群眾接受，配套措施是否完善，所涉資金能否到位等。二是行政決策的必要性和可行性。重大的行政決策的影響是長久的，有的決策形式上沒有瑕疵，但卻沒有實際生存的土壤，會造成「小馬拉大車」的現象，所以行政決策的必要性和可行性研究至關重要。主要是行政決策是否符合本地經濟社會發展總體水平，成本與效益是否平衡，頒布的時機是否成熟，是

否開展了前期的調研宣傳解釋工作,提前制訂應急措施和應急處置預案,避免造成重大損失甚至引發社會不穩定。三是行政決策的可控性。主要分析評估行政決策的制定和頒布是否會引起重大公共安全隱患,是否有利於環境保護和資源節約,是否會引發較大的影響社會治安和信訪問題。[4]

(四)積極建立行政決策風險評估的配套制度

建立相關配套制度以保障最後的評估報告能實事求是地反映社會各界的反饋意見,充分評估決策風險,提出完善行政決策的建議。

第一,應建立行政決策風險評估專家庫及相關評估組織。一方面,應建立完善的社會專業諮詢機構,促進專業諮詢機構的發展,不斷完善相關專家備案及專家庫的建立工作,以此避免臨時聘請專家的盲目性及選用熟悉專家帶來的非客觀性,應當逐步建立並適時更新完善各類專業的諮詢專家庫。另一方面,完善風險評估主體的選擇方式和程序。筆者設想,承辦部門可以透過政府購買服務的方式購買風險評估成果,借鑑中國政府採購及招投標制度多年的經驗,按照「服務項目招標」的方式進行選購。而對於特殊行業、時間緊迫及社會風險評估組織參與少的情況,也可以經法定審批程序後,直接在專家庫中選取相關專家組成風險評估小組,按照法定程序及內容進行風險評估。

第二,完善行政決策風險評估的方式方法。在現代社會,對重大問題作出正確決策所需要掌握的知識、訊息量、使用的先進手段,是過去無法比擬的,因此,採取何種方式方法,取決於不同的決策內容。筆者認為,在完善各種風險評估方式中著重抓兩點建設。一要重視專業知識的力量,有效吸納各個領域的專家的智慧到決策過程之中,使專家的智慧同決策者的智慧和權力結合起來,充分發揮專家在政府決策過程中的作用。二是充分發揮民主,保證評估過程中人民的參與權。行政決策的所有要素都表現為「公共性」,而國家的一切權力屬於人民,參與權是保證人民民主權利實現的基礎,行政決策的目標取嚮應該是公共利益的最大化,而大多數人滿意就是實現公共利益最大化的標準之一。

第三,依託電子政務,增加行政公開力度。行政公開是公民參與行政決策的前提和基礎。離開行政公開,行政法治也無從談起。行政機關將行政權力運行的依據、過程和結果向行政相對人和公民公開,使行政相對人和公民知曉,滿足公民的行政知情權。以網路訊息技術為主導的大眾傳媒的發展是公民參與實現的有效手段,也增強了公民參與的能力,使直接參與民主成為可能。不但有利於公民

參與政治,也有利於風險評估過程中評估主體充分掌握行政決策訊息,避免評估失真。

(五)建立行政決策風險評估的回應制度

首先,以風險評估結論作為行政決策的重要依據。根據風險評估結論,需要決策的,要把握好頒布時機,提前制訂應急措施和應急處置預案,把風險防範的責任和措施落實在決策之前,避免造成重大損失甚至引發社會不穩定。[5]

其次,建立行政決策動態糾錯風險評估機制。行政決策作出以後,要注意跟蹤其執行情況,透過抽查檢查、跟蹤反饋、民意反映等途徑,及時發現決策執行中存在的問題和出現的新情況,有針對性地採取措施。當執行過程出現特殊情況,影響行政決策繼續執行時,對於重大行政決策是否實施、延續、調整或者停止執行,仍屬風險評估的範圍,也就是一個重大項目上馬,涉及公共利益,需要風險評估,一個重大項目調整、下馬也涉及公共利益,仍需風險評估。建立這樣動態的回應機制,會及時糾正決策執行中的偏差,最大限度地減少決策失誤造成的損失。

注 釋

[1]. 許文蕙、張成福、孫柏英:《行政決策學》,中國人民大學出版社2006年版,第36頁。

[2]. 何包鋼:《保衛程序:一個自由主義者對卡爾·施密特例外理論的批評》,《浙江學刊》2002年第2期。

[3]. [英]威廉·韋德:《行政法》,徐炳、楚建譯,北京:中國大百科全書出版社,1997年版,第55頁。

[4]. 馬玉卿、喬鈺:《淺議行政決策風險評估機制的建立與完善》,《法制與社會》,2011年第12期。

[5]. 應松年:《社會管理創新要求加強行政決策程序建設》,《中國法學》,2012年第2期。

宏觀決策聽證制度研究

趙雷

◎北京理工大學博士後，兼職教授

決策，從字面上講就是作出決定或者選擇。這裡所講的宏觀決策，一般是指制定、修改或者廢止某項方針、政策，以及表明重大事件的立場、態度和處理意見。[1] 宏觀決策體系是確定宏觀決策主體的權力關係、宏觀決策的過程安排和決策的手段方式等方面的一系列制度規範的總和。現代宏觀決策的主體主要是政府，也包括掌握公共權力的相關組織形式，如代議制下的議會、政黨、人大等。無論何種性質的政府，鞏固統治合法性基礎是其共性，也就是主動尋求社會公眾的認可與支持。政府推進民主決策活動，促進公眾參與決策，使民眾感到權利得到尊重，利益受到保護，會更信任和支持政府。在此背景下，公眾參與宏觀決策在國際上出現明顯的發展趨勢，發揮著積極作用。

1. 進一步鞏固政權的合法性基礎

合法性理論從政治哲學角度而言，其基本內涵是政治統治獲得了社會公眾的理解、認同、支持和忠誠。它是與人類社會發展密切聯繫在一起的。人類進入工業革命後，市場經濟逐漸確立並迅速發展，導致人們的行為和社會發生根本性變革，推進人的權利形成，在此基礎上形成公民人格，由重塑理念的公民們形成的公民社會成為現代政治國家的基石。主權在民、人民主權理念及相關的革命與政治實踐使國家與政府日漸分離，使政黨的輪替不至於導致國家的動盪與解體。這樣便使在公民與政府之間形成並發展一種權利與義務的委託與代理關係成為可能。民主從理念到制度的跨越從歐美開始，繼而隨著經濟社會的全球化向亞非拉擴散。關於公共行政包括公共決策的合法性，美國行政法學家理查德·斯圖爾特（Richard Stewart）提出三種模型：一是傳送帶模型（transmission belt model），即來自國會的授權（國會來自人民的委託，作者注）；二是專家模型（expertise model），藉行政機關專業上的優勢使行政權的行使正當化；三是參與模型（participatory model），強調民眾的參與。[2] 這三種模型都是為回應不同時期的社會與政府需求而提供的行政合法化對策，而且其最終的歸宿是統治的合法性必須來自公民的同意，公共行政的合法性程度也就轉化為民主化程度。第三種模型日益成為國際上促進政府統治合法性方式的潮流，大多數政黨政府也傾向於持久地發展民主，充分利用民主的好處。讓公眾參與宏觀決策便是其中的重

要方面。讓公民參與決策過程在客觀上就可以造成分散決策風險與責任的作用,從而緩解政府因不良的政策後果而導致的政治合法性的嚴重流失。對於民主還不成熟的國家,這一點更為重要,政府原本就缺乏必要的舒緩社會壓力、分散社會風險的現代政治機制,同時還要承擔公眾對於其錯誤決策及其後果的指責和不滿,甚至導致社會公眾對其政治存在與發展的合理性產生程度不等的懷疑,因此公眾參與宏觀決策對鞏固政府統治合法性在價值上更值得肯定。

2. 促進政府宏觀決策的民主化和科學化

在經濟社會的發展過程中,政府從鞏固其統治的合法性需要出發,必須時常關注現實並對各方面的權力和利益關係進行調整和規範,建立與國家、公民和社會的良好關係。對於通常的、利益關係簡單的常規性問題進行決策一般比較簡單,但現代社會許多問題利益關係複雜,利益相關者多,衝突劇烈,這些問題往往是與社會發展相關的重大問題,決策難度較大,對政府的決策能力形成很大挑戰。這一決策過程往往是公民與政府在權益問題上互動妥協、共商規則的政策過程。理想的民主制度不僅透過投票分配權力,也需要保證參與決策權和集體判斷中的平等參與有所聯繫,將宏觀決策的民主性經由民主選舉產生的代議機構的傳送拓展到了公民的平等而廣泛的參與。這是一種對構建一個民主、有效和具有公共精神的決策機制具有很強借鑑價值的政治資源。透過公眾參與宏觀決策,可以增強其決策目標的合法性,有利於達到較好的執行效果。公眾參與宏觀決策,公眾與政府需要互動、溝通、妥協。但民主的妥協不是無原則的,而是需要理性,甚至是精密的計算。這在宏觀決策活動中,自然就有科學的特徵。特別是 20 世紀中期以來,隨著社會變化的頻率和速度的不斷加快,西方發達國家行政管制範圍不斷擴大,管制事務也日趨專業化和技術化,對科學決策的要求也越來越高。決策的科學化與民主化兩者是有機的統一。當然,由於決策活動的複雜性,民主的決策也不一定全是科學的,也就是說民主不能全部解決決策的科學化問題,但能夠更為迅速地反映社會公眾意見和要求的變化。與非民主的體制相比,民主決策條件下可能的錯誤更容易被糾正。

公眾參與宏觀決策是中國政治、經濟發展的現實需要:

1. 中國公民的政治參與意識空前覺醒

改革開放三十年,是中國社會主義市場經濟體制萌生、發展和確立的過程。在市場經濟條件下,有機的利益互動關係在逐漸取代過去的血緣和地緣等關係,逐漸演化為當代中國社會結構的基本特徵。市場經濟使自然經濟條件下同質的人

演變成自身利益的實現須以他人的利益實現為前提的異質的人。這樣的異質的人，出於自利的動機，關注自己利益的同時，也不得不關注他人利益和社會公共利益。因為在社會利益關係網路中，其中一個環節的損失，很有可能造成該網路的其他主體的損失。由此角度看，市場經濟塑造了現代公民和公民社會，是現代民主政治的生長點。既然公民是現代社會的被統治者和統治者角色的統一體，現代國家的創設、組成和運轉的所有環節都必須由公民和公民社會來完成。公民透過多種參與形式介入到政治過程中去，積極推動和影響政治的發展。在利益博弈和形成政策過程中，公民往往積極組成或者參與到社會團體中去，利用集體的力量向政府爭取權益。市場經濟與公民社會是密切相關的，有市場經濟必然就會有公民社會，社會主義市場經濟也必然有社會主義公民社會。社會主義公民社會同樣要求保護私人領域，要求保護私人發展的空間，防止公共權力的不當干涉和侵害。公眾參與在中國興起同樣有上述的社會政治發展的邏輯，隨著市場經濟的發展，公民的財富和利益日益增加，獨立、多元的經濟主體日益成長和壯大，獨立、多元化的利益產生獨立和多元的權利訴求。

據學者研究，中國改革開放所面臨的主要挑戰有如下幾條：利益主體數量激增，利益主體多元化，利益主體意識增強，人員流動性空前加大，各類經濟和社會風險加大，外來訊息加大和訊息來源多元化，非對稱訊息占有的嚴重性增大，非對稱權力占有的嚴重性增大，分配向非勞動要素傾斜，權力關係向資本占有者傾斜。[3]一方面中國改革取得巨大成就，另一方面從上到下都感覺中國面臨很大危機，如政府的正當性危機、社會危機、道德危機、環境危機等。究其根本，中國公眾參與改革這一要素不足。在此背景下，中國公民的政治參與意識空前覺醒，構成公民參與宏觀決策的巨大現實需要。

2. 中國政黨政府適應新時期合法性執政基礎的需要

隨著經濟社會的不斷發展，社會主義市場經濟改革的不斷深入，中國的社會結構和利益、資源配置格局發生了巨大變化。國家和社會管理者、私營企業者、知識分子和工人農民等不同社會階層的利益訴求存在差異。有的是要確立其地位，有的則是要保證其生存權利。總體而言，各個階層都關注其經濟利益，但對政治利益的訴求則被控制在理性和必須的範圍內。也就是說，在民間社會的各個領域，首要關注的是經濟利益，它是人們有限政治參與的最直接目的。一個以分化、多元化為特徵的經濟利益為主導的社會階層構造已經取代了以往那種以單一、同質為特徵的政治意識形態主導的社會階級和階層構造。改革開放前中國社會單一的

所有制結構和分配形式雖然在形式上實現了利益分配上的平等，但給人民群眾造成生活上的貧困與物質上的匱乏。中國實行社會主義市場經濟，實行以公有制為主體，多種所有制並存，以按勞分配為主體，多種生產要素參與分配的分配形式，極大地解放了生產力，促進經濟效率的迅速提高。但黨和政府也始終面臨著公平和效率的處理問題。中國基尼係數已達到 0.5 的臨界值，說明貧富兩極分化的程度。中國必須盡快建立健全市場規則體系和社會保障體系，努力調整經濟分配格局，使社會公眾享有機會、程序和結果的平等。但是，政府要實現這一目標，面臨很大的難度，資源的稀缺和經濟人利益最大化的本性總是會造成不同階層和群體之間利益的博弈。在經濟和可供分配的社會資源總量既定的條件下，多數人利益的增加就意味著少數人利益的損失，利益集團具有擴張其利益的衝動和本能。這些複雜的因素都使政府的許多決策面臨兩難，而公眾的決策參與則使政府更清楚地瞭解各方利益訴求，確定矛盾焦點，增強決策的針對性，同時，如前所述，這也是適應政府鞏固執政合法性的迫切需要。

　　黨的十六大以來，黨和政府把公眾參與式民主作為政治體制改革和社會主義民主的新政予以推進。黨的十六大提出，要健全民主制度，豐富民主形式，擴大公民有序的政治參與。並要求各級決策機關都要完善重大決策的規則和程序，建立社情民意反映制度，建立與群眾利益密切相關的重大事項社會公示制度和社會聽證制度等。黨的十七大又進一步提出，堅持國家一切權力屬於人民，從各個層次、各個領域擴大公民有序政治參與，最廣泛地動員和組織人民依法管理國家事務和社會事務、管理經濟和文化事業。要健全民主制度，豐富民主形式，拓寬民主渠道，依法實行民主選舉、民主決策、民主管理、民主監督，保障人民的知情權、參與權、表達權、監督權。推進決策科學化、民主化，完善決策訊息和智力支持系統，增強決策透明度和公眾參與度，制定與群眾利益密切相關的法律法規和公共政策原則上要公開聽取意見。可以看出，公眾參與宏觀決策已經引起執政黨的高度重視，並結合中國的國情，提出了制度設計的原則性要求。儘管有學者提出，中國引入參與式民主忽略了參與式民主要以代議制民主為基礎，並在很大程度上要透過代議制民主才能發揮更有效的作用，但仍應當對公眾參與給予充分肯定，使民間自發的公眾參與有了政治依託和發展空間，進而進一步推動公眾參與的各種改革，踐行公眾參與，拓展公眾參與公共決策和治理的空間，從而促進公眾參與在中國的蓬勃發展。

　　3. 公眾參與宏觀決策的主要方式——聽證制度

宏觀決策實質上是對社會資源的權威性分配，直接關係到公眾個人的切身利益，公眾透過參與決策，表達其利益訴求，參與和影響決策的制定。在許多市場經濟國家，公民參與政府決策有多種方式，包括透過利益集團、政治組織或者政黨等進行利益表達，向各級行政機關、議會議員等提出建議；公民個人透過直接參加投票、選舉或者解除官員職務而影響決策；公民聯合提出提案，交由本地區公民表決等等。其中影響深遠、深刻體現民主內涵的程序制度安排當數聽證制度。在許多情況下，公民有權出席公務會議，在會上發表意見，尤其在許多重大決策的聽證會上，總能聽到公民的聲音與意見。聽證制度肇始於英國，其理論根源可以追溯到自然法的自然公正原則。聽證制度初始適用於司法審判領域，在美國則在立法和行政領域獲得進一步的發展。

宏觀決策領域的聽證，是指宏觀決策主體在實施決策（包括抽象行政行為和具體行政行為）前，就有關事實和法律問題聽取利害關係人意見，並予以說明、解釋或者答覆的一種行政程序制度。行政聽證主體包括行政主體、行政相對人和行政程序參加人。從宏觀決策角度講，聽證既可以運用在決策制定的準備階段，也可以運用在決策執行實施階段。在制定決策時，透過舉行決策聽證會，集合政府官員、專家學者和公眾個人等行政相對者的智慧，集思廣益，群策群力，促進決策制定的合法、民主和科學化。在決策的實施階段，透過舉行調查性聽證和監督性聽證，及時發現決策執行中出現的問題，發揮聽證的監督、糾正和改善等功能，確保決策的有效執行和良好運行。不同國家在聽證的適用範圍、聽證主持人的選用和權利、聽證代表範圍、聽證筆錄的法律效力等方面的規定都存在差異。但一般都包括兩個階段：一是準備階段。這一階段要做的事項包括決定是否舉行決策聽證會、發布有關決策聽證的公告和通知；選擇和邀請證人、收集證詞與準備材料；決定證人作證的形式及順序等。二是決策聽證的實施階段。這一階段要做事項包括依照規定確定是祕密聽證還是公開聽證；確定聽證主持人與法定人數；根據聽證事項的重要性和複雜性確定聽證會的會議次數、會議時間和詢問時間；進行詢問與回答；聽證後，準備證言概要，發送給委員會委員和媒體。在聽證會過程中，一般都要全程錄像、錄音，之後出版聽證材料等。聽證制度已經發展成為眾多國家和地區的行政運作中的一種有效的程序性民主形式。二戰後，許多市場經濟國家在決策中引入聽證制度，有力地促進了決策的民主化和科學化程度。

非宏觀決策領域的聽證主要是行政決定聽證。行政決定是指行政機關適用法律規範，就具體事務作出影響特定公民、法人或者其他組織權利義務，對外直接發生法律效果的單方行政行為。行政決定聽證是指採取行政決定時舉行的聽證，

如行政處罰聽證、行政許可聽證等。宏觀決策聽證來源於行政決定聽證。兩者的區別是：(1)宏觀決策聽證影響的是不特定多數人的利益，而行政決定聽證影響的是特定的公民、法人或者其他組織的利益。(2)宏觀決策聽證的目的是為了擴大公眾參與，促進決策的科學化、民主化，促進決策的順利實施，而行政決定聽證更側重於為當事人提供事先的自衛權利和救濟手段，防止行政機關濫用權力，促進行政決定公正作出，保護當事人的合法權益。(3)宏觀決策聽證更側重於對一般事實的調研與研究，以作為決策的參考，而行政決策聽證需要認定具體事實的正確性。兩者的適用對象、制度目標、對事實認定的要求不同，在制度的設計也應當作出區分，作出有針對性的制度安排。[4]

國外研究進展及述評

西方國家由於其成熟的憲政制度，聽證成為一種耳熟能詳的進行宏觀決策時聽取民眾意見的途徑。對於其價值層面的研究不多，因為以程序民主保障實體民主已經是成熟憲政國家廣為接受的法治理念。因此，西方學者的研究多著墨於一些具體領域中涉及的聽證問題。例如，裡查德·伯特出版的1947—1971年間美國國會國防政策聽證會方面的文獻資料彙編性書籍，屬於資料編輯性質，學術研究不足。[5]艾梅·L·富蘭克林、卡羅爾·埃布登的《我們是在盲人摸像嗎：對預算參與模型的探索》(2005)，是對預算參與具體問題的研究。[6]還有一些學者在社會保障、衛生保健決策和婦女就業問題決策等方面的具體研究中，也涉及這些決策過程中的聽證問題，[7]但研究問題的重點還是具體領域的政策問題。另外，有些研究則深入到聽證活動中如何運用政治策略問題，並沒有側重研究聽證程序本身。例如簡·麥特在《聽證程序與戰略：影響公共決策指南》中重點闡述了有關利益主體如何影響聽證決策的問題，如聽證過程中的組織和準備、聽證技術和戰略、聽證策略或者戰術、聽證溝通技術等。再如《密切關註：國會監督的策略》(焦爾·D·艾伯巴著)、《國會的第三院對政府第四部門：國會委員會工作人員對決策的影響》(詹姆士·P·希爾著)、《國會委員會的聽證和媒體：遊戲規則》(蘇珊·H·米勒著)等也都屬於這類著作。這與中國對聽證的學術研究階段不同。

西方聽證制度發展長久，運作規範、成熟。聽證制度是其整體決策機器中的一個有效部件。在市場經濟體制已經完善和直選為基礎的西方宏觀決策體制中，政府基本或者重大的政策走向在政黨主導的直接選舉過程中就已經在全社會進行了溝通與互動，公共決策再進行聽證的效果也比較明顯。然而，聽證制度雖然已被多數民主法治國家所接受和廣泛應用，但是由於各國的體制不同，聽證的適用

範圍、形式、作用與效果也不盡相同。筆者透過對美國、日本、英國、德國、韓國、法國、葡萄牙和俄羅斯的聽證制度的研究發現：1. 美國的聽證制度最為完備、成熟。美國行政聽證分為正式聽證和非正式聽證。美國的聽證審查官制度是一個很符合美國國情的制度。美國立法聽證分為行政立法聽證和國會立法聽證。立法聽證制衡性強。行政立法聽證在實踐中發展出一種混合聽證方式。美國國會專項聽證制度是美國國會政治生活中的一個重要環節。各種類型的聽證都有複雜、具體的程序。2. 日本的決策聽證適用領域廣泛，形式靈活，效率高，行政決定聽證的範圍清晰。日本行政聽證形式多樣，公聽會和辯明程序也屬於聽證。立法聽證程序是日本國會審議法律議案的一個重要階段，是委員會進行立法審查的重要手段。「會議公開」是日本國會專項聽證的形式。3. 英國宏觀決策聽證來源於司法聽證。英國的聽證範圍具有廣泛性，行政聽證強調調查和程序的公開性，有口頭和書面兩種方式。英國的立法聽證因其憲制理解，除單行法律明確規定外，總體上並不要求強制聽證，這與美國形成強烈反差。4. 德國的宏觀決策聽證程序比較成熟。非正式聽證程序的廣泛應用是德國聽證制度的一大特色，即一般的行政程序中所包含的聽證程序沒有固定的形式。這樣方式靈活，效率高。德國《聯邦程序法》對行政聽證程序有明確的規定。立法聽證範圍廣泛，議會立法聽證主要在委員會審議階段舉行。德國行政機關的立法職權主要包括參與議會立法和授權立法兩個部分。德國議會專項聽證的重要內容是針對質詢舉行的聽證。5. 韓國行政聽證分為聽證會、公聽會和提出意見三種形式，行政立法聽證包括公聽會和提出意見兩種形式。韓國的國會專項聽證用來審查預算案和其他重要議案，如果是涉及專業知識的議案，還徵求有關人士或專家的意見。國會行使國政監察權和國政調查權、質詢權，可以進行聽證。6. 葡萄牙行政聽證是指廣義的聽證，即將行政機關聽取當事人意見的程序統稱為聽證。行政聽證的範圍很廣。議會的各委員會可以舉行聽證會，並擁有同司法機關相似的調查權。7. 法國的聽證範圍主要是由行政法院的判例來確定，同時也透過一些單行法律分別規定。質詢、詢問是法國議會會議期間議員們行使權力的主要形式，屬於廣義上的聽證。8. 俄聯邦議會上下兩院都設立了專門委員會，組織舉辦議會聽證會是兩院的重要職責。議會聽證會包括國家杜馬議會聽證會和委員會議會聽證會。俄羅斯對行政聽證透過「公眾議會」和「社會論證」等形式對俄羅斯聯邦政府規範性文件和政府、杜馬、媒體和執法機構進行監督。由此可見，美國關於聽證的規定最為完備，聽證構成了《聯邦行政程序法》的核心內容。相比之下，其他國家關於聽證的規定則簡單得多，系統性、完備性都不如美國。這多少反映了兩大法系對程序價值的認識存在一定的差別：

英美法系國家傳統上重視程序對公民權利的保障功能，尤其在訴訟程序中，信奉「正義先於真實」；大陸法系國家傳統上重實體、輕程序，如德國認為完善的實體規則及事後救濟，符合法治的要求，足以保障公民的權利，因此，對作為事前救濟手段的行政程序就相對簡單些，投入的注意力也就更少一些。

中國國內研究進展及述評

中國學者對聽證制度的研究分為兩個層面，三個領域。

1. 兩個層面包括：（1）理論層面。一是表現在綜合性理論研究中涉及聽證問題。如陳家剛著《協商民主與當代中國政治》（2009），在《政治決策與合法性》一章中專門探討立法聽證，從政治民主發展的角度透視立法聽證，視野寬闊。石亞軍主編《中國行政管理體制實證研究》（2010）專節對重大決策的決策主體、決策的利益導向、決策方式進行了科學的數據分析。王萬華著《中國行政程序法典試擬稿及立法理由》（2010）對重大行政決策的聽證會制度進行了深入研究，提出了立法建議。二是專門研究聽證問題或者以聽證制度作為研究重點。如彭宗超等著《聽證制度——透明決策與公共治理》（2004），該研究主張全面定位立法聽證的功能，目的在於根據這些制度功能定位來設計相應的制度程序規範，確定立法聽證的功能，提出相關程序要求和衡量指標，搭建了一個立法聽證的功能定位和程序要求的坐標體系，對制度的創設與評估具有很大的指導意義。李楯編《聽證：中國轉型中的制度建設和公眾參與》，提出聽證規則專家建議稿，製作了聽證指南，編輯了聽證實例，進行了現行法規分類彙編，並簡單研究了國外的聽證制度。劉勉義、蔣勇（《行政聽證程序研究與適用》，1997）、楊惠基（《聽證程序理論與實務》，1997）、應松年（《比較行政程序法》，1999）等多是就行政決定聽證中行政處罰聽證來研究中國的聽證制度，對決策聽證幾乎沒有涉獵。後來這方面有所改變，如劉勉義（《中國聽證程序研究》，2004）對價格決策聽證進行了研究。（2）實踐層面。偏重實踐的研究也逐步深入。例如原國家計委價格司編《中國首次鐵路票價聽證會聚焦》（2002），李亞、李富成著《價格聽證指南》（2010）。尤其是中央編譯局比較政治與經濟研究中心、北京大學中國政府創新研究中心聯合編寫的《公民參與手冊——參與改變命運》（2009），是中國國內第一本系統介紹公共參與（聽證是重點）的指南性手冊。書中對公共參與的定義、渠道、制度環境、步驟、能力建設及多元文化等進行了系統介紹，還透過案例、小資料等提供了可以直接應用於實踐的參與方法、手段和工具，很有實用價值。

2. 三個領域包括：(1) 行政聽證。長期以來主要是行政法學者進行研究，研究的重點又側重於行政決定聽證中的行政處罰聽證。如上述劉勉義、應松年等人。後來，在行政決策聽證中以價格聽證為重點有所進展，如劉勉義、李亞、李富成、王萬華等人的努力，以王萬華的研究最為深入、全面。還有一些跨學科的研究，如劉大偉著《公用事業價格聽證中消費者參與的法經濟學研究》(2010) 等。(2) 立法聽證。這個領域探討最為積極。有綜合性研究，如彭宗超，楊雪冬、陳家剛 (《立法聽證與地方治理改革》，2004) 等；有介紹性研究，如蔡定劍主編《國外公眾參與立法》(2005)、吳浩主編《國外行政立法的公眾參與制度》(2008) 等；有會議綜合彙編，如《立法過程中的公共參與》(2009) 等。(3) 人大專項聽證。這項聽證的專門研究成果極少，多是結合人大如何行使監督權，偶有描述又寥寥數句，語焉不詳。但在實踐中已經有所發展，如具有聽證雛形的述職評議和質詢詢問等監督方式。

中國學界對聽證制度的探索十多年來可謂鍥而不捨，色彩紛呈。就其背景而言，中國聽證制度在目前的宏觀決策體制中的地位和影響與西方不同。總體來講，中國的政治統治結構的民主體制仍在發展建設過程中。在這樣的歷史階段，公共決策體制方面的一些機制上的改革和創新往往對推動整體變革具有實際的意義。它們雖然不能從根本上解決民主統治體制的構建問題，但能在具體的宏觀決策領域中透過改革決策規則而讓決策者和社會各方面改變傳統落後的行為方式和觀念模式，從而在決策中切實貫徹公開、公正、民主、科學等精神，讓社會各方都有維護和增進自身利益的機會，這在整體上有利於社會協調有序地發展。中國學界對聽證制度的探索也是從行政決策領域開始的，以後逐步擴展到公共決策領域，這也符合聽證制度發展的規律。但這種探索由於未能夠深入瞭解國外的聽證規則，也常常將各類聽證混為一體，有時幾乎是混亂的。且往往陷入具體規則的反覆糾結，無法進行更深入的研究和探索。基於此，如何對聽證進行有效分類，廓清各類聽證的地位，促進各類聽證的均衡發展，便是一個具有理論意義和現實意義的課題。

對行政聽證、議會（或國會）聽證和立法聽證的研究：

行政聽證是決策聽證的一種極為重要的形式。作為現代法治國家公認的法律制度，行政聽證在法治行政過程中有著極為重要的作用，是公認的行政程序法的核心。行政程序法的原則和規範直接或者間接地都是圍繞著行政聽證開展的。行政聽證的實質，對於行政機關而言，要求行政機關在履行職能實現法律正義的目

的時，應當有一個正當合理的程序；而從保護公民合法權益方面來講，則要求行政機關作出的包括抽象的和具體的行政行為，應當在對行政相對人發生效力前提供相應程序的保障，賦予行政相對人某種程序上的權利，從而使行政相對人透過對行使程序上權利的行使，來維護自己的合法權益。行政聽證的範圍，從許多國家行政程序法的規定和實踐看，主要是指以立法或者判例的方式確定適用行政聽證的事項，主要包括行政立法和行政行為中適用行政體聽證的事項。至於行政聽證的形式，根據是否採用舉行聽證會的形式進行聽證作為標準，行政聽證形式分為正式聽證和非正式聽證。正式聽證程序類似於司法中的審理案件，比較複雜，非正式聽證程序則比較簡單，主要是給行政相對人一個陳述意見和為自己辯護的機會。

議會（或國會）聽證是議會制國家政治生活中的一個重要環節，它是指國會的常設委員會或專門委員會就某個具體問題舉行公開會議，傳喚或接受政府官員、利益集團代表、知名學者或某些公民個人與會，並聽取他們提供的證據和意見。從性質上看，國會聽證大致分為四類：一是立法性聽證，即就國會立法進行事先聽證；二是監督性聽證，即國會參議院在行使人事同意權、批准人事任命時舉行的聽證會；三是審查性聽證，主要目的是對政府工作進行審查；四是調查性聽證，一般針對某個具體問題進行，通常由國會某個常設委員會或特別委員會來主持。國會舉行聽證會若不涉及國家機密問題，一般會對外界公開，允許媒體進行報導。但是，由於各國議會的權限不同，有的國家的議會相對於總統、政黨、內閣處於比較弱勢的地位，因此各國議會的聽證的使用範圍、聽證形式以及聽證效果等也有所不同。

立法聽證是指一切在立法機構（即國會）舉行的立法聽證程序。立法聽證的主要特點在於聽證的對象及內容有自己的特殊性，它所要聽證的對像是有普遍性和抽象性意義的立法問題，具有更強的公共政策性，不涉及個別的或具體的政府組織及其官員的行為問題。根據不同的聽證內容，立法機關的聽證形式可分為監督性聽證、調查性聽證和立法性聽證。現代國家採取立法聽證制度的原因主要有二：一是隨著科學技術的發展，各個領域越來越呈現出高度的專業性和技術性，在立法之前請有關的專家參加聽證，為立法者提供有科學根據的諮詢意見，成為立法聽證會的一個主要內容。二是隨著社會利益逐漸多元化，形成了代表不同利益的利益集團。在制定有關法律的過程中，有關群體之間的利益往往是對立的。因此，在立法聽證會上聽取這些不同利益集團的意見，也是它的一項必不可少的內容。當然，也由於各國議會權限不同，議會立法的權限也受到相應的限制，相

對而言，凡是議會權限大的，議會的立法權也相對大些，反之議會的權限則要小些。議會立法聽證在立法權限較大的國家，往往立法聽證的程序比較規範，功能比較齊全，效果比較明顯。反之，議會立法權限較小的國家，立法聽證的程序、功能和效果都會相對弱化。相對於行政聽證，立法聽證在許多國家都不是法定要聽證的，即使在聽證制度最為健全的美國，國會立法舉行聽證會也不是必須的，並且立法也不以聽證記錄為約束。

聽證制度雖然已被多數民主法治國家所接受和廣泛應用，但是由於各國的體制不同，聽證的適用範圍、形式、作用與效果也不盡相同，瞭解和掌握各國決策聽證制度，學習和借鑑各國聽證制度，對中國決策聽證有所啟發，有所裨益，從而促進中國宏觀決策更加科學化、民主化。

注　釋

[1]. 本文對宏觀決策研究的著眼點，實際上更多是從宏觀經濟決策角度來考慮的，即宏觀決策與宏觀經濟決策多處是互用的。但為行文方便，基本還是使用宏觀決策一語。

[2]. 葉俊榮：《面對行政程序法——轉型臺灣的程序建制》，臺灣：元照出版公司，2002年版，第295—412頁。

[3]. 王紹光：《安邦之道：國家轉型的目標與途徑》，上海：三聯書店，2007年版，第534—538頁。

[4]. 楊坤：《行政聽證制度研究》，中國政法大學碩士學位論文，2005年。

[5].Burt Richard Congressional Hearings on American Defense Policy 1949—1971.The University Press of Kansas，1974.

[6].Franklin，Aimee L，and Carol Ebdon，Are we all touching the same camel？ Exploring a model of participation in budgeting，Americain Review of Public Administration，Vol.35 No.2，June2005：168-185.

[7].Preiecofer Donna.Judges，Bureaucrats and the Question of Independence：Astudy of the Social Security administration Hearing Process.Greenwood Press，1985；Lindeman C.A.call for Public Hearing on physician Control of heath-care.Nurs Health Care 1994，15（3）：158～158；Direct G.Womens Struggle for Production of Life-public Hearing of women Workers in Informal Sector.Econ Polit Weekly 1995，30（26）：1551-1554.

大陸地區行政決策程序立法中公眾參與規則評析——以若干地方規章及規範性文件文本為研究對象

安麗娜[1] 胡童[2]

◎[1] 中國政法大學憲法學與行政法學博士研究生

◎[2] 中國政法大學憲法學與行政法學碩士研究生

一、引言

　　行政決策是行政學的重點研究領域，在政治學、經濟學等學科中也有所涉及，但長期游離於行政法學的研究視域。可是長期的游離並不等於行政法學不應該研究行政決策這種重要的行政活動。它是行政主體為了公共利益而行使國家公權力的活動，是一種運用行政權力的活動；而行政法則主要是控制行政權力，防止行政權力濫用的法律規範的集合，行政法學主要研究的即為如何控制行政權，從此意義上來講，行政決策理應被涵蓋入行政法學的研究範圍。然而傳統行政法學對行政行為的「二元劃分」，即將行政行為依據能否反覆使用，適用對像是否特定，是否針對特定事件而區分為抽象行政行為與具體行政行為，這樣的劃分固然有其重要的理論意義，但是這樣的分類卻讓行政決策的存在顯得那麼尷尬。行政決策活動似乎既不屬於抽象行政行為，也不屬於具體行政行為，它不具有《立法法》上法律規範的外觀，也不像行政處罰、行政許可那樣可以直接影響相對人的權利義務關係，但是它大多數情況下作為行政機關執行某項具體行政行為的依據，間接影響行政相對人的權利義務關係。

　　行政決策這種行政活動不能被納入二元劃分的行政行為體系中，這並不能成為行政法學對其展開研究的羈絆，「灰色地帶」理論說明了理論上對概念的分類總是會存在模糊的區域。顯然，行政決策正是處在了這片「灰色地帶」之中。如果我們研究行政法治卻對在行政過程中處於上游的行政決策避而不談，那麼「依法行政」將會有落空的危險，所以行政決策作為國家行政機關在法定的權力和職能範圍內，按照一定的程序和方法所作出的決定，應該作為行政過程中的行政活動而被行政法學界所重視，實現行政決策的法治化應當成為理論與實務界共同的努力方向。

在行政法學視域中，行政決策程序是指法律所規定的行政機關及其工作人員制定行動方案並作出選擇或決定的方式、步驟、時間和順序。它實際上是一個行政決策的流程，是在行政決策過程中所形成的各個環節、步驟及其活動的總和，屬於一個動態的行為模式。[1] 行政決策程序作為行政程序的一個特殊程序，其不僅要體現行政程序在控制行政權、促進正當行政方面的作用，更要凸顯其對於行政決策過程及結果民主性、科學性的保障價值。隨著行政決策法治化進程的推進，行政決策程序也步入了法治化的軌道。

公眾參與是正當程序的應有之義，[2] 更是行政決策民主化、科學化的必然要求。在民主社會中，政府治理的合法性基礎在於民意，而民意獲得的基本途徑是公眾參與。[3] 臺灣的相關理論也指出：發布行政命令及作成行政處分系行政機關常見之作為方式，且與人民之權利義務密切相關，性質上又均屬官署單方面之行為，在現代國家，國家機關作成與人民本身權益有關之決策，應給與人民參與之機會，方符民主之原則。[4] 目前，從中央到地方都圍繞行政決策程序開展了諸多立法，[5] 這些立法均落實了公眾參與的理念與精神，但在規則設計及可操作性方面存在一定缺陷。雖然大陸目前還沒有統一的行政程序法典，但相關地方立法及規範性文件為我們的研究提供了良好的文本素材。筆者在下文中將著重對檢索到的地方規章及規範性文件文本進行分析與評價，側重分析文本中涉及的公眾參與規則，進而管窺當下大陸地區公眾參與行政決策的立法現狀，以期推動公眾參與制度在行政決策程序領域的進一步落實與完善。

二、大陸地區行政決策程序立法中公眾參與規則概覽

2004年國務院發布的《全面推進依法行政實施綱要》（以下簡稱《綱要》）中指出要建立健全公眾參與、專家論證和政府決定相結合的行政決策機制；2008年《國務院關於加強市縣政府依法行政的決定》中專門指出了要完善市縣政府行政決策機制，市縣政府及其部門要建立健全公眾參與重大行政決策的規則和程序，完善行政決策訊息和智力支持系統，增強行政決策透明度和公眾參與度；2010年國務院頒布的《關於加強法治政府建設的意見》中再次提及要規範行政決策程序。加強行政決策程序建設，健全重大行政決策規則，推進行政決策的科學化、民主化、法治化。要把公眾參與、專家論證、風險評估、合法性審查和集體討論決定作為重大決策的必經程序。這三部文件均體現了中央層面對行政決策程序特別是行政決策民主化的重視，各文件中均強調了要建立健全公眾參與制度，但這三部文件的政策屬性強於法律屬性，既不是行政法規也不是行政規章，可以看出，在

中央層面尚無統一的行政決策程序立法,也無統一的關於行政決策程序中公眾參與制度的相關法律規定。由此,大陸地區行政決策程序中公眾參與規則主要體現在地方立法中,筆者的分析也以地方規章及規範性文件為研究對象而展開討論。

(一)大陸地區行政決策程序立法中公眾參與規則總體介紹

對於行政決策程序立法實踐的現狀,楊寅及狄馨萍兩位學者已經對重大行政決策程序的立法實踐進行了全面、細緻的梳理與評價,[6]筆者將在此基礎之上,進一步具體介紹大陸地區行政決策程序立法中公眾參與規則的總體情況。

筆者將檢索到的與行政決策程序相關的立法文本,首先按效力性質不同歸類為地方政府規章與地方規範性文件兩大類,之後再按規範文本名稱及主要內容不同,分別整合文本中公眾參與規則體現的主要方面。就名稱而言,各地頒布的規範文本多以重大行政決策程序規定(規則)命名,這些文本中均涵蓋公眾參與的具體規則,還有一些地區在頒布了重大行政決策程序之後,又輔之以相關配套規定;[7]還有一些地區雖沒有頒布統一的行政決策程序規則,但是頒布了與行政決策程序規則相關的具體制度規則,如行政決策聽取意見相關規定、行政決策聽證制度相關規定、行政決策合法性審查制度規定等[8],筆者均將其納入研究範圍,整合其中公眾參與規則的具體內容(詳見表1、表2)。

表1 大陸地區行政決策程序公眾參與規則概覽之地方政府規章

名稱	規範文本	公眾參與規則主要內容
重大行政決策程序規定	廣州、廣西、江西、青海	民主決策原則;公眾參與機制;公民、法人或其他組織的決策建議權;徵求意見、座談會、聽證等公眾參與方式
重大行政決策聽證規定	大連、貴陽	聽證事項、聽證人員、聽證記錄等內容
行政決策聽證	汕頭、重慶	聽證原則、聽證事項、聽證程序等內容
行政決策合法性審查規定	貴陽、汕頭	通過座談會、論證會、協調會、公開徵求意見等形式廣泛聽取社會各界的意見
行政決策責任追究辦法	深圳	未公示、未聽證、未徵求意見為追究責任情形之一

表2 大陸地區行政決策程序公眾參與規則概覽之地方規範性文件

規範名稱	規範文本	公眾參與規則主要內容
重大行政決策程序規定	南京、寧波、合肥、鎮江、南寧、徐州、天津市濱海新區、湘潭、淮北、安陽、濮陽、滁州、漯河、遂寧、雅安、瀘州、晉城、芷江侗族自治縣、岳陽、株洲、益陽、東莞、蘇州、黃山、葫蘆島、婁底、博爾塔拉蒙古自治州、衡陽、達州、湘西土家苗族自治州、阿拉善盟、西安、乳源瑤族自治縣、漳州、新余、哈密地區行政公署、杭州、桓仁滿族自治縣、本溪、贛州	民主決策原則；公眾參與機制；徵求意見、座談會、聽證等公眾參與方式。部分規範涉及公民、法人或其他組織的決策建議權
行政決策程序規定	廊坊、周口、湛江、六安、汕尾、淮南、陽江、惠州、呂梁	民主決策原則；公眾參與機制；公民、法人或其他組織的決策建議權；徵求意見、座談會、聽證等公眾參與方式
重大行政決策聽證規定	新晃侗族自治縣、廣州、新鄉、賀州、衡陽、景寧畲族自治縣、江華瑤族自治縣、湛江、株洲、汕尾、龍岩、陽江、連雲港、阿拉善盟、乳源瑤族自治縣、韶關市、惠州、金昌、黔西南州、哈密地區行政公署、河源、武漢、佛山、成都、紫雲自治縣	聽證原則、聽證事項、聽證人員、聽證程序等內容
行政決策聽證規定	襄樊	聽證原則、聽證方式、聽證程序等內容
重大行政決策聽取意見規定	北海、南昌、三明	徵求意見細則規定

規範名稱	規範文本	公眾參與規則主要內容
重大行政決策專家諮詢論證規定	新鄉、湖南、江華瑤族自治縣、婁底、韶關、銀川、南京、成都	不涉及公眾參與規則
重大行政決策合法性審查規定	北京、惠州、龍岩、陽江	不涉及參與規則
重大行政決策實施後評估規定	南寧、北海、南昌、巢湖、來賓、達州、遂寧、惠州、南京	其中達州的評估原則、評估方法、評估實施階段涉及公眾參與規則
重大行政決策責任追究規定	南昌、遂寧、阿拉善盟、惠州	其中南昌、遂寧未公示、未聽證、未徵求意見為追究責任情形之一
行政決策責任追究規定	乳源瑤族自治縣、哈密地區行政公署	將未公示、未聽證、未徵求意見為追究責任情形之一

（二）大陸地區行政決策程序立法中公眾參與規則總體評價

從以上兩表可以看出，就總體而言，當前行政決策程序的立法實踐在一定程度上體現了公眾參與的理念，都在致力於推動行政決策科學化、民主化的進程，特別是一些地區圍繞公眾參與制度制定了專門的法律規範，這些都體現出了當前各級政府對公眾參與制度的重視，但仔細觀察、對比之後，發現規範文本中公眾參與的具體規則尚存在諸多問題，表現在如下方面：第一，中央立法缺失，地方立法豐富但位階較低。如上文所述，在行政決策程序立法方面，除國務院頒布的上述三個文件外（而且這三個文件並非是對行政決策程序的專門規定），中央層面的立法難覓蹤影。雖然地方政府圍繞行政決策程序的立法蓬勃展開，但均以規章或規範性文件的形式而出現，位階較低；又由於中國尚無統一的行政程序法典，並不能像其他國家的立法那樣在行政程序法典中將公眾參與的理念與規則加以滲透，導致現有地方立法的公眾參與規則沒有統一的法律依據與法律保障，所以公眾參與的制度規則尚未系統化而是呈現碎片化。第二，重視重大行政決策過程中的公眾參與，忽視日常行政決策的公眾參與。從以上圖表反映的情況來看，無論是地方政府規章，還是各地頒布的規範性文件，就規範文本名稱及數量而言，當前立法都側重於關注重大行政決策中的公眾參與而忽視了日常決策過程中的公眾參與。實際上，不僅僅是重大行政決策才關乎公眾切身利益，日常的行政決策也與公眾利益密切相關，公眾參與的常態化也應在立法中有所體現。第三，立法內容相似且過於原則，缺乏可操作性。地方規章及規範性文件的文本中對於公眾參與的規定大都是在總則中採用：「重大行政決策應當遵循科學、民主和合法的原則，遵循公眾參與、專家諮詢、風險評估、合法性審查和集體決定相結合的行政決策機制」，之後體現公眾參與的條文便是對聽取意見與聽證會的規定，甚至條文的安排體例都雷同，包括幾部民族自治地區的立法文本，也無當地特色彰顯，各地立法之間存在「照葫蘆畫瓢」的嫌疑；而且，只有《廣州市重大行政決策程序規定》設專章且以公眾參與為題細化了這一制度，此外其他立法文本中多以原則性規定為主，導致行政決策程序中的公眾參與制度在實踐中缺乏可操作性，難以具體落實。

三、大陸地區行政決策立法中公眾參與制度具體呈現及評價

行政決策自身的性質決定了行政決策「有始有終」，行政決策的過程性也要求著公眾參與應貫穿始終。當前的行政決策程序立法中的公眾參與雖尚未系統化，卻也零散地分布於決策進程的前、中、後，具體表現如下：

（一）決策進程前參與——公眾參與行政決策啟動建議權

決策啟動是行政決策程序開啟的首要環節，特別涉及民生事項的行政決策，如果啟動權僅賦予行政首長和分管領導，而沒有社會公眾的啟動權，是不合理的。公眾應當與政府共享決策權，除了政府主動提起，必須要有公眾的主動提起。

在當前的立法文本中，以表1與表2中筆者檢索到的44個重大行政決策程序規則而言，尚有1部地方規章與14部規範性文件中未提及公眾對行政決策啟動時享有建議權，比例近乎達到三分之一（見表3）。而即使是在這些賦予公眾決策建議權的規範文本中，也只有《湘潭市人民政府重大行政決策程序規定》對於公眾參與行政決策啟動程序進行了細緻的規定，該文本第七條中規定了公眾行使決策建議權的途徑、政府審查建議的期限以及政府不採納建議須說明理由等具體制度[9]，其他文本中大都採用「公民、法人或者其他組織可以直接向政府或者透過政府各職能部門向政府提出決策建議」之類表述而一筆帶過且沒有了下文，對公眾具體如何行使決策建議權並無進一步細化的規定，條文規定的模糊性也給實踐中的具體操作增加了諸多阻礙。

表3 重大行政決策程序規則中決策啟動建議權規則彙總

規範文本	規則總體內容	備註
廣州、江西、青海、南京、寧波、廊坊、徐州、合肥、湘潭、淮北、安陽、濮陽、瀘州、芷江侗族自治縣、株洲、益陽、蘇州、黃山、婁底、新晃侗族自治縣、博爾塔拉蒙古自治州、衡陽、達州、湘西自治州、西安、新余、葫蘆島、芷江侗族自治縣、杭州	公民、法人或者其他組織可以直接向政府或者通過政府各職能部門向政府提出決策建議。	其中《湘潭市人民政府重大行政決策程序規定》中對行政決策啟動建議程序規定的最為詳細
廣西、南寧、漯河、遂寧、雅安、東莞、漳州、哈密地區行政公署、呂梁、本溪、桓仁滿族自治縣、贛州、阿拉善盟、晉城、乳源瑤族自治縣	未提及公眾對行政決策的啟動享有建議權	無

（二）決策進程中參與——公眾參與行政決策徵求意見

公眾參與行政決策的意義指向兩個層面：第一種層面是提供意見和建議；第二種層面是形成公開辯論，提升行政決策的理性程度和可接受程度。第一種層面的提供意見和建議主要透過公眾的靜態參與實現，決策機關獲得相關訊息、意見、建議和偏好。第二個層面就是透過公眾的動態參與，公眾透過與決策機關、相關

主體進行訊息意見的交流，討論、妥協，形成以論辯為核心的參與模式。從制度上看，第一種層面主要透過一般性的徵求意見或「通告─評論」程序實現；第二種層面就需要透過正式的聽證會實現。[10]這兩個層面的公眾參與制度在行政決策程序領域具體體現為徵求意見與聽證會兩種具體方式，下文中筆者將著重介紹這兩種方式在當前行政決策程序立法中的具體體現。

  1. 徵求意見方式欠缺多樣性。由於地方政府以行政決策程序命名而頒布的規範文本較多，筆者在此不對其中的徵求意見規則一一整合，而是選擇了以行政決策聽取意見命名的三個規範性文件，分別是《北海市人民政府重大行政決策聽取意見制度（試行）》、《南昌市人民政府重大行政決策聽取意見辦法》以及《三明市人民政府重大行政決策聽取意見制度》（見表4）。可以看出，目前，行政決策過程中採用的公眾參與方式主要有公示、調查、座談、聽證，方法簡單、形式有限，而且對於意見採納的回饋機制也不健全。

表4 行政決策聽取意見規則彙總

規範文本	組織實施者	組織形式	考慮因素	反饋機制
北海	決策承辦單位	公示、調查、座談、聽證	地域、職業、專業、受影響程度	透過報紙、網站及其他方式向社會公佈公眾提出的意見及採納情況。對未能吸納的意見，應當說明理由或作出解釋
南昌	決策承辦單位	調查問卷、座談聽證、公示	地域、職業、專業、受影響程度	有關意見未採納的，應當說明理由，並在此基礎上形成聽取意見情況報告。
三明	決策承辦單位	公示、調查、座談、聽證	無	無

  2. 聽證回饋機制束之高閣。透過上文表2的歸納，可以看出，當前在行政決策聽證領域的立法實踐，占據整個行政決策程序立法的較大比例，這也體現了各級地方政府對於行政決策進程中聽證制度的重視。而且關於行政決策聽證的立法內容都較為詳細，均從聽證情形、聽證原則、聽證參加人、聽證主持人迴避及聽證筆錄方面進行了規定，筆者在此以大連、貴陽、汕頭、重慶四地頒布的以行政決策聽證為主要內容的規章為例（見表5）加以整理。可見，目前聽證會在中國行政決策領域中蓬勃發展，但是社會公眾對於參與聽證卻越來越缺乏熱情，其原因在於公眾認為聽證會僅僅是流於形式。個中關鍵在於現行行政決策聽證制度在對聽證代表意見有效回應方面存在制度漏洞，四地的立法中均規定了行政決策機

關應當將聽證記錄作為行政決策或重大行政決策的依據,而貴陽與重慶的兩地立法中卻缺乏反饋機制的規定,立法的缺失導致聽證制度的實效大打折扣。

表5 行政決策聽證制度規則例舉

規範文本	聽證情形	聽證原則	聽證人員	聽證記錄效力	反饋機制	備註
大連	共8項	公正、公開、規範、高效、便民	聽證人、聽證代表(不少於10人)、行政機關代表、聽證記錄員,聽證主持人由聽證機關指定且實行迴避制度	應當作為重大行政決策的參考依據	作出決策之日起30日內,向聽證代表書面反饋意見採納情況及其理由	
貴陽	共11項	公正、公開、公平、便民	聽證人、陳述人、旁聽人、聽證主持人必須是聽證機關的有關負責人且實行迴避制度	應當作為聽證機關行政決策或者提出行政決策建議的重要依據	無	

規範文本	聽證情形	聽證原則	聽證人員	聽證記錄效力	反饋機制	備註
汕頭	共4項	公開、公平、公正、便民	聽證主持人、聽證員、記錄員、聽證陳述人和聽證旁聽人,且聽證主持人、聽證員、記錄員實行迴避制度	應當作為市政府行政決策的重要依據	對沒有採納的重要意見,由聽證組織機關書面向聽證陳述人反饋並說明理由	公眾對聽證啟動的建議權
重慶	11項	公正、公開、公平、便民	聽證人、陳述人、旁聽人;主持人、記錄人員實行迴避制度	應當作為聽證機關行政決策或提出行政決策建議的重要依據	無	

(三)決策實施後參與——公眾參與行政決策實施後評估

重大行政決策評估是指對重大行政決策活動整個過程中的各種因果關係以及決策效果進行的評價,涉及決策問題評估、決策規劃評估、決策執行評估、決策影響評估等一系列活動和內容。[11]

就當前頒布的行政決策程序規範文本而言,並非全部都規定了行政決策實施後評估制度,如《廣州市重大行政決策程序規定》第二十九條第四項詳細規定了行政決策實施後評估過程中的公眾參與,[12]而《青海省人民政府重大行政決策程

序規定》中就無行政決策實施情況後評價制度的規定,行政決策程序這一階段的公眾參與也就無從談起。此外,在表2中筆者總結的9個專門對行政決策實施進行評估的規範性文件中,也只有《達州市市縣政府重大行政決策實施情況後評估辦法》中的第6條、第8條對評估過程中的公眾參與有所涉及,[13]其他幾個規範文本均對公眾參與評估過程鮮有提及。

(四) 大陸地區行政決策立法中公眾參與制度評價

1. 決策啟動權缺失。近三分之一的行政決策程序立法中,沒有賦予公眾在行政決策啟動時享有參與權利。決策啟動權是公眾參與行政決策的第一環節,如果在這個環節缺少公眾參與,決策機關就可以我行我素,需要公眾裝點門面時就啟動參與程序,不想讓公眾參與時就不啟動,這樣,公眾參與就成了政府決策的裝飾物,行政決策的民主性顯然會大打折扣。[14]

2. 參與方式有限。當前,行政決策程序立法中公眾參與規則所提供的公眾參與方式極為有限且形式簡單,如果缺乏參與的良好途徑,僅有參與意識與熱情,不能全方位發揮公眾的力量,而且,公眾參與方式的不同往往也決定了公眾參與深度與廣度的不同。立法機關應不斷總結在實踐中日益湧現出來的新型參與方式,及時歸納,納入公眾參與的立法內容之中。

3. 重事後評估,且決策評估主體單一。依據決策評估的對象,可以將評估的內容分為三大類:預評估、過程評估、結果評估。[15]當前的立法文本主要側重於決策實施後評估,而即使是在決策後評估的過程中,從立法條文中可以看出,評估主體單一,主要以政府評估為主,公眾參與的廣度與深度不夠。

4. 反饋機制缺失。無論是在聽取意見環節還是具體到聽證會後形成的聽證筆錄,當前的立法文本中均欠缺對公眾意見反饋、回應的機制。公眾參與政府的行政決策過程並不是公眾決策。公眾參與的意義在於公眾的意見應受到決策部門的尊重,公眾的意見必須得到決策部門的反饋。如果多數人的意見政府決策部門不予採納,必須向公眾作出解釋和說明。[16]反饋機制的建立,一方面讓公眾知悉決策是如何形成的,決策機關是如何採納各種意見的,體現了對公眾參與的尊重,加強了公眾對決策的理解,有利於決策的執行;另一方面,也限制了政府決策作出過程中恣意行使權力,有利於理性作出決策。

四、結語

在當前行政權力擴張的大背景下，行政決策中的公眾參與是時代不可逆轉的潮流。也即當行政決策科學化與民主化已經成為時代發展對政府提出的基本要求時，透過微觀法律機制的精巧設計加快行政決策法治化的進程便成為中國當下行政法治建設的重要議題。[17] 行政決策程序要符合民主原則，至少應有兩個要素：（一）開放性之參與，政策確定前應廣徵公眾意見，而非單方或由封閉之小團體密商。（二）有實效之參與，政策之終局確定，應切實斟酌權衡各方之多元意見。[18] 但僅有參與的理念並不能保障制度功能的發揮，我們仍需較為細緻的規範約束，來落實公眾參與的理念，來體現公眾參與的要素，來落實公眾參與的具體制度。

在上文的梳理中可以看出，目前大陸地區關於行政決策程序的立法尚不完善，並未將全方位、多層級的公眾參與機制納入到立法中來。而在臺灣，對公眾參與的理念與要素彰顯得當，其統一的行政程序法典將行政機關作成行政處分、締結行政契約、訂定法規命令與行政規則、確定行政計劃、實施行政指導及處理陳情等行為進行統轄且將公眾參與的理念及具體制度安排滲透其中。這也是大陸行政決策程序未來立法完善的方向，透過總結當下立法文本中折射出的成敗得失，借鑑域外地區的先進經驗，使得行政決策程序立法文本日益走向規範化進而推動行政決策法治化進程。

注　釋

[1]. 楊寅：《行政決策程序、監督與責任制度》，中國法制出版社 2011 年版，第 68 頁。

[2]. 本文中的「公眾參與」均不包括專家參與。中國國內有些學者將專家諮詢作為公眾參與的一種形式，公眾中包括了代表技術理性的專家群體，對此筆者認為公眾參與制度與專家論證諮詢制度是相併列的兩種制度，公眾參與有其主體的主動性，而代表技術理性而提供中立觀點的專家則多是被動性的參加到專家論證諮詢中來，故應與公眾參與區分開來，當然那些有著專業知識造詣的專家也可能作為普通公眾而主動參加到公眾參與制度中來。

[3]. ［日］谷口安平著，王亞新、劉榮軍譯：《程序的正義與訴訟》，中國政法大學出版社 1996 年版，第 2 頁。

[4]. 吳庚：《行政法之理論與實用》，中國人民大學出版社 2005 年版，第 336 頁。

[5]. 筆者在北大法寶中以「行政決策」為關鍵詞進行檢索，並將檢索結果中與行政決策程序相關的立法文本進行整理後，具體結果為 11 個地方規章、106 個地方規範性文件，由於正文篇幅所限，文中對規範文本只以發文單位所在地名稱代指該規範性文件。

[6]. 詳見楊寅、狄馨萍：《中國重大行政決策程序立法實踐分析》，《法學雜誌》2011年第7期，第34—36頁。

[7]. 如湛江市不僅頒布了《湛江市政府行政決策規則和程序規定》，還輔之以《湛江市重大行政決策聽證和合法性審查制度》。

[8]. 如南昌市政府頒布的關於行政決策的規則分別有《南昌市人民政府重大行政決策聽證辦法》、《南昌市人民政府重大行政決策責任追究辦法》、《南昌市人民政府重大行政決策合法性審查辦法》、《南昌市人民政府重大行政決策實施情況後評價辦法》、《南昌市人民政府重大行政決策聽取意見辦法》等。

[9]. 《湘潭市人民政府重大行政決策程序規定》第七條內容為：公民、法人或者其他組織認為決策事項重大，需要提請市人民政府決策的，可以向市人民政府辦公室提出啟動重大行政決策的建議。市人民政府辦公室收到決策建議後應當認真組織審查。對屬於本規定範圍的決策事項，市人民政府辦公室應當在收到建議後的15日內，向市人民政府市長提出啟動重大行政決策程序的建議。市人民政府市長應當在收到建議後的30日內決定是否啟動重大行政決策程序。決定啟動重大行政決策程序的，由市人民政府市長交決策承辦單位承辦；決定不啟動的，由市人民政府辦公室告知有關公民、法人和其他組織不予啟動的理由。對不屬於本規定範圍的決策建議，市人民政府辦公室應當在收到建議後的15日內告知不予啟動的理由，並指導協調有關公民、法人或其他組織向市人民政府市長、分管副市長、祕書長、政府有關部門或縣（市）區人民政府提出啟動一般行政決策程序的建議。

[10]. 栗燕杰：《行政決策法治化探究》，中國法制出版社2011年版，第129頁。

[11]. 楊寅：《行政決策程序、監督與責任制度》，中國法制出版社2011年版，第146頁。

[12]. 該條文具體內容為：評估應當徵詢公眾意見；公民、法人或者其他組織可以對決策執行情況提出評估意見和建議，評估組織單位應當就採納情況作出書面答覆並說明理由。

[13]. 《達州市市縣政府重大行政決策實施情況後評估辦法》第6條：開展決策後評估工作應當全面調查瞭解政府決策的實施情況，廣泛聽取公民、法人和其他組織的意見，運用科學的方法和技術手段收集、分析和評估相關資料，客觀全面地作出評估。第8條：開展決策後評估工作應當依法保障公民、法人和其他組織參與決策後評估的權利。公民、法人和其他組織可以透過信函、電報、傳真和電子郵件、網上發表意見等方式，向評估機關提出意見和建議。

[14]. 姬亞平：《行政決策程序中的公眾參與研究》，《浙江學刊》2012年第3期，第168頁。

[15]. 楊寅：《行政決策程序、監督與責任制度》，中國法制出版社 2011 年版，第 146 頁。

[16]. 蔡定劍：《公眾參與及其在中國的興起》，蔡定劍主編：《公眾參與：風險社會的制度建設》，法律出版社 2009 年版，第 18 頁。

[17]. 章志遠：《推動行政決策法治化》，《中國紀檢監察報》2012 年 3 月 9 日。

[18]. 廖元豪：《行政不只是執行而是決策——行政決策的程序民主不容輕忽》，《本土法學》2005 年第 70 卷。

試談構建與完善公眾參與行政決策的機制

許燕杰

◎福建衡評律師事務所律師

公眾參與行政決策是民主政治的重要組成部分，公眾參與作為現代民主政治的一個範疇已被廣泛接受，尤其在理論層面上，主張吸收公眾參與各種與他們有關的決策已不成問題。然而，實踐中，還存在許多障礙與約束。其中，公眾參與的具體制度設計就是一個複雜的問題，也是直接影響公眾參與效果的關鍵問題。

一、構建公眾參與行政決策的必要性與重要性

《憲法》第2條規定：「人民依照法律規定，透過各種途徑和形式，管理國家事務，管理經濟和文化事業，管理社會事務。」該規定為公民參與行政決策提供了憲法依據。除此之外，黨中央和政府在一系列法律、政策中也對此作了相應規定，特別是國務院在《全面推進依法行政實施綱要》中明確提出了中國行政決策的科學化、民主化和法治化的要求。在現代社會，由於利益的多元化，行政行為不僅對行政相對人產生重要影響，而且會對相對人以外的第三人產生重要影響，形成多極的行政法律關係，因此，現代行政法的研究從立法對行政的控制以及司法對行政的控制的關注，開始轉向對行政過程本身的關注，試圖透過對行政過程的調控，形成國家行政機關、行政相對人、利害關係人及其他公民之間的良性互動關係和合作關係，實現公共利益和公民福祉。在實際中，中國現階段行政決策模式的不足，規範行政決策行為的法律的缺失，相關制度的不健全和不完善，嚴重阻礙了公眾有效參與行政決策的過程。如何使得公眾能夠有效地參與到行政決策的各過程中，成為提高公眾參與行政決策成功率的主要問題。

公眾參與行政決策機制是否完善，主要體現在決策程序與決策結果兩大方面：從決策程序方面來說，公眾參與行政決策機制是否健全首先需要從行政程序上加於保障，即符合程序正義的原則。行政程序是實現行政行為公正、公平、公開等民主化的重要保障，而現代行政程序的一個重要價值目標和原則就是行政相對人及利害關係人的參與，所以各國行政程序法均以明文規定或用具體制度保證的方式實行參與。參與制度要求行政程序不僅要向相對人和利害關係人公開，而且還應吸收他們參加到具體行政行為的作出過程中，以保證行政行為的公開與效率。

如美國1976年行政程序法第554條第3款和聯邦德國1997年行政程序法第13條等都作出具體的規定，此外，日本、西班牙、葡萄、臺灣和澳門均在行政程序法中規定了參與制度。相對之下，中國大陸除了行政許可法、環境影響評價法、行政處罰法中的聽證程序較好地體現了相對人參與原則外，其他行政行為幾乎沒有當事人參與的規定。由於缺乏參與機制，使得行政程序無法保障相對人和利害關係人的知情權、舉證權、陳述與申辯權、監督權等民主權利，帶來行政機關因不掌握相對人特別是利害關係人可能提出的反駁理由和證據，而影響具體行政行為在認定事實和適用法律上的正確與合法，造成行政行為缺乏公信力等問題。從行政決策結果方面來說，具體的行政決策結果應當最大限度地保障社會的公共合法權益，是公眾參與行政決策的最終目的，即透過公眾參與實現社會正義的原則。

公民參與作為實現行政民主化、正當化的機制的意義不斷凸顯，公民參與從對行政處分過程的參與擴展到對行政立法、行政計劃、行政指導、行政評價、行政救濟等行政過程的參與。促進公眾參與行政決策是建設法治政府和行政民主化的需要，對當前構建和諧社會具有重大的促進作用和現實意義。

二、公民參與行政決策的法制基礎

公眾參與行政決策是現代行政民主的必然要求，公眾參與的實現需要一系列權利相互配合，公眾作為參與主體應當享有如下幾方面主要權利：知情權、參與權、監督權和救濟權等。

（一）知情權。是指公眾有權要求各級政府的行政主管部門提供事關當地公共權益的行政決策相關訊息，如區域社會發展規劃、重大經濟項目建設和重要物價等決策對區域公共權益影響的情況。《中華人民共和國政府訊息公開條例》對訊息公開方面作出了具體的規定，要求各級政府主動公開：1.涉及公民、法人或者其他組織切身利益的；2.需要社會公眾廣泛知曉或者參與的。

知情權制度的核心是訊息公開制度，其主要內容應包括對訊息公開主體的規定，訊息公開的內容，公開時限，公開程序及費用，公開對象，公眾請求未獲允許的救濟、反對，公開的利害關係人的救濟等。目前地方政府行政主管部門在依法應當公開的訊息方面，普遍存在著沒有及時公開或公開不全面的現象，嚴重損害了公眾的知情權，對公眾參與行政決策制度的實施造成了一定的障礙。政府訊息共享取決於兩個方面，其一是公民的知情權，其二是行政機關的訊息公開義務。公民的知情權是公民參與行政決策的基本前提條件，公民只有在瞭解行政決策的相關訊息的前提下，才有可能積極表達意見，建言獻策，參與行政過程，否則不

能有效參與行政決策過程。與公民的知情權相對應的則是行政機關的訊息公開義務，行政機關在作出公共決策時，除法定保密事項之外，有義務全面、準確、真實地公布行政決策的基本目標、手段、事實根據、政策的形成過程、成本效益分析、替代方案等訊息。為此有必要建立經常性的、規範化的政務訊息公開制度，以保障公民及時獲得真實、有效的政府訊息。

（二）參與權。是指公眾對涉及公共權益的社會、經濟的行政決策和社會經濟建設項目決策活動依法享有參與的權利。國務院在《全面推進依法行政實施綱要》中提出：「行政機關實施行政管理，除涉及國家祕密和依法受到保護的商業祕密、個人隱私的外，應當公開，注意聽取公民、法人和其他組織的意見；要嚴格遵循法定程序，依法保障行政管理相對人、利害關係人的知情權、參與權和救濟權。」「行政機關作出對行政管理相對人、利害關係人不利的行政決定之前，應當告知行政管理相對人、利害關係人，並給予其陳述和申辯的機會；作出行政決定後，應當告知行政管理相對人依法享有申請行政復議或者提起行政訴訟的權利。對重大事項，行政管理相對人、利害關係人依法要求聽證的，行政機關應當組織聽證。」《環境影響評價法》第五條也規定：「國家鼓勵有關單位、專家和公眾以適當方式參與環境影響評價。」目前中國公眾參與的權利在法律上雖然得到了肯定，但在「參與」的具體條件、方式、程序上還缺乏明確的法律規定。由於公眾參與的機制尚未完善，而公眾參與活動也尚處於初始階段，必須盡快透過修改和完善國家相關法律、法規、政策來加以保障。建議國家立法機關借鑑美國、日本等有關國家對公眾參與的立法經驗，組織對相關法律法規進行修改和補充，對公眾參與制度的有關問題加以具體明確規定，以便做到「有法可依」。在現代社會中，由於行政疆域不斷拓展，立法機關透過大量的授權性法律授予行政機關廣泛的裁量空間，民主的重心隨之由透過立法實現的民主轉向透過行政實現的民主，因此必須賦予公民廣泛的參與權，包括行政決策過程的參與權、行政政策實施過程的參與權以及行政政策評價的參與權，其權利形態可以表現為投票權、參與聽證權、陳述權、申辯權、表明意見權，等等。

（三）監督權。是指公眾對涉及公共權益的行政決策工作享有各種法定的民主監督權利。如《環境保護法》第六條規定：「一切單位和個人都有保護環境的義務，並有權對汙染和破壞環境的單位和個人進行檢舉和控告。」民主監督權是有效實施公眾參與行政決策制度的重要保證，但是目前相關法律法規對行政決策民主監督權的實施方法、程序、法律救濟等方面尚沒有明確的具體規定，當前中國的一些社會經濟建設行政決策的盲目性問題很突出，其主要原因與行政決策的

民主監督機制不健全，公眾對涉及公共權益的行政決策未能進行有效監督有很大的關係。

（四）救濟權。參與權是公眾參與行政決策的資格，知情權是公眾參與行政決策的前提，而救濟權則是公眾參與行政決策的制度保證。參與權作為一項程序性權利而非實體性權利，對該項權利的保障，應當在堅持窮盡行政救濟原則的基礎上保證司法最終救濟原則。因此，救濟權的實施包括行政救濟和司法救濟兩個方面。

在行政救濟方面，主要透過參與人的申訴、行政復議等途徑來實現。而司法救濟方面，有必要建立公益訴訟的制度，所謂公益訴訟是指任何公民、社會團體、國家機關為了社會公共利益，都可以以自己的名義，向國家司法機關提起公益訴訟。公益訴訟包括行政公益訴訟、民事公益訴訟、刑事公益訴訟等，其中行政公益訴訟對促進完善公眾參與行政決策機制具有重要意義，是實施公眾參與行政決策制度的有力監督手段和法律救濟方式。由於公共權益不僅僅屬於私人權益，更屬於社會公益，所以在歐美各國現行法中，都普遍採用了公益訴訟制度，而中國現行的訴訟法律規定中，唯有直接受害人才有權提起民事訴訟，最後被歸於民事法律管轄範疇。從完善公眾參與行政決策機制的角度考慮，中國有必要盡快建立公益訴訟的法律制度。

三、關於公眾參與行政決策方式的探討

公眾參與作為實現行政民主的程序性機制，在行政決策過程中得以廣泛採用。公眾以提供訊息、表達意見、訴求利益等方式參與行政決策過程，為行政決策民主化、科學化、正當化提供了程序上的保障。根據中國法律法規的有關規定和行政管理工作的實際情況，目前公眾參與行政決策主要透過公眾聽證會、發放問卷調查表、召開專家論證會、舉辦專題研討會和向社會公開徵求意見等方式來實施，一般以採用幾種方式相結合進行的方法為主。

（一）聽證形式，即舉行公眾聽證會。聽證是英美普通法系的一個重要原則——自然公共原則，即任何權力必須公正行使，對當事人不利的決定必須聽取他的意見。在美國，聽證是公民根據憲法正當法律程序所享有的權利，效力高於行政法上所規定的程序規則。正如美國《憲法修正案》第 5 條規定：「未經正當的法律程序不得剝奪任何人的生命、自由或財產。」[1]

在中國，聽證主要適用於事關公共權益事項的決策過程中，政府主管部門透過法定的程序，召開公眾聽證會，就有關公共權益事項的評估結果向社會公眾進

行介紹說明，認真聽取公眾意見和建議，並在具體決策中注意採納公眾的建設性意見和建議，同時及時將決策結果透過一定的公開形式，反饋給公眾，以接受公眾對行政決策過程進行有效的社會監督。此方式在中國國內目前物價管理的實踐中運用比較多，在重大建設項目環境影響評價中只限於運用在建設項目影響爭議較大的情況。隨著公眾參與制度的進一步完善，公眾聽證會的形式將逐漸成為重要的公眾參與行政決策的主要方式。

（二）調查問卷形式，即組織發放行政決策問卷調查表。在公眾參與環境行政決策中最經常使用的是環境諮詢調查的形式，主要透過向對具有一定代表性的專家和公眾發放、回收環境諮詢調查表，經過統計分析處理，來收集公眾和專家的環境決策意見和建議，並在具體決策中注意採納公眾和專家的建設性意見和建議。以組織環境諮詢調查來作為環境決策的參考，在公眾參與環境行政決策中發揮了很大的作用，但目前在環境問卷調查表的內容設置上缺乏統一的規範，由於採用問卷調查的形式，往往調查內容比較簡單，且諮詢調查對象的代表性受到人為操作的影響，較難達到客觀反映環境行政決策的目的，只能作為環境行政決策前期的參考。

（三）專家諮詢形式，即召開專家決策諮詢論證會。在行政決策中透過組織召開專家論證會的形式目前已被普遍採用，在事關區域社會經濟發展與行業發展建設規劃和重大社會經濟建設項目的決策過程中，政府主管部門在完成項目初步規劃或設計方案的基礎上，按照行政審批制度的有關規定，組織召開區域或行業發展規劃方案和建設項目初步設計方案專家論證會，就有關發展規劃方案和建設項目設計方案向有關專家進行介紹說明，透過認真聽取專家的意見和建議，形成規劃和建設項目設計方案專家審查意見，再由項目設計單位採納專家的建設性意見和建議，對發展規劃和建設項目設計方案進行補充完善，最後將發展規劃和建設項目設計方案及專家審查意見一起報送政府主管部門審批，其中專家審查意見作為政府行政決策中的主要參考依據。目前由於基層在選擇專家上存在著人為操作的現象，往往不以隨機抽籤的形式，而以指定為主，造成參加論證會的專家在專業性、知識面等代表性上存在著一定的侷限性，直接影響了行政決策的科學性。

（四）社會公示形式，即開展社會公開徵求行政決策意見。在事關重大公共權益事項的決策過程中，政府主管部門在完成重大公共權益事項評估的基礎上，按照公眾參與行政決策制度的規定，透過網路、報刊、電視等媒介就重大公共權益事項主要評估結論進行介紹說明，向社會公開徵求行政決策意見，並在具體決

策中注意採納社會公眾的建設性意見和建議，同時接受公眾對行政決策過程進行有效的社會監督。目前中國國內已在重大區域或行業發展規劃和重大建設項目行政審批前採取公示的形式，參照國外公眾參與的經驗，今後中國在公眾參與行政決策中應當重視運用開展社會公開徵求行政決策意見的形式。

（五）專題研討形式，即舉辦行政決策專題研討會。在事關區域發展與建設和重大建設項目的行政決策過程中，政府行政主管部門在完成規劃項目初步評估或設計方案的基礎上，組織舉辦規劃項目研討會，就有關規劃項目初步評估和設計方案結果向有關部門和特邀專家進行介紹說明，聽取有關部門和專家的意見和建議，並在具體決策中注意採納部門代表和特邀專家的建設性意見和建議。此種方式目前主要運用於區域經濟發展規劃項目評估的前期調研階段，對促進優化行政決策具有重大的促進作用。

四、關於公眾參與行政決策法律基礎和制度保障的探討

雖然中國目前法律制度中並不缺少公眾參與行政決策的原則性規定，但由於沒有統一的行政程序法對公眾參與行政決策進行具體化規定，造成公眾參與的積極性不足，行政機關的執行力不強，公眾參與行政決策的程度不高等問題突出。筆者認為，為進一步健全與完善公眾參與行政決策的機制，建議採取如下具體措施：

（一）對有關的法律法規進行修改完善。全國人大常委會應當及時制定立法規劃，重點盡快對現行的相關法律進行修改，完善公眾參與行政決策制度的具體規定，以明確公眾參與行政決策的權利與義務。同時，將研究制定《中華人民共和國行政程序法》納入全國人大的立法計劃，從行政程序法中統一明確公眾參與行政決策的具體規定。

（二）研究制定《中華人民共和國公眾參與行政決策條例》。國務院應當考慮將《中華人民共和國公眾參與行政決策暫行條例》的立法列入近期的行政立法計劃，重點對公眾參與行政決策的權利，政府及主管部門的職責與法律責任，公眾參與的條件、內容、程序和救濟、社會監督等方面作出具體的規定，以進一步健全公眾參與行政決策的制度。同時，要對現行的行政法規進行修改，及時完善與落實公眾參與行政決策的相關制度。

（三）健全各級政府的公眾參與決策制度。各級政府和行政主管部門應當堅持以科學發展觀為指導，進一步建立和完善公眾參與行政決策制度，逐步做到公眾參與行政決策的公開化、民主化、科學化，以避免出現重大的行政決策失誤。

由於中國尚沒有制定統一的行政程序法，目前中國行政程序最大的特徵是法治程度低，各種規範性文件的規定相當混亂，相互衝突，立法和實際運作存在較大差距。立法機關往往在法律中把有關行政程序的規定授予行政部門在行政法規或實施細則中加以規定，由各有關行政部門根據工作職責的具體情況來加以規定，因而造成各部門的行政程序規定存在著千差萬別，特別是行政規章在當事人陳述申辯、聽證、申訴、調查取證、行政決定形成等方面往往相互不一致，甚至相互衝突。而地方政府行政主管部門由於對行政程序的重要性認識不足，在遵守行政程序方面往往不重視，造成行政決策中程序不規範的現象普遍存在，不利於公眾參與行政決策的實施。

　　（四）強化宣傳教育，提高全民公眾參與的意識。公眾參與行政決策是一項長期的社會工程，需要廣大社會公眾的積極參與，必須在全社會中廣泛開展公眾參與行政決策的宣傳教育活動，提高社會公眾對公眾參與行政決策的法律意識，促進公眾參與行政決策的積極性和主動性，自覺地維護社會主義建設的和諧發展與穩定，充分保障社會主義的公平與正義。

　　五、結論

　　公眾參與行政決策是民主政治的重要組成部分，黨和政府在一系列法律和政策中明確提出中國行政決策的科學化、民主化和法治化的要求。目前中國公眾參與行政決策的權利在法律上雖然得到了肯定，但在「參與」的具體條件、方式、程序上還缺乏具體的法律規定。由於公眾參與行政決策的機制尚未完善，而公眾參與活動也尚處於初始階段，必須盡快透過修改和完善國家相關法律、法規、政策來加以保障。公眾參與行政決策是現代行政民主的必然要求，參與的實現需要一系列權利相互配合，其中最重要的權利是知情權、參與權、監督權和救濟權。聽證作為公眾參與行政決策的最重要形式，應當逐步擴大聽證的應用範圍，並進一步科學化、規範化、法制化，以取得較好的效果。

　　建議全國人大常委會制定立法規劃，盡快研究制定《中華人民共和國行政程序法》，對現行的相關法律進行修改，完善公眾參與行政決策制度的具體規定，以明確公眾參與行政決策的權利與義務。國務院也應當考慮將《中華人民共和國公眾參與行政決策條例》的立法列入近期的立法計劃，對公眾參與行政決策的權利，政府及主管部門的職責與法律責任，公眾參與的條件、內容、程序和救濟、社會監督等方面作出具體的規定。同時，要重視健全各級政府的公眾參與行政決

策的制度,逐步做到公眾參與行政決策的公開化、民主化、科學化,以避免出現重大的行政決策失誤。

注　釋

[1]. 曾繁正編譯:《美國行政法》,紅旗出版社,1998 版,第 41 頁。

基於互聯網的權力運行創新模式考察[1]——以杭州等地權力陽光運行機制為對象

茅銘晨

◎浙江財經學院法學院教授，學術委員會主任，憲法與行政法研究所所長

近年來，杭州等地[2]抓住現代訊息技術和網路技術給行政權力和社會管理運行機制創新帶來的重大機遇，以改革的精神積極構建權力陽光運行機制，建立網上政務大廳和行政服務平臺，實行行政權力和社會管理網上規範、透明、便民、高效運行，實現群眾辦事網上受理、網上辦理、網上反饋，並對其實行實時「數字監察」，創建了便民、高效、優質的基於互聯網的權力陽光運行機制。例如，杭州市權力陽光運行機制試點單位上城區構建了覆蓋民政、計生、衛生、建設、殘聯等民生服務的「在線互動一站式」行政服務平臺，申辦人不受時空限制，透過互聯網即可完成「單點登陸，網上受理」。業務部門透過社會管理互聯網運行系統的「流程驅動」，按時辦結事項並及時反饋申辦人，實現了「人不跑訊息跑」，大大方便了企事業單位和群眾辦事，提高了社會管理和服務的效率。申辦人透過網上實時查詢反饋系統，可以網上實時查詢申辦事項的辦理進展情況和結果，系統也會自動透過手機簡訊或電話語音服務告知申辦人。實時「數字監察」系統則可以對服務過程進行全程實時流程監控、自動預警、績效考核、異常處理，做到辦事進度可控，辦事效率可測，辦事效果可知。

基於互聯網的權力陽光運行機制因其具有普適性，已引起決策層、社會和理論研究者的極大關注。對其從行政法學的角度進行考察，提煉其現代行政價值，分析其面臨的行政法問題，提出針對性的建議，對於推進和完善社會管理機制創新具有重要意義。

一、基於互聯網的權力陽光運行機制的現代行政價值

（一）觀念革命價值

1. 從單純管理到服務行政的轉變。基於互聯網的權力陽光運行機制以服務和便民為重要理念，有利於行政機關及其工作人員強化公共服務職能和公共服務意

識，轉變單純管理觀念，提高辦事效率，方便公民、法人和其他組織辦事，為社會提供優質服務。

2. 從行政權自我膨脹到行政權自我約束的轉變。基於互聯網的權力陽光運行機制實行權力固化、流程固化、裁量權細化以及權力運行和社會管理全過程的公開，有利於解決長期得不到解決的行政權自我膨脹問題，實現行政權的自我約束。

3. 從重實體輕程序到實體程序並重的轉變。基於互聯網的權力陽光運行機制透過電腦將法定程序轉化為電腦程序，並使電腦系統自動實時對行政程序缺失、混亂、超時等「非常態」訊息進行監督，大大強化了行政機關及其工作人員的程序觀念，有利於轉變中國行政權力運行中根深蒂固的重實體輕程序觀念，實現行政管理實體與程序的並重。

（二）機制革命價值

1. 從「訊息孤島」到「訊息群島」的轉變。基於互聯網的權力陽光運行機制可以解決「訊息孤島」狀態下各地、各部門相互分割、缺乏協調（甚至相互矛盾）、重複建設、效率低下的「權力孤島」問題，形成各地、各部門訊息互通共享的「訊息群島」。

2. 從行政權運行的單方性到行政權運行的相對方參與的轉變。隨著民主和法治的發展，相對方參與已經成為行政程序法的一項重要基本原則。[3] 但是，由於缺乏相應的行政權運行機制和相對方參與的載體，這項原則並沒有得到很好的落實。基於互聯網的權力陽光運行機制為社會公眾廣泛參與公共事務的決策、管理和監督提供了暢通、快捷的渠道，搭建了政府與人民群眾互通互動的平臺，為行政相對人行使知情權、參與權、表達權、監督權等項民主權利提供了條件，極大促進了相對方參與原則的實現，促進了政府決策的科學化和民主化。

3. 從事後監督到事前、事中、事後全過程監督的轉變。由於缺乏行政權事項及其運行過程的公開，傳統的對行政權的監督方式，一般只能限於事後監督。基於互聯網的權力陽光運行機制由於具備事前管理事項公開、事中運行過程公開、事後處理結果公開的機制，使得對行政權運行的事前、事中、事後全過程監督成為可能，有利於促進依法行政和行政權運行的廉潔高效。

4. 從裁量「自由」到裁量「不自由」的轉變。基於互聯網的權力陽光運行機制從技術上避免了人為因素的干擾，有效促進了政府訊息公開和行政行為的規範，

實現了行政裁量從「自由」向「不自由」的轉變，能夠有效避免顯失公正、執法不公等問題。

（三）方式革命價值

1. 從紙質政務到電子政務的轉變。傳統社會管理以紙質政務為特點，透過「文山會海」來實現。基於互聯網的權力陽光運行機制利用現代訊息技術和網路技術，以電子文檔、電子數據等電子材料，在相當程度上取代傳統的紙質材料，以網路會議的形式，在相當程度上取代傳統的會議形式，實現從紙質政務到電子政務的轉變，可以大大節約人財物等資源，提高行政效率。

2. 在物理上，從分散管理到相對集中管理的轉變；在結構上，從並聯辦理到前後臺串聯辦理的轉變。在傳統社會管理中，大多數職能部門分布於不同地點，即使在同一辦公區域或大樓辦公的職能部門也被分割成一間間辦公室，因此，在物理上具有分散管理的特徵；另一方面，由於行政機關內部存在一個個並立的行政機構，相對人辦事如果涉及多個機構，也需要先後到一個個機構進行並聯辦理。這種物理上的分散管理和結構上的並聯辦理方式，既影響了各行政機關、行政機構相互之間的協調和溝通，也制約了行政效率和行政相對人辦事的效率。現代訊息技術和網路技術使得將物理上的分散轉變為系統上的集中、將並立機構的並聯辦理轉變為前後臺串聯辦理成為可能。基於互聯網的權力陽光運行機制實現了這一管理方式和辦理方式的轉變，大大提高了行政效率，方便了行政相對人。

3. 從「人跑訊息不跑」到「人不跑訊息跑」的轉變。傳統的社會管理方式是「人跑訊息不跑」，行政相對人辦事如果涉及多個機構或機關，必須一個一個機構、一個一個機關跑，很不方便。基於互聯網的權力陽光運行機制實現了「人不跑訊息跑」。行政相對人可以透過「一個窗口對外」、「一站式服務」，享受從一個「窗口」遞交、從同一「窗口」獲取辦理結果，到一個「站點」辦理、在同一「站點」完成的便利。甚至，坐在家裡或辦公室裡輕點鼠標，就可以檢索政府辦事指南訊息、辦理有關事項、查尋自己所辦事項流程及時限、獲悉各種辦事項目的結果訊息、參與對政府部門的監督。這一轉變，促進了為民服務方式的新突破，方便了企業和群眾辦事。

（四）監督行政價值

基於互聯網的權力陽光運行機制促使權力在陽光下運行，大大提高了權力運行公開的廣度和深度，使得權力始終處於上級機關、監察等專門監督機關以及人民群眾的監督之下；透過權力固化、流程固化和自由裁量權細化，以制度和規範

制約了權力運行的任意和肆意，體現了法治在社會管理中的價值，可以有效防範行政慢作為、不作為、亂作為的發生，避免以權謀私、權錢交易的發生；由於具有網上數字監察功能，實現了上級機關和監察機關對社會管理全過程的嚴密、有效、實時監督（其中又蘊含有上級機關和監察機關的反饋、教育和懲治功能），同時，網上運行的權力又受到群眾監督，因而為從源頭上防治腐敗提供了監督保證；由於各流程環節上的工作人員均在網上審閱材料、填寫意見、製作文書、作出決定，每個環節、每個崗位、每個工作人員的操作時間和內容均由電腦記錄在案，全程留痕，不可逆轉，實現了社會管理過程和結果網上公開和可查可控，從技術上避免了人為因素的干擾，大大減少了辦案、辦事人員（尤其是有決定權的行政機關工作人員）與行政相對方私下接觸、「尋租」的機會，可以有效避免用公共權力作私下交易的機會。

基於互聯網的權力陽光運行機制兼具教育、制度、監控三大功能，有利於加快轉變政府職能，有利於建立科學合理的社會管理和監控機制，有利於落實政務公開制度、行政責任制度及行政效能投訴、行政過錯責任追究制度，也有利於加強對權力運行的制約和監督，確保權力正確行使。

（五）行政法治價值

基於互聯網的權力陽光運行機制具有促進社會主義民主法治建設，打造透明政府、服務政府、效能政府、法治政府、責任政府等多重價值。它對於促進國務院《全面推進依法行政實施綱要》提出的「行為規範、運轉協調、公正透明、廉潔高效」的行政管理體制的形成，「權責明確、行為規範、監督有效、保障有力」的行政執法體制和「統一、公開、公平、公正」的現代公共服務體制的建立，「公開、公平、公正、便民、高效、誠信」的行政管理要求、「合法行政，合理行政，程序正當，高效便民，誠實守信，權責統一」的依法行政基本要求、「完善行政監督制度和機制，強化對行政行為的監督」的要求以及「政府訊息公開」的要求的實現，「加快電子政務建設，推進政府上網工程的建設和運用，擴大政府網上辦公的範圍；政府部門之間應當盡快做到訊息互通和資源共享，提高政府辦事效率，降低管理成本，創新管理方式，方便人民群眾」等行政管理方式的改革等，具有直接的推動作用，因而是全面推進依法行政、實現《綱要》提出的「經過十年左右堅持不懈的努力，基本實現建設法治政府的目標」的有力舉措。

二、構建基於互聯網的權力陽光運行機制面臨的行政法問題及對策建議

構建基於互聯網的權力陽光運行機制，直接涉及法律問題。為確保網上社會管理和行政權力的運行規範、透明、高效，從行政法學角度進行分析，需要處理好以下法律關係：

（一）在法律與技術的關係上，要防止重技術輕法律的傾向

基於互聯網的權力陽光運行機制的構建需要大量的硬體投入和軟體設計，涉及複雜的技術問題。技術問題雖然複雜，但不是這項工作的關鍵。從某種意義上說，基於互聯網的權力陽光運行機制是將法律規定的行政權力及社會管理事項、依據、主體及人員、條件、流程、時限、形式、概念、手段或措施、裁量標準等，透過訊息技術予以固化和程序化，透過網路運行行政權力和社會管理職責。因而真正複雜而關鍵的問題是法律問題。領導者應當把主要關注點放在法律方面，加強指導，對涉法問題統一提出若干處理原則和具體規定，並對各地各部門參與「法律固化」工作的人員進行培訓，對重大疑難的法律問題要進行梳理，並進行專門研討和論證，防止在系統設計中留下法律風險或隱患。

另一方面，基於互聯網的權力陽光運行機制各種具體制度的設計、各部門各地區在基於互聯網的權力陽光運行機制中的職責、相關技術標準及要求、權利救濟、監督考核、違反基於互聯網的權力陽光運行機制要求的責任等，都需要透過立法加以保障。僅僅透過政策予以推動，將難以保證這一機制的嚴肅性、規範性、有效性和長期性。在前期主要透過政策推進的基礎上，各地應當適時制定地方性法規或地方政府規章，為基於互聯網的權力陽光運行機制提供法治保障。

（二）在實體與程序的關係上，要避免矯枉過正

基於互聯網的權力陽光運行機制最大的特點是透過將法定程序轉化為電腦程序，運用「數字監察」系統，對社會管理過程中各環節進行實時監督。這對轉變中國長期以來「重實體，輕程序」的傾向有非常現實的意義。由於技術的原因，實體合法問題有的難以，甚至無法實現可「數字監察」性，從而形成「數字監察」的「盲區」。由此，「數字監察」的重點會主要限於程序問題，實體問題的監督則相對薄弱。這種監察領域的不平衡性，可能導致監察重點矯枉過正，需要透過依靠傳統的網下監督機制予以彌補。

（三）在裁量與羈束的關係上，要加強對自由裁量權的約束和規範

在中國，約束行政自由裁量權的需要，首先是緣於立法授予自由裁量權不夠嚴密。其次是緣於一些行政機關及其工作人員利用立法缺陷、自由裁量權缺乏約

束和監督的制度漏洞濫用自由裁量權。因此，透過細化裁量標準、約束裁量空間、增強裁量剛性，加強對自由裁量權的約束和規範是完全必要的。

在構建基於互聯網的權力陽光運行機制中，將法律規定的裁量幅度加以細化，並透過電腦系統進行固化，可以有效約束和監督行政自由裁量權。這是一項複雜的工作，需要正確處理裁量與羈束的關係，準確把握立法精神，科學設定細化的標準和約束的空間。細化的標準過寬，就不能達到有效增強裁量剛性、加強對自由裁量權的約束和規範的目的；反之，細化的標準過窄，就會損害社會管理活力，削弱社會管理的針對性，降低社會管理的效率。由於羈束和裁量總是相對的，羈束中總會有裁量，裁量中也總是有羈束，不管如何細化和約束，行政自由裁量權總會在一定程度上存在。而只要有行政自由裁量權存在，就一定有對它進行約束和控制的必要。因此，在建立起網上約束和控制自由裁量權的機制之後，必要的網下約束和控制自由裁量權的機制仍然不可或缺。

（四）在上位法與下位法的關係上，要堅持下位法服從上位法的原則

首先，一些地方和部門由於疏於瞭解上位法，有可能將下位法作為依據進行權力、事項清理和固化。其次，一些地方和部門在權力和流程固化時，為了實現程序簡化、時限「提速」、手續方便等目的，可能會選擇適用其價值追求的下位法。筆者認為，為了維護行政法治，應當堅持下位法服從上位法的原則。但可以有例外。即只有在下位法有關程序簡化、時限「提速」、手續減少的規定對行政相對人有利、並且上位法對下位法作特別規定沒有禁止時，才可考慮適用下位法的規定。

（五）在特別法與一般法的關係上，要堅持特別法優於一般法的原則

在構建基於互聯網的權力陽光運行機制中，為適應「數字監察」和統一「提速」等需要，客觀上或技術上存在對某些問題（例如辦結時限）作「一刀切」式的規定的要求。這就可能發生上級機關要求下級機關不適用特別法而一律適用一般法的情況。這種「一刀切」式的統一要求，表面上看起來使社會管理更加規範，但卻犧牲了社會管理的靈活性、針對性和有效性。因為從立法原意講，特別法規範存在的原因和價值，正是出於貫徹科學立法的原則、具體問題具體處理的需要。筆者認為，在一般法的規定不為特別法所強制性排除的前提下，對某些行政權的運行作一些「一刀切」式的統一規定，是可以接受的。但是，如果為某些工作的需要，不顧特別法的規定而一概要求適用一般規定，犧牲特定社會管理的靈活性、

針對性和有效性,則不僅違反了「特別法優於一般法」的法治原則,也違背了科學性原則,增加了社會管理的難度,最終將影響社會管理質量。

(六)在外部程序與內部程序的關係上,要克服輕視內部程序的傾向

如果說,程序的重要性在中國長期得不到重視,那麼,內部程序相對於外部程序則更加不受重視。在構建基於互聯網的權力陽光運行機制中,為時限「提速」、手續簡化等,一些內部程序有可能首當其衝,成為被弱化、簡化、去除的對象。對此,應當有正確的認識。

首先,法定程序不一定僅限於外部程序,也可以是內部程序。行政訴訟法規定,違反法定程序是行政行為違法因而應當被撤銷的一種情形。因此,如果行政行為明顯違反法定的內部程序,也可因構成違法而被人民法院撤銷。

其次,與外部程序相比,內部程序並非無關緊要。其一,內部程序可能制約外部程序;其二,內部程序往往影響行政行為質量,甚至對於防止行政違法具有重要意義;其三,內部程序還可以影響行政行為的效力。

因此,在構建基於互聯網的權力陽光運行機制中,可以被弱化、簡化、去除的內部程序,應當限於由行政機關自由裁量的內部程序,法定的內部程序不應被弱化、簡化、去除。

(七)在公開與安全的關係上,既要把「公開透明」作為原則,又要重視保密工作

從網路技術看,電腦系統只要是與互聯網相通的,則訪問量的多少和可訪問的深度對系統的安全性並無直接關聯。即訊息公開的程度對系統安全沒有直接影響。因此,安全只涉及法律意義上的訊息安全,即如何確定訊息公開的「邊界」,處理好權力陽光與國家機密、個人隱私、商業祕密保護的關係。

確保國家機密、個人隱私、商業祕密受到保護,是行政機關的職責,在構建基於互聯網的權力陽光運行機制中必須十分重視,並有適當的制度和措施加以保證。然而,基於互聯網的權力陽光運行機制的最大亮點之一恰恰是「公開」。因此,必須把「公開透明」作為構建基於互聯網的權力陽光運行機制的一項重要原則,但不宜將保密(或以「安全」為代名詞)作為一項原則,否則就會跟構建基於互聯網的權力陽光運行機制的初衷相背離。對於根據《中華人民共和國政府訊息公開條例》等法律法規規定應當公開的政府訊息,應當予以公開;對依法可以公開

的訊息,也應當持積極公開的態度。不能任意以保護國家機密、個人隱私、商業祕密為藉口,不履行政府訊息公開義務。

（八）在網上監督與網下監督的關係上,既要重視網上監督,也不能放棄網下監督

行政行為合法,不僅要求程序合法,還要求主體和人員合法、適用法律法規正確、遵守法定權限、證據確鑿充分、履行法定作為義務、內容合法公正等。由於一些實體合法要求難以,甚至無法透過訊息技術實現網上監督,因此,基於互聯網的權力陽光運行機制雖然可以有效加強對行政權的監督,但並不能將監督的觸角伸至所有領域。在構建了網上監督機制後,仍應重視繼續發揮傳統的網下監督機制的作用。

（九）在相對獨立與相互協調的關係上,要加強訊息互通共享、維護法治統一

在基於互聯網的權力陽光運行機制系統中,各地各部門都有相對獨立的子系統。這些子系統如何相互鏈接、相互協調,不僅是一個技術問題,而且也是一個複雜的法律問題。

首先,除少量法律明確規定不能實行互通共享的訊息外,部門之間、地區之間應當實現訊息互通共享,否則,難以脫離各自為政、「訊息孤島」、重複建設的老路。

其次,要注意維護法治的統一,防止各地因缺乏協調、自成體系而造成各地對相同情況的規定有較大的不同,從而影響制度的嚴肅性和法治的統一性。

（十）在電子文件與紙質文件的關係上,要藉機大力推進公文無紙化

這對關係,說到底是電子文件能否,或者在多大程度上能夠替代紙質文件的問題。如果電子文件不能替代紙質文件,則必然需要在運轉電子文件處理流程的同時,仍然保留相應的紙質文件處理流程,即實行所謂的「雙軌制」；同時也必然需要在保存電子文件的同時,仍然保存對應的紙質文件,即實行所謂的「雙套制」。「雙軌制」或「雙套制」的存在,大大抵消了訊息化的優勢,造成人力、紙張以及其他相關資源的極大浪費,無法實現透過訊息技術和網路技術提高效率、降低成本的初衷。筆者認為,在中國,電子文件的法律效力、證據效力以及物理歸檔長期、安全保存的技術問題已經解決,各地在構建基於互聯網的權力陽光運

行機制的工作中,應當對公文無紙化發展趨勢富有遠見,藉機大力推進公文無紙化。

首先,關於電子文件的法律效力。《中華人民共和國電子簽名法》已經明確,除了該法排除的四種情形外,在民事活動中,符合該法規定條件的數據電文,視為符合法律、法規要求的書面形式,視為滿足法律、法規規定的原件形式要求,視為滿足法律、法規規定的文件保存要求,以及可以作為證據使用。由於行政電子文件和民事電子文件在法律效力的意義上並不存在本質區別,因此,筆者贊同這一觀點:「既然一般民事活動中產生的電子文件具有法律效力,那麼,在排除特殊情況的前提下,可以認為,認可一般公務活動中產生的電子文件同樣具有法律效力,已經不存在法理上的障礙。」[4]

其次,關於電子文件的證據效力。現在,許多國家已經在法律上認可了電子文件的證據效力。例如,在1990年代末美國司法部針對微軟公司的訴訟案件中,訴訟雙方向法庭呈送的大約3000份證據大多數是電子郵件。在中國,從理論層面上講,儘管理論界對電子文件屬於何種證據形式存在「書證說」、「視聽資料說」、「傳統證據演變說」和「獨立證據說」等不同見解,但對於其可以作為證據的認識已趨於一致。從法律層面講,雖然中國三大訴訟法典均未對電子文件的證據資格加以規定(部分原因可能是由於制定較早),但後來最高人民法院和最高人民檢察院的有關規定和司法解釋以及司法實踐已經認可電子文件可以成為三大訴訟之證據,並且一般把電子文件納入視聽資料這一證據形式之中。根據《最高人民法院關於行政訴訟證據若干問題的規定》第12條「根據行政訴訟法第三十一條第一款第(三)項的規定,當事人向人民法院提供電腦數據或者錄音、錄像等視聽資料的,應當符合下列要求:(一)提供有關資料的原始載體。提供原始載體確有困難的,可以提供複製件……」之規定,電子文件在行政訴訟中的證據資格也得以確立,並且被明確歸屬於視聽資料,其中原始載體可以被作為原件。除此之外。《中華人民共和國電子簽名法》第7條還進一步明確規定:「數據電文不得僅因為其是以電子、光學、磁或者類似手段生成、發送、接收或者儲存的而被拒絕作為證據使用。」因此,出於擔心在社會管理互聯網運行過程中如果沒有留下紙質材料一旦涉訴將難以提交證據材料,而實行「雙軌制」或「雙套制」,也是沒有必要的。

第三,關於電子文件物理歸檔長期、安全保存的問題。訊息技術的發展,極大提高了電子文件真實可靠、長久保存的可能。目前,電子文件作為長期保存的

檔案物理歸檔在技術上已不成問題。不僅如此，電子文件的安全物理保存也可藉助於當代訊息技術得到滿意解決。即在辦公自動化網路中，可自動對每份電子文件的修改、存取、傳輸等任何操作進行實時登記，以密碼形式存儲並採取防刪改措施。[5] 正因為如此，美國、英國、德國、法國、丹麥、澳大利亞、加拿大、新加坡、日本和韓國等發達或較發達國家已逐步推進或基本實現了「單軌制」與「單套制」。例如，美國認為電子文件的安全性已經達到 100%，其國家檔案館對聯邦政府機構檔案的接收已完全實現電子化，對於相同內容的文件接收了電子文件，就不再接收相應的紙質文件。[6] 可見，公文無紙化是大勢所趨。在中國，不少地方也已啟動公文無紙化進程。但相比而言，中國公文無紙化推進的速度相對比較緩慢，適用的面也比較狹窄。《中華人民共和國檔案法》第 2 條將「聲像」記錄納入了檔案範疇。因此，電子文件作為檔案的資格和效力也應不成問題。

綜上，筆者認為，構建基於互聯網的權力陽光運行機制為突破公文無紙化「瓶頸」、在更大範圍實現公文無紙化提供了契機，應當好好把握。各地在構建基於互聯網的權力陽光運行機制的工作中，應注意吸收檔案管理機構參與，避免系統設計留下無法滿足將來電子文件歸檔管理需要的先天性缺陷（以後改造，又徒增大筆費用），積極為全國推進政府系統公文無紙化以及電子文件的歸檔管理提供經驗。當然，鑒於當前人們對電子文件的物理保存還存在一定程度的疑慮、推進公文無紙化還存在較大障礙的情況，最高立法機關有必要根據訊息技術迅速發展的形勢，盡快以效力更高的法律進一步明確國家機關工作中的電子文件的法律效力以及電子文件的可存檔性等問題，以推進中國公文無紙化進程。

三、結論

杭州等地構建基於互聯網的權力陽光運行機制已經取得了重要的階段性成果，為全國各地貫徹黨的十七大精神，落實 2007 年胡錦濤總書記在黨的十七大報告中明確提出的「讓權力在陽光下運行」的政治決策，全面推進依法行政，建立健全教育、制度、監督並重的懲治和預防腐敗體系，提供了有益的經驗。另一方面，筆者認為，對這項工作的意義有更加全面、更有高度的認識和把握，把構建基於互聯網的權力陽光運行機制工作這篇「文章」做大做足；對這項工作與法律的關係有更加深刻的認識，從而把相關法律問題處理得更加準確、完善；對這項工作對全面促進政府工作的機遇把握得更好，使政府系統公文無紙化等過去一直想大力推進、但由於相關條件的制約難以大力推進的工作，藉構建基於互聯網的權力陽光運行機制工作的機遇得到大力推進；對構建基於互聯網的權力陽光運行

機制有更多的自覺性，在政務公開方面有進一步的發展，實行權力陽光運行機制的領域有進一步拓展；對構建基於互聯網的權力陽光運行機制有更進一步的創舉，將人民群眾特別關心、依法行政特別要求、反腐倡廉特別關注的行政決策和人財物管理納入其中；對這項工作的理論論證和調查研究更加重視，形成既富有地方特色、又在全國範圍內具有普遍指導意義的理論成果和實踐經驗——這些也許是各地構建基於互聯網的權力陽光運行機制工作能夠顯示地方特色和對全國貢獻的主要方面。

注　釋

[1]. 本文是 2009 年杭州市委、市人民政府重點課題「進一步構建權力陽光運行機制的實踐與思考」的研究成果之一。課題調研受到中共杭州市委副書記葉明同志、市紀委副書記、市監察局局長徐蘇賓同志、市陽光辦張奕、王芳同志以及杭州市紀委、市監察局、市訊息辦、市行政服務中心、市建委、市勞動與社會保障局、市城管執法局、上城區、桐廬縣、富陽市和中共南京市紀委等單位的大力支持。

[2]. 包括浙江省杭州市、江蘇省南京市、廣東省深圳市、新疆阿克蘇地區以及雲南等省的一些市（地）。

[3]. 羅豪才主編：《行政法學》，北京大學出版社 2001 版，第 212 頁。

[4]. 劉金霞、黃存勛：《〈電子簽名法〉：電子文件管理法制化的基本依據》，《中國檔案》2004 年第 11 期。

[5]. 邱曉威：《電子文件與電子檔案的管理問題與對策》，《中國檔案》1999 年第 3 期。

[6]. 徐擁軍：《樹立對電子文件的正確認識》，中國檔案學研究網，2012 年 5 月 26 日訪問。

法治軌道上的社會治理模式創新——以制度的自反性為切入點

程關松[1] 羅紅波[2]

◎[1] 江西省社會科學院法學研究所研究員、所長，法學博士

◎[2] 湖北省黃岡市委黨校副教授

社會管理創新應堅持從源頭上減少社會矛盾，防止制度化次生社會矛盾產生，堅持在法治軌道上化解社會矛盾的基本思路。

一、從源頭上減少社會矛盾

（一）社會矛盾的源頭

社會矛盾的源頭主要包括三種類型：

第一類是公共權力對公民權利的侵害，屬於為消除社會矛盾而形成的次生社會矛盾，主要表現為城市「攤大餅」發展思路中大規模徵地、拆遷對公民物權的侵害、點多面廣的基層腐敗所導致的公共權力信任危機、幹部作風不正所導致的官民對立、選擇性執法對公民合法權益的隱形損害、司法不公所導致的公民不服從、處理應急事態時策略短缺所導致的公共事件。

第二類是市場經濟的缺陷加劇了利益的分化，屬於私權糾紛引發的社會矛盾，主要表現為一部分人的預期利益落空、一部分人的權利無法實現、一部分人在追求權利的過程中忽視他人的權利、一部分人的權利行使超越權利的邊界、一部分人權利的行使以損害他人權利為代價。

第三類是社會管理「空心化」所導致的公共服務短缺，屬於社會權無保障所引發的社會矛盾，主要表現為不完全城市化所導致的身分差序、城市「攤大餅」現象所導致的「城中村」劣質公共服務、鄉村「空心化」所導致的社會資本萎縮、基層政權衰微所導致的痞子運動現象、流動性所導致的不確定性風險、虛擬社會所導致的思想混亂。

（二）從源頭上減少社會矛盾的模式選擇

社會管理創新的過程既是一個實現好、維護好、發展好最廣大人民根本利益的過程，也是一個協調社會關係、規範社會行為、解決社會糾紛、化解社會矛盾、

促進社會公正、應對社會風險、保持社會穩定的過程。在加強社會組織建設、形成利益表達協調機制、建立權利保障機制、健全社會糾紛矛盾調處機制、完善社會治安綜合治理體系等各方面都必須致力於提高處理眼前問題的能力和塑造長遠公共價值的能力。

從源頭上減少社會矛盾必須審慎選擇加強和創新社會管理的模式。在社會管理創新過程中，中國並存兩種模式。

第一種模式致力於社會重構。選擇社會重構模式的理由是：第一，由於農村實行包產到戶的責任制，也由於農業稅被取消，政府對農村的有效管理日趨鬆弛。同時，從農業中解放出來的大量農民在農村和城市之間大規模高速自由流動，其權利和義務處於不確定狀態。一方面，農村的各種變動形成一種多重制度變遷的內在動力，為農村的社會重構提供了契機。另一方面，農村的社會資本呈短缺趨勢，社會重構的管理資源極為稀缺。因此，政府必須向農村注入社會資本，不斷提高村民的自治能力和互助共濟水平。第二，隨著企事業單位改革的不斷深入，大量人員從企事業單位中分離出來，脫離了原有的管理序列成為「社會人」，其權利和義務需要重新界定。一方面，改革後的企事業單位提高了公共服務水平，另一方面，脫離原有管理序列的「社會人」需要納入新的社會體制之中。城鄉兩方面未完全權利義務化的事項匯聚成社會領域的核心問題，亟須藉助於政府力量進行有序重構。當然，在實踐過程中某些試驗點的管制化傾向試圖復活計劃經濟時代的管控模式，必須引起我們的高度重視。第三，地方發展型政府的行為邏輯制度化的消極後果導致地方社會管理組織功能錯位，抑制了公共服務型地方政府的成功塑造，必須透過社會重構模式使社會管理組織回歸理性。

第二種模式致力於社會治理。選擇社會治理模式的理由是：第一，自改革開放以來所形成的社會關係不可逆轉，計劃經濟時代所確立的社會管控模式在新的社會關係中已喪失效力，只有富於彈性和應變能力的社會治理模式才能適應社會的新要求。第二，在中國國內，以權利保障為依歸的改革試驗激發了公民的首創精神，極大地促進了中國的高速發展，而以權利為基礎的公民社會必將貢獻於中國未來的社會發展。第三，在西方，規模宏大的「新公共管理運動」透過市場機制和公民民主的制度性嵌入在一定程度上消解了自凱恩斯以來政府干預的剛性，增加了社會的應變能力，促進了公民民主權利的發展，它們的改革成果值得我們借鑑。但必須注意的是：在中國，作為公民社會基礎條件的個人責任尚缺乏社會根基，其普遍化尚是一個懸而未決的問題。在西方，社會治理模式是市場機制與

政府治理技術化、公民民主制度化相結合的產物，內部仍存在一種多元競爭的態勢，並未形成一種整體性治理模式。西方社會治理模式致力於在個人責任基礎上發展公共責任，培育社會的公共性。它是以權利體系的發達為前提條件的，致力於培育公共責任的目的是為了建立與發達權利體系之間的反思性平衡關係。而在中國，權利保障體系極為脆弱，公共責任體系極為薄弱，被市場所激發的慾望的個人主義和在市場中尋租的公共權力都極力壓制公共責任的生成，社會治理模式受到各種障礙的掣肘，其願景遭受一定程度的挫折。

我們在社會管理創新過程中，既不能採取廢棄主義的立場否定社會重構模式的合理要素，也不能採取民粹主義的立場拒斥社會治理模式的合理訴求。社會重構模式的核心是實現社會管理體制的功能回歸和功能深化，使社會管理組織透過管理提高公共服務水平，而不是放棄管理遷就無政府主義傾向。社會治理模式的核心是民間組織再造，使民間組織與社會管理組織之間建立結構性合作夥伴關係，豐富社會管理的主體，延伸社會管理的鏈條，拓展公共服務的空間。結合中國的實際，當下宜採取社會重構模式為主、社會治理模式為必要補充的社會管理創新模式。具體而言，減少第一、二類社會矛盾宜以社會重構模式為主，減少第三類社會矛盾宜以社會治理模式為主。值得注意的是：社會重構模式與社會治理模式之間仍然存在制度性摩擦，必須提高社會管理體制、機制的包容性。

二、在法治軌道上化解社會矛盾

（一）規範的有效限度

社會管理創新首先必須明確各種規範的屬性和有效範圍。錯誤地選擇規範工具不僅不能從源頭上化解社會矛盾，反而會催化次生社會矛盾，導致社會矛盾的交叉重疊。

社會管理領域的規範體系包括社會規範、行為規範、調處規範、懲處規範和補充規範。公共責任與公共服務以社會規範為基礎，法律以行為規範為基礎，和解、調解以調處規範為基礎，控制違法、犯罪行為以懲處規範為基礎，次生糾紛救濟以補充規範為基礎。各規範類型之間既相互關聯也存在不同的功能派分，具有不同的效用。

（二）規範的理性選擇

當前中國既處於發展的重要戰略機遇期，又處於社會矛盾凸顯期，各種矛盾糾紛錯綜複雜，交叉重疊，如何選擇適合的糾紛解決制度，對於定分止爭、社會和諧至關重要。

目前，中國主要使用三種糾紛解決制度化解社會矛盾：

第一種是審判制度。審判制度是法治國家最核心的制度。在中國特色社會主義法律體系基本建立以後，法律的施行成為依法治國的關鍵。中國的審判制度在取得巨大成就的同時，也面臨內外交困的巨大壓力：在權利不斷覺醒背景下，案件呈現爆發趨勢，司法資源短缺問題凸顯；在大規模社會變遷的壓力下，制度化規避、規則緩和等「良性違法」現象被容忍，甚至超越了「破窗」限度，使得法律客觀規定，現實主觀廢棄；某些地方甚至認為「改革就是違法」，崇尚創新的最好辦法就是拋棄法律本身的錯誤觀念；司法不公與司法腐敗挫傷了人們對於法律的信心；扶助「壞人」的功能性舉措使好人陷入道德困境；「仇富」、「仇官」等身分效應的民粹主義懲罰性激情隨著新媒體的倍增效應深刻影響到審判獨立。

第二種是合意制度。透過合意解決社會糾紛有利於彌合人際關係裂痕、促進社會和諧，在中國具有悠久的歷史傳統。它是現代審判制度的一種替代性制度。主要包括和解與調解制度。在任何法治國家，合意解決社會糾紛都是一種次級備選方案，不可能獨立撐起建設法治國家的藍天。當前中國鼓勵「大調解」方案主要源於分解案件爆發壓力與建設和諧社會的需要，有其現實價值。但某些地方錯誤理解「大調解」制度的地位與功能，犯了「錯置具體感的謬誤」：出現了違背當事人意願的強制性調解現象，使未組織化利益、弱勢群體利益遭受再次傷害；將「大調解」數量化作為考核政法部門政績的重要標準，違背了該制度設計的目的；將「大調解」意識形態化、政治化、普遍化，削弱了法律權威以及人們對法律的信仰，危及法治社會的根基。

第三種是信訪制度。信訪制度在中國具有悠久的歷史傳統，是獨具中國特色的制度創新，是一種苦情制度與公民不服從的和平解決機制，屬於補充規範範疇。在西方，素有公民不服從的傳統，但其解決公民不服從的法律方案有三種類型：第一種類型將其納入法律保護範圍，由此形成了遊行、示威、罷工等憲法權利；第二種類型將其納入法律容忍範圍，評價其違法，但在懲處上給予寬待或進行豁免；第三種類型是透過憲法訴訟解決公民苦情與公民不服從問題，這與西方對政府的懷疑主義傳統相關。在中國，政府素有父愛主義傳統，並不主張公民不服從透過對抗方式表達或憲法訴訟解決，而希望透過和平方式解決公民不服從問題。

信訪案件大多數是涉及公共權力侵權案件，它是測度公共權力、幹群關係、官民關係良善與否的重要尺度。因其具有暴露公共權力腐敗不端的功能，故在鼓勵的政策導向下，案件一般都能在公共權力讓步的條件下以最快的速度解決，信訪者的預期利益基本都能得到實現。在比較優勢的選擇條件下，會激勵潛在的訴訟者放棄訴訟途徑走上信訪之路，從而出現信訪爆發現象，法律制度被降低到次要地位。由於信訪爆發消耗了公共權力高層大量的時間和精力，影響公共權力的正常運行，在此情形下，政府不得不開始採取抑制信訪的政策。在抑制政策引導下，一些地方將是否有效阻滯信訪作為考核政府政績的重要標準，課予一把手第一責任人義務進行問責。這一策略與群眾對信訪制度的路徑依賴之間形成了直接對抗關係，暴力信訪、群體信訪現象大量出現，交易或強制性阻滯措施都被策略性派上用場，次級公共權力問題開始衍生，產生為了捍衛信訪權利而信訪的奇特現象，違法信訪、越級信訪的詞彙被大量製造出來，信訪制度出現了滯脹。作為公共權力自我糾錯機制的信訪制度產生了自反性，信訪制度本身受到懷疑。

　　由於中國沒有憲法訴訟制度，公民不服從問題沒有憲法層次上的解決路徑，主要取決於政治自覺、政治智慧和政治策略行為。因此，在現有憲政體制下，部分解決信訪悖論性困境的出路主要在於切實保障行政法、國家賠償制度等國家責任體系的有效運行。

　　總之，儘管中國社會主義法律體系基本建立，但作為調整社會建設的社會法尚未完全建立起來，仍處於試驗階段。因此，社會管理創新既是一個化解糾紛矛盾的過程，也是一個塑造社會建設基本制度的過程，制度的塑造能力是評價社會管理創新質量的基準。制度是一個根本性問題，法律則是制度的根本。在多元主義的社會糾紛解決方案中，我們必須釐清不同制度的效力範圍與位階，防止社會管理制度選擇的功能錯位。政治文明的實踐表明，提升以法律為基礎的制度能力才是社會管理創新的根本。在法治軌道上而不是依賴其他路徑解決社會糾紛矛盾才是社會管理創新的大道原理。

現代行政程序理念之重塑

鄭麗清[1] 李貴賢[2]

◎[1] 福建師範大學法學院副教授，法學博士研究生

◎[2] 福州邊防檢查站副團職檢查員

　　作為獨立法律部門的完整意義上的行政法，是近代民主、法治發展的產物，以行政權的獨立存在為前提。在立法權、行政權和司法權集於君主一身的情況下，君主的命令不可違抗，君主具有超越於法律之上的特權，此時關於國家管理的法律規範根本不能與近代意義的行政法相提並論。路易十四曾說過：「朕即國家。」中國封建社會皇帝「言出法隨」「一言廢法」，皇帝的聖旨就是法律，並可以凌駕於法律之上。近代行政法以嚴格「三權分立」為基礎，行政職能少且消極，並受到法律的嚴格控制，其理念和特徵是強調「法律至上」，強調「無法律授權即無行政」。著名的英國憲法學家戴雪認為，法治的第一要義就是從憲政的角度防止「人治政府」行使「廣泛」、「擅斷」限制人權的權力，法治的首要條件就是排除政府的獨斷權力。[1] 從20世紀開始，尤其是二戰以後，伴隨著民主思潮的激盪，福利國家、給付行政等新型國家目的觀的出現，現代行政的作用向著積極行政方面擴展，同時強調服務政府、責任政府、誠信政府等理念，程序政府亦成為現代行政不可或缺的理念。

一、現代行政重視程序理念的緣由

　　程序是指人們為完成某項任務或達到某個目標而預先設定好的方式、時限、步驟和方法。而理念是一種思想意識，是指人們對客觀事物及其規律的抽象概括和理性認知。程序在現代行政領域首先就是指國家行政權力的行使（而不是指被管理者的活動）必須受到明確的程序性規範的約束。[2] 在行政管理過程中行政機關應當嚴格按照行政程序執法，依照法定程序行政，既不得越權和濫用職權也不得失職，一切行政行為都要接受監督，違法行政行為要承擔相應的法律責任。馬克思主義經典作家在《法蘭西內戰》中，一再強調公社的委員是普選產生，為公社負責，隨時可以罷免，行使有限的職權，[3] 突出了法治政府、程序政府的理念。沒有行政程序，也就不可能實現行政法治，更不能建設成法治政府，故應當重視行政程序理念的援用。

現代行政援用程序的控制之所以如此重要，首先是因為在實體上不得不賦予行政機關以很大的權力。而行政權是國家權力中最活躍的分子，與其他國家權力相比，行政權與相對人有著更頻繁、更直接和更廣泛的聯繫，同時由於行政權具有天然的侵害可能性和擴張性，故世界各國大都藉助法律機制對行政權加以規範和控制。正如王名揚所言，行政好比一部機器，這部機器需要強大的動力，才能充分發揮為人民服務的作用，但是機器必須得到有效的控制，否則機器的動力愈大，可能產生的損害也愈大，動力和控制二者缺一不可。[4] 在給予行政機關較大動力——賦予一定的行政權的同時，也要進行有力的控制，而程序控制就是一項重要的、不可或缺的法律機制。

　　其次是由於程序與實體之間的唇亡齒寒關係。自20世紀以來，人們逐漸意識到：如果有許多優良的實體規則但無好的程序規則，實體規則即便再好也難以實現；如果有一個好的程序規則，即便沒有實體規則，也可以實現行政正義。法蘭克弗特法官有這樣的名言：「自由的歷史很大程度上是遵守程序保障的歷史。」美國最高法院的杰克遜法官曾表示：「程序公正與規範是自由不可或缺的內容。苛嚴的實體法如果公正地、不偏不倚地適用是可以忍受的。」威廉韋德則表示：「寧可生活在用普通法程序適用的俄國法律之下，也不願生活在俄國程序法適用的普通法之下。」[5] 馬克思在談及審判程序和法律二者之間的邏輯關係時，提到審判程序與法律之間聯繫十分密切，就像植物的外形和植物的聯繫、動物的外形和血肉的聯繫一樣，審判程序和法律應該具有同樣的精神，因為審判程序是「法律的生命形式，因而也是法律的內部生命的表現」。[6] 推及之，程序不是次要的事情，它與法律具有同樣的精神，程序的作用不容忽視，因為法律本身具有特有的必要的程序。這足以說明程序對於法律的重要意義。「隨著政府權力持續不斷的急劇增長，只有依靠程序公正，權力才可能變得讓人能容忍。」[7] 概言之，「沒有程序的正義就沒有實體的正義」的理念逐漸為人們所接受。由此，有學者直言不諱地說：「正義的本質最大程度上是程序。」[8]

　　再次是基於控制行政權濫用的需要。在行政權力不斷擴大、行政自由裁量空間日益廣闊的情況下，僅僅透過對行政行為進行實體規則的控制已難以防止行政權的濫用。美國行政法專家伯納德·施瓦茲說過：「行政法更多的是關於程序和補救的法，而不是實體法。」[9] 隨著行政專業性、技術性的加強，僅僅使用舊的審查標準已難以適應時代發展的要求。故行政法治原則的落實，不能只寄希望於行政權的自我抑制及行政機關的道德素質，也不能只寄希望於事後的司法審查。過去，法院可以瞭解行政機關的一切活動，並對其是否違法作出判斷，如今情況完

全不同。美國行政法學家蓋爾霍思曾說過,法院對違法行為的審查不能代替良好的行政程序,司法審查費時費錢,因為大量的行政行為或者由於性質特殊,或者由於當事人缺乏經濟能力,無法受到法院的審查。[10] 因之,一些國家把控權的著眼點從行政行為的結果逐步擴張至行政行為適用的行政程序,從過去的只注重行政行為結果的合法性與正當性轉向對產生這種結果的過程和程序的合法性與正當性的關注。[11]

最後是緣於只有良好的行政程序才能提高行政相對人對行政行為的接受程度。如果行政行為的程序是正當的,那麼,人們就不會懷疑其結果的公正性,就會信服它。正如英國行政法治專家韋德所言:「程序不是次要的事。隨著政府權力持續不斷的急劇增長,只有依靠程序公正,權力才能變得讓人能容忍。」[12] 哪怕經過合法合理的行政程序所得到的結果未必與行政相對人的初衷相符,甚至還不比未經程序和經違法程序得到的結果更好,但由於行政程序的過程是經過嚴格設計和緊密安排的,免去不必要的程序或簡化煩瑣的程序,行政程序使行政行為更為公開、透明,行政主體和相對人在程序展開的過程中不斷受其拘束和引領,這樣不僅能防止專橫任性的行政決定的產生,保障行政機關的行政行為公平且有效率,從而提高行政效率,而且行政程序在一定意義上保障行政相對人的合法權益,讓行政相對人消除對行政權力的深深敵意和芥蒂,進而對行政行為的結果更容易接受。因此,現代行政程序要求透過一種「公眾認為公平的方式作出決定,當政者可以獲得對這些決定的更大認可,就使得決定涉及的各方更容易服從」。[13]

在現代行政法發展歷程中發生了一個具有歷史性意義的觀念嬗變,從而為行政程序理念的重新塑造提供了良好的契機。這種觀念的變化即法律程序的價值從工具主義轉向本位主義,美國行政法學者在《聯邦行政程序法》誕生50週年之際作出了令人振奮的判斷:「我們生活在一個重構行政法概念的時代。」[14] 發展良好的行政程序逐漸成為行政法的主要問題,良好的行政程序不僅能防止專橫任性的行政決定的產生,同時能保障行政機關辦事公平而有效率。[15] 為了擴展法律對行政的規範空間,立法者不僅對行政行為進行實體控制,而且強化了對過程的控制,透過制定行政程序法對行政行為進行事前和事中的控制。日本公法學者室井力曾說過:實質性的法治主義同時要求行政活動在事前履行公正的程序,即國民享有根據公正的程序接受行政決定的權利,以保障公民的「知情權」、「參與權」。[16]

二、現代行政中程序理念的價值

価值問題是法律無法迴避的問題。誠如龐德所言：價值問題雖然是一個棘手的問題，但它卻是法律科學所無法迴避的，即便是最粗糙的、最草率的或最反覆無常的關係調整或行為安排，在它的背後總有對各種互相衝突和互相重疊的利益進行評價的某種準則，「無論在古代和近代世界裡，對價值準則的論證、批判或合乎邏輯的適用，都曾是法學家們的主要活動」。[17] 關於行政程序的價值，學者們主要是圍繞著程序與實體的關係進行討論，並形成了諸多學說，典型的有程序工具主義和程序本位主義兩種觀點。程序工具主義將程序純粹看成實現實體法的「功利」手段，認為一種法律程序規則的好壞就是看它實現良好結果的有效性。在結果與過程之間，人們往往偏重對結果的關注，對於行政權的運行，更注重的是結果的合法、公正與否，而漠視了行政權運行的過程。事實上許多行政行為的違法恰恰是因為過程中欠缺程序的制約力量所造成的。[18] 程序本位主義偏重程序過程價值的有效性，認為程序的意義在於過程之中，程序有其獨立的價值，其在實現形式公正與保障個人尊嚴方面有特殊的價值。這種觀點認為程序的正義決定著結果的正義。如果行政行為的程序是正當的，那麼，人們就不會懷疑其結果的公正性，就會信服它，結果與程序相比顯得無關緊要，程序是第一位的，應當為人們所重視，而不必考慮結果的正義與否。無論是程序工具主義還是程序本位主義，都割裂了程序與實體的聯繫，都具有片面性。事實上，法律程序應具有雙重價值：一是作為達求良好結果的手段，一是程序自身的德性。

至於行政程序的具體價值，在已出版發表的各種教材和著作之中，有不少學者對此作了論述。如有的學者認為行政程序價值包括公正性、準確性、可接受性和效率性等內容。[19] 有的學者認為行政程序具有以下價值：一是擴大公民參與行政權行使的途徑，二是保護相對人程序權益，三是提高行政效率，四是監督行政主體依法行使職權。[20] 有的學者主張行政程序的價值分為過程價值和結果價值。行政程序的過程價值體現在公開、公平、參與、及時等具體原則和制度之中；行政程序的結果價值的內容主要有：有利於實體法的正確實施，有效地控制行政權特別是避免自由裁量權的濫用，有利於提高相對人的法律地位，有利於提高行政效率和遏制消除腐敗等。[21] 此外，還有的學者主張折中的程序價值觀點，即強調程序的公正價值的同時，仍然應當看到程序在提高效率和維護秩序方面的價值，歸納為：公正價值、效率價值和秩序價值。[22] 對其中一種價值的選擇並不絕對排除另一價值的同時存在，有時只是需要整合，分出主次、前後，突出某種價值。如以控制行政權為目的的行政程序設計，無疑要以公正為主要價值目標，但不能無視行政效率，[23] 也不能忽視維護社會秩序。誠然，自然正義規則、公正規則限

制行政機關活動的自由,遵循這些規則須花費一定的時間與金錢,但如果能減少政府的摩擦,時間與金錢似乎用得其所。正因為它們主要是維持公正的原則,可以減少苦怨,所以正如英國學者威廉·韋德所言,自然正義原則促進效率而不是阻礙效率,正義與效率並行不悖,只要法律不要過分苛刻。筆者同意折中的觀點。的確,任何一種理想的程序都必須兼顧結果有效性、形式公正、個人尊嚴與效益,在幾種價值間謀求平衡,而不可能是單取向的。誠如陳桂明教授對民事訴訟價值問題所持的觀點,對民事訴訟價值體系的認識:「僅僅侷限於公正和效益還是不夠的。我們能不能跳出現有的框架,去尋找公正和效益兩大基本價值之外的其他價值,甚至是基本價值?」[24]

沿著這個思路,探索行政程序的基本價值究竟是什麼,或許能夠從美國著名公法學者馬肖的《行政國的正當程序》一文中得到啟發。在馬肖看來,必須尋求落實正當程序的適當性和效能模式之外的第三條道路——尊嚴價值模式。[25]由此,正當程序必須具備重要的尊嚴價值,該價值的優勢在於:一是在行政時,程序上具有合理性,讓相對人直覺上感受公正的對待,因此作出的行政行為容易為相對人所認同;二是可以避免實證主義的陷阱,因為它提出了一種認識和整合實體與程序關係的方法,而不至於落入實證主義陷阱,即行政程序的問題在於「是維護了還是削弱了適當的人格尊嚴觀念」;三是開拓行政程序的審查視角,不僅關心當事人程序權利的保護,而且關注當事人實體權利的維護;四是與憲法保障人格尊嚴相一致,正當程序的核心就是如何實現個人私權利,其程序應回歸個人主義關懷中去,因此,程序的正當性與憲法精神協調一致。[26]

人性尊嚴向來被視為人之所以為人的人格,只要一個人客觀存在,他便具有人性尊嚴。在人類偉大而古老的宗教與價值傳統中,就存在反映人性尊嚴的規則:一切人都擁有生命、安全和人格自由發展的權利,只要不傷害別人的權利。每個人的人性尊嚴都要獲得尊重,一直被視為優良傳統文化的黃金規則。[27]在邁克爾·塔格特看來,人性尊嚴是公法五種關鍵價值之一,它與尊重價值緊密相連,要求社會向其成員承諾他們具有同等價值,允許他們針對那些認為他們幾乎沒有價值的人維護這種利益,允許他們突破限制,使每個生命擁有同等機會實現自己。[28]人性尊嚴要求行政機關在實施行政行為時將行政相對人作為目的而不僅僅是手段來對待,人的存在本身就是目的,都具有其內在價值,所以行政機關應當盡最大努力增進人民的內在尊嚴,一句話:「政府不能透過忽視個人獨立地位和目的之程序,來追求政府自身的目的。」[29]人性尊嚴要求行政機關在實施行政行為時充分保障行政相對人的生命、安全和財產,因為生命、安全和財產是人性尊嚴的重

要基礎。人性尊嚴要求行政機關在實施行政行為時平等對待行政相對人,人性尊嚴具有平等性。現代行政法治強調程序正義,強調程序上的自我實現、自尊以及心理滿足等本體價值,強調有權利即有救濟,正是人性尊嚴精神的體現。無怪乎有學者直言:「行政,乃人性尊嚴的具體化。」[30]2010 年 8 月 27 日,溫家寶總理在全國依法行政的工作會議上明確指出:「要進一步加強和改善行政執法,改進執法方式,不得粗暴對待當事人,不得侵害執法對象的人身權利和人格尊嚴。」

總之,在中國強調以人為本的法律理念的今天,要求法律必須重視人的尊嚴的維護,才能適應時代的變遷。因此,在行政過程中,行政程序的設置及運作,必須時時以人格尊嚴為著眼點,重塑行政程序的合法性和合理性要求,才能確保正當法律程序在行政法上的全面實現。[31]因此,必須重視行政程序的人性尊嚴價值。

三、程序理念在現代行政中的重塑

隨著社會的發展,中國不斷加大行政程序立法力度,拓寬行政程序立法範圍,從行政訴訟制度的建立到行政程序專門立法的努力,使中國的法治政府建設邁出了重要的步伐。先後頒布頒布《行政訴訟法》《國家賠償法》《行政處罰法》《行政復議法》《行政許可法》《行政強制法》等法律法規,行政程序便分散其中。儘管如此,現階段中國行政程序立法的現狀仍不能適應法治政府和行政現代化的需要。英國有句古老箴言:「正義不僅要得到實現,而且要以人們能看見的方式得到實現。」伴隨著依法治國進程的不斷深入,中國理論界和實務界也逐漸認識到重實體輕程序的傳統積弊的危害性,越來越多的人開始關注程序正義對於中國法治建設的重要價值。近 20 年來,不斷完善行政程序法治已經成為各界共識,其重大意義毋庸贅言。然而行政程序法治雖已有長足的進步,但與學界的期望和社會生活的迫切需求尚有較大的差距,需要重塑行政程序。

第一,「行政程序是行政管理的附庸和工具」的意識還相當普遍。中國自古以來並不缺乏程序,缺乏的是程序正義的觀念。中國古代的法律傳統歷來重實體輕程序。在中國當前的法律實踐中,此弊病並未消除。我們特別關注的是好結果,而對產生該好結果的程序好壞則缺乏關注。程序僅僅是以判決產生出結果來的機械性過程,如孟德斯鳩作為法治理想而描繪的「自動售貨機」式的法官,正是這種程序的典型象徵。這一點可以說是目前整個中國法律的普遍缺陷。「重實體、輕程序」在一些行政工作人員的思想中根深蒂固,行政程序時常被狹義地片面地理解為行政機關的辦事手續,程序只是走過場,程序只是花架子,程序只是形式

而已，以至於不恰當地將行政程序等同於官僚主義，主張程序越簡單越有利於克服官僚主義。[32] 故在中國行政管理過程中的非規範化傾向甚濃，行政活動不講程序，或有程序也可以隨意違反的現象較為普遍，其結果背道而馳，官僚主義和行政腐敗蔓延。程序不僅僅是一個工作流程，也不僅僅是實現行政行為的工具，程序有其自身存在的價值，甚至可能影響當事人的利益。

透過轉變傳統行政思想觀念進行重塑。在中國這樣一個有著悠遠的重實體輕程序法律傳統的國度裡，民眾的權利意識十分薄弱，要想構建植根於西方文明的現代行政程序制度，遇到的困難只會更多，路只會更漫長，因此，必須轉變傳統行政思想觀念。新的行政理念只有在清除舊的理念的基礎上才能建立起來，在缺乏重程序傳統的中國，重實體、輕程序的觀念深入人心，要逐步實現程序與實體並重，並非一朝一夕之事。正如馬克思所言：「一切已死的先輩們的傳統，像夢魘一樣糾纏著活人的頭腦。」[33] 長期以來，中國行政立法的重點一直在實體法的制定上，而程序法的制定沒有受到足夠的重視。現行行政領域仍然存在「重實體、輕程序」現象，國家立法大都是實體立法，有些法律雖然設計了行政程序，但也只是一些原則、抽象的規定，缺乏可操作性，重實體輕程序的現象沒有得到根本性的改變。溫家寶總理在 2010 年政府工作報告中指出：一些工作人員依法行政意識不強，官僚主義嚴重，各級行政機關及其公務員要自覺遵守憲法和法律，嚴格依法行政。要努力建設人民滿意的服務型政府。有鑒於此，只有從行政活動的各個環節出發，透過以程序帶實體的方式，進一步規範行政行為的操作流程，才能確保行政相對人在各個環節中的權利，使行政機關合法合理地行使權利，同時使行政雙方當事人對行政行為的工作流程一目瞭然，大大增強行政行為的可操作性。轉換行政機關工作人員慣有的權力思維模式，把程序理念貫穿於行政執法過程之中，增強責任意識，更好地維護相對人的合法權利。

第二，行政程序立法長期分散、零亂和過於籠統。行政程序立法分散在各類法律法規中，至今沒有統一的行政程序立法，由此造成各個行業、各個類別的行政行為在行政程序上不一致，甚至存在適用混亂的嚴重現象。即便單行法律中規定了一定的行政程序規範，也仍然存在程序規範不具體、不具有可操作性抑或不易操作等問題。有學者指出，中國的立法問題主要不在於其所立的法律是「良法」還是「惡法」，而在於其是「笨法」，即所制定的法律不具有可操作性，或者是不易操作。雖然言過其實，但仍具有一定的道理。中國著名行政法專家應松年說過，多數行政法通常只是簡單地規定行政相對人可以有申請復議和提起訴訟的權利，或只籠統地、粗疏地規定程序事項，缺乏具體明確的規定。誠然，法律的生

命在於實踐,一項法律制度,無論其價值目標多麼合理,或者即便從制度上說是一種良法,如果不能在實踐中去運用它,那麼這項法律制度都不能說是成功的。欠缺統一的行政程序法典的最大弊端恰恰就是難以樹立行政人員重程序的意識。馬懷德說過:「現實表明,一方面,政府官員對單行法有著規避的天然衝動和能力,另一方面基本的程序法原則沒有統一的程序規定而被擱置,越來越多的問題表明,《行政程序法》的頒布已經迫在眉睫。」

　　透過行政程序立法進行重塑。從 19 世紀末開始,絕大多數法治國家都在致力於行政程序法典化的建設。1875 年奧地利這一程序傳統薄弱的國家最早提出行政程序法典化。1889 年西班牙制定了世界上第一部行政程序法典。此後不少國家和地區相繼制定行政程序法。到了上個世紀末,美、日、德、義、瑞士、荷蘭、葡萄牙、韓國、臺灣、澳門等國家和地區頒布了行政程序法典。中國大陸開始行政程序立法至今已有 27 個年頭,其間推出多個行政程序法試擬稿,但由於利益的博弈阻礙立法的步伐,至今仍未能頒布。[34] 制定統一的行政程序法典是行政改革的必然趨勢,但同時又是一個艱難的過程。縱觀中國大陸境外的各個國家和地區的行政程序法立法情況看,從提議到內容相對完整的法典正式頒布都經歷較長的時期,而且往往採用先行推出一部草案的方式。如:瑞士 1965 年提出《瑞士行政程序法草案》,1968 年制定《瑞士行政程序法》;日本 1964 年提出《日本行政程序法草案》,1983 年提出第二個草案,到 1993 年才正式頒布《日本行政程序法》;德國 1966 年推出《西德行政程序法標準草案》,1976 年頒布《聯邦德國行政程序法》;義大利 1955 年提出《義大利行政程序法草案》,1990 年制定《義大利行政程序與公文查閱法》;韓國 1987 年提出《韓國行政程序法草案》,1996 年頒布《韓國行政程序法》;臺灣 1990 年推出《臺灣行政程序法草案》,1999 年正式頒布《臺灣行政程序法》……這種做法的出發點在於考慮到立法的嚴謹性。制定正式的行政程序法無疑是最終的立法歸宿。中國行政程序法典化目前面臨著框架和內容已基本成熟以及行政行為迫切需要加以程序規範的局面,同時又面臨著對某些具體行政行為研究不透徹的實情,因此不能畢其功於一役,將一部行政程序法典一錘定音,鑒於此筆者認為,不妨效仿上述國家或地區的做法,先行推出一部類似行政程序法草案的試行法,在試行法的適用過程中,可以不斷豐富制定行政程序法典的理論前提,不斷補充類型化規定,不斷修正、完善已有的規定,為最終制定較為完整的行政程序法典奠定紮實基礎。

　　第三,行政相對人的程序性權利的相對闕如和行政機關違反行政程序的法律責任不明確。現有相對分散和零亂的行政程序立法中,還存在行政機關權力和相

對人的權利配置不合理的問題，往往是過多地設置了行政相對人的行政程序性義務，極少規定行政機關的行政程序性義務，二者之間顯得不對稱不均衡。與其說行政程序是限制行政機關的權力和保護相對人的權益，毋寧說現代行政程序立法異化為行政機關用於管理和治理相對人的手段。權利義務分配不平衡，一方面降低了行政程序法律的權威性，另一方面損害行政機關在人民群眾中的形象。即便規定行政行為的程序規範，也往往因為對行政機關違反法定程序的法律後果和相應責任缺乏明確規定，很容易使法定程序得不到嚴格執行，形同虛設。

　　透過完善違反行政程序的法律後果進行重塑。行政程序法的最基本目的，應當是對相對人程序性權利的確認、尊重與保障。行政程序的基本原理是透過使行政機關承擔較多的程序義務，賦予相對一方較大的程序權利，使相對一方轉變為在程序中能與行政機關抗衡的主體，與行政機關之間形成平等對話和制約關係，來限制行政機關的恣意。追根溯源，「重實體、輕程序」從某種意義上說是行政相對人的程序性權利之賦予和保障的不足乃至欠缺。行政程序法應明確賦予行政相對人程序性權利，如要求由中立的裁判者主持程序和作出決定的權利，申請迴避權，被告知的權利，聽證權，平等對待權，說明理由的請求權利，申訴權，損害賠償請求權等等。同時，注重權利的保障。法諺云：「有權利必有救濟。」美國施瓦茲也說過：「行政法更多的是關於程序和補救的法，而不是實體法。」[35]因此，對於違反程序侵犯程序性權利的行為，筆者認為應當明確規定相應的法律後果。在不同法域境遇下違法程序的具體做法不同，總體上說，重視程序作用的英美法系國家對程序違法採取了較為嚴格的態度，通常認定違反程序的行政行為無效或撤銷；[36]大陸法系國家則採取多元的處理態度，對不同情形區分對待，較為注重用實體結果的對錯來評判程序違法程度，將違反程序的行政行為分為無效、補正和撤銷，但補正居於突出地位。[37]中國在制定統一的行政程序法時，宜借鑑大陸法系國家的做法，區別程序違法的不同情形，設定多種法律效果及責任形式，併科學地規定每種法律效果及責任形式的適用條件，實現公平與效率兼顧、公共利益與個人利益適度平衡的目的。根據不同情形對違反行政程序的法律後果進行制度設計，分別認定行政行為無效、撤銷或補正，具體地說，若行政行為嚴重違反行政程序的，可認定無效；若屬於一般性違反程序的行政行為，可認定撤銷；對於程序上只存在輕微瑕疵的行政行為，可透過補正予以救濟。此外，對於因行政程序違法給行政相對人損害的，可以追究行政機關的損害賠償責任，同時，對於直接責任人員視情節輕重追究相應責任。[38]

注　釋

[1]. 江必新：《行政法制的基本類型》，北京大學出版社2005年版，第116—117頁。

[2]. K.C.Davis.Administrative Law Treatise，（1978），Vol.1，San Diego：K.C.Davis Pub.Co.，pp.1—2.

[3]. 詳見馬克思：《法蘭西內戰》，載《馬克思恩格斯選集》（第3卷），人民出版社1995年版，第98、121頁。

[4]. 王名揚：《法國行政法》，中國政法大學出版社1989年版，序言。

[5]. ［英］威廉韋德著，徐炳等譯：《行政法》，中國大百科全書出版社1997年版，第93—94頁。

[6]. 馬克思：《關於林木盜竊法的辯論》，載《馬克思恩格斯全集》（第1卷），人民出版社1995年版，第287頁。

[7]. ［英］威廉韋德著，徐炳等譯：《行政法》，中國大百科全書出版社1997年版，第94頁。

[8]. K.C.Davis，Administrative Law Treatise，（1958），West Publishing Co.p.4.

[9]. ［美］伯納德施瓦茲著，徐炳譯：《行政法》，群眾出版社1986年版，第3頁。

[10]. 參見［美］歐內斯特·蓋爾霍思，羅納德·M·利文：《行政法和行政程序概要》，黃學賢主編：《行政法學名著導讀》，中國政法大學出版社2006年版，第261—262頁。

[11]. 余凌雲：《行政契約論》，中國人民大學出版社2006年版，第105—106頁。

[12]. ［英］威廉韋德著，徐炳等譯：《行政法》，中國大百科全書出版社1997年版，第97頁。

[13]. ［日］谷口安平著，王亞新、劉榮軍譯：《程序的正義與訴訟》，中國政法大學出版社1996年版，第376頁。

[14]. Breger，The Fiftieth Anniversary of the Administration Procedure Act：Past and Prologue：Regulatory Flexibility and Administrative State，Tulsa Law Journal，vol.32，1996，P325.

[15]. 王名揚：《美國行政法》，中國政法大學出版社1995年版，第66頁。

[16]. ［日］室井力主編，吳微譯：《日本行政法》，中國政法大學出版社1995年版，第27頁。

[17]. ［美］龐德著，沈宗靈譯：《透過法律的社會控制》，商務印書館1984年版，第55頁。

[18]. 胡建淼主編：《公權力研究：立法權、行政權、司法權》，浙江大學出版社 2005 年版，第 345 頁。

[19]. 參見葉必豐：《行政法學》，武漢大學出版社 1996 年版，第 125—127 頁。

[20]. 參見姜明安主編：《行政法學與行政訴訟法學》，北京大學出版社、高等教育出版社 1999 年版，第 263—264 頁。

[21]. 參見宋雅芳：《行政程序法專題研究》，法律出版社 2006 年版，第 7—25 頁。

[22]. 參見馬懷德：《行政程序立法研究：〈行政程序法〉草案建議稿及理由說明書》，法律出版社 2005 年版，第 2—4 頁。

[23]. 胡建淼主編：《公權力研究：立法權、行政權、司法權》，浙江大學出版社 2005 年版，第 346 頁。

[24]. 陳桂明：《程序理念與程序規則》，中國法制出版社 1999 年版，第 1 頁。

[25]. ［美］杰瑞·L·馬肖著，沈歸譯：《行政國的正當程序》，高等教育出版社 2005 年版。

[26]. 參見［美］杰瑞·L·馬肖著，沈歸譯：《行政國的正當程序》，高等教育出版社 2005 年版，第 174—179 頁。

[27]. 皮純協主編：《行政程序法比較研究》，中國人民公安大學出版社 2000 年版，第 26 頁。

[28]. ［新西蘭］邁克爾·塔格特主編，金自寧譯：《行政法的範圍》，中國人民大學出版社 2006 年版，第 263 頁。

[29]. ［美］杰瑞·L·馬肖著，沈歸譯：《行政國的正當程序》，高等教育出版社 2005 年版，第 48 頁。

[30]. 蔡志方：「從人性尊嚴的具體化論行政程序法及行政救濟法應有之取向」，蔡志方：《行政救濟及行政法學》第 1 版，第 413 頁。

[31]. 胡玉鴻：《以尊嚴價值模式重構行政執法程序》，《浙江學刊》2011 年第 2 期，第 43 頁。

[32]. 姜明安主編：《行政法學與行政訴訟法學》，北京大學出版社、高等教育出版社 1999 年版，第 263—264 頁。

[33]. 馬克思：《路易·波拿巴的霧月十八日》，《馬克思恩格斯選集》第 1 卷，人民出版社 1995 年版，第 585 頁。

[34]. 直到 2008 年 4 月 17 日《湖南省行政程序規定》正式公布才打破統一行政程序立法沉悶的局面，中國行政程序立法開始走「先地方，後中央」的立法路徑，此後，全國不少省市在制定適用本地方的行政執法程序規則的地方法規，為中國

今後統一行政程序立法積累經驗和提供教訓。(參見應松年主編:《行政程序法》,法律出版社 2009 年版,第 264—265 頁。)

[35].[美]伯納德施瓦茲著,徐炳譯:《行政法》,群眾出版社 1986 年版,第 3 頁。

[36]. 在奉行「法律程序至上」的美國,根據《聯邦行政程序法》第 706 條的規定,行政機關的行為沒有遵循法定程序的,負責司法審查的法院可以判定行政機關的行為、決定和結論非法並予以撤銷。(參見[美]施瓦茲著,徐炳譯:《行政法》,群眾出版社 1986 年版,第 148 頁) 英國奉行「程序優先於權利」的法律原則,行政程序若違反自然公正原則,一般視具體情況決定行政行為是否無效,若對當事人有重要影響,會認為無效;若對當事人影響較小和違法情形較輕的,則認為可撤銷。若在行政行為時,違反強制性程序的越權行為,將導致行政行為無效。(參見王名揚:《英國行政法》,中國政法大學出版社 2007 年版,第 124 頁)

[37]. 以德國行政程序法規定為例,若行政程序存在《聯邦行政程序法》第 44 條規定的重大明顯違法、形式瑕疵、應當迴避沒有迴避的,將導致行政行為無效;除此之外的行政程序違法(第 45 條規定),往往認為可以補正。(詳見[德]哈特穆特·毛雷爾著,高家偉譯:《行政法學總論》,法律出版社 2000 年版,第 229—261 頁。)

[38]. 對於行政程序違法的法律責任,有學者對此作了專門研究,詳見王亞琴:《行政程序法律責任制度研究》,群眾出版社 2006 年版。

論環境保護社會管理及其創新

王小萍

◎山西財經大學法學院教授

一、環境保護與社會管理

（一）對環境問題的再認識

從環境管理的角度看，環境問題一般是指由於人類活動的作用而發生的不利於人類生存和發展的環境結構和狀態變化的現象。環境問題包括由自然原因和人為原因引起的兩類。人類活動作用於自然界並反過來對人類自身造成的一切有害影響和危害，被稱為人為環境問題或第二環境問題，亦稱次生環境問題。人為環境問題的具體表現形式，又可分為兩大類：一是環境汙染，也稱投入性損害或排汙性損害；二是環境破壞或生態破壞，也稱取出性損害或開發性損害。環境問題是當今人類所面臨的最重要的問題之一，也是涉及人類能否長久持續發展的問題。

環境問題一經產生，又會引起一系列社會問題，如生存、居住、就業、經濟發展、利益分配、社會穩定等問題。從經濟社會發展的角度看，長期存在的粗放型增長方式，造成了資源浪費、環境惡化、生態破壞。由此引發的社會矛盾和群體事件日益增多，導致社會關係緊張，社會穩定受到威脅，成為社會普遍關注的焦點問題。從社會公眾的角度看，隨著經濟發展、社會進步和生活水平的提高，對良好環境的期望值越來越高，提高生存環境質量問題成為人們普遍關注的問題，成為與收入分配、教育公平、社會安全、醫療保障等處於同等重要地位的問題。因此，今天社會的環境問題已不僅僅是單純的環境汙染與破壞問題，更是關係經濟社會全面發展，社會多方主體利益矛盾關係協調，影響社會公眾行為，特別是社會公眾生命健康的一個重大社會問題。

（二）環境保護是一項綜合性社會管理問題

一般而言，社會管理是指政府和社會組織為促進社會系統協調運轉，對社會系統的組成部分、社會生活的不同領域以及社會發展的各個環節進行組織、協調、監督和控制的過程。其基本任務是協調社會關係，規範社會行為，解決社會問題，化解社會矛盾，促進社會公正，應對社會風險，保持社會穩定等，其核心是保障社會公眾的權利和利益。

環境保護作為一個較為明確和科學的概念是在 1972 年聯合國人類環境會議上提出來的。這次會議發表的《人類環境宣言》在分析了當時的環境問題，全面闡述了人口、資源、環境和發展的關係後，提出了全球環境保護戰略。環境保護旨在解決現實的和潛在的環境問題，其最早關注的是對大氣和水汙染的治理以及固體廢棄物的處置，並且認為環境保護是局部地區的問題。

之後，環境保護的內容不斷拓展，其核心是協調人與自然的關係，防止環境汙染和生態環境破壞，保證自然資源的合理開發利用，保障社會經濟的可持續發展。當代環境保護的內容十分廣泛，正在向綜合性、系統性轉變。它不止關注環境汙染和破壞問題，而是在綜合考慮人口、文化、經濟發展、資源與環境承載能力的基礎上，調整生產力與科學技術發展方向，修正經濟運行模式與控制人口，按照生態規律和環境要素的整體演化規律來重建人與環境之間的物質轉換和能力傳遞關係，使其不斷趨於協調。[1] 因此，當代的環境保護已經是要運用各種手段，包括行政管理的、科學技術的以及經濟的、法律的、文化的等方式，以可持續發展理念為核心，解決社會全面發展，協調全方位利益關係的綜合性社會管理問題。

二、環境保護社會管理發展的關鍵是創新

（一）以往環境問題解決中存在的問題

1. 認識上的問題

自 1950、60 年代，震驚世界的環境公害引起了全球的關注，環境問題成為人們需要應對的緊迫問題。70 年代環境保護提上日程，旨在解決現實的和潛在的環境問題，把環保問題看做是一個與發展相關的問題。中國在相當長的時間裡，把環保問題主要看做是一個與經濟發展相關的問題。重點從與經濟發展的關係的角度看待環保問題。在理論上長期對此問題爭論不休，在實踐上很多地方傾向於先發展經濟再考慮環保。導致經濟發展的同時，環境問題日益嚴重，由此引發的社會問題日益暴露，導致嚴重的社會風險，成為許多社會利益關係矛盾衝突的原因。現在看來，環保問題更是社會問題和民生問題，是經濟、社會和民生的交匯點。確立這個觀念，才能讓環保工作積極參與社會管理。[2] 把環保工作真正看做是一個社會管理問題，要由政府、企業、社會組織和公民個人共同參與。

2. 應對上的問題

由於認識上的誤區，在環境保護中應對環境問題上也存在誤區。（1）對環境問題引起的社會矛盾和糾紛關注不夠。對於經濟發展中出現的環境問題給予關注，

運用法律與政策予以規範和解決;但對環境的汙染和破壞給個人的生命健康、生活居住條件、經濟利益的損害等帶來的問題沒有足夠的重視,導致社會矛盾累積,社會關係緊張,社會風險加劇,這些由環境問題引發的社會問題日益突出。(2)社會公眾對環保的參與程度不夠。環境保護是關係社會公眾切身利益的大事,是重要的公共事務之一,公眾有責任和義務,也有權利參與到環境社會管理之中。可是,事實上社會公眾比較缺乏環境保護的意識,環境保護的參與程度也不高;大部分的社會公眾對環境保護的概念認識十分模糊,較多關注負面環境問題,對正面環境問題如可持續發展、自然保護區等關注不足。從法律保障的角度看,相關立法對公眾參與有原則性規定,《環境影響評價法》中對公眾參與作了較為詳盡的規定,但是在實際操作中,卻很難使公眾參與與政府管理共同形成合力;政府訊息公開不足,也影響公眾的參與度。

(二) 環境問題解決的關鍵是環境保護社會管理創新

1. 價值理念的創新

社會管理創新是指,在黨的領導下,社會管理主體基於現實社會情況的變化,綜合運用法律、經濟、行政等手段,尊重社會自身的內在運行規律,改革傳統社會管理模式,運用新的社會管理理念,創建更加科學、民主、公平、有序的社會管理機制,以保障公民的基本權利得以實現和社會得以和諧運轉的過程及其制度結晶。[3] 社會管理創新的目的在於維護最廣大人民根本利益,其實質就是保障、維護和實現公民的基本人權。[4] 任何社會管理的創新首先都是價值理念的創新。任何一套制度的背後都有一套價值體系在支撐著,確保制度以一定的方式運行。如果有一個好的價值理念體系來支撐一個好的制度,制度的運行就能達到它預期的效果。否則,制度的實施肯定要打折扣。

在解決環境問題的環境保護社會管理創新中,「環境公益主義」理念必須貫穿其中。所謂「環境公益主義」是指良好環境不為某個個人、團體和國家所擁有,是全人類生存和發展的依託。任何個人、團體和國家都沒有理由汙染、破壞環境,都有義務保護環境,與自然和諧共處。自從人類產生開始,人類與環境就相伴相隨,共存共榮。任何對環境的破壞,都會對人類的生存和發展帶來不利影響,甚至是災難性的後果。充分利用環境資源是人類生存和發展的前提條件;人類自身生存和發展的內在需要,又要求人類必須合理地利用環境,這是人類能夠生存和發展的基本條件。否則,人類的生存和發展將成為不可能的事情。這無疑給我們一個重要的訊息:良好的環境體現著人類存在和發展的共同利益,並且這一利益

是人類最基本的共同利益。「環境公益主義」否定和排斥任何為了私人利益而對環境的破壞，只能以人類的共同利益為基準，其核心是環境公平、環境安全、人與自然的和諧。

2. 管理模式的創新

人類自身生存和發展的內在需要，要求人類必須合理地開發、利用環境。社會管理創新應以社會利益為本位。社會利益本位是指將社會視為可與國家良性互動、相互制約的一個相對獨立的系統，國家、社會組織和社會成員透過法治的機制進行協商和合作，以維護社會的整體利益和社會成員的個體利益。[5] 以社會利益為本位，就是要透過社會調節機制追求社會公共利益最大化及社會安全。[6]

中國長期以來，政府透過嚴密的單位體系和街居體系管理社會。在當前社會轉型的特定時期，隨著社會主義市場經濟體制的確立，單位承擔的大量社會管理職能被剝離，越來越多的「社會人」、「自由人」，有了自己獨立的生存空間。社會形態開始真正凸顯，各類社會組織和市場主體逐步成長。舊的社會資源分配體系、控制模式和整合機制正在趨於解體，而新的社會管理體系尚未形成並充分發揮作用，新老問題相互交織在一起，使得社會系統性的風險加大。而現代社會管理絕不可能單獨依靠政府來完成的，而是一種「大管理」，它與社會治理緊密相關，某種程度上管理是手段，治理是目的；治理結構主體的多元化是現代社會管理的一個重要特徵；促進政府管理功能與社會治理機制的有機融合，加快形成政府、社會、企業、公民共同治理的大格局的模式。[7]

以社會利益為本位，相應地要求在環境保護社會管理領域，必須轉變以往主要依靠政府力量的管理模式，應與社會治理緊密結合，強調環境社會管理主體的多元化，讓政府、企業、其他社會組織以及公民個人的參與形成一種合力，建立多主體參與環境社會管理的制度和機制，並且要求在制度和機制中充分發揮社會組織的作用。

三、環境保護社會管理創新的路徑是公眾參與

（一）環境保護社會管理創新中的公眾參與

1. 公眾參與及其理論基礎

社會管理一定要有社會力量的參與，否則就不能稱之為社會管理。[8] 解決環境問題離不開公眾參與。社會公眾要求改善環境質量的迫切願望是解決環境問題的原動力，社會公眾的理解和行動是環境立法和政策得以落實的最堅實基礎。所

謂參與就是讓人們有能力去影響和參加到那些影響他們生活的決策和行為；而對公共機構來說，參與就是所有公眾的意見得到傾聽和考慮，並最終在公開和透明的方式中達成決議。[9]創新社會管理中的「公眾參與」，主要是指要為公眾創造常規化和組織化的參與渠道，使其得以表達各種訴求。這種常規化和組織化的參與渠道，正是普通民眾從個體走向社會的主要途徑。[10]環境保護社會管理中的公眾參與，是指在環境保護社會管理領域，社會公眾有權透過一定的程序或途徑參與一切與環境相關的決策活動、實施活動，使得其符合廣大公眾的切身利益。強調參與的公眾主體性，強調參與渠道的制度化和組織化保障，強調參與過程的公開、互動、協商、對話和有效。在現代環境社會管理中，公眾參與是其中的一支重要力量。

公眾參與環境保護的理論基礎是公民環境權理論。一般認為環境權是指：每一個公民都有在良好環境下生活的權利。公民的環境權是公民最基本的權利之一，應該在法律上得到確認並受到法律的保護，是公眾參與環境社會管理制度得以確立的理論基礎。環境權對環境保護社會管理諸多方面發揮著作用。第一，環境權確立了公民的主體地位，可以促進環境管理的社會民主化，開闢公眾參與環境保護與管理的渠道；第二，環境權可以成為社會公眾對環境行政進行調查、請求採取適當措施的根據，為環境訴訟帶來便利；[11]第三，環境權的確立還能推進公害防止協定的締結，促進立法和政策的實效性。

2. 公眾參與環境保護社會管理中存在的問題

公眾參與環境保護社會管理是推進環保進程的一個重要方面，在實踐中也取得了一定的進展，但還存在不少問題，主要有：(1)參與能力不足。近年來公眾參與環境管理的意識不斷增強，例如 PM2.5 被公眾廣泛關注就是一個生動的例子。但由於中國教育發展不平衡，公眾整體素質不高，環境社會管理涉及環境、科技、法律政策以及社會生活的方方面面，公眾參與還有賴於社會公眾的整體素質的不斷提高。(2)參與程度不夠。中國一些立法賦予了公眾參與的權利，如《環境影響評價法》中對公眾參與制度作出了專門規定，還有如保障公眾參與的《環境訊息公開辦法（試行）》等，但總體而言制度供給不足。需要注意的是，在這些制度的具體措施執行過程中還存在著這樣那樣的偏頗，造成公眾參與渠道不暢，影響了公眾參與環境保護社會管理的積極性。[12](3)參與缺乏有效性。在環境保護過程中，由於權益保障、訴求表達、利益協調、矛盾排除等機制不健全，公眾參與的社會組織化程度低，要麼行政化色彩過濃，自主性不足，要麼經費短缺，

缺乏必要的法律保障，大都表現為一種自發性、間歇性的民間參與行為，根本沒有與龐大的國家機構對話、溝通與互動的能力，因而參與缺乏有效性。

3. 公眾參與環境保護社會管理路徑的選擇

公眾參與環保社會管理路徑的選擇主要是：（1）培養公眾參與意識，提高參與能力。培養公民以人為本和人與自然和諧的觀念和意識，提升公眾的主體意識、權利意識和必要的維權能力，從而使之積極參與環境社會管理。（2）加強制度建設，拓寬公眾參與環保的渠道。要努力使公眾參與制度化、規範化和程序化，使公眾能夠合法地參與社會的公共生活；要建立一套適當的激勵機制，鼓勵公民透過公眾參與環境保護作出自己的貢獻。（3）加快政府職能向服務型轉變，處理好與不同社會主體之間的關係。要重視、支持環保社會組織的工作，並加以積極的引導。讓社會組織成為開展環保工作的重要力量，這是現階段創新環境管理模式的關鍵。（4）發展環境非政府組織，形成制度化、組織化的公眾參與。公眾參與環保的主體有個人和組織兩種。由於個人的力量過於分散，所以各種環保組織就成了公眾參與的主導。中國需要有大量民間環保組織的湧現，這就需要從法律和政策上鼓勵公眾組建各種環保社團，參與環境保護。

四、環境保護社會管理創新重在發揮社會組織的作用

（一）重視環境保護社會組織的作用

一般來說，社會管理包括兩類：一是政府社會管理，二是社會自我管理和社會自治管理。而現代社會管理是以政府管理與協調、非政府組織為中介、基層自治為基礎以及公眾廣泛參與的互動過程。目前，發展非政府的社會組織，提高社會公眾的社會參與能力，提高社會自治與自我服務能力已成為當代社會管理發展的一個大趨勢。中國公眾參與環境社會管理中存在的問題，不論是參與能力不足、參與程度不夠，還是參與缺乏有效性，其核心問題就是社會組織的制度化和組織化程度低，沒有形成一定的參與力量。環保創新管理模式，必須要重視發揮社會組織的作用。政府、企業、社會組織是開展環保工作的三方力量。過去，環保工作的主要對像是企業，關注點是企業排污；近幾年，環保工作開始注重政府責任，如目標考核、總量控制等制度的實施；今後，應更加重視環境保護社會組織的作用。

目前，許多國家的法律都規定公民有權依法成立旨在保護環境的社會團體，保障公眾團體參與環境保護活動。近十多年來，中國的一些官方環保組織（如中華環保聯合會），許多民間環保團體（如自然之友、地球村）及一些環保志願者

及其組織，頻頻出現於各種媒體，透過報紙、雜誌、電視、互聯網等傳媒向人們廣泛宣傳環境保護知識；或者在學校、社區開展各種環保活動，鼓勵並引導人們建立環境友好型的生活方式；或者就環境問題的調研提交議案，參與到一些敏感環境事件中發揮作用。特別是近幾年，中國國內較有影響的一些環保組織抓住了一些地方開展環境法庭試點工作的契機，提出若干涉及公益的環境訴訟，有效地提高了中國公眾在環境保護中的組織化參與度。但與發達國家相比，中國的環保社會組織的發展還處在初步階段。

(二) 中國環境保護社會組織的主要作用

1. 開展環境保護的宣傳教育，進行環境訊息交流，提高公眾的環境意識。環保社會組織透過舉辦宣講會、展覽會、座談會、研討會，在公共場所設立宣傳站、宣傳牌，建立環境資源訊息中心，組織環境專題討論會、學習班等方式普及環境科學知識，促進環境訊息交流，提高公眾的環境意識、環境道德和環境法制觀念。還可以透過出版物的發行，組織在大自然徒步、野營、觀察自然等各種形式的戶外活動，培養公眾的環境意識。

2. 對政府環境保護管理的參與與監督。可以透過其參與政府環境管理和對政府環境管理監督，將公眾的願望、要求反饋給政府，以加強公眾對政府的監督，使政府及時修正、提高其決策和管理。當政府作出有關環境的立法、重大決策或有重大的環境汙染事故發生時，社會組織要跟蹤調查，掌握詳細的材料並向公眾及時公開事態進展情況，以呼籲和引起公眾關注或參與到有關活動中去。

3. 開展諮詢服務等活動，解決公眾實際面臨的環境問題。環境社會團體中有專業人員，如教師、科學研究人員、醫生、律師、工程師、國家公務員等，可以從不同專業領域提供諮詢意見，幫助公眾對有關環境資源的問題或事務作出正確的選擇。如律師可以指導被汙染者透過法律途徑獲得合理的行政救濟或損害賠償。

4. 對政府、企業和個人影響環境資源的行為進行監督。環境保護社會團體可以以其成員或以團體的名義，憑藉強大的社會公眾基礎和社會輿論聲勢，對政府的不當、違法行政行為，對單位和個人的環境違法行為進行監督，施加社會壓力迫使他們改正或取消其行為。

5. 以其他多種方式發揮自己的作用。透過加強和媒體、企業、政府和公民個人的合作，引起人們對社會環境問題的關注；幫助提起公益訴訟或作為環境公益訴訟的原告提起公益訴訟以保護環境和社會公眾利益，化解社會矛盾；推動政府

制定綠色產業政策，倡導社會公眾綠色消費，依靠市場和消費者的力量推動環境社會管理工作。[13]

環境保護社會組織作用的發揮，其目的在於預防和治理環境汙染與破壞，解決環境問題，以及由於環境問題引發的社會矛盾和利益衝突，化解社會風險，維護社會穩定。

注 釋

[1]. 周珂主編、孫佑海等副主編：《環境與資源保護法》，中國人民大學出版社 2007 年 7 月版，第 7—8 頁。

[2]. 曹俊：《環保如何有效參與社會管理？——專訪全國政協委員、原國家環保總局副局長王玉慶》，《中國環境報》2012 年 3 月 7 日。

[3]. 李樂平：《創新社會法視野中的社會管理創新》，《創新》2012 年第 1 期。

[4]. 範進學：《法學視野下的「創新社會管理」分析》，《政治與法律》2012 年第 4 期。

[5]. 李樂平：《創新社會法視野中的社會管理創新》，《創新》2012 年第 1 期。

[6]. 董保華等：《社會法原論》，中國政法大學出版社 2001 版。

[7]. 張子良：《社會管理創新需讓「公眾參與」成為習慣》，《解放日報》2011 年 4 月 12 日。

[8]. 曹卉、汪火根：《創新社會管理的內涵與路徑：基於社會組織的解讀》，《南昌航空大學學報》（社會科學版），2012 年第 1 期。

[9]. 周紅雲：《公共政策制定中公眾的有效參與》，《人民論壇》2011 年第 2 期。

[10]. 曹卉、汪火根：《創新社會管理的內涵與路徑：基於社會組織的解讀》，《南昌航空大學學報》（社會科學版），2012 年第 1 期。

[11]. 汪勁著：《日本環境法概論》，武漢大學出版社，1994 年版第 30 頁。

[12]. 朱慧卿：《創新社會管理亟需公眾參與》，《人民論壇》2011 年第 23 期。

[13]. 劉倚源、尉志凌：《論環境保護中的公眾參與》，《新西部》2009 年第 12 期。

先行先試權運用的示範性效應初探——
以浦東經驗為例

王誠

◎上海對外貿易學院法學院副教授

　　自 2005 年上海浦東新區獲批國家級綜合配套改革試驗區以來，「先行先試」一詞已經隨著改革試驗區在全國範圍內的擴散，以及中央和地方層面多種改革試點的建立而為人們所熟知，一時間已儼然成為改革創新的代名詞。在批准各種改革試點區域時，國務院及有關部門不厭其煩地要求試點地區「先行先試」，率先在重點領域和關鍵環節取得突破。上海浦東新區作為最早獲批的改革試驗區，在先行先試權力的運用上進行了具有開拓意義的探索。因此，本文擬以浦東綜合配套改革試驗區為樣本，總結其運用先行先試權的實踐內容，梳理出其權力運用的基本經驗，並從法治的視角對先行先試權的運用方法和工作機制作出觀察與初步分析。希望本文的研究結論能對中國國內其他的改革試點地方有所啟示，從而充分發揮上海浦東作為改革先行者應當具備的示範性效應。

　　一、浦東先行先試權運用的實踐總結

　　2005 年 6 月 21 日，上海浦東新區率先被國務院批准為綜合配套改革試驗區，肩負起改革進入深水區後的攻堅任務，並在中國國內掀起一輪新的改革大潮。自 2005 年以來，經過多年的探索和發展，目前中國已經形成以國家綜合配套改革試驗區、國家重大改革試點、國家發改委改革聯繫點和省級改革試點為主體的多主題、多層次的改革試點新格局。[1] 各個試點地區，尤其是國家級綜改試驗區和國家重大改革試點地區，已經在利用先行先試權積極開展改革試驗方面取得了眾多良好經驗。這其中，上海浦東新區作為綜合配套改革的先行者，更是值得重點予以關注。

　　（一）先行先試權運用的具體領域

　　迄今為止，浦東新區已成功完成兩輪三年行動計劃，並已於 2011 年開始第三輪計劃。在這幾年的時間裡，浦東新區的改革探索取得了較為豐碩的改革成果，積累了相對較為豐富的先行先試權運用的改革經驗。[2] 在批准設立綜合配套改革試驗區之初，國務院就對浦東的改革試點提出了「三個著力」的要求，即著力轉變政府職能、著力轉變經濟運行方式和著力改變二元經濟與社會結構。圍繞著這

三項要求，浦東新區政府制定了相應的總體方案、三年行動計劃和年度工作計劃，並在一系列領域取得了新的突破和進展。

1. 政府職能轉變的先行先試

深化行政管理體制改革，轉變政府職能，是浦東綜改試點中最為核心的內容。在優化行政管理架構和創新政府管理方式方面，新區政府在多個領域進行了改革創新。例如：剝離街道的招商引資職能，促使街道的工作重心轉向社區服務、社會養老、社會救助等公共服務職能；[3] 先後啟動六輪行政審批制度改革，極力清理行政審批事項，壓縮審批時限、精簡審批環節並優化審批流程，同時深入探索行政審批的標準化、訊息化和扁平化管理；[4] 建立「7＋1」的開發區管理體制，按照「充分授權、重心下移」和「區內事區內辦」的原則，市、區兩級賦予各開發區管委會相應的權力和資源，優化了區域管理體制；[5]

2. 經濟發展方式轉變的先行先試

圍繞著國務院所確定的建設上海國際金融中心和國際航運中心的目標，浦東新區政府透過先行先試，在完善制度環境和推動制度創新方面取得了很多重要突破。例如：2010年4月16日，經證監會批准，期待已久的金融衍生產品股指期貨正式在浦東的中國金融期貨交易所推出，進一步完善了上海的金融市場體系；[6] 上海股權託管交易中心、首批消費金融公司以及單船單機SPV融資租賃公司的正式設立，標誌著新型金融機構在新區不斷湧現，金融機構體系在不斷健全；[7] 加快建設國際航運綜合發展試驗區，積極落實中央賦予的有關免徵營業稅政策，期貨保稅交割試點、水水中轉集拼業務以及空運貨物服務中心等十大功能性項目均已正式啟動運作。[8]

3. 城鄉二元化經濟社會結構轉變的先行先試

破除城鄉二元化結構，是浦東新區在綜合配套改革之初便已設定的十大重點關注任務之一。隨著2009年經濟社會發展相對較為落後的南匯區併入浦東新區之後，如何實現城鄉統籌發展更是成為浦東需要著力突破的難題。為此，浦東積極探索了多種措施以發展城鄉社會管理的新模式。例如：加快推進區域範圍內教育、衛生二元並軌，透過不斷加大公共財政投入來推進公共服務的均等化，最終實現城鄉統籌；[9] 以上海市開展小城鎮發展改革試點為契機，浦東啟動了農村集體建設用地流轉的試點和農村承包經營權流轉的管理服務中心建設。[10] 以村為試點有序開展農村集體經濟組織產權制度改革，成立社區股份合作社並依法進行工商登記，改變了以往農村集體經濟組織產權不明晰的狀況。[11]

（二）先行先試的工作方法與方法論

除了在上述改革領域所取得的成就外，更具重要意義的收穫恐怕是浦東在改革試點過程中所摸索、總結出的先行先試的具體方法和方法論。國務院在授予改革試驗區先行先試權時，未對該權力作任何的界定。因此，先行先試權的具體內容，包括其行使方式，都只能由被授權者——改革試驗區在一定範圍內作自主詮釋。[12] 就行使方式而言，經過幾年的探索和實踐，浦東新區已經建立了一套完善的改革試點推進機制，從而很好地回答了改革過程中如何運用先行先試權的工作方法問題。

具體來說，這一推進機制可概括為「總體部署、聚集重點、滾動推進和項目化」。[13] 其中，獲得國務院批覆的浦東綜改總體方案，是推進改革試點的綱領性文件，它提出改革試點的各項任務和要求，明確改革的基本思路和方向。根據總體方案的部署，三年行動計劃將按照聚集重點、突破難點、以點帶面、逐漸深入的原則進行編制，主要體現階段性和操作性。年度工作計劃則是對三年行動計劃的進一步分解和細化，結合年度特徵，制定年度重點工作安排。在具體的落實和推進上，三年行動計劃和年度工作計劃採用的都是項目化的方式，即分階段明確改革事項、責任和時間節點，確保先行先試的各項改革試點和支持浦東改革的各項政策措施落實到位。在這一過程中，需要制定推進落實改革事項的計劃任務書，對改革試點任務進行分解分工。此外，浦東還建立了包括專項改革推進小組、專家諮詢、評估論證反饋和目標考核等在內的一整套試點推進機制，最大程度地保障改革試點決策的科學性和改革試點措施的協調性。實踐證明，浦東所創建的這一改革試點推進機制有力保障了改革的整體推進和重點突破，因而已被國家發改委推廣到所有的國家綜合配套改革試驗區。

在建立先行先試的工作方法的基礎上，浦東進一步總結、提煉出改革試點的工作方法論，從而指明了改革的具體方向與方法。方法論的基本指導思想，是中央對浦東提出的「三個著力」要求和「兩個中心」建設目標，圍繞著這兩點，浦東將其方法論概括為三個導向，即「需求導向、問題導向和項目導向」。[14] 透過在具體需求和問題上的解剖麻雀、案例分析，進而形成項目，以點帶面，最終有效推進體制、機制和制度的創新。

總體而言，浦東新區所總結的先行先試權運用的方法與方法論，較好解決了在獲得中央政府的改革授權後，改革試驗區如何主動運用這一授權為本區域的經濟、社會發展服務，如何開拓改革新局面的難題。事實上，中央政府在批准各個

改革試驗區時，往往對它們有著側重點不同的改革要求，如福建平潭綜合實驗區作為大陸距臺灣本島最近的地區，其先行先試主要集中在對臺交流合作領域。山西作為中國的資源大省，改革的核心任務就是透過科技進步與創新，建設資源節約型和環境友好型社會。因此，簡單模仿或照搬照抄其他地方的改革方案顯然是不可行的。但是，面臨的問題雖然不同，解決問題的方法與方法論卻有其內在規律。從發現需求不能得到滿足的制度供給不足，到現實中暴露的具體問題，再到為解決問題和建立制度而設立的一個個項目，構成了一個嚴密完整的方法論鏈條。同時，根據中央政府批覆的本地方改革實施方案，「總體部署、聚集重點、滾動推進和項目化」也為一定時間段之內的改革工作提供了步步推進的基本思路。就此而言，如何運用先行先試權的方法與方法論有著極強的示範意義和推廣價值。

二、調適先行先試權與法制（法治）關係的經驗總結

在浦東的普適性改革經驗總結中，除了有關方法與方法論的內容外，如何處理改革、先行先試及其與法制（法治）的關係，同樣是一個重大課題，也是所有具備先行先試權的改革試驗區在運用該權力時無法迴避的一個難題，值得深入總結和反思。

奉行「摸著石頭過河」的改革指導思想，以先行先試作為改革基本思路的做法，勢必會與現行法律體系發生衝突與碰撞。尤其是在「中國特色社會主義法律體系已經形成」[15]的今天，改革者們發現動輒陷入法律規則的羅網，法制已無形當中經常性成為改革創新舉措的障礙。因此，在當代中國特殊的情境下，改革、先行先試與法制（法治）竟時常成為一對矛盾。然而，「實行依法治國，建設社會主義法治國家」是憲法明確規定的國家發展目標和價值選擇，法治國家意味著以憲法為首的法律體系是人們行為的基本準則。正如中國《憲法》第5條第4款所明確指出的，「一切國家機關和武裝力量、各政黨和各社會團體、各企業事業組織都必須遵守憲法和法律。一切違反憲法和法律的行為，必須予以追究。」顯然，憲法至上的法治基本原則決定了當其他價值目標與法治發生衝突時，法治應當具有優先序位。

在浦東幾年的摸索試驗中，始終困擾改革者的一個問題便是改革的權力問題。儘管被授予了先行先試權，但這一權力的邊界並不清晰。[16]改革者在破除原有的制度障礙時，經常會面臨與現行法律、法規和政策的衝突。以浦東為例，在削減行政審批項目、減少行政收費、金融監管權力和社會中介組織登記等領域，都存在著法律、法規的阻礙和權力不足的尷尬。如果一味強調依法行政，堅持憲法和

法律至上的法治原則，則現行法律制度的約束將成為制約改革有效推進的瓶頸，改革工作將無法展開，難以為繼。但如果無視既有的法律制度，完全拋開法律規範的約束來推行改革創新，又會嚴重損害法律的權威，構成對法制的破壞，進而犧牲法治，這同樣是不可接受的。因此，如何解決改革試驗區先行先試與法律規範相對滯後的矛盾，以及改革試驗區的自主權與改革創新的要求不相匹配的矛盾，是當前為先行先試權提供法制保障，進而吻合法治建設目標的首要任務。

浦東新區在改革實踐中，面對先行先試權可能與法制（法治）發生的矛盾，大體上表現出三種態度。

第一，對於上位法沒有規定且屬於地方性事務，可透過地方立法權率先作出規定的，浦東新區會運用上海市人大常委會的專門授權決定，[17] 大膽進行試驗摸索。應當承認，基於憲法和組織法賦予縣級以上地方政府「……管理本行政區域內的經濟……等行政工作」的職權，浦東新區並非沒有任何自主發展和改革創新的空間。在經濟領域的制度創新實踐中，先行先試權的運用多數時候並沒有超出地方政府的應有權限範圍。

第二，對於是否突破現有法律、行政法規存疑的，浦東新區一般低調應對，但繼續推行。例如 2010 年 5 月 1 日，上海市工商行政管理局和浦東新區政府共同發布了《境內自然人在浦東新區投資設立中外合資、中外合作經營企業試行辦法》，允許境內自然人投資設立外商投資企業，使中國公民有權直接作為股東設立外資企業。[18] 然而，1980 年代制定的《中外合資經營企業法》和《中外合作經營企業法》，並未將境內自然人列入外商投資企業的投資者範圍。易言之，上述辦法擴大了法律對中外合資、合作企業設立主體的範圍規定。從公民角度而言，此舉固然使他們獲得更多權利與自由，但從形式法治的角度看，辦法是否與兩個法律存在衝突則不無疑問。有支持者以「法無禁止即有自由」作為依據，認定法律並未明文禁止自然人參與投資設立中外合資、合作企業，因此公民當有權成為這類企業的投資者。筆者並不認同這一觀點，在商事法律領域，「商主體法定」原則是商事主體立法的基本原則。「商主體法定」當然也包括商主體的設立標準法定，投資者只有具備取得資格的條件時才能成為商主體。[19] 所以，在這一領域，所謂「法無禁止即可為」是不能成立的。恰恰相反，「商主體法定」原則要求的是「法無明文規定即不可為」。

第三，當改革試點明顯與法制相衝突或是改革試點明顯超出權限範圍的，浦東一般會求助於國務院及有關部委的支持。例如在建設國際金融中心的過程中，

涉及的金融市場體系建設、金融市場監管乃至於高端金融人才減免個人所得稅的權力，基本集中於中央政府。如果想在這一領域有所突破，只能尋求獲得來自中央政府的特別授權。

當然，需要指出的是，不論是低調繞行還是尋求中央政府的支持，凡是構成對全國人大或其常委會所制定的法律有所突破的先行先試措施，在未得到全國人大授權的前提下，都是不符合法治原則的做法，不應予以提倡和鼓勵。

對上述問題最為理想化的解決方案，是由全國人大常委會賦予改革試驗區以等同於經濟特區的權利，或是透過立法直接給予試驗區以特殊的發展自主權。[20]但是從 2005 年至今，透過對國務院及國家發改委指導綜合配套改革試驗區的實踐及相關回覆內容的總結，不難看出國務院並沒有請求全國人大將綜改試驗區上升到經濟特區高度的意圖。也就是說，短時間內綜改試驗區不大可能獲得如同經濟特區一般的「變通權」。即使是針對福建平潭綜合實驗區以及深圳前海深港現代服務業合作區這類更加特殊的改革試驗區，國務院也只是同意給予「比經濟特區更加特殊的先行先試政策」，[21]並沒有在擴大地方立法權方面做文章。假如有涉及突破現行法律、法規的重大改革事項，國務院強調的則是在有關部門的指導下，透過實施項目化管理和建立必要的風險處理預案來防範和化解風險。[22]基於這一觀察可知，中央政府在本輪改革大潮中，在改革與法制（法治）的關係上，對綜改試驗區和重大改革試點地區顯然採取了不同於以往對經濟特區的處理進路。從權力角度而言，改革試驗區的自主性受到了更多限制。

三、指導協調機制：維護法治的有效方式？

（一）指導協調機制的頒布及其普遍接受

在 2005 年 6 月 21 日批准浦東綜改試驗區的國務院常務會議上，國務院提出的要求是：「中央有關部委要按照相關職責積極支持試點工作；涉及體制與政策問題需要研究、論證與協調的，由國家發展改革委牽線；涉及到全局的重大問題，由國務院審定。」[23]根據這一安排，國務院對於超出地方權限範圍的改革措施，採用的是一種報批—准許的機制。

在浦東新區提交給國務院並獲得其批准的《綜合配套改革試點總體方案》中，上述報批—准許機制被轉化為由國家發改委主任與上海市長共同擔任組長的「雙組長部市合作機制」。[24]《方案》還建議，「部市合作機制」的工作方式為聯合召開工作會議，每年在北京和上海進行一至兩次。顯然，《方案》希望建立一種更為正式化、更具可操作性的問題解決機制。此後，依託部市合作機制，國家發

改委與上海市政府聯合召開過多次試點工作會議，推動了一批國家層面的改革項目在浦東試點，諸如中國人民銀行、國家外匯管理局、國家工商總局、商務部和民政部等有關部委共在浦東開展了40多項改革試點。

2009年3月25日，國務院正式批准上海的「兩個中心」建設。在其隨後發布的《推進上海加快發展現代服務業和先進製造業建設國際金融中心和國際航運中心的意見》中，國務院明確要求建立健全由國家發改委牽線，由國務院有關部門參加的上海兩個中心建設的指導協調機制。根據報導，這一部級聯席會議機制承擔著協調中央各部門之間以及各部門與上海之間的指導、協調與服務。作為國家層面的統籌協調機制，它涵蓋的範圍甚至還包括上海的周邊省份，如對長三角港口群的整合功能。[25] 至此，作為溝通中央政府與改革試驗區有效手段的部市指導協調機制正式形成。不過，這一機制的運作流程目前尚處於很不透明的狀態。指導協調機制有哪些成員部門？發改委作為牽線部門擁有什麼樣的職權？協調機制的啟動程序與工作方法是什麼？這些理應是協調機制最基本的內容均付之闕如，未作任何公開，甚至它們是否存在也不得而知。我們能看到的，只是這一機制在真實地發揮作用。[26]

在浦東新區之後，或許是對指導協調機制的實際效果較為滿意，國務院在對其他改革試驗區總體方案的批覆中，基本上也都要求國家發改委會同國務院相關部門對改革試點工作進行指導，對具有突破性的試點項目進行協調推進。另一方面，除了較早期的天津濱海新區和深圳在其改革試驗總體方案中仍然採用報批—准許方式外，後續的其他綜改試驗區和重大改革試點地區均明確提出要建立部省（市）合作機制或類似會議機制。[27] 其中，對部省合作機制最為重視的當屬湖北省。2009年9月18日，湖北省政府專門就部省合作機制的建立發布鄂政發[2009] 38號文，即《關於加強部省合作共建推進武漢城市圈綜合配套改革試驗的指導意見》。在該文件中，湖北省政府要求建立部省會商機制和部省協調機制，並對部省合作共建的主要任務與工作機制進行了原則性規定。

（二）指導協調機制的作用及反思

指導協調機制成為綜改試驗區及重大改革試點地區的共同選擇，究其原因，其實並不令人意外。

首先，指導協調機制是國務院青睞且力推的工作機制。與最初的報批—准許機制相比，協調機制涉及更多的參與主體，央地之間互動的內容與方式也更為全面和豐富，能夠適應參與主體更廣泛的需求。[28]

其次，指導協調機制的主導權，或者說最終的決定權仍掌握在中央政府手中，憑藉這一機制，中央政府可以更好地保證改革的可控性。考慮到綜改試驗區及重大改革試點地區的數量已逾兩位數，且未來還可能不斷攀升，如何在給予地方改革創新權力的同時也能保證改革不致失控，對中央政府而言這也是其必須考慮的重要因素之一。因此，相比於以往的經濟特區，國務院即使願意給予改革試驗區更加優惠的政策，也沒有選擇從立法角度請求全國人大賦予它們變通權。歸根到底，指導協調機制是一種對改革地方限制更為嚴格的機制，它更有效地確保了中央政府在改革進程中的控制權。

第三，指導協調機制是改革試驗區突破體制束縛，向中央政府爭取政策、項目和資金支持的有力手段。對此，湖北省《關於加強部省合作共建推進武漢城市圈綜合配套改革試驗的指導意見》中已經有極為清楚、直接的表述。指導協調機制所能帶來的具有雙重收益的「壟斷租金」，實質上也是各個地方政府不惜代價爭奪改革試驗區資格的根本原因。[29] 可以想見，這一機制對改革試驗區來說是不可或缺的溝通與爭取支持的平臺。

第四，指導協調機制還是改革試驗區化解改革風險，維護法制統一原則的重要手段。對於改革者而言，當改革創新的舉措超出了自身的權限範圍及國家制定法的規定時，透過某種機制獲得中央政府的批准，不僅可以使改革措施免除合法性的擔憂，有效維護法制統一的原則，也可以使自身所承擔的法律及政治風險得到化解。[30] 從這個意義上說，指導協調機制是改革試點地方運用先行先試權時的一種保障機制。

儘管指導協調機制已經普遍為中央政府和改革試驗區所接受，但在其工作機制、程序甚至成果都還處於一片模糊的情況下，很難對這一機制的效果與作用發揮進行客觀評價。理想狀態下，除了透過該機制向中央政府索要資金和項目外，改革試驗區還可就其超出現行制定法規定的改革措施，向中央政府請求支持。如果請求事項在國務院的職權範疇內，國務院可視情況作出決定。如果超出國務院的職權，則應由國務院透過法定程序報請全國人大決定。因此，理論上指導協調機制可以避免地方為追求改革實效而罔顧法治原則，恣意破壞現行法秩序的違法行為或是所謂的「良性違憲」行為。但是，我們仍然有理由對以下可能表示擔心：

首先，中央政府已經批准的國家級綜合配套改革試驗區已有上海浦東等 10 個，加上義烏和溫州兩個綜合改革試驗區，以及福建平潭綜合實驗區、深圳前海深港現代服務業合作區等重大改革試點地區，明確要求建立指導協調機制的已逾

10個。以國家發改委牽線的中央各部委需要對接如此之多的改革試點地方，它們是否有充分的人員和時間來完成指導與協調的工作，以及研究與解決問題？如果由於上述因素導致整個指導協調機制的效率低下，勢必會影響到地方的改革推進效率，並最終會影響到參與者對機制本身的評價。

其次，在整個指導協調的工作機制甚至是結果都不透明的情況下，除了機制的參與者外，很難有其他外在力量對整個指導協調的過程及其結果進行監督。易言之，如果需要協調的事項已經超出國務院的職權範圍，本應由全國人大作出決定，而相關部門卻有可能未經允許直接代為進行「指導」。由於參與者的有限，這種違法甚至違憲的行為很難被發現並糾正。而本應是用以維護法治原則的指導協調機制，則可能被用以破壞法治。

結語

隨著新一輪改革潮流的深入推進，先行先試權已經得到各個改革試驗區的普遍重視。如何用好這一權力為本地方的改革探索服務，如何既取得改革的成效，又始終保證改革在法治的軌道上行進，應當是所有改革試驗區共同關切的問題。上海浦東作為先行者，其運用先行先試權的經驗，其調適先行先試權與法制（法治）關係的經驗，以及其首先建立的運用先行先試權的保障機制，都值得其他改革地方予以關注和思考，從而使其示範性效應獲致最大化發揮。

注　釋

[1]. 葉薇：《全國綜合配套改革會議上午在滬召開》，《新民晚報》2011年6月10日。

[2]. 基於可以理解的資料收集渠道問題，本文的觀察和分析主要建立在公開的媒體報導和會議資料，以及實地走訪政府部門所獲得的相關資料基礎之上。

[3]. 丁波、李蕾：《上海浦東新區：街道，退出招商舞臺後》，《解放日報》2007年7月29日。

[4]. 謝國平、宋寧華：《浦東行政審批事項裝電子「身分證」》，《新民晚報》2010年12月21日。

[5]. 胥會雲：《浦東下一站：「7＋1」戰略構造全新動力》，《第一財經日報》2010年4月19日。

[6]. 尤蓴潔：《股指期貨今起正式交易》，《解放日報》2010年4月16日。

[7]. 沈則瑾：《2010年浦東新區「十大突破」》，載《經濟日報》2011年1月21日。

[8]. 李芃：《浦東方法論》，《21世紀經濟報導》2011年3月4日。

[9]. 申欣旺：《浦東城鄉統籌：為了更好的農村》，《中國新聞週刊》總第 516 期。

[10]. 王志彥：《浦東探索規劃土地管理新模式》，《解放日報》2011 年 5 月 19 日。

[11]. 張勻初、黃勇娣：《浦東成立首家村級社區股份合作社》，《解放日報》2010 年 9 月 7 日。

[12]. 參見拙著：《改革中的先行先試權研究》，法律出版社 2009 年版，第 34 頁。

[13]. 參見《戴海波同志在浦東新區綜合配套改革試點工作推進會議上的講話》。

[14]. 李芃：《浦東方法論》，《21 世紀經濟報導》2011 年 3 月 4 日。

[15]. 語出全國人大常委會委員長吳邦國同志在 2011 年 3 月 10 日第十一屆全國人民代表大會第四次會議上所作的全國人大常委會工作報告。

[16]. 筆者曾主張國務院所授予的先行先試權應當包括對國務院及國務院以下機關所制定法律文件的變通權，但畢竟只是理論上的推演，缺乏制定法上的依據與支持。參見拙著：《改革中的先行先試權研究》，法律出版社 2009 年版。

[17]. 上海市人大常委會曾於 2007 年 4 月 26 日通過《關於促進和保障浦東新區綜合配套改革試點工作的決定》，該決定的主要內容即授權浦東新區在上海地方立法權範圍內可予以「變通」執行。

[18]. 田玲翠：《境內自然人可投資設立外資企業》，《文匯報》2010 年 5 月 8 日。

[19]. 鄭在義：《論中國商主體的法定化》，《國家檢察官學院學報》2006 年第 14 卷第 3 期，第 146 頁。

[20]. 參見拙著《改革中的先行先試權研究》，法律出版社 2009 年版；劉敏：《地方政府「先行先試」的法理前提》，《探索與爭鳴》2012 年第 1 期；肖明：《「先行先試」應符合法治原則》，《法學》2009 年第 10 期。

[21]. 參見《國務院關於支持深圳前海深港現代服務業合作區開發開放有關政策的批覆》（國函【2012】58 號文），以及 2012 年 2 月 14 日國務院新聞辦舉行平潭綜合實驗區總體發展規劃有關情況發布會上，國家發展改革委地區司司長範恆山的講話。

[22]. 吳潔瑾：《2011 全國綜合配套改革試點工作會議在滬召開》，《東方早報》2011 年 6 月 11 日。

[23]. 參見《浦東綜合配套改革試點總體方案》。

[24]. 孫小靜：《上海浦東改革「涉入深水區」》，《人民日報》2006 年 4 月 18 日。

[25]. 蕭遙：《上海「兩個中心」建設國家協調機制確立》，《第一財經日報》2009 年 4 月 30 日。

[26]. 例如在 2012 年年初國家發改委、上海市政府有關負責人就《「十二五」時期上海國際金融中心建設規劃》答記者問中提到，規劃是上海「兩個中心」建設

部際協調機制成員部門和上海市政府共同努力的結果。規劃發布後，部際協調機制成員部門將加強對規劃實施的支持和指導。各部門要加強溝通協調，指導和幫助上海市解決規劃實施過程中的具體問題。

[27]. 天津和深圳在其總體方案中雖未明確提出建立部省（市）合作機制，但都規定有由國家發改委牽線，協調國務院相關部門對改革進行指導的工作機制。顯然，這種工作機制是部省（市）合作機制的前身。

[28]. 例如，僅以部省之間的合作方式而言，就有共建示範試驗區模式、聯合行動模式、聯席會議模式和加強溝通模式。詳見黃永明等：《部省合作模式及推進機制：閩粵經驗對武漢城市圈的啟示》，《學習與實踐》2011年第4期，第28頁。

[29]. 參見拙文：《試論綜合配套改革中的「先行先試」》，《天津社會科學》2008年第5期。

[30]. 很多改革地方所呼籲要求的「試錯權」，以及因此而產生的地方立法中的「試錯免責條款」，實質上都是人們對改革風險的認知及回應。參見肖明：《「先行先試」應符合法治原則》，《法學》2009年第10期，第18頁。

法律闕如、政治正確與現實合理——對公安機關處理勞動糾紛的調查與分析

謝天長

◎福建警察學院法律系副教授,法學博士

我們利用假期對甲縣某派出所在日常警務工作中解決糾紛的情況進行了調研,調查的主要方式就是查閱和統計公安派出所的《接(報)處警登記表》。《接(報)處警登記表》是公安機關統一用來記載派出所每日接處警情況訊息的檔案文件。為了全面瞭解該派出所 2008—2010 年度調處糾紛的狀況,調研中,我們調閱了該派出所 2008—2010 年度全部的《接(報)處警登記表》,對每一份《接(報)處警登記表》中記載的詳細訊息進行了全面細緻的梳理,根據《接(報)處警登記表》中記載的「報警內容」,以及「處理意見」中表達的訊息,對每起的報警訊息進行了分析,對其中屬於勞動糾紛性質的報警訊息進行了提取,並由此引發對公安機關處理勞動糾紛的若干討論。

一、公安機關處理勞動糾紛的調研情況

2008—2010 年三年間,該派出所分別受理勞動糾紛 49、63、60 起,共 172 起。糾紛種類涉及工資、工傷、勞動保障、辭退等諸多勞動糾紛類型(見表 1)。

表 1:2008—2010 年甲縣某派出所受理的勞動糾紛情況

糾紛原因	2008 年 數量(起)	2008 年 百分比(%)	2009 年 數量(起)	2009 年 百分比(%)	2010 年 數量(起)	2010 年 百分比(%)
工資	31	63.2	33	52.3	25	41.7
工傷	1	2	0	0	2	3.3
勞動保障	6	12.4	11	17.4	18	30
辭退	11	22.4	19	30.3	15	25
合計	49	100	63	100	60	100

我們原以為,有勞動監察、勞動仲裁等部門對勞動糾紛進行專門處理,因此進入派出所的勞動糾紛數量相對應該不多。調查結果發現,從勞動糾紛發生的相對數據來看,該派出所受理的勞動糾紛仍不算少。值得注意的一個特點是,訴諸派出所的勞動糾紛大多引發了抓扯、威脅、毀壞資產財物、破壞資方的經營秩序,

甚至導致工人或者資方被打傷，由此致使勞動糾紛更加複雜。根據我們對該派出所 2008—2010 年《接（報）處警登記表》中記載訊息的分析，三年中受理的 172 起勞動糾紛中，勞資雙方發生抓扯、威脅、擾亂資方生產秩序、破壞資方財產，甚至限制投資人或者其代理人的人身自由的情況不在少數（見表 2）。

表 2：2008—2010 年甲縣某派出所受理的勞動糾紛雙方衝突情況

衝突情形	2008 年 數量（起）	2008 年 百分比（%）	2009 年 數量（起）	2009 年 百分比（%）	2010 年 數量（起）	2010 年 百分比（%）
抓扯無人身傷害	13	26.6	19	30.2	19	31.6
抓扯致人身傷害	9	18.4	10	15.9	9	15.0
威脅	17	34.7	23	36.5	21	35.0
擾亂資方生產秩序	3	6.1	4	6.3	3	5.0
破壞資方財產	6	12.2	6	9.5	7	11.7
限制人身自由	1	2.0	1	1.6	1	1.7
合計	49	100	63	100	60	100

從我們的調研可以看出，公安機關作為偵查機關和治安行政執法機關，從其職能設置看，通常認為與勞動糾紛無涉，實際情況是，公安機關同樣受理了一些勞動糾紛，而且透過公安民警的努力解決了上述糾紛，實際上造成了消解勞動糾紛、和諧勞動關係之作用。從這種意義上說，我們討論公安機關在處理勞動糾紛中的作用，是具有現實意義的。

二、公安機關處理勞動糾紛的法律根據闕如

（一）勞動糾紛是否為「民間糾紛」

公安機關是處理治安案件的行政機關，即公安機關處理的治安案件是指違反治安管理法律、法規，依法應當受到治安行政處罰，由公安機關依法立案查處的違反治安管理行為。通常情況下，公安機關不可能介入勞動糾紛，在理論和實踐上存有爭議的是能否在處理勞動糾紛引起的治安案件時，一併調處勞動糾紛。這首先涉及對《治安管理處罰法》第 9 條的解釋，[1] 其關鍵是對「民間糾紛」概念的認定。如果勞動糾紛可以認定為「民間糾紛」，那公安機關就可以對勞動糾紛引起的治安案件進行調解，否則，公安機關就無權處理這類糾紛。

何謂民間糾紛？最早涉及民間糾紛概念的是 1989 年國務院頒行的《人民調解委員會組織條例》，該條例第 1、2、5、11 條中均涉及這一概念，但未對概念

作出解釋。但《人民調解委員會組織條例》第 16 條規定：「本條例由司法部負責解釋。」司法部於 1990 年頒行的《民間糾紛處理辦法》第 3 條規定：「基層人民政府處理民間糾紛的範圍，為《人民調解委員會組織條例》規定的民間糾紛，即公民之間有關人身、財產權益和其他日常生活中發生的糾紛。」這實際是一個十分寬泛的解釋，只要是公民與公民之間的糾紛都可以解釋為「民間糾紛」。但勞動糾紛則不能據此解釋為民間糾紛，因為勞動糾紛的基礎是勞動關係，即勞動力所有者（勞動者）與勞動力使用者（用人單位）之間，為實現勞動過程而發生的一方有償提供勞動力由另一方用於同其生資料相結合的社會關係。[2] 勞動糾紛是勞動者（作為公民）與用人單位（作為組織）之間的糾紛。

公安部的相關規範擴大了民間糾紛的範疇。《公安機關治安調解工作規範》（2007 年 12 月 8 日公安部公通字 [2007]81 號文件）第 3 條第二款規定：「民間糾紛是指公民之間、公民和單位之間，在生活、工作、生產經營等活動中產生的糾紛。對不構成違反治安管理行為的民間糾紛，應當告知當事人向人民法院或者人民調解組織申請處理。」這個規定不僅把糾紛主體擴大到「單位」，而且把糾紛的領域擴大到工作和生產經營活動中，這和司法部對民間糾紛的解釋限定在日常生活中有較大的區別。對此，孟昭陽教授把這個概念界說為：「《治安管理處罰法》所稱的民間糾紛是指具有某種特定關係的自然人之間發生的民事權益爭議和在日常生活中發生的其他糾紛。認定民間糾紛須符合兩個條件：一是糾紛雙方之間存在某種特定關係，包括家庭成員和其他親友關係、鄰里關係、同學關係、同事關係、戀愛關係、朋友關係、特定空間關係和其他在工作、生活中具有交往的關係；二是糾紛的內容是民事權益爭議和在日常生活中發生的其他糾紛，例如戀愛糾紛、失信行為導致的糾紛等。」[3]

筆者認為，對民間糾紛範圍的界定，側重在於糾紛的民間性，即公民之間、公民和單位之間因日常生活事務而引起的糾紛，這個糾紛具有一定的親緣、地緣、學緣、業緣等關係基礎，主要是民事權益上的糾紛，也可以是道德層面、生活方式方法上的爭執。從這個意義上說，勞動糾紛可以認定為民間糾紛，因為勞動的首要目的在於獲得維繫人們生活的物質基礎，是我們生活的主要內容。在特定的環境中工作，同事之間已經形成一定的人際交往氛圍，其間發生的事情具有法律性，也涉及道德性，還關乎個人的處事方式方法。因而，認定勞動糾紛為民間糾紛具有法律上的根據。

（二）公安機關能否調解引起治安案件的「原因」

一般認為，適用治安調解的範圍是：(1)因民間糾紛引起的打架鬥毆造成輕微傷害的；(2)因民間糾紛引起的故意損毀他人財物情節輕微的；(3)其他民間糾紛引起的違反治安管理行為，情節輕微的；(4)違法行為造成傷害或損害，受害方要求賠償損失，負擔醫療費用的。治安調解的前提就是案件的性質屬治安案件，即違反了《治安管理處罰法》的相關規定。《公安機關治安調解工作規範》（以下簡稱「《工作規範》」）第2條規定：「本規範所稱治安調解，是指對於因民間糾紛引起的打架鬥毆或者損毀他人財物等違反治安管理、情節較輕的治安案件，在公安機關的主持下，以國家法律、法規和規章為依據，在查清事實、分清責任的基礎上，勸說、教育並促使雙方交換意見，達成協議，對治安案件做出處理的活動。」《工作規範》第3條第一款規定：「對於因民間糾紛引起的毆打他人、故意傷害、侮辱、誹謗、誣告陷害、故意損毀財物、干擾他人正常生活、侵犯隱私等違反治安管理行為，情節較輕的，經雙方當事人同意，公安機關可以治安調解。」

勞動糾紛不屬於治安案件，這就從根本上排除了公安機關對勞動糾紛進行裁決的權力。問題在於，如果勞動者因勞動糾紛與他人發生了爭鬥，演變成治安案件，公安機關在處理這類治安案件時，可否在處理治安案件的同時，一併解決當事人之間的勞動糾紛。甚至可能是，如果勞動糾紛不能恰當解決，就不能解決好治安糾紛。對此，筆者的看法是：公安機關處理勞動糾紛的前提是，由勞動糾紛已經導致治安糾紛，在處理治安糾紛的過程中一併處理勞動糾紛，這是可以的，也是必要的；如果是純粹的勞動糾紛，由當事人向勞動爭議仲裁機構申請仲裁，公安機關不得就勞動糾紛進行調解或裁決。

這裡可能會有若干種不同情形：其一，治安糾紛和勞動糾紛都可解決；其二，治安糾紛可以解決，但勞動糾紛不能調解解決；其三，治安糾紛不能調解解決，但勞動糾紛可以調解解決；其四，治安糾紛和勞動糾紛都無法調解解決。對於第二、四種情形，毫無疑問應該告知當事人將勞動糾紛訴諸仲裁或者訴訟，對於第一種情形，公安機關應該就引起治安糾紛的勞動糾紛進行調解，一口氣解決糾紛，以平息爭端。第三種情形則比較棘手，公安機關在處理糾紛的過程中，本意一口氣解決糾紛，結果是勞動糾紛願意調解，但治安糾紛無法調解解決，需要對治安糾紛作出治安裁決。在這種情況下，是否仍然就勞動糾紛製作調解書？如果調解，是否構成對勞動糾紛的單獨處理而違背相關法律法規；如果不製作調解書解決爭端，是否打擊當事人的積極性，損害當事人利益，實際也是故意地將本可立即解決的糾紛拖延至未來。筆者看法，公安機關應該幫助當事人製作好調解書，甚至

監督當事人執行好調解書。如果當事人對調解書的效力不放心，或者公安機關認為有必要，可以讓當事人到勞動爭議仲裁機構確認這個裁決書，使之發生法律效力。

（三）公安機關處理勞動糾紛缺乏法律依據

世界上許多國家和地區的法律都為勞動糾紛的處理設置了特殊的通道，比如法國、德國、義大利和英國等的勞動法庭或法院，日本的勞資政三方組成的勞動委員會。中國也是如此，勞動糾紛的處理有特殊的程序和通道。《勞動爭議調解仲裁法》第10條規定：「發生勞動爭議，當事人可以到下列調解組織申請調解：（一）企業勞動爭議調解委員會；（二）依法設立的基層人民調解組織；（三）在鄉鎮、街道設立的具有勞動爭議調解職能的組織。」還有就是依法設立的行業性、區域性（含工業園區）調解組織。勞動爭議還須以仲裁為訴訟的前置程序，未經勞動仲裁不得提起訴訟。因此，公安機關不是勞動糾紛的處理機關，不能單就勞動糾紛進行調解處理，公安機關調處勞動糾紛缺乏法律依據。

在勞動糾紛引起治安案件並訴諸公安機關的情況下，公安機關為便於消解糾紛，維護社會安定穩定，而出面處理勞動糾紛，是考慮到糾紛的關聯性，其目的也是為了處理好治安案件。如果能夠一併解決治安糾紛和勞動糾紛，則可以形成調解書，並監督調解書的執行。在治安糾紛無法調解的情況下，公安機關原則上不進行勞動糾紛的調處，如果確已形成較為成熟的調解意見，公安機關可幫助製作調解書，並建議當事人送請勞動爭議仲裁機構確認調解書的效力。

三、公安機關處理勞動糾紛的政治邏輯

（一）維護社會穩定的訴求

新形勢下，影響社會和諧穩定的因素越來越多，徵地拆遷、企業改制、環境汙染、勞資糾紛、食品安全、醫患矛盾、移民補償等等，這些問題的敏感性、關聯性、對抗性越來越強，觸點增多，燃點降低。解決這些問題，實際是對利益的重大調整，必然引起利益攸關者的強烈反彈。當然，這些「反彈」中，有些屬於合理的抗爭，並仍在法律框架內尋求矛盾的解決，有些則屬不甘心特殊利益的喪失而阻撓改革的步伐，或者雖然屬於合理的訴求，但試圖在法律和機制之外，採取非正常方式處理矛盾，這都成為影響社會穩定的重要因素。

各級黨委政府在推進改革的進程中，一方面要著力實現經濟增長、關注民生，努力促進社會和諧，另一方面，限於體制和機制，難以迴避改革中面臨的深層次

問題，各級黨委政府承受著維護穩定的空前壓力。黨委政府又把維護穩定的壓力很大部分轉移給公安機關，公安機關基於法定職責，毫無疑義地處於維護社會穩定的第一線，並承擔由此產生的各種政治、管理和法律責任。在這種情況下，各級公安機關及其民警往往想方設法消弭矛盾，以避免更大的事端和衝突。因此，對於因勞動爭議而報警求助的糾紛，不管是上級領導要求參與，還是公安機關接報警受理的案件，都儘量疏導解決，這些都是維護社會穩定的壓力所致。

（二）執法方式變遷的需要

嚴格意義上說，公安機關並非一個專門的糾紛解決機關，但是，為什麼會有大量的民間糾紛流向公安機關？這一現象與基層社會結構轉型、人民調解等民間糾紛解決機制相對缺乏、糾紛本身的特點、公眾對警察角色的認知、警察功能的轉型、警務機制的改革等之間存在內在的聯繫。警察調解對於糾紛雙方維持良好關係和比較徹底地解決糾紛都具有重要意義，它的運用和實行，既符合中國公民「崇官」的文化傳統，也切合構建和諧社會的要求。[4]在當前的社會治理體系之下，警察調解是糾紛性質、糾紛當事人、區域社會內的糾紛解決體系、公安機關（組織）、警察（個人）等諸因素互動的結果。透過協調警察調解與人民調解、行業調解等糾紛解決機制之間的關係，可形成一個較為完善的權力主導型「大調解」體系。[5]

2009年9月，公安部發布了《公安部關於實行社區和農村警務戰略的決定》，明確了社區（農村）警務與社會穩定之間的關係，並將開展群眾工作確定為駐社區（農村）警務機制下社區（農村）民警的首要職責。該決定要求，社區民警應當「積極參與排查調處民間矛盾糾紛，努力把不穩定因素化解在基層、化解在萌芽狀態」。2009年12月18日，全國政法工作電視電話會議在北京召開，會議把深入推進社會矛盾化解作為今後一段時期的三項重點工作之一，要求高度重視和發揮調解的作用，構建人民調解、行政調解、司法調解三位一體的「大調解」工作體系。左衛民和馬靜華對此的解釋是，這是公安機關重塑形象的舉措，公安機關試圖透過「為群眾提供一條更便捷、高效、經濟的糾紛解決途徑而取信於民，重塑公安機關的形象，其最終目的還是在於在治安防範、偵查犯罪的基礎工作過程中得到社區群眾的普遍支持」。[6]

2009年2月19日，孟建柱在全國縣級公安局長專題培訓班上強調，要妥善處置各種突發事件，著力提高駕馭複雜局勢能力；要堅持預防為主、調解為先，把工作著力點更多地放在及時準確掌握社情民意上，密切關注群眾在生產、生活

中遇到的新問題,推動解決群眾最關心、最直接、最現實的利益問題,從源頭上化解矛盾糾紛。這充分表達了公安機關對民間糾紛與社會穩定的關係問題的認識,以及對預防與解決民間糾紛問題的重視,從而使公安機關在對待民間糾紛問題上的態度從一種法律的邏輯轉變成一種政治的邏輯,將大量並非公安機關職權範圍內的民間糾紛納入了派出所日常工作的範圍之內。

(三)和諧警民關係的要求

警民關係是透過警察特定的職業活動,在警察與公眾之間形成的綜合性社會關係——警察必須依照相應的法律與程序規定,實施有效的治安管控,保護公眾人身與財產安全,這是警察應盡的職責和義務;而公眾雖將相關權限委託警察,但可在遵守社會秩序的基礎上,要求警察提供必要的公共安全服務,這是法律賦予公眾的基本權利。由於公共安全「供需鏈條」與警民關聯互動在很大程度上取決於警方作為,因此,公安機關和人民警察應主動從思想認識、組織保障、工作落實等多角度,深入貫徹群眾路線,努力再造平等、和諧警民互動。[7]

很長一段時間,公安機關及其人民警察為了維護社會治安,採取了不少過激的治理手段和方法。這在特定時期和特定環境下也許是必須的,但也為此付出了很大的代價,其中一個重要方面就是導致公安機關和人民群眾之間的嫌隙,警民對立情緒滋長。可以說,彌合嫌隙、消除對立、重建互信是新時期警民關係建設的重要內容,各級公安機關尤其是基層公安機關在直接面對人民群眾的過程中必須放低姿態,以切實、具體的行動來喚起人民群眾參與警務活動的熱情和積極性。公安機關要從社會依存的角度來定位自己,正如古代水利社會中的人們,為了獲得使用水利設施的利益而聚居和聯合,離開彼此是無法生存於那個社會的。[8]在自己的工作中,透過給予相對人一定的便利和利益,以獲取相對人的認可和支持,而不是一味地要求相對人配合和付出。[9]

這種利益和便利的相互給予,首先要求公安機關要從人民群眾最需要、最急迫的事情著手,而保護勞動者利益就是這種事情中的典型。作為一般群眾,其衣食住行都依賴於勞動收入,勞動中發生的利益貶損直接影響勞動者的生活,關係著勞動者的切實利益。公安機關從這些事情著手,在合法與可能的情況下幫助人民群眾解決糾紛,保護勞動者利益,或者減少勞動者的損失,是能夠得到勞動者的真心擁護和支持,也能在一定程度上強化人民群眾的信任和支持。總之,只有在具體業務實踐中,充分顧及到群眾的感受,想群眾之所想、急群眾之所急,

以「角色換位」的心態處理問題,才能夠彼此兼顧、公正平和地處理社會治安問題,把治安管理工作推向深入,[10]才能有力地促進警民關係的和諧發展。

2008年11月底,公安部部長孟建柱在江蘇省調研時強調,各級公安機關「要堅持預防為主、調解為先、民生為重、整合力量、方便群眾的理念,逐步形成人民調解、行政調解、司法調解密切配合的有效工作平臺,把矛盾糾紛解決在基層,化解在萌芽狀態,從源頭上解決關係社會治安綜合治理的各類問題,解決人民群眾最關心、最直接、最現實的利益問題」。孟建柱的講話精神,就是要求公安機關及其民警從政治的高度來實踐社會治安綜合治理,在具體事務中體現「以人為本」和「以民為本」,透過調解等柔性方式解決糾紛,從而實現社會主體之間的和諧相處、互利共贏。

四、公安機關機關處理勞動糾紛的現實合理性

(一)糾紛的突發性與公安機關的勤務方式

根據糾紛發生、存在的狀態,可以將糾紛分為突發性糾紛與持續性糾紛。前者指初次發生的糾紛,在糾紛發生與解決之間沒有經歷其他社會事件,間隔時間較短;後者指發生後處於持續爭議狀態的糾紛,在糾紛發生與解決之間已經歷其他社會事件,所隔時間較長。從該派出所2008—2010年《接(報)處警登記表》提供的訊息看,訴諸公安派出所的勞動糾紛,雖然此前有分歧甚至衝突,但當天發生的情況,都屬突發性糾紛,即糾紛主體或其他人即時將糾紛提交到了派出所,希望得到派出所的及時處理。

我們還注意到,從該派出所2008—2010年《接(報)處警登記表》中記載的糾紛發生時間看,有將近50%的糾紛是在上班時間之外訴諸公安派出所的(見表3):有些糾紛是在上班時間拖延直到下班後爆發並報案;有些則直接發生於非工作時間,勞動者在等、堵、糾纏僱主的過程中發生了糾紛。當這些糾紛已然發生時,雙方當事人可能都無法冷靜地考慮依靠法律手段來尋求糾紛的解決,更可能升級乃至激化為暴力衝突。這時,負責協調解決勞動糾紛的法院、仲裁、司法等機構,可能正處於下班時間,無法為當事人提供調解糾紛的服務;即使處於上班階段,也不具備這樣的應急突發糾紛的能力。公安機關的勤務方式不僅是全天候的,而且還有110報警服務臺等便捷的報案機制,滿足了處理突發性糾紛的工作要求,因此把糾紛提交到公安機關是可能的,也許也是必須的。

表3:2008—2010年甲縣某派出所受理的勞動糾紛發生時間情況

糾紛發生時間	2008 年		2009 年		2010 年	
	數量（起）	百分比（％）	數量（起）	百分比（％）	數量（起）	百分比（％）
上班時間（9：00—17：00）	28	57.1	33	52.4	39	65
下班時間（17：00—9：00）	21	42.9	30	47.6	21	35
合計	49	100	63	100	60	100

（二）糾紛的暴力性與公安機關的制暴能力

如果僅從表格統計的數據看，我們很難從中看出勞動糾紛的暴力性，我們對每一起糾紛作進一步的分析後就可以發現，勞動糾紛和其他絕大多數訴諸公安機關的糾紛一樣，雙方或多方糾紛主體之間大多存有毆打、抓扯等類似的暴力衝突，或者是暴力衝突的威脅。在2008—2010年三年受理的172起勞動糾紛中，基本上都存在著暴力衝突，或抓扯，或威脅，或破壞財產（見表2），有些勞動糾紛則直接轉化成了治安糾紛。正是糾紛的暴力衝突特性，在某種程度上賦予了公安派出所受理勞動糾紛，或者說賦予了勞動糾紛當事人訴諸派出所的正當根據。

據該所民警介紹，派出所受理的勞動糾紛，起先出於經濟利益的訴求，但當分歧升級為衝突時，大多數當事人只是想利用公安機關的權威「討要說法」與「尋求保護」。根據2008—2010年該派出所《接（報）處警登記表》提供的訊息看，勞動糾紛涉及的金額通常並不太大，之所以被當事人「訴至」派出所，基本上就是因為糾紛已然具有一定的暴力性，當事人想利用公安機關的權威滿足某種「精神性的需求」或者是擔心自己與家人的人身受到損傷。

（三）訴訟、仲裁受案的被動性與糾紛本身的積極性

在法院訴訟、人民調解、仲裁等其他糾紛解決機制中，這些機構本著「不告不理」的原則，被動地接受著糾紛當事人的解紛訴求。這對於突發性糾紛而言，是難以即時向這些機關尋求糾紛解決的。因為，訴諸這些機關來解決糾紛，是需要很多的準備的，包括訴狀、申請書之類，甚至還要諮詢律師分析利害得失、聘請律師代為出庭等。

派出所受理的糾紛來源形式卻顯得較為多樣，除了糾紛當事人親自，或者透過電話到派出所要求解決糾紛外，那些即使與糾紛並無直接利害關係的「群眾」同樣可以透過各種方式向派出所表達要求警察調處該糾紛的意思，甚至在糾紛當事人、「群眾」都未訴諸派出所的情況下，派出所民警在日常工作過程中遇上了糾紛也都要主動介入，甚至在糾紛還沒有發生，只是存在發生糾紛的可能的情形

下,派出所民警還必須認真地「排查各類矛盾糾紛」,將把這些矛盾糾紛解決在萌芽狀態。換句話說,派出所受理的糾紛來源既包括糾紛當事人的主動訴求,也包括「群眾」的積極告知,公安機關的主動介入(見表4)。派出所的受案方式,實際是最為便捷的,當事人無需任何準備,只要到公安機關陳述清楚即可。公安機關則依照職權調查取證,弄清曲直,為最終解決糾紛履行絕大多數的程序責任。這樣的糾紛解決方式,是比較適合解決小額糾紛、民間糾紛的,當然也適合了一些勞動糾紛的需要。

表4:2008—2010年甲縣某派出所受理的勞動糾紛來源情況

糾紛來源方式	2008年 數量(起)	2008年 百分比(%)	2009年 數量(起)	2009年 百分比(%)	2010年 數量(起)	2010年 百分比(%)
群眾來訪	12	24.5	19	30.2	18	30.0
群眾來電	29	59.2	34	53.9	31	51.6
巡警移送	6	12.2	9	14.3	10	16.7
縣局指令	2	4.1	1	1.6	1	1.7
合計	49	100	63	100	60	100

(四)訴訟和仲裁的條件性與公安機關解決糾紛的無條件性

我們對訴訟、仲裁、復議等糾紛解決形式的研究中可以發現,一種糾紛解決機制是不可能面對一切糾紛的,也就是說,不會有一種可以解決一切糾紛的法律機制,每種糾紛解決機制都是為解決特定的糾紛而存在的。因此,每一種糾紛解決機制都包含它的準入「門檻」,即一定的受案條件。這個條件至少會有這樣一些要求:(1)這個事情必須是一個糾紛,也就是有利益的對抗。(2)這個糾紛還必須是法律糾紛。現實中存在的許多糾紛並非法律糾紛,可能是政治糾紛、武力糾紛或者其他什麼糾紛,也就是說,這樣的糾紛無法在法律層面上予以探討和解決。(3)這種法律糾紛可以由這種機制加以解決。[11]

即使在糾紛當事人訴諸法院或者仲裁機構時,法院或者仲裁機構還必須根據相關的法律法規對當事人的訴求形式審查,以確定是否應該接受當事人的訴求並啟動糾紛解決程序。其間的等待、各種程序上的準備不僅考驗當事人的耐心,還需要當事人經濟上的投入,就司法成本而言也需巨大的經濟投入。

因當事人對自己的行為缺乏法律上的準確認知,也未作任何法律上的準備,因此當一方或雙方當事人將糾紛訴諸派出所時,通常並沒有明確的權利訴求,只

是向派出所報告雙方糾紛這樣一個事實。在派出所受理了糾紛之後，大部分糾紛當事人也未能向經辦民警提出自己的權利要求。這從訴訟和仲裁的角度而言，是無法受理和審查的，而對於派出所而言，則可先予以案件登記，然後作進一步的調查，從而弄清事實，幫助當事人消解紛爭。

（五）訴訟和仲裁解決單一性與公安機關解決糾紛的綜合性

我們知道，訴訟和勞動爭議仲裁在解決糾紛時，針對的就是符合受案條件的勞動糾紛。換言之，它們對糾紛的指向上，表現出很強的針對性。而「訴至」派出所的勞動糾紛，往往是經濟利益的爭執與人身傷害、財產損失的賠償結合在一起的，從勞動爭議仲裁的角度，只能處理勞動爭議，而不能處理人身傷害和財產損失的賠償。這種情況下，如果當事人試圖透過通常的法律渠道來解決糾紛，就會面臨兩個甚至多個訴訟的問題，即勞動爭議首先訴諸勞動爭議仲裁委員會，而人身傷害和財產損失則要訴諸法院。當事人為少許的經濟利益，費時費力去仲裁和訴訟，非常不經濟，實際是既不可能，也沒必要。

當事人在糾紛當場，考慮到糾紛發生的時間、糾紛的突發性、糾紛面臨的暴力性等因素，而向公安機關「報案」，並尋求公安機關出面協調解決糾紛，是可以理解的。從另一個角度看，公安機關結合自身對治安案件的處理權，針對勞動爭議和治安違法等糾雜在一起的現實，協調雙方當事人，甚至透過對當事人施加可能給予治安處罰的壓力，對勞動糾紛中涉及的經濟利益，互相妥協，互相諒解，從而達成「一口氣」解決問題的目標，是可行的，也是有利於社會的安定穩定的，具有某種程度的現實合理性。

五、餘論

我們對公安機關處理勞動糾紛的上述討論，僅是對少數派出所的調查所引發的思考。這個派出所的轄區內，正好有經濟開發區，廠礦企業較多，且多數是中小型企業，勞動糾紛多發，派出所介入處理勞動糾紛也是客觀情勢使然。在企業較少，勞動糾紛極少的區域，派出所或許根本沒有這樣的「警務」活動。儘管如此，我們還是認為，公安機關處理勞動糾紛依然具有一定的研究必要，也存在需要理論澄清和實踐解決的問題。

（一）公安機關處理勞動糾紛的現實需要與制度瓶頸並存

在很大程度上可以認為，正是勞動糾紛的前述特點，才使得它們非常容易進入公安派出所，也使得公安派出所相比於其他解紛機制的優勢得以充分發揮。在

糾紛衝突的激烈程度較高，尤其是在包含暴力因素的情況下，以及當事人本身只是尋求公安機關的某種保護時，其選擇公安派出所作為糾紛解決的機構，是非常自然的事情；特別是在缺乏其他及時有效的糾紛解決機制可供選擇的情況下，當事人求助於某種制度權威來終結衝突的願望非常強烈，公安派出所正好可以滿足當事人的願望；而公安機關全天候警務機制很好地契合了糾紛發生即時性的特點，糾紛可以非常便利地進入公安派出所。由此可以認為，公安派出所受理的勞動糾紛具有很強的特定性，甚至在當事人選擇取向與具體訴求的角度上還可以認為，這些勞動糾紛之所以進入了公安派出所，實是因為它們更適合於公安派出所的介入。在這一意義上，公安派出所的勞動糾紛調處職能在滿足公眾不同解紛需求的同時，也平衡著糾紛解決體系的供求關係。也正因為這個原因，公安派出所調處勞動糾紛的職能實際上是存在相當限度的，這不僅表現為進入公安派出所的勞動糾紛在數量上可能有限，而且它能處理的糾紛更是有限。

（二）警察調解能增強中國糾紛解決機制的實效性

從區域範圍內的糾紛解決體系而言，在人民調解等其他基層糾紛解決機制的作用日漸式微的情況下，警察調解作為一種社會衝突的應急反應機制，對於及時有效地抑制衝突激化，化解矛盾，具有重要的作用。而從公安機關警務功能的角度而言，警察調解，對於預防與減少因為糾紛而轉化的違法犯罪的發生，同樣具有不容忽視的效果。從糾紛當事人的角度而言，警察調解機制的快速反應滿足了其對糾紛解決的及時性需求，同時，警察調解的「零成本」，使之成為一種真正意義上的社會公共產品，糾紛當事人也樂於分享；從警察的角度而言，特別是在警察服務理念日益深入的背景下，警察已經在很大程度上認同了將調解糾紛作為其本職工作的重要組成部分，同時，在建設社會主義和諧社會的大背景下，公安機關與糾紛調處、矛盾排查等相關的內部考核指標，在對警察施加調解壓力的同時為其提供了積極的行動動力。

（三）治安調解未作為公安機關的考核內容可能導致調解的「兩極化」發展

近幾年，公安機關在勤務機制的便捷性、服務性、規範化、訊息化等方面取得顯著進步，公安隊伍素質顯著提高，服務意識大大增強，隊伍形象明顯改善，從而拉近了公安機關與群眾之間的距離，使公安機關和人民警察在群眾心目中建立了較高的威信，人們有糾紛願意找公安機關解決。公安機關受理案件、調解糾紛不收任何費用，處理有力，也促使群眾「有困難找警察」，從而大量的案件湧入公安機關。為了促進社會和諧，最大限度地消解社會糾紛，對於能夠較順利地

調解結案的案件，基層民警在政治正確的壓力下會快速付諸實施，並使之快速結案。

但很多治安調解工作耗時耗力，且做得再好也難以立功受獎，致使民警容易把主要精力用在破案上，追求破案數和逮捕、勞教數，對調解糾紛的重要性認識不到位，工作上也不能產生壓力，對能夠迅速調解結案的，樂觀其成，對不能迅速調解結案的，容易將案件升格，訴諸刑事解決，導致「民轉刑」案件頻發。特別是一些年輕同志，為了部門目標考核的需要，為了盡快完成自己的工作目標，提高自己的績效考核，對一些能夠調解結案的案件，一經調查取證，就迅速地將案件移送到人民檢察院，忽視向當事人做法律釋明工作，使得當事人雙方不能明白自己在輕微刑事案件處理中所應享有的權利，不能充分保障當事人的權益。

注　釋

[1].《治安管理處罰法》第 9 條規定：「對於因民間糾紛引起的打架鬥毆或者損毀他人財物等違反治安管理行為，情節較輕的，公安機關可以調解處理。經公安機關調解，當事人達成協議的，不予處罰。」

[2]. 王全興：《勞動法（第三版）》，法律出版社 2008 年版，第 29 頁。

[3]. 孟昭陽：《治安調解的界定及適用範圍與條件》，《中國人民公安大學學報（社會科學版）》2008 年第 6 期。

[4]. 謝天長：《治安行政執法：理念、制度與技術》，中國檢察出版社 2010 年 12 月版，第 173—174 頁。

[5].See Philip J.Harter，Neither Cop Nor Collection Agent：Encouraging Administrative Settlements by Ensuring Mediator Confidentiality，Administrative Law Review，Vol.41，Iss.3，at 315.

[6]. 左衛民、馬靜華：《論派出所解決糾紛的機制——以一個城市派出所為例的研究》，《法學》2004 年第 9 期。

[7]. 吳仲柱：《論警民關係轉型與重構》，《福建警察學院學報》2009 年第 4 期。

[8]. 王銘銘：《「水利社會」的類型》，《讀書》2004 年第 11 期。

[9]. 謝天長：《治安行政執法：理念、制度與技術》，中國檢察出版社 2010 年 12 月版，第 106 頁。

[10]. 馬德世：《服務行政——治安行政管理的一種現實轉變》，上傳日期：2007 年 6 月 19 日，訪問日期：2011 年 1 月 23 日。

[11]. 謝天長：《信訪：過濾糾紛過程和壓力機制》，《福建論壇（人文社會科學版）》2009 年第 6 期。

從西方法治理論探析中國的法治實踐

黃麗端

◎福建天衡聯合律師事務所律師

引言

　　法治已成為當下社會治理的一種實踐軌道和理論範式，但同時也是一個歷史話題，不同時代和不同地域的人們有著不同的法治思想和法治實踐。隨著依法治國作為中國的治國方略被寫入憲法，中國必然逐漸走上一條有特色的法治之路。因此，借鑑比較完備的西方法律制度是必不可少的。而在借鑑移植的過程中，探析西方法治理論則是一個前提。誠然，法治理論的完整圖景是隨著歷史的推展而逐漸清晰化的，而歷史的過程是一個人類記憶的過程，探析這些記憶的過程總會受到生活在「當下時代」這個顯性的歷史階段中人們的獨特經驗、情感和價值判斷的影響。所以，當我們用歷史的方法去追尋西方法治理論進而探析一國當下的法治實踐的時候，我們遇到了這樣的困境：我們怎樣突破人類「代際交流」中的記憶阻隔和文化地域的知識阻隔，來分享「法治理論」所反映的人類「共同經驗」？我們怎樣知道透過記憶流傳的法治理論是一種真實的知識？我們怎樣分辨出哪一種法治理論是一種「典型」的知識且已經變成了人類的普遍記憶？鑒於此，筆者放棄了對整個世界範圍的「法治」知識的整體圖式進行概括的努力（事實上這幾乎難以做到），也不打算在由「軸心期」（the Axial Period）所奠基的不同文化區域之間進行法治論的宏觀比較，而是把研究的興趣限定在西方法治理論框架之內，整理由西方人敘述的「法治的故事」，探求西方法治的曙光、智慧，分析當下的諧難，並引入「界限意識」，多視角展開法治的內涵與外延。透過理論的關懷反思，建構未來法治問題的進路，進而探析中國當下法治軌道上的社會治理模式創新。這也正是本文的意旨所在。當然就這一點而言，本文不過是拋磚引玉。

一、西方法治理論的歷史考察

（一）古希臘、古羅馬人的睿智

　　歷史上，西方的法治觀念始於公元前594—593年的梭倫變法（Solon Reform），至亞里士多德時代則逐漸理論化。當此之時，為探求治理國家、管理社會的方法，柏拉圖和亞里士多德曾就人治與法治原則提出過不同的主張。柏拉

圖主張人治，也就是賢人政治。他說：「在一個理想的國家中，最佳的方法並不是給予法律以最高權威，而是給予明曉統治藝術、具有才智的人以最高權威。立法家們是可憐蟲，他們不停地制訂和修改法律，總希望找到一個辦法來杜絕商業的以及其他方面的弊端，他們不明白，這樣做其實等於在砍九頭蛇的腦袋。」[1]當然，辯證的角度看，柏拉圖晚年也意識到法律在社會生活中的作用，明確提出了依法治國的方案，但他仍然不過是將法治作為治國的一種次佳方案。作為柏拉圖的學生，亞里士多德反對老師的人治觀點，他總結了希臘各城邦不同政體下法律的實施情況，得出結論：法治應當優於人之治。原因如下：第一，人治容易偏私，而法治才能秉公。他認為，凡是不憑感情因素治事的統治者總比感情用事的人們較為優良，法律恰好是全沒有感情的，人類的本性（靈魂）則誰都難免有感情。第二，法律是多數人制定的，而多數人總比一個人治理國家要好，因為許多人出資舉辦的宴會可以勝過一個人獨辦的宴席。第三，實行人治容易貽誤大事。第四，實行法治是時代的要求。實行人治管理國家實屬困難，而在共和制興起的時代，即在我們今日，誰都承認法律是最優良的統治者。亞里士多德還對法治的內容及其作用作了較為系統的論述，他說：法治應當包含兩重意義，亦即對已成立的法律普遍的服從，而大家所服從的法律又應該本身是制訂良好的法律。同時他還認為法律不應該被看做是對自由的奴役，法律毋寧是拯救。[2]

西塞羅曾指出：根據希臘人的觀念，法律的名稱意味著平等的分配。什麼是平等的分配？柏拉圖在解釋法律的性質時，曾以一個雅典人的名義說道：「在公共和私人的生活中，在我們的國家和城邦的安排中，我們應該服從那些具有永久性質的東西，將根據理智來進行的分配稱為法律。分配是分配者和被分配者之間的一種關係。」[3]而亞里士多德在闡述正義的觀念時指出，分配的正義（distributive justice）是社會共同體成員間分配名譽、金錢和其他財產時的正義。即所謂不同品德的人們在社會上享有不同的政治權利、不同的社會榮譽和不同的財產數額。他說：分配之公平，對於公共財產，則用前述之等比比例，即公產分配於二人或二人以上者，亦視多人所貢獻之多寡為準。[4]可見，古希臘人的法律觀念尤其是法治理論與分配問題之間有著內在的聯繫，不管學者之間的分配觀有多麼大的差異，但有一點是完全相同的，即讓每個人各得其所。而這種正義觀也正是古希臘法治理論的思想淵源。

此後，斯多葛學派的創始人芝諾及其追隨者把「自然」這一概念引入了法治理論範疇。他們所說的「自然」不是嚴格意義上的自然界，而是指某種和諧的秩序；不僅是事物的秩序，也是人的理性。而理性是適用於人類並能夠使所有人平等地、

和諧地生活在一起的支配原則，因此，遵從理性的生活，就是自然的生活，自然法因而就是理性法，它構成了現實法和正義的基礎。斯多葛學派還主張，一切人都是生而平等的，即使人們的天賦、資質、財富、地位等方面不可避免地存在著差別，但人人至少都有要求維護人的尊嚴的起碼權利，正義要求法律應當認可這些權利並為這些權利提供保障。

當羅馬共和國進入帝國時期，羅馬法學家們運用自然法的概念證實「萬民法」。萬民法不僅承認羅馬人享有獨立的權利，而且承認非羅馬人也享有與羅馬人平等的人格權、人身權、財產權和訴訟權利，在此意義上，我們可以認為萬民法概念和自然法概念一定程度上是等同的。查士丁尼《法學總論》還用自然法來證實人類平等和自由，指出「根據自然法，一切人生而自由」。真正對自然法問題展開完整而系統論述的是古羅馬法學家西塞羅，他繼承了古希臘哲學的理性主義傳統和自然法觀念，明確提出自然法是檢驗實在法效力的高級法，並據此論證了在自然法面前人類平等的民主思想。他說：「真正的法是符合自然的理性，它永恆不變、並具有普遍的適用性——即使元老院、公民會議的決定也不能擺脫它設定的義務——這個法，不管在羅馬或雅典，不管是現在或將來，都沒有什麼不同，對一切國家和一切時代都具有不變的效力，這個法的主人和統治者是支配我們一切的神。」[5]

（二）文藝復興的曙光

公元476年，日耳曼人對羅馬的入侵把古代文明一掃而光，歐洲進入中世紀。黑暗的時代摧毀了羅馬法的殿堂，法律的嚴明在戰亂中喪失，秩序井然的訴訟程序被封建割據的領主隨意踐踏，但人們尋求法律和正義的努力依然沒有停止。由於教會在中世紀實力強大，包括法律在內的人文科學和自然科學都受到了教會的統領，成為神學的附庸。基督教不僅在征服者那裡獲得了至高無上的精神權威，而且也在矇昧的市民心目中建立起從未有過的信念和敬仰。「教會法的一個侍女」，是為明證。這或許也正是中世紀「法律至上」「國王服從法律」觀念的根源。

托馬斯·阿奎納是中世紀公認的基督教思想的集大成者和經院派神學家，也是西方神學法學派和神學法治論者的代表人物之一。他一方面繼承了古希臘古羅馬的自然法思想，另一方面又對其進行了神學化的改造。「托馬斯·阿奎納的神學體系中，自然法據有一席之地。這當然不再是希臘哲學家或羅馬法學家的自然法，但它至少保持著自然法觀念的一般特徵。神學家們所做的，是把它加以神學的改造，將它安排在一個新的價值體系中，使它從屬於一個更高的存在：源於神的智

慧的永恆法。這種對於自然法的神學改造和發展本身也許並不重要,重要的是,一種卓越的思維模式保存下來了。由於這種模式本身所具有的適應性和潛在的批判性,即使是在一個沒有了上帝的時代,它也能夠獨立地存在,推動人類歷史的進程。」[6]托馬斯·阿奎納把法律分為四個類型,即永恆法、自然法、人法、神法。人法來源於自然法,自然法來源於永恆法,但其溯源則都來自於神法。這種思想儘管有著濃厚的宗教氣氛,但也正是這種超驗性的宗教才能夠提供一種用於評價國家法和限制政府權力普遍性的準則。

11世紀末12世紀初,《國法大全》的發現直接導致了羅馬法的復興。在歐洲大陸出現了學習、講授、註釋、研究和傳播羅馬法的熱潮。至此,熄滅了幾個世紀的古典法治思想的火炬又重新被點燃。然而,這只不過是在專制、愚昧和神權所構成的重重黑幕下發出的第一聲嘆息。隨後的文藝復興運動才是思想解放運動的真正源泉。這場發端於義大利的文藝復興運動以復興古典文化為其基本形式,借古喻今,批判封建專制和教會的精神奴役,表達人類原始而美好的理想。從法治的層面,文藝復興運動的主要貢獻在於恢復了對人和與人密切相關事物的價值判斷,為古典法治理論與近代法治理論起了溝通和引領的作用。隨著人文主義思想向法學領域大量滲透,古典自然法思想的精神被挖掘出來,並隨著社會改革被上升為普遍的政治理念和原則。而這一切的關切和轉化,則為近代法治思想的最終形成創造了條件。

(三)古典自然法學的輝煌

對於近代法治理論而言,文藝復興僅僅是為其提供了精神條件和輿論準備,啟蒙運動則為其形成提供直接動力和關鍵作用。這個時期,古典時代的自然法(natural law of the classical era)在法律領域中占據了支配地位。格老秀斯、霍布斯、洛克、孟德斯鳩、盧梭等啟蒙運動思想家相繼打出了理性、民主、法治的旗幟,並對此進行了系統的理論闡述和論證。他們普遍認為存在一種永恆的普遍的自然法,相信它是至高無上的理性的命令,是一切實在法的依據,由此推動了法治理論的制度化和現實化。大致而言,古典時代的法治觀念漸次經歷了三個時段的演進:一、實施和保障自然法主要依靠統治者的智慧和自律;二、試圖用權力分立(separation of powers)來保護個人的天賦權利(natural rights),並反對政府對這些權利的不正當侵犯;三、實施和保障自然法取決於人民主權(popular sovereignty)和民主。[7]

約翰·洛克（John Locke）是近代資產階級自由主義的奠基人。他認為生命、自由、財產是人的天賦權利，國家是人們透過社會契約的形式所建立的機構，這個機構在法律上要首先保障人的天賦權利，為此就必須實行法治。在他的代表作《政府論》一書中，他認為，人們參加政治實現社會管理的目的就在於使生命、自由和財產權更有保障，而為了實現這個目的，防止權力濫用，就要實行分權制。因此，他主張把國家的政治權力分為立法權、執行權和聯盟權。他還特別強調立法權和執行權的分立，認為如果立法權和執行權同時屬於一個機關或一些人，就必然造成權力膨脹，甚至出現攫取權力以控制權力，在「制定和執行法律時，使法律適合了他們自己的私人利益。這樣不僅使社會中其他成員的利益面臨威脅或受到了實際的損害，而且違反了組成社會和政府的目的」。這樣說，洛克實際上是把分權和制衡的原則看做是實行法治的前提和基礎。洛克的法治觀中體現的另一個重要內容就是，一個真正的共和國應該是一個法制完備並認真執行法律的國家，否則將是不可思議的。因為，「法律不是為了法律自身而被制定的，而是透過法律的執行成為社會的約束，使國家各部分各得其所，各盡其能；當這完全停止的時候，政府也顯然擱淺了」。[8]

法國的孟德斯鳩（Charles Louis de Montesquieu）則把法律看做是「由事物的性質產生出來的必然關係」，把法治看做自由和平等的屏障，認為沒有法治，就沒有政治自由，沒有平等，就必然導致憑一己的意志為所欲為的專制統治。為此，孟德斯鳩提出了著名的「三權分立」原理以保障和實現法治。他在吸收洛克等人的分權思想的基礎上，主張將國家權力劃分為立法權、行政權和司法權，三種權力分屬於不同的機構，並依據法律來合理行使。與孟德斯鳩不同的是，盧梭（Jean Jacques Rousseau）認為，在市民社會，個人不服從於任何其他個人，而只服從公意，即社會意志。盧梭追求的一個目標是依法治理的民主共和國，他強調法律和法治對民主國家的必要性，指出，法律是治國的根本依據，主權者只能根據法律而行為，以法治為依歸。一個國家如果不依法律為治，就不是正當的國家，就沒有政治自由和平等。一個依法而治的國家，無論採用何種政體形式，都可稱為共和國。[9]

這個時期，康德（Immanuel Kant）、黑格爾（Georg Wilhelm Friedrich Hegel）等崇尚法治的德國思想家們，把法治的要素確定為：公布一部透過權力分立制度來明文限制國家權力的成文憲法，透過基本權利來保證個人的不可侵犯、不受國家干預的活動範圍，法院為防止國家權力侵犯公民權利而提供的法律保護，法院的獨立性，保證法定審判官制和禁止刑法的追溯力，以及行政機關依法辦事

的原則。而美國的潘恩（Thomas Paine）、傑斐遜（Thomas Jeffeson）則全盤接受了英法兩國啟蒙思想家關於民主和法治的理論，並在他們的治國實踐中加以運用。他們堅定地宣布，在專制國家中國王是法律，在自由民主和法治的國家中法律應是國王。國家的權力源於憲法，而憲法來自人民的授權和契約。他們把政府分為相互獨立的三部分，並輔之以複雜的制衡制度，以防止權力濫用而侵害人民權利。他們還強調正當程序和平等保護。上述原則構成了美國法治的基礎。

自此，古典自然法學達到了頂峰。西方法治的基本原則——理性自然法原則、人權原則、自由和平等原則、民主原則、法律至上原則、法律普遍性原則都已確立並先後在歐美各國得到實踐。

（四）分析實證主義的諸難與20世紀的回應

經過幾個世紀的動盪之後，西方社會需要的是穩定和秩序，是對各種社會問題的有效解決，而自然法學作為一種革命的武器則意味著完成了歷史使命。隨著科學的發展，人類對自然和社會的認識逐步加深，古典自然法先驗的、形而上學的理論，因為不能自證也得不到他證而被認為是不合時宜的；企圖用價值頂替事實、把自然法與實在法雜糅一起的做法也被認為是非科學的。一定程度上，法律被視為純事實領域，與自然法所宣揚的和諧、理性等價值顯得格格不入。適應時代的情勢，分析實證主義法學應運而生。哈特在1957年前後對分析實證主義的表述是：「第一，法律是一種命令，這種理論與邊沁和奧斯丁有關；第二，對法律概念的分析首先是值得研究的，其次，它不同於社會學和歷史的研究，再次，它不同於批判性的價值研究；第三，判決可以從事先確定了的規則中邏輯地歸納出來，而無需求助於社會的目的、政策或道德；第四，道德判斷不能透過理性論辯、論證或證明來建立或捍衛；第五，實際上設定的法律不得不與應然的法律保持分離。」[10]

20世紀，兩次世界大戰給人類帶來了巨大的災難，迫使人們對現行的社會制度、價值形態以及人類自身的處境開始進行反思。古斯塔·拉德布魯赫是一個法律功利主義者，他認為，「關於『應當』的最後陳述是不可能被證明或作為公理的」，「法律秩序的存在要比法律的正義和功利更為重要」。當他目睹納粹的罪行之後，思想發生了急劇的變化：「當一種實在的法律對正義的侵犯已達到不能容忍的程度時，這種法律實際上就已成為『非法的法律』。」[11] 美國法學家富勒認為，作為一種有目的事業，法律是存在道德性的，不道德的法律不宜被稱為法律。他同時把法的道德性分為「外在道德」和「內在道德」。前者指的是法的內

容合乎道德性,這實質上與先前的自然法理論基本一致。後者指的是法律形式上的合理性:法律須具有普遍性,法律須具有公開性,法律不得溯及既往,法律須明晰且易於掌握,法律不得相互矛盾,法律不得要求不可能之事,法律須有合理之穩定性;頒布之法律與其施行應當一致。眾多學者在不同領域多有建樹,羅納得·德沃金、哈耶克、約翰·羅爾斯、羅伯特·諾齊克、波斯納……西方 20 世紀法治理論特別是價值法學的繁榮已成為不爭的事實,同時,也正是這些理論深刻地影響了西方法治社會的走向:他們解決社會問題,同時不斷地追求卓越。他們堅持自己的價值觀,同時指明正義的實現途徑。平等美好的生活、社會權力的完美配置始終是他們的目標。西方價值法學雖然還是受到分析實證主義的責難和批判,其自身也存在價值專斷等問題,但它仍舊是西方法治思想的主流。而且,某種意義上說,這已經不單純是一個學術或理論問題,而是人類的追求價值使然。在這個層面上,二者是承認法治的,只是所基於的角度和觀念不同。也正是在這個時期自然法學與分析實證主義此消彼長的論爭過程中,西方法治思想不斷地向前發展。

二、「西方法治之辨」

(一) 引入「界限意識」

如果說西方法治理論是一種普遍而穩定的「集體意向」的話,那麼引入「界限意識」將使這種「集體意向」中的不同要素更為清晰。在西方,個人自由和正義就是「界限意識」作用於人與社會後所形成的價值觀念和思維模式。「界限意識」在西方哲學史中非常久遠,尤其是應用在法學領域。羅素在論述古希臘米利都學派阿那克西曼德的正義思想時,便十分重視「界限意識」。他說:「阿那克西曼德所表現的思想似乎是這樣:世界上的火、土和水應該有一定的比例,但是每種原素(被理解為是一種神)都永遠在企圖擴大自己的領土。然而有一種必然性或者自然律永遠地在校正著這種平衡;例如,只要有了火,就會有灰燼,灰燼就是土。這種正義的觀念——即不能踰越永恆固定的界限觀念——是一種最深刻的希臘信仰。神祇正像人一樣,也要服從正義。」近代哲學家康德認為,不管是哲學家還是法學家,其使命就是劃分界限。20 世紀的哲學家維特根斯坦認為「界限」概念是其思想體系的核心。在談到《邏輯哲學論》時他指出:「這本書的目的就是為思想劃定界限,或者毋寧說,是為思想的表達明晰各種概念。」「只是在語言中才能劃界,界限的另一邊只有在相對比較中才顯得有意義。」[12] 維氏在此將界限問題與問題的意義或價值聯繫起來,這是很值得借鑑的。

在西方，由於「界限意識」的引入，思想家們注重劃分感覺世界和理念世界的界限、世俗世界和神聖世界的界限、國家和教會的界限、市民社會和政治國家的界限、權利和善的界限、正義和惡的界限、可知世界和不可知世界的界限等等，這些都為個人自由價值、正義價值、善價值的實現提供了理論條件，從而促進法治的不斷發展。因此，我們要明晰西方法治內涵，有必要引入「界限意識」，以下主要從人文精神與法治傳統和法治外延的多面性進行「西方法治之辨」。

（二）人文精神與法治傳統

西方法治，無論是理念還是制度，都源於人們對人生意義、價值的認知和關懷。古典的法治理念和學說脫胎於希臘時期人文思想的襁褓，而近代法治的生成又得力於人文主義、人本主義或人道主義的張揚。綜觀近代以來，以英國為首的西方國家逐漸確立了法律至上，並以法制約政黨、政府權力而保障個人自由權利的法治傳統，就不難發現，這一傳統的形成與西方古代社會以人為中心的人文思想和文藝復興以來所確立的以自由、平等、人權、博愛和民主為內容的人文主義具有一種內在的、必然的聯繫。這種內在的、必然的聯繫，正如馬克斯·韋伯為我們揭示的那樣，任何一項事業的背後都存在某種決定該項事業發展方向和命運的精神力量。可以說，人文精神決定著西方法治的發展方向和命運。

1. 人文精神形成對法的信仰

對法的信仰是西方法治主義的重要傳統和內容。西方法治大廈的構造，如果其外在要素是一系列法治的原則和制度本身的話，那麼其內在要素必定是人們對法的普遍信仰。失去人們對法的普遍信仰和尊重，再完善的法治原則和制度都將無法支撐起整座法治大廈。當然，人們對法的信仰並不是先天使然，它必須經歷對法治的認知—信賴—篤信的心理過程。而在這過程中，人文精神實際上造成了支撐和催化作用。西方人並非與生俱來地親近法律，對法律充滿著無比的堅定。事實上，這一法治傳統的形成，一定程度上是以西方人文精神為其內在動因。更確切地說，人文精神的大力張揚，鞏固和促進了人們法律信仰的形成。

2. 人文精神的理性追求催生法治主義

理性主義對西方法治傳統的影響重大而深遠，不僅表現在理性是西方法治的固有內涵，而且還在於理性追求是西方法治始終如一的關懷。然而，支持法治形成的理性精神卻不是偶然自生的，它是西方人文精神在長期積澱中派生的分支，是人文精神的核心內容之一。因此，正是西方人文精神孕育而成的理性精神催生著西方法治主義的誕生。

3. 人文精神鑄成了法治的自由平等目標

自由主義是西方法治的基石。而以自由主義為思想底蘊的西方法治又是以人為核心，以個人的自由和社會的平等作為崇高的價值目標。這樣，我們可以看出，法治的這一理想目標是與人文精神極力張揚的自由、平等和人權思想一致的。而如果再仔細考察西方法治這一價值目標的確立過程和人文精神的形成過程，我們便會發現西方法治的價值——個人的自由和社會的公平，與西方人文精神的基本內容——自由、平等和人權的契合不是偶然，而是必然。可以說，正是文藝復興時期以人文主義、人道主義為主題和啟蒙運動時期以近代民主、平等和自由為核心的人文精神，鑄成了西方法治的自由平等價值。

（三）法治外延的多面性

1. 法治的歷史性

法治內在地包含有一個時間要素的概念。我們可以從兩個方面來理解：（1）法治作為一種法律制度作用於國家社會生活是需要一個時間過程的；（2）法治的概念是隨著歷史的發展而不斷充實和豐富其自身的意義的。我們著重第二方面的內容，因為它對於釐清西方法治理論在認識上的某些誤區具有獨特的價值。以往，我們在談「西方法治」這一概念時，往往先在地存有一種潛在的意識，認為一開始就會有一個所謂完整的法治概念「在那裡」存在著；或者在歷史上的某個歷史階段（如古希臘）或某個法治理論家（亞里士多德、約翰·洛克、康德、戴雪、富勒、拉茲、羅爾斯、德沃金等等，不一而足）提出了某個完整的法治概念。事實上，我們下面的論述將揭示這樣一種現象：法治概念的完整圖景是隨著歷史的進程而逐漸清晰化的，在歷史演變的過程，社會的重大變革，社會革命、政治革命和宗教革命（這三種革命有時是交織在一起的），立法制度和司法制度的改革，如此等等的事件不斷地充實著法治的實際內容，而理論家的貢獻在大多數情況下充其量是對這個事實或事件的理論說明和解釋。這也從另外一方面說明，法治作為一個制度，一種理念，它在不同的時代所應對的具體社會情勢、社會問題是不完全相同的，因而，法治在回應這些問題的過程中也充盈著其豐富的意義。如果籠統地說，我們贊成這樣一種看法：「西方法治儘管在古希臘、古羅馬時期已經有了觀念和原則的理論論述，但其制度基礎的確立還是近代以後的事情，而直至19世紀中期以後，專門的法治理論知識才逐漸豐滿起來。」[13]

2. 法治的地域性

西方是個文化概念，同時也是個地理概念。當我們把西方作為一個整體探討其法治理論源流，是否會抹殺西方各國法治模式的差異？西方法治確實存在差異。綜觀文獻，學者大致認為西方至少存在兩種法治模式，一是以英國為代表的「法的統治」（rule of law）模式，二是以德國為代表的「法治國」（Rechtsstaat）模式。概括而言，英國的法治模式具有悠久的歷史傳統，可以追溯到1215年《大憲章》時代，德國的法治模式則是19世紀以來的產物；英國的法治模式中法與國家有一定距離，而德國的法治模式中，法是與國家聯繫在一起的。傳統上，在英國，很少提及「國家」概念。中世紀，主權是與王室政府聯繫在一起的；資產階級革命後，主權與議會相關聯，故有「議會主權」之說。而在德國，因為歷史上沒有英國那樣強大的中央集權，直到19世紀，作為民族國家的統一中央集權才開始形成，而法恰恰是這一過程的產物，因而法治自然與國家聯繫在一起形成「法治國」模式。但是，我們從內容和精神看，又不難發現，其實，德國的「法治國」與英國的「法的統治」並不存在精神實質上的區別，只是基於「地域」國度上的不同，加上文化背景、社會變革、政治觀念等的區別，產生不同的模式。但它們同時都是近現代的產物，都強調依法治理國家，管理社會，將一切權威置於法律之下。無論在英國和德國，法治模式大多可分為兩種類型，即形式法治與實質法治，在英語中，相當於這兩種法治類型的是「依法而治」（rule by law）和「法的統治」（rule of law）。

3. 法治的要素

把握法治的要素，我們必須考察法治所服務和實現的價值和目的。從西方學者的語境出發，有三個這樣的價值和目的是法治所要追求的：其一，法治應當對抗專制和霍布斯（Hobbes）論述過的「一切人反對一切人的戰爭」。其二，法治應當允許人們透過理性的自信來籌劃他們自己的事務，因為他們能夠預先知道各種行動的法律後果。其三，法治應當保證防止至少某些種類的官員專斷。根據這些目的的歸納，我們把西方歷史上的和現代的法治理論家們的觀點作簡要的梳理，發現他們大體都承認法治至少有五個方面的構成要素。只有在這些要素存在的情況下，法治才能夠實現：（1）第一個要素是法律規則、標準或原則的性質（能力），它們能夠指導人們從事一定的行為。人們必須能夠理解法律並遵守它們。（2）法治的第二個要素是實效性。法律應該實際上指導人們，使之依此做出相應的預期和行為。按照約瑟夫·拉茲（Joseph Raz）的術語，「人們應該受法律的統治並遵循它」。（3）第三個要素是穩定性。法律應當是足夠穩定的，以便使所規制的主體（個人或機構）能夠安排籌劃和做出相應的行為，不因隨意改動而破壞秩序

的穩定。（4）法治的第四個要素是法律（權威）至上（the supremacy of legal authority）。法律應當宰制國家最高統治者和包括立法者、執法者和法官在內的官員以及普通公民。（5）最後一個要素涉及公正司法的操作性（工具性），即司法機關（法院）應當能夠實施法律並應使用公正的程序。[14] 當然，這五個方面要素的概括不能涵蓋西方法治理論學家的所有觀點。但作為法治內容的基本構成部分，這是我們進一步理性探析西方法治理論的必要「前見」或理解條件。法治理論其他方面內涵或實質性的揭示也必須以此為基礎或出發點。

三、西方法治理論對中國法治實踐的啟示

基督教文明孕育了西方的法治理念，由於有了上帝的庇護，信仰法律成了不證自明的選擇。隨著法治觀唸成了中國的必然選擇，中國也移植了西方的法律體系，問題在於，在中國社會治理模式中所遵循的法治理念中，缺乏了上帝的「庇護」，中國的現實也決定了不可能再在中國的法律觀念中植入「上帝」的因素，我們又將如何建立對法律的信仰，切實走上依法治國的道路？

（一）培養權利觀念和公民個人意識

中國傳統上由來已久的權利虛無觀念，使公眾形成權利意識的被動性和虛無性往往直接導致司法制度不能得到良性的實施。他們認為權利的行使與否是個人自由的選擇，多一事不如少一事，而當這種觀唸成為公眾的普遍意識時，法律制度就陷入了泥潭。從西方的法治理論可知，個體是法治中權利和權力的最終承受者，個體權利狀態如何，直接說明一個國家的法治程度。從古希臘古羅馬以降的西方法治思想，都是強調保護個體權利。因為從理論上來講，他們都認為個體權利是國家權力、社會權利的淵源，亦即所謂天賦人權，社會契約。所以在我們這樣一個權利意識薄弱的國家裡實行法治，就必須彰顯公民的權利意識，法治保護個體權利尤為重要。正如 19 世紀德國法學家耶林所言：權利一方面從法律內獲得自己的生命，另一方面也反過來給予法律以生命。他在《為權利而鬥爭》這一名著中，提出了「主張權利是對自己的義務」、「主張權利是對社會的義務」這樣兩大命題，凸顯出權利對於法治的重要性。權利觀念的形成，公民個人意識的培養，往往取決於文化傳統的價值取向。西方文化傳統是權利本位，「尊重權利」是社會久已形成的共識。而在中國，傳統的文化觀念卻是義務本位，人們還不習慣於讓權利意識勇敢地顯示出來，當權者漠視民眾的權利，而普通的民眾自己也樂於接受這樣的現實。因此要使西方法治思想在中國獲得長久的生命力就必須培

養普通公眾全面的權利意識,當然,這一觀念在中國的實踐將是一個任重而道遠的過程。

(二) 合理控制國家權力

孟德斯鳩曾指出:「一切有權力的人都容易濫用權力,這是萬古不易的一種經驗。有權力的人們使用權力一直遇到有界限的地方才休止。」[15] 在中國,國家權力尤其是行政權過分膨脹和強大,已是不爭的事實。實施依法治國則必須把國家權力置於法律控制之下,但是「徒法不足以自行」,因此法律控制權力的最佳途徑就是權力制約權力,即國家權力應以功能和性質為標準分配到相應的機構中去,使國家立法權、行政權、司法權互相監督、協調發展。此外,要加強培育社會權力。「社會是介於國家和個人之間的中間環節,社會組織兼顧著管理者和被管理者的雙重身分。它一方面對社會成員的私人事務和權利進行協調管理,另一方面對國家主張社會個體權利的實現,以保障私人權利免受國家權力的侵害,並且在其受到侵害時有效地運用救濟手段。」[16] 完整的社會權力系統可以對國家權力實行監督和限制。在中國,社會權力的主體可以包括人民及社會組織。社會組織包括民族、階級、階層、利益群體及政黨、企業事業組織等。建設和推行社會權力的過程就是建設上述社會權力載體自身的過程,各社會組織應充分認識到自身的權力作用,主動參與到經濟建設和社會管理當中來,重視反映底層社會階層的願望。在合法的前提下,實踐公民的政治權利,利用自身的影響力開展利國利民的社會活動,進一步實現對國家權力的控制,推進法治進程。

(三) 採取「推進型」法治道路

理順明晰推進中國法治進程的觀念,下一步就要落實中國法治建設如何啟動進行。學界中大致有兩種觀點:一種是「自然演進論」。從本文的第一部分可知,古希臘古羅馬的法治思想和近代形式法治思想及其向現代實質法治的轉變,都是由在本土資源基礎上的內部整合和演變進化而來的,是商品經濟(市場經濟)逐步發展和民眾的法治意識逐漸積累的產物,其直接動力來源於市民社會。「自然演進論」者認識到了法治上層建築對經濟基礎、社會基礎和文化基礎的依賴關係,但同時也過分強調了這一關係。如蘇力認為:中國的法治建設不能透過變法實現,只能由本土資源演進而實現。范忠信說:「認為政府依靠強有力的國家施政過程去推行貫穿民主法治精神的法律制度就可以自上而下地實現法治,這裡是一種誤解。」另一種是「法治推進論」。認為一國的法治運動應該在國家「上層建築」

（包括政府機關，國家權力機關，執政黨等）的推動下啟動和進行，「上層建築」是法治運動的主要動力。[17]

　　綜合上述對西方法治理論的探析，筆者認為，從中國的國情出發，法治道路只能採取「推進型」模式，但在政府推進法治建設的同時，應汲取「自然演進論」的有益建議。考察整個西方法治理論，我們知道西方法治思想歷經古代、近代、現代漫長的發展歷程，與之相反的是中國本土法治思想源流貧乏，法治走自然演進的道路將不切合實際。中國幾千年的歷史是「人治」，真正意義上的「法治」觀念淡薄。傳統的儒家思想倡導「為政在人」，即「其人存則政舉，其人亡則政息」，「有治人，無治法」，再加上長期以來的自然經濟和計劃經濟決定中國法治不可能像西方國家那樣自然演進。改革開放以來，雖然中國公民的權利意識、法治意識增強，依法治國也日益深入人心，但這並非「自然演進」的結果，恰恰相反，是政府推行改革，發展市場經濟的結果。另一方面，法治現代化的緊迫性也決定了中國法治建設只能主要地依靠政府推進。西方國家幾百年的資本主義市場經濟使法治不斷趨於完善。中國改革開放三十幾年的歷程不可能催生一個法治自然產生、發展、完善的完整過程，所以我們在社會治理過程中推進法治軌道的創新，有必要借鑑、移植並消化西方先進的法治理念和經驗。當然，在由政府推進法治建設時，要注意培育市民社會。從西方法治理論的發展可知：市民社會是法治發展的基礎；市民社會是法治規則的重要源泉。誠如范忠信先生所說：法治是從西方移植過來的參天大樹，市民社會則是法治大樹的土壤，土壤不能移植，只能用「社會化學」方法改良。

注　釋

[1]. 柏拉圖著，何勤華譯：《法律篇》，上海：上海人民出版社，2001年版。

[2]. 亞里士多德著，吳壽彭譯：《政治學》，北京：商務印書館，2006年版。

[3]. 柏拉圖著，何勤華譯：《法律篇》，上海：上海人民出版社，2001年版。

[4]. 亞里士多德著，吳壽彭譯：《政治學》，北京：商務印書館，2006年版。

[5]. 汪太賢：《西方法治思想的源與流》，北京：法律出版社，2001年版。

[6]. 徐愛國：《西方法律坐標叢書：思想史視野下的法治現象》，北京：北京大學出版社，2009年版。

[7]. 徐愛國：《方法律坐標叢書：思想史視野下的法治現象》，北京：北京大學出版社，2009年版。

[8]. 西方法律思想史研究會編：《自然法：古典與現代》，北京：中國法制出版社，2007年版。

[9]. 西方法律思想史研究會編：《自然法：古典與現代》，北京：中國法制出版社，2007年版。

[10]. 張文顯：《二十世紀西方法哲學思潮研究》，北京：法律出版社，2006年版。

[11]. 柏拉圖著，何勤華譯：《法律篇》，上海：上海人民出版社，2001年版。

[12]. 劉進田：《西方法治文化價值的哲學觀念內核》，中國政法大學學報，2009年第8期。

[13]. 高鴻鈞：《現代西方法治的衝突與整合》，《清華法治論衡（第一輯）》，北京：清華大學出版社，1999年版。

[14]. 高鴻鈞：《現代西方法治的衝突與整合》，《清華法治論衡（第一輯）》，北京：清華大學出版社，1999年版。

[15]. 梁治平：《法辨》，北京：中國政法大學出版社，2002年版。

[16]. 馬長山：《西方法治產生的深層歷史根源、當代挑戰及其啟示——對國家與市民社會關係視角的重新審視》，《法律科學》，2001年。

[17]. 范忠信：《為什麼要重建中國法系：居正法政文選》，北京：中國政法大學出版社，2006年版。

論 NGO 在中國社會治理中的作用

馮霞

◎中國政法大學國際法學院教授、臺灣法研究中心研究員、法學博士

非政府組織（英文為 Non-government Organizations，簡稱為 NGO）的大量出現是 1980 年代「全球結社革命」的產物，在這場全球結社革命中，非政府組織興起，並在政府和市場之外的第三部門（the Third Section）逐漸確立了自己的相對獨立地位。非政府組織一詞，首先由聯合國在 1949 年所使用，其所指涉的團體範圍很廣，包括學校、醫院、慈善團體、宗教組織、基金會、發展機構、專業性協會、俱樂部及遊說團體等。就非政府組織與團體所關心的價值事項來看，至少包括民主推動、人權保護、文化交流、新聞訊息、醫療衛生、環境保護、經濟投資、科技交換、國際勞工、人道救濟、難民保護、宗教交流等活動。一般而言，當我們在論及「非政府組織」時，還可進一步區分為國際非政府組織（INGOs）與（國內的）非政府組織（NGOs）。國內的非政府組織，其特徵如下：正式的、有組織的、非政府或私人的、自主的、非營利的、志願的。至於「國際非政府組織」的意涵，則是指涉在一地區、國家或國際間所形成之非營利目的、自願性的人民團體，該團體由一群有共同理念的人民所組成，以達成其理念目標為首要任務。

在經濟全球化浪潮迭起和經濟不確定性日益增加的大變革時代，不論是發達國家還是發展中國家都在尋找一種更好的新的治理形式，以便在社會發展的競爭中贏得優勢，治理理論由此成為回應這一變革的強勢政治理論話語。從歷史經驗看，治理存在著傳統與現代的兩個模式，傳統治理模式尊崇政府的統治與控制，治理的權威及其行動者必定是政府權力的運用者；而現代治理模式則包括各種公共的或民間的個人和機構管理共同事務的諸多方式，從根本上區別於傳統政府統治。由於種種原因，中國一直實行高度集權的管理體制，政府作為單一的權力中心治理社會公共事務。理論與實踐表明，這種單一中心治理體制不能適應經濟市場化、政治民主化和社會現代化的發展要求，必須予以改革。政府治理的理性變革，應當由體制內分權向體制外分權即向社會分權推進，從而建立起政府、市場、社會三維框架下的多中心治理體制。

一、中國 NGO 有關立法初具規模

改革開放以來，中國非政府組織的數量急劇增長。雖然與此同時，關於非政府組織的法律也得到了相應的發展，但與非政府組織現實快速發展的客觀需要相

比，是相對滯後的。近年來，隨著中國社會進入轉型期，政府職能轉變，各種非政府組織勃生，在發展中也出現了很多問題。例如，各類非法 NGO 的破壞作用；西方敵對勢力的染指與企圖分化、顛覆（最著名的莫如東歐發生的一系列「顏色革命」）；外國人士擅自在境內設立 NGO；NGO 違規從事營利性活動，非法侵占資產，超出章程規定的宗旨和業務範圍進行活動等等。這不同程度地干擾了正常的經濟、社會秩序。當然，這些都是負面的，也並非是不可避免的，除此之外我們還看到中國 NGO 在諸多領域發揮了積極作用。從中國青少年基金會「希望工程」捐款、保護母親河活動，到 1998 年特大洪澇災害中國慈善總會空前的賑災募捐；從中國扶貧基金會一以貫之的各類扶貧工程、「2002 新長城—中國特困大學生資助項目」，到民間活躍的環保 NGO 如「自然之友」、「地球村」、「綠色家園志願者」以及近年出現的從事農村發展的 NGO 等；直至 2003 年 SARS 肆虐下各公益社團組織對突發性危機事件的應對：NGO 呈現出充沛的活力和巨大的發展潛質，其作出的業績，在中國和國際上都產生了積極的影響。

關於 NGO 中國立法上已經初步形成了以《憲法》為統領，以兩個《登記管理條例》為主，與之相配套的地方性法規、部門規章為輔，一般法與特別法相結合的法律法規體系。對於所涉及的主要法律關係，從其設立、變更、註銷到財務、人事、稅收管理，在中國現行立法上都有所規範和調整。因此，可以客觀地說，中國關於非政府組織的立法是比較全面的：1.《憲法》中的有關規定；包括了《憲法》第 35 條關於公民結社自由的規定，第 47 條關於公民從事科學研究、文學藝術創作和其他活動的自由以及國家對於從事教育、科學、文學、藝術和其他文化事業的公民的有益於人民的創造性工作給予鼓勵和幫助的規定。2. 非政府組織法律以及相關法中的有關規範；除了《紅十字法》、《工會法》外，中國目前還沒有非政府組織的統一立法，但在相關法律中有關於非政府組織的規定。如《證券法》、《體育法》、《註冊會計師法》、《律師法》、《職業教育法》等。《民法通則》第 50 條確立了社會團體法人的民事法律地位。3. 行政法規。主要包括《社會團體登記管理條例》、《民辦非企業單位登記管理暫行條例》、《外國商會管理暫行規定》等，其他的一些行政法規中也有類似規定，如《廣播電視管理條例》、《電影管理條例》、《印刷業管理條例》和《出版管理條例》等行政法規中也有關於非政府組織在各自主管部門指導下實行自律管理等規定。4. 地方性法規。如《天津市社會團體登記管理規定》、《深圳市社會團體組織通則若干規定》、《上海市促進行業協會發展規定》。5. 部門規章。包括《社會團體設立專項基金管理機構暫行規定》、《民辦非企業單位登記暫行辦法》、《社會團體分支機構、代

表機構登記辦法》、《民辦非企業單位名稱管理暫行規定》、《事業單位、社會團體、民辦非企業單位企業所得稅徵收管理辦法》等。還有各個業務主管部門制定的管理暫行辦法，如《交通部社會團體管理暫行辦法》、《建設部社會團體管理暫行辦法》等。6. 國際條約。中國已經加入的《世界人權宣言》（1948）第20條第一款規定：人人有權享有和平集會和結社的自由。另一個中國加入的國際條約《公民權利和政治權利公約》（1966）第22條也規定人人有權享有和平集會和結社的自由，包括組織和參加工會以保護自身的利益的權利。

　　以上是關於非政府組織的一般性立法，除此之外還有一些單行法律法規就某些特殊非政府組織的設立、組織機構、職能、監督管理等問題作了具體規定。主要有：基金會（《基金會管理條例》）、工會（《工會法》）、民辦學校（《民辦教育促進法》）、消費者協會（《消費者權益保護法》）等等。

　　眾所周知，在大陸法系中，將私法人分為社團法人和財團法人兩類，其中非營利性社團法人和財團法人也就是我們所講的非政府組織。而在英美法系沒有公法人與私法人的劃分，非政府組織可以是非營利公司，也可以是協會，還可能是公益信託（Trust）。相比較而言，中國對非政府組織的分類和界定非常不統一，缺乏明確一致的標準，因而存在諸多爭議，筆者認為，中國非政府組織可考慮分為以下幾類：1. 法定非政府組織。指那些按照現行法規，在各級民政部門登記註冊、獲得社會團體或相應法人地位的「非政府組織」。而根據非政府組織的權力來源來劃分的話又可以分為：法律法規授權的非政府組織、受委託的非政府組織和基於自治性章程而產生的非政府組織。如果依據現行法規，在民政部門註冊登記的非政府組織主要包括三種類型：依《社會團體登記管理條例》（1998年）註冊登記並獲得社會團體法人資格的社會團體，依《基金會管理辦法》（1988年）註冊登記並獲得社會團體法人資格的基金會，依《民辦非企業單位登記管理暫行條例》（1998）註冊登記的民辦非企業單位，後者視不同情況獲得法人、合夥或者個體的行為主體資格。此外，在法定的非政府組織中，還包括33個免於在民政部門註冊登記而具有法律地位的特殊團體，以及國務院批准免於登記的25個特殊的社會團體。2. 草根非政府組織。指那些不被現行法規正式認可的，但是在相當程度上具備NGO的核心特徵，即非政府性、非營利性的組織，其中大多屬於民間自發組建，因各種原因不能在民政部門登記註冊而未獲得法人資格的組織，又稱為「轉登記或未登記組織」。3. 準非政府組織。指那些處於轉型中、邊緣性及其他社會組織，包括轉型中的事業單位、組織界限尚未劃清的部門代管組織如業主委員會、在現代科技手段下出現的新型組織如網上社團等，也可統稱為「未定

型組織」。除此之外，還可以按照組織性質將非政府組織劃分為公益型非政府組織和互益型非政府組織，或按照組織體制劃分為會員制的非政府組織和非會員制的非政府組織，或按照活動領域、活動範圍、活動導向等來劃分，在此不一一贅述。

二、NGO 在社會治理工作中的作用

NGO 的發展源自於西方的治理理論。治理，是基於這樣一種判斷：當國家體系中的政府不能有效地配置社會資源（政府失靈）、市場體系中的企業又囿於利益動機不願提供公共物品（市場失靈）時，需要尋找、培育有別於政府和市場之外的第三種力量。[1] 隨著經濟體制轉軌和政府職能的轉變，中國 NGO 得到空前的發展，儘管 NGO 做的似乎只是一些「拾遺補闕」的工作，但在整個社會的溝通、整合及治理方面，NGO 以其獨特的優勢發揮了不可替代的作用。因此 NGO 已經成為比肩政府和市場的「第三種機制」。

（一）促進社會和諧

NGO 建立的訴求機制與利益整合機制，增進社會容忍，協調利益，維護社會穩定，促進社會和諧。轉型期的中國，各階層利益不斷重組與分配，各種社會矛盾錯綜複雜。如果這些矛盾不能透過合理的渠道釋放，就會逐漸積累形成社會衝突，引起社會動盪。而 NGO 提供的較寬鬆的活動空間，使社會成員可透過各種方式滿足其多樣性和多層次的願望並實現其利益；NGO 合法、有序、理性的表達訴求，能夠起排解社會怨氣、釋放社會壓力的作用，也使各社會群體能依法共存相容，增進社會容忍度，以避免許多惡性的、非理智群體性事件的發生。在 NGO 中貫穿的寬容、互助、互惠和利他精神，不僅能夠在 NGO 內促進和諧，而且還可緩和或消除企業和政府部門所引發的一些社會矛盾，從而有助於維持整個社會的穩定。從這種意義上說，NGO 是政府治理社會的得力幫手，是和諧社會建設的主力軍。

（二）維護社會良性運轉

NGO 醫治「市場失靈」和「政府失靈」的突破口，成為社會良性運轉的一支重要力量。美國著名經濟學家韋斯布羅斯認為，正是政府和市場在提供公共產品方面的侷限性，導致了對 NGO 的功能需要，這是 NGO 存在的主要原因。[2] 中國自 1970 年代末推進改革至今的幾十年裡，市場的侷限性和消極性彰顯無疑，尤其表現在出現了大量的社會問題如失業、腐敗、越軌和環境惡化等。政府的力量是有限的，曾被世人羨慕的北歐高福利國家，實行了幾十年的從「搖籃到墳墓」的

高福利政策,在 20 世紀末葉遭到衝擊,國家財政拮据,足以證明由政府包攬社會福利已行不通,單靠政府力量不能解決眾多社會問題。[3] 在政府與市場功能的「空白區域」,NGO 往往有更高的效率。NGO 的效率得益於政府的「掌舵」與「划槳」職能的分離,也得益於市場機制的導入。一方面,政府將部分公共事務分離出來交給 NGO,從而更好地發揮「划槳」的職能;另一方面,NGO 有利於將競爭機制引入公共服務領域,提高服務效率。NGO 的發展彌補了政府、市場管理的不足,成為社會良性運轉的一支重要力量。

(三) 促進社會公平

NGO 幫助社會弱勢群體,實現社會資源再分配,促進社會公平、公正。社會弱勢群體是由於某些障礙及缺乏經濟、政治和社會機會而處於不利社會地位的人群。一個和諧的社會,應當是使弱勢群體得到有效保護的社會。政府應當是保護弱者的有力工具,是社會公平的實現者和保護者。但在現代社會,由於政府能力的有限,還不能保證社會公平的真正實現。政府的社會政策往往存在一種「中位取向」,以體現大多數人的要求,而無法滿足所有公眾對公共產品的需要,如對殘疾人、婦女、兒童等弱勢群體利益的保護的要求。這時 NGO 如殘疾人聯合會、婦聯、兒童基金會等就是最有效的保護工具。NGO 以其靈活性、多樣性、人性化等特點發揮其獨有的優勢。首先,NGO 能深入基層,貼近最貧困的人口;第二,NGO 能靈活地為貧困人口服務;第三,NGO 能創造性地探索扶助最貧困人口的新模式。[4] 總之,NGO 以其獨有的公益性,實現對社會弱勢群體的關懷,從而有利於社會公平正義的實現。

(四) 促進公民社會的發展

NGO 促進公民社會的發展,成為建設社會主義民主政治的一支新型力量。NGO 的發展成為公民社會形成的基石。泰勒認為:「就較為嚴格的意義來說,只有當整個社會能夠透過那些不受國家支配的社團來建構自身並協調其行為時,市民社會才存在。」[5] 作為公民社會中一個最積極活躍和最具社會效益的組織形式,NGO 的形成和發展意味著公民社會的發展。此外,NGO 為公民政治參與、影響公共決策提供了重要的渠道,促進了社會主義民主政治建設。首先,中國 NGO 可透過啟發、教育和引導民眾參與發展活動,增強民眾對自己基本權利的意識,鼓勵和幫助民眾維護自身權益。其次,NGO 可透過支持、反對政府政策,遊說政府官員與民意代表、參與競選等方式,影響政府決策。再次,NGO 可在不同的利益集團因政治、經濟、文化以及利益的多元化發生矛盾和衝突時,利用其民間的

身分,在各利益集團之間促進溝通與理解,以推動問題的解決。最後,NGO 還可在同政府的合作中享有知情權和諮詢權,參與政府有關決策過程,並對其進行監督和評估[6]。

三、NGO 在社會治理工作中的困境

改革開放後,隨著計劃經濟體制向市場經濟體制的逐步轉變,中國 NGO 的發展遇到了千載難逢的機遇。然而,在面臨機遇的同時,中國 NGO 的發展也面臨許多問題和挑戰。

(一)政府行政干預過多

NGO 的特點之一是其獨立性,但由於部分 NGO 其本身是從職能部門轉變過來,或者是由政府機構直接建立的,其在組織、功能和活動方式等方面,都過分依賴政府,具有濃厚的官僚化傾向,不符合「小政府,大社會」的發展要求,從而阻礙了其發展,導致 NGO 發展的困境。以湖南 NGO 為訪談對象的資料表明,許多社團實質上是政府職能的外延,如湖南省青少年發展基金會就隸屬於共青團系統,為省共青團管理;省慈善總會隸屬民政系統,為省民政廳管理;省紅十字協會隸屬衛生系統,為省衛生廳管理等。該省各地市的慈善總會、紅十字協會均是此種模式,許多社團是政府的一個行政部門,是「一套團隊兩塊牌子」。[7]

(二)有關 NGO 政策法規和監管機制不健全

NGO 的活動若沒有法律制度的依託,很容易偏離其組織目標,即為社會提供有效的公共物品。目前,在 NGO 的立法方面,中國主要有《社會登記管理條例》、《民辦非企業單位登記管理暫行條例》、《基金會管理辦法》等等。繼這些條例之後,1999 年 8 月,中國歷史上第一個有關 NGO 捐贈的專門法案《公益事業捐贈法》頒布,2001 年《中華人民共和國信託法》頒布。從條例到法律,已經看到進步,但這遠遠不能滿足 NGO 發展的需要。應清楚地認識到,已有的條規內容比較陳舊,條款過於抽象,缺乏可操作性,隨著 NGO 的急劇增加,很難適應新形勢的要求。此外,對 NGO 的監督制度、形式和手段比較單一,一方面政府對 NGO 的監管不力,另一方面來自社會的監督也不強。

(三)社會公益、志願精神不足

NGO 的正常運行主要依靠慈善捐款和志願者的志願行為。雖然社會公眾捐贈意識有很大提高,但遠遠不能滿足 NGO 的需求。正由於慈善不足、志願不足,導致 NGO 的財政危機正在吞噬 NGO 的本性即其非營利性。據資料統計,美國非

營利部門的資源總量為 5085 億美元,其中 31.3% 來源於政府資助,50.2% 來源於會費、服務收費及投資回報,私人志願捐款僅占總資源的 18.4%。[8] 在中國現階段,不少人對志願者的瞭解不夠,也缺乏對志願者活動的認可制度。此外,慈善公益組織的數量和增長速度並未與中國經濟和社會的發展趨勢相吻合。這些問題的積壓已經成為公益慈善組織發展的瓶頸。

(四)資金與人力資源匱乏導致 NGO 能力不足

由於各種現實原因存在,中國相當一部分 NGO 處於嚴重資金短缺狀態。據統計,中國 NGO 由各級政府提供財政撥款和補貼占到 50%,政府以項目為引導的經費支持占 3.6%。其他主要的收入來源依次是:會費收入(21.2%),經營性收入(6%),企業贊助和項目經費(5.6%)。另外諸如募捐收入、國際組織和國外政府資助等方面的收入來源,合計不到 5%。[9] 資金短缺很大程度上影響 NGO 活動開展與組織運行的效率。其次,在人力資源方面,NGO 缺乏固定的人力資源補充途徑;在引進人才方面,NGO 缺乏有效的激勵機制和進行系統專業培訓的指導人員。

四、發展和完善中國 NGO 的基本途徑

當務之急是如何在跨越式發展模式下,建立和完善中國的 NGO,使其發揮應有的作用。

(一)推進經濟體制和政治體制改革,實現政府職能轉變

隨著改革開放的深入,中國政府長期扮演的「全能政府」的弊端已彰顯無疑,相反「有限政府」的理念已深入人心,其表現在政府由微觀管理轉向宏觀管理,由控制轉向引導,由強調「管」轉向強調服務,由依靠命令轉向推動立法依賴法制。經濟體制改革、政治體制改革的重要目標在於政企分開、政事分開、政社分開。從總體上看,政企分開有了實質性突破,政事分開和政社分開尚未真正破題。為此:第一,在黨的領導下,穩步推進政社分開,逐步實現社會組織領導人自選、活動自主、經費自籌等方面的改革。第二,建立政府與民間組織的平等協商對話機制。第三,各級政府要從部門利益和行業利益中超脫出來,盡快地把公益性、服務性的社會職能下放給具備條件的民間組織。[10]

(二)完善和健全有關 NGO 的法律法規

完善有關 NGO 的法律法規,首先是國家加強對 NGO 的立法工作,提升立法權威;設立 NGO 管理方面的實體法;從立法上給 NGO 的自治性與民間性以法律

上的保障，逐步打破限制競爭的規定，為 NGO 能力的提升創造良好的宏觀環境。二是形成配套的法律體系，主要體現在與《憲法》中關於公民結社原則相銜接的結社法律、捐贈法律和規範非營利事業與非營利組織的單行法，與這些法律相銜接的實施細則和單行法規等等，以優化 NGO 生存於其中的法律環境。

(三) 培育社會公共意識

在當今全球一體化進程中，中國民眾的公民參與意識越來越強，志願活動走向興盛，但是還遠不能滿足 NGO 的需求。如何有效地激勵全社會的參與，培育社會公共意識、強化志願精神是一個值得人們深入探討的問題。一方面，政府應在政策和實際行動上支持與弘揚整個社會的志願者精神，並透過註冊認證制度的貫徹落實，把更多有愛心的人組織起來，使其積極投身到為社會公益事業的服務中去；另一方面，各類 NGO 透過自律、研討、宣傳，紮紮實實開展好各種志願服務活動，努力為建設社會主義和諧社會作出更大的貢獻。

(四) 建立 NGO 多渠道融資體系

資金短缺問題是 NGO 公共性發揮的最大障礙之一，而解決這一問題的最佳途徑是建立關於 NGO 的多渠道融資體系。NGO 的資金來源可以是政府的財政支持、國內外的社會捐助、在政策允許範圍內的服務收費和營利收入等；NGO 的資金籌募機制也應該是多元化的，應大力發展類似於美國籌募、社區基金會、商營公益捐贈基金的公共籌募機構和監督機構；民間 NGO 之間的良性競爭有利於使社會資金向規範、有效的組織集中。[11] 因此，政府一方面要增加對 NGO 的資助性投入；另一方面要積極引導 NGO 多渠道融資體系與機制的建立和健全；而 NGO 可以適當開辦營利性實體，同時積極學習國外的經驗，努力提高自身的知名度和公信度，依靠自身的優勢來獲取社會資助等。

(五) 建立協商對話機制

在利益多元化的社會裡，存在著各種利益主體，包括政府、企業、公民個人。在各種利益群體中，有強勢的，也有弱勢的，例如有經濟實力的企業，和失去土地又無社會保障的農民。強勢者的利益表達與訴求，比較容易傳遞，路徑會有多種選擇，社會關注程度高；而弱勢者的利益表達與訴求，往往缺乏有效的途徑，以致有些人採取極端行動來維護自身權利。由於民間組織的使命和特性決定了為弱勢群體服務的價值取向，所以弱勢群體的聲音和訴求，往往透過民間組織反映表達出來。建立政府與民間組織協商對話機制，可以真實地反映弱勢群體的要求；可以協調不同利益關係，提高決策的科學性；也可以減少由於訊息不對稱而產生

的種種誤解,增加相互信任。協商對話,需要參與者相互尊重、平等、客觀、包容,需要有良好的溝通能力。相對於政府而言,民間組織處於弱勢位置,所以還需要從制度和程序上保證對話的有效性,使民間的聲音能夠透過正常渠道順暢地表達出來。

中國已經進入了一個新的發展時期,一個在更深層次、更大空間和更廣領域進行變革的轉型期社會。在這樣的背景下,要建立「小政府、大社會」的目標模式和發展第三部門,促進社會的穩定、健康發展,就必然要構建現代社會治理模式,實現善治。作為政府、市場、公民社會的三元社會結構框架中的一種社會組織形態,中國的NGO不僅將可以成為政府的幫手、公益事業的補充,更將充當有效的社會控制中介,在國家與社會間、在國家與個人間、在社會轉型的穩定和發展間造成良好的緩衝作用。NGO對社會弱勢群體的保護和對公益性的代言,不僅彰顯出一種強大的力量,更在搭建一種新的機制,即透過NGO這個平臺,把公眾引入參與行政決策之中,形成多元社會治理模式。目前,中國公民對公共服務、公共產品的需求和實際供給之間的矛盾導致社會治理水平面臨嚴峻的挑戰,可以說,在中國社會正在經歷重大的變革和轉型的背景下,構建現代社會治理模式,提高社會治理水平,是一個任重道遠的過程。

注 釋

[1]. 賈志剛、杜成功:《NGO:〈走向社會發展的前臺〉》,《領導之友》2005年第3期,第5頁。

[2]. 田凱:《西方非營利組織理論述評》,《中國行政管理》2003年第6期,第59—64頁。

[3]. 於燕燕:《非營利組織與社區發展》,《城市研究》2000年第1期,第35頁。

[4]. 湖南省NGO調研組:《關於「湖南省民間社團組織(NGO)在幫助『弱勢群體』的作用和現狀」的調研報告》,《長沙民政職業技術學院學報》2005年第3期,第98頁。

[5]. 鄧正來:《國家與市民社會》,中央編譯出版社1999版,第8頁。

[6]. 萬智慧:《加快中國非政府組織建設,促進中國社會主義政治文明》,載《馬克思主義與現實》2004年第5期,第67頁。

[7]. 湖南省NGO調研組:《關於「湖南省民間社團組織(NGO)在幫助『弱勢群體』的作用和現狀」的調研報告》,《長沙民政職業技術學院學報》2005年第3期,第98頁。

[8]. 王紹光：《多元與統一——第三部門國際比較研究》，浙江人民出版社1999年版，第42頁。

[9]. 王名、賈西津：《中國NGO的發展分析》，《管理世界》2002年第8期，第55頁。

[10]. 遲福林：《政府轉型與民間組織發展》，載［EB／OL］。

[11]. 盧雷、石開斌：《論中國非營利組織公共性的缺失及其對策》，《山東教育學院學報》2004第4期，第41頁。

論民間組織在社會治理中的主體地位

金國坤

◎北京行政學院法學部主任、教授、法學博士

2010 年 7 月 12 日，北京市 250 家民間組織攜 500 餘個與民生密切相關的公益服務項目到北京會議中心擺攤兒「趕大集」，與政府洽談，由政府購買其服務，其中 300 項優秀項目將得到政府「買單」，根據不同情況給予每個項目 3 萬至 30 萬元不等的資金支持。這些項目實施後，市民將免費享受超過 1 億元的十大類社會服務。[1] 這一行動表明了在社會管理和公益服務領域，政府已向民間組織敞開胸懷，由政府獨家提供公共服務的局面已經打破。民間組織參與公共管理，動搖了傳統行政主體理論，行政法律關係主體雙方的地位和權利義務將發生重大變化，迫切需要行政法學界對行政法理論和制度作出調整，以適應社會發展的需要。

一、民間組織的發展以及在社會管理中的作用

民間組織是在社會主義市場經濟發展過程中新湧現出來的各類社會性組織，主要包括社會團體、基金會、民辦非企業單位、部分中介組織以及社區活動團隊等。這些民間組織與機關、事業單位、企業單位並列，在中國可以稱之為第四部門。[2] 近年來，中國民間組織發展迅速，已經成為一支不可忽視的社會力量。截至 2009 年底，依法登記的民間組織已經超過 43 萬個，其中社會團體 23.9 萬個，民辦非企業單位 19 萬個，基金會 1843 個，已經初步形成了遍布城鄉，涉及國民經濟各個行業、社會生活各個方面，門類齊全、層級多元、覆蓋廣泛、功能較強的民間組織體系。[3]

就民間組織中的民辦非企業單位而言，[4] 它們以從事教育、科技、文化、衛生、體育、社會福利、環境保護等社會服務活動為目的，近年來正在平穩發展並在社會服務中發揮著越來越重要的作用。根據《2009 年民政事業發展統計報告》，全國 19 萬個民辦非企業單位中，教育類占了 92703 個，社會服務類 28060 個，衛生類 27237 個，科技研究類 9760 個，文化類 7188 個，體育類 6591 個，職業及從業組織類 1628 個，農業及農村發展類 1466 個，生態環境類 1049 個，法律類 782 個，宗教類 271 個，國際及其他涉外組織類 56 個，其他 11608 個。據上海市社會服務局調查，民辦非企業單位致力於為老年人、殘疾人、病人和青少年服務的正日趨增多。在政府部門的引導下，關愛弱勢人群、熱心公益事業，正成為滬上民辦非企業單位的新焦點。[5] 廣東省民辦福利機構已占全省福利機構總數

的31.6%,打破了社會福利以往只有國有一家獨辦的局面,推進了社會福利社會化。[6]成立於1995年的天津鶴童老人院,已成為全國養老服務示範單位,其設在京津兩地的4個養老院舍,常年贍養400餘位需要長期護理和照顧的老年人。[7]

在民政部民間組織管理局於2010年6月在浙江舉行的一次民間組織立法和管理經驗交流會上,長期從事民間組織管理工作的浙江省民間組織管理局副局長李崇義親身體會到,民辦非企業單位和事業單位一樣,都是為人民群眾提供公益性質的專業性服務,同時民辦非企業單位還是對事業單位職能的進一步拓寬。民辦非企業單位的存在和發展,是對政府提供公共服務的重要補充。隨著中國經濟的發展和人民生活水平的提高,需要滿足人民群眾不斷增長的物質文化生活的社會服務性活動也越來越多,對於許多社會急需而政府又無暇顧及或力不從心的領域,由民間出資興辦非營利性的學校、醫院、科學研究院所、文體場所、社會福利院等等,可以填補社會服務空位,較大滿足社會生活的迫切需求。民政部門認識到,民辦社會工作機構的發展,對於進一步推進社會工作及其人才隊伍建設,預防和解決當前社會發展中存在的各種矛盾和問題,推動政府轉變職能,創新社會管理和公共服務方式,加強以改善民生為重點的社會建設,促進社會和諧,更具有現實意義。[8]

從計劃經濟到市場經濟,企業成為市場的主體,政府從臺前退到了幕後,充當監管者和服務者的角色。一般而言,市場能有效地對資源進行配置,並推動經濟和社會的發展,但在公共服務的供給方面,市場由於投入的成本相對於收入而言並不合算,所以市場在面臨這些問題時常常失敗。企業的營利性特徵決定了對公共物品和公共服務不適宜主要依靠市場來提供,而必須大部分透過公立機構或私立非營利組織來提供,即使在市場經濟最發達的美國也是如此。[9]社會管理,提供公共產品在市場經濟環境下被認為是政府保留的一項重要職能,自然而然地,公共事業被認為必然由政府直接舉辦,只準一種社會建設主體——政府部門和體制化了的社團存在,幾乎不給非政府組織生長空間,在社會管理領域仍然是「社會全能政府」。[10]結果是不僅投入了大量的人力、物力、財力,還導致政府職能越位與缺位並存,機構重複建設,既「養事」又「養人」,造成財政資金的浪費。越來越多的實踐告訴我們,完全由政府提供公共服務,既不能達到效益最大、效率最高,也不能保證所有社會成員都平等地享有。而民辦非企業單位由於其不以營利性為目的的公益性特徵,既沒有官辦事業單位的「官氣」,也沒有私營企業「商氣」,有的是一股為公益的「朝氣」。在公共醫療衛生服務、孤寡老人服務、

殘疾人服務，甚至市政建設、環境衛生等一些公共服務領域可以發揮其獨特的作用。[11]

民辦非企業單位能否異軍突起，以社會管理主體的身分出現的問題，使我想起了在經濟領域個體經濟和私營經濟的發展歷程。1982年《憲法》第11條規定，在法律規定範圍內的城鄉勞動者個體經濟，是社會主義公有制經濟的補充。個體經濟被認為是造成了拾遺補缺的作用。1988年修正案對第11條增加規定：「國家允許私營經濟在法律規定的範圍內存在和發展。私營經濟是社會主義公有制經濟的補充。」而1999年第14條修正案則規定，「國家在社會主義初級階段，堅持公有制為主體、多種所有制經濟共同發展的基本經濟制度」，第16條修正案規定「在法律規定範圍內的個體經濟、私營經濟等非公有制經濟，是社會主義市場經濟的重要組成部分」。經濟領域中非公經濟從補充到組成部分的發展是否也就是明天社會領域民間組織從補充到組成部分的變遷？

其實，《民辦教育促進法》早已宣示，民辦教育事業屬於公益性事業，是社會主義教育事業的組成部分，民辦學校與公辦學校具有同等的法律地位。《國家中長期教育改革和發展規劃綱要》（2010—2020年）更是明確，民辦教育是教育事業發展的重要增長點和促進教育改革的重要力量。這也就是民辦非企業單位的地位和前景。

二、民間組織面臨的制度障礙與破解之道

中國的民間組織是自發形成的，在產生之初政府採取的政策是既允許其存在，又進行嚴格的管制。對於社會團體、民辦非企業單位及其基金會，立法要求必須經過登記才能合法成立。未經登記，擅自以社會團體、民辦非企業單位或基金會名義進行活動的，將受到法律追究。登記在實行登記制的國家和地區中可分為註冊登記制度及審批登記制度兩種形式。在註冊登記制度中，民間組織向登記機關申請登記時，登記機關僅對其進行形式審查，不需要其他有關部門的批准。[12]而在審批登記制度中，民間組織在向登記管理機關申請登記之前，先要得到有關機關的批准，登記機關根據其決定是否予以登記註冊。中國現行登記制度屬於許可制度。《民辦非企業單位登記管理暫行條例》第3條規定，成立民辦非企業單位，應當經其業務主管單位審查同意，並依照本條例的規定登記。根據《行政許可法》的規定，這是雙重許可制度。業務主管單位的審查同意是根據《行政許可法》實施的確認許可，民政部門的登記是根據《行政許可法》實施的登記許可。兩者都屬於《行政許可法》規定的許可範圍。[13]

雙重許可制度，在管理理念上暴露出政府對民辦非企業單位的管制心態，目的是控制民辦非企業單位的規模和發展，將民間組織掌握在可控範圍內。[14] 有了前置審批環節，成立民間組織就不再是「自由」的了，即使符合其他法定條件，但沒有業務主管機關的批准文件，就無法向登記管理機關申請設立登記，民間組織法人就無法成立。在實際操作中，業務主管單位不過是為民政部門進行初審，也就是說，同一事項，必須經兩個機關分別審查一次，實際上就是給兩個機關分別以「一票否決權」。這不僅使有關事項的申請過程過分拖延，而且使申請被批准的可能性降低了。[15] 由於任何一個民間組織註冊必須先找一個政府部門作業務主管單位，然後才能到民政部門登記註冊。20年多來，這種雙重許可制度所造成的後果是，只有20%的民間組織按照規定在民政部門登記註冊，而80%的民間組織則處於非法的狀態，而它們所做的，卻是社會需求極大的公益性活動。[16] 雙重許可管理體制也給事後的監管帶來了麻煩。民辦非企業單位接受業務主管部門和登記管理機關的雙重監督，表面上看起來強化了監督，實質上容易導致了政出多門或相互推諉的現象，人為地製造了職能衝突，增加了民間組織的負擔。[17] 據反映，由於實行雙重管理體制，民辦非企業單位在登記註冊、常規管理和年度檢查等方面都比工商企業麻煩。同時，登記管理部門、業務主管部門、工商財稅部門等國家相關的職能部門之間在政策制定和政策執行中往往缺乏協調，互不配套，常常導致民辦非企業單位無所適從，疲於應付。雙重管理體制不但沒有給民辦非企業單位帶來任何好處，反而增加了很多麻煩，還不如直接登記為工商企業。事實上確實有相當一批本屬民辦非企業單位登記範圍的民間組織直接登記為一般工商企業。

政府對民辦非企業單位的管理理念和管理方式，加上民辦非企業單位法律地位的不明確和處境的尷尬，使民辦非企業單位的發展極其緩慢。《中國民間組織報告（2009—2010）》認為，民間組織整體增長速度放緩，民辦非企業單位增速最慢。[18] 民辦非企業單位既不是企業，也不是事業單位和社會團體，在民事法律關係沒有其民事主體地位。[19] 在實踐中，民辦非企業單位的定性使其陷入了尷尬境地：因為不是事業單位，他們不能在財政局購買事業單位發票；由於是民辦非企業單位，執照上沒有允許從事經營，也不能去國稅局購買企業單位發票。[20] 更為嚴重的是一些地方工商行政管理部門，對有收費行為或開展有償服務的民辦非企業單位按未經工商登記，開展違法經營活動予以處罰，造成管理的混亂，嚴重挫傷社會力量興辦公益事業的積極性。[21] 在稅收、土地利用等方面，總的來說，目前尚有許多地方政府對民辦非企業單位發展重視不夠，扶持力度不大。[22] 政府

對其優惠政策尚未充分體現出來，民辦非企業單位生存存在著困難。上海市的一份調查顯示，民辦非企業單位的財務狀況普遍偏緊。[23] 在政府出資舉辦大量的事業單位從事公共服務的大前提下，事業單位和民辦非企業單位在很多服務提供領域是重疊的，或者可以說，大多數民辦非企業單位提供服務的領域，都有事業單位的存在。這使得事業單位和民辦非企業單位之間在理論上存在相互競爭，但目前的制度環境明顯有利於事業單位，而民辦非企業單位在公共服務提供中處於不利地位。這是研究中國民間組織時不能迴避的現實問題，也是筆者將其稱為第四部門的主要原因。

民辦非企業單位的出路何在，如何激發人們舉辦非營利性的民間組織的積極性，使其在社會民生福祉領域發揮應有的作用，需要創設一個良好的制度環境。2006年10月中共十六屆六中全會提出了「鼓勵社會力量在教育、科技、文化、衛生、體育、社會福利等領域興辦民辦非企業單位」的重要部署，這意味著對民辦非企業單位政府已經開始從管制向扶持轉變，民辦非企業單位從此將走上健康發展的道路。

首先，要為民間組織的成立創設一條綠色通道，簡化申請設立的條件和手續。政府不應當有過大的干預社會的權力，不能以政府的價值判斷來統率社會，壓制社會的活力。[24] 在對民間組織的管理體制上，應參照公司登記條例，變雙重許可為登記許可制，實行準則主義，取消經業務單位審查同意的前置條件，明確規定，設立民辦非企業單位，應當依照登記管理條例規定的條件和程序向登記管理機關申請設立登記。

其次，尊重和保障民辦非企業單位的權利。作為立法，應在原則中規定，民辦非企業單位依照法律、行政法規及其章程規定開展活動，任何組織或者個人不得干涉。任何單位和個人不得私分、侵占、挪用民辦非企業單位的財產。尊重民辦非企業單位的權利也表現在要保障其有充分的自主權。如果諸如民辦非企業單位的理（董）事會、監事會的組成、職權和議事規則，理（董）事、監事的資格、產生程序和任期，以及民辦非企業單位的組織機構和活動準則都由立法規定，登記主管機關對民辦非企業單位是否依照章程開展活動的情況都要進行日常監督管理，民辦非企業單位就缺乏了活力和自主性。

第三，鼓勵和扶持民辦非企業單位的發展。在非營利組織比較發達的國家，政府的財政支持都占有相當大的比例。美國霍布金斯大學對43個國家進行的非營利組織國際比較研究項目結果顯示，非營利組織的收入來源總體結構為服務收費

（49％）、政府資助（40％）和慈善所得（11％），其中政府資助占比重較大的領域是保健（55％）、教育（47％）和社會服務（45％）。[25] 非營利組織發達的國家都以立法形式促進和保障非營利組織的生存和發展。日本 2002 年通過了《特定非營利活動促進法》，美國《國內稅收法典》規定了美國民間組織的免稅條款。[26] 在中國，理想的做法是制定《民間組織促進法》，統一規定對社會團體、民辦非企業單位和基金會等民間組織的鼓勵和扶持政策。在目前，作為國務院的行政法規《非企業單位登記管理條例》中，應專章規定對民辦非企業單位的鼓勵和扶持措施。各級人民政府應當在社會服務領域轉移政府職能，透過購買服務、建立財政性資金支持制度、建立民間組織孵化制度、出租轉讓閒置的國有資產等方式，扶持民辦非企業單位發展。同時規定，民辦非企業單位享受國家規定的稅收優惠。各級人民政府應當按照社會事業用地及建設的有關規定，對新建、擴建民辦非企業單位用地給予優惠。作為配套措施，國家稅收法律規範中應體現出對民間組織的稅收優惠政策。[27]

三、政府與民間組織合作夥伴關係的形成

目前，與非營利組織建立合作夥伴關係已經成為西方福利國家行政改革的重要方式，甚至已經形成了依賴於非營利組織提供公共服務的情況。為了滿足諸如家庭護理、兒童照顧等個人服務或是如社會住房、勞動力市場培訓等社會服務的需要，工業國家的政府正在向非營利組織求助，非營利組織正在日益成為社會管理的主體。從行政法律關係主體角度認知，非營利組織正在由行政相對人向行政主體的角色轉換。一些專業性的學術研究團體正在成為政府的智囊團，為政府的決策發揮諮詢作用，推動政府的決策民主化和科學化進程。有學者認為，目前社會管理的主要特點表現為，在將提供公共福利和其他服務移交給志願的自治的協會的同時，又使這些組織能夠獲得公共資金，從而為其成員提供服務。[28] 英國撒切爾政府和布萊爾政府都剝離了一些政府管理職能，發包給一些社會上的民間組織來具體實施，而政府則是透過簽約來監督其執行和實施。在美國，政府用於非營利組織支出在總公共支出中的比例平均達到 34％，有的州高達 50％，形成了半壁江山。事實表明，在非營利組織多的地方，政府廣泛求助於它們提供公共出資的服務；在非營利組織發展不充分的地方，政府機構親自承擔更多的公共服務。因此，萊斯特‧M. 薩拉蒙教授認為，把政府和非營利組織視為競爭者的傳統觀點是站不住的，它們之間是一種合作夥伴關係。[29] 1998 年，英國率先由首相代表國家簽署《英格蘭和威爾士地區政府與志願及社區部門關係協定》（C0MPACT），

將政府與民間的夥伴關係作為一項國家政策確立下來。其後,蘇格蘭地區,以及加拿大、新加坡等諸多國家作出響應,頒布了類似的協定或守則。[30]

改革開放以來,政府透過在一定領域內的自動退出,透過授權和委託使民間組織享有一定管理權力等方式,不斷推動民間組織的發展,這是中國民間組織得以發展的不可或缺的起始因素。解除束縛民間組織發展的種種枷鎖,給民間組織鬆綁,促使其進一步發展壯大,使其能夠承擔起社會事務管理的職能,為政府分憂,為社會公眾服務,是我們的正確選擇。據民政部門觀測,民間組織目前在以每年10%「15%的速度在發展,註冊的志願者超過2500萬人,在各級民政部門備案的城鄉社區民間組織有20萬個,民間組織在經濟、政治、文化、社會、教育、科技等各個領域發揮著積極的作用,已經成為中國社會主義現代化建設中的一支重要力量。[31]如何充分發揮民間組織在社會管理中的作用,有賴於政府對民間組織的主動合作態度。近年來,政府與民間組織主動合作,有效地履行了社會保障和公共服務的職能。報告顯示,民間組織在幫助政府更好地履行自身職能、推動政府與社會的良性互動合作方面,正在發揮著日益重要的作用。[32]如上海市各級政府透過補貼鼓勵民間力量興辦了大量養老和照顧殘疾人的機構,衛生行政主管部門透過與民辦非企業單位醫療機構的有效溝通,為老年病及精神病的治療、護理和康復、臨終關懷、社區基本醫療等提供價廉、便捷、優質的醫療服務,為滿足各種社會需求發揮了積極的作用。[33]山東省已有11%的民間組織承擔了政府轉移、委託的職能。四川成都市錦江區要求事關民生的公益性專項資金,要全部從政府直接操作轉向購買民間組織服務,透過公開競標,讓民間組織參與,形成政府與民間組織的合作夥伴關係。截至2010年5月,錦江區已經透過政府購買的方式,購買了11個項目,涉及資金1205萬元。[34]

隨著民間組織的日益壯大和發展,政府將不再是公共事務的唯一治理者,公共事務的治理將更多依賴於社會與市場力量的參與合作。經濟市場化與行政社會化是歷史發展的必然。經濟管理體制的改革促成了市場經濟的形成,隨之而來的社會管理體制的改革也將實現公共行政社會化的大趨勢。我們應當改變傳統的認知思路,以合作主義的態度建立新型的國家與社會的關係,實現黨的十七大提出的「黨委領導、政府負責、社會協同、公共參與」的社會管理新格局。有學者提出,政府應當認可民間組織在公共管理和公共服務中的補充性作用。政府對其他社會行為主體的管制和控制色彩應減少,而規劃、引導、協調、交換、服務以及必要的扶持功能應增強。[35]筆者以為,社會協同不僅僅是一個補充作用,而是政府與民間組織共同承擔起對社會的管理服務職責。在福利國家時代,社會民生問題越

來越多,也越來越重要,政府沒有能力,也沒有必要單方面承擔所有社會管理職能,充分發揮民間組織在社會服務中的主動性和潛能,與其攜手合作,共同為人民謀福祉,是社會管理的趨勢。

但值得人們注意的是,正如美國學者朱迪恩·坦德勒一語道破的:政府組織與非政府組織並非是天然的姻親,從諸多層面來看,兩者毋寧說更似一對相互競爭對手。不管怎樣說,非政府組織和政府之間的關係經常是錯綜複雜的。[36] 由於政府組織在公共事務治理過程中掌控著具有強制約束力的公共權力,必須要防止政府所掌控的公共權力的強制性和單方意志性。因為,雖然公共事務的治理邊界已向民間組織敞開,但民間組織在提供公共物品與服務時,難免會同政府發生意料內外的衝突。政府與民間組織的平等合作不能寄希望於政府組織在治理過程中的自律。強者和弱者的「平等」合作無異於痴人說夢。民間組織不能一味坐待政府在治理領域內的施捨與扶助,而應積極透過法律、制度的途徑爭得自己平等的發言權。而且,正如曾長期擔任民政部福利和慈善事業促進司司長的王振耀教授所言,一旦要依靠政府來推動公民社會建設,那樣建設起的公民社會,也是不合乎公民社會建設的一般規則的。[37] 政府對於民間組織,只是因勢利導,順應社會的發展。國家民政部啟動《民辦非企業單位登記管理暫行條例》的修訂工作,以保障、促進、扶持為立法理念的新的民辦非企業單位條例的誕生。儘管仍稱為民辦非企業單位,仍是政府與民間組織合作夥伴關係建立的良好開端。

四、行政主體理論的變遷

面對民間組織的出現和發展,政府從小心翼翼地管制到大膽的培育,最終使這些民辦非營利性組織在社會管理中贏得半壁江山,與政府形成合作夥伴關係。這是民間組織的軌跡,是社會發展的必然。民間組織在中國的崛起,最終必將撼動行政法的根基,民間組織從行政相對人將成為行政主體的重要組成部分,而且行政主體概念本身也會在社會大變革面前顯得不合時宜。行政法對這一公共管理的發展趨勢不能坐視不管,或者行政法只關注政府的行為,而對非政府組織的行為視為民事行為,人為地將其排斥在行政法的研究領域之外。殊不知民間組織的發展不是一個簡單的催化行政行為方式轉變的問題,從管制走向服務,民辦非企業單位將不再是服務對象。行政相對人,而是要成為公共行政的主體,與行政機關成為合作夥伴,看來在重新安排行政法學體系的時候,必須在行政主體中給民間組織相應的地位,不是授權性組織或行政機關委託的組織所能涵蓋的。就目前廣泛存在的政府向民間組織購買服務而言,不是政府委託民間組織從事某一行政

事務，而是透過職能轉移將政府自身不該管、管不好、管不了的一些社會事務，透過公共財政支付轉移交由民間組織承擔。政府購買公共服務的中標者與政府是承包合約關係，以自己的名義實施社會管理和服務行為，獨立承擔法律責任。

在德國行政法學界，將公營造物、公法人之社團法人、公法上之財團法人並稱為「公法人」，其系行政組織之一種，公營造物與常見之行政機關外型接近，公法上之社團法人則系由相關人民自願組成，公法上之財團法人則系由政府出資捐助設立。公法上財團法人在德國最初系政府捐助成立以從事貧困照顧者，現在儘管不限於此，但基本上都是屬於基金範疇，如平準性基金、文化資產照顧基金、社會照顧基金等。[38] 基金會在德國形式上可以是私法人，也可以是公法人。公法基金會是由投資人為實現特定目的而投資成立的具有權利能力的行政組織，在法律上自負其責，是行政主體。[39] 中國立法上將民辦非企業單位和基金會作為兩種不同性質的民間組織，其實其性質都相當於德國法上的財團法人，民辦非企業單位，如醫院、學校也與公營造物有關，我們只是將它們定位為非營利法人，[40] 並未明確其行政法主體地位。行政法學界曾用法國的公務法人理論解釋了大學的行政主體地位，在學生狀告學校的訴訟中，司法實務界也認可了大學可以作為授權性組織。公立大學作為政府舉辦的事業單位，成為授權性行政主體沒有任何法律障礙，而民辦大學這樣的民辦非企業單位，是私法人還是公法人，能否成為法律法規授權的行政主體，在目前的法律規範規定並不明確。《民辦教育促進法》規定，民辦教育事業屬於公益性事業，是社會主義教育事業的組成部分。民辦學校與公辦學校具有同等的法律地位，國家保障民辦學校的辦學自主權。由此看來，既然公辦學校是授權性組織，那民辦學校也是授權性組織。如果誠如《湖南省人民政府關於促進民辦教育發展的決定》（湘政發〔2008〕1號）所規定的「民辦學校是民辦事業單位」，自然「民辦學校與公辦學校具有同等的法律地位」，因為公法學校也是事業單位，而事實上並非如此，民辦學校是民間組織，而且《民辦教育促進法》打破了民間組織的非營利性界線，規定民辦學校的出資人「可以從辦學結餘中取得合理回報」，使本來複雜的主體資格更加撲朔迷離。

有一點可以肯定，國家政策上對興辦某一事業並沒有刻意區分官辦的和民辦的，教育上如此，其他行業也如此。如在舉辦博物館上，根據正在徵求意見的《博物館條例（徵求意見稿）》，博物館，包括紀念館、美術館、科技館、陳列館等，是向公眾開放的非營利性社會服務機構，各級人民政府應當制定博物館事業發展規劃，鼓勵個人、法人或其他組織設立博物館，無論是政府舉辦的，還是民間舉辦的，都必須保障博物館正常運行和管理所需經費，只是要求利用本級財政資金

設立的國有博物館的事業專項經費,並隨著財政收入增長而增加。其他的博物館的主辦者應當保障博物館正常業務活動經費。從立法精神上看,並不因為舉辦者的不同,或資金來源的不同而導致性質的變化。由此是否可以推斷出,民辦非企業單位與官辦事業單位一樣,都是授權性的行政主體。

　　授權性主體這一概念最初來源,已無從查考,但這一概念絕對是在政府獨大的情況下出現的,其他組織只有在法律、法規有明確授權的情況下才能從事某一方面的活動,沒有法律、法規的授權,這一方面的管理任務默認是政府的。在行政社會化的背景下,再抱著授權性主體這一概念不放是否有點迂腐,況且授權性組織法定只能是事業單位,民辦非企業單位也沒有被授權的資格。到了該拋棄這一概念而代之以更科學的概念的時候了。「法律法規授權組織」這一概念,嚴格地說,這只是權宜之計。但是否用「公務法人」這一概念,正如馬懷德教授所言,公務法人是國家行政主體為了特定目的而設立的服務性機構,也即事業單位。[41] 民辦非企業單位可以回歸到民辦事業單位,但改變不了不是國家行政主體所設的事實。「公務」這一概念容易受《公務員法》影響而產生混淆。行政主體理論,至少在社會管理中,在民生福利原則指導下,不再是行政組織的代名詞,或者行政組織是主要的行政主體,授權性主體作補充,而是隨著行政社會化的日益發展,行政組織、事業單位和民間組織三駕馬車共同前進,如果從法律授權角度說,一切權力皆來自於法律,都是法律法規授權的組織,沒有法律法規的授權,不得作出影響公民、法人和其他組織合法權益或者增加公民、法人和其他組織義務的決定。但那是對損益性的行為而言的,對授益性的行為,仍以不禁止為原則。在社會服務領域,行政機關做得,事業單位做得,民間組織也做得,只是不得以營利為目的,如果要營利,也可以直接登記為企業。正如《國家中長期教育改革和發展規劃綱要》所言,要開展對營利性和非營利性民辦學校分類管理試點。作為公法人的民辦學校,是非營利組織,在教育領域中是行政主體,享有與公辦學校相同的權利義務,處於同等法律地位,對具備學士、碩士和博士學位授予單位條件的民辦學校,應當按規定程序予以審批。「政府委託民辦學校承擔有關教育和培訓任務,撥付相應教育經費」的表述,不是指民辦學校只有在政府委託的前提下才能從事教育培訓工作,而是說民辦學校在作為行政主體承擔分內的教育培訓工作之餘,也可以接受政府委託承擔本應政府承擔的教育培訓任務,只是政府應當撥付相應的經費。

　　只是民辦學校的未來,也是民辦企業單位的未來和民間組織之有的行政法地位。

注　釋

[1]. 侯莎莎：《政府出資億元購買公益服務》，《北京日報》2010年7月13日，第5版。

[2]. 如果在西方國家將這些民間組織稱為第三部門的話，在中國稱之為第四部門更合適一些，第三部門在中國應是事業單位。事業單位被依法定義為官辦的以後，民辦事業單位的概念就不復存在了，而代之以民辦非企業單位。民辦非企業單位以及社會團體、基金會與事業單位存在著本質區別，事業單位是由國家機關舉辦的或者利用國有資產舉辦的，根據法律授權具有行政主體資格，可以參照公務員管理，依法由各級人民政府機構編制管理機關登記；而民辦非企業單位是利用非國有資產舉辦的，國家機關不得舉辦民辦非企業單位。舉辦民辦非企業單位以及社會團體、基金會都應當向民政部門申請登記。

[3]. 《第三屆民間組織創新與發展論壇在銀川召開》，中國民間組織網。

[4]. 所謂民辦非企業單位，是指社會力量利用非國有資產舉辦的，從事非營利性社會服務活動的民間組織。

[5]. 《上海各級政府積極引導滬上民辦非企業單位熱心公益事業》，《文匯報》2006年10月12日。

[6]. 方向文：《淺談民間組織在社會服務中的功能作用》，廣東民政網。

[7]. 《天津鶴童老人院成全國養老服務示範單位》，北方網。

[8]. 參見《民政部關於促進民辦社會工作機構發展的通知》（民發〔2009〕145號）。

[9]. 根據美國衛生與教育統計1996年年鑒，美國的醫院中，聯邦醫院的數量占5.7%，州或地方政府資助的醫院占24.5%，私立非營利醫院占55.7%，私立營利醫院只占14.1%是；美國的高等教育中，四年制的公立高校數量占27.3%，四年制的私立非營利高校占66.6%，四年制的私立營利學校僅占6.1%。

[10]. 李昌平、廖洪濤：《唯有打破「社會全能政府」，別無選擇借鑑30年經改，破題社會改革》，《南方週末》2010年7月7日。

[11]. 參見《發揮民間組織在公共服務中的作用》，鄭州民間組織訊息網，2007年12月20日。

[12]. 如德國民法第21條規定，非營利性社團因登記於主管初級法院的社團登記簿冊而取得權利能力。也就是說，非營利性社團的成立無須獲得許可，只要符合法律規定的形式要求，即可因註冊而取得法人資格。

[13]. 登記本來是對民事權利的確認，在行政行為分類中屬於行政確認行為，但工商企業登記、社會團體登記和民辦非企業單位登記，法律規定了申請登記應當提交相應的文件，符合法定的和登記機關要求的條件，實際上已不是對既有民事權

利的法律確認，而是賦予其新的民事權利。這樣的登記，其性質已經轉變為行政許可了。

[14]. 參見謝海定：《中國民間組織的合法性困境》，《法學研究》2004年第2期。

[15]. 北京市民政局課題組：《關於促進民辦非企業單位發展研究報告》，2008年7月23日。

[16]. 南香紅：《「婆家」難找，民間組織求解20年之困》，《南方都市報》2008年3月16日，第AA11版。

[17]. 參見拙著：《部門權限衝突解決機制研究》，北京大學出版社2010年版，第37頁。

[18]. 黃曉勇：《中國民間組織報告（2009—2010）》，社會科學文獻出版社2010年版，第2頁、第6頁。

[19]. 《民法通則》專設「法人」一章，法人包括企業法人、機關法人、事業法人和社會團體法人。《事業單位登記管理暫行條例》、《民辦非企業單位登記管理暫行條例》以及《社會團體登記管理條例》將民辦非企業單位排除在了事業單位和社會團體之外，那它在民法主體中就缺少了「座席」，成了「編外」成員，無法享受民事權利，承擔民事義務。

[20]. 1996年馬未都成立了中國第一家私立博物館——北京觀復古典藝術博物館。2002年，這家私立博物館更換了法人執照，變成「民辦非企業單位」。該館館長馬未都無奈地說：「我並非為我這一家博物館的命運擔憂，北京市的其他幾家私立博物館也正面臨著相同的命運。希望有關部門從觀念上解決私立博物館的定性問題，將私立博物館做成一個可以良性運轉的民間公益組織。」（參見羅昌平：《民辦非企業單位的魚和熊掌》，中國商報網。）

[21]. 《民辦非企業單位登記管理暫行條例》明確規定：「民辦非企業單位不得從事營利性經營活動。」對於該條的理解，儘管有學者從不分配原則加以解釋，認為是不分配原則限制，但立法上將非營利性用於限定民辦非企業單位的服務活動，這就導致了對民辦非企業單位本質屬性規定出現了偏差，也沒有體現立法者的初衷。

[22]. 李崇義：《民辦非企業單位的發展與管理》，浙江省民間組織訊息網。

[23]. 在158家有效問卷中，有72.2%的民辦非企業單位處於勉強維持狀態，10.1%的民辦非企業單位存在著較大的赤字，只有7.6%的民辦非企業單位在財務上有較多結餘。

[24]. 陳金羅、葛雲松、金錦萍、齊紅著：《中國非營利組織法的基本問題》，中國方正出版社2006年版，第74頁。

[25].Salamon，Laster M & Anheier，Helmut K.Global Civiliety：Dimensions of the Nonprofit Sector.U.S.A.：The Johnskins University Maryland.1999.27-33.

[26]. 美國《國內稅收法典》規定，任何完全致力於宗教、慈善、科學、公共安全測試、文學、教育、促進業餘競技體育比賽、預防虐待兒童和動物等事業的法人機構、社區福利基金、基金會（或基金），只要其淨收益不是為了保證私人股東或個人受益，其行為的實質不是為了進行宣傳倡導活動企圖影響立法，不代表任何公職候選人（或反對者）對與或干涉政治競選活動，都可以申請501（C）（3）條款下的免稅組織資格。

[27]. 如江蘇省民政廳《關於進一步加快慈善類民間組織發展的意見》（蘇民發[2006]5號）提出，在慈善組織成立初期，民政部門和業務主管單位可在辦公場地、啟動資金、項目開展等方面給予必要的扶持。要積極探索制度創新，建立健全財政扶持和政府購買服務的運行機制。

[28].PaulHirs，t Associative Democracy：New forms of Economic and Social Governance，Polity Press，1994：167「169.

[29]. ［美］萊斯特·M.薩拉蒙著：《公共服務中的夥伴·現代福利國家中政府與非營利組織的關係》，田凱譯，商務印書館2008年版，第105頁。

[30]. 轉引自賈西津：《公共服務購買·政府與民間組織的夥伴關係》，慧靈網。

[31]. 民政部民間組織管理局調研組：《中國民間組織黨建工作調研報告》，《社團管理研究》2009年第12期，第3—5頁。

[32]. 黃曉勇：《中國民間組織報告（2009」2010）》，社會科學文獻出版社2010年版，第29頁。

[33].《上海各級政府積極引導滬上民辦非企業單位熱心公益事業》，新浪網。

[34]. 嚴斌：《政府向民間組織購買服務多贏》，《成都日報》2010年5月27日第4版。

[35]. 陳金羅、劉培峰主編：轉型社會中的非營利組織監管》，社會科學文獻出版社2010年，第81頁。

[36]. 朱迪恩·坦德勒：《變私人志願組織為發展機構：評價問題》，USAID Program Evaluation Discussion Paper no 12，轉引自王華：《治理中的夥伴關係：政府與非政府組織間的合作》，《雲南社會科學》2003年第3期。

[37]. 吳鵬：《從司長到院長，慈善需要較真的人》，《新京報》2010年6月25日第A22版。

[38]. 翁岳生編：《行政法》（上冊），中國法制出版社2002年版，第292」293頁、第297頁。

[39].［德］哈特穆特毛雷爾：《行政法學總論》，高家偉譯，法律出版社2000年版，第581頁。

[40].《基金會管理條例》第2條規定，基金會，是指利用自然人、法人或者其他組織捐贈的財產，以從事公益事業為目的，按照本條例的規定成立的非營利性法人。

[41].馬懷德：《公務法人問題研究》，《中國法學》2004年第4期。

社會治理過程的非政府組織的功能與作用——以臺灣消費者文教基金會為例

蘇錦霞

◎臺灣消費者文教基金會董事長

壹、前言

社會治理理論系在 1980 年代末時期，西方國家和一些國際性組織如世界銀行、國際貨幣基金組織以及經合組織等中興起，已逐漸成為公共管理的重要價值理念和實踐追求。各地對於社會治理發展出不同的架構及模式，然而新的社會治理模式中，政府不再是唯一的價值存在，非政府組織（non-government organization 簡稱 NGO），同樣可以成為進行社會管理、提供公共服務的價值主體。

非政府組織是指其設立之宗旨是存在的不以營利為目的的各類民間組織。在特定法律系統下，它是不被視為政府部門的協會、社團、基金會、慈善信託、非營利公司或其他法人。聯合國關於非政府組織的定義是：在地方、非營利性的、提供各種各樣的服務和發揮人道主義作用，向政府反映公民關心的問題、監督政策和鼓勵在社區水準上的政治參與。它們提供分析和專門知識，充當早期預警機制。非政府組織在各地方還演繹出接近 50 種不同稱謂，如第三部門、非營利組織、獨立部門、慈善部門、志願者部門、免稅部門、草根組織等等。

非政府組織基本特點：第一是不代表政府或國家的立場，而是來自民間的訴求，即非政府性；第二是把提供公益和公共服務當做主要目標，而不以獲取利潤當做追求，即非營利性；第三是擁有自己的組織機制和管理機制和獨立的經濟來源，無論在政治上、管理上，還是在財政上，都在相當程度上獨立於政府，即獨立性；第四是其成員參加組織完全出自於自願而不是迫於無奈，即自願性；此外，還有非政黨性和非宗教性的特徵，其並不以取得政權為主要目標，也不從事傳教活動，因而政黨組織和宗教組織，不屬於非政府組織的範圍。

聯合國非常重視 NGO 的作用，1945 年聯合國成立時通過的《聯合國憲章》第七十一條：經濟暨社會理事會得採取適當辦法，俾與各種非政府組織會商有關本理事會職權範圍內之事件。此項辦法得與國際組織商定之；並於適當情形下，經與聯合國會員國會商後，得與該國國內組織商定。國際非政府組織自 1972 年斯

德哥爾摩聯合國人類環境大會後,逐步形成在聯合國各組織開會的同時、地,召開相同主題的非政府組織論壇或磋商會議的慣例。[1]

臺灣從 1980 年代以來,許多民間社會運動發起,非政府組織也因而崛起,非政府組織基於社會現狀應有所改變的理念,適當運用資訊與資源,透過策略與行動方針,影響涉及廣大民眾或特定弱勢族群福祉的公共議題,及影響公眾的態度與觀念,以促使相關政策及法令之制定,導引或創造社會變遷,其作為不僅可以提醒當局擴大關切的面向、制衡利益團體的過度壟斷,同時可以提高社會之民主化水準,並帶動民眾的參與。

消費者文教基金會成立緣起正是弱勢的民眾在消費行為過程中遭受到不公平的對待,希望有所改革下,再加上連續的消費危害事件刺激下,有效集結成永久性之組織,形成對於當局、企業及消費者三方影響的主力。

貳、消費者文教基金會成立歷程

消費者文教基金會的成立可分為二階段,第一階段是始於臺北市國際青商會所推動的「消費者保護運動」,第二階段則是成立永久性基金會。

第一階段:臺北市國際青商會所推動的「消費者保護運動」:

臺北市國際青商會是屬社會團體,對於社會問題長期關注,經常舉辦改善社會環境的活動,由於領導階層的定期變動與年度工作計劃的限制,因此所推動的活動僅因應社會環境的即時性需要,做拋磚引玉的工作,無法長期性、持續性地專注在某一固定議題上。

於 1979 年夏天,米糠油製作商在米糠油製造過程中添加多氯聯苯,導致中部地區民眾因食用業者製造販賣之米糠油,發生嚴重的「多氯聯苯受害事件」,兩千多位民眾因食用彰化油脂公司受到汙染的米糠油而受害,嚴重者導致死亡,懷孕婦女生下的孩童全身發黑,沒有死亡的民眾全身長滿痘痘,情況相當可憐,且大多屬經濟上的弱者。而肇禍業者非但未予以賠償,反而以脫產方式逃避責任,且在法庭上毫無悔意。[2] 然而,翌年初又發生「假酒事件」,許多人喝到假酒而中毒、喪命。[3] 引發消費者保護問題持續激盪,當時會長李伸一律師注意到此問題,與幾位學者交換意見後,定於當年之母親節正式推動消費者保護的活動,在原始的構想中,所要推動的只是一個啟蒙性的社會活動而已,然活動當天,經由與會的民意代表、業者、學者專家等人士討論,認為必須長期性做下去,提出了對於未來推展的構想,包括成立消費者急救基金、法律扶助、草擬消費者保護基

本法供當局參考、消費者教育等問題，由此將走向影響當局公共政策的方向，民間社團在積極性的參與社會治理的角色。[4]

第二階段：消費者文教基金會的成立

臺北國際青商會的領導者以及積極參與活動的學者專家們又透過各種關係，動員了更多的學者專家、民間團體及大眾傳播界人士參與成立基金會的籌備工作，當時申請成立財團法人時，所需的基金為新臺幣一百萬元，是由第一次籌備會議人員認捐，其中三商行董事長翁肇喜先生，以三商行的名義認捐一百萬元，加上臺北國際青商會十萬元，以及部分籌備委員的捐贈。

基金會的組織原本要以「消費者基金會」向「內政部」登記，然而當時有一股反運動的力量出現，一些不利於基金會成立的耳語在社會上傳播，主要在於懷疑組織的動機，甚至有謠言指稱其為「政治野心集團」或「陰謀叛亂分子」。而在向「內政部」登記時，「內政部」以相同性質之基金會不得重複為由，拒絕基金會之成立，因為依據非常時期人民團體組織法規定：「人民團體在同一區域內，除法令另有規定外，其同性質、同級者，以一個為限」，當時已有「全國性」的「中華民國消費者協會」及臺北市的「臺北市國民消費協會」。經過籌備委員們的走訪，最後到「教育部」登記設立消費者文教基金會，加上文教，以推展消費教育及保障消費者權益為主要的工作。[5]

參、消費者文教基金會組織[6]

消費者文教基金會成立之初，僅在臺北設立總部，後為服務廣大的消費者，陸續在中區、南區、高屏成立分會，並於花東地區成立工作室。消費者文教基金會的決策核心為董事會，於董事中選任董事長、副董事長、祕書長、財務長、發行人及社長等職，此等職務皆為無給職。

實際從事業務執行、推展之祕書處、管理部、企劃部、申訴部、編輯部、發行部及檢驗部之專職人員，則為支薪職員。

消費者文教基金會另有一群學者專家，由董事會甄選，並依其所學專長組成19個委員會，以提供專業的意見、研究及顧問等，作為董事會及執行董事之決策參考。

另設置義務律師團，該單位不僅是消費者文教基金會的組織特色，必須供董事會徵詢且表示建議，還須負責諮詢工作，免費替民眾解答消費法律問題，以及協助申訴部處理申訴案件等。

義工團負責電話之諮詢工作，協助消費者文教基金會舉辦之活動，擔任消費者文教基金會義工必須接受 16 小時的職前訓練，並須接受 6 個月的實習方能成為正式義工，藉此提升、維持服務品質。

消費者文教基金會組織架構如下頁所示：

肆、消費者文教基金會工作項目：

向「教育部」申請成立後，隨即向臺北地方法院辦理登記，於 1980 年 11 月 1 日正式成立，並推選柴松林教授擔任第一屆董事長。借用李伸一律師的辦公室，開始推展消費者保護的工作。[7]

主要工作項目：消費者文教基金會以「推廣消費者教育、提升消費者地位以及保障消費者權益」為宗旨，主要任務為接受諮詢、受理申訴、進行產品比較測試、消費市場調查、出版消費刊物、推動消費者保護法令之立法、從事消費者保護問題之研究，其性質為非營利、非政治性的法人團體。

（一）成立之後，第一位消費者來消費者文教基金會申訴是進口果醬過期，廠商在已過有效日期的標示再貼上一張標示有效日期未過期的貼紙，消費者文教基金會發動義工到超級市場和商店進行調查，發現許多過期與未標示保存期限的食品，並將這些食品買回，聯絡媒體召開新聞發布，引起很大的迴響，進而推動標示法的修法事宜。

（二）於 1981 年 5 月發行《消費者報導》雜誌，從事各種商品與服務的檢驗，並推廣消費者保護資訊。1981 年端午節前夕，消費者文教基金會針對製作肉粽所需蝦米進行檢測，發現部分蝦米含有螢光劑，而此份報告引起軒然大波，引起各界質疑，但檢測的結果確屬事實；其後消費者文教基金會又針對花生油受黃曲毒素汙染、沙士含黃樟素、麻油不純等檢測事件，逐漸奠定了消費者文教基金會的檢驗地位，更受到廣大臺灣民眾的肯定。[8]

（三）在全球化的潮流之下，在「消保事務無國界」的概念下，消費者文教基金會認為有必要結合世界各國消費者保護團體，共同致力國際消費者之保護。故於消費者文教基金會成立 3 年後，積極尋求參加國際消費者保護組織的管道，自 1983 年開始參加國際消費者組織聯盟（International Organization of Consumers Union，簡稱 IOCU）的國際活動。1992 年 11 月消費者文教基金會獲準成為國際消費者組織聯盟的準會員（Associate member）；並在 1994 年 9 月在法國召開的國際消費者組織聯盟第 14 屆大會中，以 Consumers

Foundation, Chinese Taipei（簡稱 CFCT）名稱，加入當時已改稱為「國際消費者聯盟」（Consumers International，簡稱 CI）的國際消保組織，成為 CI 的完全會員（Full member）。[9]

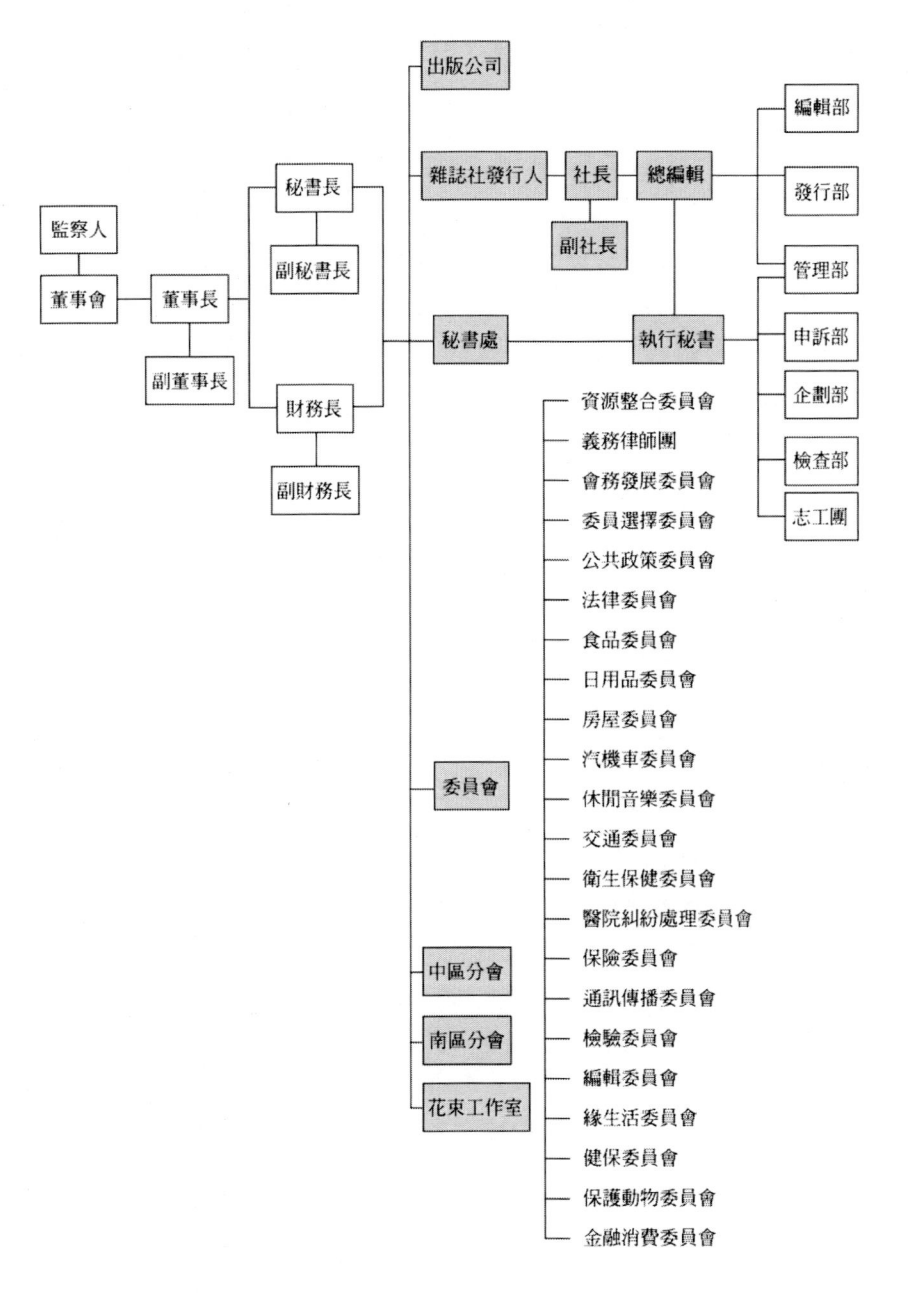

```
                              ┌─ 出版公司
                              │
                              │                        ┌─ 編輯部
                              │                        │
                    ┌─ 秘書長 ─┼─ 雜誌社發行人 ─ 社長 ─ 總編輯 ─┼─ 發行部
  ┌─ 監察人          │          │              副社長    │
  │                 │          │                        ├─ 管理部
  │                 ├─ 副秘書長 │                        │
──┤ 董事會 ─ 董事長 ─┤          ├─ 秘書處 ─── 執行秘書 ───┼─ 申訴部
  │          副董事長│          │                        │
  │                 │          │                        ├─ 企劃部
  │                 ├─ 財務長   │                        │
  │                 │          │                        ├─ 檢查部
  │                 └─ 副財務長  │                        │
                              │                        └─ 志工團
                              │
                              │         ┌─ 資源整合委員會
                              │         ├─ 義務律師團
                              │         ├─ 會務發展委員會
                              │         ├─ 委員選擇委員會
                              │         ├─ 公共政策委員會
                              │         ├─ 法律委員會
                              │         ├─ 食品委員會
                              │         ├─ 日用品委員會
                              │         ├─ 房屋委員會
                              │         ├─ 汽機車委員會
                              ├─ 委員會 ─┼─ 休閒音樂委員會
                              │         ├─ 交通委員會
                              │         ├─ 衛生保健委員會
                              │         ├─ 醫院糾紛處理委員會
                              ├─ 中區分會 ├─ 保險委員會
                              │         ├─ 通訊傳播委員會
                              ├─ 南區分會 ├─ 檢驗委員會
                              │         ├─ 編輯委員會
                              └─ 花束工作室├─ 綠生活委員會
                                        ├─ 健保委員會
                                        ├─ 保護動物委員會
                                        └─ 金融消費委員會
```

消費者文教基金會工作大事記：[10]

（一）1980 年至 1990 年間：

1. 財團法人消費者文教基金會正式成立。

2. 成立「多氯聯苯受害者救助基金」協助消費者取得賠償。

3. 檢驗市售沙士，發現含有黃樟素致癌物質，使業者改變配方。

4. 發布麻油檢驗，有部分麻油成分不純，業者提出名譽損害賠償引發第一宗官司，臺北高等法院判決肯定消費者文教基金會之檢驗功能。

5. 味全新 AG-U 奶粉鈣磷比含量偏低，消費者文教基金會組織醫療及法律顧問小組消費者，為消費者求償。味全公司尊重消費者文教基金會的建議，凡經基金會認定的低血鈣症申訴患者，每名至少將發放慰問金六萬五千元。

6. 對日亞航公司以七四七一〇〇及 DC一八等機齡老舊、安全檢查有瑕疵、噪音大的民航機飛行臺灣一事，消費者文教基金會決定致函日本消費者聯盟及關西主婦聯盟，共同要求日亞航公司盡速更換或停飛該型飛機，共同發起拒搭活動，以維護中日搭機消費者的飛航安全，最後獲得航空公司承諾換新機。成功。

7. 因颱風淹水，南陽公司之汽車因而泡水，業者開具不實證明，證明汽車未泡水，消費者文教基金會徵得南陽公司同意，只要消費者文教基金會鑒定確實車子泡過水，南陽公司將賠償車主每輛新臺幣十二萬元，並換新車。

8. 汽車前擋風玻璃導致消費者眼部受傷，消費者文教基金會力促汽車商改換安全性更高的膠合玻璃，多家業者也即時宣布採用膠合玻璃。

9. 天王公司取消李察·瑪爾克斯（Richard Marx）演唱會，消費者文教基金會宣布為受損害消費者提起集體訴訟官司，後經協調，業者退費予消費者。

10. 揭露八寶散含超量重金屬，衛生署採納消費者文教基金會的建議，明令禁止 100ppm 以上的配方。

（二）1991 年至 2000 年間：

1. 多起公共場所意外，消費者文教基金會發起通報運動，鼓勵消費者檢舉違反公共安全之場所，業者因而加強對公共安全之重視。

2. 泛亞旅行社發生財務危機，消費者文教基金會協助千餘位消費者要求求償。

3.「消費者保護法」完成立法，經過十多年的努力推動，終於立法完成。

4. 訪問買賣手法翻新，消費者文教基金會接獲多起申訴，消費者文教基金會提倡針對契約公平性及本票付款機制納入管理，並約束業者行為，之後主管機關公布契約範本。

5. 校園信用卡刷爆事件頻傳，消費者文教基金會力促學生信用卡應加強管理，嗣學生申請信用卡嚴格條件執行。

6. 福斯 T3 型廂型車發生火燒車，導致 2 名消費者死亡，消費者文教基金會透過消費者通報活動，成功推動業者召車回廠檢修。

7. 為確保保障消費者權益，消費者文教基金會製作「訂車契約」及「預售房地買賣契約書」範本。

8. 有線電視斷訊風波不斷，消費者成為業者惡性競爭下的犧牲者，消費者文教基金會因而介入，透過座談會、各種調查，及參與公聽會，向業者呼籲必須保障消費者權益，嗣主管機關對於業者的加強管理，對於收費之費率，須經地方行政主管部門之審議。

9. 發生林肯大郡房屋倒塌事件，山坡地開發安全成為消費者關切的重要議題，消費者文教基金會呼籲建立監控系統，並適時發布警訊，嗣主管機關設置監控制度。

10. 鐳射光筆被小朋友視同玩具，然其光波可能傷害眼睛，消費者文教基金會經由測試結果，呼籲業界要加強警示標語，而家長要更加注意。

11. 傳出食用蒟蒻果凍而意外噎死案例，消費者文教基金會進行果凍含水量測試，並希望業界改變包裝體積，且加強警語。

12. 發生「九二一」大地震，損失慘重，消費者文教基金會加入全國賑災聯盟，並為臺北、臺中縣市受災消費者提供團體訴訟及法律服務。

13. 消費者文教基金會進行網路服務供應商（Internet service providers，簡稱 ISP）服務品質、消費者滿意度調查，為國內 470 萬名網路消費者調查網路服務供應商提供之服務品質。

（三）2001 年至 2010 年間：

1. 為提倡環保，鼓勵消費者、業界努力於資源回收再利用，並結合業界、社區、教育單位共同為環保教育進行扎根工作，2001 年 5 月藉由《消費者報導》雜誌創刊 20 週年，消費者文教基金會舉辦盛大的環保服裝秀，邀請知名服裝設計師

採用保特瓶、再生織品為材料,設計各式服裝 66 套,由名模搭配舞者精湛的舞藝擔綱演出;同時會場展示保特瓶、再生織品創意設計大賽的得獎作品。其後並利用這些服裝作品,至校園、社區進行系列的回收再利用宣導活動,現世界各地皆有臺灣業者以回收寶特瓶所製造的衣服。

2. 華航 CI611 (747—200) 型客機於臺北飛往香港途中,在澎湖海域附近墜毀,機上 225 名乘客及機組員全數罹難,由於華航每隔三、四年就發生重大空難,且均未能記取教訓改善飛安,消費者文教基金會乃主動為罹難者家屬爭取權益,積極與自救會成員就理賠事宜進行溝通,並進一步與華航洽商。

3. 嚴重急性呼吸道症候群 (SARS) 登陸臺灣,引發全民恐慌。在此期間,消費者文教基金會針對疫情的發展,分別提出要求疫情資訊公開化;邀請交通運輸業者加入公布消毒紀錄,並加入消毒標章的認證工作;特別針對當時大量需求的防疫用品,例如活性炭口罩、體溫量測計、外科手術口罩防水性等議題進行檢測與探討,同時關切對相關消費權益問題,如消費者欲取消原訂課程、旅遊行程,以及已購買的票券等問題,呼籲必須尊重消費者的權益。

4. 消費人數眾多的悠遊卡與手機,是否仍須存有扣押保證金的必要,引發消費者的質疑。消費者文教基金會即針對悠遊卡收取 200 元押金的不合理現象提出質疑,積極督促改善,並獲得臺北市交通局的善意回應,對智慧卡公司提出將押金折半降為 100 元的建議。

5.「新糖主義」烘培西點門市無預警倒閉,眾多消費者至消費者文教基金會投訴。消費者文教基金會呼籲當局必須介入調查業者詐欺、背信等行為,並建請財政部等主管機關,應針對市售禮券及相關的商業行為,應盡速訂定「履約保證」相關法規,加以規範,以保障消費者權益。現對於預付型之消費,多已規範履約保證制度。

6. 寶路寵物食品的經銷商美商艾汾股份有限公司臺灣分公司表示飼料中含有有褐黴素 (cCitrinin) 和褚曲毒素 (Ochratoxin),以致傷害狗的腎臟,造成大量犬隻死亡,艾汾公司目前僅提出 2003 年 9 月至 2004 年 5 月期間,狗狗因腎衰竭而死,並具有就醫記錄者,即負責理賠,但此項條件對於消費者來說,並不實際,且有規避責任之嫌。消費者文教基金會呼籲:有關單位應盡速訂定寵物 (動物)飼料管理辦法、檢驗標準,並擬定適當的把關機制;動植物防疫管理局應將腎衰竭列入「犬隻重大疫病通報系統」,彙整併及時處理獸醫師的通報案例;要求業者對賠償事件應採「從寬認定、從速理賠、合理交代」。

7. 日本自 2001 年 9 月發現亞洲第一起狂牛症案例後，即積極推動食品履歷制度，希望日本消費者不只吃得安全，更要吃得安心。而在臺灣，美國牛肉開放進口不久，又傳出狂牛症問題，主管機關遲遲不肯下架，讓消費者暴露在狂牛危機中；病死豬肉一再出現，造成民眾恐慌，問題食品層出不窮，消費者無法吃得安全，更遑論可以吃得安心，因此消費者文教基金會不斷提出國內推動食品履歷的重要性。

8. 大陸三鹿牌毒奶粉流入臺灣，要求主管機關除公布的處理方案之外，必須針對大陸商品的分級檢驗機制，建立「消費者保護基金」等措施，一旦流向不明時，本於公共利益的考量，蒐購問題商品，日後再嚮應負責業者求償，如此才能盡速清理市場，消除消費者疑慮，並讓無辜廠家免於受害。

9. 亞力山大健身中心於去 2007 年 12 月倒閉後，今年 1 月消費者文教基金會與消保會正式為「亞力山大」受害者提出團體訴訟，逾 1 萬多人告亞力山大，創團體訴訟紀錄。

伍、消費者文教基金會的社會管理及公共服務的功能與作用：個案觀察

選擇新莊「博士的家」消費團體訴訟[11]案、「喬丹快閃」新聞事件、禁止進口美牛內臟等公投以及塑化劑事件效應，對於社會治理所產生的功能與作用，加以說明。

一、新莊「博士的家」消費團體訴訟案（1999 年 9 月）：[12]

（一）消費者文教基金會有鑒於消費者的弱勢，若因消費行為發生損害時，無資力可進行訴訟，於是催生消費者保護法時，將消費者保護團體可以幫助受害的消費者進行訴訟之方式，明文規定在條文之中。新莊「博士的家」是消費者保護法透過後，第一件的消費團體訴訟，具有歷史代表性的指標。

（二）1999 年 9 月臺灣發生了地震，臺北縣新莊「博士的家」社區發生三棟大樓倒塌，共有 45 人喪生，28 人受傷，財物損失嚴重。然興建於 1993 年，看似新穎的大廈居然活生生的像積木般的斷成兩截！僅僅芮氏五級的地震就擊垮了博士的家！導致無數家庭破碎。大樓倒塌的原因有未按圖施工，柱的主筋搭接不實，接頭均在同一介面；柱的箍筋需一百三十五度彎角，卻僅有九十度彎曲，致抗壓能力下降；捆綁柱箍筋及梁的箍筋，未保持適當距離；綁紮鋼筋時未跳點綁接；混泥土強度不足，灌漿不足，使鋼筋欠缺保護層而外露，致鋼筋防鏽能力及混泥土握裹能力均不足。博士的家坍塌案，是人禍而不是天災。

（三）消費者文教基金會經 225 名受害者受讓請求權，以消費者文教基金會為原告，於 2000 年 2 月 21 日向板橋地院提起首宗消費團體訴訟。嗣後於 2000 年九月八日，建商與受災戶在消費者文教基金會進行談判，先就死傷部分協調，消費者文教基金會要求建商協商時，須提示一定金額之臺支，以示和解誠意，經過多次協商，終於就死傷部分以死亡者每人賠償 510 萬，受傷者依輕重程度，28 名共賠償 1,480 萬元，在九二一週年 2000 年 9 月 21 日簽下和解書，為受害者爭取到總計 244300000 元死傷部分之賠償金。而財產損害的部分，雖消費者文教基金會代表受災戶多次與建商協商，建商只願賠償一億六千萬元，消費者文教基金會只得繼續進行訴訟，截至 2002 年元月止，團體訴訟共開十一次庭，終於在 2002 年 1 月 28 日第一審宣判，法官援引消費者保護法，就財產損害部分，判決建商等九人應賠償新臺 219914966 元，及應給付最高額的懲罰性賠償金（損害額之三倍）659744898 元，合計共 870659864 元，創國內消費者訴訟判決賠償之最高額。

（四）第一審判決之後，在受災戶希望本案早日解決，使消費者文教基金會能服務其他消費者及九二一之受災戶，及考量前述判決在執行拍賣財產緩不濟急下，為協助新莊「博士的家」受災戶，早日取得賠償金，著手重建家園，繼續與建商、營造廠、地主等人協商，但因建商其中有人堅持只賠二億四千萬元下；使和解陷於膠著，消費者文教基金會迫不得已，只好個個擊破，提出先和解者可酌減金額之條件，終於在 2002 年 12 月 31 日與地主、建商、營造廠、建築師全數完成和解。和解取得金額總數為兩億八千一百七十三萬三千四百五十元。

（五）消費團體訴訟之提起，對於企業經營者而言，所造成消費者損害時，不僅僅是對於單一消費者賠償而已，消費者不再是一盤散沙，藉由消費者文教基金會所提出的消費團體訴訟，消費者無需單獨面對求償訴訟漫長無助。消費者文教基金會以非政府組織的力量，協助受害者達成求償的目的，提供了公共服務的功能。

二、「喬丹快閃」新聞事件（2004 年 5 月）：[13]

（一）麥可·杰佛瑞·喬丹（Michael Jeffrey Jordan）是美國 NBA 職業籃球運動員，在 2004 年 5 月時，臺灣 NIKE 公司首次邀請喬丹來臺訪問，臺灣 NIKE 公司在規劃活動時係採消費者購買 Brand Jordan 商品，才能取得入場抽獎券，並宣稱活動近一小時，除了商品發表會外，球迷可目睹喬丹本尊。許多球迷為了見飛人——喬丹一面，使盡渾身解數，有的球迷就是購買大量的喬丹商品，希望

多拿幾張抽獎券來提高中獎幾率，有的球迷則是以創意取勝，用讚揚喬丹的作品來取得入場的機會，而 700 份喬丹在臺唯一球迷活動「The Show」入場券，立刻在網路上掀起拍賣熱潮，由於奇貨可居，最高賣價已喊到 5 萬 2 千元，總之，為了會球神─喬丹，消費者費盡心思！

（二）然而，臺灣球迷滿心期待，亞洲地區唯一的球迷會，未料活動當天喬丹現身時間只有九十秒，球迷大失所望，有被騙的感覺。該公司事後未立即妥處；致引發球迷眾迷眾怒，上網號召迷討回公道，引起社會關注。

（三）消費者文教基金會接到球迷的申訴，認主辦單位並未將球迷會的活動內容完全公開，明知僅是辦一場秀，並非球迷會、簽名會等球友近距離會面活動，那麼，依民法第八十八條規定，消費者若知與喬丹見面的機會只有 90 秒，就不會花大把金錢購買相關商品，來取得抽獎券，也因此，消費者可以主張撤銷買賣換購抽獎券的行為，換言之，無論如何，NIKE 公司均應以退貨還錢方式填補消費者的損失。而對於消費者因要參加喬丹會所額外支出的交通或其他開支，NIKE 亦應視情況予以賠償。但對於消費者文教基金會之要求，臺灣 NIKE 公司並無誠意處理，於是發起全民拒買 NIKE 商品之活動，並且要求公平交易委員會，介入調查。

（四）嗣該公司在各方壓力下公開道歉並採各項補償措施，暫息風波，唯公平會經五個月調查後認為，臺灣 NIKE 公司在活動前宣稱活動有一個小時，內部規劃喬丹出現五分鐘，但實際出場時間只有九十秒，「明顯有失比例」，造成參與消費者預期的高度落差。且該公司明顯利用資訊不對等的地位，營造消費者高度期待，卻又不分揭露喬丹的出場時間，而活動的十天期間，NIKE 全省三十家門市的 Brand Jordan 商品的平均營業額比活動前成長了 6.16 倍（工商時報 93.10.22 八版），確有影響市場交易秩序的公平，也損害消費者權益，故予裁罰一百萬元。

（五）對於未依照契約之精神提供給與消費者服務或商品的業者，非政府組織在當局主管機關尚未有任何行政措施時，即結合民眾的力量，讓業者可以及時補償消費者的損失，發揮提供社會管理的功能。

三、禁止「美國牛帶骨牛肉、絞肉、內臟、頭骨、腦、脊髓、眼睛牛肉進口」公民投票（2009 年 11 月）：[14]

（一）臺美雙方在 2009 年 10 月 22 日於華府簽署「美國牛肉輸臺議定書」，衛生署並於 11 月 2 日公告修正美國牛肉及其產品之進口規定，同意 30 月齡以下

美國牛隻進口臺灣，其中包含美國帶骨牛肉、絞肉、加工肉品，去除特殊危險物質、中樞神經系統、機械取下的肉屑，即可輸臺。

（二）在得知當局已與美國簽署議定書之時，全民嘩然。對於臺美談判完全忽視消費者權益之狀況，消費者文教基金會於 11 月 1 日與主婦聯盟基金會、董氏基金會、民間監督健保聯盟等單位共同發動「臺美重啟談判」全民「公投」連署活動，以促成當局對「美國牛肉輸臺議定書」重啟談判協商管道。活動正式展開後，消費者連署之熱烈，在島內隱然掀起一股「無聲革命」，消費者希望藉由提案連署的「動作」，「正式表達」不贊成當局輕忽消費者健康與聲音的作法。整個社會發出抵制具有風險美牛進口的怒吼，短短 18 天，消費者文教基金會即接收到將近 21 萬份的提案連署書，並於 2009 年 12 月 8 日送出 13 萬 459 份提案人連署書至中選會，而進入第二階段之程序。

（三）由於放寬美國帶骨牛肉進口，對臺灣環境及人民健康將造成永久傷害，文獻上已經指明，普利昂蛋白存在於包括腦、頭顱、眼睛、三叉神經節、脊索、脊柱和背根神經節、扁桃腺及迴腸末端等部位，甚至資料顯示肌肉、骨頭也有其蹤跡。因社會對於美牛安全的疑慮，「立法院」就便提案修改《食品衛生管理法》提出：美國牛絞肉、內臟、頭骨、腦、脊髓、眼睛六項狂牛症高風險部位及製品，全部禁止輸臺。但帶骨之牛肉仍有風險存在，而繼續進行公民投票。

（四）第二階段公投連署活動繼續推動著，有些民眾認為已經連署過了，不必再作連署，民眾不知公投有分為二階段連署；而有人認為「立法院」已經修法成功，為何還要推動第二階段公投？因此，消費者文教基金會繼續遊說及教育消費者，包括雖然內臟等美牛危險部位看似已修法阻絕，但還是面對國內法律與臺美協議內容衝突之爭議，也還須面對美國報復的難題；民間推動的公投，是以直接民意方式，作為當局談判籌碼的堅實後盾，協助當局進行談判。並且認為雖然宣稱三管五卡，即管源頭、管邊境、管市場，以及「核、標、開、驗、查」5 道關卡，來確保進口美牛產品安全，但其實是「管不著」、「卡不住」，因為臺灣沒有檢測新型庫賈氏症「普利昂蛋白」的能力，無法進行管制，等等，但仍然未達第二階段的連署人數的門檻（86 萬份連署書），公投連署活動依法停止。

（五）公民投票做為普世的民主價值，透過公投，人民可實現當家做主的基本權利，決定國家未來的發展方向。臺灣擁有「全國性公投」權力當時是第五年，有幾次的「實驗性」投票，由政治人物帶領，伴隨著爭議與對立而至，有其階段性原因與意義；消費者文教基金會等 NGO 組織首次回歸公民發起的公投，則將「主

權在民」的落實推進了新的境界。從這個角度觀察，這次的公投已經踏上臺灣甚至是全世界因為「消費權」之民生議題而進行公投，是彌足珍貴的第一步。

四、飲料食品遭非法添加塑化劑（2011年5月）[15]

（一）2011年5月間，臺灣食品安全出現嚴重漏洞，市售飲料被驗出違法添加「鄰苯二甲酸（2-乙基己基）酯，簡稱DEHP」，不肖業者在合法食品添加物「起雲劑」原料中，違法使用危害人體健康的塑化劑DEHP，頓時全臺消費者陷入集體恐慌。

（二）在檢察官的持續調查下，原料供應商從一開始的昱伸公司，又追查出賓漢公司，遭受汙染的食品也從運動飲料擴及果汁、果醬果漿、水果粉及優格粉，甚至健康食品也慘遭汙染，一連串的問題食品風暴就此鋪天蓋地而來！

（三）有關部門緊急要求商家下架。但是這起風暴卻像雪球一樣愈滾愈大，購買非法起雲劑的下游業者一一現形，受汙染的食品也幾乎是每日一爆，被驗出的塑毒物也不僅是DENP一種，有關部門趕忙宣布「D-Day」行動上路，規定未檢附張貼不含六大類塑化劑的報告即不得販售；另外也協調醫療院所加開塑化劑門診。

（四）消費者文教基金會基於消費者保護團體的立場，一直持續關心毒害事件的發展，並研擬各種協助消費者求償的可能措施，協助受到塑毒的消費者得到應有的賠償，先與業者協調是否願意以調解或仲裁的方式，與消費者來作成協議。然僅有少數的業者願意調解，另希望業者能提供安心基金，先讓有食用之消費者可以進行身體檢查，相關的費用可以業者提供的安心基金給付，然亦未達成此目標。

（五）因而必須走到「消費團體訴訟」，此次的團體訴訟，將耗費大量的人力、物力與時間、金錢，消費者文教基金會仍然決定接受消費者的託付、提起團體訴訟，並選在2012年的315世界消費者日提起訴訟，其中被告是歷次消費團體訴訟最多、求償的金額最高。

（六）著手進行《消費者保護基金草案》的研擬，盼透過立法程序達到讓業者拿出不法所得用以賠償消費者的目的，在「三聚氰胺」毒奶事件爆發，當時消費者文教基金會即已建議當局相關單位應研擬「消費者保護基金」，可惜仍未看到相關機制的建立。臺灣發生的塑毒事件，又再次突顯出以現行的法律機制，並無法完全發揮保護消費者的功能，更無法在類似的問題上，對不肖業者施以對等

的懲戒。提出消費者文教基金會版本的「消費者保護基金草案」，主要目的是為了確立「成立消費者保護基金」的法源、將之法制化。

（七）此事件消費者文教基金會提供多層的服務，更再次希望發揮影響力，在消費者保護的立法上，更能保障消費者。

陸、結語

消費者文教基金會是為了社會大眾的權益而組織、營運、活動的，是屬於公共財。因而連帶影響了其他社會團體與層面，例如婦女運動——「婦女新知」最初就設在消費者文教基金會。消費者文教基金會與相繼成了的非政府組織，如「主婦聯盟」、「董氏基金會」一起推動許多活動。

許多社會團體、社會活動，都是因為有消費者文教基金會起頭的帶動，而刺激這些民間社團與運動的活絡。在立法方面，消費者文教基金會催《消費者保護法》，由消費者文教基金會發起 20 萬人的連署，並遊說 66 位「立法委員」連署簽名，送入「立法院」。另《食品標示法》也是消費者文教基金會去推動而改善的，如今業者會在商品上的期限標示、內容說明，都是消費者文教基金會推動而產生的。再者商品上印有「消費者保護熱線」或「消費者服務專線」，這也是消費者文教基金會要求業者設置供消費者詢問。

非政府組織並沒有公權力，消費者文教基金會是以和平、理性及科學的方法作為運作模式，在社會上奠定了相當的知名度及公信力，且消費者文教基金會所關注的議題是多元化，與消費者貼近的，三十多年來，一直扮演者保護臺灣消費者權益角色，讓許多消費大眾所忽視的消費者權益死角得以受重視，消費者文教基金會對於整個臺灣對於消費環境起了重大的作用。

注　釋

[1].《中國非政府組織的現狀、存在問題與發展出路》（方邦鑒著）。

[2].《食用油的新產品——米糠油》，《中央日報》，1978 年 10 月 21 日，第 7 版。《工業局推動米糠油煉製》，《中央日報》，1979 年 8 月 13 日，第 5 版。

[3].《假酒含有甲醇為害身體極烈醫生建議療法兩小時內洗胃交大蔡教授也因飲假酒中毒急救中》，《中央日報》，1980 年 1 月 25 日，第 6 版。

[4].《公共利益團體影響公共政策之研究 - 消費者文教基金會的個案分析》1985 年 6 月，江金山撰。

[5].《公共利益團體影響公共政策之研究 - 消費者文教基金會的個案分析》1985年6月，江金山撰。

[6]. 參考資料由消費者文教基金會提供。

[7]. 財團法人消費者文教基金會網站。

[8]. 吳忠吉、姜志俊：《消費者權益白皮書》，臺北：消費者文教基金會，1998年。

[9]. 財團法人消費者文教基金會，《航向消費新紀元─消基會創立20週年專刊》（臺北：消費者文教基金會，2000年）。

[10]. 參考資料由消費者文教基金會提供。

[11]. 消費者保護法第50條消費者保護團體對於同一之原因事件，致使眾多消費者受害時，得受讓二十人以上消費者損害賠償請求權後，以自己名義，提起訴訟。

[12]. 參考資料由消費者文教基金會提供。

[13]. 參考資料由消費者文教基金會提供。

[14]. 參考資料由消費者文教基金會提供。

[15]. 參考資料由消費者文教基金會提供。

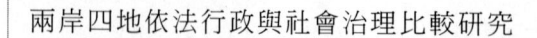

臺灣「剛果NGO」現象與法律治理難題

羅承宗

◎臺灣崇右技術學院財經法律系專任助理教授

一、問題提出

非營利組織（Non-governmental organization，NGO）的存在已被普遍認為是現代社會不可或缺的重要特徵。一般而言，以NGO作為主要骨幹的公民社會（civil society），和市場經濟與民主政治，共同成為現代社會的三個構成部分。[1]至於其中所謂的公民社會，係指獨立於政府、企業與家庭之外，各種自主運作之自願型組織，其組織型態可謂包羅萬象。[2]

臺灣在上個世紀的後半葉長久威權統治下，一方面與威權體制關係密切的公司企業乃至於各種隨附組織團體，亦即包括受政黨控制其人事、財務或業務經營的法人、團體或機構不斷增生茁壯，但另一方面民間自發性的組織必須臣服於行政部門指揮領導，否則即受嚴密取締，NGO難有生存發展空間。解嚴之後，臺灣人民力量迅速激發，單純以公民身分組織起來活動之各種NGO，加上宗教性之新興團體更是聲勢浩大，使得這股NGO社會力在形成臺灣的公共領域上扮演重要角色。[3]雖曰如此，然而臺灣從威權體制和平漸進轉型為民主體制過程中，由於「轉型正義」的相關改革未能獲得重視，導致臺灣NGO的發展既有獨特的風貌，亦有治理困難的法律難題。本文擬以臺灣「剛果NGO」現象為中心，對於相關法律治理難題進行鳥瞰式的探討。

二、臺灣NGO的四種形態

邁入21世紀的臺灣，就NGO與「國家」相互間的關係而論，根據江明修、邱昌泰教授觀察，的確很難拼湊出一副完整圖像，[4]但仍勉強可稱為一種含糊的多元關係。具體而言包括下列四大形態：

（一）向行政部門靠攏之NGO

向行政部門靠攏之NGO，其與行政部門發展共生共棲的依賴關係。這種情形，與一直以來臺灣有關NGO相關規定殘缺不堪，沒有一套專法規範密切相關。有學者指出，許多NGO之補助款直接操縱在行政部門首長之高度行政裁量權上，

許多補助款的分配常常是主管說了就算,因此分配上常常造成不均、不公的情形,許多與行政部門密切關聯之 NGO 獲得相對較多的補助款,然而也失去其組織自主性,在政策過程之涉入上難免成為替行政部門背書或奔走之工具,反之,與行政部門在公共政策上有所衝突之 NGO 則常因與行政部門間之政策歧見而遭受補助款申請上之刁難。[5]

其次值得注意者,在於當在政治意識上與執政黨相似時,就會導致「紅頂」NGO 出現,[6] 他們一方面受到來自第一行政部門相當豐厚之資源挹注,另一方面又有能力跟第二部門企業競爭,與民爭利,獨攬行政部門委託之大型專案計劃,故發展為新興之大型 NGO。NGO 若喪失了捍衛公共性之功能,其合法性與存在性將受到質疑。為了維護組織之自主性,NGO 應避免因接受行政部門、企業或私人之贊助而影響到其本身之獨立性與原本之使命。向行政部門靠攏之 NGO 類型,由於在第一部門行政部門與 NGO 間產生彼此互惠基礎、甚至其存在本身之目的就是遂行行政部門指示任務下,自然而然形成一種共生共棲之依賴關係,不利於公民社會之獨立發展。[7]

(二) 政治人物豢養之 NGO[8]

選舉需要金錢,政治人物投入選舉難免需要經費支助,由於選民與企業的贊助日益困難,許多政治人物,紛紛成立基金會,從事社會公義,宣揚社會理念。基金會理論上屬於 NGO 之一種,其經費應用於公眾與公益之用途。唯這種類型的 NGO,在累積政治資源方面則絕對是一項「營利事業」,而公眾正是他們政治生涯發展之本錢。政治人物如有現職為其正式的舞臺;而相形之下,基金會則是另一種與民接觸之管道。換言之,這類型之 NGO 顯示出來是公益之一面,唯其背後之運作卻充滿政治性。從其成立之過程來看,必須要有工商企業界之支持,這些都是政治人物之人脈累積。在臺灣複雜之政經結構網路中,其所產生的影響,相當值得重視。[9] 另外政治人物亦可以透過基金會與第一部門行政部門互動接觸,而往往成為行政部門公共工程與採購業務的投標者,接受行政部門補助、委託、獎助者。由於基金會之負責人是政治人物,對於行政部門機關有相當之影響力,故其取得行政部門的資源常常十拿九穩,另外基金會亦可以作為政治人物吸收各種民間捐款的合法途徑,這些情形都侵蝕了 NGO 的社會公益性格。

臺灣政治人物籌組基金會之風氣約起源於解嚴後,有關這類型 NGO 在臺灣之運作實況與指摘,在 1995 年由記者張啟凱所著之《國庫潰堤》一書中即有相當深刻之描述,指出部分由「立委」主導成立和找「立委」掛名董監事之基金會,

以行政部門資助為主要財源，除了未遵守監督者不應該向被監督者要錢的基本民主守則外，更進一步指摘這些基金會拿了錢後更絲毫不見為「國家」和「全民」作了任何貢獻。[10]1997年12月3日所舉辦的縣市長選舉，臺北市長陳水扁所組成的「寶島希望助選團」，為民進黨提名縣市長強力助選，所到之處人聲鼎沸。為求「寶島希望助選團」完美演出，陳水扁將其成立之「福爾摩沙基金會」專職員工20多人，投入全省輔選工作；加上臺北市政府政務官與幕僚人員，每次助選團人員都有四五十人之龐大陣容。當時「福爾摩沙基金會」專職員工投入選舉的助選行列，即引發了民間NGO參與選舉之政治性爭議與質疑。[11]

(三) 企業所培植之NGO

企業所培植之NGO，行政部門與其關係較為疏離。詳言之，審視近年西方社會中政府、營利以及NGO互動行為之演變，可以發現除了NGO活躍外，第二部門企業機構日漸增加公益活動的參與，並逐漸朝向系統性、長期性發展，推動公益活動，而不是短暫性地捐款或捐贈企業的產品而已。這種體認企業應參與解決社會問題、改善社區生活品質，並將企業的營利行為本身應盡之社會責任作一連結，即謂之企業社會責任（Corporate Social Responsibility，簡稱CSR）或企業的慈善行為（Corporate Philanthropy）。至於企業履行企業社會責任之方式，其途徑包括可藉由與既有之NGO合作，贊助NGO方式進行，亦可自行成立基金會推動公益活動來履行社會責任。[12]。

學者Noreena Hertz生動地深入剖析，指出鑑於行政部門在許多事務上逐漸無法掌握，而許多企業擁有非常雄厚之資源，一般想像得到的物質慾望已經不能滿足他們，為了名留青史，他們決定在政治和社會的舞臺上軋上一角，企業的決策高層開始參與公共事務，出錢的金主順理成章地取代政治人物的傳統角色。現在的慈善家不僅贊助藝術文化、博物館、慈善機構，還在政治上發揮影響力。這些人富可敵國，遍布全球的勢力更是行政部門望塵莫及，他們不必循選舉管道就能達到政治上的目的，許多企業家明白自己遠比政治人物更有能力做事，運用企業的槓桿能力就能接觸不同國家的領導人，達成各種目標。這些踏上世界舞臺的新貴，「封地」遍及全球的「采邑首領」，可說比政治領袖還更像政治領袖。例如微軟（Microsoft）公司創辦人、全球首富比爾蓋茲（William Henry "Bill" Gates III）曾在一年半之內就和國家主席江澤民舉行兩次高峰會議，而克林頓總統僅和江澤民會晤過一次[13]。

近年來臺灣越來越多企業家開始成立基金會，投入公益活動，以貫徹企業社會責任。參照所得稅法第 36 條規定，營利事業之捐贈得依下列規定，列為當年度費用或損失：一、為協助「國防」建設、慰勞軍隊、對各級行政機關之捐贈，以及經「財政部」專案核准之捐贈，不受金額限制。二、除前款規定之捐贈外，凡對合於第 11 條第 4 項規定之機關、團體（亦即教育、文化、公益、慈善機關或團體）之捐贈，以不超過所得額百分之十為限。由此觀之，臺灣立法政策上系肯認公司得藉由捐贈行為，享有所得稅總額之扣除，以鼓勵公司善盡企業社會責任。[14]

由於企業所培植之 NGO 多以基金會的型態為主，其成立與運作經費因受母企業「庇蔭」，主要倚重基金孳息及股息收入，在財源籌措上較無匱乏之虞。故經費挹注不成問題。然而社會對於這類 NGO 之質疑，多是其與母企業之間之關係，以及其運作目的為何。江明修、邱昌泰教授指出這類企業培植之 NGO 亦很容易淪為「偽裝式」的 NGO，真正的動機還是為了協助企業從事財務操作與稅賦規避。更進一步分析，這些常見手法包括：企業捐贈該組織藉以扣減所得稅額，降低稅賦；利用該組織轉投資營利事業或向關係人購買公司股票，使資金回流至營利事業或大股東；以企業之大股東或關係人擔任該組織董監事或其他職務以列支薪資、汽車、交際等費用，甚至與關係人進行不動產買賣或股票操作等非常規交易來進行利益輸送。[15]。

(四) 面向公民社會的 NGO

面向公民社會的 NGO，與行政部門發展互不往來的孤立關係，這類型的 NGO 概念上可謂最符合「非政府」與「非營利」的精神。由於缺乏行政體制的常態支持，導致 NGO 間貧富差距懸殊的現象頗為明顯。某些擁有高度聲望、獨立性的 NGO，具有極為強大的募款與吸收志工能力，完全不必依靠行政機關的補助，其生存與發展自然不成問題。顧忠華教授指出，臺灣 NGO 在社會資本的累積上，到目前為止以宗教組織，例如慈濟、法鼓山、佛光山等，表現得最為出色。[16]然而在另一方面，太過強勢的大型 NGO 蓬勃發展下會造成排擠效應，使得中小型 NGO 在無法依靠行政補助下，經常面臨經費不足的困局。

三、第五種形態 NGO：臺灣「剛果 NGO」現象與實例

(一) 何謂「剛果 NGO」

前述四種類型的 NGO 分類，大抵而言足以勾勒臺灣現行民間 NGO 組織的輪廓。不過這四種類型裡即使與行政部門關係最緊密的「政府靠攏 NGO」，其基本結構依舊是由民間構成，只不過在財務上高度受到行政部門補助支應，或經

常接受行政部門委託任務,遂行行政部門指示而已。然而若更仔細剖析,除了上述四種類型外,事實上存在與行政部門緊密度更高的第五種類型,亦即「剛果 NGO」。「剛果 NGO」系「政府擁有的非政府組織」(government-owned/organized non-governmental organizations,GONGO) 的中文諧音略稱,用以描述由行政部門設立、營運之「貌似」民間 NGO 的 NGO。

就理論上來說,「剛果 NGO」一詞本身就充滿高度矛盾。蓋非 NGO 的最大特徵之一就是發自民間,原則獨立於公部門外而不受其控制。然而這類型組織實質上根本乃政府設立,究竟還能不能冠上 NGO 稱號,殊值懷疑。一般而言,根據外國學者對「剛果 NGO」的相關研究似貶多於褒[17]。至於在臺灣,「剛果 NGO」用語或許是太過時髦的字眼,但若以「政府捐助財團法人」或「公設財團法人」置換的話,則諸如:黑機關、任用私人、不受監督、小金庫、雙薪肥貓、退而不休等長久以來的負面批判,立即湧現而出[18]。綜上,雖「剛果 NGO」對臺灣學界仍屬陌生詞彙,唯由於大抵可涵蓋公設財團法人乃至於行政部門捐助 50% 以下卻擁有實質控制權之財團法人,故本文採之。

(二)臺灣「剛果 NGO」概況與治理難題

針對公設財團法人、公部門捐助 50% 以下卻擁有實質控制權之財團法人,有學者指出這些行政部門「外圍」組織,享有用人不受公務人員法規限制之便利,經費預算並能規避議會監督,成為行政部門施政之「地下管道」[19],相當受到行政部門歡迎。例如「中華經濟研究院」、「工業技術研究院」、「國家文化藝術基金會」、「中央通訊社」、「國際合作發展基金會」及「二二八事件基金會」等情形不勝枚舉,而依據其設置條例(如「中華經濟研究院」設置條例)或基於法律授權(參見二二八事件處理及賠償條例第 3 條第 1、2 項)而設立,唯皆明訂為財團法人。至於公設財團法人之用語,迄今尚非實定法上名詞,具體之規範見於預算法第 41 條中之「政府捐助之財團法人」概念。另外在「立法院」2004 年 6 月 11 日審議透過「中央」行政機關組織基準法過程中之附帶決議裡,則可比較清楚看到國會對公設財團法人課題之重視[20]。

探究臺灣「剛果 NGO」生成之背景,有論者指出過去公部門之所以捐助成立財團法人,主要多因部分特殊任務由行政機關直接進行,因人事、財政、公務員責任等法律限制,產生窒礙難行之處。另公部門受限於法令規章束縛,常被外界批評缺乏效率、彈性與應變能力。在早期法制觀念未臻成熟時,公部門才透過迂

迴捐助成立財團法人之方式，其定位上屬依民法所設立，享有私法人地位，由其擔任半公半私之角色，以完成特定公共任務[21]。

公部門於該筆資金捐助後，應如何進行控制，依預算法第41條第3、4項分別規定：各部門投資或經營之其他事業及行政部門捐助之財團法人，每年應由各該主管機關就以前年度投資或捐助之效益評估，併入決算辦理後，分別編制營運及資金運用計畫送「立法院」（第3項）。行政部門捐助基金累計超過百分之五十之財團法人及日本撤退臺灣接收其所遺留財產而成立之財團法人，每年應由各該主管機關將其年度預算書，送「立法院」審議（第4項）。立法機關可經由本條文之設置，企圖強化對公設財團法人之監督統制。

至於有關公設財團法人之認定，參照「司法院」釋字第41號解釋，「國營事業轉投於其他事業之資金，應視為行政部門資本，如其數額超過其他事業資本百分之五十者，該其他事業即屬於「國營事業管理法」第3條第1項第3款之「國營」事業。」本此判斷「國營」企業標準解釋意旨，臺灣從來以捐助基金超過50%始認為為公設財團法人，甚至於「行政院」於2007年9月間向「立法院」提出之「財團法人法草案」中仍延續此一界分標準[22]。此種界分標準造成捐助50%以下者，即非公設財團法人。行政部門對於財團法人之捐助大概有兩種情形，一為設立時捐助，二為設立後捐助。如果僅依照設立時捐助有無超過50%來判斷是否為公設或私立財團法人，較為明確。但第二種情形，如設立後捐助、累積之捐助總額已超過該基金之50%，亦應視為公設財團法人[23]。值得注意的是，有論者對以行政部門捐助財產是否達50%來區分公設財團法人與民間財團法人提出指摘，而認為宜參照公司法第369條之2第2項[24]以行政部門是否直接或間接控制實質控制該財團法人之人事、財務或業務經營者為斷，凡經行政部門以直接方式財團法人內部人事制度、或透過安置董事或經理人等方式間接主控財團法人相關財務事項之規劃及業務之經營，均可認定為公設財團法人，而不得逕以行政部門捐助財產是否形式上以達到捐助總額50%作為區分標準，以免流於重形式而輕實質之弊[25]。這些立法構想雖然相當具有參考價值，然而或因「剛果NGO」結構盤根錯節且利益糾葛甚深，縱令該草案早已立法完竣，由於掌握行政與立法多數席次的馬「政府」始終欠缺立法治理「剛果NGO」亂象意願，導致「財團法人法」立法持續延宕至今。

（三）「建國百年基金會」：備受爭議的「剛果NGO」

舉例而言，為慶祝所謂「建國一百週年」所成立的「建國百年基金會」，堪稱是近年來在臺灣備受議論的「剛果NGO」。詳言之，為舉辦該次慶典，馬「政府」雖已於2010年度編列1890萬元預算，2011年度預定編列近1億元預算支應。然除此之外，馬「政府」於2009年11月8日於臺北圓山飯店舉行第1次全體委員會議，擔任籌備委員會主任委員的蕭萬長表示，將另於同年12月成立「建國百年」基金會以統籌運作慶祝活動辦理事宜。彙整當時相關報導，在人事方面，基金會榮譽董事長為馬英九，董事長為「總統府」廖了以祕書長，曾志朗政務委員、廣達電腦林百里董事長及文建會盛治仁主委擔任副董事長。董事會下置執行長一名，承董事會及董事長之命辦理各項業務，由2008年「總統大選」國民黨發言人蔡詩萍擔任執行長。至於在經費方面，基金會擬預計籌募經費至少逾10億元，其中49%由行政部門捐助，另外51%則由民間、企業募款。蕭萬長更明白指出，該基金會是長期負責執行籌委會的意見，並可接受各界捐款，不受行政部門機關預算、員額等相關規定的限制，有助於延攬專業創意人才與彈性靈活運作[26]。

由於該基金會成立與運作時間與2012年「總統大選」相當接近，黨、政、民間與選舉間之分際引發各界質疑。而「立法院」預算中心曾委婉指出，依公益勸募條例規定除重大災害及國際救援外，行政部門不得發起勸募活動，以此方式舉辦「國慶」活動恐有「不妥」。並舉九二一基金會為例，指該基金因未受「立院」及審計監督，遭監院糾正[27]。再者從經費構成比例上來看，行政部門捐助經費49%，顯然意圖讓基金會披著民間團體外衣而逃避國會之監督。至於另外從民間、企業募得的51%是否不樂之捐，是否存在政商對價關係？也引發輿論諸多質疑批判聲音[28]。

綜上，檢視「建國百年」基金會，簡而言之可從以下兩方面觀察：第一，從組織構成員而論，一個集結現任行政部門領導人、高階政務官等作為重要成員的基金會，其與行政部門間濃厚的關聯性已昭然若揭。第二，從捐助額設定而論，既然行政部門已能對該基金會捐助到49%程度，那麼再努力多點加碼，行政部門即可堂堂取得捐助額過半優勢地位，並讓代表人民監督行政部門的「國會」能充分過問其營運狀況。馬「政府」刻意在49%煞車喊停，讓該基金會成為捐助為過半的「民間團法人」，其中利用民間財團法人外觀達成逃避監督的意圖至為明顯。總而言之，「建國」百年基金會相當符合「剛果NGO」概念，且由於偽裝效果拙劣，還是個一望即知的「剛果NGO」。

四、抵抗「剛果NGO」的法律思維（代結論）

財團法人固系民間社會性活動，公部門捐助成立之財團法人，則系基於「國家」施政之必要，其性質非屬私法人之範疇[29]。誠如學者所指摘，在傳統國家法人與地方自治法人之外，或新設、或直接由既有國家機關、機構改制成一新的獨立法人，再將行政任務委由該法人行使乃所謂之「法人化」之概念，所設立之法人如果是私法人，不管是財團法人或公司由於營運仍歸國家掌握，充其量只能說是「披著私法外衣的國家」或「形式上的私人」，而不是「真正的私人」，不能免於基本權等公法原理原則之拘束[30]。

面對「剛果 NGO」現象，有學者指摘這些行政部門「外圍」組織，享有用人不受公務人員法規限制之便利，經費預算並能規避「議會」之監督，成為行政部門施政之「地下管道」[31]。鑒於其營運深受行政部門支配，倘若仍昧於現實地將其與民間自發性組成的 NGO 等同視之，將其所作所為排除於公法的統制範疇之外，不啻是法治主義之倒退，形同讓 NGO 相關法制度淪為行政部門恣意遁入私法之溫床。

基於上述在法制上對「剛果 NGO」予以高密度監督統制課題之必要性與重要性，筆者認為將來在法律上應有意識地將「剛果 NGO」從發自民間之 NGO 中予以界分，而廣泛地將其納入行政部門之範疇。至於進一步有關界分的標準，鑒於從來以行政部門捐助財產是否已達到捐助總額 50% 的標準過於僵化且流於形式，未來在法制上可參照公司法第 369 條之 2 第 2 項精神[32]，以行政部門是否直接或間接控制實質控制該財團法人之人事、財務或業務經營者為斷，凡經行政部門以直接方式財團法人內部人事制度、或透過安置董事或經理人等方式間接主控財團法人相關財務事項之規劃及業務之經營，均可認定為公設財團法人，受到法律與議會的更嚴密監督。一旦法制度能作如此調整，當能對行政部門利用財團法人制度繁殖「剛果 NGO」的情形發生遏阻的效果。

注　釋

[1]. 江明修、馮燕、許崇源、官有垣、許靜淳等著：《國內非營利組織管理法規之研究》，「行政院研究發展考核委員會」委託研究案，2001 年 12 月，第 17 頁。

[2]. Michael P.Maxwell, NGOs In Russia : Is the Recent Russian NGO Legislation the End of Civil Society in Russia ? , 15 Tul.J.Int'l & Comp. L.235, 243-244（2006）.

[3]. 黃偉民：《結合非營利組織之市民性公共管理之研究》，臺灣中山大學政治學研究所碩士論文，2000 年 6 月，第 8—9 頁。

[4]. 邱昌泰、江明修，前揭《第三部門、公民社會與政府：臺灣第三部門發展經驗的省思與前瞻》，收於《第三部門與政府：跨部門治理》，初版，智勝文化事業有限公司，2008 年 3 月，第 16—18 頁。唯本文就相關類型以受政府、政治影響之程度，略為調整順序。

[5]. 江明修主持，《政府與非營利組織關係之理論辯證與實務探析（I）》，「行政院國家科學委員會」專題研究計劃成果報告，2000 年 7 月，第 102 頁。另外，第三部門的行政依存度過強，容易淪為行政機關的下級單位，形成不平等的依賴關係，也是日本 NGO 所面臨的課題。詳參：林淑馨，《日本非營利組織的研究：現況與課題》，中國行政，2002 年 12 月，第 17 頁。

[6]. 這個形容詞乃延伸「紅頂商人」一詞而來。清國同治年間，具有官員身分的杭州商人胡雪巖，因辦理太平天國戰亂後的杭州善後工作，並多次幫助左宗棠採購軍火有功，官階升遷至從二品的布政使。由於布政使的朝冠上飾有鏤空珊瑚，俗稱「紅頂子」，在當時商人而戴紅頂子的幾乎絕無僅有，因此胡雪巖被人們稱為「紅頂商人」。後來「紅頂商人」被用來指稱在官場和商場兩面得意者；在當代，「紅頂商人」一詞更泛指本身不具官員身分，但與政府高層關係良好，能夠影響政府政策的企業界人士。相關解釋權且參照維基百科（wikipedia）。

[7]. 值得注意的是，邱昌泰，江明修教授於前揭書提出，在 2000 年政權輪替後，「國民黨時期盛極一時的非營利組織因為江山易主、理念不同，都已面臨崩解、改組或轉型的危機，生存普遍遭遇困難」。唯筆者認為邱、江兩位教授恐怕過於武斷，而忽略了當時朝小野大的政治環境，也低估了長期威權主義統治下這些披著非營利組織外衣營運之政黨隨附組織所累積下來之雄厚實力。如在臺灣各大重要風景區擁有青年活動中心的「救國團」、低調神祕但資金雄厚的婦聯會等組織，即是經歷民進黨執政時期依舊難以被撼動之適例。有關隨附組織範圍法律上之認定，要考慮之重點是這些組織是否被國民黨視為穩定政權所不可或缺的要素，例如上述蔣經國「總統」為了政治接班而成立之「救國團」，就符合此概念。參見：陳英鈐，《重建政黨公平競爭的基礎：從法制面談政黨不當財產與黨營事業之處理》，收於《二十一世紀憲政風雲》，初版，臺灣法學會主編，2004 年 1 月，第 44—45 頁。

[8]. 這種類型之另一種面向，反映在政治人物或團體豢養之第二部門組織企業之情形，更明白地說，亦即是國民黨黨營事業與黨產之清算與追討，在臺灣此法制上之課題迄今仍饒富研究價值。

[9]. 江明修、陳定銘：《基金會之問題與健全之道》，第 24 頁。引自：TNN 臺灣非營利組織研究網。

[10]. 張啟凱，《國庫潰堤》，月旦出版社，1995 年 4 月，第 159 頁。

[11]. 江明修，陳定銘，前揭《基金會之問題與健全之道》，第 25 頁。

[12]. 官有垣：《基金會治理功能之研究：以臺灣地方企業捐資型社會福利與慈善基金會為案例》，公共行政學報，第 7 期，2002 年 12 月，第 66—67 頁。

[13]. Noreena Hertz 著，許玉雪譯，《當企業併購國家：全球資本主義與民主之死》（The Silent Takeover: Global Capitalism and the Death of Democracy），初版，經濟新潮社，2003 年，第 214—217 頁。

[14]. 莊永丞：《從公司治理觀點論中國上市上櫃公司之慈善捐贈行為》，臺灣本土法學雜誌，第 94 期，2007 年 5 月，第 110 頁。唯值得注意者，該文亦同時提出，公司治理之目的，在以謀求股東財富最大化為經營最高指導原則（亦即能以金錢量化之營收），由於企業社會責任並無明確裁量判斷（亦即無法以金錢量化之公益效益），若董事會以非股東利益之利害關係人利益最大化為公司治理目的，必陷入經營判準無所適從之困境。

[15]. 杜榮瑞，薛明玲：《非營利組織之管理財務及稅務問題之研究》，財稅研究，第 25 卷，第 1 期，1993 年 1 月，第 42 頁。

[16]. 引自：張培新，《臺灣宗教組織運作的社會資本考察：以慈濟功德會為例》，中山人文社會科學期刊，第 14 卷第 1 期，2006 年 6 月，第 127 頁。

[17]. See Kerstin Martens, Examining the (non-) status of NGOs in international law, 10 Ind.J.Global Legal Stud.1, 8-9 (Summer 2003)

[18]. 可參照：張啟凱，《國庫潰堤》，月旦出版社，1995 年 3 月，第 161—164 頁。

[19]. 顧忠華：《公民結社的結構變遷－以臺灣非營利組織的發展為例》，《臺灣社會研究》，第 36 期，1999 年 12 月，第 139 頁。

[20]. 該法透過時，其中涉及公設財團法人之「立法院」附帶決議包括第 5 點：請「行政院研究發展考核委員會」及「行政院」人事行政局全面清查所有由當局出資或捐助之財團法人，如其能自負盈虧者，應朝向民營化組織型態轉型；如無法自負盈虧者，應予裁撤；其餘如能轉型為行政法人者，應予轉型。第 6 點：由「法制委員會」定期安排相關行政主管機關到會就「全面清查政府出資或捐助財團法人營運狀況及其處理方案」專案報告。引自：《立法院公報》，第 93 卷第 34 期，院會記錄，2004 年 6 月 11 日，第 243—244 頁。爰此，「行政院」曾於 2006 年 6 月間就各部會捐助成立之財團法人，邀集各相關主管機關進行清查，並針對各財團法人之運作情形，分紅、黃、綠 3 類燈號處理。列為紅燈者，表示已與當局脫勾或有重大弊端，亟需各機關優先處理者；列為黃燈者，表示目前運作及經營情況有異狀，需主管機關持續追蹤其發展者；列為綠燈者，表示目前運作及經營情形皆無異常狀況，可循正常程序監督者。經「行政院」召開 14 次會議清查完竣，已於 2006 年 11 月 14 日函請各主管機關確實依清查結果辦理後續有關財團法人督管事宜。引自《立法院第 7 屆第 1 會期第 9 次會議議案關係文書》，2008 年 4 月 30 日，第 0092 頁，報 572 頁。

[21]. 張淑鈴：《政府捐助成立財團法人定位與法制之探討》，政府審計季刊，第 30 卷第 1 期，2009 年 10 月，第 24 頁。

[22]. 其中值得注意的是，為規範公設財團法人繼續捐助繁衍之情形發生，本草案第 2 條對公設財團法人具有更細緻的界定，凡屬於以下三種情形者，都屬於公設財團法人：一、由政府、公營事業捐助成立，且其所捐助之財產合計達捐助財產總額百分之五十以上之財團法人。二、由前款之財團法人自行或前款之財團法人與政府、公營事業共同捐助成立，且其所捐助之財產合計達捐助財產總額百分之五十以上之財團法人。三、接受政府、公營事業或前二款之財團法人捐贈，且其所捐贈之財產與其捐助財產合計達捐助及捐贈財產總額百分之五十以上之財團法人。

[23]. 引自：林桓、劉昭辰、吳煜宗等，《公設財團法人之研究》，「行政院研究發展考核委員會」委託研究報告，2005 年 3 月，第 89 頁。

[24]. 公司法第 369 條之 2 第 2 項規定：除前項外，公司直接或間接控制他公司之人事、財務或業務經營者亦為控制公司，該他公司為從屬公司。

[25]. 林桓、劉昭辰、吳煜宗等，前揭《公設財團法人之研究》，第 136 頁。同旨亦可參見：張錫朧，《政府捐助之財團法人外控機制之檢討與建議》，《主計月刊》，第 596 期，2005 年 8 月，第 17—18 頁。

[26]. 相關報導，整理自：自由時報，《籌備百年國慶替馬連任鋪路》，2009 年 11 月 9 日。中國時報，《百年國慶擴大舉辦》，2009 年 11 月 9 日，要聞 /A1 版。

[27]. 蘋果日報，《百年國慶基金挨轟變相輔選》，2009 年 11 月 09 日，A7/ 頭條要聞。

[28]. 聯合報，《黑白集：百年國慶怎麼慶》，2009 年 11 月 10 日，A2 版 / 焦點；真晨報，《社論：百年國慶不應便宜行事》，2009 年 11 月 11 日，02 ／政治風雲。

[29]. 林秀燕：《淺談政府捐助財團法人之監督》，主計月刊，第 591 期，2005 年 3 月，第 84 頁。

[30]. 許宗力：《論行政任務的民營化》，收錄於《法與國家權力（二）》論文集，臺北，元照出版公司，2007 年 1 月初版，第 429—430 頁。同旨可參：洪淳琦，《中國文化藝術補助機制之相關法律問題研究——以「財團法人國家文化藝術基金會」為中心》，臺灣本土法學雜誌，第 63 期，2004 年 10 月，第 27 頁。

[31]. 顧忠華：《公民結社的結構變遷——以臺灣非營利組織的發展為例》，臺灣社會研究，第 36 期，1999 年 12 月，第 139 頁。

[32]. 公司法第 369 條之 2 第 2 項規定：除前項外，公司直接或間接控制他公司之人事、財務或業務經營者亦為控制公司，該他公司為從屬公司。

非政府組織在社會文化治理過程中的功能與作用

李麗萍

◎福建八閩律師事務所律師

隨著社會主義建設事業發展的逐步深入，社會主義文化建設日漸呈現多元化趨向。非政府組織由於自身的民間性、志願性和公益性，其組織的活動不僅得到聯合國經社理事會及世界銀行等國際組織的認可，也得到了中國國內社會的普遍認同。非政府組織在社會治理過程中發揮了諸多的作用，如非政府組織在應急管理過程中的功能和作用，[1]非政府組織在「5·12」抗震救災中的突出表現，[2]非政府組織在環境保護過程中的功能和作用等。本文從社會文化的角度探討非政府組織在社會文化治理過程中的功能和作用，主要表現為：社會主義文化法律政策的「宣傳普及者」，社會主義文化法律政策的「主要踐行者」，社會主義文化法律政策的「推動促進者」，對外文化交流的「中轉站」。下面分別加以詳細論述。

一、社會主義文化法律政策的「宣傳普及者」

黨的十七大強調「大力發展文化產業，實施重大文化產業項目帶動戰略」。2009年7月，中國第一部文化產業專項規劃——《文化產業振興規劃》頒布，央行等九部門發文「加強金融對文化產業振興支持」等舉措，標誌著文化產業的發展已經被提升為一項國家戰略性產業。文化產業發展需要思想的溝通碰撞，文化產業法律政策的宣傳、普及工作就顯得尤其重要。法律政策的宣傳、普及僅僅依靠政府部門的力量，顯得單調且力不從心，而非政府組織的民間性和公益性，使得其在社會主義文化法律政策的宣傳、普及方面造成了不可或缺的作用。

非政府組織的各行業協會如律師協會、青年志願者協會等能夠為社會主義文化法律政策的宣傳提供專業性的服務。非政府組織的律師協會擁有高素質的法律專業資深人才，是政府政策、導向、意志的良好宣傳普及者。非政府組織的各行業協會能結合本行業的專長和實踐，區分各行業不同類型、不同規模的企業和機構情況，研究採取具體的宣傳普及法律政策的方法。例如：中央九部委聯合發出《關於開展科教、文體、法律、衛生「四進社區」活動的通知》後，各律師協會多次指派若干律師志願者服務隊深入社區參與「法律進社區」活動，以出牆報、板報，發放宣傳資料，為社區居民講解法律政策的方式宣傳普及法律政策知識。[3]

一些高校也派出具有法律專業知識的師生自願者服務隊，進軍營耐心地為有法律方面困擾的官兵們答疑解惑。[4]

二、社會主義文化法律政策的「主要踐行者」

據《全球公民社會年鑒2001年》統計，每百萬人口中擁有國際非政府組織成員身分的人數從1990年的148501人增加到2000年的254332人，密度從30%增加到43%。[5]可見，非政府組織本身作為群體，在社會主義文化法律政策的執行過程中，就是一支龐大的踐行者。非政府組織在發展、創新、提升社會主義文化方面，發揮了很大的作用。

（一）文化產品創造者

文化產業戰略的實施，標誌著政府在使文化產業成為國民經濟支柱性產業過程中，必須擔當起宏觀調控的主導作用，引領整個文化產業發展的方向。同時，文化產業政策的興起，標誌著文化已經具備商品的屬性，也意味著商品機制的商品流轉、商品價值功能在文化產業的發展中起著舉足輕重的作用。但政府調控和文化市場各自都有其侷限性，如政府無法親自進行文化創作，文化市場無法掌握文化自主規律等。非政府組織的組織性、自願性、公益性和民間性，使其更契合文化發展的內在需求和文化發展的規律性。

第一，非政府組織的組織性、自願性能使文化產業發展的環境更具有包容自主性。文化產品具有物質性和精神性的雙重特點，它的精神性特點決定了它是人類思想和智慧交鋒碰撞的結果。非政府組織的組織性，能使文化產業的發展凝結人民大眾的共同智慧，使文化產業更具有民族凝聚力。而非政府組織的自願性，又能為文化產品的產生創造寬鬆、包容的外部環境，培養出高度的文化自覺性。第二，非政府組織的公益性、民間性能為文化產業的發展注入新鮮血液，提供創作源泉。文化產品的生命在於創意。非政府組織的公益性，使得文化產品的內容更加注重公益，精神更加積極向上。非政府組織的民間性又使得文化產品取材更加廣泛，構思更加新穎，內容更加豐滿。

（二）文化產品規制者

十七大提出「深化文化體制改革，推動社會主義文化大發展大繁榮」，根據文化體制改革的需要，政府需要為其提供法律政策給養，而非政府組織作為文化體制改革的民間力量，也能夠為規範文化產品的協調、健康發展作出貢獻。

21 世紀是電子訊息時代，隨著手機、電視、電腦應用技術的發展，文化產業的發展有了新的樣態。以訊息交流為主要方式的無線通訊、移動電視、平板電腦、超級本等高科技產品，以旅遊、娛樂為主的休閒文化和以論壇、會展、商務交流為主的商業文化的發展，已經成為文化產業增量提升的重要引擎。非政府組織在規範新興文化產業發展方面也具有不同於政府和市場部門的規範作用。例如，中國互聯網協會為整治網路不文明行為，倡導給網路一個文明的空間，牽手網路運營商和各大主流網站，向全國互聯網從業者發出文明辦網的聯合倡議。[6] 中國電影發行放映協會為了規制電影院線之間的不正當競爭、貼片廣告經營管理無序等混亂現象，頒布了《電影票銷售及結算行為規範》，對市場的電影票價無規折扣、隨意設置半價日等行為進行規制，並對違規者進行相應的處罰。[7]

（三）文化產品傳承者

首先，非政府組織培養文藝人才，對民間文藝的傳幫帶工作發揮了極大的作用。中國的許多民間藝術，如剪紙藝術、花燈製作、皮影等都瀕臨失傳，非政府組織的民間文藝家協會，為文化產業在傳統民間藝術領域採集、創新提供專家力量，並為傳統文化產業培育新的藝術人才。民間文藝家協會使得文化產業的發展能夠更全面、系統地深入到廣大人民群眾的實際生活中，使得民間文藝活動更加豐富多樣化。[8]

第二，非政府組織對非物質文化遺產的保護，使人們對非物質文化遺產的保護意識得到優化增強。中國非物質文化遺產保護中心、中國民俗學會、中國工藝美術學會、中國中醫科學院、中國科學技術史學會、中國民間文藝家協會，這幾個非政府組織都是國家非物質文化遺產保護工作專家委員會向聯合國教科文組織推薦的對保護非物質文化遺產有突出貢獻、卓越工作表現的非政府組織。[9] 可見，中國非政府組織對非物質文化遺產保護工作所作的努力，在中國非物質文化遺產方面所發揮的作用，不僅得到了中國國內專家的認同，還得到了聯合國教科文組織的認可。非政府組織對於非物質文化遺產的保護宣傳，提醒人們非物質文化正在逐漸走向衰亡，如果現在還不行動起來對之加以保護，非物質文化遺產就會消失。非政府組織對於非物質文化遺產保護的倡議宣傳，喚醒人們對非物質文化遺產保護的意識，對非物質文化遺產的保護具有極大的促進作用。

第三，非政府組織參與各地文化節，對各民族文化的傳承起著宣傳和保護的作用。十七大提出創新文化發展理念以來，各地爭相辦起了體現當地文化特色的文化節。就福建省來說，武夷山舉辦的彭祖文化節、漳州的土樓文化節、莆田的

南少林武術文化節、永安舉辦的筍竹文化節、三明舉辦的煙標文化節,都各具地方文化特色。這些文化節的舉辦,雖然非政府組織不是主辦單位,但非政府組織或者是協辦單位,或者是誠邀對象。非政府組織的民間性,使得其對這些文化節的參與本身,就能造成一種文化交流、宣傳和保護的作用。

總之,十七大提出「發揚廣大人民群眾和文化工作者的創造精神」,非政府組織作為一股民間力量,積極參與到發展社會主義文化產業政策的浪潮中來。其對文化產品創作的參與,對文化產業發展問題的解決和規制,以及對文化交流傳承的貢獻,都是作為社會主義文化法律政策踐行者的角色,而且,因為非政府組織的組織性和自治性,使得文化行業協會和文化中介組織在文化法律政策的微觀層面具有政府組織不具備的比較優勢,更能夠發揮溝通政府和人民群眾之間的橋樑和紐帶作用。

三、社會主義文化法律政策的「推動促進者」

以高新技術為標誌的手機報紙、手機電視、移動電視、網路傳播等新媒體新業態的出現,就必然需要催生新的法律政策。非政府組織屬於民間自治性組織,它的公益性特徵使其在一定程度上能夠反映民眾的呼聲。非政府組織的各行業協會更瞭解行業內的現實情況,能夠聚集行業內的各類焦點問題,及時向政府組織反饋,並由政府制定相應的政策,連接政府與民眾,使國家政策的頒布更加準確,更符合行業有序、健康發展的要求。例如,隨著中國電影業的發展,涉及的題材越來越多樣化,每年電影協會的專家們都會提出很多關於電影的提案,並呼籲國家頒布電影法,使電影攝製、生產、製作、發行的整個過程都能在法制的軌道上運行。[10]中國廣告協會為全面淨化社會文化環境,促進未成年人健康成長,提出關於淨化廣告市場的相關實施方案,充分發揮非政府組織對社會主義文化法律政策的「推動促進」作用。[11]

四、對外文化交流的「中轉站」

非政府組織透過組織專題研究,召開研討會、座談會的方式,游梭於政府與民眾之間,也使非政府組織有別於政府間、政黨間的單一對話交流模式,使得文化交流的樣式更趨於多樣化。同一類型不同國籍的非政府組織之間的交流,不同類型相同國籍的非政府組織間的交流,不同類型不同國籍的非政府組織之間的交流都能使文化交流的內容更加豐富,更加多樣化,滿足多元化文化的需求。

非政府組織在文化交流過程中,有時以協辦者的身分出現,有時以主辦者的身分出現,但無論以何種方式出現,都促進了文化的交流和傳播。2012年2月

10 日，晉江英塘六桂宗親東南亞的千餘史六桂堂宗親，以祭祖、座談的方式促進宗親文化的交流和合作。[12] 2011 年 12 月 3 日，美國電影協會攜手北京國際版權交易中心聯合舉辦「電影大師班」，來自 10 多個國家的電影從業者在這個班中互相學習、交流全球電影的現狀，並對電影合作的前景進行了探討。「電影大師班」的交流，為中國電影進入國際影壇開闢了新徑，也為提升中國電影的國際化水平提供了有益的借鑑。[13]

五、小結

綜上所述，非政府組織在社會文化治理過程中具有有別於政府的優勢，使其在推動文化產業發展方面具有不可替代的功能和作用。發展文化產業，應該調動非政府組織的力量，使其行業協會發揮行業自律的規範作用，充分激活廣大群眾的文化創新力，同時保護傳統文化，整合起整個社會力量發展文化產業。

注 釋

[1]. 沈榮華：《非政府組織在應急管理中的作用》，《新視野》2005 年第 5 期，第 42 頁。

[2]. 楊慶：《淺談非政府組織在抗震救災中的作為》，《今日南國》2008 年第 6 期，第 14 頁。

[3]. 焦作市律師協會開展法律服務進社區進農村活動。

[4]. 福州大學法學院法律服務進軍營。

[5]. Helmut Anheier, Marlies Glasius and Mary Kaldor：Global Civil Society Yearbook 2001, Oxford University Press, 2001, P6。

[6]. 千龍、新浪、搜狐、網易等 14 個網站聯合發出文明辦網倡議書。

[7]. 團購電影票最多打七折，怎麼看？。

[8]. 中國民間文藝家協會。

[9]. 推薦保護非物質文化遺產領域非政府組織和專家有關情況的報告。

[10]. 電影家協會副主席呼籲頒布電影法：給電影鬆綁。

[11]. 李建國：《切實解決重點難點問題開創預防示成年人犯罪工作新局面》，《長安》2009 年第 8 期，第 8 頁。

[12]. 閩南六桂迎始祖信杯慶典在福建晉江舉行。

[13]. 美國電影協會在北京舉辦「電影大師班」。

揭開NGO之面紗——試議中國大陸非政府組織之長遠發展

郭真

◎福建重宇合眾律師事務所律師

2008年發生了汶川地震，民眾們看到社會各界踴躍投入抗震救災行列，貢獻微薄力量，萬眾一心，其利斷金。在援助人潮中，我們看到了紅十字會、青基會、壹基金等身影，他們都有一個共同的名字，稱為非政府組織。非政府組織的付出和奉獻讓人感動，心中敬佩油然而生。可是，一些異象也湧入民眾的視聽，從「天價帳篷」到「天價餐費」再到「郭美美事件」，中國紅十字會的醜聞不斷，[1]而這只是一個典型的非政府組織醜聞，存在相類似問題的非政府組織相信不在少數。顯然，既不能忽視非政府組織對社會生活的貢獻，視若無睹，也不能忽視這其中不和諧聲音的來源，盲目推崇。究其原因，是一個新生社會現像在不斷發展和羽翼漸豐中必然經歷的成長過程，故本文旨在透過簡要分析總結，提出些許建議，以期為中國大陸地區非政府組織的發展略盡微薄之力。

一、非政府組織概況

（一）非政府組織的概念和特徵

非政府組織是公民所成立的地方性、全國性或國際性非營利、志願性組織，以促進公共利益為工作導向，提供多元的服務，發揮人道的功能，將人民的需求傳遞給政府，監督政府政策，鼓勵人民參與地方事務。[2]

非政府組織是政府和以營利為目的的企業之外的第三種力量，屬於第三部門[3]。美國霍普金斯大學的萊斯特·薩拉蒙教授認為，第三部門與產生公共物品的公共部門（政府部門、國家部門）和產生私人物品的私人部門（市場部門、營利部門）相對應，各種非政府、非營利性的志願團體、社會組織、民間協會、行業協會和宗教團體等，都可以劃入這一術語所指的範圍。[4]另外，第三部門也被稱為「獨立部門」（Independent Sector）「志願部門」（Voluntary Sector）、「非營利部門」（Non Profit Sector）和「利他部門」（Altruistic Sector），在中國也被譯為「第三域」。[5]這些概念經常混用，強調的側重點不同。[6]在大陸地區，NGO通常被稱為民間組織、社會團體或者人民團體。在香港地區常稱為慈善

組織、非營利組織,在臺灣 NGO 被視為第三部門或第三種力量,大致分成兩類,一是財團法人的基金會,另一是社團法人的會員制協會。

NGO 與政府組織、營利組織存在明顯的區別(參見表 1),一般具有以下特徵:

表 1:政府機構、非營利組織與營利組織的理想類型比較[7]

特徵	政府機構	非營利組織	營利組織
哲理基礎	公平正義	道德慈善	市場利潤
運作理念	強制分配性	自願分配性	自願累積性
目標群體	一般大眾	一般大眾或目標群	股東
組織目標	多重目標	多重目標	經濟性獲利
服務基礎	公民權	公益贈與	對價服務
財務來源	稅收繳費	捐贈補助	顧客給付
功能決定	法律規定	領導者選擇	董事會
決策來源	立法機構	理事長	董事會
負責對象	人民	支持者	擁有者
服務範圍	廣泛	有限,特定	限於付費者
行政架構	大的科層體系	規模較小	有限的科層體系
行政模式	一致	彈性	有變化的
組織規模	大型	小型	小到中
方案規模	大型	小型	小到中

1. 非官方性,即指 NGO 必須在體制和組織上獨立於政府之外,與政府之間不存在隸屬關係、不是政府的附屬單位或延伸機構;2. 非營利性,即指 NGO 的最終運營目的不是為了 NGO 本身或其成員能夠獲得可觀的經濟回報,所以 NGO 亦稱為非營利組織(英文為 Nonprofit Organization,縮寫為 NPO),可以有收入,但不可分紅;3. 自治性,即指 NGO 必須能夠獨立自主,充分實現自我管理,不依賴於政府或其他社會組織;4. 組織性,即指 NGO 具有一定的組織形式,經常性地有計劃開展活動,一般設有章程;5. 自願性,參與 NGO 的原動力是自願服務,而不是強制性或義務性;6. 公益性,即指 NGO 的出發點是為了公眾提供免費的社會服務。[8]

(二)非政府組織的獨特優勢和內在缺陷[9]

作為一種新型的社會組織形式，在過去的 20 年間，非政府組織發展迅速，規模不斷擴大，涉及範圍廣泛，且在公共服務中具有獨特優勢，特別是發生公共危機時，具有獨特優勢（參見表 2）。

表 2：非政府組織的獨特優勢

- 根基廣—雄厚的草根基礎，根植於廣大群眾
- 使命使然—公益性的宗旨
- 計劃務實—較貼近生活，常能解百姓燃眉之急或關注被忽略的社會階層
- 組織彈性—作出決策較快，具有行動力
- 參與動力大—參與者充滿熱情，來自各行各業
- 人道主義魅力—社會關注大，出發點佳，容易獲得民眾的認可和支持
- 成本低—NGO的工作人員一般不多，運營成本較低
- 目的明確—希望 NGO 能長期穩定發展

但是，我們也必須看到，僅有滿腔熱情是不能持久有序地提供公益服務，為了更好地發揮 NGO 的社會功能，必須正視其存在的內在缺陷（參見表 3）。

表 3 非政府組織的內在缺陷

- 資金難—財務困難，無法持續供給資金
- 管理難—缺乏專業的管理經驗
- 人才難—受制於有限的資金，留住人才是個問題
- 規模小—組織規模較小，動員能力有限
- 溝通少—與其他社會組織、機構的協調、溝通、合作不充分
- 重複性—不同非政府組織的項目相似，讓民眾重複性捐款的現象不少
- 服務對象局限—非政府組織根據其服務宗旨，服務於特定有限的對象
- 整體性差—欠缺對整體社會與經濟環境的充分瞭解和把握

（三）非政府組織的社會功能[10]

非政府組織因其獨特優勢，在某些方面（例如治安管理、環境衛生、社會福利、慈善事業、訊息提供、社區服務、特殊人群的教育、老年人照顧、學術研究、文化發展、貧困地區發展等多項社會管理職能方面）能夠充分靈活地服務社會，主要體現在以下幾個方面：

第一，直接服務功能，例如特殊人群的教育，學前教育，偏遠山區女孩的教育，消費者權益保護，婦女兒童權益保護，社區服務等。

第二，間接推動功能，例如環境保護方面法規的制定，消費者權益方面的法律，婦女權益保護的法律，未成年人權益保護方面的法律，老年人權益保護方面的法律等等。

第三，倡導指引功能，鼓勵和實現著更多人參與社會治理和服務，且能透過其行為引起政府部門關注社會問題，和促進企業提升和承擔更多的社會責任。

第四，緩解矛盾功能，很多社會矛盾短期內無法得到有效解決或政府因其組織機構特點鞭長莫及，而非政府組織因其組織的靈活能及時作出決策，有效處理社會矛盾，較大程度地緩解了可能激化的社會矛盾。

二、香港地區和臺灣的經驗借鑑

中國香港地區和臺灣的非政府組織事業比較發達，規模不等，涉獵廣泛，凝聚群心群力，各行各業都能見到他們的身影。特別是在解決養老、失業、醫療、救濟等方面問題中發揮著不可或缺的作用，減輕了政府在一些領域，特別是社會保障領域的財政負擔，其成功經驗值得細細品味。

（一）香港地區的 NGO 發展的成功經驗

在 1959 年香港福利署成立前，香港政府本著「小政府，大社會」的理念，一直對民間組織及慈善領域是持「放羊吃草」的不干預態度。自政府介入後，香港的 NGO 事業進入有序的飛速發展期。[11] 香港慈善界的百年歷史和與政府間 30 多年的合作夥伴關係，形成了獨具特色的香港社會福利制度——政府與慈善界聯盟的制度。[12] 其提供方式是以官民合作，官管民營為主。[13] 這樣一方面，非政府組織為政府履行了部分公共服務職能，另一方面，政府為非政府組織提供經費，兩者相輔相成。

香港地區非政府組織（或非營利組織）之所以能發展到今天的規模，具有現在的影響力，歸納起來有幾個發展特點：

1. 資金財務特點：來源多樣化。包括政府財政資助（主要透過稅收），專門籌款機構資助（如香港公益金，香港賽馬會、六合彩），NGO 機構自行籌款，有價服務收入，海外捐贈。

2. 組織機構特點：服務多元化和機構集團化。例如，東華三院、保良局、仁濟醫院、明愛醫院。

3. 服務人員特點：香港擁有專業而龐大的義工隊伍，[14]全港登記的義工多達幾十萬人，沒有登記而參加義務社會服務的更多。

4. 監督管理特點：嚴格有序。香港政府要求民間組織必須根據香港稅務條例註冊為非營利慈善團體，並有良好的管理和財務背景，社會福利署擔當制定政策和服務方針、分配資源、監察服務質量的角色，而民間組織則接受政府的津助，按服務及津助協議的條款承辦指定的福利服務。同時還制定財務及人事管理規定。[15]

5. 特別需要指出的是：籌款與服務獨立運行，即善款籌集與服務項目的實施相分離，是香港慈善與非營利部門組織結構的基本特徵。[16]這樣，極大地提高了社會資源的開發、利用和管理效率，提升了香港慈善與非營利事業的整體水平。作為一個地域的社會組織結構，它的重要意義還在於促進和推動社會資源的三個主要方面——政府、企業和非營利部門的合作。

(二) 臺灣的NGO發展的成功經驗

臺灣與香港的NGO發展具有共通之處，同樣得到政府扶持，特別是社會保障領域[17]；同樣擁有強大的志願者服務隊伍（香港稱「義工」，臺灣稱「志工」）；組織結構相似。臺灣的NGO（亦稱NPO）經歷了國際非政府組織的移植期，1980年代的本土化期，90年代的區域化期，已然成為有意識、有組織、有作為，能夠號令全社會最積極的那部分力量站起來抗災的社會主體。[18]具體來說，臺灣NGO發達的主要緣由可包括以下幾點：

1. 政府扶持。一方面設立門檻低[19]，另一方面，政府資助。臺灣的NGO組織，約三分之一的資金來自政府資助。一是公辦民營公益性機構，如養老院、托兒所、醫院。二是專案申請，許多項目，政府出錢，進行招標，由NGO組織競標實施。三是政府撥款，一些固定的項目，財政或相關機構，固定撥付給相關組織實施。

2. 志工服務。在臺灣，志願者被稱為志工，意為「有心人士」。志工隊伍是臺灣NGO能長遠發展下去的重要力量支撐。大學裡設有專門的社會工作專業，專門培養從事社會工作的專業性人才，並且對於這些專業人才的就業給予一定的政策優惠，同時加強對專業社工的監管。透過一定的標準對專業社工進行註冊，透過各種法律法規對其進行規制。

3. 定位明確。臺灣的大多數NGO組織，都小而專，非常聚焦，於簡潔的機構設置和明確有限的機構使命可見一斑。

4. 與企業的合作夥伴關係。臺灣對非營利組織如何進行行銷研究頗多，並多有實踐，較為成功的範例是金融機構與非營利組織合作發行的公益認可卡（affinity card）形態（即「你刷卡，銀行捐錢給你認可的公益團體」）[20]，可謂雙贏良策。

5. NGO 聯盟。這點在公共危機和應急事件中突出體現了 NGO 的作用，最大程度地整合 NGO 各個組織的資源和力量，最終實現社會服務目的。[21]

6. 人員專業。臺灣存在著 NGO 律師，專門為 NGO 的規範化和專業化出謀劃策。臺灣的 NGO 組織是由知識分子主導的，具有專業性，既能從理論上給予指引，又能從專業素養上提高 NGO 組織的整體素養。

7. 法制化管理。以法律為救災工作的指南和機制。[22]

臺灣 NGO 不同於香港地區 NGO 的一個特點是，臺灣施行「雙規制」。[23]這與大陸地區有類似之處，但不同的是，其統一登記機關為法院。

三、大陸地區 NGO 的發展現狀和未來願景

（一）發展現狀

中國社會科學院今日發布的 2012 年《民間組織藍皮書》指出，中國大陸民間組織增長速度持續走低，整體增速創歷史新低。截至 2010 年底，共有民間組織 44.6 萬個，增長速度又下降了 0.6 個百分點。基金會保持較高增長勢頭，非公募基金會與公募基金會數量基本持平。2010 年底，基金會發展到 2200 個，增長速度為 19.4%。中國社會團體數增加到 24.5 萬個，比上一年度增長了 2.5%。民辦非企業單位成為數量增長最多的民間組織類型，2010 年底，中國民辦非企業單位總數達到 19.8 萬個。2010 年，全國 44.6 萬個民間組織吸納了社會各類就業人員 618.2 萬人，比上年增長了 13.5%。[24]其中社會團體增速最慢。[25]

中國大陸地區的非政府組織大致分為三類：社會團體[26]，行業組織，民辦非企業單位。[27]

關於 NGO，中國大陸地區稱為民間組織，目前已有一些相關法律法規，包括《關於嚴格控制成立全國性組織的通知》（1984 年），《基金會管理辦法》（1988 年），《外國商會管理暫行規定》（1989 年），《社會團體登記管理條例》（1989 年），《民辦非企業單位登記管理暫行條例》等。

（二）發展契機和瓶頸

目前，中國大陸正處於轉型期，政府職能逐漸轉向服務型，亟需非政府組織的默契配合。同時，經濟的高速發展，也給 NGO 的發展帶來了資金沃土，百姓在有餘力的情況下，也願意參與 NGO 或慈善事業。不可忽視的是，NGO 本身的優點，也是讓政府支持的地方，NGO 無須擴大政府組織規模，造成冗員，也無須政府管理成本，可專注於社會生活的微觀服務上，使得政府能全力專注於宏觀調控。新的社會問題，政府無法獨立解決，必須聯合社會各界的力量，才能妥善解決社會糾紛，緩和社會矛盾，實現公平正義，維持社會和諧和穩定。

但是，我們不能盲目樂觀，還應看到 NGO 遇到的一些發展瓶頸。主要體現在資金難（資金來源有限），人才難（優質人才稀缺和流失），運營難（缺乏完善的管理機制），難取信於眾（財務、訊息等的不透明），政府對社會組織的牴觸，與其他民間機構缺乏溝通交流，單打獨鬥。

其根源在於：一是法律制度還不健全完善，面臨身分困擾，不少草根組織無法得到合法「身分」；一是中國根深蒂固的觀念，對 NGO 尚處於初級階段的認識，存在不少誤讀；一是官辦色彩濃厚，行政特徵明顯。

（三）發展途徑

發展中國大陸地區的 NGO 組織，必須從以下幾個方面著手：

1. 完善法律和制度

中國對非政府組織一向視為政府機構的對立面，在行政法，特別是行政組織法方面，研究存在不少空白和模糊之處。有學者建議：一要明確非政府組織的法律地位，完善行政主體理論；二要規定非政府組織所享有的職權和應履行的職責，及其會員的權利與義務；三要確定非政府組織的法律責任及權利救濟途徑；四要保證非政府組織的自治性和獨立性。中國對 NGO 的成立實現「雙軌制」，有時候造成管理僵化，不能機動靈活地應對社會問題和應急事件；另一方面，因為對非政府組織的具體運營細節沒有相關法律規定，會造成非政府組織運營不規範，不穩定。故，應盡快制定相關法律法規，在法律方面使得非政府組織合法合理。

2. 開源節流，多重籌款方式

實施公益項目，最基本的工作是籌資，沒有資金，公益慈善項目就成了無源之水，無根之木。前述香港和臺灣 NGO 的多樣化募款途徑可供參考，大陸地區的 NGO 雖然行政色彩濃烈，存在不少政府扶持和資助的非政府組織，但是大多數的 NGO 仍處於僅靠募捐來維持運營的狀態。建議開拓眼界，不要侷限於某種

特定的方式,臺灣存在的企業資助 NGO 組織的現象,香港賽馬會作為盈利性機構,把其盈餘的一定比例定期資助特定 NGO 組織的模式,也可借鑑。

3. 改變對非政府組織的傳統觀念

NGO 與政府的相處模式應為競合模式,從詞義上分析,即是競爭合作的關係。政府應改變觀念,看到非政府組織在實現社會功能上所具有的優勢;而民眾也不該把非政府組織僅認為是富人捐贈善款的慈善組織,非政府組織的內涵和作用遠不止於此。

4. 人才的引進,與專業人士的配合

NGO 組織要留住人才,首先要認識到其組織的工作人員也是尋常百姓,也需要維持基本生活,而另一方面,NGO 組織的不穩定性,常導致其工作人員在項目結束後即被裁員或失業,這樣惡性循環,導致 NGO 組織一直在培養新的人才,而有經驗有資歷的人才卻常常流入其他社會機構中,本土化的草根組織尤為明顯。留住人才,一方面要良好運作組織,提高效率,並相應提高待遇,一方面要從理念上培養人才的使命感。

5. 加強與企業及社會其他力量的配合合作

NGO 組織應改變其單打獨鬥的模式,臺灣的企業與 NPO 之間的良好合作關係,為我們提供了發展的新思路。

6. 向企業學習管理機制

雖然 NGO 組織的管理模式簡單,相對於政府機構的僵化複雜,其靈活性值得推薦,但是管理的無序性和隨意性不利於組織的長久發展。

7. 學會以「營銷方式」宣傳 NGO 的宗旨和項目

注重挖掘媒體資源,建立廣泛聯繫,形成媒體支持網路,為公益項目的順利實施提供輿論支持,為弘揚積極向上的非政府組織精神營造良好社會氛圍。

8. 加強監督,增強公信力

公益項目的實施要以社會大眾的支持參與為堅實後盾,營造良好的社會輿論氛圍尤為重要。財務不明朗,是非政府組不能獲信的主要原因,以中國紅十字會為例,若不是收支不明,財務不透明,百年基業斷然不會因一兩個不良事件而動搖,故要堅持「資金管理透明,資金募集透明,資金使用透明,基金增值透明」,

這樣才能長遠穩定地發展，使廣大目標群體得實惠、普受惠、長受惠，使捐贈者放心、滿意。

筆者才疏學淺，本文篇幅有限，難免紕漏，希望以上建議能對中國大陸地區的 NGO 組織的長遠發展有所裨益。

注　釋

[1]. 《紅十字會醜聞盤點》，中國經濟網，最後瀏覽時間：2012 年 7 月 10 日。

[2]. 《聯合國可持續發展 21 世紀議程》。

[3]. 《聯合國憲章》第 71 條對第三部門所下的定義為：第三部門是指在國際範圍內從事非營利性活動的政府以外的所有組織，其中包括各種慈善機構、援助組織、青少年團體、學會、合作協會、經營者協會等。

[4]. 參見 Lester M.Salamon，Partners in Public Service：Government-Nonprofit Relations in the Modern Welfare State，Baltimore：John Hopkins University Press，1995。

[5]. 參見李亞平，於海譯：《第三域的興起》，上海：復旦大學出版社，1998 年版。

[6]. 中國學者王名在 2005 年接受《21 世紀經濟報導》專訪時就認為：第三部門、公民社會、NGO、非營利組織，指的都是同一類的社會組織，即獨立於政府和企業市場體系之外的非營利的、公益導向的社會部門。目前中國學界對非政府組織或前述這些名詞的定義和範圍也存在迥異的觀點。

[7]. 原始資料來源：Powell，W.W（ed.），The Nonprofit Sector：A Research Handbook.，New Haven：Yale University Press，1987. 中文譯本來源：王順民，《當代臺灣非營利組織的社會行銷及其相關議題論述》，「中國文化大學」社會福利系，筆者對中文內容略有調整。

[8]. 參見王名、何建宇：《社會發展與中國 NGO》，清華大學 NGO 研究所 Working Paper 第 6 期；何增光主編：《公民社會與第三部門》，北京：社會科學文獻出版社，2000 年版；王順民：《當代臺灣宗教類非營利組織的轉型與發展》，臺北：洪華文化事業有限公司，2000 年版。

[9]. 參見吳東民，董西明：《非營利組織管理》，中國人民大學出版社，2003 年版；王名：非營利組織管理概論，北京：中國人民大學出版社，2002；吳英明，林德昌：《非政府組織》，臺北：商鼎文化出版社，1990 的版；劉紅升：《反思與重建：第三部門在中國》，杭州浙江大學，2002。

[10]. 關於非政府組織或第三部門參與社會治理，特別是社會保障方面，現有基礎理論包括：「市場失靈理論」，「政府失敗理論」，美國學者漢斯曼提出的「契約失靈理論」，美國學者薩拉曼的「志願失靈主義」。

[11]. 目前香港 300 多家的各類慈善機構和志願團體中,以社會福利機構為主。這些機構所從事的社會福利工作被分為九個大類 322 個項目,這九大類是:社區發展、家庭及兒童服務、康復服務、安老服務、過犯及釋囚服務、學齡兒童及青年服務、長期病患者服務、其他服務對象服務、輔導服務。另外香港還有為數眾多的休閒和聯誼俱樂部、中心組織、工會、商會、專業團體、宗教組織、私立學校等服務機構。

[12].《滬港非營利組織比較研究報告》,中國社會科學院社會學所社會政策研究中心課題組,2002 年 4 月 1 日。

[13]. 支持這種社會福利制度模式的三大支柱是:政府有能力提供足夠的資金支持;慈善和非營利組織有能力承擔;社會力量有能力監督。

[14].1999 年在香港各類非政府社會工作機構從業的工作人員有 22300 多人,其中專業社會工作者 4200 多人,他們全部為接受過社會工作高等教育的專業人士。註冊的社會工作者在機構中一般擔任專業和管理工作,有一套規範的職級評定和晉升制度,工薪待遇大體與公務員相當,高於同等資歷的一般從業人員。參見《滬港非營利組織比較研究報告》。

[15]. 這些管理規定包括《慈善籌款活動內部財務監管指引說明》、《領導你的非政府機構 - 機構管制非政府機構董事會參考指引》,與廉政公署聯合制定《防貪錦囊》、《受資助非政府福利機構的人事管理》和《受資助非政府福利機構的採購程序》。

[16]. 即由專門的籌款機構向社會募集慈善性資金,然後再分配給專事服務的慈善團體。籌款機構與服務機構實行專業化的分工與協作,形成了運行過程中籌募——救助——籌募的閉環回路。

[17]. 指的是在社會面對政府提供的社會保障產品不足情況下,透過傳統的互助形式,逐漸發展成數量龐大的民間非營利組織,活躍於慈善和社會服務領域。

[18].《臺灣 NGO 觀感》,中國青基會。

[19]. 臺灣「人民團體管理辦法」規定,凡有臺幣 3000 萬元(人民幣 700 多萬元),就可以成立財團法人;凡有 30 人共同發起,就可以成立社團法人,從事符合宗旨的相關活動。

[20]. 王順民:《當代臺灣非營利組織的社會行銷及其相關議題論述》,臺灣中國文化大學社會福利系。

[21].《臺灣 NGO 觀感》,中國青基會。

[22]. 臺灣「921」抗震 9 年,在安置階段和重建階段都有系統的規劃,而且都作為法條公布,還有十分明確的、甚至照我們的觀點看來很繁瑣的細則。所有的法

條都明確了生效的時間。參見《臺灣 NGO 觀感》，中國青基會，最後瀏覽時間：2012 年 7 月 12 日。

[23]. 臺灣非營利組織的設立步驟：1. 由目的事業主管機構核定設立許可，再由法院負責法人登記。具體而言，社會保障部門作為主管機關對法人（民間非營利組織）的業務有審查權，包括法人的設立許可、組織運作、年度重大措施、財產保管與運作、財務、公益績效及其他事項的檢查、監督職能。

[24]. 在「921」地震的災後援助和重建，以及數據公布中，可見到「全盟」的力量和作用，也可注意專業人員，如律師和會計師的參與介入，增加了公信力。參見《中國共有民間組織 44.6 萬個，吸納 618 萬人就業》，公益時報網。

[25]. 另據中國國內學者的研究，中國除民政部門註冊的外，還有數量龐大的因登記門檻過高而游離於部門外的「草根組織」，參見俞可平：《中國公民社會興起與治理的變遷》，社會科學文獻出版社，2002 年版。

[26]. 社團登記業務流程：1. 申請籌備社團：經有關業務主管單位同意，由發起人向登記管理機關呈送籌備社會團體的申請文件。2. 審批籌備申請：登記管理機關在 60 個工作日內對社團籌備申請進行審查並以書面形式作出批准籌備和不批准籌備的決定。3. 籌備：經登記管理機關批准籌備成立的社會團體，自批准之日起 6 個月內召開會員大會或會員代表大會，透過章程，產生執行機構、負責人和法定代表人。4. 申請成立社團：籌備完成後，向登記管理機關申請成立登記。5. 登記：收到完成籌備工作的社會團體申請成立登記的全部有效文件之日起，登記管理機關在 30 個工作日內完成審查工作，對符合登記條件的社會團體發出準予登記的通知。6. 發證：準予登記的社會團體到民政部民間組織服務中心辦理領取登記證書事宜。

[27]. 事業單位是否歸入 NGO 範圍，目前學界觀點不一。參見應松年：《非政府組織的若干法律問題》，北京聯合大學學報，2003 年第 1 期。

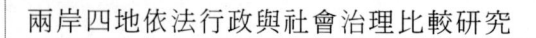

臺灣「行政訴訟法」的演變歷程及其對大陸的啟示與完善思考

宋錫祥

◎上海對外貿易學院法學院院長、教授

臺灣行政訴訟法律制度可以追溯到民國初期的 1914 年，「行政訴訟法」的初次立法肇始於 1932 年（民國二十一年），2000 年開始實施新的「行政訴訟法」，條文也從 27 條一舉擴增至 308 條，而新法自實施以來也歷經四次修正。最新一次較大幅度修正是 2011 年，同年 11 月 1 日獲得臺灣「立法院」透過，11 月 23 日公布修正條文，並 2012 年 9 月 6 日付諸實施。臺灣「行政訴訟法」的實施，是「司法為民」的具體體現，不僅有效保護了公民、法人或者其他組織的合法權益；而且每次修正更是依法行政，逐步推動行政法治化的進程。因此，研究和跟蹤臺灣「行政訴訟法」的立法演變歷程，並對其作出客觀的分析和評價，這對於大陸現行《行政訴訟法》的修改和完善，具有相當的啟示和借鑑作用。

一、臺灣行政訴訟法律制度的源流及其演變

民國時期（1932 年 11 月 17 日）制定並予以公布的行政訴訟法，計 27 條，並於翌年 6 月 23 日施行。初期條文僅 27 條，嗣後曾於 1935 年（29 條）、1937 年（30 條）、1942 年（34 條）三度修正。雖然從 1945 年 10 月 25 日起，在臺灣實施，但行政訴訟制度運作，則遲於 1950 年國民黨當局退臺之後。行政法院組織的體制與訴訟程序，初時少有變更。「行政訴訟法」分別於 1969 年及 1975 年，經過兩次修正，內容略有變化，條文數量仍維持不變，截至 1998 年「行政訴訟法」大幅度修正之前，此區區 34 條文構建起臺灣行政訴訟制度之雛形，並實施長達 20 餘年。依 1969 年公布的「行政訴訟法」（簡稱「舊法」）第 1 條第 1 項規定，所謂「行政訴訟」者，係指人民因中央或地方機關的違法行政處分，認為損害其權利，經依法提起再訴願或相當的救濟程序，不服其決定，或逾 3 個月不為決定或延長再訴願決定期間逾 2 個月不為決定者，得向行政法院提起訴訟的救濟方法。

歸結起來，舊行政訴訟制度呈現出如下特徵：（1）以行政處分為中心的行政裁判權。凡是屬於行政處分的爭議案件，一般均可提起行政訴訟，法律特別規定由普通法院或其他機關管轄者除外。（2）設立訴願前置程序。行政訴訟的提起，須先經由訴願、再訴願的程序，使行政機關有自我審查的機會，並有助於減輕法

院負擔。(3) 實行「一級一審」的審級制度。在審級的設計上,島內僅設有一家行政法院,集初審、終審、事實審、法律審於一身,行政法院一經判決,訴訟程序即告終結。(4) 訴訟類型以撤銷訴訟為主。行政訴訟的提起,主要以請求行政法院撤銷或變更違法之行政處分或訴願決定為目的,通常稱為「撤銷訴訟」。舊法第 2 條第 1 項雖規定:「提起行政訴訟,在訴訟程序終結前,得附帶請求損害賠償」,在性質上屬於「給付訴訟」。唯因損害賠償請求權的「實體規定」,過去多半付之闕如,人民尚難直接援引此項「程序規定」有所請求,故前述附帶請求賠償的規定並未發揮其作用。及至 1981 年臺灣「國家賠償法」施行後,因該法第 12 條規定,人民得適用「民事訴訟法」的規定向民事法院請求臺灣當局賠償,故實務上也少有依「行政訴訟法」提起附帶請求賠償之案例。

綜觀舊行政訴訟制度,可知其僅有以行政處分為訴訟客體的「撤銷訴訟」類型,對於「請求行政機關為行政處分」、「確認行政處分無效」、「確認公法上法律關係成立或不成立」、「確認已執行完畢或因其他事由而消滅的行政處分為違法」及「公法上給付」等公法上爭議事件,缺乏救濟途徑,加之在爭訟程序的設計上,在設有多層級的先行程序的同時,卻無審級救濟制度,致使人民的權益無法獲得充分且迅速的救濟,與臺灣「憲法」保障人民訴權的規定不相吻合。有鑒於此,臺灣「司法院」於 1981 年 7 月間成立行政訴訟制度研究修正委員會,著手從事研修工作,歷時 11 年,於 1993 年間擬具「行政訴訟法修正草案」,送請「立法院」審查。1995 年 6 月 7 日,「立法院司法、法制委員會」聯席會議就「司法院」所提「行政訴訟法修正草案」進行審查程序。1998 年 10 月 2 日,「行政訴訟法修正草案」相繼獲得二、三讀透過,同年 10 月 28 日經總統公布,並於 2000 年 7 月 1 日起施行,自此臺灣行政訴訟制度才有了全新的面貌。[1] 此次「行政訴訟法」的修正幅度,為歷次之最,不僅條文數目由原來的 34 條增至 308 條,同時在內容上,無論是條文的結構、章節的編排,乃至訴訟類型的增加及訴訟程序的強化,均有極大的改觀,毫無誇張地說,這是臺灣行政訴訟制度的重大變革和改良。地區臺灣「行政訴訟法」第 1 條開宗名義揭示了行政訴訟的宗旨,即在保障人民權益,確保臺灣行政權的合法行使,並增進司法的功能。針對上述宗旨,此次修法的重點包括:

1. 行政訴訟裁判權的範圍得以擴大。舊法關於行政訴訟的範圍,雖採用概括主義,然而,實踐上其訴訟類型僅有撤銷訴訟一種,故實際上無法保障人民權益的要求。按照修改後的臺灣「行政訴訟法」第 2 條規定,凡屬公法上的爭議事件,除法律另有規定外,均得提起行政訴訟,這表明,新法採取概括規定,明定除法

律別有規定外,一切公法上爭議均得依本法提起行政訴訟,從而改變了以往提起行政訴訟的對象,只能限於「行政處分」的做法。

2. 行政訴訟的種類有所增加。臺灣「行政訴訟法」第3條除保留原有的撤銷訴訟外,還增列「課予義務訴訟」(請求應為行政處分訴訟)、「確認訴訟」及「給付訴訟」等三種訴訟類型。其中「課予義務訴訟」者,是指行政機關對於人民依法申請的案件,應作為而不作為時,人民經訴願程序後,得向行政法院提起請求原機關應為行政處分之的訴訟。「確認訴訟」者,是指確認公法上法律關係成立或不成立的訴訟,及確認已執行完畢或因其他事由而消滅的行政處分為違法等的訴訟(第6條)。所謂「給付訴訟」則是對於因公法上原因發生財產上的給付,或因公法上契約發生的給付,向行政法院提起訴訟。[2] 且除主觀訴訟外,並包括客觀訴訟。換言之,新法的法定訴訟類型,囊括撤銷訴訟、課予義務訴訟、確認訴訟、合併請求損害賠償或其他財產上給付之訴訟、一般給付訴訟、維護公益訴訟、選舉罷免訴訟等種類。不過有關新法規定的法定訴訟類型究竟有多少,以及是否承認法定外訴訟類型等問題,目前學界仍存有爭議。[3]

3. 由原來「一級一審制」改為「二級二審制」。其中,增設「高等行政院」作為事實審兼法律審的第一審級;而將原行政法院改稱臺灣「最高行政法院」,作為上訴審,原則上為法律審,充當終審法院的職能。其屬適用簡易程序的案件,如欲對之提起上訴或抗告者,則須以該訴訟事件所涉及的法律上見解具有原則性者為限,並經臺灣「最高行政法院」的許可。[4]

4. 採取開庭審理的訴訟程序。按照臺灣「行政訴訟法」規定,「高等行政法院」一審訴訟程序,是以言詞審理為原則,並仿效「民事訴訟法」增訂相關規定,以利於庭審程序的順利進行。

5. 確定先決問題的處理方法,杜絕審理紛爭。由於臺灣採用司法二元制度,同一基礎事實或法律關係所衍生的民、刑事訴訟或行政訴訟,分別由普通法院和行政法院負責審理,為了避免和減少事實認定及法律見解上的歧義,程序法理應有所規範,以免引發爭議。為此,新法特增訂先決問題的處理條款,規定民事或刑事訴訟的裁判,以行政處分是否無效或違法為依據的,應依行政爭訟程序予以確定。行政爭訟程序已經開始者,在其程序確定前,民事或刑事法院應停止其審判程序,從而有效地防止裁判上的分歧。

6. 增設權限爭議的解決方法與釋「憲」申請權。在臺灣,有關行政訴訟與民事、刑事訴訟的審判,分別由不同性質的行政法院與普通法院審理,故一旦發生

審判權衝突，應設有解決的方法。鑒於此，新法明定行政法院就其受理訴訟的權限，如與普通法院確定裁判的見解有異時，應以裁定停止訴訟程序，並申請「司法院」「大法官」作出解釋，以解決審判權的積極衝突。

7. 為維護社會公益，增設維護公益訴訟與團體訴訟。所謂公益訴訟無非是人民為了維護公益，就無關自己權益的事項，對行政機關的違法行為，以法律有特別規定者為限，也可提起行政訴訟。團體訴訟則是出於公益目的的社團法人或非法人團體於其章程所規定的範圍內，由多數有共同利益的社員，就一定的法律關係，授予訴訟實施者，可以公共利益為理由提起訴訟。

8. 允許採用和解方式解決與公益有關的行政訴訟，並增訂相應條款。考慮到行政訴訟往往與公益存在一定的關係，原則上不許當事人以合意解決訴訟上的爭議，但在某些情況下，當事人就訴訟標的具有處分權且不違反公益者，並非不允許其為訴訟上的和解，以終止爭執。有鑒於此，新法特就訴訟上和解之程序、要件及和解筆錄的效力，作出明確的規定，以便於遵循。

9. 崇尚情勢變更原則，以體現實質公平。所謂情勢變更原則是以契約制訂當時的情勢不變為原則，一旦情勢發生變化，非訂約當時所能預料，而依其原有效果顯失公平者，契約所約定的內容也應作相應的調整。情勢變更通常是私法上的原則，但公法上的契約或公法上其他原因所產生的財產上給付，如發生情勢變更，為維護當事人的實質公平，或免除或防止公益上的重大損害，也應適用情勢變更原則。與之相配合，新的「行政訴訟法」第 203 條規定，行政法院在訴訟程序中，得依當事人（包括行政機關）申請，為增減給付或變更、消滅其原有效果的判決。

10. 仿效日本立法例，允許行政法院受理撤銷訴訟。行政法院受理撤銷訴訟，雖認為原處分或決定違法，但其撤銷或變變更對於社會公益有重大損害時，應權衡受處分人的個人利益與社會公益，如認為原處分或決定的撤銷或變更顯然與社會公益相違背者，行政法院得駁回原告之訴，以維護公益與私益之間的平衡。一旦行政法院作出此項判決，除應在主文中告知原處分或原決定違法外，並應依原告的聲明，將其因違法處分或決定所為給付或所受損害，在判決內令被告機關返還或賠償，使原告能迅速獲得適當之救濟。

11. 增訂簡易訴訟程序，以免不必要的耗時費力。從訴訟經濟的角度出發，新法對於訴訟標的小（約 10 萬元新臺幣）、價值額不大案件以及不服行政機關所作的罰金以外的輕微案件適用簡易訴訟程序，並採取書面審。（1）適應行政訴訟種類的增加，允許保全的範圍擴大至公法上金錢給付或其他權利。根據臺灣「行

政訴訟法」規定，如果公法上金錢給付或其他權利有必要進行保全，自應輔以假扣押或假處分之程序，以利保全，故新法特增訂保全程序之規定，以適應新形勢的需要。（2）根據不同訴訟種類，增訂相應的強制執行程序。為了配合訴訟種類增多的發展趨勢，修訂後的「行政訴訟法」就不盡相同的訴訟種類，分別對執行名義、執行方法及實施強制執行的程序作出明確的規定，使執行程序上依法有據。

12. 修正裁判的強制執行，以強化執行功能。新法增訂第八編「強制執行」，撤銷判決確定者，行政機關應即為實現判決內容的必要處置。如行政訴訟的裁判屬於判令債務人為一定給付者，該裁判得為執行名義，向臺灣「高等行政法院」申請強制執行。如債務人為中央或地方機關或其他公法人者，並應通知其上級機關督促其如期履行。至於強制執行機關則明定得由「高等行政法院」下設執行處為之，也可委託普通法院民事執行處或行政機關代為執行，有關強制執行程序，原則視執行機關為法院或行政機關而分別準用《強制執行法》或《行政執行法》規定。

臺灣行政訴訟制度在大刀闊斧地進行改革，並逐步趨於健全和完善，除適時修改「行政訴訟法」之外，尚需對行政法院的組織有所調整與增補。臺灣「司法院」於1993年提出「行政訴訟法」修正草案時，一併提出「行政法院組織法修正草案」，於1999年1月15日經臺灣「立法院」三讀透過[5]，同年2月3日經「總統」公布。依「行政訴訟法」第101條第2項及《行政法院組織法》第48條第2項規定：「本法修正條文施行日期，由臺灣『司法院』以命令定之。」「司法院」修正公布「行政訴訟法」和「行政法院組織法」修正條文，均經本院於2000年7月1日施行。

為了方便新法與舊法的銜接，避免新法實施初期所可能產生的適用疑義，臺灣「立法院」於2000年5月23日三讀透過「行政訴訟法施行法」，共6條，其主要內容如下：（1）新法施行後，於施行前已系屬而尚未終結的行政訴訟事件，由臺灣「最高行政法院」依新法予以裁判。如認為起訴無理由的，應予駁回；有理由的，應為原告勝訴的判決或發交該管轄高等行政法院依新法予以審判。（2）確定裁判的再審：新法施行前已確定裁判的再審，其再審期間依舊法的規定；再審事由，依新法規定。（3）新法施行後，不服再訴願決定的再訴願人或利害關係人，得於法定期間內向臺灣「高等行政法院」提起行政訴訟。（4）第三人對新法施行前已確定的終局判決，認為有新法第284條第1項規定重新審理的事由者，得於新法施行之日起30日或知悉確定判決之日起30日的不變期間內，依新法的

規定，申請重新審理。但已確定的判決，自新法公布日回溯起算已逾超過 1 年的，不得申請重新審理。翌年 10 月 22 日「司法院」修正發布適用簡易程序的數額增至新臺幣 10 萬元的公告，並自 2002 年 1 月 1 日付諸實施。

臺灣「最高行政法院」為行政訴訟的終審法院，其判決所持的法律觀點和見解，有約束下級行政法院的效力。為避免各庭之間法律見解歧異，該法院每月定期舉行庭長、法官聯席會議，就產生分歧的法律問題進行討論，形成書面決議，以便統一認識。此外，該法院每年還舉辦各級行政法院法律座談會，與下級審庭長、法官進行法律見解的溝通和交流，探討審判實務及學理上的問題，並記錄下來，這些記錄仍具有實際的參考價值。

整體而言，新法無論是制度結構或體系內容，可謂是與德、法、日等傳統法制先進國家不相上下，並駕齊驅。然而，從 1981 年 7 月組成「修正委員會」到 2000 年 7 月 1 日公布實施，自今期間長達 10 餘年，期間中國內外法制及相關理論已多所變革，加之新法因立法技術等因素，若干規定本身也存在不適用上的缺陷和困擾，一經實施，實務上即陸續產生若干問題亟須解決。對此，臺灣「司法院」於 2001 年 3 月開始對「新法」再次檢討修正作業，先後共進行二次修正，不包括 2011 年的修改。

第一次修正於 2007 年 6 月 5 日透過，2007 年 7 月 4 日公布，2007 年 8 月 15 日實施。本次共新增 10 條，修正 8 條，重點如下：（1）向無審判權法院起訴，改採職權移送制。為保障當事人免於承受訴訟審判權歸屬認定及移轉的不利益，增訂行政法院對其認為無受理權限的訴訟，應依職權移送至有受理訴訟權限的法院，免除人民承受審判權錯誤的不利益，以保障其訴訟權。（2）少量定額徵收裁判費，以防止濫訴的情形。因為司法資源屬全民所有，為防止濫行訴訟，浪費司法資源，推動使用者付費原則，改採按件定額酌征裁判費。訴訟費用包含裁判費及其他進行訴訟的必要費用，原則上由敗訴一方負擔。起訴，按件徵收裁判費新臺幣 4000 元，適用簡易訴訟程序的事件，徵收新臺幣 2000 元，特定申請事件、抗告等，徵收新臺幣 1000 元。（3）行政訴訟當事人若欲委託代理人，除可委託律師為訴訟代理人外，在稅務、專利行政事件，會計師、專利師或依法得為專利代理人者，經審判長許可，亦得為訴訟代理人；如當事人為公法人、「中央」或地方機關、公法上的非法人團體時，其所屬專任人員辦理法制、法務、訴願業務或與訴訟事件相關業務者，亦得為訴訟代理人。（4）新法對於不經訴願決定而提起的撤銷訴訟以及課予義務訴訟的起訴期間，漏未規定，修正案就課予義務訴訟

疏未規定起訴期間,故參照撤銷訴訟起訴期間的規定予以明定。第 106 條第 3 項、第 4 項明定應於行政處分達到或公告後 2 個月的不變期間內為之;不經訴願程序即得提起第 5 條第 1 項的訴訟者,應於作為期間屆滿後,始得為之。但於期間屆滿後,已逾 3 年者,則不得提起。(5)為免對於確定判決反覆爭執,本次增訂對於再審之訴的再審確定判決不服,復提起再審之訴時,其 5 年再審期間自原判決確定時起算。但再審之訴有理由者,自該再審判決確定時起算。

　　第二次修正於 2009 年 12 月 22 日透過,2010 年 1 月 13 日公布,2010 年 5 月 1 日實施。本次共新增 5 條,修正 61 條,重點如下:(1)新法就課予義務訴訟、不經訴願決定即可提起撤銷訴訟或課予義務訴訟之情形,漏未規定起訴期間,遂增訂起訴期間之規定。(2)明定其他法院將訴訟移送至行政法院者,移送前所生之訴訟費用,視為行政法院訴訟費用之一部分,並明定應補行徵收訴訟費用或溢收訴訟費用的處理。明定溢收訴訟費用之處理,准用「民事訴訟法」相關條文的規定。(3)明定準予訴訟救助的本案訴訟,在裁判確定後有關訴訟費用之徵收,准用「民事訴訟法」第 114 條第 1 項規定,及關於訴訟救助之裁定,准用「民事訴訟法」第 115 條規定,得為抗告。(4)在管轄權規定方面,此次修正主要是便利證據調查及人民訴訟,包括不動產事件、公務員職務關係和公法上保險事件。一是在不動產的公法上權利或法律關係方面,仍專屬不動產所在地之行政法院管轄。增訂第 2 項規定,除前項情形外,其他有關不動產的公法上權利或法律關係涉訟者,得由不動產所在地之行政法院管轄。二是參照德、法《行政法院法》相關立法例,增訂相關條文,規定有關公務員職務關係的訴訟,得由公務員職務所在地之行政法院管轄。其理由是,有關公務員職務關係之訴訟,包括公務員職務關係是否發生,及因職務關係所生之訴訟,許多大陸法系國家的立法例均有由原告職務所在地的行政法院管轄之規定。[6] 三是關於公法上保險事件,明確連接點和管轄法院,規定因公法上的保險事件涉訟者,得由為原告的被保險人、受益人的住所地或居所地或被保險人從事職業活動所在地的行政法院管轄。前項訴訟事件於投保單位為原告時,得由其主事務所或主營業所所在地之行政法院管轄。(5)將現行列舉准用「民事訴訟法」的方式,改為例示准用。除保留於各章節之列舉准用「民事訴訟法」之規定外,增訂概括性准用規定,即「民事訴訟法」的相關規定,除本法已規定准用者外,與行政訴訟性質不相牴觸者,亦准用之。

　　二、2011 年臺灣「行政訴訟法」修改的主要特點

自1998年「行政訴訟法」大幅度修改以來，臺灣社會發生了較大的變化，為了與時俱進，開拓進取，適應新形勢的發展需要，歷時10多年之後，除了於2011年5月有小幅修正之外，臺灣當局於同年11月23日公布修正新的「行政訴訟法」，此次修改在某些方面是對行政訴訟制度作了重大變革，這無疑是臺灣行政訴訟制度發展邁向了新的高度，對於大陸行政訴訟制度的進一步健全和完善有一定的參考和啟示作用。概括起來，此次修改具有顯著特點，具體主要體現在以下幾個方面：

（一）行政訴訟由原來的「二級二審制」改為「三級二審制」

2000年7月1日，臺灣行政訴訟開始採用「二級二審制」，改變了以往「一級一審制」的做法，與此相適應，相繼成立臺北、臺中和高雄三所高等行政法院，作為掌理行政訴訟第一審法院，同時將原行政法院改制和升格為臺灣高等行政法院。雖然在審級設計上有所改變，但隨之而來是只有三家法院受理第一審行政訴訟案件，勢必給民眾訴訟帶來不便。例如，違反道路交通管理處罰條例裁決救濟屬於公法性質的爭議事件，以往只有一家行政法院受理，數量龐大，不堪負重，以致40多年來均由普通法院受理。當今行政訴訟既然實施了10餘年，訴訟不便的問題日益顯現出來，為瞭解決這一突出矛盾，使公法案件逐步回歸行政訴訟審判，臺灣「司法院」將行政訴訟改為「三級二審制」，即在各地方法院設立行政訴訟庭，除了把行政訴訟簡易程序案件的第一審及其相關保全證據案件、保全程序案件和強制執行案件，改由地方法院行政訴訟庭受理之外，還將現行由普通法院審理的違反道路交通處罰條例裁決的救濟案件改依行政訴訟程序審理。

（二）簡易程序由以往的書面審改採庭審

由於簡單輕微的案件往往適用簡易訴訟程序，為了節省成本、勞力和費用，不採取開庭審理的辦法，僅以書面審理後作出裁判。但時過境遷，簡易訴訟程序的金額由2002年的10萬元調整為40萬元，加之，各地方法院相繼設立了行政訴訟庭之後，與民眾衣食住行息息相關的行政訴訟案件，如果行政訴訟的訴訟標的金額或價額在新臺幣40萬元以下，當事人就可就近向被告所在地地方法院行政訴訟庭提起行政訴訟，其便利程度自不待言，到庭就近應訴的成本和費用較之以往更為節省。為了更好地保障臺灣民眾行政訴訟的合法權益，本次修改作了改進，簡易訴訟程序案件原則上必須經過庭審，而不是書面審理，使得民眾的權益更有保障。同時刪除了簡易訴訟程序的裁判，可以不經言詞辯論的規定，從而排除了法律上的障礙。

（三）對於簡易訴訟程序一、二審案件的受理作出明確限定

臺灣地方法院行政訴訟庭作為簡易訴訟程序的第一審管轄法院行使審判權；不服一審判決，當事人可以向臺灣「高等法院」提起上訴或抗告，但必須以原判決違背法令為限，包括：（1）原判決所違背的法令及其具體內容；（2）依訴訟資料可以認為原判決有違背法律的事實。高等行政法院作為臺灣第二審法院，僅就法律問題進行審理，至於認定事實是否正確和清楚在所不問。相比之下，原上訴規定的要求相對較嚴，即簡易訴訟程序案件的「上訴或抗告，必須經臺灣最高法院的許可」，「許可要件是以訴訟案件所涉及的法律見解具有原則性的為限」。現已放寬為「以原判決違背法令為理由」，即可上訴或抗告於臺灣「高等行政院」，由其作出法律審。這就意味著簡易訴訟程序的上訴無須具體表明該訴訟案件所涉及的原則性法律見解。但有關簡易訴訟程序案件的抗告，不是以原裁判違背法令為理由，應以書面形式提出抗告，從而刪除了適用簡易訴訟程序的案件得以言詞抗告的規定。

根據臺灣「行政訴訟法」第229條第2項規定，符合下列條件的行政訴訟案件，除本法另有規定外，一般適用簡易程序。一是關於稅捐課徵案件的訴訟，所核課徵的稅額在新臺幣40萬元以下者；二是不服行政機關處以新臺幣40萬元以下罰款處分而涉訟者；三是其他關於公法上財產關係的訴訟，其標的金額在新臺幣40萬元以下者；四是不服行政機關諸如告誡、警告、記點、計次或其他相類似的輕微處分而涉訟者；五是依法律的規定應適用簡易訴訟程序者。

上述規定的數額，臺灣「司法院」得因情勢需要，以命令方式將數額減為新臺幣20萬元或增至新臺幣60萬元。此外，如因訴的變更、追加或提起反訴，導致訴訟標的金額或價額超過新臺幣40萬元者，其庭審及裁判改採普通訴訟程序的規定，臺灣地方法院行政訴訟庭應裁定移送有管轄權的「高等行政法院」受理。

（四）從確保裁判見解統一的需要出發，構建臺灣「最高行政法院」裁判統一協調機制

由於簡易訴訟程序案件實行兩審終結制，臺灣「高等行政法院」作出的判決為終審判決，對於第二審判決，當事人不得提起上訴或抗告。有時難免終審裁判而引發判決見解不統一的問題，特規定，「高等行政法院」認為有必要確保裁判見解統一時，應以裁定方式移送臺灣「最高行政法院」作出裁判，該移送裁定對於當事人是有利的，故當事人對於移送裁定不得聲明不服。

一般情況下，有下列情形之一者，才有由臺灣「最高行政法院」確認或統一法律見解的必要：第一，原審判決所適用的命令有牴觸法律之虞；第二，同類案件所表明的法律見解與其他高等行政法院所表明的法律見解相互牴觸或矛盾；第三，同類案件所表明的法律見解與臺灣「最高行政法院」所表明的法律見解相互牴觸。

需要專門提及的是，如果臺灣「最高行政法院」經審查後認為，移送的訴訟案件並沒有涉及判決見解統一的必要者，應以裁定發回。一旦被發回，「高等行政法院」不得就同一案件裁定移送臺灣「最高行政法院」，以免案件來回擺盪，影響當事人的訴訟權。

(五) 普通訴訟程序誤用簡易訴訟程序，有相應的糾錯機制

本該適用普通訴訟程序的案件，一審時誤用簡易訴訟程序審理並作出判決，其上訴審應適用何種程序作出判決有明確規定。具體來說，簡易訴訟程序的上訴、抗告、再審、重新審理，分別准用第三編至第六編規定。本應適用普通訴訟程序的案件，一審法院行政訴訟庭錯誤地適用簡易訴訟程序進行審理並作出判決，如果當事人在一審程序中曾依「行政訴訟法」第132條准用「民事訴訟法」第197條第1項規定對該程序的誤用提出異議的，說明其訴訟程序存在重大瑕疵，當事人對該簡易訴訟程序的一審判決提起上訴，受理上訴的高等法院應廢棄該判決。被廢棄的一審判決不是發回重審，而是由受理的高等法院按普通程序進行審理並作出一審判決。必須指出，如果當事人在一審時對該程序的誤用表示無異議或在無異議的同時就該訴訟有所聲明或陳述，說明該訴訟程序的瑕疵得到了補正，在這種情況下，上訴審法院就此不得廢棄原判決。

(六) 確認行政處分違法訴訟要件上有所調整

舊法中提起確認行政處分違法訴訟，允許對於「已執行完畢或因其他事由消滅」的行政處分提起之，但因已執行完畢之行政處分不見得歸於消滅，對於未消滅的行政處分應不允許提起確認之訴，故適用上有所疑義。鑒於此，本次修正更加合理和科學，明確規定：只有「確認已執行而無恢復原狀可能」或「已消滅」的行政處分，才能對其提起確認之訴。[7]

三、對臺灣「行政訴訟法」新修改的基本評價

「司法為民」是司法改革的核心和重點，臺灣當局應該秉持「司法為民」精神，落實「全民司法、全民司改、司法為民」的理念。並依據《公民與政治權利

國際公約》與《經濟社會文化權利國際公約》來審視現行法制,並與世界人權標準逐步靠攏或與之接軌,符合依法治國理念與人權保障要求,落實民主憲政國家以法治國原則。基於此,可以概括出「行政訴訟法」的三項基本原則,分別是多管齊下,提高司法審判效率;採取多項便民措施,方便島內居民訴訟與執行;創設各種救濟機制,確保人民合法權益。司法必須要貼近社會,親近人民,是人民體現公平正義與人權保護的重要機制。臺灣「行政訴訟法」的多次修正,都在一定程度上具體體現了「司法為民」的精神。

(一) 多管齊下,提高司法審判效率

1. 配合行政法院組織法的修正,在「高等行政法院」配備具有財經、稅務或會計專業的司法事務官,並參與必要的訴訟程序。為了加快行政法院的審理速度,明確訴訟關係,修正條文允許必要時得命司法事務官就事實和法律上的事項,基於專業知識對當事人作出說明。行政法院因司法事務官提供而獲知的特殊專業知識,應給予當事人辯論的機會,唯此才能採用為裁判的基礎。在臺灣「高等行政法院」設置具有財經、稅務或會計專業的司法事務官,輔助法官辦案。在庭審調查、辯論階段,為了使訴訟關係明確,司法事務官經法院命令,就事實和法律上的事項,根據自己掌握的專業知識對當事人作出說明或向其發問;向證人或鑒定人直接發問。

2. 在少量定額徵收裁判費、防止和避免濫訴現象的同時,交通裁決案件收取的受理費相對較低。因為司法資源屬全民所有,為防止濫行訴訟,浪費司法資源,推動使用者付費原則,改採按件定額酌情徵收裁判費。訴訟費用包含裁判費及其他進行訴訟的必要費用,原則上由敗訴的一方承擔。起訴按件徵收裁判費新臺幣4000元,上訴徵收裁判費3000元;適用簡易訴訟程序的案件,徵收新臺幣2000元,特定申請案件、抗告等,徵收新臺幣1000元。[8]考慮到交通裁決案件具有一定的特殊性,與其他行政訴訟案件相比,其裁罰的金額較低,如與其他行政訴訟簡易程序案件一樣收費,既有失公允,也會影響民眾訴訟救濟的意願。鑒於此,新增條文另定受理費用。具體收費標準包括:起訴按件徵收新臺幣500元;上訴按件徵收新臺幣750元;抗告徵收新臺幣500元;再審之訴,按起訴法院的審級,依第1款、第2款徵收裁判費;對於確定的裁判申請再審的,徵收新臺幣500元。至於申請參加訴訟、停止執行、證據保全、重新審理、假扣押、假處分等,同樣徵收新臺幣500元。這裡所謂「按件」是按照訴狀的件數計算,如果一起訴狀同時對三件裁決書不服,在收取受理費時,僅以一件計算起訴裁判費。

除了設置具體受理費標準之外，還在某些情況下另行規定了法院依職權退還裁判費的條款。按照「行政訴訟法」第 237 條之四第 3 項規定，下列情形視為原告撤回起訴：第一，因原裁判確有無效或者違法不當或已為的執行欠缺法律上的原因；第二，僅因被告機關已滿足原告的請求處置的（如自行撤銷原處分），而使訴訟無繼續的實際利益，乃立法上明確視為起訴的撤回。此時受理法院應依職權將裁判費予以退還。[9]

3. 對於證人及第三人的罰金數額由原來的 3000 元及 1.5 萬元新臺幣以下提高至 3 萬元及 6 萬元以下。一是證人受合法通知但無正當理由而不到場，經再次通知仍無動於衷的，以往充其量只是處以新臺幣分別為新臺幣 3000 元或 1.5 萬元以下，罰款數額明顯過低，不足於形成對證人的威懾力。修正條文在參考和借鑑臺灣「民事訴訟法」相關條款的基礎上作了改進，對於證人不陳明拒絕的原因事實而拒絕提供證人證言，或以拒絕為不當的裁定已確定而仍拒絕提供證言的，行政法院得以裁定將罰款數額增加 10 倍，即最低達到新臺幣 3 萬元以下，最高達 6 萬元以下，這勢必賦予法官一定的自由裁量權。同時證人的到庭作證的比例會大大提高，在相當程度上提升了司法審判效力。二是對第三人無正當理由不從提出文書之命的，行政法院得以裁定處新臺幣 3 萬元以下的罰款；必要時，可以實施強制處分。

4. 新增課予義務訴訟的起訴期限。由於舊法只有撤銷訴訟的起訴期限，課予義務訴訟的起訴期限仍是空白，成為法律適用上的盲區，司法實踐中屢遇困擾。本次修法故而新增課予義務訴訟之起訴期限為訴願決定書送達後兩個月內提起；利害關係人知悉在後的，自知悉時起計算。而自訴願決定書送達後 3 年後不得提起。

5. 參照「民事訴訟法」的相關規定，[10] 遵循一事不再理的原則。2010 年 5 月 1 日之前，當事人對於原確定判決提起再審之訴，經行政法院認為無再審理由，判決駁回確定後，依當時規定，並未限制當事人對此駁回再審之訴的確定判決不得提起再審之訴，為避免和防止當事人就同一案件再以同一事由提起再審之訴，導致浪費司法資源，新增條文規定，再審之訴，行政法院認為無再審理由，判決駁回後，不得以同一事由，對於原確定判決或駁回再審之訴的確定判決，另行提起再審之訴。

6. 從調查取證的便利出發，對管轄權的連接點作出適當規範。以往因不動產公法上權利或法律關係涉訟屬於專屬管轄者，其適用範圍過於寬泛。在 2009 年修

法時，將第一項修正為限於因不動產徵收、徵用或撥用之訴訟，始專屬不動產所在地之行政法院管轄。至於其他有關不動產之公法上權利或法律關係涉訟者，為調查證據之方便，2010年增訂第2項規定，亦得由不動產所在地的行政法院管轄。

（二）採取多項便民措施，方便島內居民訴訟與執行

1. 設立多項連接點，便於原告選擇管轄法院。部分辦理交通裁決業務者（諸如監理站）不具備機關資格，無任何行政訴訟的當事人能力可言。問題在於，原告要提起訴訟，必須以具有機關資格者作為被告（例如監理所），如果以原告就被告的原則，勢必給民眾的訴訟帶來諸多不便。有鑒於此，修訂條文第237條之二對於交通裁判案件增訂可供選擇的四個連接點，包括由原告住所地、居所地、所在地或違規行為地的地方法院行政訴訟庭行使管轄權。[11]

2. 將保全證據的申請劃歸地方法院行政訴訟庭。為保全證據的便利，修正條文將有關得向受詢問人住居地或證物所在地「高等行政法院」申請的規定，改為得向「地方法院行政訴訟庭」申請。但一旦遇有緊急情況，才能在起訴後允許向「地方法院行政訴訟庭」提出保全證據的申請。

3. 有關假扣押申請，由管轄本案的行政法院或假扣押標的所在地的地方法院行政訴訟庭行使管轄權。依照最新的體制，管轄本案的一審法院既可能是地方法院行政訴訟庭，也可能是高等法院行政法院，為了配置第3條的規定，修正條文作了相應的規定。如果以假扣押標的所在地法院為管轄法院時，為求得執行便利，新法明文規定由標的物所在地的地方法院行政訴訟庭管轄，改變了以往由「高等行政法院」管轄的做法。

4. 在行政訴訟強制執行方面改由地方法院行政訴訟庭辦理。行政訴訟庭在辦理執行案件中應委託民事執行處具體實施或行政機關代為履行執行事宜。為配合地方行政法庭的設立，以及簡易事件程序、交通裁罰案件程序、保全程序及行政訴訟強制執行案件程序的修改，臺灣「司法院」同時提出了「行政訴訟法施行法修正草案」，對新法的溯及力及已係屬於法院的案件如何處理等都有明確的規定予以規範。[12]

5. 增加人民遞交訴狀的渠道。過去人民向行政法院提交起訴的訴狀相對比較單一，不是透過郵寄方式，就是自己直接送達，新法修正准用民事訴訟法相關規定，允許以傳真或其他科技設備向行政法院提出訴狀。[13] 就近到相關的管轄法院尋求救濟。與此同時，法院在審理案件調查證據時，也將更為方便，增進審判效能。[14]

6.確定相應的管轄連接點,方便人民就近尋求司法保護。有關公保、勞保、農保或健保訴訟,可以由被保險人、受益人的住居所地或被保險人工作地的行政法院管轄。公教人員保險、勞工保險、農民健康保險及全民健康保險等公法上的保險事件,具有社會安全功能,故因此種公法上保險事件涉訟者,為便利人民就近尋求行政法院的權利保護,規定得由其住居所地的「高等行政法院」管轄。

7.涉及投保單位為原告時,明確其主事務所或主營業所所在地作為連接因素,並由所在地高等法院行使管轄權。有關公法上的保險事件,大部分屬於涉及請領保險給付及取消被保險人資格、退保、變更投保工資、罰鍰處分等,而可能起訴者為被保險人、受益人及投保單位。因此,增訂投保單位為原告時,得由其主事務所或主營業所所在地的「高等行政法院」管轄。

(三)創設各種救濟機制,確保人民合法權益

1.設立糾錯機制,減少訟累。交通裁決案件具有性質輕而數量多的特點,為了使法律關係及早確定,免除其訴願等前置程序,促使原處分機關能自我省察原裁決是否合法妥當,以符合「依法行政」的要求。由於臺灣對於交通裁罰案件採取二審終結制,由地方法院行政訴訟庭為第一審管轄法院,「高等行政法院」為上訴審法院。交通裁罰案件的判決,採取書面審理方式。交通裁罰案件起訴前,並不需要原告經訴願等前置程序後始能提起。但修正條文中創設了「重新審查」的特別救濟制度,以取代訴願程序,即被告(原處分機關)在收到起訴狀以後,應在20日之內對處罰決定是否合法妥當性進行重新審查,被告在收到起訴狀後自行撤銷或變更原裁決,或確認處分確為無效或違法,或返還已繳納的罰金、已繳送的駕駛執照、計程車駕駛員職業登記證、汽車牌照等,並呈報於管轄的地方法院行政訴訟庭,使其得以知曉。如審查結果認原決定違法或不當,即應自行撤銷或變更原裁決;如果被告全部維持原處罰決定或部分不依原告請求處置時,須附具答辯狀,並將重新審查記錄等文件,一併遞交管轄的法院。

需要說明的是,「重新審查」是被告在原告起訴後依法應為的行為,歸屬於訴訟程序的一部分,其好處在於,督促行政機關事前謹慎裁決,事後自我省察,達到疏減訟源、減輕民怨的功效。[15]

2.新增撤銷訴訟轉換為確認訴訟的條文。提起撤銷訴訟後,如行政處分因執行而無恢復原狀的可能或已消滅者,訴訟標的已不復存在,此時無法繼續審理撤銷訴訟,而應將訴訟種類改為確認訴訟。唯舊法中並無轉換的規定,故產生人民是否應另訴請求確認行政處分違法的問題。本次修法明定允許行政法院在這種情

況下依申請確認該行政處分為違法,保障人民訴訟權利,以免人民為求救濟而忙於奔波。[16]

3. 為了因應訊息科技和國際互聯網的發展,增加人民遞交訴狀的渠道。過去人民向行政法院提交起訴的訴狀相對比較單一,透過郵寄方式,或自己直接送達,新法准用「民事訴訟法」相關規定,允許民眾以傳真或其他科技設備向行政法院提出訴狀,包括電子郵件傳送訴訟文書。

4. 配合「大法官」司法解釋,對寄存送達生效時間作出明確規範。臺灣大法官對《訴願法》第47條第3項、「行政訴訟法」第73條中有關送達產生效力的解釋(釋字第667號)並無違憲之嫌,但仍有改進之必要。考慮到民眾因外出工作、旅遊或有其他事由,不能及時領取訴訟文書,影響訴訟權益,同時為了與大法官的解釋相適應,新增行政訴訟的文書從寄存在郵政機構或警察機關之日起,經過10日才發生送達效力,以強化對人民的利益之保障。

四、臺灣「行政訴訟法」修改對大陸的啟示與完善思考

臺灣行政訴訟法律制度近10多年來有了長足的進步和發展,自2000年7月1日實施的新的「行政訴訟法」以來,就修改了四次之多,尤其是最近5年修改的頻率相當高,僅2011年,就修改了兩次。其中,2009年和2011年11月修改的幅度較大,在借鑑諸如德、法、日等大陸法系國家立法例的同時,根據島內現實的情況和發展需要,順應了臺灣政治、經濟、社會、文化情勢的重大變遷,使得臺灣「行政訴訟法」歷經修改日臻健全和完善。

儘管臺灣「行政訴訟法」的改革與發展同大陸《行政訴訟法》的發展道路不盡相同,彼此還存在不少差異,但其作為中華法律文化的組成部分,與大陸《行政訴訟法》具有天然的和不可分割的「親緣」聯繫,均可以作為相互參考和借鑑的參照系。臺灣透過不斷修改和調整其「行政訴訟法」,出現一些新的發展動向,值得大陸《行政訴訟法》借鑑。同時,大陸有些方面的合理做法也可供臺灣參考和效仿。

(一)成立專門的修改機構,適應「行政訴訟法」隨時調整和修改的需要

近年來臺灣對其「行政訴訟法」的修改明顯提速。為了適應頻繁修改「行政訴訟法」的需要,早在1981年7月,臺灣「司法院」就組建了「行政訴訟制度研究修正委員會」,為了對「舊的行政訴訟法」進行全面檢討修正,延攬了實務界與學者專家共同參與修法工作,蒐集國外相關立法例及學說,並分區舉行座談會,

廣泛徵求各界人士的意見和建議，歷時 11 年，召開大小會議共計 256 次進行審慎研議，最終完成修正草案，並於 1993 年 2 月 18 日提請「立法院」審議，三讀通過後，於 1998 年 10 月 28 日公布，並於 2000 年 7 月 1 日起正式實施。臺灣行政訴訟於 1998 年大幅度修正以後，近年來臺灣法制、社會及經濟環境的變化迅速，且「行政訴訟法」准用的「民事訴訟法」經過數次修正。為了因應上述情勢，臺灣「司法院」於 2001 年專門成立「行政訴訟制度修正委員會」，研究修正「行政訴訟法」。臺灣於 2007 年透過「行政訴訟法部分條文修正案」，新增條文 10 條，修正條文 8 條，其中規定了行政訴訟裁判費的徵收問題、審判權錯誤採移送制、擴大訴訟代理人資格、修正再審期間的起算等。之後，臺灣於 2009 年 12 月對「行政訴訟法」再次進行了大幅修正，該次修正條文 61 條，增訂 5 條，共計 66 條。2011 年修改頻率最高，達兩次之多。

目前，大陸已經啟動《行政訴訟法》的修改工作，頒布於 1989 年的現行《行政訴訟法》是大陸民主與法治建設的重要里程碑，對推動大陸法治建設和保護公民權益發揮了重要作用。然而，經過 23 年的發展，大陸經濟社會發生了翻天覆地的變化，廣大公眾對法治的需求不斷提高，現行行政訴訟制度已不合時宜，早已無法滿足新形勢的發展需要。因此，修改和完善《行政訴訟法》勢在必行。有鑒於此，中國法學會行政法學會會長應松年教授於 2011 年 9 月組織全國部分高校學者成立了《行政訴訟法》修改課題組，對改革和完善大陸行政訴訟制度展開全面和系統探討，提出了具體改革建議和改革方案，是值得稱道的。觀念的改變尤其重要，我們應當摒棄「10 年或 20 年不變」的做法，不要過分苛求目前的修改建議和修改方案，指望「畢其功於一役」，透過這次《行政訴訟法》的修改來解決行政訴訟制度存在的所有全部問題，而應當以發展的眼光和寬容的態度來對待這次修改。關鍵是要建立一種《行政訴訟法》能夠保持經常性修改的常態化機制，借鑒臺灣的做法，成立相應的修訂研究機構或修改委員會，及時提出修改或者改革方案，今後每隔幾年或稍長一段時間就來一次小幅或大幅度修改，使《行政訴訟法》能與時俱進、開拓進取，不斷適應大陸政治、經濟、社會和文化發展的需求，從而達到相對滿意和完善的結果。

（二）不急於求成，一次修改解決所有法律問題

如前所述，近年來臺灣對其「行政訴訟法」的修改次數在增加，修改幅度有大有小，根據修改的需要和可能穿插進行，2011 年 5 月的修正的幅度就很小，僅涉及三個條文，包括新增 1 條，修正 2 條，既有名詞上的修改，如將原來的「郵

務機構」改為「郵政機關」；又有內容上把「寄存機關或機構應保存 2 個月」調整為「寄存機關應保存 3 個月」及參酌「民事訴訟法」的相關規定對原適用簡易程序的金額或價額的規定加以調整的修改，又有比較重要的修改，包括採行律師強制代理制度。考慮到行政訴訟的上訴審為法律審，上訴理由必須具體指摘臺灣「高等行政法院」判決有如何違背法令之情形，此時要有專業法律素養的人士參與訴訟或代理，才能勝任。為了貫徹法律審的功能，保障當事人的合法權益，參照臺灣「民事訴訟法」的相關規定[17]，在上訴審採行律師強制代理制。如果上訴人或其法定代理人具有律師資格或為臺灣「教育部」審定合格的大學或獨立學院公法學教授、副教授者；稅務行政事件，上訴人或其法定代理人具備會計師資格者；專利行政事件，上訴人或其法定代理人具備專利師資格或依法得為專利代理人者，因其已具備專業素養，不必再強制其委託律師為訴訟代理人的必要。

緊接著於 2011 年 11 月 23 日臺灣立法機關對其作了大幅度修改，於翌年 9 月 6 日實施，1 年裡就修改了兩次之多。這表明，臺灣既重視對「行政訴訟法」的較大幅度的修改，也不忽略小幅修改，其修改的次數與頻率主要取決於經濟社會發展的需要。只有修改數量上的積累，才能達到質的飛躍。與臺灣相比，大陸對其《行政訴訟法》的修改相對滯後，該法自頒布和實施 23 年以來，未作過任何修改，只求法律的穩定性，而忽視了法律的適應性，與中國現行行政訴訟制度的整體安排試圖融合既保護公民權益又監督行政機關的雙重目的有一定的關係。無論立法部門還是司法部門對進一步強化保護公民的權益這一目的之觀念和意識尚未建立起來，這也許是《行政訴訟法》長期未作修改的原因之一，而現行行政訴訟制度完全以行政行為為中心而不是當事人的權利保護為基點的制度設計，儘管可以透過撤銷甚至變更行政行為達到保護公民權益的效果，但無法涵蓋所有情形。同時，行政訴訟制度的具體運作也存在行政訴訟保護公民權益不力的現象。因此，當務之急是要把強化保護公民權益的目的放在《行政訴訟法》修改的突出位置，甚至是首要目標。一方面大陸要加快《行政訴訟法》的修改步伐，解決行政訴訟制度中的突出問題。另一方面，今後也應增加修改的次數和頻率，因為《行政訴訟法》的健全和完善不可能一蹴而就，而是一個漸進的過程。而臺灣在這方面的有益經驗值得大陸適當吸取。

當然，我們也應看到，2011 年 11 月的最新和較大修改，並沒有解決臺灣「行政訴訟法」的所有問題，如臺灣「國家」賠償的公法訴訟案件，性質上屬於公法上損害賠償事件，主要歸臺灣普通法院管轄，目前仍由其按「三級三審制」的方式進行審判，尚未將其納入行政訴訟的範疇。[18] 其主要是考慮到行政訴訟實行的

是「三級二審制」，與普通法院實行的「三級三審制」不同，如將島內「國家」賠償的案件歸入行政訴訟之中，勢必會減少審級利益，也容易造成節外生枝，故暫時不予考慮，作為未來修法的一項內容。

(三) 法制現行，理順行政法院與知識產權法院管轄案件的關係

由於臺灣採用司法二元制的訴訟體系，知識產權的「有無」問題，歸行政法院管轄，侵權糾紛及刑事訴訟則由普通法院審理。單一知識產權案件分屬不同體系法院審理的結果，不僅引發訴訟程序中止的問題，延長了訴訟程序的進行，而且還涉及爭論點的糾結交錯，屢屢發生如何適當進行分割，避免裁判歧異的難題。為改進臺灣知識產權訴訟程序，充分發揮權利人所享有權利能得到迅速、有效救濟的作用，有必要專門成立知識產權專業法院。為此，臺灣「立法院」分別於2007年1月9日和3月5日三讀通過了「知識產權案件審理法」和「知識產權法院組織法」，並於同年3月28日付諸實施。從此之後，將原本分散在普通法院及行政法院處理的知識產權爭議案件，統籌由知識產權法院審理。與此同時，臺灣知識產權法院還設立技術審查官，協助法院從事專業技術問題的判斷及相關資料的收集與分析，使知識產權案件的審判工作得以順利進行，並邁入了新的紀元。

在組織層級上，臺灣知識產權法院相當於臺灣「高等行政法院」，並以臺灣「最高行政法院」為終審法院。就案件審理程序及職權而言，與行政訴訟法相比，《知識產權案件審理法》和《知識產權法院組織法》的最大不同之處在於，辦理知識產權民事訴訟或刑事訴訟的法官，得參與就該訴訟案件相牽連的知識產權行政訴訟的審判，不適用行政訴訟法有關迴避制度的規定。也就是說，辦理知識產權民事、刑事訴訟案件的法官，也可參與知識產權行政訴訟的審判，在這一問題上，大陸知識產權的審判制度在不斷地進行改革和探索之中，將繼續創新完善知識產權審判機制，與臺灣相比在某種程度上具有異曲同工之處。以上海為例，浦東新區法院在全國法院中率先嘗試由知識產權審判庭集中審理知識產權民事、行政和刑事案件的「三合一」審判模式，這無疑提高了司法審判效率，適應了知識產權司法保護的新要求，並為《國家知識產權戰略綱要》所肯定。相比之下，雖然臺灣知識產權法官可以辦理知識產權行政和民事訴訟案件，也可參與知識產權刑事案件的審判工作，但並沒有將三種不同性質的案件合併審理，與大陸法院創立的「三合一」審判模式畢竟有所不同，在這方面臺灣有必要借鑑大陸的合理成分和可取之處，為其所用。而臺灣在法制建設上對於大陸也有參考價值和借鑑意義，尤其是專門制定和頒布了《知識產權案件審理法》和《知識產權法院組織法》，

為知識產權案件的審理工作提供強有力的法律支撐，使知識產權法院對案件的審理有法可依，有章可循。

(四) 公益訴訟和行政和解方法等值得大陸借鑑

1.2000 年前臺灣在修改其「行政訴訟法」時著手建立起了公益訴訟制度，並以法律有特別規定者為限，才能提起，針對的是行政機關的違法行為，旨在維護社會公益。而大陸現有《行政訴訟法》尚未建立公益訴訟制度，但近年來建立行政公益訴訟制度已初步形成了共識。因此，增設維護公益訴訟制度已刻不容緩。筆者贊同原則上對於行政行為違法損害重大公共利益、又沒有適格原告、現實需求也較為迫切的幾類案件列入公益訴訟的範疇。[19] 修法本身僅作概括性規定，並確立訴訟前置程序，具體列舉範圍初創階段不宜過於寬泛，由《行政訴訟法實施細則》作出明確規定，或留待將來大陸最高人民法院司法解釋予以解決。

2. 增設行政訴訟調解制度，促進公民、法人或其他組織與行政機關的和解。由於行政訴訟往往與公益存在一定的關係，是由行政機關的行政行為引起的爭議而引發，而行政行為是行政機關行使法定職權或者履行法定職責所實施的，法律規定的行政職權或者職責，行政機關不能隨意處分，[20] 原則上不允許當事人以合意解決訴訟上的爭議。在現行《行政訴訟法》制定時，明確規定行政訴訟不適用調解。然而，解決行政爭議並不一定需要法院透過判決的方式實現。《行政訴訟法》需要改變不能調解的做法，而在司法實踐中，調解實際上已經被廣泛運用於行政訴訟案件之中。但問題在於，原、被告之間所達成協議的法律效力如何確定，法律本身應加以解決。一旦有一方反悔或者不實際履行各自的承諾，就會難以處理。基於此，修改《行政訴訟法》時應參照臺灣的立法例，確立調解制度並就調解的程序、調解及調解筆錄的效力，作出明確、具體的規範，便於各自遵守。

五、結束語

法諺云：「有權利即有救濟」「有權利而無救濟，非權利也」。行政訴訟法作為保障公民權利的救濟法，應為公民提供便捷、有效且無盲區的救濟途徑。臺灣在新「行政訴訟法」頒布之後，一直在積極探索完善和發展的路徑，並進行卓有成效的積極嘗試，包括引入司法事務官制度，引進專業人才提供諮詢意見等，使行政訴訟的架構的設置日趨完備。但毋庸置疑，在軟體建設和人才培養方面仍有待改進，如應設立強化專家、學者參審制度，或建立專家、學者提供諮詢意見的機制，不斷提高行政審判質量。同時，法官的綜合能力和專業素養的提升也至關重要。在臺灣，一般司法考試合格者，經過 2 年的系統職前訓練與實務訓練培

訓課程，才能擔任臺灣普通法院的法官。而從普通法院的法官轉入行政法院法官，職前訓練和培訓是必不可少的，目前僅有1個半月時間，明顯過於短暫，難以勝任行政法院法官必須具備行政法專業素養和較為豐富的稅法知識背景的要求。因此，適當延長強化培訓時間，從制度上保障至少需要1年以上的專業和實務訓練，提高轉入門檻，並引入相應的考核指標、實行篩選和淘汰機制，不失為培養和選拔人才的良策。至於新法經修改後的實效性，有待於實踐的進一步檢驗。

注　釋

[1]. 李建良著：《臺灣行政訴訟法制的沿革、演進與發展課題》，《2006兩岸四地法律發展（上冊）》2007年7月版，臺灣中研院法律所，第282頁。

[2]. 李建良著：《臺灣行政訴訟法制的沿革、演進與發展課題》，載《2006兩岸四地法律發展（上冊）》2007年7月版，臺灣中研院法律所，第283頁。

[3]. 陳計男著：《行政訴訟法釋論》，《自刊》2000年版，第155頁。

[4]. 陳銘聰：《臺灣〈行政訴訟法〉立法沿革與修正研究》。

[5]. 臺灣《立法院公報》，1999年第6期，第1257頁。

[6]. 參見：《行政法院法》第52條第4款、法國《行政法院法》第56條之規定。

[7].《臺灣行政訴訟法修正：新增便民措施，改正舊法漏洞》。

[8]. 陳銘聰：《臺灣〈行政訴訟法〉立法沿革與修正研究》。

[9]. 參見陳清秀：《行政訴訟法修正簡介》，《月旦法學》2012年第2期，第164頁。

[10]. 參見臺灣「民事訴訟法」第498條之一。

[11]. 參見陳清秀：《行政訴訟法修正簡介》，《月旦法學》2012年第2期，第162頁。

[12].《淺析臺灣行政訴訟法修改動向》。

[13].《臺灣行政訴訟法修正：新增便民措施，改正舊法漏洞》。

[14]. 陳銘聰：《臺灣〈行政訴訟法〉立法沿革與修正研究》。

[15]. 參見陳清秀：《行政訴訟法修正簡介》，《月旦法學》2012年第2期，第163頁。

[16].《臺灣行政訴訟法修正：新增便民措施，改正舊法漏洞》。

[17]. 參見臺灣「民事訴訟法」第466條之1第1項規定。

[18]. 參見陳清秀：《行政訴訟法修正簡介》，《月旦法學》2012年第2期，第158頁。

[19]. 胡衛列：《建立行政公益訴訟制度》。
[20]. 鄒榮《完善行訴審理與裁判制度》。

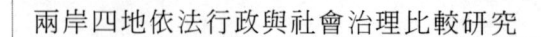

社會治理中行政糾紛之解決途徑——以社會保險為中心

謝榮堂

◎中國文化大學法學院副教授，法學博士

前言

基於法治國家精神，有權利必有救濟（ubi jus，ibi remedium），人民之權利受侵害或未獲必要保護時，國家應保障人民無漏洞且暢通之權利救濟途徑，以實現人民之司法受益權。尤其，當人民與行政機關之間發生法律權益爭議時，此類爭議屬於公法上之法律爭議，基於依法行政原則，是項爭議為行政爭訟之範圍。原則上，行政救濟凡是未來行政訴訟之標的與行政處分相關者，皆應於行政訴訟前踐行必要程序，例如：審議程序；不服前項決定者，再提起訴願程序，不服訴願決定者，於法定不變期間三十內，向行政法院提起行政訴訟。目前有關公法上之法律爭議案件，絕大多數由行政法院負責審理，而德國除一般行政法院外，另外設立社會法院為特別行政法院，負責審理以保障社會基本權利為中心之公法上法律爭議事件，社會保險爭議等，本文將以社會保險爭議案件為探討軸心。

行政救濟制度主要目的在於保障人民，使其得藉由內部審查之審議、（復）複查、申訴、訴願及行政訴訟之方式尋求權利保護。因此，須人民之基本權利受到侵害或有受侵害之威脅時，始具有行政救濟之保護實益，而關於社會行政救濟所保護之權利內涵與本質，本文首將論述傳統自由權與社會權利救濟之主要途徑與範圍。次則探討普通與社會行政訴訟程序基本原則，由於社會行政與一般行政之本質不盡相同，因此，德國社會法典於第十編立法特別規範社會行政程序及社會行政基本原則，及相關之內部自我審查機制。

一、自由法治國與社會法治國原則基礎理念

法治國（Rechtsstaat）思想起源於德國法，於日本明治維新時已為日本法學界所採納，之後為臺灣法學界所廣泛接受。[1]就法治國之歷史發展觀察，首先著重於形式意義之法治國（Rechtsstaat im formellen Sinne），亦即將法治作為國家統治與實現法律目的之行政手段。但國家行政目的由維護統治權與共同秩序，逐漸轉換為以保障人民權利與實現社會正義之實質法治國[2]為目的。19世紀末20世紀初之自由法治國主義思想認為，國家不應介入人民之自主（privat autonom）生活中，其功能僅在防禦內在及外來危險。20世紀人類歷經兩次世界大戰，經濟普遍蕭條衰退與民生不濟。因此，人民省思國家之角色應該有所轉變與提升，故除要求國家繼續維持共同秩序外，亦要求國家應積極強化及介入人民之生活，實現國家對於人民之生存照顧義務，並立法賦予國家對人民之各項給付義務，例如：生活物資、就學、就業及醫療、養老保險等。就社會安全而言，為有效化解資本家與勞動者之衝突、縮小貧富差距及緩和社會階級對立，國家必須積極介入與安排人民之社會與經濟生活之安全並採取有效之措施，以謀求社會分配正義之實現。國家行政權之作用便逐漸由單純之秩序維護者轉換為人民生存照顧與社會保障之給付義務人。此種強調國家社會義務與法治國家理念結合之國家類型即為社會法治國（Sozialrechtsstaat）。因此，社會法治國取代自由法治國。[3]

鑒於魏瑪憲法之負面經驗，德國基本法僅於第20條第1項及第28條第1項第1款確立社會法治國原則。[4] 社會法治國原則賦予國家於憲法上之作為義務，尤其要求立法者必須透過立法來形成一個「可接受之利益衝突平衡關係與致力於為所有處於困境人民創造適當之生存條件，以提升人民幸福及平衡其生存上之負擔」。[5] 具體言之，國家應提供人民具有人格尊嚴之最起碼生存保障（Menschen-würdiges Existenzminimum），而如何來達成此一憲法委託（Verfassungsauftrag），國家原則上享有立法上之形成自由。[6] 立法者雖然享有立法上形成自由，但依據社會法治國原則，基本內涵應能達成下列目標：一、提供陷於困境人民必要之社會給付，所謂「陷於困境」意指個人於人格上或社會發展上具有明顯障礙，例如經濟上緊急需求、身體上或精神上之傷殘等，[7] 而上述由國家所提供之協助，必須確保陷於困境人民具有人格尊嚴之最起碼生存條件；[8] 二、保障人民機會平等，此處所強調者並非德國基本法第3條之平等待遇，而係拉近經濟條件佳者與經濟條件較差者，於取得物質上與非物質上利益之差距，以確保憲法所保障之各項自由權行使，不至於因社會條件差異而產生過大落差，[9] 因社會國原則所追求為實質平等，而非純粹形式平等；三、立法者有義務平衡及消除社會中之歧異及衝突，具體形成並維持合乎正義之社會分配秩序；[10] 四、社會國原則所優惠對象僅限於自然人，非自然人——法人則不在其保護範圍之內。[11] 社會國原則適用對象非屬狹隘之國民權或公民權，保護對象不僅限於本國人，以德國為例，非本國人而實際生活於德國境內者，皆同受優惠保障，因生存權為基本人權，而非限縮之國民權。[12] 尤其在全球化之趨勢下，人民不再僅限於本國生活、工作及實現自我等，歐洲聯盟已大幅度打破國界及過分強調主權概念，對於歐盟會員國之國民，皆得受相同保護。就此點，於臺灣亦應為相同之解釋與適用。

二、基本權利保護與救濟制度之保障

基本權利在分類上,學術上眾說紛紜,若以其保障之範圍區分,得分為自由權、參與權及社會基本權。「憲法」師承德國魏瑪憲法之體例與精神,於第二章規範人民之基本權利與義務,本章保障之基本權利在屬性上為自由權,亦即學理上之抵抗權[13](Abwehrgrundrechte)。抵抗權旨在保障人民自由免於「國家」公權力干涉或第三人對其基本權利之侵害,除此之外,進一步要求「國家」對於人民遭受之侵害有排除之保護義務。

「憲法」第十三章基本「國策」中詳列各項人民之社會基本權利(Sozialgrundrechte)或分享權(Teilhaberecht),例如第三節之「國民經濟」(§142—§151)、第四節之社會安全(§152—§157)、第五節之教育文化(§158—§167 條)、第六節之邊疆地區對少數民族之保障(§168—§169)及「憲法」增修條文第 10 條等。德國法學界早期將社會基本權利視為方針條款(Staatszielbestim-mung),對於「國家」之施政僅具備參考作用,幾乎無法對執政者產生任何約束力;有鑒於此,為加強社會基本權利作用,法學界進一步提出憲法委託說(Verfassungsauftrag),認為社會基本權利為「憲法」對立法者之委託,即立法者負有實現社會基本權之立法義務,此一學說缺點在於當立法者未履行其立法義務時——立法怠惰[14],並無任何強制效果。因此,德國於二次大戰後制定基本法時,刻意將魏瑪憲法中社會基本權利之規定予以排除,僅於基本法第 20 條第 1 項及第 28 條第 1 項第 1 款確立社會法治國原則(Sozial-rechtsstaat),並配合基本法第 1 條第 1 項對人格尊嚴保障(Unantastbarkeit der Menschenwürde)及同條第 3 項對國家三權約束之交互作用,以實現社會正義及保障社會安全[15]。一方面可避免魏瑪憲法徒列社會基本權利而無法實現之尷尬,同時賦予立法者更大之立法形成自由空間。有關於此,臺灣「司法院大法官」第 596 號解釋認為,基於「憲法」之價值體系及立法目的,自得斟酌規範事物性質之差異,衡量「國家」財政能力、人民需求、社會差異及其他相關因素所為之不同規範與給付內容,屬立法自由形成之範疇。據此明白可見,臺灣「大法官」就「憲法」對於社會基本權之規範性質,係採「憲法」委託說。

更進一步,德國基本法第 1 條第 3 項後段以及聯邦憲法法院透過判決,將社會國原則解釋為直接有效之法律(Unmittel-bar geltendes Recht),而非僅只具原則性之宣示作用。[16]換言之,德國基本法所保障之社會基本權利,相較於魏瑪憲法明列社會基本權利,卻僅將社會基本權視為方針條款,基本法賦予人民於

特定之例外條件下,就其憲法所保障權利提出請求遭到行政機關拒絕時,得透過行政訴訟、社會行政訴訟及特別救濟途徑——憲法訴訟等司法救濟途徑來獲得社會給付,而非僅能被動地等待立法者之立法實現。

社會基本權不同於自由權及平等權,後二者為主觀公權利,人民得於遭受侵害時,透過司法途徑具體主張排除或請求必要保護。然而社會基本權利並非如同前述之自由權及平等權得以作為請求權之基礎,因社會基本權利原則上僅賦予國家實現之義務,[17]人民無法直接以之作為具體向國家請求之權利基礎,也就是說,只能反射性地享受。關於社會基本權之實現,其內涵並非指絕對、機械之形式上平等,而系保障個別人民於法律上地位與自我實現之實質平等;立法機關基於憲法之價值體系及立法目的,得以斟酌規範事物性質之本質差異而為合理之差別對待[18],以期能針對個別需求而予以給付或協助,而非僅形式上向特定人民為固定式、無差別之社會給付。

三、一般行政法與社會行政法

行政法制之範圍涵蓋行政組織、職權、任務、行政程序及行政爭訟程序。行政法規範之對象得分為三大類,第一類為人民與國家間之公法上法律關係;第二類為公法人間及無隸屬關係行政機關間之法律關係;第三大類為國家與特別法律關係所規範人民間之法律關係。此類法律關係,在學理上稱之為一般行政法或普通行政法(本文以下將稱為普通行政法)。行政法規範之對象與範圍極為廣泛,性質相近者形成所謂特別行政法領域,例如:警察法、稅法、勞工法、社會法及財經法等[19]。本文限於篇幅,將僅聚焦於普通行政法與社會行政法。

社會法(Sozialrecht)屬於特別行政法,所保護及涵蓋範圍相當廣泛,與人民之生活與生命延續息息相關,性質為國家履行對於人民生存照顧義務之實體保障。一般而言,社會法常被稱為社會福利法,此一名稱主要來自於英美法上之概念[20],至於社會法則屬於來自於德國法上之翻譯[21],臺灣學界於稱呼上則包含社會福利法、社會保障法與社會安全法等。德國法上將社會法分為實質上與形式上之社會法,前者以社會給付之內容與功能為出發點,社會法系以社會法治國理想實現社會基本權利而設,其須能保障人民合於人格尊嚴之生存條件、保護個人實現人格發展與自由之平等機會、保護與促進及家庭、實現個人就業權利以滿足其生活及降低或緩和生活特別負擔[22]。而形式上之社會法則系以德國社會法典立法所規範之範圍為社會法之領域。

社會法專指社會保障法，即社會保險法、社會補償法制及社會救助法[23]而言。德國為最早提出社會法概念並制定社會法典（Sozialgesetzbuch）之國家，對社會法概念採取上述之狹義解釋。第一次世界大戰之後，隨著社會主義思想之興起，德國推動工業社會化政策，並加強社會法研究。但對於何謂社會法，於德國學界同樣存在著分歧。或稱社會法為調整對低收入者或其他因特殊負擔及損失，而進行平衡之社會支出以及與之相關之預防和補救措施之法律領域。同時還包括對「社會弱者」（Sozialschwächen）提供各種機會之法律以及社會救濟之基本法律保障。另有學者參照聯合國憲章第二十二條規定定義社會法：「任何人作為社會成員有權享受社會保障；有權享受必要之經濟、社會及文化權利，以維護其人格尊嚴與促進其個人之人格發展。因此，社會法亦得解釋為消除社會不公平和不平等待遇之法律，但此二定義於德國皆未被普遍接受。部分學者則由德國社會法典試圖定義社會法，該法典第一編第1條第1項規定：社會法典為實現社會公正和社會保障應有效調整社會福利支出（包括社會救濟和教育性救助）。國家應協助、保障符合人格尊嚴之生活；為人民之人格自由發展創造平等之前提條件；保護家庭並促進和諧；保障自由選擇就業方式以謀取生活費用；消除或減輕生活特殊負擔。德國社會法典從社會安全支出來定義社會法。因此，社會法包括社會保險、社會補償、社會促進和社會救濟相關法制。社會法系國家為實現社會國原則之重要工具，亦即德國社會法典中所規範之法律關係。[24]

　　再由學說歸納整理，社會法之基本功能得歸納以下三原則：一、互助原則（Gegenseitigkeit）或相互原則，社會安全制度之建構主要目的，系以集體力量保障個人之經濟安全，蓋單純慈悲心及社會道德觀實不足以建立完善之社會安全制度。為促成社會安全制度保障目的得以實現，必須由全體國民共同承擔社會風險。藉由制度化運作使得全體身體健康者幫助生病的人，有工作者幫助因老、幼、環境或其他原因無法工作者。[25] 二、強制原則（Zwang），此概念展現於社會保險中。社會保險保障大多數人的利益、安全與健康等，雖然會減少個人所得，但基於社會整體的利益，採用強制保險原則為必要手段。例如：全民健康保險。[26] 三、最低保障原則，主要系對於社會風險發生時，保障當事人最低度生活水準之給付，以維持其基本生活（Existenzminimum）或支付醫療所需費用，使風險發生後，當事人不致成為社會之負擔。[27]

　　四、行政救濟之功能與意義

行政救濟就具體而言，應稱為行政權利救濟（Verwaltungsrechtlicher Rechtsschutzweg），指人民受行政機關違法或不當之瑕疵行政行為或行政處分，致使其合法權益遭受損害時，依法進行行政機關內部（審議、複查、申訴及訴願）及行政機關外部（行政訴訟）之保護程序。在學理上，有將行政救濟分為二階段，第一次權利救濟，對於不法或不當狀態之排除，例如：撤銷違法之行政處分；第二次權利救濟，對不法行為所造成之損害或狀態請求賠償，例如：國家賠償。在此必須強調，第一次權利救濟與第二次權利救濟並非指行政作用之相對人，得先後進行兩次權利救濟，而系以行政作用之完成狀態作為區分。行政作用，例如行政處分作成後尚未執行或執行狀態持續中，行政作用之相對人得提起第一次權利救濟。另外，行政作用，例如行政處分已經執行完畢，狀態已經確定或無法恢復時，人民對於該違法或不當之行政處分，已無法依據行政救濟程序予以排除或停止時，則行政作用之相對人不得再提起第一次權利救濟，因已無第一次權利救濟之保護實益，故僅得提起第二次權利救濟，以獲得事後之補償或損害賠償。因此，依據德國法原文 Primärer Rechtsschutz，翻譯為首要權利保護；Sekundärer Rechtsschutz 翻譯為次要權利保護，應屬為宜。

五、救濟程序

（一）行政機關內部審查程序——審議程序

審議制度在臺灣現行法律體制上，例如：「國家」機關依據法律規定，對特定案件、專案計劃及政策之審議；「立法院」對於法案或預算案之審議審議；教育主管機關對於學雜費調整審議程序及社會保險爭議案件等，運用範圍甚廣，本文將著重於社會保險法上之審議程序。

「全民健康保險法」第 5 條規定，為審議本保險被保險人、投保單位及保險醫事服務機構對保險人核定之案件發生爭議事項，應設「全民」健康保險爭議審議委員會。前項委員會，由主管機關代表、法學、醫藥及保險專家組成之；其組織規程及爭議事項審議辦法，由主管機關擬訂，報請「行政院」核定後發布之。被保險人及投保單位對爭議案件之審議不服時，得依法提起訴願及行政訴訟。據此得見，提起訴願及行政訴訟之前，相對人必須先進行審議程序，未能獲得滿足，始得提起進一步之訴願及行政訴訟。

審議事項及程序，以「全民」健康保險為例，依據「全民」健康保險爭議事項審議辦法第 2 條規定：被保險人、投保單位及保險醫事服務機構對保險人就下列「全民」健康保險事項所為之核定案件（以下簡稱權益案件）發生爭議時，應

先依本辦法規定申請審議：一、關於保險對象之資格及投保手續事項。二、關於被保險人投保金額事項。三、關於保險費、滯納金及罰鍰事項。四、關於保險給付事項。五、其他關於保險權益事項。保險醫事服務機構對保險人就醫療費用事項及特約管理事項所為之核定案件（以下簡稱醫療費用案件及特約管理案件）發生爭議時，得經雙方約定，先依本辦法規定申請審議。「全民」健康保險爭議事項審議分為權益案件、醫療費用案件及特約管理案件；就審議決定，依據同辦法第 20 條第 2 項規定，審定書應附記不服審定之救濟方法、期間及其受理機關；類此規定於第 24 條第 4 項，審定書應附記不服審定之救濟方法及其受理訴訟管轄行政法院。

關於勞工保險、農民健康保險及「國民」年金保險之爭議案件，皆如同「全民」健康保險，依法授權訂定爭議事項審議辦法，審議委員會組織、程序及功能大致相同，不再一一贅述。

（二）訴願程序

在行政救濟程序上，訴願屬於行政機關之內部自我審查（Verwaltungsinterne Kontrolle），審查範圍包含合法性（Gesetzmäßigkeit）及適當性（Verhältnismäßigkeit）。不同於行政法院僅得就合法性為審理，以避免違反權力分立原則（Gewaltenteilung），使得司法權過度侵犯行政權之核心領域。訴願程序在功能上，若能妥當發揮，對於人民之權利救濟將更為迅速有效，因為原處分機關或管轄機關於自我審查之後，若發現錯誤尤其裁量瑕疵或違法裁量，依據法律授權應直接自行變更或撤銷原處分之內容，並陳報訴願管轄機關（訴願法第 58 條第 2 項）。行政法院對於違法或瑕疵之行政裁量，基於權力分立原則，僅得於判決中述明其錯誤或瑕疵，不得代替原處分機關另為處分，因此，與權利保護之時效上及效率上，不如訴願程序得撤銷、變更或廢止原處分。

臺灣行政救濟程序之第一道程序為訴願程序，依據訴願法第 1 條及第 2 條規定，對於行政機關所作之行政處分及行政機關對依法申請案件應作為而不作為等二大類型，得提起訴願。訴願程序，在行政機關內進行，其訴願管轄機關依訴願法第 4 條之規定，原則上，應向原處分機關之上級機關提起訴願。對於訴願決定不服或提起訴願未獲決定之案件，則得依據「行政訴訟法」第 4 條第 1 項後段或第 5 條提起怠於作為訴訟，藉由行政法院之確定判決要求受理機關盡快作成決定或行政處分。

提起訴願之要件規定於訴願法之相關條文中,歸納分析如下:(一)訴願主體,依據訴願法第 1 條及第 18 條規定,包括自然人、法人、非法人之團體等,及各級地方自治團體或其他公法人等之受行政處分之相對人及利害關係人;(二)訴願客體,依據訴願法第 1 條及第 2 條規定,為違法或不當之行政處分、違反法定義務之消極行為,例如對依法申請之案件,於法定期間內應作為而不作為,除有法定事由予以延長一次之外;(三)依據訴願法第 1 條及第 2 條規定,必須行政處分相對人之權利或利益受損害,訴願所保護之權利包含「憲法」及法律上所保護之利益,所謂利益,則指尚未成為權利之各種值得保護之利益;[28](四)訴願法第 4 條規範訴願管轄機關,向法定管轄機關提起,原則上為原處分機關之上級機關;若訴願人向無管轄權之機關提起訴願,依據行政程序法第 17 條及訴願法第 61 條規定:行政機關對事件管轄權之有無,應依職權調查;其認無管轄權者,應即移送有管轄權之機關,並通知當事人;(五)訴願法第 2 條及第 14 條規定,訴願之提起,應自行政處分達到或公告期滿之次日起三十日內;(六)訴願法第 56 條規定,訴願應具訴願書,並載明規定事項及附上相關附件。

(三)行政機關外部審查——行政訴訟

1. 基本意涵

當行政機關內部審查機制無法提供人民必要之權利救濟時,則基於「憲法」第 16 條人民訴訟權之保障,「國家」應設立行政機關以外之外部審查機制,亦即行政訴訟制度。行政訴訟之主要功能有二,其一,為必須能達到有權利即有救濟之功能,其二,必須行政訴訟救濟之結果合於時效性,否則遲來之正義即非正義。依據臺灣「行政訴訟法」第 2 條規定,公法上之爭議,除法律別有規定外,得依本法提起行政訴訟為觀察,凡公法上之法律爭議皆由行政法院為訴訟管轄。相較於德國,依據德國聯邦行政法院法第 40 條第 1 項規定,公法上之爭議,非屬憲法性質者,皆得向行政法院提起訴訟,但聯邦法律明文規定,其爭議以其他法院管轄者,不在此限[29]。德國聯邦行政法院法第 40 條與臺灣「行政訴訟法」第 2 條皆屬於訴訟管轄概括條款。另外關於社會法上之公法爭議,德國則以社會法院作為特別行政法院[30],其訴訟管轄範圍特別於社會法院法第 51 條作範圍較小之管轄概括規定。進一步言之,德國聯邦社會法院法第 51 條規定,社會法院審理之公法上爭議,主要為社會保險法上之法律爭議、勞工獎勵法上之法律爭議、社會補償法上之法律爭議、殘障程度之認定爭議、薪資續付法之爭議、基於社會法典第

三編與第四編之爭議。除此之外，社會法院之訴訟管轄亦包含私法上之健康保險爭議以及公法上與私法上之看護保險爭議。

因此，公法上之法律爭議關於社會法上之公法爭議，原則上歸屬於社會法院管轄，但依據德國聯邦行政法院法第 188 條規定，有關社會救助、青少年救助、戰爭受害者之照護、嚴重殘疾者之照護及教育金進修補助（Bafög）之事務，行政法院應以合議庭之方式審理之。社會法上之公法爭議，部分基於法律之特別規定，由一般行政法院為訴訟管轄[31]。臺灣目前僅設行政法院，概括審理公法上之爭議案件，除法律特別規定由普通法院管轄之案件，例如：社會秩序維護法及道路交通管理處罰條例。

臺灣目前行政法院之訴訟審級分為二級二審制，第一審為高等行政法院為事實審，終審法院為「最高行政法院」為法律審。德國社會行政法院依據德國社會法院法第 2 條規定為三級三審制，第一審為社會行政法院（§ 8 SGG），第二審為邦社會行政法院，第三審為聯邦社會法院（§ 38 Abs.1 SGG）。臺灣行政法院與德國社會行政法院，出簡易訴訟程序之外，皆採合議制，臺灣合議庭法官皆由專業法官擔任審判工作，德國社會法院之合議庭除由三位專業法官組成之外，另外設立如同勞工法院之榮譽法官（Ehrenamtlicher Richter）。榮譽法官之產生主要來自於社會保險人、僱主、醫生、被保險人以及社會行政機關之公務員，前述人員不須具備法官資格，但須受過法律相關之訓練。榮譽法官參與社會行政訴訟至主要目的在於，借重榮譽法官於專業與經驗以協助釐清爭議事項之內容，以維護社會行政訴訟是正確性與公平性。[32]

臺灣目前所有關於公法上之爭議案件，於訴訟上皆單一由行政法院管轄，不僅造成行政法院於案件審理上之沉重負擔，案件審理耗時過長，對於較具急迫性之人民社會給付請求，例如健康保險之特別給付而言，遲來之社會給付對於被保險人而言，不但是長時間之磨難，恐亦難免造成保護不足或遲延之負面影響。因此，為有效實現人民之訴訟權，獨立特設社會行政法院，並建立類似德國具社會保險或特別社會法專業知識與法學素養之榮譽法官參與社會行政訴訟之審理，使得社會行政訴訟既合法且能合於實務運作與人民需求之實質判決，始更能合於「憲法」第 16 條訴訟權之制度性保障。除此之外，管見認為就短期而言，於現制行政法院中設立社會行政訴訟專庭，一方面有效區隔社會行政訴訟與一般行政訴訟，二方面亦得更有效實現與保護人民之社會基本權與訴訟權。

2. 權利保護須為必要與可能

基於訴訟資源之合理有效分配與運用，人民提出行政訴訟時，其訴訟利益必須具有值得保護之價值，無保護價值則該訴訟行政法院應予駁回。[33] 提起行政爭訟，須其爭訟有權利保護必要，亦即具有爭訟之利益為前提，[34] 若對於當事人被侵害之權利或法律上利益，即使經審判之結果，亦無補救之可能，或無法回覆其法律上之地位或其他利益者，即無進行爭訟而為實質審查之實益。[35] 另行政法院於受理撤銷訴訟時，雖發現原處分或決定違法，但若撤銷或變更該行政處分於公益將有重大損害，經斟酌原告所受損害、賠償程度、防止方法及其他一切情事，認為原處分或決定之撤銷或變更顯與公益相違背時，得駁回原告之訴，並應於判決主文中諭知原處分或決定違法，[36] 此即前已論述之情況判決，[37]，德國社會法院法並無類此立法。

若無上述情形，則行政救濟法制所保護之權益應包含權利與利益，權利係指人民之主觀公權利而言。[38] 利益於臺灣現行法制上包括法律上利益，如訴願法第1條規定：人民對於「中央」或地方機關之行政處分，認為違法或不當，致損害其權利或利益者，得依本法提起訴願觀察，其規範包含權利或利益。行政法上所保障之權益應包含權利與利益，權利係指人民之主觀公權利而言。利益於臺灣現行法制上，除法律上之利益外，是否包括事實上利益，例如訴願法第1條規定：人民對於「中央」或地方機關之行政處分，認為違法或不當，致損害其權利或利益者，得依本法提起訴願中之「權利或利益」，「行政訴訟法」第4條第1項規定：人民因「中央」或地方機關之違法行政處分，認為損害其權利或法律上利益，經依訴願程序後，得向高等行政法院提起撤銷訴訟中，即明文規定「權利或法律上利益」同為訴願與行政訴訟所保護。換言之，若非屬權利或法律上利益受到違法行政處分之侵害，即不得提起行政爭訟[39]。多數見解依據文義解釋，所謂利益應僅止於法律上之利益，管見認為，事實上之利益若於論理解釋上，屬於立法者所欲保障之內容，應視個案加以認定，不宜一律排除。

另觀「行政訴訟法」第4條第1項規定：人民因「中央」或地方機關之違法行政處分，認為損害其權利或法律上利益，經依訴願程序後，得向高等行政法院提起撤銷訴訟，即明文規定權利或法律上利益皆受保護。換而言之，若非權利或法律上利益受到行政處分之侵害，即不得提起行政訴訟。再者，「訴願法」第1條所規範之行政處分，係指行政機關對人民所為之單方行政行為，而對外發生具體之法律效果，且以該項處分損害其現實之權利或利益者為限，若僅將來有損害發生之虞而預行請求行政機關或法院給予行政救濟或保護，則非屬於上述討論所保護範圍[40]。再就保護之對象而言，應涵蓋直接相對人與利害關係人[41]。

注　釋

[1]. 陳新民：《法治國家論》，臺北：學林文化出版社，2001年，第3頁。

[2]. E.Forsthoff，Der introvertierte Rechtsstaat，in：Rechtsstaat in Wandel，1964，S.213；陳新民，法治國家論，臺北：學林文化出版社，2001年，第4頁。

[3]. Pieroth/Schlink，Staatsrechte II，15.Aufl.，1999，Rn.85.

[4]. Der soziale Rechtsstaat，in：Benda/Maihofer/Voge（Hrsg.），Handbuch des Verfassungsrechts，2.Aufl.，§17.

[5]. BVerfGE 1，97，105.

[6]. Hesse，Grundzüge des Verfassungsrechts der BRD，20.Aufl.，1995，Rn.213.

[7]. BVerfGE 44，353，375.

[8]. BVerfGE 40，121，123.

[9]. BVerfGE 33，303，331.

[10]. BVerfGE 22，180，204；35，202，235f；69，272，314；BSGE 55，224，231.

[11]. BVerfGE 35，348，355.

[12]. BVerfGE 51，1，27f.

[13]. 李惠宗：《憲法要義》，2006年，第三版，第92頁。

[14]. 參考司法院大法官2000年度學術研討會論文集。

[15]. Jarass/Peiroth，Grundgesetz，5.Aufl.，2000，Art.20，Rn.102-107.

[16]. BVerfGE 6，32，34.

[17]. R.Waltermann，Sozialrecht，2000，Rn.19.

[18]. 「司法院大法官」第596號解釋。

[19]. 吳庚：《行政法制理論與實用》，增訂十版，2008年，第26—27頁。

[20]. 鍾秉正：《社會保險法論》，臺北，2005年，第1版，第10頁。

[21]. 關於社會法之定義，請參考郭明政：《社會安全制度與社會法》，臺北，1997年，第1頁以下；郭明政：《社會法之概念、範疇與體系——以德國法制為例之比較觀察》，政大法學評論，第58期，1997年12月，第369頁以下。

[22]. Hermann Bley/R.Kreikebohm，Sozialrecht，1993，7.Aufl.，Rn.2.

[23]. 許慶雄：《社會權論》，眾文圖書，1991年，第2頁。

[24]. Dörr/Francke，Sozialverwaltungsrecht，2002，Berlin，Erich Schmidt，Rn.3，S.11.

[25]. 郝鳳鳴：《法國社會安全法之概念、體系與範疇》，政大法學評論第 58 期，1997 年 12 月，第 384 頁。

[26]. 梁憲初等合著：《社會保險》，臺北，2000 年，2 版，第 6—7 頁。

[27]. 梁憲初等合著：《社會保險》，臺北，2000 年，2 版，第 8 頁。

[28]. 吳庚：《行政法制理論與實用》，增訂十版，第 640 頁。

[29]. 陳敏博士等譯：《德國行政法院法逐條釋義》，2002 年，「司法院」印行，第 196 頁。

[30]. §1 SGG（德國聯邦社會法院法）。

[31]. 陳敏博士等譯：《德國行政法院法逐條釋義》，2002 年，「司法院」印行，第 1856—1857 頁。

[32]. Gitter/Schmitt，Sozialrecht，5.Aufl.，2001，§ 52 Rn.4.

[33]. 陳敏：《行政法總論》，作者自版，臺北，2004 年，第四版，第 1358 頁。

[34]. 「司法院大法官」第 546 號解釋。

[35]. 「最高行政法院」91 年判字第 1070 號判決。

[36]. 「行政訴訟法」第 198 條；訴願法第 83 條。

[37]. 黃綠星、蔡進田著：《行政訴訟情況判決之研究》，1997 年，「司法院」研究年報第十七輯第二十篇，「司法院」印行，第 1—4 頁。本條立法系仿效日本行政事件訴訟法第 31 條第 1 項。

[38]. 陳新民：《行政法學總論》，臺北，2005 年，修訂八版，第 584 頁。

[39]. 「最高行政法院」2003 年判字第 340 號判決。

[40]. 「最高行政法院」2003 年判字第 1821 號判決。

[41]. 陳新民，前揭書，第 584 頁；訴願法第 18 條。

論澳門行政訴訟法中預防及保存程序在實施上之若干法律問題

何金明

◎澳門註冊大律師，澳門經濟法律學會理事長，法學博士[1]

引言

公共行政政策日漸影響市民在各個民生領域的權利，不論是由行政當局主動開展的，又或是作為利害關係人的市民向行政實體提起的行政程序，其目的只有一個，就是開展公共政策及達致公共利益，又或是，利害關係人要求行政實體給予的某種利益。

為此，在「依法行政」的理念下，行政實體所作出的決定，應符合法律規定的同時，且不損害利害關係人的個人利益，倘出現了損害市民依法受保護的利益時，利害關係人就應運用行政司法訴訟手段予以保障。行政司法訴訟制度既可以主張行政實體的決定是否存有違法性，又或是透過行政司法訴訟途徑，以保護利害關係人的法律受保護的利益；然而，任何訴訟流程均存在一個問題，就是冗長的司法訴訟能否保障利害關係人的利益，經常在坊間聽聞「遲來的公正不是公正」這句述語，其意味著利害關係人即使透過司法爭訟而最終獲取有利裁決，但可能出現因冗長訴訟而令原受保護的權利滅失。

在澳門行政司法訴訟方面，同樣設置了緊急性的預防及保存程序，藉此賦予利害關係人向行政法院提出，使被爭議的權利可以立即賦予一個保護網，不致因冗長訴訟而影響最終的權利受損。

一、保全程序之概念和重要性

保全程序[2]作為一種緊急程序，在任何形式之訴訟中擔當著保護訴訟當事人之利益，不致消滅或喪失；在學術界內對保全程序已有一致見解：在任何訴訟中，從原告提起訴訟至法院作出判決、執行判決，需要經過一段頗長之時間，在此過程中，將可能對訴訟判決出現難以執行之情況，又或者，在原告提起訴訟程序之前，對於可能出於當事人一方之行為或其他原因，致使另一方當事人之合法利益未能獲得足夠保障；因此，為了保護訴訟當事人應有之利益，以及保證將來執行

判決之法律效力，透過訴訟當事人之申請或法院依職權能力，由法院頒令對訴訟爭議之利益，採取必要之保全程序有其重要性及必要性。

大部分大陸法系國家及地區，保全程序並非一個獨立之訴訟程序，它必須依附在一個訴訟程序內，不論是現時或將來，否則，有關保全程序執行之效果將會喪失；而且，法院在是否頒令作出保全程序之裁決，對原告提起之訴訟爭議內容不會產生任何影響，並在法院作出確定性判決後，保全程序亦自動喪失效力。所以，保全程序之本質是一種臨時執行之程序旨在保護當事人利益不因訴訟審判之緩慢，或利益之特殊性質，而必須即時作出緊急措施之一個程序。

從上述保全程序之概念，不難發現其具有下列之特徵：

1. 屬於一種緊急性和例外性質之臨時性程序；

2. 申請人必須具有正當性：如不及時採取保全程序將可能導致本身之合法利益遭受難以彌補之損失；

3. 必須依附於一個訴訟程序為前提，不論為現時或將來之情況；

4. 必須向有管轄權之法院提出申請；

5. 與真正之訴訟程序比較，保全程序更應簡單快捷；

6. 在具體保全程序中，得因法院要求，申請人應提供擔保。

二、行政訴訟制度上保全程序之重要性

現行行政訴訟制度是解決私人和行政當局存在利益衝突，或針對一個違法行政行為提起司法程序的一套行政訴訟制度。雖然各國行政訴訟制度有各自的特性，但縱觀行政訴訟制度之核心部分，各國之行政訴訟制度均有其共通點：1. 行政訴訟是一種司法訴訟程序；2. 行政訴訟是針對具體行政行為而進行之訴訟，又或針對行政實體以使其作出一行政決定。而大部分大陸法系之國家，其行政訴訟法律是指規範法院、行政當局、私人及其他訴訟參與人的訴訟活動程序的法律規範的總稱，而澳門方面，更加入檢察院作出訴訟參與者之一的特色。

行政訴訟制度本身之價值，主要分為兩點：1. 公正；2. 效率。所謂公正，就是透過一個嚴謹之司法訴訟程序，在每一個訴訟行為皆反映事實真實性，透過法院調查、蒐證、辯論和合議作出一個符合公正之裁決；而效率，就是如何以最簡單直接之方法，達致公正的裁決。要達到行政訴訟制度之既定目的，一個符合公正之標準和一個高效率之程序是必需的，且尤以效率因素更為重要，才能達到訴

訟之經濟利益，因為沒有效率的公正是虛假的公正、暫時的公正，不可能實現真正的公正價值。但如何達到公正和效率之目標，在現實世界內，私人處於一個弱勢地位，對於行政當局之違法行政行為，即使立法者賦予補救的措施，也未能快速地作出緊急程序來保障私人之利益。

有鑒及此，為保障私人之權利不受行政當局之行政活動繼續進行不法侵害，也避免因行政訴訟進行期間過度漫長，令私人之利益踏進不能補救的地步，或為著保持利益狀況不發生變化，令最後執行結果不致落空，因此，有需要設置保全程序，其重要性在於保護私人之利益或中止行政活動之繼續侵害，其特性主要是體現及時性和效用性。

縱觀現代各國各地區之行政訴訟制度，大部分皆沒有專章列節地規範行政訴訟之保全程序，而是以民事訴訟制度中有關緊急程序或保全程序作為行政訴訟制度中保全程序之一種援引，如臺灣「行政訴訟法」中保全程序之假押扣和假處分；中國的《中華人民共和國行政訴訟法》規定利害關係人和行政機關可以向人民法院聲請行政行為或法院強制執行之中止措施，但必須指出有關聲請具有必要性。[3]

三、澳門《行政訴訟法典》之預防及保存程序制度

澳門《行政訴訟法典》於澳門特區成立前頒布實施，翻開了澳門行政法制本地化新的一頁。事實上，過去所沿用之行政訴訟制度乃由葡國自1986年引申至澳門之《行政法院訴訟法》[4]，但在過去15年內，澳門政治變化、體制改革，並隨著社會發展，司法體系現代化等各種因素下，原有之行政訴訟制度在執行上已不合時宜，加之該制度主要以葡國司法架構為藍本，更不能切合澳門現實需要，而該《行政法院訴訟法》公布後，一直缺乏中文譯本，使該行政訴訟制度之功用未能得以有效運用。基於種種原因下，在1999年12月13日公布現行澳門《行政訴訟法典》[5]，該法典的頒布主要基於下列因素：

1. 明確在行政上之司法爭訟方面有哪些法規仍然生效；

2. 對各種行政法之法規進行一體化之規定，特別是與《澳門行政程序法典》[6]之配合；

3. 確立私人在與行政當局存在利益糾紛或被侵害時，給予足夠之保障；[7]

4. 明確各種行政申訴方式，使私人有足夠之保障機制維護自身利益。

通過《行政訴訟法典》，私人可以在法定期間[8]內針對行政當局作出之具體行政行為之不法性，向澳門行政法院提起「司法上訴」[9]，也可以在維護本身之

權利和利益之前提下,向澳門行政法院提起「訴」[10],有關訴之流程是依據民事訴訟法之一般規定進行,而非按《行政訴訟法典》有關司法上訴之流程進行,現對「司法上訴」及「訴」作下列簡單介紹:

1. 司法上訴:為《行政訴訟法典》一般訴訟程序,包括訴訟書狀階段、調查階段、辯論階段、審判階段和上訴階段。

2. 對規範提出之爭議:針對行政法規之規範違法而提起司法上訴。

3. 選舉上之司法爭訟:針對選舉行為出現違法事宜而提起司法上訴。

4. 訴:主要按其提起之目的而分為「確認權利或受法律保護之利益之訴」、「命令作出依法應作之行政行為之訴」、「提供資訊、查閱卷宗或發出證明之訴」、「關於行政合約之訴」和「實際履行非合約民事責任之訴」。

在上述各訴訟手段中,私人仍須依法作出既定程序,事實上,私人之權利和利益,可能正在受到一個具體不法行政行為之侵害,若不即時遏止,私人之利益將難以彌補,又或在行政法院作出有利私人之判決後,行政當局對有關判決沒有作出即時行動,使私人之利益難以實現[11],或待至訴訟判決確定後,私人之權利已不能補救。上述種種情況,皆可能出現,如何作出相應措施,單靠《行政訴訟法典》之司法上訴或訴之制度,也未能達致有效目的。因此,立法者在制定《行政訴訟法典》中,加入一種從屬訴訟程序[12]——預防及保存程序,其性質與民事訴訟法之保全程序是一致,目的乃是私人在進行有關訴訟前或後,按本身之利益要求行政法院作出一個司法裁決的程序[13];其特徵就是針對上述所發生種種現實情況,而成為一種補救司法上訴和訴所未能產生即時效用之一種保全程序。

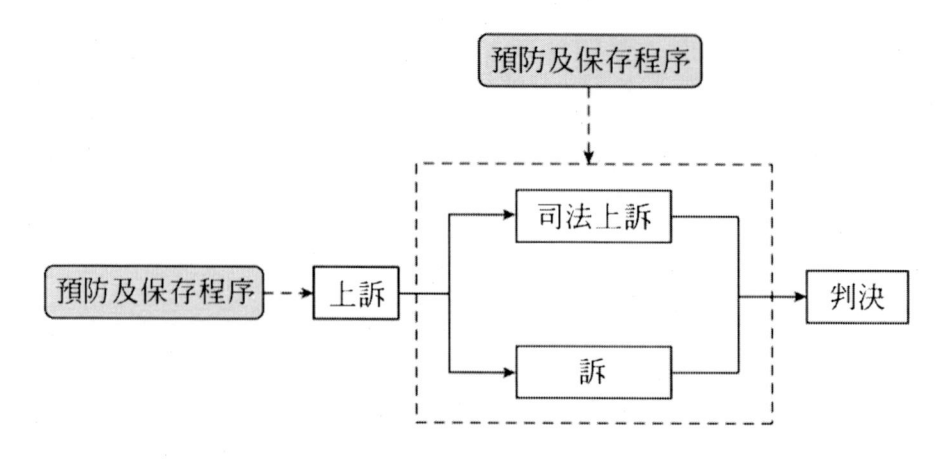

(《澳門行政訴訟法典》預防及保存程序提起之程序性)

四、法律依據、方式和流程

在行政法層面上，私人與行政當局並非處於一個對等之天平上，基於行政當局之身分和優勢，往往在行政爭訟上，即使賦予他們應有之訴權——司法上訴和訴，私人仍然處於一種弱勢地位。如何保障他們應有之權利，如何切切實實維護他們之利益免致繼續被侵害，這就構成設立預防及保存程序之依據。

立法者在考慮訂立之《行政訴訟法典》中，有關預防及保存程序便是為解決上述現實問題而設立之一套機制，並因應其程序目的而作出四種緊急措施，分別為：

1. 效力之中止：屬於一種與撤銷之訴有類似性質之從屬程序，以一個含不法性之積極行政行為為前提，中止程序就是中止該積極行政行為對外繼續產生效力。同時，亦可針對行政規範之違法性聲請中止效力之程序。

2. 勒令作出某一行為：透過裁決，要求行政當局、對立利害關係人和特許人作出或放棄一個輔助性質之行為。

3. 預行調查證據：是指在有理由之情況下，可於提起有關訴訟程序前作出有關收集證據，否則訴訟進行期間難以舉證。

4. 非特定之預防及保存措施：當有理由指出，私人之權利正受到嚴重及難以彌補之損害時，又不適合使用上述三種預防及保存程序時，則可採用此保全程序，是一種補充訴訟程序。

在《行政訴訟法典》中設置效力中止之保存程序，無疑是針對司法上訴和訴出現一個缺項——不能即時對私人之權利和利益有效地保護，立法者亦意識到《行政訴訟法典》所設定之各種救濟方式未能平衡法治國家三權分立之局面所引致對私人之後果[14]，行政當局對本身之活動有自主權，當法院就爭訟作出判決前，行政當局仍能按本身意願行使法律賦予之權限，而且，在行政法上，推定作出行政行為是合法的；這導致私人單靠司法上訴和訴之救濟方法，未能保護私人之利益，亦違背《行政訴訟法典》設立之目的[15]。因此，按《行政訴訟法典》第120條和第121條規定，只要同時符合三項基本要件時，便可針對行政當局實行中行政行為聲請中止效力，這些要件包括：1. 有關侵害私人利益之行政行為仍繼續進行，而不理會是否導致私人利益難以補救；2. 有關中止措施並不影響公眾利益；3. 中止之行政行為可被提出司法上訴。

中止效力程序以從屬程序方式附隨主訴訟中，或未有主訴訟之前提下聲請，必須在有效之訴期內提出司法上訴[16]，否則按民事訴訟制度之規定，使中止效力程序終止。而《行政訴訟法典》關於中止效力程序之流程如下：[17]

中止效力程序乃中止一個執行中行政行為，對於要求行政當局作出一個維護私人利益之措施，中止效力程序未必達到預期之目的。立法者亦考慮到現實狀況會發生這些問題，在預防及保存程序中加入勒令行政當局作出或不作出特定行為之措施，此程序旨在保護某一利益下具正當性提訴之人得請求法院作出命令，勒令行政當局、私人或被特許人作出或不作出特定行為[18]，其依據是利益之侵害或保護，上述為澳門《行政訴訟法典》中稱為「勒令作出某一行為」，其執行之流程大致如下：[19]

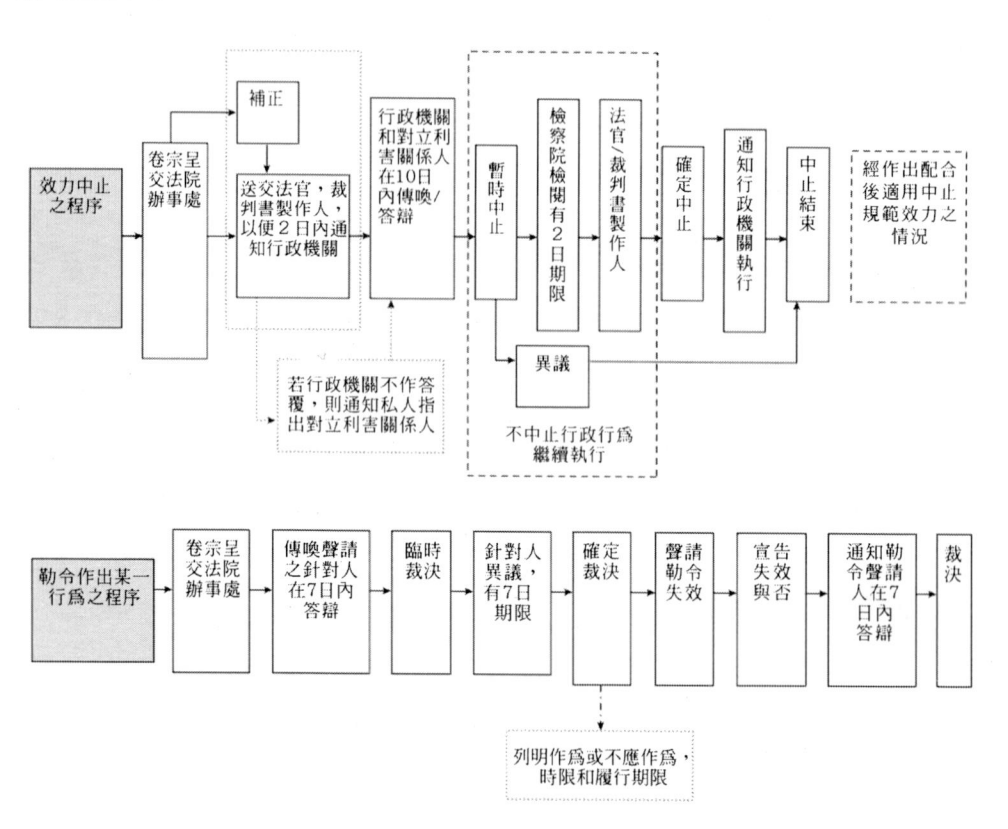

在「行政訴訟制度」和「民事訴訟制度」內，亦規範了「預行調查證據之保全程序」，旨在保障支援私人提出訴訟所持訴因之證明力，基於證據之多樣性[20]，不作出即時之調查和記錄，便可能遺失或消滅有利於私人之證據，也導致私人之利益受損，所以立法者特別地設立此緊急程序，而澳門《行政程序法典》第89條

亦作出相同之規定[21]。而根據《行政訴訟法典》規定，預行調查證據之流程如下：[22]

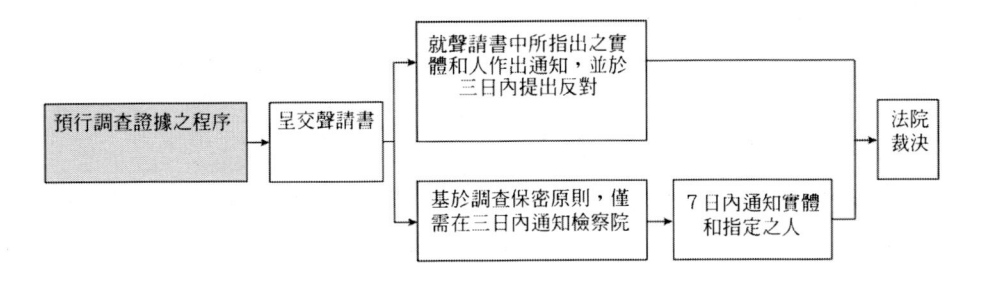

```
預行調查證據之程序 → 呈交聲請書 → ┬→ 就聲請書中所指出之實體和人作出通知，並於三日內提出反對 ─────────────────→ 法院裁決
                                    └→ 基於調查保密原則，僅需在三日內通知檢察院 → 7日內通知實體和指定之人
```

最後，作為前面三種緊急措施之後補制度，非特定之預防及保存措施，就是立法者按每一具體事件而不適用中止效力程序、勒令作出某一行為程序和預防調查證據程序時，賦予私人之最後手段，私人只要有理由相信，某一行政行為會對其權利或受法律保護之利益造成嚴重且難以彌補之侵害之條件下，便能就具體情況請求法院命令採用適當之預防或保存措施，[23] 有關聲請之流程如下：[24]

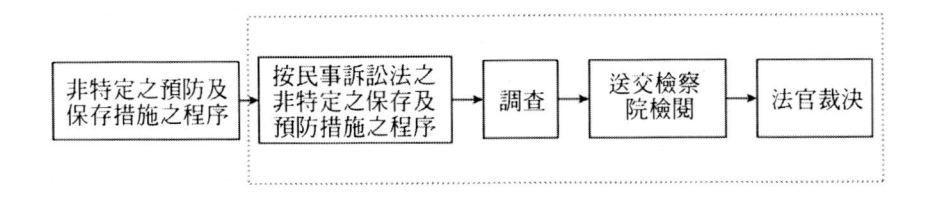

```
非特定之預防及保存措施之程序 → 按民事訴訟法之非特定之保存及預防措施之程序 → 調查 → 送交檢察院檢閱 → 法官裁決
```

五、執行上之困難：預防之困難、保障之不足

由於澳門《行政訴訟法典》之規範，一定程度上乃沿自葡國現行《行政法院訴訟法》制度，在一些執行程序上具有一定之參考價值。其中，效力中止程序之規定，原則上乃舊制度之一個延續，特別是作為附屬訴訟程序之要件亦一致[25]，而葡國學者 Santos Botelho 在其著作《司法行政》[26] 一書中指出，本程序之目的就是要避免私人在訴諸法院時，在最後判決作出前，仍然受到行政行為之侵害，以致私人利益難以恢復，但是此中止效力之程序並非偶然性發生，而是建基於一個保障機制，私人在聲請本程序時必須具備若干前提，才能賦予法院有權限作出中止效力程序，這些前提或可接受條件包括可接受之形式客觀條件、可接受之主觀條件和實體客觀條件。[27] 所謂可接受之形式客觀條件包括訴期、訴訟形式等，而可接受之主觀條件包括權限、正當性和訴訟利益，最後實體客觀條件包括請求和訴因。很明顯效力中止程序本身必須依附在一個主訴訟之上，而根據《行政訴

訟法典》第 120 條明確指出，效力中止程序之提起取決於一個已存在侵害私人利益之行政行為，倘若行政當局仍未作出行政行為時，效力中止之程序便不能提起；那麼，是否存在一個進行中行政行為，在仍未界定是否合法或具爭議性時，效力中止程序又能否保障私人之利益；事實上，葡國最高行政法院便就此情況作出司法見解「在仍未審查出爭議行政行為會導致上訴人難以彌補和恢復之損害者，不能宣告該行為之效力中止」[28]。此司法見解體現多個原則性問題：一、行政行為合法性推定原則，在行政當局作出之行政行為，即使與私人之利益發生衝突時，行政行為都享有合法性推定，必須由私人為本身利益負舉證責任，推翻行政行為之合法性推定，這無疑在執行上增加私人提起程序之負擔，也難以作出司法上訴；二、行政行為乃行政當局為公益而施行的，在私人利益和公益之衝突下，如何以合理化和數量化作為標準，而使行政行為中止效力，若由私人作出舉證，證明本身利益之量化又是否恰當和公平，特別是涉及精神損害之抽象概念時，如何作出有利於私人之裁決，實屬難以肯定，[29]另外，排除了私人利益和公益之衝突後，也須考慮申請中止效力是否影響對立利害關係人之利益，使之不能提起有關申請；最後，存在很多不確定性概念，例如「難以彌補」如何衡量。而澳門《行政訴訟法典》第 121 條 1 款 a 項「難以彌補」、b 項「嚴重侵害」和 c 項「強烈跡象」皆屬不確定概念。在葡國和澳門學說界、甚至一些司法見解皆支持若存在這些不確定概念，且無具體證據證明時，私人在聲請效力中止時不具正當性。[30]

在剖析程序之實體問題後，讓我們看看效力中止之流程，整個流程若得到行政當局之配合，由聲請至裁決只需約 20 天（參見上述相關流程圖），但是即使行政行為處於暫時中止狀況下，行政當局仍可透過具理由之聲明，使行政行為重具執行效力，[31]所以，私人之利益所獲得之保障是非常有限的。

繼效力中止之程序外，勒令作出某一行為之保全程序在執行上也存在一定問題，由於勒令作出某一行為程序並不取決於一個不法性行政行為之存在，因而提起司法上訴未必能有效保護私人利益時，反而取決於一個權利之確認，但確認權利之訴並不能及時使私人之利益免受損害，私人可以向行政法院聲請此程序；相對於舊法之制度，現行澳門之勒令作出某一行為措施之範圍更為廣泛，涉及之層面也較高，葡國學者 F.Amaral 亦指出此措施在合法性防衛和撲滅行政貪汙上有非常重要之價值。但是，此保全程序也存在執行上一些問題，例如就被訴主體之定性問題，基於前葡萄牙政府所制訂之各組織法規、市政規章、旅遊和衛生法規存在很多積極衝突和消極衝突之狀況，導致行政當局對法規之執行時出現混亂之情況，使私人在聲請本緊急程序時，未能即時產生既有保護。如一實際個案中，

位於住宅區之酒吧，經營時發出高頻度之噪音，以及酒吧之生財工具放置在人行道上，有關住戶往行政當局投訴時，其結果是市政機關認定問題是噪音事宜，應屬旅遊局權限處理，而旅遊局卻認為該酒吧故意將吧臺擺放在人行道上，是違反市政條例，處理應由市政機關負責；而該批住戶遂請求行政法院作出裁決，卻因被訴主體非為行政當局或未指明誰為被訴主體，以及不存在一個具體行政行為（由於兩個部門也沒有接收住戶之投訴，也沒有簽收任何文件），因此法院不予受理。

本個案由於部門之間在立法上不協調，致使各個行政法規對同一問題的規定直接發生衝突，使之難以執行，並由此，使私人未能清楚爭議關係存在之各種元素，因而訴諸法院也就容易被拒絕。同一情況，勒令作出某一行政行為之目的在於保障私人之利益，但是《行政訴訟法典》第174條指出，即使行政法院作出有利私人之裁決，行政當局只要提出該條文規定之理由，則有關之勒令失效，所以在沒有行政當局積極參與和配合下，勒令作出某一行為之措施在實踐中執行是非常困難的。

預行調查證據則是明確規定在訴訟提起前，私人有理由恐防有助調查事實之真相之證據會遺失或消滅而向行政法院聲請，進行有關證據收集。它與民事訴訟制度之預行調查證據之制度是一致的，而《行政訴訟法典》亦規定在訴訟進行期間得提起此措施，以確保私人之訴權得到維護；但是，行政訴訟制度不同於民事訴訟制度，在行政訴訟制度上，被告為行政當局，私人要有效取得相關證據，事實上是很困難，皆因行政當局往往以有關文件屬政府機密文件，或其他保密原因而拒絕提供，構成私人保護本身利益之理據不足。

最後為非特定之預防及保存措施，是一種後補制度，且在《行政訴訟法典》中新設立的，立法者目的是改善舊制度所保障之狹窄範圍，而此制度將給予私人充分利用法律賦予之功能，雖然有關法律條文只有兩條規範，但事實上是援引民事訴訟制度一般保全程序。所以預行調查證據與非特定之預防及保存措施與現行行政訴訟制度沒有多大之分野。

還有一點值得一提，按《行政訴訟法典》第4條規定，私人在行政爭訟上必須委託律師作為代理人，而有關聲請預防及保存程序之聲請人，法規沒有明確指出是私人之律師，明顯地，在有關訴訟進行期間必為律師代表私人參與訴訟，但試想想，當私人知悉本身利益被行政當局侵害，至提起司法上訴和訴之法定期間內，要求即時申請預防及保存程序，是否容許？在私人聘任律師後才進行聲請預防及保存程序，所需之程序和時間是否足夠？對保障私人之利益又是否足夠？

六、結論

　　在民主法治之社會法制下，私人為保障本身利益而訴諸法院之權利已明文寫進憲制性文件內，但如何落實有效施展訴權之目的，就是本文章研究之核心內容。在行政訴訟制度上，基於三權分立原則，私人要對抗一個以行政主導之行政行為，單單以行政救濟之訴訟方式，未能即時作出保障，現行制度大都趨向透過保全程序予以介入。澳門特區成立後，行政爭議日趨頻密，雖然新生效之《行政訴訟法典》給予私人更多之手段——司法上訴和訴，但澳門特區以行政主導之政治體制運作，如何在此情況下防止行政機關濫用行政權力和作出不法行政行為，因而預防及保存程序之設立具有特定重要性，其設立之目的就是防止行政機關濫用權力和作出不法行政行為，使私人之利益不致繼續受到侵害，以及透過保全程序下，使私人之利益得以實現，事實亦反映出，更多之司法上訴和訴提出之前後，私人往往聲請預防及保存程序是更有效保護其利益之方法。然而，澳門行政法之發展尚屬起步階段，行政訴訟制度未能趨於完善，而且涉及的行政實體規範繁多，互相間存在一定程度之衝突，例如在特區成立之後，舊法令和舊訓令與新行政法規和行政長官批示，在法律位階上何者較高，當涉及行政規範相衝突時，如何處理？如何對行政當局作出之行政行為定性？這將使私人行使預防及保存程序時，遇到法律上和現實上之各種各樣的難題，如行政行為之合法性問題、被告主體之正當性，以及更多出現之法律概念不確定、法律規範存在積極衝突和消極衝突等問題，也令預防及保存程序未能達到設立之目的。

　　解決之建議莫過於行政當局與立法機關制定法律和行政法規時，必須以整體行政規範為藍圖，立法要清晰，行政機關必須依法行政，才能使行政訴訟制度趨於完善。基於保護私人利益之前提，從法律角度上，預防及保存程序之設立不應侷限於法官層面之運用和操作，而應在私人之層面作考慮，例如，申請程序之條件要清晰，時間要快捷，甚至容許提起司法上訴或訴前之預防及保存程序，由私人本身作出聲請。

注　釋

[1]. 中國社會科學院研究院知識產權法學博士，華僑大學經濟法碩士，澳門大學法學學士，澳門註冊大律師，澳門經濟法律學會理事長。

[2]. 在訴訟制度上，不同法律體系和法律制度對「保全程序」之名稱各有不同，如臺灣稱為「保全程序」、中國大陸民事訴訟法律稱為「財產保全」或「訴前財產保全」、葡國為「Procedimentos Cautelares」（譯為「保全程序」）、澳

門民事訴訟制度為「保全程序」，然而，在澳門行政訴訟法典內，將之稱為「預防及保存程序」，其本質是一致的。

[3]. 中國大陸的司法體系沒有設置「行政法院」，按《中華人民共和國行政訴訟法》規定，涉及行政事宜之司法訴訟，一般由人民法院負責處理，而有關具體行政執行之權限，按《行政訴訟法》第 65 條和第 66 條規定執行。

[4]. 七月十六日第 267/85 號法令所核准，並藉八月七日第 220/86 號法令命令在澳門適用，公布於 1986 年 12 月 29 日第 52 期《澳門政府公報》。

[5]. 公布於 1999 年 12 月 13 日法令第 110/99/M 號所核准。

[6]. 公布於 1999 年 10 月 11 日第 41 期《政府公報》，法令第 57/99/M 號所核准。

[7]. 法令第 110/99/M 號之序言法。

[8]. 按現行生效之澳門《行政訴訟法典》第 25 條規定，針對澳門居住之上訴人、澳門以外居住之上訴人和作為上訴人之檢察院，或屬默示駁回之上訴人，提訴期間分別為 30 天、60 天和 365 天。

[9]. 這裡所指「司法上訴」本義應為「行政行為之訴」，只是在有關法規中被譯為「司法上訴」，實質為訴訟而非真正之「上訴」。見 2000 年 11 月出版之《澳門大學法學院學生會成立十週年特刊》中，由米萬英檢察官所著《澳門行政訴訟制度的特徵》，首頁。

[10]. 其目的可體現在各種訴之方式，《行政訴訟法典》第 97 條。

[11]. 按法治國三權分立原則，即行政、立法和司法互相獨立和相互制衡原則，行政當局作出的行為是獨立的，不受任何權力所干擾。

[12]. 將預防及保存程序定性為從屬訴訟程序，主要在學說界認為此程序之性質與民事訴訟程序之附隨事項性質是一致的，必須依附一個主訴訟之前提，倘若最終不存在主訴訟，有關從屬訴訟程序將引致失效。

[13]. 在現行澳門《行政訴訟法典》有較具體指出，該裁決會否影響法院作出終局判決之效果，事實上，即使裁決涉及實體事宜，按澳門民事訴訟法之制度，以及普遍學術界之觀點，均趨向於獨立事件。

[14]. 在澳門行政法學術界有兩種見解，一是三權分立之局面下，行政當局所作出之行政行為不因私人提出司法上訴而中止執行，它們是互相獨立的；另一見解認為當私人提起司法上訴即具有中止行為活動之效力。

[15].《澳門特別行政區基本法》第 36 條，《澳門特別行政區公報》第一期，1999 年 12 月 20 日，印務局出版。

[16]. 提起效力中止程序之期限為與其所依附之主訴訟之提訴期是一致的，而效力中止程序原則上只能依附司法上訴，所以其訴期援引《行政訴訟法典》第 25 條規定為 30 天、60 天和 365 天。

[17]. 下列流程乃作者根據《行政訴訟法典》及《澳門民事訴訟法典》有關規定作基礎撰寫，提供讀者更易瞭解，個別程序有待改善，且實際情況將更為複雜。

[18]. 此句中所指之「私人」是指按行政法之層面上，被勒令作出一積極或消極行為，以確保利害關係人之權利不被侵害之個體。例如在相鄰之房地產上，上層 A 之冷氣機經常滴水，影響下層 B 之天臺使用，B 向市政機構作出投訴，未能如願，並知悉有關市政機構之裁決存在不法性，B 有權在法定期間向行政法院提起司法上訴，在提起前或提訴後在待決期間，B 亦可以請求法院勒令 A 立即作出改善行為。

[19]. 下列流程乃作者根據《行政訴訟法典》及《澳門民事訴訟法典》有關規定作基礎撰寫，提供讀者更易瞭解，個別程序有待改善，且實際情況將更為複雜。

[20]. 澳門《民法典》第一卷第二編第四分編第二章證據，由一九九九年八月三日法令第 39/99/M 號所核准。

[21]. 《澳門行政程序法典》第 89 條預行調查證據指出有權限之行政當局應利害關係人附理由說明之請求，基於對調查具重要性且恐防消滅之證據作預先收集，且得在行政訴願之提起前作出，由一九九九年十月十一日法令第 57/99/M 號所核准。

[22]. 下列流程乃作者根據《行政訴訟法典》及《澳門民事訴訟法典》有關規定作基礎撰寫，提供讀者更易瞭解，個別程序有待改善，且實際情況將更為複雜。

[23]. 在此所指之「法院」，原則上是指行政法院，由法律第 9/1999 號《澳門司法組織綱要法》第 30 條規定，作為第一審審理具權限之行政、稅務及海關事宜之爭議；但是，若爭議所針對之被訴主體為局長以上之據位人時，則私人應向相應之法院作出訴訟，參閱該法律第 36 條及第 44 條，1999 年 12 月 20 日《澳門政府公報》第一期。

[24]. 下列流程乃作者根據《行政訴訟法典》及《澳門民事訴訟法典》有關規定作基礎撰寫，提供讀者更易瞭解，個別程序有待改善，且實際情況將更為複雜。

[25]. 參閱澳門《行政訴訟法典》第 121 條和葡國《行政法院訴訟法》第 76 條，引自「Contencioso Ad ministrativo-Anotado-Comentado-Jurisprudência」，Santos Botelho 著，Almedina 出版，第 278 頁。

[26]. 「Contencioso Administrativo-Anotado-Comentado-Jurisprudência」，Santos Botelho 著，Almedina 出版。

[27]. 分別作者所暫譯，原文為「Condições Objectives formais de Admissibilidade」，「Condições Subjectivas de Admissibilidade」和「Condições 0bjectivas Substanciais」，引自「Contencioso Administrativo-Anotado-Comentado-Jurisprudência」，Santos Botelho 著，Almedina 出版，第 279 版至第 285 版。

[28]. 譯自葡國最高行政法院合議庭裁決 Ac.De 12.12.85（A.D.296/297）。

[29]. 學說界認為可參考澳門《民法典》第 489 條 1 款之規定，屬嚴重性而應受法律保護者具較高利益。

[30]. 葡國最高行政法院合議庭裁決 Ac.De 19.10.89-Rec.n° 27.472-A。

[31]. 參見澳門《行政訴訟法典》第 126 條和第 127 條。

加快公民救助行為保護與促進立法，創新與完善社會管理

陳榮文

◎福建師範大學馬克思主義學院博士研究生，福建社會科學院法學研究所副研究員

一、助人行為保護與促進立法的社會基礎

「老吾老以及人之老，幼吾幼以及人之幼」，由己及人，「善推其所為」，則「天下可運於掌」（《孟子·梁惠王上》），這一政治倫理路徑是中國古代儒家社會管理思想的重要組成部分。「愛人」不僅是中國傳統政治道德文化核心概念「仁」的主要內容之一，[1] 也是西方世界基督教的基本教義，具有普世性。《聖經·新約全書·路加福音》篇「好撒瑪利亞人寓言」（the parable of the good Samaritan）中講述了這樣一個故事：

一位律法師（lawyer）問耶穌如何可得永生，耶穌問答說，「你要盡心盡意盡力盡性（with all your heart and with all your soul and with all your strength and with all your mind）愛你的神，愛鄰居如同愛自己」。這位律法師又問耶穌誰是他的鄰居。耶穌說了這樣一個故事：有一個人從耶路撒冷（Jerusalem）到耶利哥（Jericho）去，落在強盜手裡。他們剝去他的衣服，把他打個半死後扔下他走了。此時碰巧一位牧師（priest）也走同一條路，看到了這個人但卻從路的另一邊走過去了；同樣，一個利末人（Levite）走到這裡看到了這個人，也從路的另一邊走過去了。但一個撒瑪利亞人走到這裡看到這個人時，動了慈心（had compassion）。上前用油和酒倒在他的傷口處，包紮好之後將他扶上自己的牲口，並將其帶到一家旅店照看他。第二天，這個撒瑪利亞人還拿出兩錢銀兩（denarii）給旅店老闆說：「你且照應他，此外所花費的，我回來必還你。」耶穌問這位律法師，這三個人哪個是這個被強盜打得半死之人的鄰居？耶穌說，是憐憫他的那個人。

源於這則寓言，樂善好施、基於內心慈愛而救助他人者，常被稱作「好撒瑪利亞人」。而旨在為「好撒瑪利亞人」提供法律保護，使那些對處於緊急危險中的他人自願施以救助、但又在施救過程中由於過錯而導致他人傷害的人免除責任的法律制度則被稱為「好撒瑪利亞人法」或行善人（保護）法。[2]

中國 1970 年代末期實施改革開放以來，人們價值觀中的經濟利益趨向日趨明顯，雖然忠於職守、見義勇為、捨生取義仍然為社會主流價值取向，各類感人至深的事例，如「最美司機」吳斌、[3]「最美女老師」張麗莉、[4]「最美媽媽」吳菊萍、[5]「托舉哥」周沖[6] 等事例層出不窮，但毋庸諱言，做好事卻被訛詐的事例也時有發生，並經媒體，尤其是網路媒介的發酵，而帶來了巨大的負面的社會影響。

此類案件中最具社會影響力的應為南京彭宇案。[7] 該案之所以具有標誌性，主要源於法院判決中所認定的「社會情理」與「日常生活經驗」。該案判決認為：「根據日常生活經驗分析，……如果被告是見義勇為做好事，更符合實際的做法應是抓住撞倒原告的人，而不僅僅是好心相扶；如果被告是做好事，根據社會情理，在原告的家人到達後，其完全可以在言明事實經過並讓原告的家人將原告送往醫院，然後自行離開，但被告未作此等選擇，其行為顯然與情理相悖。」在事發當天，彭宇曾給老太太 200 多元錢，且此後一直未要求老太太返還，故此引發錢款性質為先行墊付的賠償款還是借款的爭執。對此，法院判決認為：「根據日常生活經驗，原、被告素不認識，一般不會貿然借款，即便如被告所稱為借款，在有承擔事故責任之虞時，也應請公交站臺上無利害關係的其他人證明，或者向原告親屬說明情況後索取借條（或說明）等書面材料。但是被告在本案中並未存在上述情況，而且在原告家屬陪同前往醫院的情況下，由其借款給原告的可能性不大；而如果撞傷他人，則最符合情理的做法是先行墊付款項。……綜合以上事實及分析，可以認定該款並非借款，而應為賠償款。」[8] 可見，依該份判決書對社會風尚的判斷，無由助人不合常理，好事如果「做過了頭」就更加不合常理了。

做好事被訛的案例還有許多，如 2009 年在南京發生一起鄭先生扶起一名跌倒的孕婦卻被孕婦咬定是他將其撞倒並索賠 2000 元的案例，孕婦丈夫趕來後一把拽住鄭先生就揮拳要打，並問鄭先生：「既然人不是你撞的，你為什麼要發善心去扶，廣場上來來往往人多著呢，就你一個人學雷鋒？」本案後經鄭先生報警，並透過廣場監控錄像才得以證明自己的清白。[9] 在 2011 年江蘇南通殷紅彬案[10] 中也因為大巴車安裝了車輛監控系統，能夠實時記錄車輛前方和內部情況，殷紅彬[11] 才能因此證明自己的清白而倖免損害賠償責任。值得注意的是，在本案中，乘務員與乘客的證詞基本上沒有造成作用！當然，做好事被誣訛事情的發生也不僅僅限於幫扶老人，還有撿到、照看並送還別人丟失的孩子卻被誣陷為拐賣兒童、[12] 經請求幫不識字且對子女有戒心的鄰居老太太到銀行存款卻被誣拿了錢，[13] 所有這些都讓心寒，讓人際間的不信任雪上加霜。流弊所在，使得「救人有風險，

救前需思量」的說法廣為流傳,使得人們對待攙扶摔倒老人變得越來越「謹慎」,進而產生一系列觸目驚心的惡果:2010 年 1 月 8 日下午,一位 85 歲的老大爺在杭州鼓樓南宋御街上不慎跌倒,老人在地上躺了近 20 分鐘,臨街商舖和街上的眾多圍觀者,無一人主動上前扶起,原因就在於怕負責任賠錢。[14]2010 年 12 月 15 日深圳市福田區益田村 78 歲的老人肖雨生在小區跌倒,面部朝下、鼻子緊貼地面無法呼吸,保安和路人因為害怕承擔責任無一人敢上前救護,以至於老人活活被憋死![15]2011 年元月一位八旬老翁摔倒福州市區道路旁,無人上前相助,老人最終在路人圍觀中死去。2011 年 9 月 3 日,武漢一位 88 歲老翁摔倒街邊無人相助,因延誤治療窒息而亡。[16]路人的麻木在臭名遠颺的 2011 年廣東佛山小悅悅事件[17]中表現得淋漓盡致。

  為什麼做好事,救治他人,這種為社會所倡導的播撒愛心的「愛人」的行為,其實踐者需要表現得像英勇就義?為什麼很多人會認為不是肇事者就不會實施救治行為?[18]為什麼連作為社會公正最後一道防線的人民法院也會認為做好事應有界限,否則就不符合「社會情理」與「日常生活經驗」?彭宇案一審判決觸痛了媒體與社會公眾的敏感神經,主要是因為案審法官所運用的經驗法則即「社會常理」與社會所提倡的道德準則相衝突,裁判理由缺乏社會認同,嚴重削弱了裁判的公正性與權威性,並從司法制度方面為人們做好事救助他人設置了心理障礙,挫傷了社會公眾救助他人的熱心。之後,媒體與社會公眾便習慣性地將人們見死不救的心理狀態歸咎於害怕被訛詐而承擔損害賠償責任,歸結為「前事不忘,後事之師」,是對前車之鑒的理性選擇,並認為這種冷漠雖然在道德上應受譴責,但情有可原——因為做好事被訛不僅可能,而且有極大的概率會因此而承擔賠償責任。南京彭宇案、鄭州李凱強案的判決(兩案被告都無法證明自己沒有撞人,當然,原告也無法證明是被告撞人,故適用公平原則承擔一定比例的賠償責任)活生生地擺在那呢。

  這顯然形成了一個惡性死循環。法官們根據其生活觀感認為人們一般會因為自保、怕麻煩、害怕承擔責任而不去見義勇為,救助他人,並將其運用於司法裁判的自由心證中;社會公眾則會因為害怕法官大人這種以偏概全的所謂生活經驗而在他人需要救助時卻步。如果說做好事被訛現象反映了人們之間的信任危機,那麼,處理此類事件的引起爭議的司法判決則加深了這種信任危機。[19]不談蛋雞先後的問題,這一狀況確實已經在一定程度上成為了一部分社會現實,人們的善心、良心因為對承擔賠償責任的恐懼被加上了重鎖。

二、受救助者訛詐救助人的原因及其危害性

中國傳統文化說的是受人滴水之恩自當湧泉相報，為什麼受救助者會忘恩負義、恩將仇報，有意將救助人誣陷為肇事者？無他，利之所在耳。受救助人為何見利忘義？最直觀的感受是中國社會的道德滑坡，同情和互惠的基本道德準則被僭越。從道德約束角度看，主要是上世紀砸爛孔家店、批判傳統文化後，傳統文化中的價值觀念日漸消亡，但又未能及時構建出新的符合社會發展的價值觀，加上從計劃經濟向市場經濟的社會轉型與變遷，社會生活商業化氣氛日益濃厚，人們對金錢的需要與渴望不斷增強，於是唯利是尚的價值觀念在傳統文化實用主義理性的推波助瀾下便陰差陽錯地填補了歷史合力形成的價值觀的真空。這是內因。

在外因方面，首要的一個原因是缺乏對救助人的法律保護制度。很多大陸法系國家的法律中規定了公民的一般救助義務，要求公民對身處困境的他人施以援手，除非這樣做會對自己造成損害，見危不救者須承擔相應的法律責任。英美法系一些國家的法律雖然並不認可公民應負一般救助義務，但卻制定了好撒瑪利亞人法來保護善心救助人，規定當救助人因救助行為中的過失行為而造成或擴大了受助者的傷害時，減輕或者免除施助者的法律責任。好撒瑪利亞人法的立法目的就是要維護公民的助人善心，其效果不僅在於保護了個體施助者，更重要的是透過對個體救助人的保護捍衛了陌生人之間的同情心和社會成員之間互幫互助的美德。與之相對照，中國在免除或減輕好心助人者的法律責任、保障救助人的合法權益等方面的法律制度設計還遠未成熟，更沒有制定相應的法律規則對恩將仇報訛詐救助人的行為進行懲處。因而前者怯於伸出援手，後者勇於訛詐糾纏。

第二個原因是受救助者的經濟需要。有學者的社會調查顯示，受救助者的經濟能力較為低下，在找不到肇事者的情況下，找到一個人為他/她所受到的傷害買單就顯得至關重要，而救助人顯然是當時情境下最容易被抓住的哪個人。不抓住救助人就沒有人對其所受傷害負責。而且在大多數時候，受救助人認為自己屬於社會弱勢群體，有較強的被剝奪感，認為救助人相對富有，自己敲詐「恩人」一點小錢對恩人來說無關緊要，以此來消減自己的負疚感。而且，社會公眾與一些處理此種事宜的人民警察也認為較為貧窮的受救助者的這種行為雖然不對，但卻可以理解，從而為這種行為的孳生蔓延提供了土壤。[20]

第三個原因是訛詐救助人的成功率較高。尤其是在救助人為年輕人而受救助人為老年人情形，年輕的救助人因為愛面子不願意與受救助的老人拉扯爭執，而且圍觀者也容易出於同情弱者的心理不辨是非地指責年輕人，故只要訛人的老人

不是太貪要得太多，年輕的救助人的選擇一般都會是給錢走人了事。旁觀者不願捲入糾紛，很少有人願意出來作證，這也增加了訛詐成功的機會。

當然還有其他的一些原因，如受有爭議判決的不良導向影響、[21] 被子女指使教唆、對社會關係圈子之外的陌生人無須負有道德責任的特殊道德觀、訛詐失敗也不用承擔法律責任，等等。[22]

儘管「做好事被訛」屬於小概率事件，但它對社會成員間的信任、同情和互助觀念造成了難以痊癒的重創，其表現之一是人們不再相信無私的同情，施加援助的程度越深，範圍越大，就越被難證明自己的清白。比如，有這麼一個經典的案例，一位的士司機將一位受傷的婦女送回家，之後又再次去看望了她，在得知其經濟困難後還給了一些錢。但兩年之後，受傷婦女的家人卻起訴這位司機，訴請賠償這位婦女在交通事故中頭部所受永久性傷害 25 萬元。所提交的關鍵證據竟然是這位司機把受傷婦女送回家之後繼續提供的幫助！理由是：「如果不是肇事者，在當今社會，沒有人會這麼做。」[23] 不相信人們之間無私和無由的同情的存在的不僅是社會一般群眾，警察與法官亦不例外，因為他們在處理案件的過程中並不駁斥訛詐者「如果你沒有傷害我為什麼要幫我？」的辯解，而是要求施助者提供證據證明自己的無辜。[24] 可有些警察與法官沒有認識到的是，「做好事」原本就是沒有界限的，基於所處的環境不同、心理上的差異，以及對存在、幸福、快樂、人生價值、信仰的認識、理解的不同，人們所選擇的做好事的方式、程度都會有所不同。因為，之所以被稱之為「做好事」，也就意味著行為人與獲得利益的人之間沒有利害關係，否則就不是做好事，而是一種義務性、回報性行為。有的人可能僅僅將其送往醫院，有的人可能留下照顧，也有的人可能繼續給予患者經濟上的資助，這些都是有可能的。[25] 中國向有「好事做到底」的說法，做好事怎麼能人為地圈定其極限呢？聖經故事中善良的好撒瑪利亞人為什麼在給傷者包紮好傷口後還要將他帶到旅店照顧？甚至還要幫他支付食宿費用？難道可以由此類推富有愛心的好撒瑪利亞人是強盜的同夥？這顯然荒謬之極。

2005 年 7 月 11 日，在浙江省寧波市橋頭堡鎮鎮中心的十字路口，一輛卡車撞倒了一位騎自行車的外地婦女，一位高中生見到後當即叫來出租車把受傷的婦女送到一家醫院接受治療。到醫院以後聽那位婦女說她身上沒帶錢便又替她支付了大約 200 元的醫療費。可之後那位婦女卻指責他與那個逃跑的卡車司機是一夥的，並要求他再付 500 元賠償費。理由是：如果你不認識那個司機，為什麼你要把我送到醫院還要付醫療費呢？！[26] 包括警察在內，沒有人能夠反駁她的邏輯。

警察讓這位同學提供證據，證明他確實不認識那個司機。這個要求自然在這位同學的能力之外，最後不得不又給那位婦女 500 元錢。戲劇性的是，後來有人提供了卡車號牌使警察找到了卡車司機並因此證明了這位同學的清白，但這位同學卻已經對今後遇到同類事情是否還會再伸出援助之手持保留態度了。[27] 這位同學心有餘悸，所表現出來的態度與李凱強案判決後媒體所進行的新聞調查得到的結論基本相符。[28]

「做好事被訛」事件對社會的負面影響還表現在對傳統道德觀念的顛覆。中國傳統道德觀念傳承主要淵源之一孟子說：「側隱之心，人皆有之；羞惡之心，人皆有之；恭敬之心，人皆有之；是非之心，人皆有之。側隱之心，仁也；羞惡之心，義也；恭敬之心，禮也；是非之心，智也。仁義禮智，非由外鑠我也，我固有之也，弗思耳矣。故曰：『求則得之，舍則失之。』」（《孟子·告子上》）孟子認為同情心、羞恥心、恭敬心與是非心為人們所固有，但「求則得之，舍則失之」。在人們目睹他人處於困苦危急之時，原本這種側隱之心會比平時來得更加強烈，同情心更加泛濫，更願意伸出援助之手，但「做好事被訛」事件的發生和傳播，會讓人們下意識地先考慮自身的安全並進而質疑這種側隱之心的價值，從而「舍則失之」。人們一旦失去了同情心，認同了冷漠的合理性，便將進一步助長社會冷漠，於是，救助人不僅會遭受被救助人的錯誤指責與訛詐，還要應對社會公眾以及執法者和司法者對其善行的懷疑，需要找尋有力的證據來辯白自己！從而衍生出一種荒謬的社會現象，社會輿論從譴責訛詐行為轉而強調自我保護的意識與技巧。如彭宇案判決之後「助人為樂安全教程」應運而生，包括冷靜觀察現場與跌倒者的神態、表情，說服他人共同實施救助行為，尋找目擊證人，留下證人聯繫方式，利用隨身攜帶的手機相機等錄音拍照設備提取證據、向 110 報備等。[29] 長此以往，出於側隱之心內心的道德感召而助人行善者將被視為自找麻煩的反面教材，做好事被訛的事例也將成為父母甚至老師教育下一代不要去幫助陌生人的經典案例，從而在不經意間抹殺了孩子的同情心與善良心。此外，好心有好報、助人者人恆助之、種豆得豆種瓜得瓜，都是中國傳統的道德準則，訛詐救助人這種恩將仇報的行為顯然是對這一道德準則的最無恥的踐踏。[30]

三、「好撒瑪利亞人法」立法的比較法觀照

綜觀世界各大法系的立法，所謂「好撒瑪利亞人法」並不特指某部專門制定用來調整救助人、受救助人、相關第三人以及其他相關主體之間法律關係的法律法規，而是泛指一切法律、法規甚至判例中與處理不履行救助義務是否承擔法律

責任、救助義務的發生條件、救助人因實施救助行為致被救助人或第三人損害是否承擔損害賠償責任、救助人因實施救助行為造成本人人身或財產損害如何獲得賠償等問題相關的一切法律規範的總稱。從這個意思上觀察，「好撒瑪利亞人法」是人類一項跨越幾千年的歷史文化遺產。有人發現，在古埃及與古印度的法律中便已有對處於危險中的他人不施以救助的人進行懲罰的規定，認為在早期人類文明中人們承擔著一般救助義務。不過，羅馬法中並沒有規定這種一般救助義務。[31]

現代意義上的好撒瑪利亞人法始自19世紀大陸法系各國刑法典中對見危不救的定罪與懲罰規定。[32] 1810年《法國刑法典》第475—12條是這類法律規定的原型。[33] 1845年《俄國刑法典》（第998條）、1853年《義大利托斯卡納（Tuscany）刑法典》（第97條）、1867年《比利時刑法典》（第422條）、1871年《德國刑法典》（第360條）、1881年《荷蘭刑法典》（第450條）、1889年《芬蘭刑法典》（第21章第15條）、1889年《義大利扎那德利（Zanardelli）刑法典》（第389條）、1902年《挪威刑法典》（第387條）、1926年《土耳其刑法典》（第476條）、1930年《義大利刑法典》（第593條）、1930年《丹麥刑法典》（第253條）、1933年《波蘭刑法典》（第247條）、1936年《羅馬尼亞刑法典》（第489條）、1940年《冰島刑法典》（第221條）、1944年《西班牙刑法典》（第489條，後為1996年西班牙刑法典第195條）、1951年《希臘刑法典》（第307條）、1951年《保加利亞刑法典》（第148條）、1951年《南斯拉夫刑法典》（第147條）、1952年《阿爾巴尼亞刑法典》（第157條）、1953年《德國刑法典》（第323 c條）、1957年《埃塞俄比亞刑法典》（第547條）、1960年《蘇俄刑法典》（第127條）、1960年《烏克蘭刑法典》（第112條）、1961年《比利時刑法典》（第422條）、1961年《捷克斯洛伐克刑法典》（第207條）、1961年《匈牙利刑法典》（第259條）、1975年《奧地利刑法典》（第95條）、1982年《葡萄牙刑法典》（第219條）、1985年《盧森堡刑法典》（第410-1條）、1999年《越南刑法典》（第102條）均將見危不救規定為犯罪予以刑罰。[34] 上述這些規定都是大陸法系國家的法律規定。在英美法系，其所確定的法律原則是，除非有某種先在關係的存在，人們並不因其懈怠行為而承擔法律責任，否定了人們對處於危境中的他人必須給予幫助這一一般救助義務的存在。[35] 可見，總體言之，大陸法系與普通法系在好撒瑪利亞人法的立法與適用方面存在著一個根本性的區別，在普通法中人們並不負有對處於危境中的陌生人施以救助的義務，而在大陸法系則相反，法律更願意肯定這種一般救助義務的存在，人們不履行這一法定義務必須承擔相應的刑事民事責任。當然，事無絕對，其中也有例外，放在下面敘述。

(一) 普通法系

在英國法，其一般原則正如 1987 年 Lord Goff 在審理 smith v.little woods organisation Ltd.[36]一案時所闡明的，人們並不就其純粹的疏忽懈怠而承擔責任，即人們不負有保護他人不受傷害的一般注意義務。也就是說，英國侵權法並不要求一般民眾對處於危難或危險中的他人承擔救助義務，其經典說法是「一個路過並看見某個孩子在很淺的小池塘淹死而不伸手援救的過路人，對這個孩子的死不負有任何責任，即使援救該孩子對其而言不費吹灰之力時也是如此。一個目擊交通事故發生，卻因為急著去上班而顧不上幫助受害人打一個求助電話的壞撒瑪利亞人對其不作為也不承擔責任」。[37]根據英國法律，《聖經》中「好撒瑪利亞人寓言」中在好撒瑪利亞人之前看到倒在路上的傷者卻不顧而去的牧師以及利末人因為不負有救助義務因而不因其不作為而承擔法律責任。在英國法中，因不作為而承擔法律責任的前提條件是特定先在關係的存在，而這種特定先在關係要求其作為，否則，不管他人面臨的危險多麼巨大，而他所能提供的救助又是多麼輕而易舉、毫無危險，他都有權熟視無睹。相反，若其選擇救助，還需為其救助行為所造成的損害承擔法律責任。

美國法同英國法一脈相承，法律缺乏一般救助義務的規定。在美國，一般而言，行為人對處於危險之中的他人沒有提供幫助的義務，不論有多麼容易就能給他人提供幫助，也不論不提供幫助時出於故意還是粗心[38]。《美國侵權法重述·第二版》第 314 條規定：行為人意識到或應當意識到他的一項行為是協助或保護他人所必需這一事實本身並不使行為人有採取該行為的義務。(the fact that the actor realizes or should realize that action on his part is necessary for another's aid or protection does not of itself impose upon him a duty to take such action.) 相反，雖然人們不負有一般救助義務，但人們一旦實施救助，儘管無償，也應負有謹慎作為的義務，亦即負有合理的注意義務，其結果就是，試圖救助他人的「好撒瑪利亞人」可能因其未盡到這一義務而承擔過失侵權責任。

正是這種法律制度，使得英美法系出現了這樣的典型案例。在 1928 年發生在美國的一個案件 Osterlind v.Hill[39]中，在美國國慶節（7月4日）這一天，被告將一艘獨木舟租給一個明顯喝醉的人後坐在海濱看著租用人玩船，後來船翻了，租船的人抓緊船身30分鐘並呼救。但身體強壯並泳技很好的被告卻無動於衷，結果自然是這個沉沒海底。在本案的審判中，法官認為，即使是被告將獨木舟租給

受害人的，但這種關係並不足以使被告對其負有注意義務，因而被告對此不承擔任何法律責任。當然，如果翻身是由於獨木舟本身存在缺陷的原因則另當別論。

另一個著名的案件發生在 1964 年，在 3 月 14 日上午較早的時候，在紐約州皇后區一位名叫 Kitty Genovese 的婦女在其回家的的路上受到攻擊。在長達 40 分鐘的時間裡，該名婦女被多次毆打。經警方事後確認，在這一過程中，當時至少有 38 位鄰居聽到過該名婦女的呼救，甚至其中還有人目睹到該名婦女的掙扎，但卻沒有人對此進行干涉，甚至沒有人打電話報警。本案的發生震驚了美國社會，「冷漠的鄰居」這一社會問題引起了廣泛的討論與檢討分析，新聞界、法學界、社會學界、哲學界、道德倫理學界都對這一問題顯示出了深厚的興趣與關切，各種新聞報導與研究文章汗牛充棟。[40]

為了消除人們對實施救助行為反而承擔責任的擔心，美國加利福尼亞州在 1959 年率先頒布好撒瑪利亞人免責法，廢除了這一法律規則，其他各州亦迅速跟進，佛蒙特州甚至於 1960 年代末制定了《幫助危境中的他人之義務法》（the duty to aid the endangered act），雖然該州法院很少適用這一法律。到 1980 年，美國 50 個州均通過了好撒瑪利亞人免責的法令，對處於緊急情況下的他人自願[41]、誠信地試圖施以援手的醫務人員或其他救助人，其一般過失可以免責。[42] 顯然，好撒瑪利亞人免責法的立法目的在於透過消減人們對救援不當將招致被訴請賠償的恐懼從而鼓勵人們救助處於緊急情況中的他人。[43] 對此，有人認為，這一立法旨向是工具性的，而不是建立在公平基礎之上。[44]

在澳大利亞，一般救助義務只在北區存在，肇始於北區最高法院 1994 年在 Salmon v.Chute and Dredge 一案中對刑法第 155 條的解釋，[45] 認為根據該條規定，能夠實施任何形式的救援、復甦、醫療處理、急救或救助而不實施這些救助行為的任何人，在受害人急需這些救助，得不到這些救助就會有生命危險時，卻無情地見危不救，構成犯罪並應處以 7 年以下有期徒刑。這種犯罪的構成要件有四：（1）犯罪嫌疑人能夠提供救助，包括具有勝任救援所需的生理心理能力、一定的與需要救助人之間的可接近性、知道其急需救助；（2）救助方式為救援、復甦、醫療處理、急救護理或其他救援措施；（3）他人急需這種救援、復甦、醫療處理、急救護理等救援措施，否則將有生命危險；（4）犯罪嫌疑人冷漠地未實施救援。

在立法上，澳大利亞昆士蘭州 1973 年頒布了《緊急情況自願救助法》，後為 1995 年《法律改革（其他事項）法》代替，但其適用只限於醫生與護士。新南

威爾士於 2002 年頒布《民事責任法》，其第 56—57 條規定，「好撒瑪利亞人」不為其疏忽行為承擔民事責任，條件上是救助人誠信、無償，存在緊急情況，受救助人明顯處於被傷害或有被傷害之虞。南澳大利亞於 1936 年《過錯法》，維多利亞 1958 年《過錯法》均有類似規定。其共同的構成要件是：(1) 存在緊急情況，主要指醫療方面所需；(2) 救助人具有誠信；(3) 救助人沒有獲得報酬或酬勞的期許；(4) 救助人不因法律規定或先在行為而負有救助義務。

加拿大安大略省 2001 年《好撒瑪利亞人法》中也規定：「無論習慣法如何規定，自願且不求獎勵報酬的個人，不必為施救過程中因疏忽或不作為所造成的傷害承擔責任，除非能證明該人系因嚴重疏忽而造成傷害。」為促進救助人施救提供法律依據。

(二) 大陸法系

大陸法系國家一般均制定有「好撒瑪利亞人法」，其所要解決的問題主要是：(1) 人們是否負有救助他人的義務，是否會因為不履行這一義務而承擔相應的法律責任；(2) 人們實施救助他人的行為是否會因此而承擔賠償責任或承受損失；(3) 人們在救助他人時如果造成了自身的損害是否會得到他人的賠償或補償。[46] 大陸法系對第一個問題主要是透過在其刑法典中規定見危不救為犯罪並給予刑罰來給人們設定一般救助義務作出回答，對第二個問題則主要透過民法或侵權責任法中相關規定，如緊急避險等免責規定來解決，對第三個問題則主要透過無因管理等法律制度來解決。

1. 法國法。法國法中規定了一般救助義務，其刑法第 223—6 條規定：「任何人能立即採取行動阻止侵犯他人人身之重罪或輕罪發生，這樣做對其本人或第三人並無危險，卻故意放棄採取此種行動的，處 5 年監禁併科 50 萬法郎罰金。」「任何人對處於危險中的他人，能夠個人採取行動，或能喚起救助行動，且對其本人或第三人均無危險，卻故意放棄給予救助的，處前款同樣之刑罰。」前者規定人們負有見義勇為義務，後者規定人們負有一般救助義務。該一般救助義務的構成要件，主要有以下幾個方面，即潛在的施救人與受害人之間沒有特別關係存在；施救人能夠救助受害人；施救人主觀上相信受害人處於危險中；救助措施無論對受害人還是救助人都不具有危險；如果潛在的施救人導致了不幸事故，施救人有義務使受害人從危險中解脫出來。[47] 另外，《法國民法典》第 1383 條規定，「任何人不僅對其行為造成的損害負賠償責任，而且對因其懈怠或疏忽大意造成的損害負賠償責任。」因而，人們還將可能為其見危不救而承擔民事賠償責任。

由於《法國民法典》第 1382 條規定,「人的任何行為給他人造成損害時,因其過錯致該行為發生之人有義務賠償損害」,救助人將可能因其救助行為中的過錯而承擔損害賠償責任。法國法一方面在立法上將緊急避險作為善意的救助人的免責事由(如 1984 年之後刑法第 122—7 條),另一方面又在案例法中發展出一種互助(互救)默示合約理論。根據該理論,在救助人與受救助人之間存在著默示的互助(互救)合約,從而將救助人是否承擔責任的問題由侵權法領域轉移到合約法領域,以避免《法國民法典》第 1382 條的適用。同時,根據該理論,自願救助人過失造成的受救助人損害並不屬於《法國民法典》第 1150 條項下的「所預見或可預見的損害」,從而據此免責。

2. 德國法。德國法一般救助義務的法律基礎是其刑法典第 323 C 條,根據該條規定,面對災害、迫在眉睫的危險或危難而不提供幫助的人,雖然這一幫助在此情形下是必要的和合理的,且提供這一幫助並不會對他自己造成相當大的危險,也不會違反其他可能的重要義務的履行,將處一年以下監禁或罰金。見危不救在德國是一種刑事犯罪,將因此而承擔刑事法律責任。德國法規定人們對處於危險中的他人負有提供合理的必要幫助的義務,但提供幫助的人並不因其所提供的幫助從客觀上看並非最佳而承擔法律責任。《德國民法典》第 823 條(損害賠償義務)規定:(1)故意或有過失地不法侵害他人的生命、身體、健康、自由、所有權或其他權利的人,有義務向該他人賠償因此而發生的損害;(2)違反以保護他人為目的的法律的人,擔負同樣的義務。依法律的內容,無過錯也可能違反法律的,僅在有過錯的情形下,才發生賠償義務。為見危不救承擔民事法律責任提供了制度基礎。就救助人實施救助行為造成受救助人或第三人損害這一情況,德國法的解決方式並不是法國法中的默示合約方法,而是以緊急狀態為抗辯事由,只要損害後果屬於救助行為的必然後果或損害已經由被害人同意。在受救助人不能表示其同意意思情形,德國法認為這種同意的意思表示可以透過理性人標準推定得出。如果救助人因其實施救助行為而承受了某種損害,則受救助人以及導致危險發生的人對此負有賠償責任,其法律依據為《德國民法典》第 677 條規定的無因管理制度。

3. 義大利法。《義大利刑法》第 593 條規定:發現丟失或被遺棄的 10 歲以下兒童的任何人,因為生理心理健康原因或年齡原因或其他原因而無力自己照看,若未將該情況通知有關部門,予以一年以下監禁或 2500 里拉罰金;發現他人昏迷、受傷或處於其他危險境況而不提供幫助或立即通知有關部門者,亦同;疏忽行為導致人身傷害者,刑罰增加;導致他人死亡者,刑罰翻倍。根據這一規定,義大

利法律同樣賦予人們對處於危境中的他人進行救助（包括自己實施力所能及的救助或告知有關部門以便他人獲得救助）的義務。對救助人的法律責任問題，一方面義大利刑法第 54 條規定了緊急避險制度以便救助人免責，另外還在《義大利民法典》第 2045 條規定了緊急狀態：「為加害行為的人，從對人身重大損害的現在的危險救濟自己或者他人的必要上由於不得已時，而且其危險並不是由其自己任意引起的，同時其危險亦不能以其他方法避免時，對於被害人，關於賠償的數額一任裁決官的公平評價負擔。」

4. 其他國家。《比利時刑法》第 422 條規定，只要不對自己或他人造成嚴重危險，任何有能力施以救助的人均有對處於嚴重危險中的他人進行救助的法律義務。《芬蘭刑法典》第 21 節第 15 條規定，任何知道他人有生命危險或身體健康受到嚴重威脅而不提供幫助或尋求他人幫助的人，如果這種幫助為其力所能及且為他人合理期待，將因未能履行救助義務而被處以罰金或兩年以下監禁。《葡萄牙刑法典》中規定，在他人有急迫需要，尤其是在存在致人死亡、殘疾或失去自由的危險的災難、事故或公共危險情形，不提供必要的幫助包括自己幫助或促進他人提供幫助以使他人避免這種危險，將受到一年以下監禁或罰金處罰。《葡萄牙民法典》第 339 條規定了緊急避險制度以供救助人用以免責。《西班牙刑法典》第 195 條規定，對無父母照看保護或處於嚴重危險境況之下不給予幫助，且給予這種幫助為其力所能及、並不給其本人或第三人帶來危險，則應受三至十二個月的監禁處罰。自己不能提供這種幫助而不緊急尋求他人幫助者亦同。《西班牙民法典》第 1902 條規定的是民事責任的一般規則，根據該條規定，以作為或不作為給他人造成損害者，只要有過失就應賠償所造成的損害。見危不救可能因此承擔民事責任。但《西班牙民法典》第 1903 條規定，如果責任人能夠證明其行為已如同被救助人之父般謹慎以避免引起損害則不承擔侵權責任。為救助人免責提供了制度保障。

對照兩大法系的「好撒瑪利亞人法」，不難發現，在普通法國家，鼓勵人們勇於救助處於危境中的他人的法律手段是為救助人提供責任抗辯以消減人們對因不當施救而承擔賠償責任的內心恐懼；而在大陸法系國家，其法律手段則是透過最嚴厲的刑法規定使人們負有對處於危境急需救助的他人進行救助的法律義務，以最嚴厲的法律規定將見危施救這一道德義務法律化。同時，為消除救助人的後顧之憂，創設了緊急狀態、緊急避險、默示合約、無因管理、受害人同意等法律制度供救助人用以減免因實施救助行為而承擔法律責任以及補償救助人因實施救助行為而受到的損害。

(三) 猶太法

在猶太教中,人們對處於危險中的他人的救助義務兼具宗教義務、倫理義務與法律義務等多重屬性,但這一義務的履行以不犧牲自己的性命或將自己的生命安全置於重大危險為前提。不過,猶太法並不將不履行這一救助義務的不作為視為犯罪並給予刑罰。為鼓勵人們見危施救,猶太法不僅規定救助人對其因實施救助行為所受損失有向受救助人請求賠償的權利;而且還規定了救助人的責任豁免制度,規定救助人對其旨在救助處於困境中的受救助人所實施的行為不承擔侵權責任,不僅受救助人不應訴請其承擔侵權責任,甚至財產受到損害的其他人也不可以訴請其承擔損害賠償責任;規定對救助人實施救助行為期間所負有的全部法律的、公民的、宗教的以及禮儀方面的積極義務(legal,civil,religious and ritual positive duties)給予豁免。[48]

根據猶太法教典《塔木德經》,旁觀者對處於受犯罪侵害或自然威脅或災害境況中的他人負有救助的倫理法律義務,「你不應對鄰居躺在血泊中而無動於衷」(thou shalt not stand idly by the blood of thy neighbor,利末記,19:16),認為人們對他人躺倒在血泊中而無動於衷,如好撒瑪利亞人寓言中的牧師與利末人,對他人處於危境中能救而不救,他就觸犯了戒律。

(四) 中國法

中國沒有制定專門的「好撒瑪利亞人法」,中國《刑法》也沒有將見危不救規定為犯罪,救助義務在中國仍屬於道德層面的概念。不過,對大陸法系「好撒瑪利亞人法」立法所關注的三個問題中的第二個問題和第三個問題,即救助人因實施救助行為而承擔民事甚至刑事責任的問題以及救助人因實施救助行為致自己受到損害的賠償問題,中國法律中的某些規定與此相關,如《刑法》第21條、《侵權責任法》第31條規定的緊急避險制度、《民法通則》第93條規定的無因管理制度以及《民法通則》第109條與《侵權責任法》第23條規定見義勇為者損害賠償請求權制度等。

另外,為解決潛在的救助人的後顧之憂,2012年7月,民政部、教育部、公安部、財政部、人力資源社會保障部、住房城鄉建設部、衛生部等部門共同制定了《關於加強見義勇為人員權益保護的意見》,主要內容有:保障低收入見義勇為人員及其家庭的基本生活、保障見義勇為負傷人員的醫療診治、扶持就業困難的見義勇為人員就業、為適齡的見義勇為人員或其子女的就學提供便利與優惠待

遇、優先解決見義勇為人員家庭住房困難問題、提高並完善見義勇為人員工傷保險、傷殘撫卹補助等政策。

在地方立法層面，2011年11月28日，深圳市政府法制辦公室就深圳市法制辦與綜治辦聯合起草的《深圳經濟特區公民救助行為保護條例（徵求意見稿）》向社會公開徵求意見。該《條例》共14條，主要內容有：第2條對救助行為進行界定，將救助行為界定為「沒有法定或者約定義務的公民，出於善意為在意外事故或其他緊急情況下遭遇人身傷害或人身傷害危險的人提供幫助的行為」。第4條確立救助行為免責原則，規定「救助人提供救助行為，除存在重大過失，對救助行為的後果不承擔法律責任」。第5條規定舉證規則，規定由被救助人承擔證明救助人在實施救助過程中存在重大過失造成救助不成功後果或被救助人遭遇的人身傷害係救助人所造成之主張的證明責任。另外，被救助人起訴救助人被人民法院判決敗訴的，救助人可以要求原告承擔救助人因訴訟發生的合理費用。第6條規定救助人因提供救助行為而致自身受到人身損害的法律待遇，即屬於職工的，視同工傷，依法享受工傷保險待遇；不屬於職工的，其醫療費、喪葬費由深圳市社會治安基金承擔。救助人因實施救助行為死亡的撫卹金或者致殘的慰問金，等同見義勇為情形處理。第8條規定為救助行為人提供法律援助。第9條規定鼓勵作證，提供證據證實救助行為的可獲得物質獎勵。第10條規定對惡意被救助人的懲戒，被救助人明知其提出的主張沒有事實依據或者隱瞞歪曲事實真相，要求救助人承擔責任的，依法予以懲處。對該條例，雖然有人認為其個別條文中的規定可能踰越了其立法權限，但整體上看，對弘揚助人為樂美德，促進社會和諧，保護救助人的合法權益是有促進作用的，能夠在一定程度上有助於彭宇案等案件中暴露出來的一些社會問題的解決。

四、關於助人行為保護與促進立法的幾點設想

羅杰·科特威爾認為：「道德是民德中禁忌和命令的總和，並以此來確定人們的正當行為，因此，道德絕不是直覺性的，而是歷史性的，慣例性的和經驗性的。」[49]禮讚並倡議救死扶傷、助人為樂，是中國歷史悠久的倫理文化傳承元素之一，「毋以善小而不為」、「善有善報」，則是慣例性和經驗性的道德行為準則。在明哲保身、見利忘義思想因種種原因泛濫成災的時候，「助人」這一道德善行的慣例性與經驗性的維繫與呵護，不僅需要道德的感召，更加需要制度的護持。這一點業已逐步成為社會共識，如2011年11月，深圳市起草了《深圳經濟特區公民救助行為保護條例（徵求意見稿）》；2012年1月，在福建省十一屆人大六次

會議上，彭超等 10 位福建省人大代表提交了《關於盡快頒布〈福建省助人行為保護條例〉的議案》；2012 年 3 月，全國政協常委，民盟中央副主席鄭惠強在全國政協會議上提案提交了《讓制度安排托起助人美德》的提案，全國政協委員李立新也建議加快公民救助行為保護立法；2012 年 7 月，民政部、教育部、公安部、財政部、人力資源社會保障部、住房城鄉建設部、衛生部等頒布《關於加強見義勇為人員權益保護的意見》，等等。

制定公民助人行為保護與促進的法律，首先需要對助人行為進行準確的界定。鑒於中國大多數省市均制定了各自對見義勇為行為進行獎勵與保護的地方性法規，因此，從法律上界定助人行為，首先要做的就是將助人行為與見義勇為行為之間的關係剖析清楚，從而為公民助人行為保護與促進立法的範圍進行合理的限定。

對見義勇為行為，各地立法所作的界定並不一致。《福建省獎勵和保護見義勇為人員條例》（2011 年修正）第 3 條規定，本條例所稱見義勇為，是指公民在法定職責、法定義務之外，為保護國家、集體利益和他人的人身、財產安全，挺身而出，與正在發生的違法犯罪行為作鬥爭或者搶險、救災、救人的合法行為。修正前的《福建省獎勵和保護見義勇為人員條例》（1998）第 3 條所給出的定義為「為保護國家、集體利益和他人的人身、財產安全，不顧個人安危，挺身而出，與違法犯罪行為作鬥爭或搶險救災的合法行為」。其構成要素有：1. 見義勇為行為人實施見義勇為行為不屬於履行法定職責與義務；2. 見義勇為人實施見義勇為行為的目的在於保護國家、集體利益和他人的人身財產安全；3. 國家、集體利益或他人人身財產安全正遭受正在發生的違法犯罪行的侵害，或處於險情災情之中；4. 行為人的外觀表現為與違法犯罪行為作鬥爭或搶險、救災、救人；5. 行為人的行為為合法行為。相似的定義有《安徽省見義勇為人員獎勵和保護條例》（2011 年）第 2 條，[50]《黑龍江省見義勇為人員獎勵和保護規定》第 2 條。[51]《山東省見義勇為保護條例》第 2 條[52]在第一個要件即不負有先在義務中除不存在法定義務之外，增加了還不負有約定義務；在第四個要件中未將「救人」概括在內。而《江蘇省獎勵和保護見義勇為人員條例》（2009 年修正）第 2 條[53]、《上海市見義勇為人員獎勵和保護辦法》（2002 年）第 2 條[54]、《甘肅省獎勵和保護維護社會治安見義勇為人員條例》（2001）第 2 條[55]、《湖北省見義勇為人員獎勵保護規定》（2000 年）第 2 條[56]、《廣東省見義勇為人員獎勵和保障規定》（1998）第 2 條[57]等對見義勇為行為的定義則未將確認行為人保護國家、集體利益和他人

人身財產安全的行為屬於見義勇為行為的前提是其不負有法定的或約定的義務這一前提條件包括進去，而且也沒有包括「救人」行為。

域外立法也沒有對救助行為作出法律定義，但根據其相關規定，大體可以推定出它們所界定的救助行為的幾個要素：一是行為人不負有先在的救助義務，包括法定義務與約定義務；二是行為人在主觀上是善意的；三是行為人實施救助行為是自願的，不因此謀求任何利益；四是受救助人客觀上正處於需要救助的狀態，否則其生命安全、身體完整將受到嚴重威脅；五是救助行為的外在表徵主要為進行醫療救護與處理等方面。

根據法律規範的分工協作，結合目前對見義勇為的地方性法規界定以及社會需要，對救助行為的合理界定應從以下幾個方面進行：第一，由於有無因管理等法律制度的存在，為國家、集體或他人財產性利益提供管理與保護，應排除在救助行為的範圍之外，因此，受救助的對象只能是自然人，救助的目的是為生命、身體、健康正處於危險境地中的他人提供幫助以便其擺脫這一危險；第二，造成他人生命、身體、健康危險的並不是正在發生的違法犯罪行為（與違法犯罪作鬥爭以保護他人生命、身體、健康的行為為典型的見義勇為行為，由見義勇為法律制度調整），而是來源於意外事故、緊急情況或違法犯罪行為的後果；第三，救助人實施救助行為出於自願，救助人對實施救助行為不負有法定義務或約定義務；第四，救助人實施補助行為是無償的，不謀求任何利益回報；第五，救助人實施救助出於善意；第六，救助對象的生命或身體健康正處於危險中。這些特點，既能將救助行為與見義勇為區別開來，也能使其有別於人們日常生活中一般幫助行為。從這一構成要件分析，《深圳經濟特區公民救助行為保護條例（徵求意見稿）》（2001 年）第 2 條對救助行為所給出的定義「救助行為是指沒有法定或者約定義務的公民，出於善意為在意外事故或其他緊急情況下遭遇人身傷害或人身傷害危險的人提供幫助的行為」，基本符合要求，如能在這一定義中再添加自願、無償兩個要件就更完整了。

其次，建立健全救助人善意實施救助行為的法律責任減免機制。這正是英美法系「好撒瑪利亞人法」的主要內容，也是英美法系制定「好撒瑪利亞人法」的初衷。如，美國 1997 年志願者保護法（VOLUNTEER PROTECTION ACT OF 1997）第 2 條（a）款中明確指出，經由國會調查發現，由於志願者可能要面對追究其責任的訴訟，因此他們提供志願服務的積極性減弱了；由於志願者對於輕率、武斷和反覆無常的訴訟所產生的理所當然的擔憂而造成了全國範圍性的問題。

如前述，這也是中國目前所存在的情況。為了消除這種擔憂，該法在第 4 條（對志願者承擔的法律責任的限制）中規定，除該法另有規定的外，如果損害的產生不是由於故意或構成犯罪的不當行為、嚴重疏忽、不顧後果的不當行為，或者是對受害者的權利及安全的存心且公然的不重視所致，志願者對其救助行為所造成的損害，一律不予追究。這種為救助人建立責任減免機制的立法傾向已成為「好撒瑪利亞人法」立法的普遍選擇，如馬尼托巴 2006 年《好撒瑪利亞人保護法》第 1 條（除重大過失外不承擔責任）（No liability unless gross negligence）規定，「自願為意外事件或醫療緊急情況的受害人在事發現場提供緊急醫療服務、幫助或建議者，對因該等行為中的作為或疏失而造成受害人死亡或損害不承擔責任，但該人有重大過失的除外」。由上述規定可見，通行的救助人責任減免機制的主要內容是，救助人對實施救助過程中的過失致人損害不承擔損害賠償責任，但因故意或重大過失致人損害的除外。由於中國《侵權責任法》第 6 條規定行為人因過錯侵害他人民事權益，應當承擔侵權責任，因此，豁免救助人在實施救助過程中的過失致人損害責任應該以特別法的方式作出規定，根據中國《立法法》第 8 條第 7 項的規定，民事基本制度只能制定法律，地方性法規沒有此等權限。《深圳經濟特區公民救助行為保護條例（徵求意見稿）》（2001 年）第 4 條（免責原則）規定救助人提供救助行為，除存在重大過失，對救助行為的後果不承擔法律責任。雖然內容正確，但有越權立法之嫌。另外，對救助行為中容易發生的故意造成對受救助人人身傷害或財產損害的情形，如急救過程中實施的一些醫療處置措施，也應引入「知情同意」、「推定同意」、自甘冒險或受害人同意制度，使救助人免責。

第三，建立健全救助人實施救助行為所受損害獲得賠償或補償制度。這種賠償或補償可透過以下方式獲得：一是根據《民法通則》第 109 條、《侵權責任法》第 23 條的規定，訴請侵權行為人賠償；二是根據《民法通則》第 109 條、《侵權責任法》第 23 條的規定，在侵權人逃逸或者無力承擔責任時，請求受益人即受救助人應當給予適當補償；三是在受救助人所受傷害或所處危境並非他人侵權行為所致時，根據《民法通則》第 93 條關於無因管理的規定的精神，借鑑猶太法的規定，建立救助人向受救助人請求賠償制度；四是在前述方法不能賠償救助人實際損害的情形借鑑見義勇為立法，由救助行為保護與促進基金向救助人支付補償。

第四，完善舉證責任機制。鑒於目前經常發生受救助人誣陷救助人為肇事者並訴請賠償這種社會不正常現象，要改變司法執法機關要求救助人自證清白這種舉證責任倒置的做法，在沒有辦法查明事實真相的情況下，要嚴格執行《民事訴

訟法》第64條和最高人民法院《關於民事訴訟證據的若干規定》第2條規定的「誰主張、誰舉證」舉證規則，明確規定，如果被救助人主張其所遭遇的人身傷害是由救助人造成，或者主張救助人在實施救助過程中存在重大過失，造成或擴大了被救助人的損害，從而要求救助人承擔賠償責任的，應當由被救助人承擔舉證責任。此外還應建立證人作證獎勵制度，對願意提供有效證據證明救助人清白的證人，給予一定的物質獎勵。

第五，建立對訛詐誣陷救助人進行處罰的責任追究機制，加大恩將仇報誣陷訛詐救助人的行為成本。對明知其提出的主張沒有事實依據或者故意隱瞞歪曲事實真相，要求救助人承擔責任的，給予相應的處罰。這種處罰措施包括在個人誠信記錄方面作不良記錄、責令具結悔過、公開賠禮道歉、罰款，情節嚴重觸犯治安管理處罰法或構成犯罪的，依法追究其法律責任。新加坡的經驗表明，建立這種對救助人進行誣陷訛詐的行為給予懲處的制度有助於減弱受救助人誣訛救助人的動機，從而抑制這種行為的發生。另外，可建立救助人因應對惡意訴訟所支出的合理費用由故意誣陷訛詐救助人的被救助人承擔的制度，進一步動搖受救助人惡意誣陷救助人謀求不法、不當利益的物質基礎，即對受救助人明知其提出的主張沒有事實依據或者有意隱瞞歪曲事實真相，訴請救助人承擔損害賠償責任的，在其訴請不為法院判（裁）決支持時，救助人為應對該訴訟所花費的合理費用，可訴請受救助人賠償。

第六，建立救助行為風險基金，為實施救助行為而陷入糾紛或困境的人提供援助。設立救助行為風險基金，如「攙扶老人風險基金」[58]，並鼓勵社會組織、企業與個人向救助行為風險基金捐資，以透明為原則專款專用，為實施救助行為而致自身陷入經濟窘困的人提供援助，解除人們實施救助行為在物質上的後顧之憂。

第七，建立救助行為確認與救助行為被訴法律援助制度。因實施救助行為被起訴的，救助人可以向司法行政主管部門申請法律援助，司法政策主管部門應當為其提供法律援助。

第八，建立健全救助行為獎勵機制與物質保障機制。獎勵機制包括給予表揚等精神鼓勵以及一定情況下給予物質獎勵，將其與本人或子女的就學、就業、社會保障掛鉤等。救助人因實施救助行為死亡或致殘的，除可訴請侵權人或受益人賠償或補償外，還可參照適用見義勇為的法律規定享有撫卹金或者慰問金。

注　釋

[1].「樊遲問仁。子曰：『愛人』。」（《論語·顏淵篇第十二》）

[2]. 參見薛波主編：《元照英美法詞典》，北京：法律出版社，2003年版，第606頁。

[3].2012年5月29日中午，杭州長運客運二公司司機吳斌駕駛從無錫開往杭州的大客車，在途經滬宜高速公路時，一塊數公斤重的鐵片擊碎正在高速路上以每小時90公里行駛的大巴車的擋風玻璃，直接刺入他的腹部。吳斌在肝臟破裂、多根肋骨折斷的情況下完成了靠邊停車、拉手剎、打開雙閃燈等保障安全的動作，掙紮著站起來，疏導24名乘客安全離開……6月1日凌晨，吳斌經搶救無效去世，享年48歲。

[4].2012年5月8日20時38分，在佳木斯市勝利路北側第四中學門前，一輛客車在等待師生上車時，因駕駛員誤碰操縱桿致使車輛失控撞向學生，危急之下，教師張麗莉將學生推向一旁，自己卻被碾到車下，造成雙腿截肢，骨盆粉碎性骨折。

[5].2011年7月2日下午1點半左右，杭州一處住宅小區內，一名兩歲女童從十樓突然墜落，在樓下剛巧路過的居民吳菊萍奮不顧身地衝過去用雙手接住孩子，致左手臂多處粉碎性骨折。

[6].2012年6月3日，廣州天河區東圃怡東苑三歲女童琪琪失足懸掛四樓陽臺，周衝徒手爬上三樓防盜窗，將女童托舉達十餘分鐘，女童在眾人的幫助下，成功獲救。

[7].2007年1月4日，原告徐壽蘭訴稱，2006年11月20日上午，原告在南京市水西門公交車站等83路車。大約9時30分左右，兩輛83路公交車進站，原告準備乘坐後面的83路公交車，在行至前一輛公交車後門時，被從車內衝下的被告撞倒，導致原告受傷，故訴請被告賠償13萬6千餘元人身財產損失。被告彭宇辯稱，被告當時是第一個下車的，原、被告之間沒有碰撞，而是下車後發現原告摔倒在地做好事對其進行幫扶，而非被告將其撞傷。一審院審理後根據其對日常經驗的分析理解認定被告撞傷了原告，但認為原被告雙方均無過錯，因此，應根據公平責任，由當事人合理地分擔損失，故判定由被告補償原告報失的40%，即4.6萬餘元。被告不服，上訴於南京市中級人民法院。在二審中，雙方達成和解協議，原告同意減少賠償（補償）數傾，並撤回了起訴。

[8]. 南京市鼓樓區人民法院（2007）鼓民一初字第212號民事判決書。

[9]. 見網易新聞。

[10].2011年8月26日，江蘇飛鶴快客司機殷紅彬在如皋立交橋上救起一位倒在路中間的騎三輪車老太，反被老太報警稱其肇事後逃逸。後經監控錄像對比，殷

紅彬實為救人。雨諾：《好人難當，法律不能再圍觀》，《政府法制》，2011 年第 28 期，第 26 頁。

[11].2012 年 4 月 18 日，殷紅彬路遇翻車事故再施援手。

[12]. 程曉軍：《助人反遭誣陷，誰為受傷的愛心做主》，《女性天地》，2006 年第 9 期，第 22—23 頁。

[13]. 隨意：《幫扶老人你該伸出哪隻手》。

[14]. 黃俊華：《是誰築就冷漠的心牆——從彭宇案看媒體自律與職業道德的缺失》，《青年記者》，2010 年第 6 期，第 22 頁。

[15]. http://www.yixizhidi.cn/t-578-1.html.2012 年 7 月 27 日訪問。

[16]. 楊劍龍：《攙扶跌倒老人與〈好撒瑪利亞人法〉》，《檢察風雲》，2011 年第 20 期，第 60 頁。

[17].2011 年 10 月 13 日下午 5 時 30 分，一出慘劇發生在佛山南海黃岐廣佛五金城：年僅兩歲的女童小悅悅走在巷子裡，被一輛麵包車兩次輾壓，幾分鐘後又被一小貨櫃車碾過。讓人難以理解的是，七分鐘內在女童身邊經過的十八個路人，竟然對此不聞不問。最後，一位撿垃圾的阿姨陳賢妹把小悅悅抱到路邊並找到她的媽媽。2011 年 10 月 21 日，小悅悅經醫院全力搶救無效死亡。

[18]. 參見代希奎：《東莞一公安局長救車禍傷者反被指是肇事司機》，《廣州日報》，受傷者工友稱「你就是肇事司機，不然哪有那麼好心救治傷者？」

[19]. 黃俊華：《是誰築就冷漠的心牆——從彭宇案看媒體自律與職業道德的缺失》，《青年記者》，2010 年第 6 期第 22 頁。

[20]. [美]閻雲翔：《社會轉型期助人被訛現象的人類學分析》，徐大慰譯，《民族學刊》，2010 年第 2 期，第 6—8 頁。

[21]. 法律判決會改變人們行為的預期成本和收益，激勵當事人選擇自身利益最大化的行為。在訊息是不完全的、法律是不完備的、當事人的證據是不完全可驗證的情形下，法官對自由心證原則的使用就成了決定案件勝負的一個重要的決定因素，如果法官謹慎、公正、正確地運用自由心證原則，使潛在的救助人感到其行為的後果能大於即使遭反告時的損失，他就會選擇實施救助他人的行為，此時被救者反告的獲勝可能性較小，反告的期望所得會低於感恩的期望所得，因而被救者也會選擇感恩而不是恩將仇報為人所唾棄。反之，如果法官對法律與自由心證的運用導致案件的判決有利於誣告者，那麼救助人將好人受惡報，其最優選擇就只能是見危不救。因而法官判決時的公正性的概率會影響社會公眾的行為選擇進而影響社會信用和正義。參見唐志軍，王玉霞：《訊息、自由心證和法律判決對社會規範的影響——來自彭宇案的法與經濟學分析》，《西部商學評論》，2008 年第 2 期，第 143—144 頁。

[22].［美］閻雲翔：《社會轉型期助人被訛現象的人類學分析》，徐大慰譯，《民族學刊》，2010年第2期，第7—8頁。

[23].［美］閻雲翔：《社會轉型期助人被訛現象的人類學分析》，徐大慰譯，《民族學刊》，2010年第2期，第4頁。

[24].［美］閻雲翔：《社會轉型期助人被訛現象的人類學分析》，徐大慰譯，《民族學刊》，2010年第2期，第4頁。另見南京市鼓樓區人民法院（2007）鼓民一初字第212號民事判決書。

[25].張衛平：《司法公正的法律技術與政策——對「彭宇案」的程序法思考》，《法學》，2008年第8期，第144頁。

[26].［美］閻雲翔：《社會轉型期助人被訛現象的人類學分析》，徐大慰譯，《民族學刊》，2010年第2期，第1頁。

[27].［美］閻雲翔：《社會轉型期助人被訛現象的人類學分析》，徐大慰譯，《民族學刊》，2010年第2期，第2頁。

[28].該調查數據顯示，在對15萬人的調查中，受李凱強案判決影響，怕麻煩不會去幫扶老人的占調查人數的62.97%，「先理性判斷是不是碰瓷，再決定」的占33.10%，不顧風險去扶的只占3.93%。而在被問及如果幫扶別人卻被訛詐，是否還會去扶時，在8萬受訪者中只有4%的人給出肯定答案。見黃俊華：《是誰築就冷漠的心牆——從彭宇案看媒體自律與職業道德的缺失》，《青年記者》，2010年第6期第22—23頁。

[29].李梓：《助人風險催生防範之道》，《新世紀週刊》，2007年第24期，第54頁。楊劍龍：《攙扶跌倒老人與〈好撒瑪利亞人法〉》，《檢察風雲》，2011年，第20期，第61頁。

[30].［美］閻雲翔：《社會轉型期助人被訛現象的人類學分析》，徐大慰譯，《民族學刊》，2010年第2期，第5頁。

[31].F.J.M.Feldbrugge.good and bad samaritans，a comparative survey of criminal law provisions concerning failure to rescue.AM.J.Comp.L.1966.v14.p630-631.

[32].Jan M.Smits.The Good Samaritan in European Private Law；On the Perils of Principles without a Programme and a Programme for the Future.Inaugural lecture，Maastricht University 19 May 2000，published by Kluwer，Deventer 2000.

[33].Jan M.Smits.The Good Samaritan in European Private Law；On the Perils of Principles without a Pro gramme and a Programme for the Future.Inaugural lecture，Maastricht University 19 May 2000，

published by Kluwer，Deventer 2000. 也有人認為 1845 年俄國刑法典為此類規定原型，見 John T.Pardun.good samaritan laws：a global perspective. Loyaola of Los Aaneles international and comparative law review.1998. v20.

[34].F.J.M.Feldbrugge.good and bad samaritans，a comparative survey of criminal law provisions concerning failure to rescue.AM.J.Comp. L.1966.v14.p630-631.Jan M.Smits.The Good Samaritan in European Private Law；On the Perils of Principles without a Programme and a Programme for the Future.Inaugural lecture，Maastricht University 19 May 2000，published by Kluwer，Deventer 2000. 徐國棟：《見義勇為立法比較研究》，《河北法學》，2006 年，第 24 卷第 7 期，第 6 頁。

[35]. 其理由主要有：第一，忽略不能引起責任，因為他人沒有導致損害的發生；第二，所有由國家所強加的非合約義務都是非法的；第三，一般救助義務具有強制的利他性質，而這種強制的利他性質是錯誤的；第四，一般救助義務對個人自由施加了不適當的負擔。參見 M.K.Osbeck.bad samaritanism and the duty to render aid：a proposal.19 U.Mich.J.L.Reform 315，328（1985）。

[36].smith v.littlewoods organisation Ltd.[1987]2 AC 241.

[37].John Murphy，street on torts，Oxford university press，2005，P.189. 轉引自胡雪梅：《英國侵權法》，北京：中國政法大學出版社，2008 年版，第 69—70 頁。

[38]. 文森特R. 約翰遜：《美國侵權法》，趙秀文等譯，北京：中國人民大學出版社，2004 年版，第 140—141 頁。

[39].Osterlind v.Hill，160 NE 301（1928）.

[40].Aaron Kirschenbaum.The Bystander's Duty to Rescue in Jewish Law.

[41]. 在這裡，「自願」指其不負有法律規定的救助義務，並且也未就其救助提出任何條件。

[42]. 其適用要件一般是：（1）救助行為的性質為急救護理；（2）救助人主觀上具有誠信；（3）救助人的救助為無償或沒有獲得報酬的期望；（4）重過失或極度輕率的行為或故意不法行為不得免責。見 Dov Waisman.negligence，responsibility，and the clumsy samaritan：is there a fairness rationale for the good samaritan immunity?

[43].Danny R.Veilleux.construction and application of「good samaritan」statutes.68 A.L.R.4th 294.2009.

[44]. Dov Waisman.negligence，responsibility，and the clumsy samaritan：is there a fairness rationale for the good samaritan immunity? 但也有人認為，這種工具性觀點是不適當，或至少是不完全的，認為過失責任的矯正正義一般法理可作為自願救助者免責的法理基礎。參見 Dov Wais-man.negligence，responsibility，and the clumsy samaritan：is there a fairness rationale for the good samaritan immunity?

[45]. Salmon v.Chute and Dredge.（1994）4 N.T.L.R.149，151.

[46]. Jan M.Smits.The Good Samaritan in European Private Law；On the Perils of Principles without a Programme and a Programme for the Future.Inaugural lecture，Maastricht University 19 May 2000。

[47]. John T.Pardun.good samaritan laws：a global perspective.Loyaola of Los Aaneles international and comparative law review.1998.v20.P602.

[48]. Aaron Kirschenbaum.The Bystander's Duty to Rescue in Jewish Law.

[49]. 羅杰·科特威爾：《法律社會學導論》，潘大松譯，北京：華夏出版社，1989年版，第22頁。

[50]. 條文為：「本條例所稱見義勇為，是指不負有法定職責、特定義務的人員為保護國家利益、公共利益或者他人人身財產安全，制止正在發生的違法犯罪行為或者救人、搶險、救災等行為。」

[51]. 條文為：「本規定所稱的見義勇為，是指在法定職責、法定義務、約定義務之外為保護國家利益、社會公共利益或者他人生命、財產安全，制止正在發生的違法、涉嫌犯罪的行為或者實施搶險救災、救人的行為。」

[52]. 條文為：「本條例所稱見義勇為，是指非因法定職責或者約定義務，為保護國家利益、集體利益或者他人的人身、財產安全，不顧個人安危，與違法犯罪行為作鬥爭或者搶險救災的行為。」

[53]. 該條規定，本條例所稱見義勇為是指以下行為之一：（一）在國家、集體利益和他人生命財產受到違法犯罪行為侵害時，挺身而出，同違法犯罪行為作鬥爭的；（二）在搶險救災中，不顧個人安危，保護國家、集體利益和他人生命財產，表現突出的；（三）其他見義勇為事跡突出的。

[54]. 該條規定，本辦法所稱的見義勇為，是指個人為保護國家利益、公共利益或者他人的人身、財產安全，制止違法犯罪、協助有關機關打擊違法犯罪活動以及搶險救災的行為。

[55]. 該條規定，本條例所稱見義勇為，是指在維護社會治安中，為保護國家、公共利益或者他人的人身、財產安全，不顧個人安危，挺身而出，與違法犯罪分子作鬥爭的行為。

[56]. 該條規定，本規定所稱見義勇為是指人民群眾為保護國家、集體利益和公民生命財產安全，不顧個人安危，挺身而出同違法犯罪行為和重大災害事故作鬥爭的行為。

[57]. 該條規定，見義勇為人員是指公民在法定職責之外，敢於挺身而出，積極同侵害國家、社會、集體利益和公民生命財產安全的行為作鬥爭或者在排除治安災害事故和自然災害中作出突出貢獻的人員。

[58]. 見中國好人網。

兩岸行政強制立法的回顧與展望

王成棟[1] 溫學鵬[2]

◎[1] 中國政法大學臺灣法研究中心副主任、教授

◎[2] 中國政法大學行政法專業碩士研究生

一、行政強制的歷史沿革

中國行政強制領域的立法最早可以追溯到 1913 年北洋政府的「行政執行法」，在體例和內容上主要仿效日本法制。1914 年曾為限制行政機關職權稍作修正。1932 年 12 月 28 日國民政府在參考北洋政府法律基礎上頒布「行政執行法」，並於 1943 年及 1947 年曆經兩次修正，但全文僅十二個條文，內容甚為簡略，且頗多缺漏之處。[1]

1949 年之後，中國行政強制法律的發展分為兩條線索。一條在大陸。1949 年之後至 1980 年代初，大陸全部廢除國民政府時期法律，行政強制領域的立法一直處於空白狀態。誠如馬懷德教授所言，大陸「行政強制執行的立法與實踐均始自 1980 年代以後。八十年代以前，包括行政強制執行制度在內的整個中國（大陸）法制建設處於停滯不前甚至倒退階段，嚴格地講，此時的行政處理決定基本上依靠行政隸屬關係得到執行」。[2]1980 年代以來，隨著大陸立法的不斷推進，首先在單行法領域規定了行政強制問題。如 1982 年的食品衛生法（試行）第 38 條規定：「對罰款的決定逾期不履行又不起訴的，由食品衛生監督機構申請人民法院依照《中華人民共和國民事訴訟法》（試行）規定的程序強制執行。」1983 年《中華人民共和國海上交通安全法》第 45 條規定：「當事人對主管機關給予的罰款、吊銷職務證書處罰不服的，可以在接到處罰通知之日起十五天內，向人民法院起訴，期滿不起訴又不履行的，由主管機關申請人民法院強制執行。」正是在相關法律相繼頒布的過程中，形成了「一種約定俗成的立法意識的反映，即凡是法律法規未規定授權行政機關自行強制的，均需向人民法院申請強制執行」。[3]以此，逐漸形成了大陸以人民法院強制執行為原則，以行政機關強制執行為例外的制度。1980 年代至 2011 年行政強制法透過，這一時期，是行政強制領域逐漸從無到有，由混亂逐漸轉向有序的一個時期。雖然各個單行法及《行政訴訟法》都對行政強制作了規定，但總體來說這個時期，行政強制立法領域存在四個方面的問題：缺乏統一立法，行政強制執行制度缺少指導原則，行政機關與法院的行政強制執行權劃分不清，行政強制執行手段不完善、程序不健全。[4]1999 年 3 月大陸開始起

草行政強制法,歷經十多年的制定和修正,終於於 2011 年 6 月 30 日由全國人大常委會審議透過,於 2012 年 1 月 1 日生效。《行政強制法》是「中國特色社會主義法律體系的支架性法律」。《行政強制法》的頒布,使其與《行政處罰法》、《行政許可法》、《立法》、《政府訊息公開條例》等規範行政機關共同行政行為的綜合性法律法規,以及大量規範行政機關某一管理領域行政行為的專門性法律法規一同形成了中國行政行為與程序法律制度的框架。[5]《行政強制法》的頒布不僅實現了行政強制領域統一的立法,著力解決行政強制的「散」、「亂」、「軟」三大突出問題,[6] 而且以法律形式確定了中國行政機關與法院強制執行的雙軌制,解決了學界多年來關於行政強制「二行為說」和「三行為說」的爭論。但行政強制法實施的效果還有待於實踐進一步的檢驗。

行政強制的發展另一條主線在臺灣,國民黨退踞臺灣後,沿用 1932 年的「行政執行法」,但由於條文簡陋,多已不合時宜。故 1967 年開始著手「行政執行法」的修改。經過 30 多年的努力,終於於 1998 年公布,並於 2001 年實施。在舊「行政執行法」時期,行政執行領域主要存在以下問題:(一)舊法本身欠缺執行力。行政強制執行中的間接強制主要是代執行和罰鍰,都屬於金錢給付義務,但舊法並未規定金錢給付執行的規定,實踐當中均由行政機關申請法院,按民事強制執行的名義執行。(二)誤將即時強制稱為直接強制。舊法第六條一下規定之所謂「直接強制處分」,實為即時強制之誤。直接強制是與間接強制相對的,一切達成執行目的或實現與履行義務相同狀態之合理手段。而即時強制是因應特定緊急危難之事故,為避免人身傷害、其他損失或影響公安暫時而為人之管束、物之扣留及家宅或處所之侵入,二者性質完全不同。(三)罰鍰規定之不當。舊法第五條以罰鍰作為間接強制手段,而罰鍰之多寡則依機關層級而定:「中央」各部會為三十元以下;省「政府」及其各廳、院轄市市「政府」及其各局為二十元以下……實則罰鍰之多寡應以違反義務之情節、不履行義務對公益所生之影響,以及義務人本身之財力等衡量標準,與機關大小無管。(四)未設救濟途徑:在行政執行程序中,義務人或第三人對於執行之方法有所爭執,實屬常有,對執行過程中可能發生之爭執,為特設救濟之途徑,不僅影響當事人權益,且容易造成執行機關與當事人衝突情況。(五)欠缺指導原則。行政執行以促成義務人履行義務為目的,各種強制措施則屬手段範圍,此目的手段關係之正確處理,各國有關行政執行之法律皆有原則性的規定,現行法對此亦有欠缺。[7] 1998 年透過 2001 年生效的新「行政執行法」是臺灣行政執行領域一個新的里程碑。它的頒布,不僅彌補了以上之不足,而且也引發了學者們新一輪的思考和爭論。第一問題即是在行政

強制中「斷水」、「斷電」的質疑。水電乃是現在社會公民生存之必需物品,保障人身安全和衛生之必須。採用斷水斷電是否有違人權,有違行政執行領域比例原則,引發爭論。[8] 第二問題就是拘提管收的質疑。[9] 臺灣行政執行法規定,義務人如於行政執行處調查財產時,拒絕陳述;或就其財產狀況,不為報告或為虛偽之報告;或顯有履行義務可能而故不履行;或有逃匿之虞;或就供應強制之財產有隱匿或處分之情事者,為達成執行目的,即有限制住居及拘提管收之必要。但在實施過程中,民眾、學界反應極大。拘提管收是一種限制人身自由的嚴厲措施,與現代法治理念及行政法比例原則均有相衝突之嫌疑。2005 年 5 月 27 日,為配合「司法院大法官」會議釋字第 588 號解釋意旨,經「立法院」修正完成本法第 17 條及 19 條有關拘提、管收等規定後,聲請拘提、管收之事由已為縮減,並嘗試引進德國「代宣誓之保證」及「義務人名簿」制度。第三個問題就是「行政執行法」第九條規定,「義務人或利害關係人對執行命令、執行方法、應遵守之程序或其他侵害利益之情事,得於執行程序終結前,向執行機關聲明異議。前項聲明異議,執行機關認其有理由者,應即停止執行,並撤銷或更正已為之執行行為;認其無理由者,應於十日內加具意見,送直接上級主管機關於三十日內決定之」。但義務人可否就異議決定不服提起訴訟,並不明確,而且實務中為保證效率,一般不得提起訴訟。為此學界頗有爭議,認為應增訂列舉限制住居等執行行為所為異議之決定,得徑行提起行政訴訟。[10]

縱觀兩岸行政強制領域的發展,可以看出,行政強制的法制化水平不斷提高,概念、理論日漸成熟,大陸行政強制法由無到有,由混亂到有序,臺灣行政執行法歷經修改,由十二條增至四十四條,內容充實、體系完整。而且行政強制領域,警察權色彩日漸淡化,人權觀念、公民參與特點凸顯。

二、兩岸行政強制領域的比較

行政強制作為一種損益性的行政行為,較其他行政行為更為容易侵害公民的權益,因而為各國行政法學界歷來重視之議題。兩岸就行政強制領域也開過多次交流會,研討會成果頗豐。下面僅就兩岸學者所熱議的問題作一些整理,意圖相互借鑑,共同實現行政強制領域的法治化。

(一) 兩岸行政強制領域的不同之處

查閱兩岸法律及學者交流內容,總結兩岸行政強制領域的主要不同,可分為兩點:

1. 行政強制的相關概念、分類不同

臺灣行政執行領域，可以分為行政強制執行和即時強制。行政強制執行是指行政強制執行機關對不履行行政義務之人民，施予強制手段，以達履行義務之狀態稱之。它包括了公法上金錢給付義務之執行以及行為不行為義務之執行，後者採取之手段，包括了代履行與怠金（間接強制）以及直接強制等強制方式。行政強制執行是行政處分的強制執行。而即時強制是指行政機關為即時除去目前急迫危害之必要，無暇課以義務以恐難達成目的時，直接對人民之身體或財產加諸實力，達成行政上必要狀態。[11] 臺灣關於行政強制的概念和分類，概念清晰，體系完整，邏輯一致，臻於成熟。

而大陸學界相當長的一段時間內對行政強制領域相關概念沒有達成共識，造成用語的混亂。[12] 2011年6月30日通過的《行政強制法》使概念的爭論暫告一段落。《行政強制法》第二條規定：「本法所稱行政強制，包括行政強制措施和行政強制執行。行政強制措施，是指行政機關在行政管理過程中，為制止違法行為、防止證據損毀、避免危害發生、控制危險擴大等情形，依法對公民的人身自由實施暫時性限制，或者對公民、法人或者其他組織的財物實施暫時性控制的行為。行政強制執行，是指行政機關或者行政機關申請人民法院，對不履行行政決定的公民、法人或者其他組織，依法強制履行義務的行為。」《行政強制法》雖然如此規定，但是行政強制措施的內涵還有待於進一步的考察，國務院法制辦原副主任袁曙宏認為，實施行政強制措施的前提條件是「情況緊急」，不需要有待履行義務的行政決定先行存在，是一種「暫時性限制或控制行為」。這個定義很難同即時強制區分。而全國人大常委會法工委對行政強制法解釋的權威讀本，卻認為「即時強制即可能發生在行政強制執行領域中，如為防止火災蔓延對房屋的立即強制拆除，此時行政決定與執行合二為一，無暇催告當事人自動履行；也可能發生在行政強制措施領域中，如警察發現『武瘋子』傷人在即，將其直接撲倒控制。此時沒有時間做出行政決定和履行批准程序，直接實施限制人身自由的強制措施」。同時，該讀本還認為：「行政強制措施是為了便於行政決定的作出或者行政目的的實現，不能作為制裁手段。」[13] 從讀本中可知，如果是為了便於行政決定的作出，則可以認為行政強制措施是行政決定過程中的方法和措施，而不是一類單獨的行政行為，但如果是為了行政目的的實現，則又可以認為是行政決定的一種。可見，行政強制措施的涵義仍有不甚明確之處。且關於即時強制既屬於行政強制措施又屬於行政強制執行的兩個例證似很難經得起推敲。

2. 行政強制執行權的原則不同

大陸行政強制執行權是以人民法院執行為原則,以行政機關強制執行為例外。而臺灣卻主要是行政機關自行執行。由此,大陸學者對行政強制執行權是一種行政權的延伸還是司法權抑或是司法權、行政權兼顧而爭論不休。而臺灣卻形成了比較一致的意見,他們認為行政強制執行權是行政權的延伸和擴展,是行政權的應有之義,為了保障公權力權威,行政機關作出行政處分,義務人不履行之時,應得自力強制履行。而大陸持行政強制執行權是司法權或者行政權與司法權兼具,主要的論點是因為行政決定權與行政執行權的區分,行政機關當然享有行政決定權,但卻不一定享有執行權。當然,大陸行政強制執行權以人民法院執行為原則還有一個現實的重要原因,就是「從我們目前的狀況來看,就是把行政強制執行權全部賦予行政機關,則會導致行政機關藉口行政效率隨意進行強制執行,使公民權利得不到有效的保護」。[14]對此問題,臺灣行政法學者卻有相反的觀點,在舊「行政執行法」時期,由於行政執行法沒有規定金錢給付義務執行的問題,行政機關只能申請法院,准用民事領域的強制執行法強制執行。但臺灣學者認為:「公法上金錢給付義務之強制執行,本質上,仍屬行政執行之範疇,移送司法機關之法院強制執行,不僅凸顯行政機關強制執行能力之軟弱而減損行政機關公權力之威信,並且也增加普通法院強制執行業務之負擔。」[15]

筆者認為,行政強制執行權屬於行政權之延伸應無異議,符合大陸法系長期以來對行政法各概念的打磨,及行政法理論邏輯的一致性。申請法院強制執行,只是為行政強制執行增加一個監督制約機制,這可以根據實施的現實情況,以實定法的規定為根據。臺灣雖然強調行政執行權應有行政機關自行實施,但在拘提管收的案件中,由於涉及公民重大利益,也須先申請法院裁定。[16]

(二)兩岸行政強制領域的相同之處

行政強制是行政權不可或缺的部分,也是為達成一定行政之目的所進行的必要手段。因而兩岸在該領域有很多共同之處,如果單純介紹制度上的共同點實無必要。在此,筆者僅就兩岸行政強制發展趨勢的共同點作一點論述。筆者認為兩岸在行政強制領域的共同趨勢就是警察權力的淡化,人權保障凸顯。

臺灣行政執行法一經頒布,就有學者對行政強制執行中的斷水斷電提出異議,認為其有違當代人權保障理念,「義務人縱然因而屈服,然而因斷水斷電之實施衍生出公共安全考慮、公民健康之隱憂,一旦發生意外損害,國家責任隨之擴大,特別是在現代給付行政國家任務之下,提供人民或者營業者一個日常生活或營業活動基本需求之水電,乃為國家之憲法義務」。[17]而新「行政執行法」實施之

後，各界對拘提、管收的情形反映強烈，「司法院」釋字第五八八號解釋認為：其一，拘提且管收合併聲請，違反「憲法」第八條的正當法律程序，此部分幾乎大多數「大法官」贊同；另一，拘提管收制度「合憲」其實質要件應透過「憲法」第二十三條比例原則之審查，就此部分「大法官」意見甚為分歧。[18]2005 年 5 月 27 日，為配合「司法院大法官」會議釋字第 588 號解釋意旨，經「立法院」修正完成本法第 17 條及 19 條有關拘提、管收等規定後，聲請拘提、管收之事由已為縮減，並嘗試引進德國「代宣誓之保證」及「義務人名簿」制度。[19]由以上兩個案例則可以清晰看出，臺灣行政強制領域警察權力不斷淡化，更加強調人權保障。

　　大陸地區行政強制的立法也逐漸由強調警察權轉為凸顯人權保障，權力淡化的特點。其中最為典型的案例就是 2003 年由孫志剛案件而引發《收容遣送條例》的廢止。收容遣送曾經是大陸計劃經濟時代救助、安置、教育流浪者的重要措施，但在改革開放之後，卻成為大城市限制外來流動人口的手段，並且由於操作不規範，逐漸成為一種帶有懲罰性質的行政強制措施。幸而在孫志剛案件發生之後，在相關學者的努力之下，國務院自行廢除了《收容遣送條例》並代之以具有民事救助性質的《城市生活無著的流浪乞討人員救助管理辦法》。第二個比較典型的情況就是行政強制設定權的法律保留。現實當中，行政機關違法違規行使行政強制權的情況特別明顯。因而此次《行政強制法》專門明確規定了本來應該由《立法法》規定的行政強制設定權問題。《行政強制法》第十三條規定：行政強制執行由法律設定。法律沒有規定行政強制執行的，作出行政決定的行政機關應該申請人民法院強制執行。同時，該法第十四、十五條[20]還規定了行政強制權設定的公眾參與條款以及事後評價制度，更加凸顯了人權保障及權力淡化的特點。

　　綜上可以看出，兩岸行政強制的發展方向就是警察權力的不斷淡化，相對人的地位不斷提升，人權保障日益重要。

三、兩岸行政強制發展展望——公民參與權概念的提出

　　行政強制領域的發展趨勢表現在各個方面，有執行機關的企業化經營趨勢、權力淡化趨勢、公眾參與趨勢等等，不一而足。在此筆者僅就行政強制中發展趨勢比較明顯的公民參與作一論述。

（一）「公眾參與」與「行政程序」

　　20 世紀中葉以來，行政法領域出現了兩大突出特點，一個是公眾參與熱潮的興起，另一個就是行政程序日益重要。蔡定劍教授在考察了歐美公眾參與的實踐和相關學者的研究後，指出作為一種制度化的公眾參與民主制度，應當是指公共

權力在進行立法、制定公共政策、決定公共事務或進行公共治理時,由公共權力機構透過開放的途徑從公眾和利害相關的個人或組織獲取訊息,聽取意見,並透過反饋互動對公共決策和智力行為產生影響的各種行為。[21] 傳統的公眾參與理論一般主要是強調社會大眾的參與,即是不特定的或者相對特定的群體一同參與行政立法、行政決策以及具體的行政治理過程。這種參與仍然以行政機關為主,講求行政機關採取各種形式聽取公眾意見的角度,而且行政機關在公眾參與過程中仍然享有最終或者較大的決定權。行政程序,則是基於提高行政活動的效率,保障相對人的權利角度,設置的行政活動的方式、方法、步驟、期限。當然,從英美法系興起的自然公正、正當程序等原則指導下的行政程序主要還是強調保障相對人的權利。以自然公正為基礎的程序規定,主要保障兩方面的內容,一方面是自己不能做自己的法官,另一方面是不能僅聽取一方意見。而「行政程序相較於其他國家公權力行使程序,尤其司法程序,最顯著的不同即為:行政機關在行政程序中既是『當事人』(程序主體),又是『決定人』。亦即有『球員兼裁判』的特徵」,[22] 因而行政程序更加強調,在作出行政決定之時,要聽取當事人的意見,如當事人程序上的陳述辯解權等。

筆者認為,行政法領域的公眾參與現象與行政程序興起有共同之處,即均是現代社會理念的體現。自文藝復興以來,人的主體性地位極大提升,現在社會的理念已經要求當涉及相關主體利益的決定時,必須賦予相關主體參與的機會。只不過,基於行政專業性的考量,參與的程度與方式不同而已。因而,本文採用「公民參與」一詞來表示公眾參與與行政程序交叉、混合的內容。

(二)公民參與的梯度

1969年,雪莉·阿恩斯坦在美國規劃師協會上發表了一篇名為《市民參與的階梯》的文章。在文中,她提出了公眾(公民)參與的八個梯度:操縱、訓導、告知、諮詢、展示、合作、授權和公共控制。「操縱」和「訓導」是「參與的組織者以公眾參與的名義把參與者置於『顧問』或擺設的虛假位置上,目的是為了讓參與者接受『教育』,或參與不過是證明自己的合法性」。而「告知」和「諮詢」只不過是組織者把訊息通知參與者,並公開聽取參與者的意見,「它並不能保證公眾的意見和公眾的利益能得到充分的考慮」。「展示」則是將「參與方案向公眾展示並聽取意見」,「因為基本規則允許參與者提出建議,但是仍然保留組織者作出最後決定的權力」。「合作」則是參與者可以與組織者進行談判,並與傳

統權力持有者進行協調。「授權」和「公眾控制」是在一些項目中,參與者透過與組織者協商,獲得大多數決策者的席位或者完整的管理權力的參與方式。[23]

當然,她的參與梯度理論,主要是從參與的過程以及分享決策權的程度來劃分的,並沒有涉及參與者的界定和不同的行政過程。如果是確定的利害關係人參與且在行政行為作出的階段,則是我們所說的行政相對人的程序性權利。而如果是在行政立法領域籠統的公共利益,那麼更多的就是我們所認為公眾公共參與的問題了。基於阿恩斯坦的理論,我們可以對大陸《行政強制法》及臺灣「行政執行法」作如下歸類:

表一:大陸《行政強制法》公民參與條款(數字表示行政強制法法條的序號):

	操縱	訓導	告知	諮詢	展示	合作	授權	公共控制
行政強制的設定(立法)			14	14、15				
行政強制措施			18、20、21、24、25、31、32	8、14、15、18、20				
行政強制執行			35、36、38、44、45、51、54	35、36、39、58		42		

表二:臺灣「行政執行法」公民參與條款(數字表示行政強制法法條的序號):

	操縱	訓導	告知	諮詢	展示	合作	授權	公共控制
總則			5、10			5、8、9	9	
公法上金錢給付義務之執行			13、14	14				
行為或不行為義務之執行			27、31			17		
實時強制								

(三)「公民參與權」

政治學者和行政學、管理學就公眾(公民)參與理論與內涵作了十分細緻的研究,為法學學者提供了大量的素材。但目前為止,法學學者僅將公民參與理論和內涵轉化為行政法上行政機關的具體程序義務,如告知義務,發布法律草案義務,舉行立法聽證會等,至多再進一步上升為行政相對人的具體的程序性權利,而並沒有將其上升為公民的一種概括的實體性權利,即公民參與權。根據現代社會對自由及人主體性的認識,公民在行政領域的參與上升為公民參與權,應該是行政法治的發展方向,當然行政強制領域也不例外。

根據行政學、管理學學者對公眾（公民）參與理論的研究（主要以阿恩斯坦的參與梯度理論），我們可以看出，公民參與權是公民以權利主體身分，為維護和發展自身利益或公共利益，以法定形式參加行政活動過程，並對行政決定直接發生作用與影響的一種綜合性權利，並可以將公民參與權分解為參與資格權、發起權、知情權、表達權、監督權和參與決定權、參與實施權等。[24]

正所謂「無救濟即無權利」，一旦將公民參與的內容（見表一、二）上升為公民參與權的高度，則我們對違反表一、二中條款的行政活動，不僅可以以違反程序或者侵犯公民具體程序性權利為由提起訴訟救濟，而且可以徑行以公民參與權受侵犯提起訴訟。以公民參與權受侵犯為由提起訴訟，不僅使法律明示具體的行政相對人或者社會公眾享有權利的情況獲得了救濟，而且也概括地使法律僅僅規定行政機關履行義務的情況而默示賦予公民參與權的情況獲得了救濟。在後果上，更應該判定違反上述條款的行政活動無效，而不能允許行政機關補正。行政機關只能就判定無效後的現實情況重新進行調查作出決定。[25]

行政強制領域，雖然多涉及強制執行，是政府單方的事實行為，但也應保證公民參與權中的知情權、表達權、監督權以及一定的參與決定權和參與實施權[26]。因而今後行政強制領域立法發展的一個重要的方向就是將行政強制中的公民參與現象上升為公民的公民參與權來保障。

四、結語

正如孔夫子所曰「溫故而知新」，我們應該常回頭看看我們法律的發展歷程，如此一來我們方能從歷程中尋出規律，進而預測未來。總的來說，兩岸行政強制領域的法治發展一個重要的趨勢就是警察權的淡化，公民參與的強化，人權的凸顯。將公民參與活動上升為公民參與權來保障，應該是未來行政強制領域發展的一個方向。

注　釋

[1]. 李建良：《論行政強制執行方法》，楊小君、王周戶主編：《行政強制與行政程序研究》，中國政法大學出版社 2000 年版，第 75 頁。

[2]. 馬懷德：《行政強制執行制度及立法構想》，楊小君、王周戶主編：《行政強制與行政程序研究》，中國政法大學出版社 2000 年版，第 44 頁。

[3]. 馬懷德：《行政強制執行制度及立法構想》，楊小君、王周戶主編：《行政強制與行政程序研究》，中國政法大學出版社 2000 年版，第 45 頁。

[4]. 馬懷德：《行政強制執行制度及立法構想》，楊小君、王周戶主編：《行政強制與行政程序研究》，中國政法大學出版社 2000 年版，第 45—47 頁。

[5]. 袁曙宏：《中國〈行政強制法〉的法律地位、價值取向和制度邏輯》，《中國法學》2011 年第 4 期。

[6]. 袁曙宏：《中國〈行政強制法〉的法律地位、價值取向和制度邏輯》，《中國法學》2011 年第 4 期。

[7]. 舊「行政執行法「內容的不足均參考吳庚：《行政法之理論與實用》，中國人民大學出版社 2005 年版，第 314—316 頁。

[8]. 相關內容參見董保城：《建築物違規使用「斷水」「斷電」法理及實務》，楊小君、王周戶主編：《行政強制與行政程序研究》，中國政法大學出版社 2000 年版，第 170—180 頁。

[9]. 所謂拘提是指強制義務人到場詢問之處分。所謂管收是指對義務人或有為義務人清償金錢給付職務之人的身體自由，予以拘束之強制處分而言。引自蔡震容：《行政執行法》，翁岳生主編：《行政法》（下），中國法制出版社 2009 年版，第 1166 頁。

[10]. 新法之改進內容參見林雲虎：《臺灣行政執行制度與實務——行政執行機關企業化經營之新風貌》，載楊解君、董保城主編：《海峽兩岸行政（強制）執行理論與實務對話》，中國方正出版社 2006 年版，第 11—15 頁。

[11]. 臺灣行政強制執行相關內容參見蔡震容：《行政執行法》，載翁岳生主編：《行政法》（下），中國法制出版社 2009 年版，第 1087 頁。

[12]. 參見朱新力：《論行政強制措施的合理定位》，載楊小君、王周戶主編：《行政強制與行政程序研究》，中國政法大學出版社 2000 年版，第 195—197 頁。在該文中，朱新力教授列舉了學界關於行政強制中的四種觀點。

[13]. 喬曉陽主編：《中華人民共和國行政強制法解讀》，中國法制出版社 2011 年版，第 10、11 頁。

[14]. 應松年教授在 1999 年海峽兩岸行政法學術研討會上的講話。引自楊小君、王周戶主編：《行政強制與行政程序研究》，中國政法大學出版社 2000 年版，第 63 頁。

[15]. 廖義男：《「行政執行法」簡介》，載楊小君、王周戶主編：《行政強制與行政程序研究》，中國政法大學出版社 2000 年版，第 16、17 頁。

[16]. 參見臺灣「行政執行法」第十七條：義務人有下列情形之一者，得命其提供相當擔保，限期履行，並得限制其住居：一顯有履行義務之可能，故不履行者。二顯有逃匿之虞。三就應供強制執行之財產有隱匿或處分之情事者。四於調查執行標的物時，對於執行人員拒絕陳述者。五經命其報告財產狀況，不為報告或為

虛偽之報告者。六經合法通知，無正當理由而不到場者。義務人逾前項限期仍不履行，亦不提供擔保者，行政執行處得聲請該管法院裁定拘提管收之。

[17]. 董保城：《建築物違規使用「斷水」「斷電」法理及實務》，載楊小君、王周戶主編：《行政強制與行政程序研究》，中國政法大學出版社2000年版，第178頁。

[18]. 蔡震容：《行政執行法》，載翁岳生主編：《行政法》（下），中國法制出版社2009年版，第1172頁。

[19]. 林雲虎：《臺灣行政執行制度與實務——行政執行機關企業化經營之新風貌》，載楊解君、董保城主編：《海峽兩岸行政（強制）執行理論與實務對話》，中國方正出版社2006年版，第11—15頁。

[20]. 第十四條：起草法律草案、法規草案，擬設定行政強制的，起草單位應當採取聽證會、論證會等形式聽取意見，並向制定機關說明設定該行政強制的必要性、可能產生的影響以及聽取和採納意見的情況。第十五條：行政強制的設定機關應當定期對其設定的行政強制進行評價，並對不適當的行政強制及時予以修改或者廢止。行政強制的實施機關可以對已設定的行政強制的實施情況及存在的必要性適時進行評價，並將意見報告該行政強制的設定機關。公民、法人或者其他組織可以向行政強制的設定機關和實施機關就行政強制的設定和實施提出意見和建議。有關機關應當認真研究論證，並以適當方式予以反饋。

[21]. 蔡定劍主編：《公眾參與：風險社會的制度建設》，法律出版社2009年版，第5頁。

[22]. 湯德宗：《行政程序法》，翁岳生主編：《行政法》（下），中國法制出版社2009年版，第918頁。

[23]. 以上內容，參見蔡定劍主編：《公眾參與：歐洲的制度和經驗》，法律出版社2009年版，第12—25頁。

[24]. 關於公民參與權的內涵與類型主要參考了鄧佑文博士的博士論文。鄧佑文：《參與式行政中的政府與公眾關係研究》，中南財經政法大學2012屆博士論文，第92頁。

[25]. 判定行政行為無效，並非是說，行政機關不能再次作出行政決定，但是行政機關再次作出行政決定時，應該以現有的狀況為基礎。例如，甲的房屋是違章建築，行政機關沒有履行告知義務，就將其拆除。如果甲以公民參與權為由提起訴訟，法院裁判強制拆除行為無效。則此時的效力應是因為沒有履行告知義務，導致公民參與權受侵犯，則在沒有履行告知義務前，應該認為甲的房屋是合法建築，行政機關的拆除行為侵犯了甲的合法財產，應予賠償。賠償之後，則由於違章房屋事實上已經滅失，則行政機關沒有必要再次作行政決定。再者如乙欠國家稅款1000元，行政機關強制劃撥之後，沒有告知乙。乙以侵犯公民參與權為由，提起

訴訟，則法院宣告劃撥無效，行政機關不僅要返還乙 1000 元，還應返還期間的孳息。返還之後，由於乙仍然欠國家稅款 1000 元，則行政機關可以依法律規定，就當下情況作出新的行政決定。

[26]. 如大陸的執行協議、臺灣的「義務人協助義務」等。

必須高度重視行政執法風險防範的重要性

焦志勇

◎首都經濟貿易大學法學院教授

2011年3月，十七屆中央政治局就推進依法行政和弘揚社會主義法治精神舉行了第二十七次集體學習會。在會上，胡錦濤總書記明確指出：推進依法行政，弘揚社會主義法治精神，對深化政治體制改革、發展社會主義民主政治，對全面實施依法治國基本方略、加快建設社會主義法治國家，對建設富強民主文明和諧的社會主義現代化國家、實現黨和國家長治久安具有十分重要的意義。應當講，自2004年3月國務院發布《全面推進依法行政實施綱要》近七年來，各級政府在依法行政、推進行政管理體制改革等方面都採取了一系列積極而有效的創新改革措施並取得了顯著的成績。但我們也應當看到，隨著經濟體制和政治體制改革的不斷深入，一些社會矛盾也日顯突出且尖銳，政府如何合理地調節與調整各種社會利益關係，並透過依法行政來正確處理社會矛盾，不僅已成為當前社會管理所出現的新情況，而且也成為政府當下在依法行政中防範行政執法風險的新問題。[1]從近年來轟動全國的上海市「釣魚執法事件」、海南省「砒霜門」、長春市「強拆致人被埋並窒息死亡案」、「廣州二沙島違法建築案」等違法行政案件來看，這些違法的行政行為不僅侵害了行政相對人的合法權益，而且也給行政機關公信力帶來不同程度的損害。因此，從構建和諧社會、實現黨和國家長治久安的高度來認識行政執法風險問題，積極、有效地採取防範措施，並最大限度地降低此類風險對社會穩定的不良影響，不僅成為關係到提升政府依法行政水平和構建法治政府的重大問題，而且也成為維護社會安定與和諧，實現黨和國家長治久安的行政法理論與實踐的重大問題。

一、如何認識執法風險的真正內涵

一般而言，行政執法風險是指：具有執法資格，負有法律、法規所賦予的權力或履行職責的國家公務人員，在國家行政管理事務實施中存在有未按照或未完全按照法律、行政法規、規章要求的行為執法或履行職責，因此而侵犯或者損害行政相對人的利益，並造成一定的物質或精神上的損失所應依法承擔相應責任的可能性。就行政執法風險而言，行政執法風險是行政機關在執法過程中因執法行

為所產生的法律風險，而不是行政機關或者公務人員非公務行為產生的風險。這種風險的表現形式及在風險引發事件後行政機關及相關行政執法人員所承擔法律責任方面的理論及實務問題，中國國內行政管理學及行政法學的學者多有論述。例如：有的學者認為，行政執法風險的表現形式是多樣的，因其執法主體的不同而有所區別。執法主體分為單位主體和個人主體。單位主體主要包括有執法資格的國家機關以及經法律、法規授權的組織；個人主體是指依法具有執法資格的單位主體中的工作人員，即具有執法資格的個人。對單位主體而言，風險的主要表現形式為名譽損害和經濟利益的減損，例如：因為行政執法錯誤而導致行政敗訴或行政賠償案件，既對執法單位的名譽造成一定的負面影響，又要給相對人支付經濟賠償，造成單位經濟利益的損失。對個人主體而言，風險的主要表現形式為相應的紀律、法律責任，例如：執法人員在執法過程中濫用職權，可能會受到黨紀、政紀乃至刑事法律的追究。由於任何執法單位的執法行為都是由具體的工作人員來實施的，所以，在行政執法風險上，執法單位和執法人員所面臨的風險往往是混同的，單位主體主要以其名譽和財產承擔法律風險責任，而個人主體則以名譽、經濟利益，甚至人身自由等形式來承擔法律風險責任。儘管上述學者們對行政執法風險的表述體現了行政執法風險的形式、種類以及違法行政者應當承擔的法律責任，但從依法治國的角度講，就行政執法風險防範的實質和內涵的全部而言這種表述是不完全的，其表述存在著認識上的偏差。筆者認為：就行政執法風險的微觀層面說，行政執法行為是由行政執法人員具體實施的，執法過程中的行政機關單位主體的與執法人員個人主體責無旁貸地要承擔因風險致違法行政案件發生而產生的法律責任。但就行政執法風險的宏觀層面說，單位主體與個人主體所實施的行政是為實現國家行政管理職能而進行的，他們所出現的行政執法風險不僅直接影響其單位主體及個人主體的利益，而且更重要的是這類行政違法事件的發生嚴重影響著國家行政管理職能的正常實施和公眾對行政機關的信任度。上述行政執法中出現的違法事件所引發的不良社會影響就是最好的證明。我們必須看到，公眾因此類行政違法事件對執政黨和政府，以及行政機關信任度的降低甚至喪失的趨勢正是我們行政執法風險背後的最大風險。因此，從維護和實現黨和國家長治久安的高度來認識，防範行政執法風險的內涵不僅包括對行政機關的風險和相關行政執法人員的風險兩個層面，而且還應當包括由於行政違法行為給執政黨和政府，以及行政機關「公信力」造成不利影響的可能性，而這種不利影響的可能性不僅關乎我們黨作為執政黨的形象和政府的威信，而且也直接關乎我們政府是否能夠保證國家行政管理不偏離為人民服務目標的實現、構建和諧與穩定的社會

秩序與環境、增進建立公民與政府之間信任關係等重大問題。因此，筆者認為，就行政執法風險的內涵而言可以表述為：是指具有執法資格的國家公務人員在執行法律、法規所賦予的權力或履行職責的過程中，存在有未按照或未完全按照法律、行政法規、規章要求的行為執法或履行職責中侵犯、損害了行政相對人的利益，並造成一定的物質或精神上的損失，以及應履行而未履行職責，由此給執政黨和政府以及行政機關「公信力」造成不良影響所應承擔法律責任的可能性。

二、必須從黨和國家長治久安的高度重視行政執法風險防範的重要性

國務院 2010 年 10 月 10 日印發的《關於加強法治政府建設的意見》中指出：「各級行政機關及其領導幹部一定要正確看待中國經濟社會環境的新變化，準確把握改革發展穩定的新形勢，及時回應人民群眾的新期待，切實增強建設法治政府的使命感、緊迫感和責任感。」應當講，行政執法是行政機關最經常、與人民群眾權益最直接相關的社會管理活動。應當看到，近年來，中國各級政府行政執法機關普遍開展「防範廉政風險和監管風險」的管理工作，此項工作得到進一步地擴展和深入，並在行政機關依法行政工作方面取得了較為顯著的成效和成績。但我們也必須看到，各級政府這種行政執法風險防範的工作大多集中在其行政行為特殊性質及執法風險易發的行政管理領域，如公安機關、工商行政管理部門、城市管理行政執法部門等，且這項工作多體現為相應行政機關針對其自身業務方面的風險所作出的所屬公務人員工作指導性的警示或建議。然而，**轟動全國的上海市「釣魚執法事件」、海南省「砒霜門」、長春市「強拆致人被埋並窒息死亡案」、廣州市「二沙島違法建築案」等類似事件所反映出的公務人員違法行政問題以及由此引發的「民願」甚至是「民怨」來看，目前各級政府的行政機關僅僅把引發行政執法的違法事件的風險定格在個別行政機關或者公務人員的直接法律責任的認識顯然是浮淺和有害的**。[2] 筆者認為，這種認識之所以是浮淺的和有害的在於：表面上看個別公務人員在行政執法過程中所呈現的違法行為侵害了行政當事人的合法權益，應當追究違法者甚至相關行政機關的法律責任，但從深層次講，個別公務人員乃至相關行政機關的違法行為不僅嚴重削弱了行政機關依法行政的「公信」基礎，而且從根本上給我們執政黨和政府的威信以及行政機關的公信力造成了嚴重的損害，而這種風險直接威脅著我們黨和國家的長治久安。行政執法風險雖然不必然引發行政違法事件的發生，但每一重大行政違法事件的背後必然是行政執法的風險所引發和演變而成。究其原因，實質上是一些行政機關和公務人員僅僅把風險的防範侷限在單位的「政績考核」和個人的「人身安全」方面，而未把行政執法風險防範乃至這種風險背後的風險防範提升到關乎實現黨和

國家長治久安的高度來認識，進而釀成極壞的社會影響。事實證明：每一行政執法中所發生的違法事件，受到最大傷害的實際上是執政黨和政府的形象，以及行政機關的公信力，而這種傷害遠遠比有關事件本身給相關當事人造成的損失更烈。因此，從人民的根本利益出發，從黨和國家長治久安出發，各級行政機關必須高度重視行政執法風險乃至風險背後風險防範的重要性，必須始終把行政執法風險防範工作擺在突出的重要位置來抓，從而最大限度地防範和化解此類風險背後更大風險可能性的產生。如果行政機關以及公務人員不能從維護人民的根本利益以及黨和國家長治久安出發，從根本上預防行政執法風險的產生，必將會嚴重損害我們執政黨和政府的形象，嚴重損害國家行政機關的公信力，嚴重損害我們黨和國家與人民的關係。「水能載舟，亦能覆舟」，這是千百年來婦孺皆知的古訓，而這一古訓是值得我們行政機關以及每一個公務人員深思的！因此，各級行政機關應當在新的角度和高度對行政執法風險乃至這種風險背後風險的防範有更加清醒的認識。行政機關的施政行為不僅要對自己公務人員的所作所為負起責任來，而且還要從人民根本的利益出發，最大限度地預防行政執法過程中的風險產生，從根本上有效引導和控制行政行為，使政府的公共行政行為更好地為公眾服務。只有這樣，我們的各級政府才能真正地贏得公眾的支持和擁護，才能真正地使施政行為更好地提升到法治水平，才能真正地實現黨和國家的長治久安。

三、防範風險的主要途徑

現代社會的行政執法風險特徵和中國社會加速轉型的高風險性，迫切需要我們加強對行政執法風險的防範，並加快社會改革的步伐，疏通民意表達和利益訴求的渠道，建立調適民眾心理、緩解社會情緒、防範和化解社會風險的長效機制。因此，高度重視行政執法風險以及風險背後風險防範的重要性，做好各項防範工作，最大限度地減少風險和化解因風險所形成的違法事件產生的社會不良影響已是我們目前依法行政極其重要的工作內容。

首先，各級行政執法機關必須從實現黨和國家長治久安的高度充分重視行政執法風險防範的重要性。當前，中國政治與經濟的改革正處於極其關鍵的階段，由各種社會矛盾所引發的行政糾紛及案件已經成為影響治安秩序和社會穩定的突出問題。因此，從思想上高度重視行政執法風險背後風險防範的重要性，努力作到依法行政，並妥善預防和化解行政執法風險所引發的行政違法案件，是當前行政執法機關維護社會穩定、創建和諧社會，實現黨和國家長治久安所面臨的一項十分嚴峻而緊迫的重大任務。2011年初，胡錦濤總書記在中央黨校舉行的省部級

主要領導幹部社會管理及其創新專題研討班開班式上指出，正確把握中國內外形勢新變化新特點，針對當前社會管理中的突出問題，著重研究加強和創新社會管理、做好新形勢下群眾工作的思路和舉措，為促進社會和諧、實現「十二五」時期經濟社會發展目標任務凝聚強大力量。因此，我們應當正視社會管理過程中出現的新情況，在社會管理改革與創新中努力解決新問題。應當承認，目前隨著政治、經濟、文化制度改革的不斷深化，各種社會矛盾逐步集中凸顯，不僅給社會管理而且也給行政管理部門的執法提出了新的挑戰。如何在新形勢下依法創新行政執法手段，如何有效地防範行政執法中各種風險的出現，並努力提升社會管理風險防範的新水平，是各級行政執法部門依法行政工作中亟待解決的重要問題。

其次，強化行政執法隊伍建設，建立行之有效的管理制度。從根本上做到依法行政，最大限度地減少行政執法過程中的風險發生，關鍵還在於行政執法隊伍建設。各級行政機關必須把「隊伍建設」作為依法行政、防範風險的一項基礎性、長期性工作抓緊和抓好。「隊伍建設」的一個重要方面就是要加強行政執法人員的思想道德素養，樹立「為人民服務」和「依法行政」的形象。行政機關不僅要強化對行政執法人員的「法治」教育和「風險」的警示教育，而且還要不斷強化行政執法人員的「為人民服務」的觀念，從近年來中國「廉政與監管風險防範」的實踐看，一個將個人利益或者單位利益看得高於國家利益和人民利益的官員和單位，法律、行政法規和規章制度在他們面前都會形同虛設。因此，要提高行政執法機關和行政執法人員的道德素養與「為官」的道德水準，真正地做到一切社會管理必須以維護好、實現好、發展好人民群眾的根本利益為出發點和落腳點。「隊伍建設」的另一個重要方面就是要開展執法隊伍的整頓工作，搞好管理體制和制度建設，建立和完善工作激勵機制、約束機制和監督制約機制，以實現建設廉潔、勤政、務實、高效的行政工作人員隊伍的目標。對於新錄用行政執法人員，要嚴格標準，實行公平競爭、擇優錄用，切實把好進人關。嚴肅執法紀律，強化執法監督，將行政執法人員的管理和執法責任制工作相結合，增強執法人員依法行政的自覺性，從而真正地建設一個精通法律、精幹高效的法制機構和一支素質過硬、勇於任事的政府法制公務員隊伍。

第三，要規範執法行為，提高執法質量。對於行政執法人員而言，嚴格依法執法，提高執法質量，是預防和化解行政執法風險的主要途徑。行政執法人員在執法過程中，應當嚴格按照法定的權限、程序、內容及要求做出行政執法行為。努力克服執法隨意性，避免違法、違規行為的發生，從而提高行政執法質量，以防範行政執法的風險。對於執法機關而言，應當在法律、法規的框架內針對本系

統的每一個崗位制定出相應的工作職責和工作標準及責任追究的實施辦法，做到有章可循。與此同時，各級行政執法機關應當完善執法監督機制，加大內部懲處力度。行政執法是行使國家行政權的重要形式，如果缺少有效的監督和制約，就可能偏離法制軌道，導致專橫，滋生腐敗，行政管理的目標就難以實現，公民的合法權益就無法保護。在實踐中，有些地方和部門行政權力運行不透明，監督渠道不暢通，人民群眾監督沒有落到實處；行政部門對行政權力的監督制約以及行政問責失之於寬、失之於軟，有案不查、有錯不糾、有過不懲的問題還相當程度上存在。要解決上述問題就需要我們充分發揮執法責任制的功效以及執法監督機制的作用，建立起以執法責任制為核心的目標管理考核機制；嚴格過錯責任追究，加大行政懲處力度，以促進執法人員依法行政由被動轉為主動，有效地防止權力濫用行為的發生，減少違法執法行為，化解執法危機。違法執法行為是否受到依法追究，不僅是衡量行政執法責任制工作成效的主要標誌，同時也是公眾對於政府依法行政的考量。因此，行政機關要結合各部門實際工作制定完善切實可行的「行政問責制」中追錯標準和操作程序。同時依法加強內部監督，切實糾正執法違法行為，堅決糾正和處理那些在行政執法中故意和過失違法違紀的行為，努力使違法責任追究工作取得實效。

　　第四，各級行政執法機關要加強行政執法的宣傳，做好行政調解工作，最大限度地減少風險的發生。依法行政與行政機關的行政職能、為人民服務的目標是相一致的，行政機關依法行政就是將保證行政管理遵循為人民服務的目標。因此，行政機關應當加大行政執法的宣傳，積極營造全社會尊法、守法、依法維權的良好環境。與此同時，透過行政執法的宣傳，增強全社會尊重法律、遵守法律的觀念和意識，並積極引導公民、法人和其他組織依法維護自身權益，逐步形成與建設法治政府相適應的良好社會氛圍，從而贏得人民群眾的充分理解、廣泛支持和積極參與，並在此基礎上建立公民與政府之間良好的信任關係，以努力構建行政執法部門與社會各界及廣大行政相對人的和諧關係，從而最大限度地預防與化解行政執法風險，避免行政違法事件的發生。與此同時，各級政府應當在實踐中逐步建立與完善包括群眾利益協調機制、群眾權益保障機制、勞動關係協調機制、社會矛盾調處機制、社會穩定風險評估機制等維護群眾權益、維護社會穩定的行政調解機制，從而使各級政府在新形勢下，最大限度地做好社會管理，加強社會建設，推進社會改革。

　　綜上所述，努力防範行政執法風險背後的風險是我們執政黨的「生命線」，努力提高化解行政執法風險的能力是政府一切工作的「健康線」。因此，我們必

須不斷地增強大局意識、責任意識和危機意識，始終把行政執法風險防範的工作擺在一個突出的位置，大力夯實風險防範各項基礎工作，增強風險化解的實際能力，從而使行政執法的風險防範工作提高到一個新水平。

注　釋

[1].2010年10月10日發布的《國務院關於加強法治政府建設的意見》（以下簡稱《意見》）中明確指出：「當前，中國經濟社會發展進入新階段，國內外環境更為複雜，挑戰增多。轉變經濟發展方式和調整經濟結構的任務更加緊迫和艱巨，城鄉之間、地區之間發展不平衡，收入分配不公平和差距擴大，社會結構和利益格局深刻調整，部分地區和一些領域社會矛盾有所增加，群體性事件時有發生，一些領域腐敗現象仍然易發多發，執法不公、行政不作為亂作為等問題比較突出。」從目前實踐來看，諸如：徵地拆遷、環境保護、勞動爭議、涉法涉訴等領域已成為損害群眾利益的問題十分突出。

[2]. 關於海南省工商行政管理部門發生的「砒霜門案」社會反響很大，其評論多見報端。現摘錄一篇2009年12月7日發表在《經濟觀察報》第16版的該報評論員李翔撰寫《「砒霜門」充滿疑慮》部分內容：「表面看來，事態似乎一目瞭然，但是在這個疑慮重重的年代，我們不知該如何表態。我們堅定地支持過那些在我們看來代表了商業積極力量的企業和企業家，但是一些驚人的醜聞愚弄了我們，讓我們開始變得猶豫不決；我們也曾懷著善意看待政府對權力的使用，相信政府能夠有效的維護公眾和社會的利益，但是不斷發生的對權力的濫用讓我們同樣不能確定自己的善意和信任是否妥當。作為媒體，我們反對公權力的濫用。因為不受約束的公權力的濫用，將會對承受這種濫用權力的公司和個體造成巨大的傷害。——同樣地，我們也反對商業力量強大到能夠隨意顛覆和改變政府的決策，因為我們還要（在此時代亦必須）依靠政府權力來維護整個社會和全體公眾的利益。我們支持受到權力濫用傷害的公司積極起身反對這種濫用。它們的行為對整個社會亦有正向作用，或者正向的溢出效應；但是我們恐懼它會讓政府在下一次維護公眾利益時變得畏首畏尾。我們也支持政府能夠及時地將自己所認為的錯誤之事公之於眾，但我們恐懼這樣的行為背後隱藏著對權力的濫用和操縱。我們擔心公權力傷害正向的商業力量，我們亦擔心公司利益綁架公權力。」

行政守法責任書與法治主義

郭慶珠

◎天津師範大學法學院副教授，法學博士

一、引論：三亞宰客危機與作為危機處理措施的行政守法責任書

　　2012年春節假期期間，美麗的海濱城市三亞屢屢出現商家宰客現象，並迅速發酵為社會公共事件。在事件中，人們譴責的矛頭不僅指向了不良商家，並且指向了對商戶負有管理職責的行政機關，後者迅速成為事件的焦點，進而演化為人們對於行政機關是否認真履行管理職責的信任危機。其實類似的事件在2011年春節期間就曾經上演過，行政機關也有過積極的應對，其中最重要的應對措施之一就是三亞工商局積極推行「守法責任書」制度。據媒體報導，在2011年春節期間三亞工商部門和海鮮排檔經營者集體簽訂了誠信守法經營責任書（以下簡稱為三亞工商守法責任書），主要內容包括：（1）海鮮排檔如被相關行政職能部門查實存在嚴重欺客宰客行為，情節嚴重，影響惡劣的，實行「一次性死亡」，由工商部門依法吊銷營業執照。（2）經營過程中若有欺客宰客行為被消費者申訴、舉報並被市級以上新聞媒體曝光，要立即自行停止營業，進行內部整頓。（3）海鮮排檔必須使用統一的四聯點菜單。點菜單須經消費者簽名確認且留存備查時間不得少於一年。[1]

　　三亞宰客危機處理中映入人們視野中的「守法責任書」並非是一個完全新鮮的事物，近些年的實踐中行政機關與相對人簽訂守法責任書的並不少見，比較典型的除了上述工商機關與商戶簽訂的守法經營責任書外，還有地方政府與企業簽訂的依法節能責任書、稅務機關與納稅企業簽訂的依法納稅責任書、公安機關與被管理對象簽訂的治安管理責任書等。上述責任書的名稱雖各異，但其主要內容基本相同，包括行政機關如何對相對人進行管理和相對人如何守法等，筆者把實踐中類似的「責任書」統稱為行政守法責任書。

　　從表面上來看，各種行政守法責任書由行政機關和相對人「約定、合意」而形成，似乎可以歸入行政契約（或稱為行政合約）的範疇，那麼它是否是行政契約呢？這是一個需要釐清的問題，因為這會涉及法律規制和相對人法律救濟等諸多方面。在「約定、合意」之名下而呈現出來的形式上的「相對人承諾」在實踐中往往會成為行政機關管理相對人和正當化自身行為的依據，那麼，如此一來，「依法行政」有可能演化為「依約定行政」，而這種事實上的「依約定行政」在

實踐中正被行政機關廣泛採用,尤其是在某些執法難度較大、執法環境比較複雜的領域,行政機關往往會把這種「約定」視為是「以子之矛,攻子之盾」的利器,而且對於行政機關而言「約定取得」的低成本化更是會激發其極大的熱情。尤其是在執法危機出現的時候,守法責任書總會閃亮登場,這對行政機關有兩個方面的利好:一是責任書的內容可以表明行政機關應對危機管理的積極作為;二是若後續發展中危機未得到完全解除,相對人沒有履行承諾一般會成為行政機關為自己執法不力進行辯解的完美藉口。故而行政機關總是樂於讓相對人簽署責任書,正如上文提到的三亞宰客事件中,讓商戶簽署守法責任書成為危機應對和落實整改措施的最優先選項之一。

存在的未必就一定是正當的,如何用法治的理念和精神去考量守法責任書及所謂的「相對人承諾」等問題,實現責任書和法治主義的完美對接,是人們必須考慮的一個現實課題。

二、行政守法責任書的法律性質

從法律性質上進行準確定位是對行政守法責任書進行法治解讀的核心問題,實踐中也有對此予以釐清的現實需求。

(一)「假契約」定性中的理論困惑

有的學者把行政守法責任書定位為「假契約」,認為它仍然屬於行政契約的範疇,但是行政契約的一種特殊形態。之所以認為它仍然屬於行政契約的範疇是基於三個主要理由:(1)行政守法責任書具有行政契約的兩個基本要素,即存在合意和類似於行政行為的權力因素,儘管合意不顯然,但是依然存在。一方面,責任書是在廣泛徵求意見的基礎上確定的,這種交換意見的過程有合意的因素在裡面;另一方面,類似於商場買東西,消費者在不能砍價的情況下購物被視為是契約,責任書的簽署與此相似,相對人對於責任書的簽訂享有接受或放棄的最終決定權,應被視為有合意的過程。(2)出於共同的目標,相對人和行政機關之間存在互動互助的共棲關係,從而會使責任書簽署過程中行政機關對相對人事實上的強制效果獲得實踐正當性的解說,從而可以有效地解釋雙方的合意。(3)行政守法責任書都是採取簽訂合約或者協議的方式,這樣的外觀和形式,也是判斷它屬於行政契約的一種重要標準。[2]

筆者認為,針對人們有關相對人意思表達自由受到行政機關壓制、缺乏選擇自由從而導致合意缺乏的質疑,假契約理論給出的理由雖有一定的道理,但尚缺乏充分的說服力。

首先，責任書內容確立過程中的廣泛徵求意見和其他行政行為中的聽取意見並無多大的區別，相比其他行政行為而言，實際上無法承載對其功能的過度解讀，用其來解釋合意的存在顯然有些牽強。在現代社會，出於對間接民主的補充和行政行為正當性的詮釋，任何行政行為都非常注重對於相對人意見的聽取和利益的協商，從而使行政行為在「合法律性」的基礎上更具正當性。「透過多元利益的表達、協商和調和而使行政政策得到合法化，儘管並不是一種完美的現實方案，但與傳統行政法所適用的透過形式正義所表現出來的『合法律性』方案相比，對現代行政過程具有更強的合法化能力。」[3] 即使僅僅從正當法律程序的視角來看，聽取相對人意見也已經成為一個基本要求，因而用行政行為過程中的一個普遍做法來說明行政契約中「合意」這一特殊情況是不妥的。

其次，從自由選擇的視角，責任書的簽訂和商場買東西並不具有可比性。在超市等商場，雖然消費者並沒有砍價，也不允許砍價，但人們並不質疑是在簽訂契約。筆者認為，主要原因在於在這個過程中雖然消費者不能砍價，但是其選擇自由是被充分尊重的，並不影響合意的真實性，有兩個方面的原因：一是單從消費過程而言，商場和消費者之間是完全平等的，甚至消費者更為強勢，俗話說「消費者是上帝」就是一個很好的註腳；二是商場並非是一家，而且相互之間競爭激烈，消費者在商場內雖不能砍價，但是可以選擇不同的商場，這就使得商場內不能砍價對消費者選擇自由的制約失去了意義，從而保證合意的真實性和自願性。而責任書的簽署與商場買東西顯然不同。一方面，行政機關和相對人之間是不平等的，行政機關掌握國家權力和大量的公共資源，有強大的國家機器作為後盾，處於弱勢地位的相對人之選擇自由必然受到壓制，在實踐中這是一個不爭的事實；另一方面，與商場不同，相對人面對的行政機關只有一家，相對人沒有任何選擇的餘地。因而相對於商場的消費者而言，行政守法責任書中的相對人並沒有「要麼接受、要麼放棄」的最終決定權，只要相對人在某個行政機關的職權管理範圍內從事活動，就只能「接受」，而不能像商場消費者一樣，不在這個商場消費，還可以去其他商場消費。例如，海鮮排檔經營者如果要想在三亞市經營海鮮排檔就必須和工商局簽署守法責任書，放棄了守法責任書的簽署也就意味著放棄了海鮮排檔的經營，因為在三亞市並沒有其他的工商機關供你選擇。對於行政契約而言，行政機關和相對人之間的意思表示一致包括兩個方面：一是自由選擇對方的一致，二是對合約條款認識的一致。[4] 對比行政守法責任書，「自由選擇對方的一致」顯然是缺失的。

第三，用行政機關和相對人之間所謂的互助互動共棲關係來說明相對人的自願選擇和合意的存在也是值得商榷的。一方面，出於維護公共利益和公民福祉的需要，行政機關享有行政優益權，公民和社會組織有義務協助和配合行政機關的公務活動，這在任何行政行為中都是一樣的，以在此基礎上所產生的所謂「互助互動」導出合意的存在顯然在邏輯上缺乏周延性。另一方面，假契約理論在論證互助互動關係時以治安責任書為例指出公安機關和相對人有實現良好社會治安秩序的共同目標，從根本上說並不違背相對人的意思，因而會樂於接受並簽署責任書。「正是為了這樣的共同目標，甚至可以容許派出所要求相對人必須簽署責任書，因為這從根本上說，並不違背相對人的意思，有哪個商家或個體戶願意社會治安混亂的呢？進而不樂意接受應盡的，而且是力所能及的責任呢？」[5]此論證邏輯實際上有偷換概念的嫌疑，對於公安機關維護良好社會治安秩序的目標，相對人無疑是認同的，但是認同目標並不表明就一定會樂於接受責任書對於自身義務或責任的設定，換句話說，認同目的未必一定認同手段，以目標認同上的互助互動共棲關係來說明責任書中的相對人自願和合意顯然不夠嚴謹。而且從實踐來看，上述論述中所言的「應盡的，而且是力所能及的責任」往往並非是相對人「應盡的」和「力所能及的」，因為行政機關在很多情況下會透過責任書為相對人新設義務或以更為不利的裁量基準為相對人認定義務。正如三亞工商守法責任書中，商戶會認同工商部門實現良好經營秩序的目標，這對其經營活動的開展顯然是有利的，因為個別商戶宰客現象的存在會使得顧客減少，收益下降，因而會樂於配合工商部門依法進行的管理，但是並不表明會樂於接受責任書設定的義務和責任，試想有哪個商戶會從內心樂於接受所謂的「一次性死亡」呢？附加說明一點，上述論述提到「甚至可以容許派出所要求相對人必須簽署責任書」，既然是「必須簽署責任書」，就無所謂「容許」可言了，這種「容許」就只能是「命令」中的協作和服從，對此下文將進行闡述。

總之，筆者認為，行政守法責任書中所謂的合意不僅僅是不顯然的問題，而是是否存在的問題，從現有理論來看認定其存在的理由是不充分的，把責任書歸屬為行政契約的範疇是值得反思的，即使它具有合約或協議的外在形式，也不足以改變其內在實質。

（二）契約式命令與命令的協作、服從

從內在實質而言,行政守法責任書應該屬於行政命令的範疇,但是行政命令的一種特殊形式,因為它表面上具有契約的外部特徵,筆者把它稱為契約式命令,而並非特殊形式的契約。

行政命令是指行政主體依法要求行政相對人為或者不為一定行為(作為或者不作為)的意思表示。一項行政行為是否屬於行政命令,不取決於其名稱形式,而取決於其是否具備設定義務的內容。行政命令既可以是書面方式,也可以是口頭方式,還可以是動作方式,其名稱通常用「命令」,但在實踐中也可能並不用「命令」名稱,而用「布告」、「指示」或者「通知」等名稱。[6] 行政守法責任書是以契約形式出現的特殊行政命令,就像「布告」、「通知」等形式可以承載實質意義上的命令一樣,以契約的形式也可以承載命令的內容,相對人名義上的簽署以及形式意義上的承諾並不能從根本上改變其行政命令的性質,恰恰凸現了它是一種新形式的命令。行政守法責任書中所謂的「相對人承諾」也並非契約中真正意義上的承諾,而是在行政機關要求下作出的協作和服從行政命令的意思表示。

對於以上性質的界定可從以下方面進行理解:

首先,行政守法責任書內容確定的過程中雖然會廣泛徵求意見,但是行政機關對於內容確定有最終的決定權,其實質是行政機關透過自己的意思表示為相對人設定義務,這與行政命令的實質內涵是一致的。在內容確定的過程中相對人的意見會聽取,但是是否採納、如何採納則由行政機關進行獨立判斷,這和其他行政命令是相同的,是行政行為單方性的重要體現。人們可能會問,行政契約中的格式合約也是行政機關單方提供的,為什麼最終沒有演變為行政命令?這就要和相對人的選擇自由結合起來進行分析。行政機關單方決定合約內容只是一個必要條件,若相對人有選擇自由,仍然不會改變其行政契約的本質,但若相對人沒有選擇自由,則必然指向了行政命令,行政守法責任書中缺乏的恰恰是相對人的選擇自由。行政守法責任書中的義務內容及其設定,下文將在實證的角度上進行更為詳盡的解讀。

其次,相對人的選擇自由權已經被壓縮為零,對於責任書的是否簽署已經喪失最終的決定權。假契約理論認為相對人對於責任書有「要麼接受、要麼放棄」的決定權,從實踐和理論上來看,相對人實際上是不具有這種決定權的。為釐清這個問題,需要從責任書涉及的行政事項和行政目的進行分析。從實證視角分析,行政守法責任書涉及的基本上都是秩序管理和干涉行政的事項,出於行政秩序的目標追求和平等對待的法治精神,行政機關一般會要求在自己轄區內的所有管理

對象都要簽署，這種要求本身就是一種行政命令，在簽與不簽的問題上，行政機關和相對人之間顯然是存在命令與服從關係的，如三亞工商守法責任書是要求所有的海鮮排檔經營商戶都要簽署的，正如媒體報導這一事件時所用的標題「三亞海鮮排檔集體簽責任狀」，「集體」二字十分傳神地說明了商戶並沒有選擇的餘地。[7] 雖然從實定的法律來看，行政機關似乎並沒有強制對方必須接受責任書的手段，但是從廣義上來說，法律賦予了行政機關管理職權就可能使類似的手段無處不在，法律認可的行政管理關係中行政機關和相對人的不平等性會使得相對人無可迴避，若相對人不簽署責任書甚至會失去在行政機關相關管理領域從事有關活動的機會，因為你不簽署就意味著你沒有達到行政機關管理的目標要求，這是行政機關所不允許的，伴隨而來的必定是行政機關的頻繁檢查，最終也會迫使相對人妥協或退出，可以試想在三亞從事海鮮排檔經營而不簽署工商守法責任書的話，必然是這樣的結果。真正意義上的行政契約大多出現在供給行政和給付行政的領域，比如在美國，政府合約被分為供應合約、勞務合約和建築合約；在法國，行政契約主要分為兩大類，即公務特許契約與公共採購契約。[8] 一般而言，行政契約中行政機關和相對人的相互選擇是自由的，和行政守法責任書不同，行政機關不會要求所有的管理對象都一律簽署契約，這就使得相對人的選擇自由有非常大的餘地。對於行政契約而言，不簽署只是使相對人失去一次和行政機關合作的機會，而守法責任書的不簽署一般會使相對人永遠失去在這個領域和行政機關合作的機會。還應該注意到若相對人不簽署責任書的話，壓力不僅來自行政機關，也會來自其他的行政相對人，因為所有的人都有維護良好秩序的願望和協助行政機關實現的義務，若不簽署可能會被其他相對人所排斥，如在三亞宰客事件中，只要是誠心從事經營的商戶無疑都希望有好的經營環境，若有個別商戶不簽署守法責任書顯然要背負極大的社會壓力。

　　第三，行政守法責任書是一種抽象的行政命令，所謂「相對人承諾」實際上是相對人協作和服從行政命令的意思表示。根據前文的闡述，行政守法責任書實質上屬於行政命令的範疇，但是它和作為具體行政行為的命令是有不同的。具體行政命令是行政機關針對某個已經發生的特定事件要求相對人作為或不作為，如某人在行洪河道修建違法設施，河道管理機關責令其限期改正。行政守法責任書中的命令內容則是針對某些未來可能發生的事件，要求相對人作為或不作為，它一般採用「要件—效果」的結構模式，即假如出現了某個事實，就會導致某個效果。如在治安責任書中往往規定：「相對人若發現治安問題或可疑情況，要及時向公安機關報告。」再如三亞工商守法責任書規定：「海鮮排檔如被相關行政職

能部門查實存在嚴重欺客宰客行為，情節嚴重，影響惡劣的，實行『一次性死亡』，由工商部門依法吊銷營業執照。」從行政守法責任書中命令的結構形式來看，和行政機關以行政規範性文件發布的抽象命令實際上是沒有區別的。行政命令的內容實現，很大程度上取決於相對人的協作和服從，而且相對人必須協作和服從，否則，隨之而來的往往是行政強制或行政處罰。此處所講的「協作和服從」也可以換成另外一個詞彙——配合，即對於行政機關的命令，相對人有配合的義務，這是所有行政命令的應有之義。對於一般的行政命令而言，相對人的協作和服從是隱性的，隱含在命令之中，往往會透過相對人的自覺或行政機關的後續行為保障實現，而在行政守法責任書中，實際上是行政機關在發布抽象命令內容的同時，提前要求相對人表明自己的自覺配合命令實現的態度，換句話說，責任書實際上是把作為行政命令應有之義的、通常以隱性形態存在的相對人配合呈現出來。因此，相對人的承諾實際上是相對人根據行政機關的要求所作的協作和服從行政命令的意思表示，並非真正意義上的承諾。

總之，行政守法責任書雖然具有契約的外在形式，但並非契約，而是一種以契約形式承載的抽象行政命令，筆者把其稱為契約式命令；與契約形式相對應而在形式上表現出的所謂「相對人承諾」在實質上也僅僅是對命令的協作與服從。責任書在性質上是屬於行政契約還是行政命令的爭論實際上類似於臺灣對於行政契約與須相對人同意協力之行政處分的爭論，如對於公務員任用或志願服兵役所簽署的留營服務書，有的臺灣學者認為是行政契約，有的認為是須相對人同意協力之行政處分。[9] 以上兩種觀點，筆者同意後者。此處所談及的「服務書」與本文所論「責任書」在實質上是相同的，即只要相對人在行政機關的職權管轄範圍內活動，就要簽署「服務書」或「責任書」，或者說根據行政機關的要求必須「同意協力」，即上文所講的協作與服從，而並非是和行政機關的「合意」，因而把責任書定位為行政契約是值得商榷的。

三、行政守法責任書的類型化梳理及對其性質的實證回應

為便於從法治主義的層面對行政守法責任書進行規制，有必要根據內容的不同對責任書進行類型化的梳理。

（一）實踐中三種類型的責任書

根據行政機關確定相對人義務的意思表示差異，總體上分析，行政守法責任書可以分為以下三類：

1. 申法型責任書

申法型責任書是指行政機關僅僅透過責任書重申法律為相對人規定的義務，並強調在相對人違法的情況下由行政機關依法處理。如安陽市消防支隊與設計施工單位簽訂的責任書中規定，設計單位一年內出現兩次技術缺陷或三次以上技術修改的、施工單位出現兩次技術質量事故或未經審核擅自施工以及設計、施工人員無證上崗的，按照《河南省消防條例》進行處罰。[10]

2. 基準型責任書

基準型責任書是指在法律許可的自由決定空間內行政機關透過責任書規定某種裁量基準，並要求相對人服從根據該裁量基準對其義務的認定及處理。從守法責任書運行的實踐來看，行政機關一般會要求相對人服從在裁量空間內根據更為嚴厲或對相對人更為不利的義務裁量基準作出的行政決定，從而更好地實現社會管理目標。如三亞工商守法責任書有關「一次性死亡」（即吊銷營業執照）的內容就體現上述精神。因為根據《消費者權益保護法》第50條和相關法律的規定，經營者存在欺客宰客行為，情節嚴重的，工商管理機關可以責令停業整頓或吊銷營業執照，即工商機關可以裁量選擇採用哪種決定，未必一定是後者。[11]而三亞工商守法責任書實際上把上述情況的裁量結果僅僅指向了後者，把裁量基準固定在更高層級即對相對人更為不利的義務標準上，並把其形象地稱為「一次性死亡」。

3. 創務型責任書

創務型責任書是指行政機關透過責任書為相對人創設新的、法律沒有明確規定的義務，並要求相對人必須服從。如三亞工商守法責任書規定：「經營過程中若有欺客宰客行為被消費者申訴、舉報並被市級以上新聞媒體曝光，要立即自行停止營業，進行內部整頓。」再如山西省岢嵐縣政府與企業簽訂的「稅收責任書」規定：「年底完不成新舊稅收任務的企業，其法人代表停職清稅。」上述責任書中的「自行停業整頓」和「停職清稅」的義務顯然是法律所沒有明確的。

（二）對行政守法責任書法律性質的實證回應

透過對行政守法責任書內容的實證梳理，可以再次回應上文有關其法律性質的定位，即行政守法責任書不是行政契約，而是具有協議或合約外在形式的契約式命令，主要有以下層面的理由：

1. 申法型責任書和基準型責任書規定的相對人義務具有法定性。申法型責任書和基準型責任書都是在法律規定的框架內明確相對人的義務，前者是對法定義

務的簡單重複，後者是對法定義務的具體化。這充分說明，對於這兩種責任書而言，「合意」是不存在的，所謂「相對人承諾」並非是契約意義上的承諾，因為相對人對於法律和法定義務必須遵守，對於行政機關執行法律的行為，相對人必須服從，而相對人是否同意或簽署並非是內容實現的必要條件，行政機關完全可以在不經相對人同意的情況下根據法律而作出決定，若採用行政守法責任書的形式，相對人簽署是必須的，除了協作和服從別無選擇。在此情況下，行政機關依據法律要求相對人為或不為一定行為的意思表示，無論以什麼形式出現，都是命令，而非契約或其他行為。

2. 創務型責任書規定的相對人義務具有普遍性。對於創務型責任書而言，它和申法型和基準型責任書既有不同點，也有相同點。不同點在於創務型責任書設定的義務是行政機關在自己職權範圍內新設的，並非法律明確規定；而申法型和基準型責任書中的相對人義務則是法律明確規定的。相同點有兩點：一是都是為了行政目的的實現，這點在此不再累述；二是三種責任書中的相對人義務都具有普遍性。申法型和基準型責任書中的義務是法定義務，具有普遍性自然沒有疑問，而創務型責任書中的義務雖非法定，但是是行政機關為了實現行政目的在自己的職權範圍內普遍、抽象性的設定的，並要求自己管轄範圍內所有從事相關活動的相對人都要簽署，如上文提到的三亞工商守法責任書和山西省岢嵐縣政府與企業簽訂的「稅收責任書」都充分體現了這一點。與申法型和基準型責任書相似，由於普遍性義務的存在，創務型責任書也顯然不能歸屬到行政契約的範疇內，因為行政契約中的義務基本上都是針對契約相對人而個別和單獨設定的，不具有普遍性，即使是採用格式合約簽署的行政契約，也不具有針對所有相對人的普遍性特點，因而相比較而言，責任書中行政機關要求相對人負擔義務的意思表示應該屬於行政命令。

3. 從內容上看，並不存在行政契約意義上的雙向對待給付。對於契約而言，無論是公法契約還是私法契約，締約雙方實體上的權利（力）、義務往往是對應的，即任何一方都是既有實體上的權利（力），也有實體上的義務，可以稱之為一種雙向的對待給付。當然為了實現行政目的，行政機關享有行政優益權，有更多的實體權力，然而這並不能從根本上排除其應該負擔的實體義務，契約中的雙向對待給付仍然是非常明顯的。但是行政守法責任書和行政契約是有明顯不同的，從實證的角度考察，前者基本上都是僅僅規定了相對人的義務，行政機關的義務則難覓蹤跡，這顯然不符合雙向對待給付的要求，從這個意義上也不能把其定位為行政契約，而是更為符合行政命令的特徵。如三亞工商守法責任書中有關商戶

接受「一次性死亡」、自行停業整頓及必須使用統一四聯點菜單的規定明顯地印證了這一點。

四、行政守法責任書的利弊及其法律界限

（一）行政守法責任書的利弊

從實踐來看，行政守法責任書是利弊共存的，如何才能更好地發揮其優勢，抑制其弊端，是需要深入思考的問題。

行政守法責任書的優勢包括以下方面：（1）雖然並非是真正的契約（也非上文所說的「假契約」，因為根據該理論，「假契約」仍然屬於真正的行政契約），但它可以透過類似於書面「協議」的形式使得各方的權利（力）、義務更加明確、具體，因為這些權利（力）、義務會在責任書中明確列舉出來。（2）透過相對人「簽署」的方式，可以使相對人知悉自己的權利和義務，以便更好地在未來根據指引調整自己的行為。抽象命令一般是透過公告等方式對外發布，如在政府公告或媒體上公布等，並不直接告知或送達給每一個相對人，那麼，由於相對人受條件或獲取管道的限制，很可能會出現因不知該命令而違反相關規定的情況，這在實踐中並不鮮見。行政守法責任書雖然是一種「條件—效果」模式的抽象命令，具有行政規範性文件的特點，但它並不透過公告等方式告知相對人，而是透過直接送達並交由相對人簽署的方式，此做法顯然可以避免上述不知命令內容的情況出現。（3）所有的行政命令都要求相對人協作和服從，而行政守法責任書作為一種抽象的行政命令把相對人的協作和服從公開化、書面化，明確要求相對人表明協作和服從的態度，可以強化相對人的責任心，更好地保障命令內容的實現。

結合實踐，行政守法責任書的弊端包括：（1）行政機關很可能透過這種形式意義上的「契約」把自己的某些職責轉移到相對人身上，如公安機關藉口警力不足透過責任書要求相對人完成某些應該由自己完成的治安管理任務等。（2）由於有相對人的「簽署」，行政機關很可能會以此來掩蓋自己濫用職權的行為，利用形式意義上的「協議」迫使當事人負擔某些不該負擔的義務，並把類似的問題解釋為相對人的「自願」。如發生在陝西安康鎮坪縣的大月份胎兒被強制引產事件中，面對質疑，當地計劃生育管理部門最初的解釋就是孕婦是自願的，因為孕婦曾經在術前談話記錄上簽字、按手印，然而，事後的調查表明孕婦的簽字是在行政機關的要求及強迫下做出的。[12] 該事件中，術前談話記錄雖然沒有叫責任書的名字，但是從實質上看二者並無區別，都是一種行政命令，簽字不過是在行政機關要求下的協作和服從，以簽字為由來證明相對人的「自願」從而掩蓋行政機關

的濫用職權是不妥的。（3）在某種意義上來講，行政守法責任書不僅不利於行政機關和相對人的互動，而且很可能造成相對人對行政機關公信力的質疑。責任書的簽署並不會產生契約簽訂過程意義上的互動，相對人是沒有選擇自由和決定自由的，讓相對人簽署，即表明協作和服從的態度，很可能會引起相對人內心的牴觸，一旦產生糾紛，必然會使人對行政機關的公信力產生質疑，因為相對人很可能會覺得行政機關預先設下了一個「釣魚」的陷阱。（4）由於責任書的內容是一種抽象的行政命令，並且行政機關會要求相對人透過「簽署」表明協作和服從的態度，而一旦某個事實發生，而使得責任書規定的命令義務具體化時，相對人很可能因自己的「簽署」而失去抗辯的機會和有效的救濟。

（二）行政守法責任書的法律界限

在實踐中，行政守法責任書必須儘可能地趨利避害，這是客觀規律的必然要求，而「趨利」應該建立在正確把握責任書法律界限的基礎之上，因為法律是民主的產物，具有正當性，若責任書不符合法律規定和意旨而失去了正當性基礎，「趨利」也就沒有了意義。

行政守法責任書定位為行政契約（包括作為行政契約特殊形式的假契約）還是契約式命令，對於其法律界限的探討會帶來很大的不同。對於行政契約而言，傳統的依法行政的規制會大大弱化，「自願阻卻違法」這一法諺常常被人們所引用來解釋這一現象，為避免和另一法諺──「私人契約不能變更公法規定」──的矛盾，學者對「自願阻卻違法」作了修正，認為在行政契約關係中，國家放棄單方面行使公權力的行為方式，而以平等地位與私人共同參與行政措施的作成，則在具體事件中，遇有個人有權處分之法律地位範圍內，「自願阻卻違法」並不受到排斥。[13] 有的西方學者解釋認為契約是一種在本性上就含有事實或不確定性的解決方法，行政合法性原則可以不必被嚴格遵守。[14] 也就是說，行政契約的機動性和靈活性應該得到保證，不應該再用形式意義上的依法行政理念來禁錮它，只能在要求行政契約符合依法行政基本精神的前提下，對依法行政作相應修正，在有組織法規範或法的一般原則等作為依據的情況下，行為法規範及其授權基本上不再被人們所強調。[15] 相對於行政契約，對於契約式命令的法律規制要嚴格得多，筆者認為，以下方面是需要注意的：

1. 關於法律的授權

根據上文的闡述，行政守法責任書被定位為一種明確要求相對人協作或服從的抽象行政命令，那麼它的作出是否需要法律的明確授權呢？對於申法型和基準

型責任書而言是沒有這個問題的,因為它們本身就是根據法律規定作出的命令,相對人必須服從。問題在於行政機關能不能做出創務型責任書,或者說能不能以抽象命令的方式創設新的義務並要求相對人必須服從。對於這個問題,有一點是毋庸置疑的,即行政機關必須要有組織法的授權,必須在自己的職權範圍內。舉一個例子,若公安機關和相對人簽署稅收責任書顯然不妥的,因為這超越了其職權。問題的關鍵在於有組織法授權的情況下,行政機關能不能依職權透過抽象命令為當事人創設新的義務而不必要有行為法的授權,並要求相對人必須服從。對此,有的學者主張完全禁止,認為:「在負擔行政領域,行政機關不應依職權制定行政規範性文件。也就是說,行政機關不能以行政規範性文件創設公眾的義務。」[16] 這兒所說的行政規範性文件顯然包括抽象的行政命令,該觀點嚴格禁止這種抽象命令存在。在臺灣也有人持禁止的態度,認為「組織法」上的職權規定,充其量僅能作為行政機關事務管轄的分配,並不能認為是對職權命令的概括授權,否則不啻承認行政機關有廣泛的「立法權」,而違背憲法上權力分立或依法行政的基本原則。[17] 但是,在臺灣也有學者對此持肯定態度,認為行政機關為執行法律、實現公益目的,縱使缺乏個別法律的直接授權,其組織法上的職權規定,應該可以視為是一種概括的授權。[18] 臺灣實務中對此基本上是採取的肯定做法,「行政機關得否基於『組織法』之規定訂定職權命令,直接規範有關人民權利義務之事項,不無疑義,在實務上,以往行政法院似持肯定之見解。」「行政官署維持人民公共利益,對於特定事件,在其職權範圍內,自可為一定之處置。」[19] 從實證的視角考察,中國對於行政機關依職權創設新義務的抽象命令並不完全禁止,而且在實踐中還比較常見。筆者認為,從行政管理的實際出發,在僅有組織法而未有行為法授權的情況下,一概絕對禁止行政機關依職權制定抽象命令為公民設定新的義務似並不符合行政國家背景下及時因應社會關係調整的需要,也不符合公共利益的總體需求,而且行政機關在沒有行為法授權情況下依職權設定公民新的義務也並非完全沒有正當性,因為它本身也是出於行政目的的需要,可以間接地追溯到法律正當性之淵源上。因此,即使沒有行為法明確授權,行政機關在行政守法責任書中依職權為相對人設定新義務也不必絕對地一概禁止,但為了保障相對人權益,應該從事項上加以嚴格限制,只有部分事項中,行政機關才可以這樣做,這一點和行政契約顯然是有區別的。

2. 事項的限制

在沒有行為法依據的情況下,行政機關透過創務型責任書依職權為相對人設定新的義務,並要求相對人協作和服從,很容易會導致行政權力的濫用,因為在

這一過程中權力「過度集中於同一行權主體而導致壓制性權力結果」。[20]為避免對相對人的權益造成大的侵害，應該明確創務型責任書設定新義務的領域應僅僅限於某些對相對人影響比較輕微的事項。對於這個問題可以借鑑臺灣的做法，臺灣「司法院大法官」1997年釋字第443號解釋認為對公民權益的限制可因事項不同而規範密度有所差異，「至何種事項應以法律直接規範或得委由命令予以規定，與所謂規範密度有關，應視規範對象、內容或法益本身及其所受限制之輕重而容許合理之差異……；若僅屬與執行法律之細節性、技術性次要事項，則得由主管機關發布命令為必要之規範，雖因而對人民產生不便或輕微影響，尚非憲法所不許」。[21]有學者進而解讀認為：「從大法官最後所舉的命令態樣，等於是間接肯定了即使行政命令的效力涉及一般人民，並不一定要有法律具體明確授權，唯必須是僅屬有關執行法律之『細節性、技術性』事項。」[22]也就是說，輕微的、技術性的義務事項，行政機關可以依職權透過行政守法責任書創設，其他的義務事項應該有行為法的明確授權。假如以此標準來考量上文提到的山西省岢嵐縣政府與企業簽訂的「稅收責任書」中規定的法人代表「停職清稅」義務，顯然有欠妥當，因為「停職」既涉及對公民勞動權的限制，也涉及對企業經營自主權的干涉，而上述權益都是非常重要的，甚至是憲法規定的基本權利，在沒有行為法明確授權的情況下，行政機關就依職權透過責任書進行限制是值得商榷的。

3. 行政機關職責轉移的禁止

雖然相對人有協助行政機關實現行政目的的義務，但是行政機關不能把自己的職責轉移給相對人，比如說公民有協助公安機關維護社會治安的義務，但僅僅限於「協助」，假如公安機關透過責任書的形式把治安巡邏等讓相對人完成，並規定出現治安問題的由相對人承擔責任，那麼這樣的責任書是違法的。責任書雖有所謂的相對人「簽署」，即相對人根據行政機關的要求表明了協作和服從的態度，但是這並不能把責任書中行政機關轉移職責的做法合法化，因為行政機關的職責是由法律規定的，作為法律執行者的行政機關必須遵守和履行，非有法律的明確授權不得把其轉移，在沒有行為法明確授權的情況下行政機關自己決定把其職責轉移給相對人顯然是違背法律保留要求的。

筆者認為，還應該把行政機關透過責任書把其職責轉移給相對人和公共行政的民營化區隔開來，以避免因概念混淆而影響對前者法律規制的理解。雖然從表面上講，二者有共同的地方，即結果都是非行政機關的組織或個人在替行政機關履行職責，但是從內涵上講，這是兩個不同的概念。前者發生在行政機關和作為

被管理對象的相對人之間,管理目的十分明確,是以某個特定的行政管理關係存在作為前提的,因為這種不平等管理關係的存在,若行政機關透過責任書轉移自己職責,則相對人除了協作和服從別無選擇;而後者中,行政機關和承擔公共行政民營化任務的組織、個人之間並不以某個特定的行政管理關係作為前提,因而承擔民營化任務的組織和個人有自主決定的自由並且享有更多的權利。因而,筆者認為,為了更好地保障相對人權益,行政機關透過責任書把其職責轉移給相對人應該遵循絕對的法律保留,除非特殊情況下有法律的明確授權,任何轉移都是違法的,目的是為了防止行政機關利用自己的優勢地位迫使相對人替自己履行義務,而這種法律允許的特殊情況在現實中是很少出現的。而公共行政的民營化並非一律採取絕對的法律保留,而是區別不同情況和相對保留相結合。正如有的學者所指出的,可以根據行政任務公共性的強弱來決定是否適用法律保留。對於那些只能由國家提供的強公共性的行政,因其與公眾利益有直接的利害關係,涉及公眾的生存權,是民營化的禁區,適用絕對的法律保留。對於那些準公共性或弱公共性的行政,政府只是間接地履行職能或是負有不同程度的監管責任,在這些可以進行民營化的領域內,適用相對的法律保留。[23] 很顯然,二者在內涵和法律保留上都是有區別的,假如把行政機關透過責任書轉移自己的職責給相對人誤以為是公共行政的民營化而用後者法律保留的標準要求前者,這是非常錯誤的,因為後者的規制標準在有些情況下比較寬鬆,用在對前者的規制上是不利於相對人權益保障的。

4. 不當聯結禁止

不當聯結禁止原則是行政法的一個基本原則,其內涵主要是指行政機關為了實現行政目的而針對相對人做出行政行為時,往往會對其課以一定的義務或負擔,或造成相對人其他的不利益,對相對人造成不利益所採取的手段必須與行政機關所追求的目的之間有合理的聯結關係存在,無實質內在關聯的,不得相互聯結。[24] 因為行政機關掌握公共資源,處於優勢的地位,可以不必經相對人的同意而單方地設定某種條件或採取相關的手段,因此極易濫用這種權力,若沒有不當聯結禁止原則的約束,相對人的權益很可能會被侵犯。「考量公民與國家之地位並不完全平等,若政府可以無限制地結合各種武器對付公民,則公民的地位將毫無保障。」[25] 為了行政目的而不擇手段是不被允許的。根據該原則,行政守法責任書應該符合以下兩點基本要求:(1)責任書的內容不得考慮與行政目的無關的因素。行政機關的利益選擇及價值的判斷有時候未必是正確的,若行政機關把自己有關行政目的之外的判斷和行政目的相捆綁,可能會導致在確定責任書內容時考慮不

相關的因素，比如說王某是刑滿釋放人員，在三亞經營海鮮排檔，假如工商機關製作的守法經營責任書僅僅因為其刑滿釋放人員的身分而相比其他經營戶多設定義務，那麼就是考慮了不應當考慮的因素。（2）責任書中不得附加與行政目的無關的條件。所附加的條件，必須能夠促進行政目的實現才會被允許。假設工商機關製作的守法經營責任書規定海鮮排檔宰客的，一律停止營業，同時規定一個解除條件——只有向被欺詐的顧客賠償損失的才能恢復營業，那麼這個條件是可以的，因為這是和行政目的有實質關聯的，責任書的目的就是維護良好經營秩序，保障顧客權益，這個條件有助於此目的的實現；但是，若條件改為除非經營戶捐資助學才可以重新營業，那麼這個解除性條件明顯地與責任書要達到的目的不存在實質關聯，因為捐資助學本身並不能改善經營秩序或保障顧客權益，附加這種條件是不被允許的。

注　釋

[1]. 參見王成誠著：《三亞海鮮排檔集體簽責任狀，嚴重宰客「一次性死亡」》，載《南國都市報》2011年1月27日第4版。

[2]. 參見余凌雲著：《行政法上的假契約現象——以警察法上各類責任書為考察對象》，載《法學研究》2001年第5期。

[3]. 王錫鋅著：《公眾參與和行政過程——一個理念和制度分析的框架》，中國民主法制出版社2007年版，第40頁。

[4]. 參見馬懷德主編：《行政法學》，中國政法大學出版社2007年版，第280頁。

[5]. 余凌雲著：《行政法上的假契約現象——以警察法上各類責任書為考察對象》，《法學研究》2001年第5期。

[6]. 參見姜明安主編：《行政法與行政訴訟法》（第三版），北京大學出版社、高等教育出版社2007年版，第301—303頁。

[7]. 參見王成誠著：《三亞海鮮排檔集體簽責任狀，嚴重宰客「一次性死亡」》，《南國都市報》2011年1月27日第4版。

[8]. 參見余凌雲著《行政契約論》（第二版），中國人民大學出版社2006年版，第49—50頁。

[9]. 參見翁岳生主編：《行政法》（下），中國法制出版社2000年版，第750頁；林紀東著：《行政法》，三民書局1982年版，第361—362頁；吳庚著：《行政法之理論與實用》，三民書局1996年版，第383頁。

[10]. 參見施秀琴著：《安陽消防支隊與設計施工單位簽訂責任書》，《山東消防》1997年第7期。

[11].《消費者權益保護法》第 50 條規定：經營者有下列情形之一，《中華人民共和國產品質量法》和其他有關法律、法規對處罰機關和處罰方式有規定的，依照法律、法規的規定執行；法律、法規未作規定的，由工商行政管理部門責令改正，可以根據情節單處或者並處警告、沒收違法所得、處以違法所得一倍以上五倍以下的罰款，沒有違法所得的處以一萬元以下的罰款；情節嚴重的，責令停業整頓、吊銷營業執照：（一）生產、銷售的商品不符合保障人身、財產安全要求的；（二）在商品中摻雜、摻假，以假充真，以次充好，或者以不合格商品冒充合格商品的；（三）生產國家明令淘汰的商品或者銷售失效、變質的商品的；（四）偽造商品的產地，偽造或者冒用他人的廠名、廠址，偽造或者冒用認證標誌、名優標誌等質量標誌的；（五）銷售的商品應當檢驗、檢疫而未檢驗、檢疫或者偽造檢驗、檢疫結果的；（六）對商品或者服務作引人誤解的虛假宣傳的；（七）對消費者提出的修理、重作、更換、退貨、補足商品數量、退還貨款和服務費用或者賠償損失的要求，故意拖延或者無理拒絕的；（八）侵害消費者人格尊嚴或者侵犯消費者人身自由的；（九）法律、法規規定的對損害消費者權益應當予以處罰的其他情形。

[12].參見田德政、潘京著：《懷孕七月被引產，強制？自願？》，載《華商報》2012 年 6 月 14 日第 A20 版。

[13].廖宏明著：《行政契約之研究》，臺灣「司法院」祕書處發行 1995 年版，第 74 頁。

[14].Cf.Michael Nierhaus，Administrative Law，Collected in Werner F.EBKE ＆ Matthew W.Finkin（ed.），Introduction to German Law，Kluwer Law International，1996，p.96. 轉引自余凌雲著《行政契約論》（第二版），中國人民大學出版社 2006 年版，第 67 頁。

[15].參見余凌雲著：《行政契約論》（第二版），中國人民大學出版社 2006 年版，第 68 頁。

[16].葉必豐著：《行政法與行政訴訟法》，武漢大學出版社 2008 年版，第 105 頁。

[17].參見陳新民著：《行政法學總論》，自刊行 1991 年版，第 74 頁。

[18].參見翁岳生主編：《行政法》（上），中國法制出版社 2002 年版，第 551 頁。

[19].翁岳生主編：《行政法》（上），中國法制出版社 2002 年版，第 129 頁。

[20].羅豪才、崔卓蘭著：《論行政權、行政相對方權利及相互關係》，載《中國法學》1998 年第 3 期。

[21].翁岳生主編：《行政法》（上），中國法制出版社 2002 年版，第 534 頁。

[22].翁岳生主編：《行政法》（上），中國法制出版社 2002 年版，第 535 頁。

[23]. 參見章志遠、莊婧著：《公共行政民營化界限研究——「治安承包」引發的思考》，《河南司法警官職業學院學報》2008 年第 3 期。

[24]. 參見趙義德著：《析論不當聯結禁止原則》，城仲模主編：《行政法之一般法律原則》（一），三民書局 1994 年版，第 221—222 頁。

[25]. 伍勁松著：《論行政法上禁止不當結合原則》，《西南政法大學學報》2004 年第 4 期。

海峽兩岸欠薪行政強制制度比較研究

胡玉浪

◎福建農林大學人文學院教授

工資是勞動給付的對價，持續地勞動並定期獲得工資是勞動者賴以維生的重要保障。如果勞動者的工資債權無法實現，必然會對勞動者及其家庭成員的生存利益造成損害。為了預防欠薪以及解決由於欠薪所引起的種種不利後果，各個國家和地區都紛紛探索建立相應的欠薪保障制度予以應對，包括工資支付制度、工資優先權制度、欠薪保障基金制度、欠薪法律責任制度等。其中，欠薪法律責任制度又分為欠薪民事責任制度、欠薪行政責任制度和欠薪刑事責任制度。欠薪行政強制制度是勞動保障行政部門實施行政管理、保護工資債權、維護社會秩序所不可或缺的手段，在保障勞動者的工資債權方面發揮重要的作用。本文主要結合大陸地區和臺灣的相關規定，對海峽兩岸欠薪行政強制制度進行對比分析，希望對於完善中國欠薪行政責任制度，保護勞動者的合法權益有所裨益。

一、欠薪行政強制制度構建的基礎

1. 欠薪行政強制制度構建的實質正義基礎

法律是正義的表現，人類制定法律是為了實現對社會的調整，也就是實現社會的正義。正義有形式正義和實質正義之分。「所謂形式正義就是要求以同樣的方式對待人，就是同一基本範疇的人都應受到同等待遇的活動原則。」[1] 與此相對，實質正義是指每個人根據具體每個主體的特性對待，著眼於內容和目的的正義性。[2] 工資是勞動者的基本生存保障，與勞動者的日常生活聯繫最為緊密。「強制的本意是憑藉手中的力量，迫使他人作既定的服從。」[3] 從理論上講，勞動關係建立在勞動合約的基礎上，欠薪問題本應由勞工透過私法途徑申請勞動仲裁和勞動訴訟解決，欠薪行政強制制度卻賦予公權力直接介入私權糾紛，其考慮基點在於，工資債權與一般民事債權不同，「工資乃勞動者出賣勞力之報酬，出賣血汗之代價」，[4] 是勞動者的基本生存保障。建立欠薪行政強制制度的目的是促使僱主履行義務，保障勞動者及時領到應得的工資，實現社會正義。

2. 欠薪行政強制制度構建的秩序基礎

秩序是人類一切活動的前提，是人類社會生活的必要條件。「只有在秩序的基礎上，社會才能存續。」[5] 沒有社會秩序，就沒有人類社會。但「人類對秩序

的追求，時常會為偶然情形所阻礙，有時還會被普遍的混亂狀況所挫敗。」[6]工資是勞動給付的對價，是勞動者及其家庭成員生活的重要來源甚至是唯一的來源。「工資具有生存價值。這是一個關係到生存還是死亡的價值。」這是因為「工資對於勞動者而言，是全家人的生活，是全家人吃飯的問題，是全家人過不過得下去、能不能繼續生存的問題。」[7]如果勞動者的工資債權無法及時實現，就會給勞動者及其家庭成員的生存造成障礙，影響社會的和諧與穩定，特別是僱主欠薪後惡意逃匿更容易引起勞動者群情激憤，釀成群體性的社會事件，危害經濟發展和社會秩序。欠薪行政強制制度是社會安全制度的重要組成部分，面對強資本弱勞工的社會現狀，掌握公權力的政府理應責無旁貸地擔當起保障勞動者工資債權實現的責任。

3. 欠薪行政強制制度構建的效率基礎

所謂效率，就是以最短的時間、最簡便的程序、最小的代價實現最大的成果或效益。工資債權是一種定期給付債權，工資給付的長度底線由法律直接規定，屬於勞動基準法的組成部分。僱主應當按時支付工資，在特定情況下，僱主甚至應當提前支付工資。由於人的生存利益一刻也不能停止，因此，若僱主遲延支付工資，將對勞動者的生存利益造成損害。但若勞動者透過一裁二審程序追討被拖欠的工資，其冗長煩瑣的程序和所耗費的時間、經濟成本遠非普通勞動者所能承受，更不能滿足勞動者生計之急需。透過欠薪行政強制制度，強制僱主依法履行工資給付義務，能夠在一定程度上幫助勞動者及時拿到其應得的工資，緩解勞動者的燃眉之急，降低追薪成本，保障基本生活。

二、大陸地區欠薪行政強制制度體系

1. 責令限期支付

責令限制支付（責令改正）是指勞動保障行政部門對於僱主違反勞動法律法規的行為給予的必須糾正其違法行為的一種強制性措施。責令限期支付是一種行政管理措施，而不是行政處罰。《勞動法》第91條規定，用人單位剋扣或者無故拖欠勞動者工資，拒絕支付勞動者延長工作時間工資報酬或者低於當地最低工資標準支付勞動者工資的，由勞動行政部門責令支付勞動者的工資報酬。《勞動合約法》第85條進一步明確規定，用人單位未按照勞動合約的約定或者國家規定及時足額支付勞動者勞動報酬的，由勞動行政部門責令限期支付勞動報酬；用人單位安排加班不支付加班費的，由勞動行政部門責令限期支付；勞動者提供了正常勞動但勞動報酬低於當地最低工資標準的，由勞動行政部門責令支付差額部分。

根據上述規定，用人單位拖欠工資是嚴重的違法行為，勞動保障行政部門應當責令用人單位限期支付，向勞動者支付工資報酬，但是《勞動法》和《勞動合約法》均沒有明確規定勞動保障行政部門給予用人單位應付金額的時間究竟是多長，也沒有明確規定責令支付之後用人單位拒絕支付工資的法律責任。

2. 責令支付賠償金

根據《勞動法》第 91 條、《勞動合約法》第 85 條、《勞動保障監察條例》第 26 條的規定，用人單位剋扣或者無故拖欠勞動者工資，拒絕支付勞動者延長工作時間工資報酬，低於當地最低工資標準支付勞動者工資的，在勞動行政部門責令限期支付後拒絕改正的，勞動行政部門應當責令用人單位按照應付金額 50% 以上 1 倍以下的標準計算，向勞動者加付賠償金。責令賠償金不同於請求賠償金。請求賠償金指用人單位沒有履行勞動法上關於勞動合約訂立與履行過程中的法律義務，勞動者有權透過勞動爭議處理程序，請求勞動仲裁機構裁決或人民法院判決用人單位按照國家規定數額或比例，向其支付賠償的一種法律責任形式。責令賠償金是在用人單位嚴重違約或違反法定義務時，由勞動保障行政部門責令用人單位支付給勞動者的金額。請求賠償金歸為民事責任，按民事救濟程序處理；責令賠償金被歸為行政責任，由勞動保障行政部門責令用人單位支付給勞動者一定的金額，在勞動監察行政關係中，監察機關是行政主體，用人單位是監察對象，勞動者只是受益主體。[8]

3. 責令停業整頓、吊銷營業執照

企業的勞動力使用權是其經營自主權（人財物、產供銷）的一個重要組成部分，企業無故、惡意欠薪是濫用經營權、違法經營，應當受到工商行政管理部門的依法查處。[9] 例如，《國務院關於解決農民工問題的若干意見》第 3 條指出，對惡意拖欠農民工工資、情節嚴重的用人單位，可依法責令停業整頓，直至吊銷營業執照。《浙江省企業工資支付管理辦法》第 29 條規定：「工商行政管理部門在企業年檢時，應當將企業工資支付信用情況作為考核企業誠信的重要內容，記錄在企業信用檔案；對剋扣、無故拖欠工資等違法行為嚴重的企業，暫緩透過年檢。」一些地方的建築業行政主管部門對建築施工企業實行「一票否決制」，對有惡意欠薪行為的建築施工企業降低或取消其資質，或者取消其在本地的建設工程投標資格，把其逐出本地建築市場。如《海南省勞動保障監察若干規定》第 20 條規定：「本省對承擔建築、交通運輸、水利水電等工程項目的企業實行工資保證金制度。用人單位發生拖欠或者剋扣勞動者工資行為被責令限期支付而逾期未

支付的,由勞動保障行政部門使用工資保證金予以支付,並由有關部門依法對其市場準入、招投標資格和新開工項目施工許可等進行限制。」

4. 罰款

罰款是指勞動行政部門對用人單位的違法行為可以予以一定經濟處罰。罰款是行政處罰的一種,罰款的情形和罰款的標準必須按國家規定執行。考察大陸地區的勞動法律法規,罰款作為一種欠薪行政強制措施主要出現在有關勞務派遣的相關規定。《勞動合約法》第 92 條規定,勞務派遣單位未按月支付勞動報酬的,或者在被派遣勞動者在無工作期間勞務派遣單位未按照所在地人民政府規定的最低工資標準按月支付報酬的,或者勞務派遣單位剋扣用工單位按照勞務派遣協議支付給被派遣勞動者的勞動報酬的,經勞動行政部門責令改正後拒絕改正,情節嚴重的,以每人一千元以上五千元以下的標準處以罰款,並由工商行政管理部門吊銷營業執照。

三、臺灣欠薪行政強制制度體系

1. 責令限制支付

「勞動基準法」第 27 條規定:「僱主不按期給付工資者,主管機關得限期令其給付。」其立法理由是:「工資為勞工及其家屬所賴以為生者,應按時給付。僱主積欠工資,勞工如需依民事訴訟途徑要求清付所需費用甚大,且曠廢時日,難以解決勞工生活迫切所需,將形成嚴重之社會問題。本條規定賦予主管機關限令清付期限,民濟民法及仲裁之所未備。」但是對於責令支付的期限,「勞動基準法」和「勞動基準法施行細則」均未作出明確的規定。

2. 罰款

根據「勞動基準法」第 79 條規定,在行政機關責令限期給付工資後,如果僱主仍不為給付,主管機關得處僱主二千元以上二萬元以下罰鍰。

3. 限制出境

臺灣「大量解僱勞工保護法」第 12 條規定:事業單位於大量解僱勞工時,[10] 積欠勞工退休金、資遣費或工資達一定金額,[11] 由主管機關責令事業單位於三十日內支付。屆期未給付者,應經由勞工委員會開會決議,函請入出境管理機關禁止其代表人及實際負責人出境。為避免在作成限制出境處分決議前,事業單位之負責人早已潛逃出境,勞工委員會得不經委員會決議,先請入出境管理局予以限制出境,但須於作出處分後二日內召開委員會審查追認。[12] 由此可見,「大量解

僱勞工保護法」先以本法第 2 條之「解僱人數多寡」與第 12 條之「積欠工資金額高低」作為判定是否限制出境之實質要件,再經第 12 條「限期給付未果」的程序要件,方可為限制出境之處分。其核心內涵即欲藉由限制事業單位董事長及實際負責人出境自由權之壓力,保全其等無法潛逃、必須留在境內正視事業單位大量解僱勞工後,針對積欠退休金、資遣費或工資等勞動給付構成重要情節之後續處理問題,俾謀求解決之道,以保障勞工權益,維護公共利益,降低社會成本。[13]

四、海峽兩岸欠薪行政強制制度的比較、借鑑與完善

1. 欠薪行政強制的種類

從海峽兩岸的法律規定看,欠薪行政強制措施的相同點是:第一,海峽兩岸都包括責令限期支付工資的罰款;第二,法律對於行政機關責令僱主限期支付工資的期限,均未作出明確的規定(臺灣大量解僱勞工除外),都需要明確與補充。不同點是:第一,大陸地區欠薪行政強制措施還包括責令支付賠償金、責令停業整頓、吊銷營業執照,臺灣還包括限制董事長和實際負責人出境;第二,大陸地區責令支付工資的範圍,主要包括用人單位拖欠勞動者工資,拒絕支付勞動者延長工作時間工資報酬或者低於當地最低工資標準支付勞動者工資。臺灣責令限期支付工資則適用於僱主未依法支付工資的各種情形;[14]第三,大陸地區欠薪罰款的適用範圍只限於勞務派遣,臺灣欠薪罰款則適用於僱主欠薪的各種情形。

2. 欠薪行政強制的對象

臺灣「勞動基準法」第 81 條規定:「法人之代表人、法人或自然人之代理人、受僱人或其它從業人員,因執行業務違反本法規定,除依本章規定處罰行為人外,對該法人或自然人並應處以各該條所定之罰金或罰鍰。但法人之代表人或自然人對於違反之發生,已盡力為防止行為者,不在此限。」根據「行政院勞工委員會」的解釋,違反「勞動基準法」行為時其處罰對象應為行為人,並對法人或自然人併科罰金或罰鍰,屬兩罰規定。[15]從《勞動法》、《勞動合約法》的規定看,則沒有關於用人單位法定代表人或主要負責人應承擔欠薪行政責任的規定。從實踐看,規定對欠薪行為實行兩罰制確有必要。這是因為大部分欠薪行為的發生都與用人單位主要負責人或直接責任人員的個人意志有關,如果不對其加以懲罰,就不能有效地扼制欠薪現象的發生和蔓延。2011 年通過的《刑法修正案(八)》第 276—1 條規定:「以轉移財產、逃匿等方法逃避支付勞動者的勞動報酬或者有能力支付而不支付勞動者的勞動報酬,數額較大,經政府有關部門責令支付仍不支付的,處三年以下有期徒刑或者拘役,並處或者單處罰金;造成嚴重後果的,處

三年以上七年以下有期徒刑，並處罰金。單位犯前款罪的，對單位判處罰金，並對其直接負責的主管人員和其他直接責任人員，依照前款的規定處罰。」從臺灣欠薪行政強制的對象和大陸地區治理欠薪的實踐以及刑法關於欠薪刑事責任的規定看，大陸增設欠薪行政責任兩罰制的條件已經成熟。

　　3. 海峽兩岸欠薪行政強制措施的進一步發展與完善

　　法的生命在於運行，法的價值在其運行中得以體現和實現。根據學者的調查，從2003年臺灣「大量解僱勞工保護法」公布實施至2009年，「行政院勞工委員會」共處理六個案例，其中六個案例都禁止董事長或負責人出境，共禁止七人出境。可是六個案例中，沒有一個案例經由禁止出境後，由該董事長或實際負責人清償勞動債權。全部依據「勞動基準法」第28條的規定由積欠工資墊償基金來墊償勞工被積欠的工資。[16] 在大陸地區，勞動者追討工資主要透過勞動仲裁和勞動訴訟，甚少透過行政途徑尋求救濟，欠薪行政強制措施的成效非常有限。海峽兩岸欠薪行政強制制度都需要進一步發展與完善。

　　（1）財產強制。關於欠薪問題，除了對責令改正、罰款、限制出境等行政強制措施外，扣押僱主財產，亦是保存工資債權的重要手段，而且侵害僱主利益較輕微，但海峽兩岸對此均未作明確規定。臺灣「保險法」第149條、「銀行法」第62條等均明確規定，保險公司或銀行經主管機關派員監管、按管或勒令停業進行清理時，主管機關對該部門及其負責人或有違法嫌疑之職員，得透過有關機關或機構禁止其財產為轉移、交付或設定他項權利，並得函請入出境許可之機關限制其出境。大陸地區亦明確規定，人民法院採取強制執行措施時，有權查詢被執行人的存款情況，有權凍結、劃撥被執行人的存款（《民事訴訟法》第218條）。這些規定可以在治理欠薪問題時借鑑使用。

　　（2）人身強制。目前除了臺灣「大量解僱勞工保護法」限制董事長或負責人出境外，海峽兩岸均缺乏對欠薪僱主人身強制的規定。臺灣學者建議，應根據「行政執行法」第17條、「強制執行法」第22條的規定，對僱主採取拘提、管收、監視居住等行政強制措施，以債務人之自由或身體為執行對象，間接促使債務人履行債務，以滿足債權人之債權。同樣，《民事訴訟法》亦明確規定，對拒絕履行法定義務的被執行人，人民法院可以對其採取拘留、限制出境、在徵信系統記錄、透過媒體公布不履行義務訊息以及法律規定的其他措施（第217條、第231條）。這些都可以在治理欠薪問題時借鑑使用。這裡存在的主要難點是：法院要對欠薪僱主實行人身強制，首先必須取得執行名義，曠日費時。[17] 此外，依據《中

華人民共和國立法》第8條的規定,「限制人身自由的強制措施和處罰」只能由法律規定。因此,若要對欠薪僱主實行人身強制,仍需法律做出明確的規定。

(3) 建立與完善欠薪行政強制的多部門聯動機制。第一,出入境管理部門。例如臺灣「大量解僱勞工保護法」透過出入境管理機關禁止欠薪企業代表人及實際負責人出境,就是適例。第二,工商行政管理部門、建築行政部門。目前大陸地區已有工商、建築行政部門責令欠薪用人單位停業整頓、吊銷營業執照、驅逐出本地建築市場等規定,不過這些規定主要來自地方性法規規章和政策,效力等級低,可操作性差,有待進一步發展與完善。第三,司法部門。根據《刑法修正案(八)》第276—1條的規定:用人單位拒絕支付勞動報酬「經政府有關部門責令支付仍不支付的」,司法部門可以對該用人單位及其直接負責的主管人員和其他直接責任人員依法追究其刑事責任。雖有規定,但目前未見相關的判例,同時本規定如何理解和適用,也需要最高人民法院頒布相關的司法解釋補充完善。

注 釋

[1]. 佩羅爾曼語。轉引自許中緣:《民法強行性規範研究》,法律出版社2010年版,第61頁。

[2]. 許中緣:《民法強行性規範研究》,法律出版社2010年版,第61頁。

[3]. 陳光中主編:《刑事訴訟法學》,中國政法大學出版社1990年版,第114頁。

[4]. 王澤鑒:《民法學說與判例研究》(第1冊),中國政法大學出版社2003年版,第502頁。

[5]. [美]霍貝爾著,周勇譯:《初民的法律》,中國社會科學出版社1993年版,第12頁。

[6]. [美]博登海默著,鄧正來譯:《法理學:法律哲學與法律方法》,中國政法大學出版社2004年版,第234頁。

[7]. 黎建飛:《工資的屬性與特殊保護》,《法治論壇》第10輯,第106頁。

[8]. 董保華:《勞動合約立法的爭鳴與思考》,上海人民出版社2011年版,第806—807頁。

[9]. 許建宇:《構建中國欠薪保障制度的法學思考》,《中州學刊》第5期,第86頁。

[10]. 根據「大量解僱勞工保護法」第2條的規定:所謂大量解僱勞工,是指事業單位歇業、轉讓、虧損、業務緊縮、因不可抗力停工一個月以上,或因併購、改組而解僱勞工,且有下列情形之一:同一事業單位之同一廠場僱用勞工人數未滿三十人者,於六十日內解僱勞工逾十人;同一事業單位之同一廠場僱用勞工人數

在三十人以上未滿二百人者，於六十日內解僱勞工逾所僱用勞工人數三分之一或單日逾二十人；同一事業單位之同一廠場僱用勞工人數在二百人以上未滿五百人者，於六十日內解僱勞工逾所僱用勞工人數四分之一或單日逾五十人；同一事業單位僱用勞工人數在五百人以上者，於六十日內解僱勞工逾所僱用勞工人數五分之一。

[11]. 根據「大量解僱勞工保護法」第 2 條的規定：其具體金額如下：僱用勞工人數在十人以上未滿三十人者，積欠全體被解僱勞工之總金額達新臺幣三百萬元；僱用勞工人數在三十人以上未滿一百人者，積欠全體被解僱勞工之總金額達新臺幣五百萬元；僱用勞工人數在一百人以上未滿二百人者，積欠全體被解僱勞工之總金額達新臺幣一千萬元；僱用勞工人數在二百人以上者，積欠全體被解僱勞工之總金額達新臺幣二千萬元。

[12]. 參見臺灣《大量解僱勞工時禁止事業單位董事長及實際負責人出國處理辦法》第 3 條、第 13 條。

[13]. 陳威志：《大量解僱勞工保護法之研究》，臺灣政治大學 2005 屆碩士學位論文，第 73 頁。

[14]. 根據「勞動基準法」第 79 條規定，僱主低於基本工資（最低工資）支付工資（第 21 條），未全額給付勞工工資（第 22 條）；低於法定標準支付延長工作時間之工資（第 24 條）；同工不同酬（第 25 條）；不按期給付工資（第 27 條），未支付例假（週休）、年節紀念日、特別休假期間的工資，或在要求勞工於例假（週休）、年節紀念日、特別休假期間工作未支付雙倍工資（第 39 條），低於法定最低標準支付婚、喪、病假或事假以外期間的工資（第 43 條）等，處二千元以上二萬元以下罰鍰。

[15]. 參見臺灣「行政院勞工委員會」1988 年 7 月 22 日臺勞動 1 字第 16337 號函、1997 年 4 月 29 日臺勞動 1 字第 015298 號函。

[16]. 劉士豪：《大量解僱勞工保護法禁止董事長及實際負責人出境制度之分析與檢討——勞動債權保障制度的重要思考》，《銘傳大學法學論叢》第 11 期，第 232 頁。

[17]. 臺灣學者指出，雖然「強制執行法」中的拘提、管收及限制住居的方法對於不肖的僱主可以嚇阻其惡性倒閉，但是前提要件是勞工必須先取得執行名義。勞工若要經過一般訴訟程序，才能取得執行名義，這訴訟程序不僅對一般勞工很複雜，而且訴訟時間通常很長，時間一拖，不肖的僱主可能就脫產了。因此，行政機關可以依據「勞資爭議處理法」第 9 條第 3 項，得依職權交付調解，或依第 25 條第 3 項，依職權交付仲裁。若調解成立或仲裁者，若僱主不履行工資給付義務時，勞工得向法院聲請強制執行（第 59 條）。從而使勞工迅速取得執行名義，強化勞動債權的求償機會。參見劉士豪：《大量解僱勞工保護法禁止董事長及實

際負責人出境制度之分析與檢討——勞動債權保障制度的重要思考》,《銘傳大學法學論叢》第 11 期,第 249 頁。

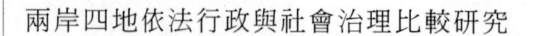

海峽兩岸行政強制制度比較

胡東

◎黑龍江大學法學院教授

2011 年 6 月 30 日，十一屆全國人大常委會第二十一次會議審議通過了《中華人民共和國行政強制法》，該法分總則、行政強制的種類和設定、行政強制措施實施程序、行政機關強制執行程序、申請人民法律強制執行、法律責任、附則等 7 章 71 條。臺灣於 1998 年由「立法院」重新通過了修訂的「行政執行法」，新「行政執行法」分為總則、公法上金錢給付義務之執行、行為或不行為義務之執行、即時強制、附則等 5 章 44 條。本文僅就海峽兩岸行政強制的概念、行政強制權的設定、行政機關強制執行的程序、行政強制的救濟進行比較分析，以期對完善中國的行政強制制度有所裨益。

一、行政強制的界定

根據全國人大常委會公布的《行政強制法》，中國的行政強制包括行政強制措施和行政強制執行。其中，行政強制措施是指行政機關在行政管理過程中，為制止違法行為、防止證據損毀、避免危害發生、控制危險擴大等情形，依法對公民的人身自由實施暫時性限制，或者對公民、法人或者其他組織的財物實施暫時性控制的行為。行政強制執行是指行政機關或者行政機關申請人民法院，對不履行行政決定的公民、法人或者其他組織，依法強制履行義務的行為。上述概念表明，行政強制措施是一種即時性的行為，而行政強制執行則是一種實現行政法上義務的行為。

臺灣有關行政強制的法律制度集中體現在「行政執行法」中，1998 年修訂的新「行政執行法」第 2 條規定：「本法所稱行政執行，指公法上金錢給付義務、行為或不行為義務之強制執行及即時強制。」可見，臺灣「行政執行法」把行政強制執行作為重點規範對象，同時兼顧對即時強制的調整，行政執行包含行政強制執行和即時強制兩種行為。其中，對於行政強制執行，臺灣學者在學理上所下的公認的定義是：「行政上的強制執行，簡稱行政執行，係指當人民不履行其行政法義務時，行政機關以強制方法使其履行，或實現與履行有同一狀態之行政權作用。」[1]

二、行政強制權的設定

行政強制設定權是指特定國家機關依據法定權限和法定程序創設行政強制規範的權力。

　　行政強制權必須法定，這是毋庸置疑的，然而就制度設計的角度而言，我們首先要解決的就是行政強制權到底該由誰來設定，亦即行政強制權的法定性中的「法」到底包含哪些規範性文件，這是一個理論上存在爭論和實踐中做法不一的問題。隨著《行政強制法》的頒布，行政強制權的設定問題進一步清晰，根據《行政強制法》的規定，行政強制措施和行政強制執行均由法律設定；尚未制定法律，且屬於國務院行政管理職權事項的，行政法規可以設定除限制人身自由、凍結存款、匯款和應當由法律規定的行政強制措施以外的其他行政強制措施；尚未制定法律、行政法規，且屬於地方性事務的，地方性法規可以設定查封場所、設施或財物以及扣押財物兩項行政強制措施；法律、法規以外的其他規範性文件不得設定行政強制措施。為了保證行政強制措施設定的統一性，《行政強制法》規定，法律對行政強制措施的對象、條件、種類作了規定的，行政法規、地方性法規不得作出擴大規定；法律中未設定行政強制措施的，行政法規、地方性法規不得設定行政強制措施。

　　這些規定表明：（一）國務院只具有有限的行政強制措施設定權，其制定的行政法規不僅不得設定限制人身自由，凍結存款、匯款兩項行政強制措施；（二）國務院各部委不具有任何行政強制設定權；（三）地方性法規只具有兩項行政強制措施設定權而且不具有行政強制執行的設定權；（四）地方政府規章不具有任何行政強制設定權。由此可見，《行政強制法》嚴格控制對行政強制的設定權。

　　臺灣的行政強制由「行政執行法」設定，關於行政強制的定義、原則、種類、程序都規定在「行政執行法」中。

　　三、行政強制的程序

　　行政強制的程序是指行政主體實施行政強制行為時所應遵守的方式、步驟、時限和順序等要素所構成的一個行為連續過程。行政強制程序是行政程序中的一種具體程序，對於建設法治國家來說，行政強制程序具有重要的法律意義。《行政強制法》規定的行政強制程序包括行政強制措施實施程序、行政機關強制執行程序和申請人民法院強制執行程序。本文僅就海峽兩岸行政機關強制執行程序作簡要比較。根據《行政強制法》的規定，行政強制程序的內容主要包括以下三個方面：

1. 告誡。如《行政強制法》規定：行政機關作出強制執行決定前，應當事先催告當事人履行義務。經催告，當事人履行行政決定的，不再實施強制執行。臺灣的「行政執行法」也規定：依法令或本於法令之行政處分，負有行為或者不行為義務，經處分或另以書面限定相當期間履行，逾期仍不履行者，由行政機關依間接強制或直接強制方法執行之。

告誡程序要求行政相對人必須已經知悉被告知的內容，因為在行政相對人知悉告誡內容後，如果行政相對人認為行政主體所告誡的內容不合法，則有權提出執行異議，行政主體應當聽取行政相對人申辯，如認為行政相對人異議成立，應當撤回告誡。因此，《行政強制法》第三十六條規定：「當事人收到催告書後有權進行陳述和申辯，行政機關應當充分聽取當事人的意見，對當事人提出的事實、理由和證據，應當進行記錄、覆核；當事人提出的事實、理由或者證據成立的，行政機關應當採納。」對此，臺灣「行政執行法」也作了相關規定：義務人或者利害關係人對於執行命令、執行方法、應遵守的程序或者其他侵害利益的行為可以在執行程序終結之前，向執行機關聲明異議。並且較為詳細地規定了執行機關處理該異議的程序，即：前項聲明異議，執行機關認其有理由者，應即停止執行，並撤銷或變更已為之執行行為；認其無理由者，應於 10 日內加具意見，送直接上級主管機關於 30 日內決定之。行政執行，不因聲明異議而停止執行。但執行機關因必要情形，得依職權或申請停止之。

2. 行政強制執行決定。經過告誡之後，行政相對人仍然沒有依法履行其義務，行政主體應當作出行政強制執行決定。《行政強制法》規定：「經催告，當事人逾期仍不履行行政決定，且無正當理由的，行政機關可以作出強制執行決定。在催告期間，對有證據證明有轉移或者隱匿財物跡象的，行政機關可以作出立即強制執行決定。」《行政強制法》第四十二條規定：「實施行政強制執行，行政機關可以在不損害公共利益和他人合法權益的情況下，與當事人達成執行協議。」「當事人不履行執行協議的，行政機關應當恢復強制執行。」以上規定表明：行政強制執行決定告知行政相對人後，如果行政相對人開始履行義務，行政機關便可中止行政強制程序。如果行政主體不顧行政相對人已經開始履行其義務，仍然決定行政強制執行，顯然違反了行政強制執行的目的，構成行政違法。正如臺灣學者所說：「一旦行政機關認為其行政處分已不具價值，或以他種方法仍能達到行政目的時，即或義務仍未履行，亦不得作強制之決定。若義務之履行已為不可能，或縱使義務未履行，而義務之內容已自動或他動而實現，或告誡屆期之後或甚至行政機關已決定強制之後，義務人才履行其義務等，行政機關不得再作決定，

蓋義務已消滅，目的已不復存在之故。」由此可見，行政強制的目的在於使行政相對人履行義務，而不是為行政相對人增加新的義務，只要行政相對人能夠在法律容忍的期限內履行了其義務，則行政強制就沒有必要。

3. 實施行政強制執行。如果行政相對人在行政主體確定的行政強制實施時間之前仍不履行其義務，則行政主體應當依據行政強制執行決定實施行政強制執行。實施行政強制執行的目的是實現行政行為的效力，也是維護法律權威的需要。行政主體實施行政強制時，必須遵守最低損害原則，即透過對行政相對人最低損害達成行政強制目的。對於這個問題，《行政強制法》作了明確規定，如第五條規定：「行政強制的設定和實施，應當適當。採取非強制手段可以達到行政管理目的，不得設定和實施行政強制。」第六條規定：「實施行政強制，應當堅持教育和強制相結合。」臺灣的「行政執行法」也規定了相同的內容。該法第三條規定：「行政執行，應依公平合理之原則，兼顧公共利益與人民權益之維護，以適當之方法為之，不得逾達成執行目的之必要限度。」

四、行政強制的救濟

行政強制行為乃是維護社會秩序所必不可少的手段，但它的違法或不慎使用會對相對人的合法權益帶來損害後果。因此，有行政強制，就必須有對行政強制的法律救濟。

臺灣「行政執行法」對行政強制的救濟主要表現在三個方面：1. 執行異議程序。「行政執行法」第九條規定：義務人或者利害關係人對於執行命令、執行方法、應遵守的程序或者其他侵害利益的行為可以在執行程序終結之前，向執行機關聲明異議。執行機關認其有理由者，應即停止執行，並撤銷或變更已為之執行行為；認其無理由者，應於10日內加具意見，送直接上級主管機關於30日內決定之。行政執行，不因聲明異議而停止執行。但執行機關因必要情形，得依職權或申請停止之。這一執行異議程序，既適用公法上金錢給付義務的執行，又適用公法上行為或不行為義務的執行，也適用即時強制。2. 國家賠償責任。「行政執行法」第十條規定：如果行政強制執行人員在行政執行時故意或過失不法侵害人民自由或權利，受害人可以依照國家賠償法向國家請求損害賠償。3. 國家補償責任。補償責任與賠償責任不同，賠償是違法行為所引起的一種責任，而補償是合法行為所引起的一種責任。「行政執行法」第四十一條規定：人民因執行機關依法實施即時強制，致其生命、身體或財產遭受特別損失時，得請求補償。但因可歸責於人民之事由者，不在此限。前項損失補償，應以金錢為之，並以補償實際所受之

特別損失為限。對於執行機關所為損失之決定不服者,得依法提起訴願及行政訴訟。損失補償,應於知有損失後,二年內向執行機關請求之。但自損失發生後,經過五年者,不得為之。其中,執行異議與國家賠償救濟適用所有的行政執行行為,但國家補償救濟只適用於即時強制行為。設置國家補償責任的第四十一條沒有被安置在第一章,而是放在第四章即時強制中,之所以這樣安排,亦有其中的道理:具有緊迫性特點的即時強制,在合法的狀態下,也可能造成他人權益的損害。

大陸《行政強制法》第八條規定:「公民、法人或者其他組織對行政機關實施行政強制,享有陳述權、申辯權;有權依法申請行政復議或者提起行政訴訟;因行政機關違法實施行政強制受到損害的,有權依法要求賠償。」「公民、法人或者其他組織因人民法院在強制執行中有違法行為或者擴大強制執行範圍受到損害的,有權依法要求賠償。」根據這一規定,中國大陸對行政強制的救濟途徑包括行政復議、行政訴訟和國家賠償三種。然而,在具體條文中對行政強制方法的救濟途徑的表述又不盡相同,例如:《行政強制法》第三章將行政強制措施方法規定為兩大類:一是限制人身自由的強制措施;二是對財產的查封、扣押及凍結存款的強制措施。其中只有在第二十五條及第三十一條中規定了查封、扣押物品決定書及凍結存款決定書中應當載明的事項「申請行政復議或者行政訴訟的途徑和期限」,從這裡可以看出,對於查封、扣押物品以及凍結存款存在糾紛,可透過行政復議及行政訴訟途徑進行救濟。而對於對限制人身自由的強制措施沒有關於行政救濟的明確規定。筆者建議將《行政強制法》第三章「行政強制措施實施程序」修改為「行政即時強制實施程序」。按照對實施行政即時強制的條件和行政即時強制的方法進行明確規定的思路,在《行政強制法》中對行政即時強制進行設計。

根據中國理論界的認識,且借鑑臺灣《行政執行法》的規定,採用限制人身自由的行政即時強制方法的事由有這幾項:①處在醉酒和精神病發作狀態下的人,不對其人身自由進行限制不能避免對其本人的危險,也不能消除對他人安全和社會秩序構成的威脅;②意圖自殺者,非限制不能救護其生命;③正在施暴或鬥毆的人,非限制不能預防和制止其危害的發生;④存在其他嚴重危害公共安全或他人人身安全的情形,非限制不能預防制止危害的發生。中國大陸《行政強制法》對這一限制,並無明確規定。作為中國的第一部統一的行政強制法,應對此進行借鑑,對人身自由的限制的事由透過立法進行規範,為對相對人合法權益的保障

設立一道屏障，更為因此發生的侵害相對人人身權的行政強制行為的司法救濟提供法律依據。

另外，大陸《行政強制法》對行政強制措施只有關於查封、扣押物品以及凍結存款這兩類的規定。我們建議增加類別，如限制使用、強制徵用等，以適應社會發展。根據中國大陸理論界的認識，且借鑑臺灣《行政執行法》規定，採用處置財物的行政即時強制方法的事由應有如下幾項：①發現管制刀具、武器、爆炸物品及其他危險物品，非扣留處置或限制使用不足以預防危害發生的；②發生重大自然災害、重大事故，或遇有公共交通、公共衛生和公共安全受到危害或有危害危險的情形，不採取緊急處置措施不足以消除危害和預防危險的；③發生對人民生命、身體和財產安全有緊急危害的情形，不採取緊急處置措施不足以消除緊急危害的。對住宅或其他場所的進入，這是對強行進入住宅或其他場所的即時強制方法的概括。同樣，根據中國理論界和臺灣《行政執行法》的規定，採用對住宅或其他場所強行進入方法的法定事由規定如下：①人民生命、身體、財產受到緊迫危害，不強行進入不能救護的；②有其他妨害公共安全或安寧的行為，不強行進入不能制止的。這一強制方法涉及憲法規定的人身自由權和對住宅權的保護問題，應在行政強制法中明確規定其發生事由及救濟方法。

注　釋

[1].（臺）張載宇：《行政法要論》，漢林出版社 1977 年 6 版，第 392 頁。

行政機關參與公益訴訟中的正當性分析[1]——以昆明市環保局參與環境公益訴訟為分析對象

陳慰星[1] 林琛[2]

◎[1] 華僑大學法學院副教授，福建刺桐律師事務所兼職律師

◎[2] 福建刺桐律師事務所律師

被評選為「2011年中國十大公益訴訟案件」的昆明市環境保護局起訴並由昆明市人民檢察院支持起訴昆明三農農牧有限公司、昆明羊甫聯合牧業有限公司環境污染侵權糾紛案，經過沸沸揚揚的媒體關注，最終經雲南省高院二審終審。[2]本案媒體關注點更在於已經接受了昆明環保局行政處罰的兩公司，是否還應承擔民事侵權賠償責任等實體法方面的問題。但遺憾的是，學術界和新聞界並未將注意力投射到進行本案的前提性問題，即昆明市環保局作為該民事侵權案件的原告是否適格。儘管在地方司法層面上，這一問題似乎透過昆明市中級人民法院、昆明市人民檢察院、昆明市公安局、昆明市環境保護局2008年11月5日聯合制定的《關於建立環境保護執法協調機制的實施意見》[3]得到瞭解決，但除了對上述規定本身法律效力的質疑之外，[4]該規定所確認的檢察機關與環境保護行政執法機關和有關社會團體並行存在訴訟資格的情況下，本案檢察機關以訴訟支持人身分，「參與」到訴訟中的這種「矛盾」情形。當然，如果躑躅於個案，我們很容易淪陷於「一葉障目」的短視黑洞，將我們的論題轉化為地方司法實踐的理由分析。事實上，放逐於群體性訴訟的場域，個案考量的價值重心，顯然不在於分析是否能夠為某個特殊個案的地方司法實踐正當性提供論證，而應當匯聚於更具普遍性的系統原因分析上。鑒於此，本文試圖首先在訴訟法理層面，分析引入行政機關參與公益訴訟的法律機理，並在比較法層面上展開行政機關參與公益訴訟的譜系分析，以此落腳於案例所代表的地方實踐進路的邏輯性選擇。在此基礎上，探討行政機關作為公益訴訟原告的正當性，將會有更為深入、也更加精確的切入點。

一、行政機關作為群體性訴訟原告的適法邏輯

行政機關參與群體性訴訟，自然集中於同行政機關行政職權重疊的領域。這使得討論該問題，還應當前置性地回應行政機關在訴訟之前的行政作為及其可能對於訴訟的影響。這一問題也關涉到開場案例所涉及的爭點——已經實施了行政處罰行為的行政機關，是否還能夠再行提出新的民事訴訟。雲南兩級法院對此爭點的定性草率之處在於：其並未從引發爭點的核心原因上進行是否存在訴權權利來源同訴權行使者權力身分是否重疊的判斷，而是「拈輕怕重」地從訴訟標的層面給出一個「侵權案件」屬於民事案件、與行政行為的「行政處罰」並不搭界的似是而非的解釋。儘管我們無法洞悉這一司法解釋背後的動機，但無疑在目前中國司法難以行政權進行核定的禁忌的現實背景下，這一做法雖具有一定的合邏輯性，卻乏有符合正當性分析的邏輯基礎。

　　回望本案用以支持環保局作為公益訴訟適格當事人的法律依據，主要有實體法層面的《中華人民共和國環境保護法》第六條「一切單位和個人都有保護環境的義務，並有權對汙染和破壞環境的單位和個人進行檢舉和控告」的規定，這一原告訴訟資格的擴張，以昆明市環保局為維護環境公共利益，有權代表國家向三農公司、羊甫公司的環境侵權行為提起民事訴訟。並依據《中華人民共和國民事訴訟法》第十五條：「機關、社會團體、企業事業單位對損害國家、集體或者個人民事權益的行為，可以支持受損害的單位或者個人向人民法院起訴」，確認昆明市人民檢察院支持昆明市環保局起訴三農公司、羊甫公司於法有據。此外，從一審法院的判決理由來看，支持二審法院作出上述訴訟主體資格認定的，還有最高人民法院法發〔2010〕18號《關於為加快經濟發展方式轉變提供司法保障和服務的若干意見》有關「法院依法受理環境保護行政部門代表國家提起的環境汙染損害賠償糾紛案件，嚴厲打擊一切破壞環境行為」的規定。

　　上述法律適用邏輯的成立，建立在這樣的授權關聯中——《環保法》確立環境訴訟原告資格擴張至行政機關。不過，在中國的法律體系中，這樣的關聯值得質疑：依據《立法法》第七條和第八條第九款的規定，訴訟仲裁事項應由全國人大或者其常委會立法。由此觀之，《環保法》所載明的控告權應當是環保部門獲得起訴權的權利來源。但遺憾的是，《憲法》第四十一條明確「中華人民共和國公民對於任何國家機關和國家工作人員的違法失職行為，有向有關國家機關提出申訴、控告或者檢舉的權利」。作為針對國家機關及其工作人員違法失職行為的公民權利，控告在中國憲法和相關法律條文體系[5]中的含義，一方面在主體上不包括行政機關，另一方面在行使權利方式上也不包括民事起訴。

對於這一問題，我們可以援引最具有代表性的歐洲消費者保護訴訟實踐進行比照。整體而言，歐洲實踐存在以公平貿易局為代表的英國模式、以消費者專員為代表的北歐模式和兼而有之的荷蘭混合模式。無論何種模式，均同時存在行政管理職權和提起訴訟權的制度選項。比如有權對違法者提起訴訟的英國公平交易局（簡稱 OFT），其實質是英國競爭法和消費者保護法的執法機構。其日常事務主要就是對英國的市場競爭以及消費者保護相關領域的申訴進行審查，對確定違法的行為進行處理或者移交其他國家機關處理，乃至提起訴訟。[6] 可見，行政機關訴訟職能其實只是事先法定的附設性的配套職能；行政機關實質上也非為提起群體性訴訟而專設。其啟動訴訟的制度正當性，主要在於透過 1990 年《法院與司法服務法》（Courts and Legal Services Act 1990）授權其為消費者群體提起消費訴訟。[7] 而北歐模式的訴訟正當性，同其消費者專員的屬性有關。[8] 由於專員機關脫胎於消費者政策全國委員會，並非傳統的施行直接管理職權的行政機關而更多屬於政策監督性機構。因此，消費者專員在面對違法者的時候，更多採用的是談判等「軟性措施」。為此，在軟性措施失效的時候，必須要保有向具備強制執法能力法院提起訴訟的能力，才能夠對違法者產生足夠的威懾。這一做法的另一個好處就是，沒有實際行政執法權的專員們，其權力派生於議會，這就可以有效地避免立法權與行政執法機構執法權的衝突。由是觀之，比較實踐所提供的行政機關參與群體訴訟的正當性譜系，主要是基於協調行政權（執法監督權）進入司法領域所進行的事前授權處理，即當事人適格的擴張是透過立法先予落實。

循此，我們所追問的雲南案例實踐，難免就會陷入這樣的一種尷尬：若環保局提起訴訟的行為，被歸為英國模式，屬於行政機關職權行為，則依據《立法法》需要更高位階的人大常委會立法為行政機關此類訴訟「職權」予以授權；若將其定性為北歐模式，其界定為代表公眾的這種政策性功能顯然又同作為具體執法部門的行政管理職能相互衝突，導致環保行政職權的事實上擴張。而顯然，至少《環保法》第七條第二款所確定的「縣級以上地方人民政府環境保護行政主管部門，對本轄區的環境保護工作實施統一監督管理」，並未將環保行政權拓展到司法起訴。

二、行政機關作為公益訴訟原告引發行政職權錯位

上述分析所展示的進路，主要是法律技術層面對案例所涉程序法理之質疑。當然，這種質疑還可以勾連到行政法層面的分析，探討因為行政機關事實上的「起訴權」而導致的司法權與行政權界分的問題。這一問題的弔詭之處在於，有關行

政機關起訴權的性質界定將陷於兩難：若將其視為行政機關履行行政職權的應有之義，本身將會陷入一種行政機關選擇性運用的問題。類似於荷蘭消費者管理局，其兼掌行政處理權和訴訟權，但更傾向於選擇成本低廉的直接行政處理方式。在中國目前行政機關普遍強勢的職權空間下，行政機關將可納入行政職權的事務轉交司法似乎有某種意義上的推諉之嫌。質言之：若行政部門未及時提出起訴，則對其該推諉性不作為行政行為的救濟，能否再行透過行政訴訟來審查？若有，則誰將成為該行政訴訟原告？若將行政機關作為社會公益團體而獲得訴訟信託，[9]則我們應追問這種訴訟信託與其履行行政職權可能的重疊問題。因為這種訴訟信託的抽象性，其建立在全體國民所信託的公眾利益受到侵害，則同樣具有維護公共利益的行政職權，應如何同上述訴權所及抽象範圍進行劃分，這無論如何都可能會在具體個案中被提出。換言之，這樣的訴訟資格擴張指向並不恰當。

　　事實上，本文所質疑的，恰恰是行政機關提交民事侵權訴訟的訴權來源。《水汙染防治法》第八十八條業已明確了對水汙染侵權的共同訴訟、支持訴訟的規定。環境保護主管部門和有關社會團體可以依法支持因水汙染受到損害的當事人向人民法院提起訴訟，系屬訴訟支持人角色。而從本案主要的民事侵權訴訟請求來看，訴訟目的應在於敦促汙染治理的問題（所涉400餘萬元的治理汙染費用）。依《環保法》之規定，則應徑行納入地方環境執法部門既有職權範疇，[10]為何要勞師動眾地透過一個複雜的環境公益訴訟，並建立配套的環境公益訴訟救濟基金予以處理？即使從《昆明市環境公益訴訟救濟專項資金管理暫行辦法》的立法宗旨來看，也是「為了鼓勵單位和環保組織對涉嫌危害環境的行為提起公益訴訟，解決環境公益訴訟中調查取證、鑒定評估、訴訟費用、環境修復以及執行救濟資金短缺的問題，推動環境公益訴訟的開展」。這意味著，環境公益訴訟首先在事實上應屬於對是否危害環境存在爭議的事實，其次是為支持進行公益訴訟所造成的資金短缺的救濟。據此，環保部門在本案中僅就汙染治理費用提起民事訴訟，本身就有雙重角色錯位之嫌：第一，既有法律對於環保部門行政執法提供了執行救濟，如同案件發生初始階段「2010年3月9日，官渡區環保局向官渡區法院申請執行畜牧小區停止養殖的處罰決定」，若昆明環保局有了治理評估的方案，完全可以再次向法院提出要求針對所涉汙染企業的環境治理費用的執行申請；第二，環境民事侵權之訴屬於給付之訴，本身隱含了一個確認之訴，[11]即侵權行為是否成立的判斷。但很明顯，本案昆明環保部門訴前業已坐實了汙染侵權的定性，並先期進行了行政處罰。同時，汙染企業也並無否認侵權。可見，本案核心訴爭實質是如何治理汙染的問題，而非公益訴訟所指向的維護公共環境的法益。若此，一方面，

行政部門可以任意選擇性地將自己的職權交託給司法，並將相關費用從「救濟基金」列支；另一方面，司法亦可以透過公益訴訟的渠道，而透過個案將權力輻射到行政職權領域。

三、一點餘思：為什麼行政機關不入公益訴訟

從美國行政法發展歷程來看，從建國之初的對行政權強烈的警惕所導致的司法審查做法，到發軔於19世紀末，特別是1931年為解決大蕭條而走向的行政權擴張，再到20世紀轉向到行政程序審查，司法權退卻的主要理由，並不像作歷史關聯分析所展示的那麼應景和功利，實際上是關於社會治理所涉「知識」的尊重。在現代社會進入工業化而日漸複雜和多元的時代，高度分工的社會業已被專業知識治理所宰制。對比於更具專業能力人才和日常實踐經驗的行政機關，僅能專注於法律的司法審查自覺變得自律而節制，[12] 法院審理在專業知識方面的退卻也成必然。在這一社會治理轉型的背景下，行政機關與司法的分工日漸清晰：國家司法中心從行政行為範圍轉到行政機關決定作出程序的路徑選擇。[13] 由是觀之，將更具專業性的環境侵權損害賠償落實問題放諸法院，將會使司法審判蛻變為「專業知識」證據內容是否具有可採性的事實分辨遊戲。昆明案件證明了這一點。汙染企業所提出的行政「處罰」免除民事「賠償」的法律邏輯實質上是不成立的，也可以透過既有的行政法架構予以解決，被環保部門「轉送」到民事司法領域反而複雜化社會治理過程。實際上，最為簡單的社會治理路徑，就是環保部門對汙染企業的治理行為進行行政監督檢查，並在落實治理不力的情況下，依據昆明環科院《治理成本評估報告》的數額，對兩企業的財產採取行政強制措施，以落實責任的履行。汙染企業則可以針對上述行政監督檢查決定或者行政強制措施決定，提起行政復議或行政訴訟，以審查上述行政行為合法性。特別是透過行政訴訟救濟，藉助法院程序，汙染企業可行使「被動性救濟（passive remedies）手段」來對抗行政機關。[14]

由此，關於昆明案例的分析實質上所應深究的，是超越個案之外的公益訴訟定位問題。作為現代型訴訟的公益訴訟，特別是民事侵權內容的群體訴訟，其與傳統民事訴訟的分野何在，實際上反映的不僅僅是行政機構參與訴訟資格的表象問題，更是現代型訴訟如何定位的問題。這一定位深刻地體現為對於造成訴訟的訴因之形成原因的分析上。日本學者在比對美日現代型訴訟之後，揭示了包括公益訴訟在內的現代型訴訟最為重要的特徵，即該訴訟所要求的救濟是注重於將來所產生侵害的防止，其訴訟的性質，針對於對國家政策是非的考量。[15] 因此，此

類案件原告訴權獲得，主要是基於如國家政策影響公共利益而著眼於未來侵害的發生，典型案例就是美國1956年「哈德遜河自然風景保護聯盟訴聯邦電力委員會」案[16]和日本的大阪國際空港公害訴訟。[17]兩案所揭之訴訟目的，更有間接制衡行政權之意味，而絕非賦權相關行政機關施行訴訟擔當而向違法責任人提起侵權訴訟。因此，中國立法業已明確行政機關作為訴訟支持人角色，參與到訴訟侵權損害賠償中可能更為妥當。昆明案例，如考慮到案件波及性而難以確認直接受害人，則可以置換為檢察院「代位」訴訟或者環保團體擔當訴訟，而環保機關作為訴訟支持人，顯然更加合法也更具操作性。

注　釋

[1]. 本文系教育部人文社科會科學研究規劃青年基金（項目批准號11YJC820008）中期成果。

[2]. 關於本案的案情與爭點詳見：《雲南省高級人民法院民事判決書》（2011）雲高民一終字第41號）。

[3]. 該辦法第6條規定：「環境公益訴訟的案件，依照法律規定由檢察機關、環境保護行政執法機關和有關社會團體向人民法院提起訴訟，併負責收集證據、承擔舉證責任。」

[4]. 依據上述辦法規定，主要的法律依據是《民事訴訟法》第15條規定：「機關、社會團體、企業事業單位對損害國家、集體或者個人民事權益的行為，可以支持受損害的單位或者個人向人民法院起訴。」

[5]. 主要的相關法律條文可見《刑事訴訟法》第八十四條第二款、三款規定：被害人對侵犯其人身、財產權利的犯罪事實或者犯罪嫌疑人，有權向公安機關、人民檢察院或者人民法院報案或者控告。公安機關、人民檢察院或者人民法院對於報案、控告、舉報，都應該接受。對於不屬於自己管轄的，應當移送主管機關處理，並且通知報案人、控告人、舉報人；對於不屬於自己管轄而又必須採取緊急措施的，應當先採取緊急措施，然後移送主管機關。根據這一規定，控告一般是指被害人及其近親屬或其訴訟代理人，對侵犯被害人合法權益的違法犯罪行為，依法向司法機關告發，要求予以懲處的行為。按照《刑事訴訟法》第八十五條的規定，控告可以以書面或者口頭形式提出。屬於口頭控告的，接待的工作人員應當寫成筆錄，經宣讀無誤後，由控告人簽名或蓋章。接受控告的工作人員應當告知控告人：控告應實事求是，不得誣告陷害他人，並說明誣告應負的法律責任。按照《刑事訴訟法》第八十六條的規定，人民法院、人民檢察院或者公安機關對於控告材料，應當按照管轄範圍，迅速進行審查，認為有犯罪事實需要追究刑事責任的，應當立案；認為沒有犯罪事實，或者犯罪事實顯著輕微，不需要追究刑

事責任的，不予立案，並且將不立案的原因通知告人。控告人如果不服，可以申請復議。

[6]. 有關 OFT 職能，具體參見 Paul W Dobson，Michael Waterson，Vertical Restraints and Competition Policy，December 1996，Research Paper 12.

[7].See OFT：「Relevant legislation」

[8]. 吳澤勇：《瑞典的群體性糾紛解決機制分析》，《法學》2010 年第 7 期。

[9]. 這是目前行政機關獲得原告資格最為有力的一種解說。以公共信託理論為基礎，國家被推定為全體國民所有的財產的信託管理者，並同時被信託了有關該財產的訴權。國家作為抽象信託人，可以將將訴權分配給檢察院或其他組織而代為訴訟。參見齊樹潔，蘇婷婷：《公益訴訟與當事人適格之擴張》，《現代法學》2005 年第 5 期。

[10].《環保法》第二十九條規定：「對造成環境嚴重汙染的企業事業單位，限期治理。……市、縣或者市、縣以下人民政府管轄的企業事業單位限期治理，由市、縣人民政府決定。被限期治理的企業事業單位必須如期完成治理任務。」

[11]. 關於給付之訴包含確認之訴的論證，詳見「確認之訴原型觀」學說。具體參見 [日] 兼子一、竹下守夫著，白綠鉉譯：《民事訴訟法》，法律出版社 1995 年版，第 47 頁。

[12]. 薛剛凌：《美國行政法之路》，應松年、袁曙宏主編：《走向法治政府》，法律出版社 2001 年版，第 45 頁。

[13]. 薛剛凌：《美國行政法之路》，應松年、袁曙宏主編：《走向法治政府》，法律出版社 2001 年版，第 45 頁。

[14].Lee A.Albert，Standing to Challenge Administrative Action：An Inadequate Surrogate for Claim for Relief，The Yale Law Journal，Vol.83，No.3（Jan.，1974），pp.425—497.

[15]. 大沢秀介：《現代型訴訟の日米比較》，東京：弘文堂，1988，第 191 頁。

[16]. 在該案中，由於聯邦電力委員會允許在哈德遜河上游修建水力發電廠，破壞了哈德遜流域的整體景觀。哈德遜河自然風景保護聯盟法提起訴訟請求撤銷聯邦電力委員會的行政許可。法院確認了環境保護組織和市鎮的起訴資格，以確保被涵蓋在公共利益之內的利益得到保護。美國此後的 1972 年「賽拉俱樂部訴莫頓」和 1978 年「杜克電力公司訴卡羅來納時環境研究集團公司」也是此類案件的典型。該案件判決參見：SCENIC HUDSON PRESERVATION CONFERENCE，Town of Cortlandt，Town of Putnam Valley and Town of Yorktown，Petitioners，v.FEDERAL POWER COMMISSION，Respondent，and

Consolidated Edison Company of New York，Inc.，Intervener.354 F.2d 608。

[17]. 在該案中，由於大阪國際機場擴張，航班數大量增加，加上執飛航線的噴氣飛機大型化，機場周圍噪音增大。1969年12月，機場周圍那些身體、精神遭受損害的居民以國家等為被告，提出旨在要求禁止夜間9時至早上7時的航班飛行，並基於《國家賠償法》2條1項主張針對過去和將來的損害賠償。須田政勝：「公共性」とのたたかい（大阪國際空港公害訴訟弁護団日誌-4-），判例時報（717），14 16，1973-11-21。

海峽兩岸精神病人強制治療制度的比較研究

盧順珍

◎福建江廈學院法學系副教授

據世界衛生組織統計，全球約有 4.5 億人患有神經、精神疾病，其中重性精神病的患病率達到 13.47‰，中國目前的重性精神疾病患者也已達到 1600 萬人。[1]為了保護這一弱勢群體的合法權益，包括中國香港和臺灣在內，已有 100 多個國家和地區陸續頒布了精神衛生法。中國大陸地區相關法律規定則散見於各種規章、司法解釋和地方性法規之中，和老撾一起成為亞洲僅剩餘的兩個沒有專門精神健康法律的國家。這一法律的缺失使得實踐中屢次出現精神病人不該收治的收治、該收治的不收治的情形。[2] 大陸的某些地方政府機關甚至把行政糾紛的當事人送至精神病治療機構強制治療，以解決不斷上訪所帶來的麻煩。這些「被精神病」事件不但侵害了公民的基本人權，挑戰了法律的權威，還暴露出這一領域的立法漏洞，以及這一漏洞給社會管理所帶來的負面作用。本文擬對此作出探討，以求拋磚引玉，並期冀對中國精神立法有所裨益。

一、中國大陸地區關於精神病人強制治療的相關規定

1985 年，大陸地區開始對精神衛生立法進行調研和草案起草，經過 27 年的醞釀，2011 年 10 月 29 日，全國人大常委會首次公布《精神衛生法（草案）》（以下簡稱《草案》）徵求公眾意見。《草案》第 26 條至 32 條提出了強制治療制度的構想，它被認為是防止「被精神病」的關鍵條款，但《草案》中的規定仍然存在不足之處。

《草案》第 25 條第一款規定「精神障礙的住院治療實行自願原則」，說明通常情況下，病人出入院是自由的，可以不考慮醫院的醫療建議，哪怕醫院對病人的出入院作出某些強制性規定，只要沒有相關的法律依據，病人仍舊可以置之不理。然而這種自由如果侵犯到他人、社會或者國家利益時就將受到限制，因而第 25 條的第二款規定，當「診斷結論、病情評估表明就診者為嚴重精神障礙患者」，且具有「1. 已經發生傷害自身的行為，或者有傷害自身的危險，或者不住院不利於其治療的；2. 已經發生危害他人安全的行為，或者有危害他人安全的危險的」兩種情形之一時，可以對病人實施強制治療。為了避免在實踐中出現「被精神病」

的情況，《草案》第 26 至 30 條設置了覆核程序，具體包含複診、鑒定、重新鑒定三個遞進過程，「患者或者其負有監護職責的近親屬對需要住院治療的診斷結論有異議、不同意對患者實施住院治療的，可以要求複診、鑒定和重新鑒定」。所有這些程序僅在病患或相應的醫療機構、鑒定機構之間完成；公安機關只有在複診結論或鑒定意見表明「患者」具有草案第 25 條第二款規定情形，且「患者」或其負有監護職責的近親屬不同意強制治療時，才可以協助相關醫療機構對患者實施強制治療。人民法院和人民檢察院卻始終沒有介入。說明《草案》仍舊將強制治療這一行為界定在醫療行為的範疇內，並未上升到司法範疇，從公民人身自由權的法律保護上，對這一制度進行規定。

除《草案》之外，此前大陸地區有關強制治療的規定主要散見於刑法、刑事訴訟法、司法解釋、部門規章和一些地方性法規之中。[3] 這些規定主要用於解決精神病人的刑事責任能力問題。它們就強制醫療的實質條件作了較為詳細的規定，要求強制醫療的前提條件是病人實施了刑法所禁止的危害行為，對於一般的精神病人，如果沒有實施該行為，則不能採取強制醫療措施，而是由家屬嚴加看管和醫療，必要的時候由政府進行強制醫療。對於強制醫療的具體實施程序則沒有法律作出過詳細的規定。2012 年 3 月 14 日公布的新《刑事訴訟法》第五篇特別程序中，對依法不負刑事責任的精神病人的強制醫療程序作出了具體的規定，彌補了之前相關刑事法律只規定強制治療的實體要件卻忽略程序問題的不足。這些規定的內容包括強制醫療程序的適用對象、審理程序、法律援助、救濟程序以及法律監督等。

然而，對實施《刑法》禁止行為以外的精神病人如何進行強制治療，至今沒有一部生傚法律進行詳細規定，《草案》中的相關程序，也沒有司法機關的介入。為什麼對於實施《刑法》禁止的危害行為的精神病人，有司法機關的介入來保護他的權利，而對於一個危害程度更低的精神病人，司法機關的保護卻沒能在法律中得到保留？這是一個不合理的設置。為了保護這些精神病人的合法權利，近些年來上海、寧波、北京和杭州等地區也陸續頒布《精神衛生條例》（以下簡稱上海條例、寧波條例、北京條例和杭州條例）對此項措施的立法作出有益嘗試。

上海條例較為詳細地規定了精神病非自願住院治療的收治標準、送醫主體、緊急住院觀察期、診斷主體、隨訪評級、診斷覆核和出院標準。該條例第 31 條規定，精神疾病患者或者疑似精神疾病患者有傷害自身、危害他人或者危害社會的行為時，其監護人、近親屬、所在單位、住所地居民委員會、村民委員會或者事

發地公安部門有權將其送至精神衛生醫療機構；其他單位和個人發現的，應當向其住所地居民委員會、村民委員會或者事發地公安部門報告。經兩名以上精神科執業醫師（其中一名具有精神科主治醫師以上職稱）診斷認為必須住院觀察的，精神衛生醫療機構應當對精神疾病患者或者疑似精神疾病患者實施緊急住院觀察，同時通知其監護人或者近親屬。精神衛生醫療機構應當在實施緊急住院觀察後的 72 小時內，作出診斷結論。第 32、33 條規定，醫療機構每月應當對住院治療的精神疾病患者進行一次精神狀況評定，具有主治醫師以上職稱的精神科執業醫師確定住院治療的精神疾病患者可以出院的，精神疾病患者的監護人或者近親屬應當代為或者協助辦理出院手續。對於有自知力的患者提出出院要求的，醫療機構則應當准予出院。第 25 條還規定醫療機構應在半年內主動提起診斷覆核，如果診斷覆核不能確定或對其有疑議則應啟動會診程序。

　　寧波條例與上海條例相比較，沒有規定 72 小時的緊急住院觀察期，而規定對首次診斷有異議的，可以在六個月內提出覆核和會診，對於危害自身的精神病患者也沒有要求強制醫療，只要求對有嚴重危害他人人身安全或者公共安全的行為的精神病人實施強制治療。不過寧波條例對於公安機關在強制治療中的介入卻進行了較為詳細的規定，要求強制治療的決定和解除均應由公安機關作出。[4] 北京條例的收治標準與寧波條例基本相同，沒有緊急住院觀察期的規定，在第 27 條規定了三個月的診斷覆核期，申請覆核的對象也不僅限於首次診斷的患者。送醫主體和出院標準上規定得也相對比較模糊，實行的基本是一種不完整的自願住院制度，自願住院者的出院，在醫院不同意出院時，完全依賴於其監護人或者近親屬；而對於重性精神病患者，其住院和出院都由其監護人或者近親屬決定；對於公安機關送來的精神疾病患者，其住院和出院則完全取決於醫療衛生機構的診斷，並且如果監護人和近親屬拒絕辦理住院手續的，由公安機關辦理。對人民法院和檢察的介入沒有予以規定。[5] 杭州條例與寧波條例較為相近，只是將診斷覆核期縮短到一個月，公安機關也只決定是否實施強制治療措施，是否參與解除程序則未作明確規定。[6] 值得一提的是杭州條例在第 27 條作出了執業迴避的規定：「與精神疾病患者有親屬關係或者有其他利害關係的精神科執業醫師，不得為其進行診斷、診斷覆核和會診。對精神疾病患者進行診斷的精神科執業醫師，不得為同一精神疾病患者進行診斷覆核和會診。」

　　二、臺灣的強制治療制度

臺灣的「精神衛生法」於 1990 年頒布，2000 年和 2002 年曾經作過小幅度的修改或增設。隨著臺灣社會經濟的發展和各項福利制度的健全，對於精神病人正當權利的保護越來越受到臺灣各界的關注。2007 年 6 月 5 日，臺灣「立法院」三讀透過新「精神衛生法」修正草案。該草案加強了對精神病人的人權保護，更大地提升了精神病人選擇就醫的自主性，在強制治療的決定權上將原先只需兩名專科醫師簽名即可，改為由審查會鑒定。審查會由專科醫師、護理師、職能治療師、心理師、社會工作師、病人權益促進團代表、法律專家及其他相關專業人員組成，他們的作業流程及議事規則均由「中央主管機關」制定。強制治療決定作出的程序大體為：當精神病人病情嚴重到足以傷害他人或其自身時，專科醫生對其作出診斷，明確是否需要全日住院治療，其保護人將協助病人前往精神醫療機構辦理住院。如果病人拒絕接受全日住院治療，直轄市、縣主管機關將會指定精神醫療機構予以緊急安置，並指定兩名以上的專科醫師進行強制鑒定。鑒定結果認為仍有全日住院治療必要，經詢問病人意見，仍拒絕接受或無法表達的，即應填寫相關資料及診斷證明，向審查會申請許可強制住院。

　　緊急安置期間不得超過五日，強制鑒定應自緊急安置之日起兩日內完成。經鑒定無強制住院必要或於緊急安置之日起滿五日未取得強制許可的，應立即停止緊急安置。

　　強制治療的期限原則上不得超過 60 日。如需延長，須再次經主管機關指定的兩名以上專科醫師的鑒定和審查會的許可，而且期限同樣不得超過 60 日。被緊急安置或強制治療的精神病人及其家屬可以向法院申請裁定停止緊急安置或強制治療，對法院裁定不服者還可以申請抗告，對於抗告法院的裁定不服者則不得再抗告。申請及抗告期間不停止緊急安置或強制住院。

　　臺灣在精神病強制治療的制度設計中遵循了法律保留、比例原則和公權力介入三大原則。人身自由權是憲法賦予公民的一項基本權利。從現代人權與法治的立場考察，強制精神病人住院，構成對其人身自由的限制，並有可能對其身心健康造成傷害，是事關公民基本人權的問題，本質上主要屬於公法範疇。禁止非法剝奪或者限制公民的人身自由，是公認的人權基本原則。精神病人作為公民，當然應當享有受到憲法保護的人身自由，非經法律許可不得剝奪或者限制。根據法治精神和憲法原則，如果沒有相反的法律規定，每個人都享有決定是否治療以及如何治療自己所患疾病的權利，公民的自由權利只有透過立法機關制定或修改法律的途徑才能進行限制，醫療機構、行政機關、司法機關和社會團體在沒有法律

授權的情況下無權限制公民人身自由，包括精神病人的人身自由權。如果確有必要限制甚至取消某些精神病人的自主決定權，國家應當制定公法性的法律加以明確規定。為了避免精神病人遭受不恰當、不必要的強制住院，更為了避免正常人「被精神病」，臺灣遵循了法律保留原則，制定了不同模式的精神衛生法，規定了強制治療的收容標準、釋放條件、適用程序和司法救濟，最大限度地減少了公權力對精神病人人身自由權的侵害。

從人權保護的角度看，對精神病人實施強制治療確實侵犯到了病人的人身權利，但是因為這些病人已喪失或部分喪失自我認知和行為能力，如果任由病人自己決定是否進行治療，則有可能貽誤或加重病人病情，嚴重的還有可能對周邊造成侵害。為了平衡二者的關係，臺灣引入了比例原則，要求只有精神病人在沒有其他替代治療手段，且達到收容標準時才可以啟動強制醫療程序。程序啟動後，對於長期接受強制治療的病人還設立了相應的聽證和覆核程序，以保持為達到公益目的所採取的手段與其所侵害的私益之間有相當程度的比例關聯性。

同時，司法作為公民權利保護的最後一道屏障，也被納入到臺灣的強制治療制度之中，一方面可以避免醫療機構和相關人員藉強制醫療的決定權謀求私利，另一方面也藉助於司法機關的介入充分保障被強制治療者的基本人權。

三、大陸地區精神病人強制治療的立法思考

「精神衛生法」涉及精神病預防、治療、康復等方面的一系列法律規則，但據參與「精神衛生法」立法調研工作的專家介紹，「精神衛生法」的立法難點在於精神病患者的收治和出院規則。為此，要在法治的軌道上，完善精神病人社會管理模式，就必須在堅持保障患者權益的基礎上，著手制定以下規範。

1. 細化相關技術標準和程序規則。在制定強制治療的收治、出院規則時應當確立醫療性、無可替代性和專業性規則。

所謂醫療性規則，是指是否對精神病人實施強制治療，應以是否需要對病人實施醫療行為為標準，而不應以政治、經濟、宗教、文化和家庭等其他因素為標準，個人的政治主張、社會地位、道德水平、文化程度和宗教信仰等與醫療無關的因素不應成為診療的依據。體現在法條上，可以將收治標準規定為：（1）精神病人正在實施或極有可能實施危害社會秩序、公共安全、他人和自身安全的行為；（2）精神病人無法認知或控制自己可能實施的這一危害行為；（3）精神病人實施的這一行為與其精神障礙之間存在因果關係。

所謂無可替代性規則，是指如果不是為了阻止精神病人傷害自身、危害公共安全或者他人人身安全、擾亂公共秩序，而且還有除強制治療以外的其他阻止手段時，不得對其實施強制治療。精神病不同於軀體疾病。如果精神病人自己不感到痛苦，所患精神病沒有損害其身體健康或者不會導致其死亡，也無可能傷害自己或者他人，可以不治療、不住院，外人不宜干涉。新的精神病人治療與管理模式的建立，是以精神病人的人權保護為基礎的。精神病人人權保護的基本理念是應當盡力避免病人非自願入住精神衛生機構，入住精神衛生機構的方式應當與罹患其他疾病住院的方式相同。1989 年世界精神衛生聯盟（The World Federation for Mental Health）在埃及發表了《盧克索爾人權宣言》，1991 年聯合國大會又通過了《保護患精神疾病的人和改善精神衛生保健的原則》，它們都要求只有在精神衛生機構正式同意下，方可以對病人實施身體約束或非自願隔離，而且這些措施必須是阻止立即或迫近發生的對病人或其他人的傷害的唯一可行手段。

所謂專業性規則，是指只有具備一定資質的精神專科醫師才享有精神疾病的診斷權。目前中國西醫的執業醫師制度只將執業醫師分為臨床醫師、公共衛生醫師和口腔執業醫師，精神專科沒有專門的執業醫師資格，只有當執業醫師從事精神病診療工作達到 5 年以上才有可能獲得精神專科主治醫師資格，所以在需要強制治療精神疾病的診斷上，必須明確只有具備精神專科主治以上資格的醫師才可作出。同時由於精神疾病的診斷大多依靠醫師的主觀判斷，少有客觀的檢查標準，因而實踐中，精神專科醫生往往會成為所在醫院、個別官員乃至患者家屬實現非法目的的工具，為了避免不當的目的介入精神病人的強制治療制度，應設立執業迴避制度，要求給出診斷意見的醫師必須要兩名以上，且工資或人事關係不能隸屬於病人將入住的醫院，與患者的利害關係人之間不存在足以影響診斷結果的關係。對於違反執業迴避制度的當事人應根據情節輕重追究相應的法律責任。

2. 確立適用的三大原則。參照臺灣和大陸地區目前一些地方的立法，精神病強制治療在法律適用上均遵循法律保留、比例原則和司法介入三大原則，只是在具體法條上，對各項原則的應用方法和應用程度上略有不同。中國未來的「精神衛生法」在這些原則的應用上，應注意以下幾點。

（1）法律保留。法律保留要求在法律沒有作出明確規定時，任何單位、集體或個人不得對精神病人作出強制治療的決定。從目前的現狀來看，雖然這一法律還未頒布，在醫療領域，精神病人被強制治療，已經成為一種很普遍的治療手段。

這種沒有法律依據的行為，是對法律權威的極大挑戰。如果不及早頒布「精神衛生法」對這一制度作出規定，勢必會破壞我們法律的整體框架；因為依中國憲法和相關法律，強制治療制度涉及限制公民的人身自由，除非有相應的法律規定，任何單位、集體或個人都不得作出這一規定。

　　（2）比例原則。精神病人強制治療制度的價值判斷上存在著種種矛盾，現實的需要和法律的權威，社會的秩序和人身的自由，送醫者的私利和病人的權利，這些矛盾取捨的尺度將牽涉到強制治療制度的正義性和可行性。要解決這些矛盾，最佳的辦法便是在精神衛生立法中引入比例原則。「比例原則」為行政法中最重要的原則，如同民法中的「誠信原則」一樣，以帝王的姿態君臨行政法學界[7]。比例原則在對精神病人實施非自願住院治療的應用中，應包括適當性原則、必要性原則及狹義比例原則。在選擇針對精神病人可採用的多種處置方案時，適當性原則要求所採取的方案必須符合對病人進行醫療救治或阻止病人進一步造成不良侵害的目的；必要性原則要求所採取的措施對精神病人所造成的損害應該是最小的；狹義比例原則則要求在所採取的方法和所要達到的目的間選擇更有利者而為之。具體到法條規定上，一般情況下可以考慮按照《行政強制法》的相關規定實施強制醫療，緊急情況時則屬於《行政強制法》的例外，可以考慮按照中國現有的收容模式，治安或刑事違法的病人由公安機關作決定，其他病人，有家屬的由家屬決定，沒有家屬和經濟來源的則由民政部門作出收容決定。但無論哪一個主體作出收容決定，都必須設立覆核制度，覆核的時限可根據目前精神衛生機構的工作週期來確定，域外法通常將時限設為72小時。

　　（3）公權力介入。本文所謂公權力是指對社會成員進行組織、指揮、管理的國家機關和社會團體。精神病人管理可能涉及的公權力主要包括公安機關、衛生部門、民政部門、人民法院、人民檢察院。從理論上講，「精神病強制治療」雖具「治病救人」之目的，但它以剝奪公民人身自由為代價。作為自然人，精神病患者享有與其他公民同等的基本人權。基於社會公共利益和精神病人個人利益考慮，法定主體可在一定時間內限制甚至剝奪精神病患者的人身自由，但這種限制必須保持最低限度，且須依法定程序進行。在中國只有公安機關和司法機關才有這一權力，因而他們的介入是這一制度設置的必然原則。公權力可以從以下四個層次介入：

　　第一層次，初次強制治療決定應當由公安機關作出。主要理由一是目前中國民間非政府組織（NGO）發展還不成熟，難以成立一個類似臺灣的「審查會」來

決定是否對精神病人進行強制；二是公安機關是目前我們行政建制最為健全的機關，警力網路已經延伸到街居鎮村；三是公安機關負責社會的治安，負有監管重性精神病人的職責，同時又是唯一享有限制公民人身自由權力的機關，由公安機關來作出決定，於法有據，也有利於公安機關對病人的監管。考慮到精神疾病屬於醫學的範疇，對於僅存在危害可能，沒有實施對他人或社會的危害行為，或者僅對病人自己造成嚴重傷害的情況，可以把強制治療的申請權交給病人家屬和基層社區衛生服務中心（村衛生所）的醫務人員。按照目前的公共衛生政策，這些醫務人員必須每三月對病人進行一次隨訪，評定病人的危險等級，他們對病人的危險度要有一個較為準確的把握。這一制度的設計將申請權和決定權予以分離，有利於防止病人家屬或公安機關因利益驅使而讓病人「被精神病」。

對於涉嫌治安違法的精神病人，則無需申請，直接由公安機關作出強制治療決定；對於涉嫌刑事違法的精神病人則按照新《刑事訴訟法》特別程序的相關規定來實施強制治療。

第二層次，如果被強制治療的病人、家屬及其他利害相關人提出異議，須啟動複診和鑒定程序。直接由異議人向當事人所在地的基層法院提出異議申請，可考慮將這一程序融入到《民事訴訟法》中的「認定公民無民事行為能力、限制民事行為能力案件」的特別程序之中，在解決覆核申請的同時，解決病人民事行為能力的問題。

設計這一程序需要考慮的是法院是否會被不斷湧來的案件所壓垮。筆者認為，對於大多數精神病人來說，達到被強制治療程度的，多半已失去自我認知能力和控制能力，不會提起覆核的程序，能夠提起的病人數量極其有限，一旦提起，除非法院的介入，不足以改變原先已經作出的強制治療決定，所以法院的介入是極有必要的。

第三層次，對於復發的病人可以考慮設置一些簡易的程序，將再次入院的決定權交給病人家屬或者社區（村）的醫生，但對於要求複診（異議）或鑒定的案件，則不能設置相應的簡易程序。對於強制治療的每一個環節都必須嚴格地執行迴避制度。同時應讓人民檢察院參與整個過程監督，以防止權力失去了約束和限制後，像自由流動、高漲的能量無限地膨脹[8]。對於違法作出強制治療決定，或者應作出強制治療決定卻不作為的相關部門，不論是否造成損害後果，都應追究相應的法律責任。

第四層次，在治療過程中，決定機關應組織專家對病人進行定期隨訪，對於符合出院標準的病人，應立即解除強制治療。

注　釋

[1]. 中華人民共和國衛生部：「精神衛生浮出水面不再是一個「被遺忘的角落」」。

[2]. 新華網：「被精神病」事件頻發背後。

[3]. 1956年6月2日最高人民法院《關於處理精神病患者犯罪問題的覆函》第1條規定：「精神病人在不能辨認或者不能控制自己行為的時候實行對社會有危險性的行為，不負刑事責任。至於精神病人是否不能辨認或者不能控制自己行為，應由有關醫療部門鑒定並應就其左右鄰近調查證明行兇時及行兇前後的精神狀況，取得確實的證明。」第2條還規定：「反革命分子與其家屬或地主富農分子如確與上述情況相同，不應另有不同的處理。」1978年8月4日最高人民法院《關於處理精神病患者犯罪問題的批覆》再次確認了該覆函的效力。1979年4月16日最高人民法院、最高人民檢察院、公安部《關於清理老弱病殘犯和精神病犯的聯合通知》第2條規定：「對精神病犯，按下列原則處理：1. 對入監前患有精神病的罪犯，應根據1956年最高人民法院關於處理精神病患者犯罪問題的覆函精神，進行複查。對不應負刑事責任的，要予以糾正釋放。2. 對入監後新患精神病的罪犯，凡有家的，可準予監外就醫，由當地公安機關負責監督。3. 今後，監獄、勞改隊必須嚴格按照《中華人民共和國勞動改造條例》第37條的規定執行。凡不符合收押條件的，勞改單位應予拒絕收押。」《刑法》第18條第1款規定：「精神病人在不能辨認或者不能控制自己行為的時候造成危害結果，經法定程序鑒定確認的，不負刑事責任，但是應當責令他的家屬或者監護人嚴加看管和醫療；在必要的時候，由政府強制醫療。」

[4]. 《寧波市精神衛生條例》第23—28條。

[5]. 《北京市精神衛生條例》第31、32條。

[6]. 《杭州市精神衛生條例》第26、28、29、34、36條。

[7]. 孫琬鐘，江必新：《行政管理相對人的權益保護》，北京：人民法院出版社，2003年1月版，第10頁。

[8]. 博登海默：《法理學：法律哲學與法律方法》，鄧正來譯，北京：中國政法大學出版社，2001年版，第96頁。

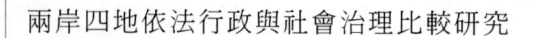

兩岸的政府採購救濟機制之比較研究

王雪[1] 朱最新[2]

◎[1] 王雪，廣東外語外貿大學法學院 2011 級法律碩士研究生

◎[2] 朱最新，廣東外語外貿大學區域一體化法治研究中心常務副主任，法學院教授，法學博士

一、引言

隨著中國大陸地區經濟的高速發展，政府採購規模呈持續擴大態勢。「全國政府採購規模由 2002 年的 1009 億元增加到 2011 年的 11332 億元。」[1] 隨著政府採購規模的擴大，採購中矛盾糾紛、侵權也將不可避免。因而，完善政府採購救濟機制，化解政府採購糾紛，是社會和諧的現實需要。同時，全球經濟一體化和國際貿易自由化是當今世界的時代潮流，政府採購市場從封閉走向開放是全球經濟一體化和國際貿易自由化的必然趨勢。中國大陸加入旨在促進政府採購自由化、市場化的 WTO《政府採購協議》（以下簡稱 GPA）是歷史的必然，「也是中國改革開放總體戰略的一項具體措施」。[2] 加入 GPA 不僅涉及政府採購市場開放範圍，更涉及政府採購救濟機制在內的政府採購法律制度的調整。臺灣已於 2009 年 7 月 15 日正式成為 GPA 第 41 個成員，其《政府採購法》歷經四次修改，有關政府採購救濟機制的法律規定不僅與 GPA 的相關要求相一致，而且比較完善、可操作性強。《中華人民共和國政府採購法》雖存在不少問題，但頗具中國特色。因而臺灣的政府採購救濟機制與大陸的政府採購救濟機制之間的相互借鑑對各自救濟機制完善無疑有著積極的理論和實踐意義。同時，兩岸的政府採購規定都體現出「雙階理論」[3]：主張招標、審標、決標階段的行為屬於執行公權力，合約訂立以後供應商與採購人之間的關係屬於民事合約關係，並由此設立了不同的救濟方式。基於研究視角和學術旨趣，在此，我們對兩岸的政府採購救濟機制的比較研究僅圍繞招標階段（包括招標、審標、決標等）之救濟程序而展開。

二、大陸的政府採購之救濟機制

《政府採購法》招標階段爭議處理規定於第六章「質疑與投訴」。該章分別針對供應商就有關政府採購活動事項進行詢問、質疑、投訴的程序、方法、期限，採購人或採購代理機構對供應商詢問、質疑、投訴作出處理的程序、方法、期限，供應商不服投訴處理決定的救濟等作出了具體規定。

（一）詢問制度

《政府採購法》第 51 條設立了詢問制度，即「供應商對政府採購活動事項有疑問的，可以向採購人提出詢問，採購人應當及時作出答覆，但答覆的內容不得涉及商業祕密」。詢問制度的主要內容是：詢問對象——採購人或採購代理機構；詢問範圍——政府採購活動中的任何事項；詢問形式——非常靈活，沒有法定形式，可以是口頭的，也可以是書面的；詢問程序——沒有具體規定，可在任何時候提起；答覆要求——準確及時，但內容不得涉及商業祕密。詢問制度的設立，明確了供應商享有對政府採購活動事項進行詢問的權利，有利於雙方及時溝通，消除誤會，符合 GPA「磋商」救濟制度的基本要求。但是，法律並未對採購人答覆供應商詢問的時限、不及時答覆的法律責任等作出明確規定，從而可能導致採購人隨意對待供應商的詢問，甚至對其不予理睬。

（二）質疑與投訴制度

《政府採購法》第 52—55 條設立了質疑制度和投訴制度。質疑制度的主要內容包括：質疑人只能是認為採購文件、採購過程和中標、成交結果使自己的權益受到損害的供應商；受理質疑的機構是採購人或採購代理機構；質疑的程序是供應商在知道或者應知其權益受到損害之日起七個工作日內，以書面形式向採購人提出質疑，採購人在收到供應商的書面質疑後七個工作日內作出答覆，並以書面形式通知質疑供應商和其他有關供應商，但答覆的內容不得涉及商業祕密；質疑的救濟機制是投訴。質疑程序透過非自願的程序糾正採購人在採購過程中的失當行為。由採購人自己調查、解決，具有一定的便利性，不致過分影響採購的正常進行。而且內部糾錯，相比於純粹外部的監督（復議和訴訟），更加經濟和快捷。[4] 投訴制度的主要內容包括：投訴範圍是質疑供應商對採購人、採購代理機構的答覆不滿意或者採購人、採購代理機構未在規定的時間內作出答覆；受理投訴機構是政府採購監督管理部門，即各級人民政府財政部門；投訴程序是質疑供應商對採購人、採購代理機構的答覆不滿意或者採購人、採購代理機構未在規定的時間內作出答覆的，可以在答覆期滿後十五個工作日內向同級政府採購監督管理部門投訴，政府採購監督管理部門應當在收到投訴後三十個工作日內，對投訴事項作出處理決定，並以書面形式通知投訴人和與投訴事項有關的當事人；投訴的救濟是依法申請行政復議或者向人民法院提起行政訴訟。在大陸，如圖（一）所示，實際上政府採購監督部門處於救濟程序的核心地位，而中國的政府採購監督管理部門是各級人民政府財政部門。從長期政府採購實踐中可以發現，各級人民政府

財政部門往往就是採購人,並且現實生活中由各級財政部門設置了很多政府採購中心進行政府採購活動[5]。大陸的政府採購監督部門不是完全獨立於政府採購活動的。也就是說,質疑與投訴基本上屬於自糾自查,難以保障供應商的合法權益。同時,將投訴設置為不服質疑提起行政復議或行政訴訟的前置程序,限制了當事人根據《行政復議法》、《行政訴訟法》規定享有的提起行政復議或行政訴訟的原告資格,不利於保障當事人的合法權益。《政府採購法》第 57 條對投訴處理期間暫停採購活動的問題作出了規定,即政府採購監督管理部門在處理投訴事項期間,可以視具體情況書面通知採購人暫停採購活動,但暫停時間最長不得超過三十日。投訴處理期間可以暫停採購活動,這一點是值得推崇的,因為這樣可以使供應商在投訴處理完後可以繼續參加投標,得以保全自己的合法權益,但是規定「可以視情況而定」,賦予政府採購監督管理部門在暫停採購中以極大的自由裁量權,增加了公職人員隨意行使甚至濫用暫停採購的權力的可能性,不利於客觀操作,主觀性極強,極易產生不公等現象。

(三)行政復議或行政訴訟

《政府採購法》第 58 條對供應商不服政府採購監督管理部門的投訴處理決定,尋求行政和司法救濟的問題作出了規定,即投訴人對政府採購監督管理部門的投訴處理決定不服或者政府採購監督管理部門逾期未作處理的,可以依法申請行政復議或者向人民法院提起行政訴訟。因此,投訴人對政府採購監督管理部門的投訴處理決定不服,或者政府採購監督管理部門逾期未作處理的,可以透過行政和司法救濟途徑依法尋求救濟。按照本法規定,投訴人有權依法向其上一級行政機關申請行政復議,也有權依法直接向人民法院提起行政訴訟。投訴人可以依法先行申請行政復議。投訴人對政府採購監督管理部門作出的投訴決定如有不服,或者政府採購監督管理部門逾期未作處理的,可以依法先行申請行政復議。對行政復議決定不服的,再依法向人民法院提起行政訴訟。投訴人對政府採購監督管理部門作出的投訴處理決定如有不服,或者政府採購監督管理部門逾期未處理的,也可以不經過復議程序而直接向人民法院提起行政訴訟。

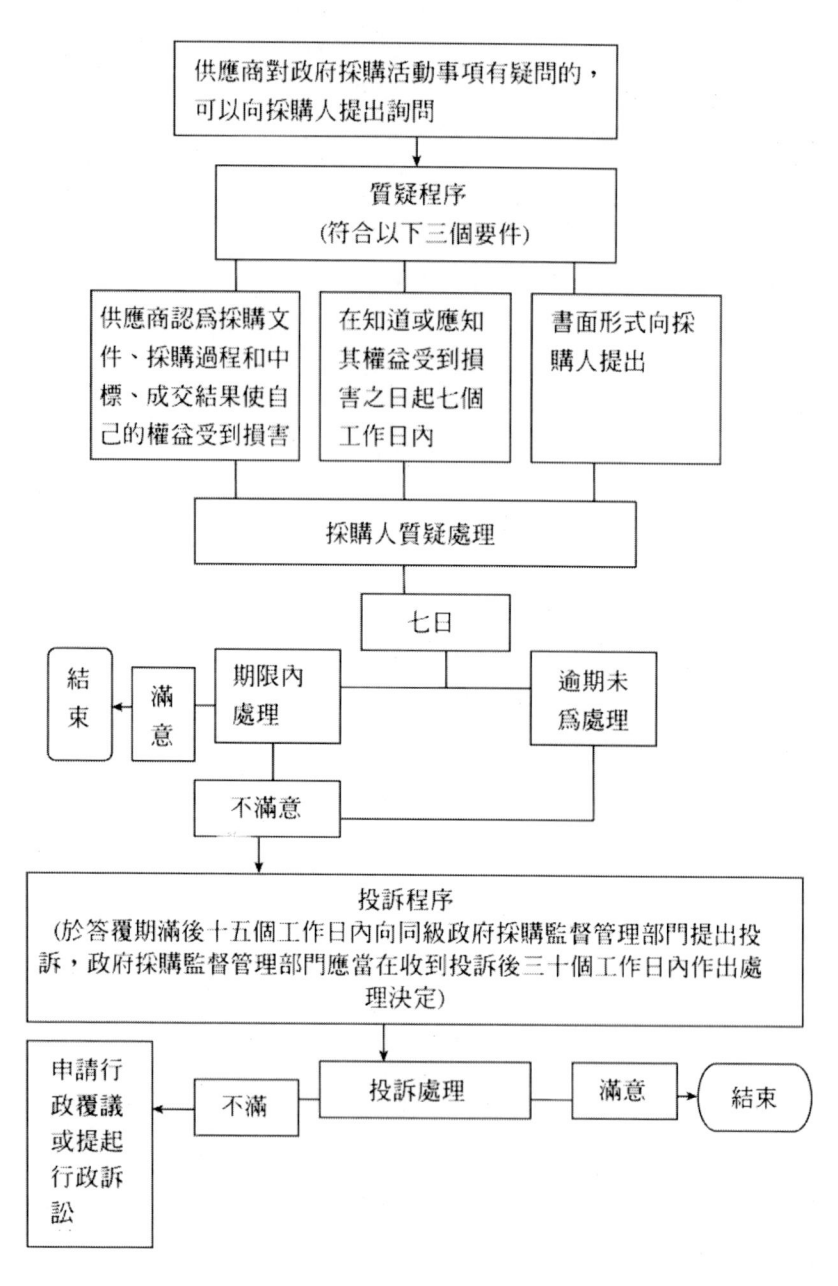

圖（一）：《政府採購法》招標階段救濟程序

三、臺灣的政府採購之救濟機制

臺灣的「政府採購法」招標階段爭議處理規定於第六章「爭議處理」。該章分別針對廠商就有關政府採購活動事項認為政府機關有不妥或違反法令時，提出

異議或申訴之限制與期限、機關答辯以及申訴會審議期限、申訴審議原則與方式、異議申訴之評估與處置等作出了具體規定，設立了體現整部《政府採購法》精髓的異議、申訴制度。

（一）異議制度

臺灣的「政府採購法」第 75 條設立了異議制度。異議制度的主要內容包括：第一，異議提出的事由——「廠商對於機關辦理採購，認為違反法令或所締結之條約、協議（以下合稱法令），致損害其權利或利益者」，不論其採購金額是否在公告金額以上，都可以以書面形式向招標機關提出。而所謂「法令」，係指為維持政府採購秩序而規範機關採購行為之有關行政法令而言。至於履約、驗收期間，違反契約或其他非關政府採購行為法令的爭議，並非本條所稱「違反法令」，不得以異議與申訴方式處理。第二，異議提出期限——針對不同的異議內容給予不同的異議期限：對招標文件規定提出異議者，為自公告或邀標之次日起等標期之四分之一，其尾數不足一日者，以一日計，但不得少於十日；對招標文件規定之釋疑、後續說明、變更或補充提出異議者，為接獲機關通知或公告之次日起十日；對採購過程、結果提出異議者，為接獲機關通知或公告之次日起十日。若未通知或公告，為知悉或應當知悉之次日起十日。但至遲不得超過決標日之次日起十五日。第三，異議處理的權責機關。根據臺灣「政府採購法」的相關規定，政府採購異議處理的權責機關是原招標機關。這樣做的目的在於爭議初期讓招標機關有一自我省察的機會，發現錯誤可立即改正，有利於採購案的繼續推動及迅速保障廠商權益。第四，異議的處理——招標機關應自收受異議之次日起十五日內為適當之處理，並將處理結果以書面通知提出異議之廠商。所稱招標機關之適當處理包括：「（一）加以說明、解釋、澄清；（二）暫停採購程序之進行；（三）撤銷或變更原處理結果。『……其處理結果涉及變更或補充招標文件內容者，除選擇性招標之規格標與價格標及限制性招標應以書面通知各廠商外，應另行公告，並視需要延長等標期。』」[6]另外，招標機關處理異議，得通知提出異議之廠商到指定場所陳述意見。招標機關處理異議為不受理之決定時，仍得評估其事由，於認其異議有理由時，自行撤銷或變更原處理結果或暫停採購程序之進行。但為應緊急情況或公共利益之必要，或其事由無影響採購之虞者，不在此限。

（二）申訴制度

臺灣的「政府採購法」第 76 條設立了申訴制度。申訴制度的主要內容包括：第一，實行異議前置。根據臺灣的「政府採購法」的相關規定，異議是申訴的前

置程序，即對於廠商與招標機關間關於招標、審標或決標爭議的救濟途徑，採異議、申訴兩階段方式，廠商須先向招標機關提出異議，對於招標機關所作異議處理結果不服，或機關逾十五日期限不為處理時，始得以書面形式繼續向政府採購申訴審議委員會申訴。第二，廠商申訴的條件——須為對於公告金額（新臺幣一百萬元）以上的採購表示不服，亦即申訴程序處理金額較大的採購案，而未達公告金額的較小採購案，其依「政府採購法」的救濟途徑僅止於異議程序。第三，提出申訴的期限——在對於招標機關的異議處理結果不服時，為收受異議處理結果屆滿之次日起十五日內；在招標機關逾期不為處理的情形，為自十五日處理期限屆滿之次日起十五日內。第四，申訴受理機關。根據臺灣「政府採購法」的相關規定，有關廠商申訴的審議機關，在「中央」為「行政院公共工程委員會」所設的採購申訴審議委員會（簡稱申訴會）；在「直轄市」或縣（市），為各該政府所設的申訴會。唯「政府採購法」顧及地方政府未必有能力或意願設置申訴會處理相關事務，特別規定地方政府未設申訴會者，得委請「中央主管機關」處理。根據「採購申訴審議委員會組織準則」第 5 條規定，採購申訴審議委員會主要從下列人員中選撥：「曾任實任法官、檢察官或行政法院評事者；曾執行律師、會計師、建築師、技師或其它與政府採購有關之專門職業人員業務五年以上者；曾任「教育部」認可之大專校院副教授以上職務三年以上，且教授法律或採購相關專門學科者；具有與政府採購相關領域之專門知識或技術，並在該領域服務五年以上者。」第五，申訴審議原則——採購申訴得僅就書面審議之。至於何種情形採書面審議，則須視實際情況，在雙方事證均甚齊全與明確時，方適合採用。採購申訴審議委員會得依職權或申請，通知申訴廠商、機關到指定場所陳述意見。採購申訴審議委員會於審議時，得囑託具專門知識經驗之機關、學校、團體或人員鑒定，並得通知相關人士說明或請機關、廠商提供相關文件、數據。採購申訴審議委員會辦理審議，得先行向廠商收取由主管機關確定的審議費、鑒定費及其他必要之費用。採購申訴審議規則，由主管機關擬定，報請「行政院」核定後發布之，用以規範申訴審議的程序事項。第六，審議判斷——採購申訴審議委員會審議判斷，應以書面附事實及理由，指明招標機關原採購行為有無違反法令之處；其有違反者，並得建議招標機關處置之方式。採購申訴審議委員會於完成審議前，必要時得通知招標機關暫停採購程序。採購申訴審議委員會為第一項之建議或前項之通知時，應考慮公共利益、相關廠商利益及其他有關情況。本條規定申訴案件審議完成後，申訴會應作成書面審議判斷，附具事實及理由，並指明招標機關原採購行為有無違反法令之處，這是審議判斷必須處理的事項。如審議結果認定

招標機關原採購行為違反法令，申訴會應斟酌情形，決定是否建議招標機關處置方式。審議判斷，視同訴願決定。

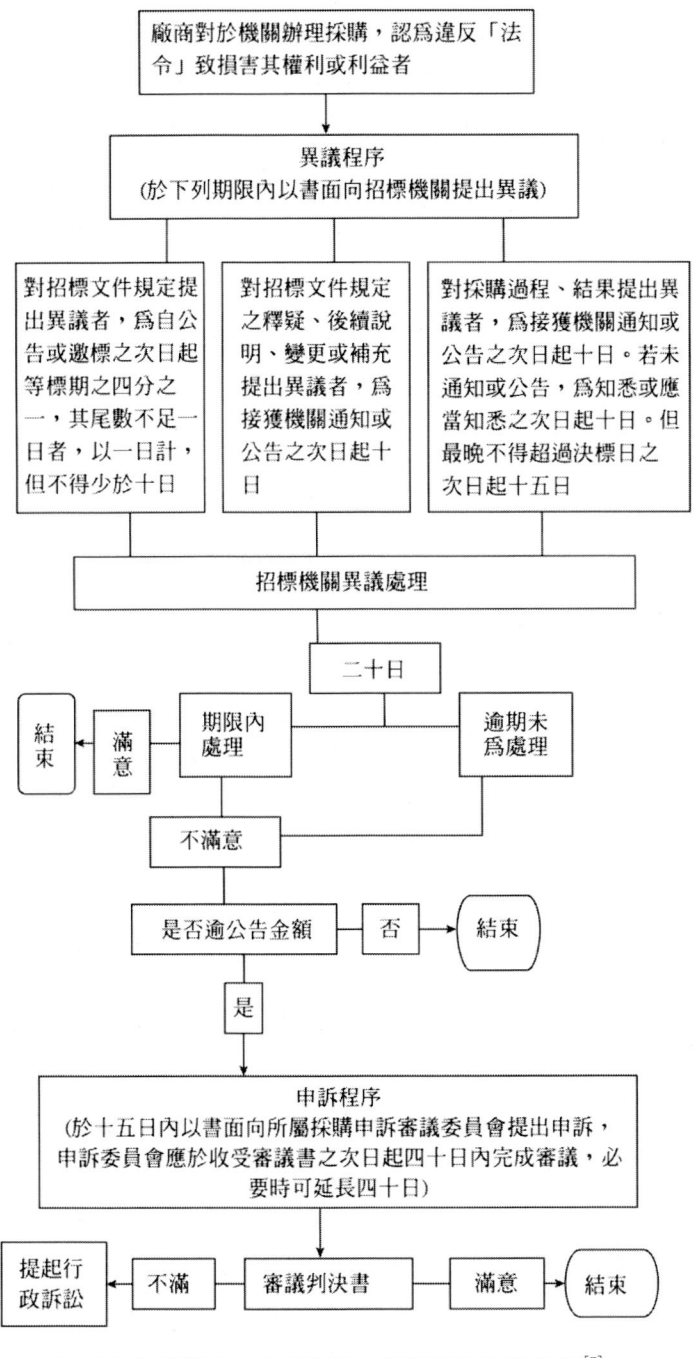

圖（二）臺灣「政府採購法」招標階段救濟程序[7]

四、結語

以上分析表明，兩岸的政府採購招標階段救濟機制之立法可謂仁智互見、優劣互補。但就總體而言，《政府採購法》對政府採購救濟程序作出了比較全面、清晰的規定，然而相對於臺灣「政府採購法」而言在制度嚴密和操作規範化上還存在著漏洞；臺灣「政府採購法」立法較完備，相關配套法規的可操作性強，但相對於「政府採購法」，也有許多靈活制度可予借鑑，以降低救濟成本。

（一）兩岸政府採購應建立、健全「磋商」救濟制度

《政府採購法》設立的詢問制度與 GPA（1994）第 20 條第 1 款規定[8]的「磋商」救濟制度的基本精神有相類似的方面，但還存在一定差異，有必要將「詢問」救濟直接改為「磋商」救濟。[9]臺灣「政府採購法」沒有設立相關制度。從透過友好協商解決爭議的 WTO 精神出發，兩岸的政府採購規定有必要構建「磋商」救濟制度。兩岸在完善或構建「磋商」救濟制度時，一方面要注意保持「磋商」救濟高度的靈活性、協商性，另一方面又要對「磋商」救濟的時限、相關法律責任等作出具體規範，以保障「磋商」救濟的及時性、公正性，同時還要求磋商不應該影響供應商在質疑機制下的糾正措施的方式進行。如，在質疑程序下，供應商可能獲得政府採購合約授予權，而如果採取磋商方式卻使這種合約授予權喪失，那麼這種磋商就不能進行。[10]

（二）大陸應完善政府採購質疑救濟制度

大陸《政府採購法》第 55 條規定：「質疑供應商對採購人、採購代理機構的答覆不滿意或者採購人、採購代理機構未在規定的時間內作出答覆的，可以在答覆期滿後十五個工作日內向同級政府採購監督管理部門投訴。」依據這一規定，質疑是選擇性程序，並不是投訴的必經、前置程序。然而，根據《政府採購法》制定的《政府採購供應商投訴處理辦法》第 7 條規定：「供應商認為採購文件、採購過程、中標和成交結果使自己的合法權益受到損害的，應當首先依法向採購人、採購代理機構提出質疑。」根據這一規定，質疑程序為投訴程序的前置程序。質疑程序作為一種內部糾錯機制，「很難對採購活動進行全面的、公平的審查。並且質疑程序的前置推遲了行政機關的監督和司法機關的審查，拖長了政府採購的救濟，損害了救濟的及時性」。[11]為此，大陸應完善政府採購質疑救濟制度：一方面應該嚴格遵循《政府採購法》的規定，將質疑程序恢復為選擇性程序；另一方面應借鑑臺灣的「政府採購法」異議制度的相關規定，按照 GPA 及時、透明、有效的原則[12]，針對不同的質疑內容給予不同的質疑期限，完善質疑的程序規定。

（三）大陸應重構政府採購投訴救濟制度

根據《政府採購法》規定，受理投訴機構是政府採購監督管理部門，即各級人民政府財政部門。「財政部門負責監督政府採購是各國的通常實踐，是其財政預算職能的延伸。但是受理投訴並解決爭議並不是財政部門職能必然包含的內容。」[13] 而且「目前財政部門內部負責處理爭議的人員多為財政、管理方面的專業人才，而不具備貨物、服務和建設項目方面的專業知識，也不熟悉中國有關法律，不具有適用法律解決爭議的能力」。[14] 同時，在投訴之外，還保留了行政復議制度，無疑增加了救濟的成本。與大陸不同，臺灣設立了相對獨立、專業的採購申訴審議委員會，避免了自糾自查可能存在的利益衝突，增強了對爭議問題的判斷、處理能力；而且採購申訴審議委員會的審議判斷，視同訴願決定，減少了不必要的重複，降低了救濟成本。為此，《政府採購法》應該借鑑臺灣的政府採購的申訴制度，合併投訴救濟和行政復議，設立統一的申訴制度，並且按照獨立性、專業化選擇審查人員，按照公正性的要求制定相應程序保障制度。「必要時也可引入社會聽證制度，激發普通民眾參與的積極性，提高社會監督，以便達到公開透明的審理結果。」[15]

注　釋

[1]. 王保安：《政府採購法頒布十年範圍規模不斷擴大》。

[2]. 張家瑾著：《中國政府採購市場開放研究》，對外經濟貿易大學出版社 2008 年版，第 95 頁。

[3]. 參見王锴：《政府採購中雙階理論的應用》，《雲南行政學院學報》，2010 年第 5 期。

[4]. 劉慧、羌建新主編：《全球金融危機形勢下的政府採購與公共市場研究論文集》，中國經濟出版社 2010 年版，第 203 頁。

[5]. 姜暉：《WTO〈政府採購協議〉與中國〈政府採購法〉比較研究》，《當代法學》，2003 年第 7 期。

[6]. 林鴻鳴著：《政府採購法之實用權益》，臺北永然文化出版股份有限公司 2010 年版，第 227 頁。

[7]. 參見黃玉華主編：《政府採購法解讀：逐條釋義》，元照出版社 2003 年版，第 249 頁。

[8]. GPA（1994）第 20 條第 1 款規定：「供應商對違反本協議規定的採購提出投訴時，締約方應鼓勵供應商與採購機構進行磋商，解決爭議。採購機構在不妨礙按投訴程序採取糾正措施的前提下，應對投訴事件及時、公正地予以考慮。」

[9]. 焦富民著：《政府採購救濟制度研究》，復旦大學出版社 2010 年版，第 215 頁。

[10]. 肖北庚著：《國際組織政府採購規則比較研究》，中國方正出版社 2003 年版，第 174 頁。

[11]. 劉慧、羌建新主編：《全球金融危機形勢下的政府採購與公共市場研究論文集》，中國經濟出版社 2010 年版，第 203 頁。

[12]. 參見張傳主編：《政府採購法比較研究》，中國方正出版社 2007 年版，第 272 頁。

[13]. 劉慧、羌建新主編：《全球金融危機形勢下的政府採購與公共市場研究論文集》，中國經濟出版社 2010 年版，第 203 頁。

[14]. 劉慧、羌建新主編：《全球金融危機形勢下的政府採購與公共市場研究論文集》，中國經濟出版社 2010 年版，第 204 頁。

[15]. 王學良、宋睿：《中美政府採購法律制度比較研究》，《中北大學學報（社科版）》，2005 年第 1 期第 36 頁。

兩岸行政處罰制度的比較研究

張嘉東

◎福建南州律師事務所

引言

由於歷史原因,兩岸曾經互不來往,分別實行不同的社會制度,各自建立獨立的法律制度,在行政處罰制度上存在不少差異,但兩岸人民都是中華兒女,炎黃子孫,有密不可分的歷史文化傳統,兩岸法律體系均屬大陸法系,所以行政處罰制度也有不少相似之處。隨著兩岸關係逐漸緩和,各項交流合作迅速擴大,進一步加強兩岸法學交流與合作,增進彼此瞭解,對促進兩岸關係良性發展具有重大意義。在此歷史背景下,筆者擬從介紹兩岸行政處罰制度的角度,來分析、比較兩岸行政處罰法律制度,祈望能集思廣益,對增進兩岸法學交流有所助益。

一、兩岸行政處罰法律制度的概況

1. 中國是在廢除舊中國「六法」的基礎上,建立的全新的社會主義法律體系。在1980年代以前,行政法律制度一直不受重視,但在改革開放後短短的幾十年內,中國大陸根據新中國成立以來的行政法律實踐,借鑑世界先進的立法經驗,於1996年3月17日頒布了《行政處罰法》共64條,分總則、行政處罰的種類和設定、行政處罰的實施機關、行政處罰的管轄和適用、行政處罰的決定、行政處罰的執行、法律責任、附則等八章。此後中國大陸又陸續頒布《行政復議法》、《行政許可法》、《行政強制法》等一系法律、法規,已建立較完整的行政法律體系及配套制度,可見中國大陸行政處罰制度具有立法晚、起點高、速度快、立法技術先進、行政手段力度大等特點。

2. 臺灣行政法律制度是沿用舊中國「六法」而來,一直存在訴願制度、行政訴訟制度和行政法院,行政處罰本來散見於各種相關行政法律中。2005年1月14日臺灣立法支機構三讀透過臺灣的「行政罰法:共46條,分法例、責任、共同違法與並同處罰、裁罰之審酌加減及擴張、單一行為與數行為之裁罰、時效、管轄機關、裁處程序、附則等九章,是繼「訴願法」、「行政執行法」、「行政訴訟法」、「行政程序法」、「行政監督法」、「行政救濟法」等行政部門法完成立法後,又通過的一部重要行政法律,是將行政法法典化的重要里程碑。可見

臺灣行政處罰制度具有立法早，受傳統影響深，行政立法完善、行政司法實踐經驗豐富，但近年來行政立法速度慢等特點。

二、兩岸行政處罰的種類

1.《中華人民共和國行政處罰法》第八條規定了六種基本行政處罰及一種其他行政處罰，即：（1）警告；（2）罰款；（3）沒收違法所得、沒收非法財物；（4）責令停產停業；（5）暫扣或者吊銷許可證，暫扣或者吊銷執照；（6）行政拘留；（7）法律、行政法規規定的其他行政處罰。《行政處罰法》在明確規定六種基本行政處罰外，還規定其他行政處罰，是為適應今後的社會發展，若將來增設新的處罰種類提供法律依據，以避免與現行的行政法律發生矛盾。

2.臺灣「行政罰法」第一條規定：違反行政法上義務而受罰款、沒入或其他種類行政處罰時，適用本法。但其他法律有特別規定者，從其規定。第二條又規定，本法所稱其他種類行政罰是指下列裁罰性之不利處分：

（1）限制或禁止行為之處分：限制或停止營業，吊扣證照，命令停工或停止使用，禁止行駛，禁止出入港口、機場或特定場所，禁止製造、販賣、輸出入，禁止申請或其他限制或禁止為一定行為之處分。

（2）剝奪或消滅資格、權利之處分：命令歇業、命令解散、撤銷或廢止許可或登記、吊銷證照、強制拆除或其他剝奪或消滅一定資格或權利之處分。

（3）影響名譽之處分：公布姓名或名稱、公布照片或其他相類似之處分。

（4）警告性處分：警告、告誡、記點、記次、講習、輔導教育或其他相類似之處分。

可見臺灣基本行政處罰種類雖僅規定罰款、沒入、其他種類行政處罰三種類型，給人太過概括的感覺，但第二條又規定裁罰性不利處分的四種措施卻讓人覺得太過繁雜。而臺灣「社會秩序維護法」也有拘留等限制人身自由的規定。但臺灣學界卻反對將人身自由罰列為行政罰處罰的種類或措施，以避免行政機關的權限過大，故臺灣「行政罰法」將行政拘留等限制人身自由的處罰排除在行政處罰的種類或措施之外。

三、兩岸行政處罰法設定行政處罰權的規定

1.《行政處罰法》第九條至第十四條規定設定行政處罰權如下：

（1）法律可以設定各種行政處罰。但限制人身自由的行政處罰，只能由法律設定。

（2）行政法規可以設定除限制人身自由以外的行政處罰。地方性行政法規可以設定除限制人身自由、吊銷企業營業執照以外的行政處罰。但法律、行政法規對違法行為已經作出行政處罰規定，地方性法規需要作出具體規定的，必須在法律、行政法規規定的給予行政處罰的行為、種類和幅度的範圍內規定。

（3）國務院、委員會制定的規章可以在法律、行政法規規定的給予行政處罰的行為、種類和幅度的範圍內作出具體規定。

（4）省、自治區、直轄市人民政府和省、自治區人民政府所在地的市人民政府以及國務院批准的較大的市人民政府制定規章可以在法律、行政法規規定的給予行政處罰的行為、種類和幅度的範圍內作出具體規定。尚未制定法律、行政法規的，前款規定的人民政府制定的規章對違反行政管理秩序的行為，可以設定警告或者一定數量罰款的行政處罰。罰款限額由省、自治區、直轄市人民代表大會常務委員會規定。

《行政處罰法》第九條第一款規定：法律可以設定各種行政處罰，但人身自由處罰只能由法律規定。但同法第三條又規定：公民、法人或者其他組織違反行政管理秩序的行為，應當給予行政處罰的，依照本法由法律、法規或者規章規定，並由行政機關依照本法規定的程序實施。同法第十條至第十四條又規定許可行政法規、地方性法規及國務院規章，可以規定某種程度的行政處罰。可見《行政處罰法》對行政處罰法定原則的「法」採取「廣義」的解釋。且因中國大陸過去實行計劃經濟，行政機關權力強大，長期採取概括授權各級行政機關制定法規及規章設定行政處罰的做法，故《行政處罰法》設定行政處罰權的規定，顯得過於寬鬆且又繁雜。

2. 臺灣「行政罰法」第四條規定：違反行政法上義務之處罰，以行為時之法律或自治條例有明文規定者為限。而「法律」是否包括法律明確授權的法規命令，臺灣「大法官」釋字第三一三、三九四、四〇二號解釋認為，對人民違反行政法上義務之行為課予裁罰性之行政處分，涉及人民權利之限制，其處分之構成要件與法律效果，應由法律定之，法律雖得授權以命令為補充規定，唯授權之目的、範圍及內容必須具體明確，然後據以發布命令，方符「憲法」第二十三條之意旨。可見臺灣行政處罰法定原則的「法」，是採取「狹義」的解釋，明確規定只有法律或自治條例可以設定各種行政罰。臺灣的最高行政機構、「部委」、省、直轄

市政府都不能制定行政處罰。臺灣法界認為：行政處罰是對人身自由、財產、營業及榮譽權的侵害，應有法律或自治條例的明確規定，行政機關才能據以作出處罰。且處罰法定原則包括：禁止以法律或自治條例以外規定的處罰原則、法律明確性原則、類推禁止原則與回溯禁止原則。可見兩岸都有行政處罰法定原則的相關規定，但其內容有很大的差異。

四、兩岸行政處罰有關責任能力及責任條件的規定

1.《行政處罰法》第二十五條規定：不滿 14 週歲的人有違法行為的，不予行政處罰，責令監護人加以管教。已滿 14 週歲未滿 18 歲的人有違法行為的，從輕或者減輕處罰。第二十六條規定：精神病人在不能辨識或者不能控制自己行為時有違法行為的不予行政處罰，但應責令其監護人嚴加看管治療。間歇性精神病人在精神正常時有違法行為的，應當給予行政處罰。第七條規定公民、法人或者其他組織因違法受到行政處罰。雖然沒有明文規定行政處罰必以故意、過失為前提，但上述條文規定對行為人年紀的不罰或減輕規定（第二十五條），無意識能力者不罰（第二十六條），中止犯、無結果犯的不罰或減輕及不可抗力的減輕（第二十七條），明確規定行政處罰應具備的責任能力及責任條件，體現行政處罰應以有責性為前提。

2.臺灣「行政罰法」第七條規定：違反行政法上義務之行為非出於故意或過失者，不予處罰。法人、設有代表人或管理人之非法人團體、「中央」或地方機關或其他組織違反行政法上義務者，其代表人、管理人、其他有代表權之人或實施行為之職員、受僱人或從業人之故意或過失，推定為該等組織之故意或過失。第八條規定：不得因不知法規而免除行政處罰責任。但按其情節，得減輕或免除其處罰。第九條規定：未滿 14 歲之行為不予處罰。14 歲以上未滿 18 歲之行為得減輕處罰。行為時因精神障礙或其他心智缺陷，致不能辨識其行為違法或欠缺依其辨識而行為之能力者不予處罰。行為時因前項之原因，致其辨識行為違法或欠缺依其辨識而行為之能力，顯著減低者，得減輕處罰。第十二條規定：對正當防衛，緊急避險的行為不處罰，但對防衛行為或避險行為過當者，得減輕或免除其處罰。也明確規定行政處罰的責任能力及責任條件，體現行政處罰有責性的原則。且臺灣行政處罰有關責任能力的規定與大陸的相關規定一致，責任條件的規定差異也不大。

五、兩岸行政處罰「一行為不二罰」原則

1.《行政處罰法》第二十四條規定：對當事人的同一違法行為，不得給予兩次以上罰款的行為處罰。第二十八條規定：違法行為構成犯罪，人民法院判處拘役或有期徒刑時，行政機關已經給予當事人行為拘留的，應當依法折抵相應刑期。違法行為構成犯罪，法院判處罰金時，行政機關已經給予當事人罰款的，應當折抵相應罰金。可見《行政處罰法》規定一行為不二罰是指：同一個違反行政秩序行為不能遭到兩次罰款的行政處罰。僅指「罰款不二罰」。但可以對於同一違反行政秩序行為給予罰款同時，並罰其他種處罰，例如：責令停產、暫扣許可證。

2.臺灣《行政罰法》第二十四條規定：一行為違反數個行政法上義務規定而應處罰款者，依法定罰款額最高之規定裁處。但裁處之額度，不得低於各該規定之罰款最低額。前項違反行政法上義務行為，除應處罰款外，另有沒入或其他種類行政罰之處罰者，得依該規定並為裁處。但其處罰種類相同，如從一重處罰已足以達成行政目的者，不得重複裁處。一行為違反社會秩序維護法及其他行政法上義務規定而應受處罰，如已裁處拘留者，不再受罰款之處罰。同法第二十三條規定：一行為同時犯刑事法律及違反行政法上義務規定者，依刑事法律處罰之。但其行為應處以其他種類行政罰或得沒入之物而未經法院宣告沒入者，亦得裁處之。前項行為如經不起訴處分或為無罪、免訴、不受理、不付審理之裁判確定者，得依違反行政法上義務規定裁處之罰款。可見臺灣《行政罰法》規定的一行為不二罰原則是指：同一行為不受二次以上的處罰；禁止行政機關對於違反行政法義務規定而應受處罰者的同一行為，以相同或類似的處罰種類多次處罰。但數行為違反同一或不同行政法上義務的規定，仍應分別受到處罰。

六、兩岸行政處罰的適用原則

1.《行政處罰法》第四條規定：行政處罰遵循公正、公開的原則。設定和實施行政處罰必須以事實為依據，與違法行為的事實、性質、情節以及社會危害程序相當。對違法行為給予行政處罰的規定必須公布；未經公布的，不得作為行政處罰的依據。同法第三十條規定：公民、法人或者其他組織違反行政管理秩序的行為，依法應當給予行政處罰的，行政機關必須查明事實；違法事實不清的，不能給予行政處罰。同法第三十一條規定：行政機關在作出行政處罰決定之前，應當告知當事人作出行政處罰決定的事實、理由及依據，並應告知當事人依法享有的權利。同法第三十三條規定：當事人有權進行陳述和申辯。行政機關必須充分聽取當事人的意見，對當事人提出的事實、理由或者證據，應當進行覆核；當事人提出的事實、理由或者證據成立的，行政機關應當採納。行政機關不得因當事

人申辯而加重處罰。同法第三十六條規定：除本法第三十三條規定的可以當場作出行政處罰外，行政機關發現公民、法人或者其他組織有依法應當給予行政處罰的行為的，必須全面、客觀、公正地調查，收集有關證據；必要時，依照法律、法規的規定，可以進行檢查。同法第四十一條規定：行政機關及其執法人員在作出行政處罰決定之前，不依照本法第三十一條、第三十二條的規定向當事人告知給予行政處罰的事實、理由和依據，或者拒絕聽取當事人的陳述、申辯，行政處罰決定不能成立。同法第三十七條三款有關迴避的規定，都體現實施行政處罰應遵循的公平、公開、公正原則。

2. 臺灣「行政罰法」第三十三條規定：行政機關執行職務之人員，應向行為人出示有關執行職務之證明文件或顯示足資辨別之標誌，並告知其所違反之法規。同法第三十五條規定：行為人對於行政機關依前條所為之強制排除抗拒保全證據或強制到指定處所查證身分不服者，得向該行政機關執行職務之人員，當場陳述理由表示異議。行政機關執行職務之人員，認前項異議有理由者，應停止或變更強制排除抗拒保全證據或強制到指定處所查證身分之處置；認無理由者，得繼續執行。經行為人請求者，應將其異議要旨製作紀錄交付之。同法第四十二條規定：行政機關於裁處前，應給予受處罰者陳述意見之機會。同法第四十三條第一款規定：行政機關為第二條第一款及第二款之裁處前，應依受處罰者之申請，舉行聽證。同法第四十四條規定：行政機關裁處行政罰時，應作成裁處書，並為送達。上述法律條文雖然沒有明確規定行政處罰應遵循公開、公平、公正原則，但都有體現行政處罰的公開、公平、公正原則。

七、兩岸行政處罰時效

1.《行政處罰法》第二十九條規定：違法行為在二年內未被發現者，不得再給予行政處罰。法律另有規定的除外。前款規定的期限，從違法行為發生之日起計算；違法行為有連續或者繼續狀態的，從行為終了之日起計算。

2. 臺灣「行政罰法」第二十七條第一項規定：行政罰之裁處權，因三年期間之經過而消滅。前項期間，自違反行政法上義務之行為終了時起算。但行為之結果發生在後者，自該結果發生時起算。前第二項之情形，第一項期間自不起訴處分或無罪、免訴、不受理、不付審理之裁判確定者，自不起訴處分或無罪、免訴、不受理、不付審理之裁判確定日起算。

行政罰之裁處因訴願、行政訴訟或其他救濟程序經撤銷而須另為裁處者，第一項期間自原裁處被撤銷確定之日起算。同法第二十八條規定：裁處權時效，因

天災、事變或依法律規定不能開始或進行裁處時，停止其進行。前項時效停止，自停止原因消滅之翌日起，與停止前已經過之期間一併計算。

八、兩岸行政處罰的適用對象

1.《行政處罰法》第三條規定：公民、法人或者其他組織違反行政管理秩序的行為，依法應當給予行政處罰的，依照本法由法律、法規或者規章規定，並由行政機關依照本法規定的程序實施。可見大陸行政處罰適用對象只有：公民、法人或者其他組織，不包括中央或地方機關。

2.臺灣「行政罰法」第三條規定：本法所稱行為人，係指實施違反行政法上義務行為之自然人、法人、設有代表人或管理人之非法人團體、中央或地方機關或其他組織。可見臺灣行政處罰的適用對象很廣，包括：自然人、法人、設有代表人或管理人的非法人團體、中央或地方機關或者其他組織。

結束語

綜上所述，兩岸行政處罰概念、法律名詞、術語、體例和結構大致相同，但行政處罰的種類、行政處罰權的設定、一事不二罰、時效、適用對象等方面的內容都有很大差異，所以兩岸應該進一步加強法學交流合作，增進彼此瞭解，相互借鑑行政處罰立法及行政處罰實務經驗，以促進兩岸關係良性發展，造福兩岸人民。

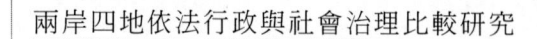

海峽兩岸行政處罰制度比較研究——以完善大陸地區行政處罰制度為視角

范琦武

◎順昌縣公安局法制科科長

眾所周知，行政處罰涉及公民人身、財產權益的限制或剝奪，從有關部門行政復議訴訟統計情況來看，行政處罰案件占具體行政行為相當的比重。應該說，行政處罰幾乎涉及中國行政管理的各個領域，可以說，行政處罰已成為中國行政機關實施行政管理，維護社會秩序和經濟秩序，保護公共利益和社會利益，懲治行政違法行為的一項重要法律制度。[1] 從這個意義上講，規範行政處罰，完善行政處罰制度是行政法治建設的重點。本文以海峽兩岸行政處罰法律文件為研究對象，[2] 就行政處罰理念、行政處罰原則、行政處罰程序等相關制度進行比較，以借鑑和吸收臺灣行政處罰制度為出發點，就完善《中華人民共和國行政處罰法》提幾點建設性建議。

一、行政處罰法律文本比較

從文本的結構來看，《行政處罰法》採取章節體例結構，全文共八章六十四條，實體與程序融為一體；臺灣的「行政罰法」沒有採取章節體例結構，該法全文共四十六條，而行政處罰程序則另行立法，由統一的行政程序法來規範和控制。從大陸地區的行政處罰實踐來看，由於大陸地區每個行政行為（行政處罰、行政許可等）都有各自的程序規範，導致行政程序繁雜，不統一，以致相對人無所適從，即便是行政機關公務人員，也難以全面掌握現行有效的行政行為程序。所以，筆者認為，臺灣採取實體與程序分立模式，較為科學，這便於統一行政程序，規範行政行為，值得借鑑。

從文本公布到實施時間來看，《行政處罰法》從公布到實施是 6 個月 14 日，而臺灣的相關規定從公布到實施有一年度時間的跨度。依照常理，從法律公布到實施最起碼要讓公眾知曉，相關機關和人員理解、掌握，以及從軟體和硬體方面都要作好實施準備。那麼，這就需要一定的時間。大陸地區人口眾多，地域廣闊，實施行政處罰機關又眾多，從公布到實施半年時間，應該說是比較緊張。實踐中，有些行政處罰機關，特別是一些基層的執法機關沒能在規定的時間內很好地做足相應的準備工作，導致在具體的行政處罰過程中，對法條的理解和掌握出現不統

一不規範現象。[3]從法律公布到實施有個充分的準備過程，這對於法律的實施當然是很有利處，僅從這一點來看，臺灣的「行政罰法」從公布到實施用一年的時間是比較合理的。

從法律文本與其他單行法關係來看，臺灣「行政罰法」第1條規定：「違反行政法上義務而受罰鍰、沒收或者其他種類行政罰之處罰時，適用本法，但其他法律有特別規定者，從其規定。」顯然臺灣是以「行政罰法」為基本法，只有在其他法律有特別規定時才能適用其他法律。《行政處罰法》第2條規定：「行政處罰的設定和實施，適用本法。」從法理上講，《行政處罰法》是由全國人民代表大會透過，屬於基本法律，有關行政處罰的規定，不論是設定還是實施，也不論是實體還是程序，必須以《行政處罰法》為準。但是，在行政處罰程序上，大陸地區的行政處罰程序採取的又是特別法優於普通法的做法，如《治安管理處罰法》第3條規定：「治安管理處罰的程序，適用本法的規定；本法沒有規定的，適用《中華人民共和國行政處罰法》的有關規定。」在此，筆者建議吸收臺灣的立法表述，在《行政處罰法》第2條「行政處罰的設定和實施，適用本法」後面增加「但其他法律有特別規定者，從其規定」，以增加法律適用的靈活性和普適性。

從法律文本是否涉及溯及力來看，臺灣「行政罰法」第4條規定「違反行政法上義務之處罰，以行為時之法律或自治條例有明文規定者為限」，同時第5條規定「行為後法律或自治條例有變更者，適用行政機關最初裁處時之法律或自治條例。但裁處前之法律或自治條例有利於受處罰者，適用最有利於受處罰者之規定」。顯然，臺灣採取的是靈活的從新兼從輕原則。這方面，《行政處罰法》沒有明確規定，僅在實踐中，一些部門依刑法理論即從舊兼從輕原則來適用。還有對於法律施行後，應受處罰而未經裁處的行為，如何處理，臺灣「行政罰法」第45條規定「對本法施行前違反行政法上義務之行為應受處罰而未經裁處，於本法施行後裁處者，除第十五條、第十六條、第十八條第二項、第二十條及第二十二條規定外，均適用之」，而《行政處罰法》就沒有明確規定。不難看出臺灣立法機關為了防止法律公布實施後出現的真空地段，在立法時就法律公布實施與現實社會可以出現的行為都作了詳細具體的銜接規範，這種考慮周全的立法，既方便了執法的需要，又減少執法中出現的真空，很值得大陸地區學習和借鑑。

二、海峽兩岸行政處罰理念比較

結合臺灣《行政罰法》與《行政程序法》規定的情況看，這兩部法律著力點是放在控制和規範行政行為的運作。筆者認為臺灣行政處罰理念在於控制行政權，如臺灣「行政程序法」第1條規定：「為使行政行為遵循公正、公開與民主之程序，確保依法行政之原則，以保障人民權益，提高行政效能，增進人民對行政之信賴，特制定本法。」緊接著在「行政程序法」第4、5、6、7、8、9、10等條文對行政處罰行為進行規範控制。從《行政罰法》規定情況來看，其著力點在於構建行政權力與公民權利之間的和諧，如《行政罰法》第1條規定：「為了規範行政處罰的設定和實施，保障和監督行政機關有效實施管理，維護公共利益和社會秩序，保護公民、法人或者其他組織的合法權益，根據憲法，制定本法。」大陸地區的行政處罰理念在於既控權又保權。[4]

值得一提的是，臺灣為了加強對行政處罰權的控制，專門頒布一部完整的「行政程序法」，從行政處罰的原則、步驟、幅度及行政處罰的方式上都進行全面的規範，這種用專門的程序來控制行政處罰權的模式是值得大陸地區學習和借鑑的。大陸地區既控權又保權的理念在具體的行政處罰制度的構建上，卻沒有達到應有的效果，或者說構建權力與權利的和諧關係在具體的實踐操作上發生偏差。表現之一，控權不足，比如，行政機關有行政處罰的立法權，即行政機關自身可以設定行政處罰事項和權限，同時，自己還可以就行政處罰程序進行自我規範，也就是通常人們所說的自己設立處罰權，然後又自己來行使處罰權，這種控權效果就大打折扣。本來，立法的目的是要控制行政機關的行政處罰權，可是，立法時，又給了行政機關自己可以設立行政處罰權的權力，這樣就給行政機關濫用行政處罰權開了法律上的通行證。實踐中，有很多行政糾紛就是因此而引發。表現之二，《行政罰法》在保權方面也是不足，比如，《行政罰法》規定了限制人身自由處罰種類，本來是為了方便行政機關透過行使更為嚴厲的行政處罰權，實現對社會的管理和控制，最終達到保護公民合法權益的目的，可是對限制人身自由權力的行使，法律沒有賦予當事人提起聽證的權利，這就導致實踐中一些執法機關可以很隨意地透過限制人身自由的處罰手段來達到行政目的。[5]

理論的核心範疇是理念，[6]法治理念是一定的組織和個人對法律的功能、作用和法律的實施所持有的思想、信念和觀念的總和，[7]不論是控權論、管理論還是平衡論，其核心範疇都是圍繞權力、權利或者權力與權利關係展開。在此，筆者不作過多的評述。[8]本文僅從憲法角度來看，一切權力屬於人民，人民透過立法權來規範行政權力的設定與運作。從這個意義上講，由人民來控制行政權是符合憲法規定的，控權論也符合現代法治要求，並具有憲法依據。特別是當下大陸

地區行政權力過多過強過濫情形下，很有必要借鑑臺灣的做法，透過制定統一的行政程序法加大對包括行政處罰權在內的行政權力的控制。[9]

三、海峽兩岸行政處罰原則比較

眾所周知，行政處罰原則是指導行政處罰設定和實施的具有普遍指導意義的準則。[10] 所以，一部法律原則的規定很重要，具有畫龍點睛、統領全局之功效，且在整個部門法中對該法的制定、適用均造成根本性指導和協調作用。[11] 評價一部法律是否科學、民主、規範，不僅關注法律理念，同時，還應關注法律原則。臺灣行政處罰原則主要集中在行政程序法，把行政處罰作為一種行政行為統一規定在「行政程序法」之中。換言之，臺灣「行政程序法」中有關行政行為的原則適用於行政處罰。臺灣行政處罰原則主要規定在「行政程序法」第 4、5、6、7、8、9、10 條，該法第 4 條規定「行政行為應受法律及一般法律原則之拘束」；第 5 條規定「行政行為之內容應明確」；第 6 條規定「行政行為，非有正當理由，不得為差別待遇」；第 7 條規定「行政行為，應依下列原則為之：一、採取之方法應有助於目的之達成。二、有多種同樣能達成目的之方法時，應選擇對人民權益損害最少者。三、採取之方法所造成之損害不得與欲達成目的之利益顯失均衡」；第 8 條規定「行政行為，應以誠實信用之方法為之，並應保護人民正當合理之信賴」；第 9 條規定「行政機關就該管行政程序，應於當事人有利及不利之情形，一律注意」；第 10 條規定「行政機關行使裁量權，不得踰越法定之裁量範圍，並應符合法規授權之目的」。而《行政處罰法》的原則主要規定在總則部分的第 3、4、5、6 條，該法第 3 條規定：「公民、法人或者其他組織違反行政管理秩序的行為，應該給予行政處罰的，依照本法由法律、法規或者規章規定，並由行政機關依照本法規定的程序實施。沒有法定依據或者不遵守法定程序的，行政處罰無效。」這一條款大陸地區稱之為處罰法定原則。第 4 條規定：「行政處罰應遵循公正、公開的原則。」第 5 條規定：「實施行政處罰，糾正違法行為，應當堅持處罰與教育相結合，教育公民、法人或者其他組織自覺守法。」第 6 條規定：「公民、法人或者其他組織對行政機關所給予的行政處罰，享有陳述權、申辯權；對行政處罰不服的，有權依法申請復議或者提起行政訴訟。公民、法人或者其他組織因行政機關違法給予行政處罰受到損害的，有權依法提出賠償要求。」

透過比對，不難看出，臺灣行政處罰貫穿著控權理念，每個原則都從控權的視角來規定，同時，臺灣行政處罰原則更具有指導性和可操作性，比如誠實信用原則、信賴利益保護原則、比例原則、法律優先原則、合理原則等。反觀《行政

處罰法》，宏觀的多，口號式的多，具體的、可操作性的、切合現實需要的原則少，如：誠實信用原則、信賴利益保護原則等，這些原則《行政處罰法》沒有明確規定，僅在一些專家學者的理論闡述中有所瞭解。但是，這些原則在當下社會實踐中又極其需要，比如：行政機關實施行政處罰權當然要講誠實信用，可是如果《行政處罰法》沒有這麼規定，行政機關領導就可以不受這個原則的約束，就會出現今天領導上任一個樣，明天領導換了又一個樣，或者今天上級機關頒布一個文件是這樣，明天更高一層的機關頒布一個紅頭文件又是另一樣的狀況。追根溯源，由於歷史原因，大陸地區追求的是國家利益、集體利益、社會利益，而忽視公民個體利益，一旦公民個體利益與國家利益、集體利益、社會利益發生衝突時，公民個體利益要讓位於國家利益、集體利益、社會利益。而在法治社會、市場經濟條件下，公民利益與國家利益、集體利益、社會利益是一體保護的，這就需要建立誠實信用原則、信賴利益保護原則。在當下執法公信力下降，社會誠信缺失的情況下，必須加強政府誠信建設、社會誠信建設，實現社會管理創新，筆者建議盡快修改《行政處罰法》，借鑑和吸收臺灣有關誠實信用、信賴利益保護等原則的相關規定。

四、海峽兩岸行政處罰程序比較

行政處罰要透過一定的方式、步驟和時間、順序來實現，這就是行政處罰的程序。[12]用程序來規範和控制行政處罰是現代法治的重要特徵，從一定意義上講，程序即法。[13] 轉換一個視角來看程序的重要性，一個國家法治建設是否民主、公開、公正，其評價標準除了理念、原則外，那就要看程序是否規範完備了，如果沒有規範完備的程序法，實體法上的權力最終會演變成當權者手中的專制利器。前文已談到臺灣行政處罰權由專門的行政程序法來規範控制，大陸地區行政處罰權是在《行政處罰法》中專門規範處罰程序，不論是臺灣的專門立法還是大陸地區的融為一體，海峽兩岸都很注重行政處罰程序建設，都規定了調查程序、告知程序、聽證程序、決定程序、送達程序。但是，依筆者的經驗，以及透過對臺灣行政處罰制度的瞭解，由於理念、原則不同，所以在規範和控制行政處罰權方面，大陸地區程序規範有的地方不盡人意，[14]臺灣的行政處罰程序相當規範、完整，針對性很強，也便於公務員操作，同時，消除了權力控制不規範所帶來的隱患。《行政處罰法》雖然也有程序，但是在既想控權又想保權的理念指導下，給行政處罰權力留下自由自主的空間，這就為權力濫用打開一條通道，下面舉例說明：

行政處罰程序之外與當事人接觸問題。《行政處罰法》沒有就這個問題進行專門的規定，導致執法實踐中一些公務員與當事人在行政程序之外單方接觸，而無法從法律上進行評價，[15]而臺灣「行政程序法」第47條規定：「公務員在行政程序中，除基於職務上必要外，不得與當事人或代表其利益之人為行政程序外之接觸。公務員與當事人或代表其利益之人為行政程序外接觸時，應將所有往來之書面文件附卷，並對其他當事人公開。接觸非以書面為之者，應作成書面紀錄，載明接觸對象、時間、地點及內容。」臺灣在「行政程序法」中明文禁止公務員與當事人行政程序外的接觸，這對公正執法，提升行政機關執法公信力是很有利處的。應該說，在大陸地區，人情往來比較盛行，出了事情托關係、找朋友、找親屬這是很普遍的事情。由於大陸地區沒有禁止行政處罰程序外的接觸，就無法從法律上制止一些公務員單方接觸當事人。特別是當下，推進依法行政，做到嚴格公正文明執法，構建和諧社會和法治國家，首先必須在法律上對影響公正文明執法的行為或現象進行規範和禁止，所以，臺灣有關行政處罰程序之外與當事人接觸的規定值得借鑑。

在保障相對人陳述權方面。常言道「兼聽則明」，應該說行政處罰中的聽證程序能較全面地反映和保障當事人陳述權，也更能保證裁決中立和保障相對人平等、有效參與行政處罰決定。[16]大陸地區雖然也規定了聽證程序，但是，正如前文已提到的，大陸地區沒有將限制人身自由的拘留處罰納入聽證範圍，導致一些案件，在拘留執行過程中或者拘留結束後提起復議或者訴訟，以致事後該拘留處罰決定被撤銷而導致國家賠償。臺灣在保障相對人陳述權方面作了充分詳細的規定，臺灣「行政程序法」第66條規定：「聽證終結後，決定作成前，行政機關認為必要時，得再為聽證。」接著該法第102條規定：「行政機關作成限制或剝奪人民自由或權利之行政處分前，除已依第三十九條規定，通知處分相對人陳述意見，或決定舉行聽證外，應給予該處分相對人陳述意見之機會。」這也充分體現了臺灣行政處罰制度建設著力點在於控制公權的理念。應該說透過聽證方式或者給予相對人陳述意見的機會這種做法，更有利於瞭解事實真相，更有利於最大限度地防止執法機關錯案、假案、冤案現象的發生。大陸地區雖然規定了聽取陳述和申辯的程序，在實踐中，一些地方執法機關把聽取陳述和申辯當做可有可無的程序走過場，在告知處罰的事實、依據和理由後便讓當事人簽字。

送達程序。法律文書的送達直接影響到行政處罰的生效和當事人的權益。大陸地區在送達方面規定得不夠具體，而臺灣「行政程序法」針對不同情形對送達作了很詳細的規定，特別是在不能採取直接送達、留置送達情況下，該法第74條

規定:「得將文書寄存送達地之地方自治或警察機關,並作送達通知書兩份,一份黏貼於應受送達人住居所、事務所、營業所或其就業處所門首,另一份交由鄰居轉交或置於該送達處所信箱或其他適當位置,以為送達。」這就避免了因法律文書送達不到位,而影響了案件的及時處理,提高了行政效能。

更正程序。行政機關在實施行政處罰過程中,會出現告知救濟期間錯誤或者行政處罰內容誤寫、誤算等情況,《行政處罰法》未明確規定如何糾正,導致實踐中有的地方法院判決撤銷具體行政行為,有的地方法院建議裁處機關更正,而臺灣「行政程序法」第 98 條規定:「處分機關告知之救濟期間有錯誤時,應由該機關以通知更正之,並自通知送達翌日起算法定期間。處分機關告知之救濟期間較法定期間長者,處分機關雖以通知更正,如相對人或利害關係人信賴原告知之救濟期間,致無法於法定期間內提起救濟,而於原告知之期間內為者,視為於法定期間內所為。處分機關未告知救濟期間或告知錯誤未更正,致相對人或利害關係人遲誤者,如自處分送達一年內聲明不服時,視為法定期間內所為。」第 101 條規定:「行政處分如有誤寫、誤算或其他類此之顯然錯誤者,處分機關得隨時或依申請更正。前項更正,附記於原處分書及其正本,如不能附記者,製作更正書,以書面通知相對人及已知利害關係人。」上述這些規定都很有針對性,解決了現實情況存在的問題,提高行政效能,維護行政權威,確實值得學習和借鑑。

五、行政處罰若干具體制度比較

由於理念、原則、程序不同,海峽兩岸行政處罰在若干具體制度的構建上,有相當多的地方還存在差異:

行政處罰無效制度。臺灣在「行政程序法」中確立了行政處罰無效制度,首先該法確立了行政處罰無效的情形,該法第 111 條規定:「行政處分有下列各款情形之一者,無效:一、不能由書面處分中得知處分機關者。二、應以證書方式作成而未給予證書者。三、內容對任何人均屬不能實現者。四、所要求或許可之行為構成犯罪者。五、內容違背公共秩序、善良風俗者。六、未經授權而違背法規有關專屬管轄之規定或缺乏事務權限者。七、其他具有重大明顯之瑕疵者。」其次確立了請求確認行政處罰無效和依職權確認行政處罰無效的程序,該法第 113 條規定:「行政處分之無效者,行政機關得依職權確認之。行政處分之相對人或利害關係人有正當理由請求確認行政處分無效時,處分機關應確認其為有效或無效。」大陸地區也有行政處罰無效制度,《行政處罰法》第 3 條規定:「沒有法定依據或者不遵守法定程序的,行政處罰無效。」但是,與臺灣相比,有一

些方面明顯存在不足，或者說，《行政處罰法》是 1990 年代訂定的，在當時是科學的先進的，並符合時代要求的，隨著經濟社會的發展，在當下，有的規定已不能滿足現實需要。例如，大陸地區行政執法機關違背公序良俗的行為，顯然不利於和諧社會的構建，但是，能否被認定為無效行政行為，現行《行政處罰法》沒有明確規定。而且，即便從法理上講，行政處罰內容違背公序良俗的處罰行為無效，但是，《行政處罰法》也沒有像臺灣那樣確立當事人對行政處罰無效的請求權或者行政機關依職權確認行政處罰無效的程序。所以，為維護公序良俗，構建社會和諧，建議大陸地區將「行政處罰內容違背公序良俗」認定為無效行政處罰，同時，確立當事人的行政處罰無效請求權制度。

行政裁決權消滅制度。筆者在監督執法過程中，發現過這種情況，即案件在經辦人手中，遲遲不處理。經瞭解，才知道是辦案單位拿著案件來牽制和控制著當事人，如果當事人聽話，這個案件就拖著不處罰，如果當事人不聽話，即便過了三五年，也照樣對其進行處罰。其實，實踐中還有一種現象，案件事實清楚，證據確鑿，是應該裁處的，但是，為了維護某方當事人的利益，又不便於裁處，如果直接作出不予處罰決定又明顯違反法律規定，怎麼辦，只好採取拖的辦法，遇到有關方面的當事人上訪或者上級機關過問，就答覆正在調處。之所以會出現這種現象，與《行政處罰法》在控權方面不完全到位，沒有確立行政裁決權消滅制度有關。在這方面臺灣就做得很到位，「行政罰法」第 27 條就作出規定：「行政罰之裁處權，因三年期間之經過而消滅。」這樣的規定對於防止公權力濫用是很有好處的，值得大陸地區借鑑。特別是大陸個別山區的執法機關辦案經費嚴重不足，為解決辦案經費會找一些單位或者關係人拉贊助，「吃人的嘴軟」，如果這個單位或關係人或其親屬違反行政義務應受行政處罰，而接受贊助的執法機關，就會採取拖的辦法。因此，筆者建議大陸地區應設立行政裁決權消滅制度。

當事人的知情權保障制度。行政處罰案件是透過相關資料和證據來展現的。行政執法機關只能依據已調取收集的證據資料進行裁處。所以，資料和證據最能反映案件的情況。要保障當事人的知情權、監督權，最好的辦法就是賦予當事人申請閱覽、抄寫、複印或拍攝有關資料或卷宗的權利。臺灣「行政程序法」第 46 條規定：「當事人或利害關係人得向行政機關申請閱覽、抄寫、複印或攝影有關資料或卷宗，行政機關不得拒絕。」而《行政處罰法》在這方面沒有明確的規定。

一事不二罰。這是大陸學者針對《行政處罰法》規定提出的概念，該法 24 條規定：「對當事人的同一個違法行為，不得給予兩次以上罰款的行政處罰。」臺

灣也有類似規定，臺灣「行政罰法」第 24 條規定：「一行為違反數個行政法上義務規定而應處罰鍰者，依法定罰鍰額最高之規定裁處。但裁處之額度，不得低於各該規定之罰鍰最低額。前項違反行政法上義務行為，除應處罰鍰外，另有沒入或其他種類行政罰之處罰者，得依該規定並為裁處。但其處罰種類相同，如從一重處罰已足以達成行政目的者，不得重複裁處。」很明顯，臺灣「一事不二罰」的規定不僅限於罰款，只要是相同種類的處罰，即「處罰種類相同，如從一重處罰已足以達成行政目的者，不得重複裁處」。大陸地區「一事不二罰」僅限於罰款，沒有延伸到其他種類，換句話說，除了罰款，即便相同種類的處罰，也不受「一事不二罰」限制。從人性化執法角度看，「從一重處罰已足以達成行政目的者，不得重複裁處」，顯得更為合理。

　　結語

　　大陸地區行政處罰制度與臺灣行政處罰制度相比，有些地方還是不夠完善的，臺灣行政處罰制度在相當多的方面可圈可點，海峽兩岸同根源，更應加強交流，擴大影響，相互借鑑，共同發展，為推進依法行政作出貢獻。

注　釋

[1]. 胡錦光等：《行政法專題研究》中國人民大學出版社，1998 年 9 月版，第 209 頁。

[2]. 感謝福建警察學院「兩岸警務合作」項目組領導同志提供臺灣法律文本。

[3]. 《行政處罰法》第 31 條規定行政機關在作出行政處罰決定之前，應當告知當事人作出行政處罰決定的事實、理由及依據，並告知當事人依法享有的權利。由於公布到實施時間較短，一些行政機關對行政處罰的實施準備不充分，實踐中，對告知的時間，內容都不一致，即使是同一個機關告知也是五花八門，影響法律的實施效果。參見范琦武：《公安行政處罰告知程序若干問題研究》，《福建公安高等學校學報》2002 年 1 期。

[4]. 羅豪才等：《行政法平衡理論演講錄》北京大學出版社，2010 年版，第 5 頁。

[5]. 《行政處罰法》規定了聽證制度，對較大數額的罰款和吊銷許可證，相對方有權提出聽證，而比罰款更為嚴厲的拘留卻沒有賦予相對方提起聽證的權利，其目的是方便行政機關執法，說白了就是方便公安機關抓人。實踐中所帶來的結果是，由於警察權力過於強大，又沒有很好地予以控制，最後演變成侵害公民權利的利器。所以，這種既想控權又想保權的立法理念，最終結果是既控不了權，也保不了權。參見范琦武：《科學發展觀視野中的警察司法制度研究——兼論構造

中國特色權力制衡模式》，羅鋒主編：《首屆中國警學論壇文集》，公安大學出版社 2009 年 2 月版，第 410 頁。

[6]. 范琦武等：《樹立和諧行政的執法理念》，載中央政法委辦公廳等編：《法治之魂》人民出版社 2007 年版，第 98 頁。

[7]. 中央政法委隊伍建設指導室等《社會主義法治理念學習問答》中國長安出版社，2006 年版，第 1 頁。

[8]. 筆者認為，平衡論從權力與權利的關係視角來構建和研究行政法學具有獨創新，也更符合中國行政法實踐。但是，單就行政處罰權的規範或控制來說，筆者則認為用程序法來控制行政處罰權做法值得肯定。

[9]. 范琦武：《科學發展觀視野中的警察司法制度研究——兼論構造中國特色權力制衡模式》，羅鋒主編：《首屆中國警學論壇文集》公安大學出版社，2009 年 2 月版，第 410 頁。

[10]. 中宣部宣教局等：《公務員依法行政讀本》中國政法大學出版社，2001 版，118 頁。

[11]. 孫笑俠：《法律對行政的控制——現代行政法的法理解釋》，山東人民出版社，1999 年版，33 頁。

[12]. 應松年：《比較行政程序法》中國法制出版社，1999 年版，160 頁。

[13]. 范琦武：《入世對公安行政執法的影響》載《人民公安報》2002 年 11 月 15 日。

[14]. 行政處罰程序缺乏有效的外部監督制約機制；行政處罰程序本身存在很多不合理因素。參見蔣勇等：《行政聽證程序研究與適用》，警察教育出版社，1997 年版，第 68 頁。

[15]. 筆者就接觸過這樣的例子，某單位在調處一起行政處罰案件，經辦人員通知雙方當事人到辦案人員所在單位的辦公室接受調處。甲方當事人提前到達，乙方當事人後來才到達，乙方當事人到達後，看到甲方當事人與經辦人正有說有笑從辦公室走出來。經辦人員見乙方當事人便不耐煩地說，這麼遲才來，今天沒有空下次再來。最終這個案件的處理結果對乙方當事人不利，乙方當事人就開始信訪，負責處理此信訪案件的同志表示這個案件經辦人依法辦案，符合法律規定，沒有違法之處。對此結論，乙方當事人當然不服，繼續上訪。

[16]. 應松年：《比較行政程序法》，中國法制出版社，1999 年版，192 頁。

論行政訴訟中行政首長出庭應訴的意義——以群體性事件的司法化解為視角

石柏林[1] 鄭勇[2] 郭哲[3]

◎[1] 湖南大學法學院教授、博士生導師

◎[2] 湖南大學法學院

◎[3] 湖南大學法學院副教授、博士

在當前中國社會轉型的特定歷史時期，由於經濟發展的不平衡、利益群體的興起和思想觀念轉變等原因引發了幹群關係的緊張，民眾採取集體行動對抗基層政府的群體性衝突事件時有發生，並呈現出不斷上升的趨勢。[1]大量複雜的社會矛盾中，行政行為侵害相對人權益的現象也不可避免，並且還表現出較為明顯的向「官民矛盾」轉化的趨勢。透過分析發現，在這眾多的群體性事件中，因行政糾紛引發的，規模更為龐大，後果更為嚴重，特別是涉及農村土地徵收、城市房屋拆遷、土地承包、集體土地使用權和林權流轉、城管暴力執法等社會焦點問題的群體性行政爭議，涉及面廣，人數眾多，矛盾尖銳，處理難度大，引發重大群體性事件的風險增大，嚴重影響了社會的和諧穩定。行政訴訟的司法實踐證明，行政首長出庭應訴，能夠改善和優化行政審判的司法環境，進一步發揮行政訴訟在保護公民合法權益、協調官民關係、化解官民矛盾上的重要作用，有效預防群體性事件的發生。本文試圖從推動行政首長出庭應訴和完善行政訴訟制度的角度，探討群體性事件的司法化解。

一、行政訴訟行政首長出庭應訴的現狀

行政訴訟行政首長出庭應訴，是指作為行政機關主要負責人的行政首長以行政訴訟案件被告的法定代表人身分參加人民法院開庭審理案件，進行答辯和辯論，行使法定權利和履行法定義務的活動。《行政訴訟法》的頒布實施至今已有20餘年，全國各級法院受理了大量的行政案件，最高人民法院網2010年2月公布的數據顯示，從1987年開始試點建立行政審判庭以來，全國各級法院共審結行政案件184萬餘件。行政訴訟制度的確立，是中國行政法治進程中的一座里程碑，對於保障公民、法人和其他組織的合法權益，監督和維護行政機關依法行政具有十分重要的作用。然而，在中國行政訴訟的司法實踐中，一直存在著「民告官，不見官」的現象，行政首長出庭應訴的比率極低，甚至某些地方多年來行政首長出庭應訴

的案件可謂屈指可數，一旦有某行政機關「一把手」出庭應訴，馬上就會成為當地新聞媒體爭相炒作的焦點。行政首長還是習慣於向法院提交一份法定代表人身分證明書後，便委託其內部法制部門的工作人員或聘請律師出庭應訴，判決後坐聽匯報。這種將訴訟行為一口氣交給代理人的做法實際上是行政訴訟中被告消極應訴的表現。[2]2009年武漢大學林莉紅教授主持的「湖北行政審判現狀調查」課題公布的研究成果顯示，湖北同期「全省行政訴訟中被告法定代表人出庭的比例極低，僅占調查案件總數的2%還不到」。[3]2011年廣西壯族自治區高級人民法院發布的「2010年行政審判白皮書」也顯示，廣西全區去年的行政訴訟中，有行政機關負責人出庭參加一審、二審的行政案件總共有29件，出庭應訴率為0.75%，而2009年行政機關負責人的出庭應訴率則更低，僅有0.56%。[4]

與此同時，全國很多地方政府紛紛透過頒布關於強制行政首長出庭應訴的規定，在本地區或部門推行行政負責人出庭應訴制度，為推動本地區或部門行政首長出庭應訴進行了有益的探索和實踐[5]，也取得了較好的社會效果，甚至在某些地區行政首長出庭應訴率連續三年達到了100%，被媒體稱為「南通現象」、[6]「宿遷現象」。

二、行政首長出庭應訴率低的原因分析

行政首長出庭應訴率低，存在主觀和客觀兩方面的原因，其中除了強制性的制度缺失以外，根本原因還在於行政首長思想觀念和對行政訴訟的認識的問題。觀念和認識上的偏差，體現在實際行動中便是對行政審判不支持，不理解，有的甚至故意拖延或阻撓對法院裁判的履行，這嚴重影響了人民法院審理行政案件的質量和效率，阻礙了依法行政的進程，最終也會損害法院的司法權威和政府自身的形象。

（一）主觀方面

1. 受傳統「官本位」思想觀念的影響，不願出庭應訴。由於中國行政訴訟起步較晚，一些部門和領導對行政訴訟缺乏應有的認識，再加上幾千年沿襲下來的傳統「官本位」思想使一些地方的行政首長思想上還沒有真正樹立起法律面前人人平等的觀念，還沒有把自己從「官」的位置上放下來。正如有學者所說，「『官本位』代表了一種文化心理和一種社會管理模式，在這一思維熏陶下的社會氛圍中，人們解決社會問題的首要選擇往往是『訓話』而不是『對話』」。[7]它一貫「強化行政權威，強調行政相對人對行政權力的服從」，一些執法機構和人員也「把法律當成自己手中的『指揮棒』，當成『治民』的有效工具」，[8]「權比法大」

的觀念仍在作祟，這種權力本位的思維定勢使行政機關及其行政首長們有種高高在上的心理，不習慣當「被告」，不容忍「民告官」，認為參加行政訴訟、坐在被告席上與老百姓「對簿公堂」是一種影響權威、丟面子、損形象的事情，有的行政首長甚至認為被告席是不吉利的地方，還是不去為好。有的行政首長認為自己比辦案人員地位高，權力大，閱歷多，而不願意接受與自己平級或比自己級別低的法官的指揮。在諸多行政訴訟案件審理過程中，行政機關做為被告，其行政首長基本上不出庭，而是委託本機關的工作人員或律師出庭。因此，許多行政首長都忌諱「民告官」，漠視「民告官」，出現民眾「告官見不到官」的現象也就不難理解了。

2. 法治觀念淡薄，對行政訴訟的重要性認識不足。目前仍有些行政機關的領導幹部法治觀念淡薄，缺少法律知識，對行政訴訟的性質和功能認識錯誤，對參與行政訴訟缺乏正確和理性的態度。一些行政機關的行政首長習慣於發布行政命令，直接聽取工作匯報，唯我獨尊，不習慣用法律的手段解決問題，不把法院甚至法律放在眼裡，更不願承擔任何責任，以為不出庭法院奈何不了，官司的輸贏也和自己無關。有些甚至認為行政訴訟是法院在給政府「挑刺」，不配合政府部門工作的行為，或認為行政訴訟是相對人給政府添亂，會削弱政府的權威，從而對行政訴訟持牴觸情緒，卻沒有真正認識到「出庭應訴實質上是一種履行公務的活動」[9]，它對落實違法行政責任的追究，增強行政機關及其工作人員依法行政意識，提高其依法行政的能力和行政執法水平有著重要作用。因此，有相當數量的行政首長藉口公務忙、會議多而逃避出庭，或認為與自己無關，有的行政首長甚至認為法院理應「官官相護」，而無需出庭應訴。

3. 規避敗訴的風險，以免損害自己及所在機關的形象。訴訟實際上是一場原被告雙方的較量，當然會有輸有贏。事實上，行政訴訟案件中被審理的大部分行政行為都存在著違法或瑕疵，一旦被法院撤銷、變更或確認違法，可能會涉及責任的追究。這對行政首長而言是一種風險，極有可能要承擔直接責任或領導責任，行政首長一般不願去冒這個險，甚至要求本機關都不出庭應訴。另外，有的行政首長往往認為自己不是法律工作者，對法律知識不熟悉，出庭應訴勝訴的把握不大，到時還可能會因為自己在庭審過程中的應對失誤而導致敗訴和被動，擔心敗訴會損害自己及所在機關的形象，進而影響到自己的政績，因此不願出庭應訴。

（二）客觀方面

1. 相關強制性法律規範的缺失。無論是在1989年頒布的《行政訴訟法》還是最高院的司法解釋中，都沒有強制性的要求作為行政訴訟被告方法定代表人的行政首長必須出庭應訴的相關規定，而是賦予其選擇權。《行政訴訟法》第二十九條規定：「當事人、法定代理人，可以委託一至二人代為訴訟。」按照該條的規定，在行政訴訟中，行政首長並非必須出庭，由其委託本部門的工作人員或者律師作為代理人出庭應訴完全符合法律規定。既然法律沒有強制性的規定，而且也不會因為自己未出庭而承擔不利的法律後果，行政首長大多也就認為沒有親自出庭應訴的必要。

2. 對具體案件事實瞭解不夠充分，並受訴訟專業性和技術性的限制。行政機關實行的是首長負責制，行政首長一般僅負責主持全面工作，沒有精力和能力負責所有的具體事務，實施具體行政行為的往往是行政機關的工作人員。行政首長對引發行政爭議的事實的瞭解程度一般也要低於行政行為的具體實施者，由其出庭並不一定能夠很好地單獨承擔起舉證、辯論等訴訟義務，如果行政機關委託具體行政行為的實施者參與行政訴訟，將更有利於法院查明案件事實。另外，從中國現實情況來看，行政首長一般沒有法律專業的背景，而行政訴訟具有很強的專業性和技術性，特別是在法庭訴辯過程中更需要有較強應訴技能和應變能力。行政首長在對具體法律法規的認知和訴訟爭議事實的瞭解不一定全面的情況下，其訴訟能力遠不及具體實施該行政行為的工作人員或專業律師，從而影響庭審質量和效率，甚至導致本應勝訴的行政機關敗訴。[10] 再者，行政機關一般都有專門負責出庭應訴的法制部門，平時辦案也都有具體的承辦人，在行政首長看來，行政訴訟出庭應訴工作具體承辦人員就能勝任。

3. 行政事務繁多冗雜無暇顧及或其他公務活動與開庭時間衝突。由於在中國行政管理體制中實行的是行政首長負責制，行政首長作為本機關或部門的「一把手」，統攬全局工作，其主要工作是組織貫徹和落實上級會議精神以及上級行政機關交辦的重要的任務等，在其所負責的整體工作中出庭應訴只是一小部分，而且具體工作一般都有副職分管。所以，在一般情況下，行政首長也不太關注行政訴訟案件的處理情況。同時，在某些情況下，行政首長的其他公務活動安排與開庭時間出現了衝突，影響其不能到庭參加訴訟。

三、行政首長出庭應訴的法律依據和現實意義

（一）行政首長出庭應訴的理論依據

在法治的語境下透過推行行政首長出庭應訴完善行政訴訟的相關制度，有效保障司法權對行政權的監督和審查，既是落實法律面前人人平等憲法原則和依法治國基本方略的要求，也是對保護處於弱勢的個體權利的有力彰顯，因此，有其深厚的理論依據。

1. 行政首長出庭應訴是落實法律面前人人平等憲法原則，尊重和維護法律尊嚴和權威的要求和體現。

法律面前人人平等是法治社會的核心和首要要求。法治的平等概念，體現在對國家機關管理過程的約束和規範，即行政機關與行政管理相對人雖然在行政程序中的地位是不平等的，但是在法庭上，二者的訴訟法律地位卻是平等的。相對於已經非常強大的政治國家或權力一方而言，為實現「民告官」真正意義上的對峙和平衡，有必要讓行政首長與行政相對人在法庭上平起平坐，透過行政訴訟實現「官民」間的平等的對話和互動。當前，行政首長不出庭應訴的「慣例」，「實際上是行政機關不尊重法律的習慣思維模式在具體訴訟上的客觀反映」，[11]容易使相對人在訴訟中感到自己與行政機關絕對不是平等的關係，產生「官」貴「民」輕、權大於法的誤解。行政首長出庭應訴，是行政訴訟實踐中的一個重大突破，透過搭建「官民」平等對話的平臺，表達行政機關及其行政首長對行政相對人的尊重和對其利益訴求的重視，它能讓相對人和公眾真切地體會到法律面前人人平等，這既是對法律面前人人平等原則的很好詮釋，也是落實這一憲法原則的要求，同時也顯示出行政機關及其負責人對法律和法院司法權的尊重。

2. 行政首長出庭應訴是建設責任政府，切實保障人權和落實依法治國基本方略的必然要求。

「從一定意義上說，行政訴訟是憲政的試金石，是法治的檢測器，是民主政治的晴雨表。能不能正確對待行政訴訟和履行法院的判決，也是檢驗一個國家機關工作人員有無法治觀念的一個標尺。」[12]而行政訴訟案件中，行政首長出庭應訴率低，特別是在判決生效後不主動履行行政裁判的現狀，在破壞正常的審判秩序的同時也損害了國家機關的公信力和法院的司法權威，不利於依法治國方略的有效實施。

依法治國的重點在於依法行政。在行政管理活動中，行政主體透過行政行為的實施來實現國家的行政權，而現代政府應該是責任政府，即政府必須為其行為承擔政治、法律責任。[13]司法審查制度的確立是現代法治的重要內容，行政權接受司法權的監督和審查是實現權力制約的一種有效方式，對於行政主體而言，行

政訴訟的功能意味著要求其對其實施的具體行政行為承擔相應的法律責任。從法理上講,行政首長出庭應訴是其法定的權利和責任。現行的行政首長負責制,決定了行政首長作為行政機關的法定代表人對本機關或部門的工作具有統領和管理的職權,出庭應訴屬於其法定職權的範圍,無需委託和授權,而根據權責統一原則,出庭應訴當然也是其法定責任。因此,行政首長出庭應訴既是其職責所在,也是代表本機關或部門承擔相應的責任的要求。這樣,推行行政首長出庭應訴的主旨在於約束、規範行政行為,落實責任追求,給強勢的行政權力以必要的限制;同時有效地擴大相對人和社會公眾對行政機關相關重大決策及日常行政執法活動的知情和參與,保障相對人合法權益得到及時、公正和有效的救濟。因此,透過出庭應訴,可以使行政首長認真地對待行政訴訟本身,認真地對待相對人的權利和合理訴求,認真地對待司法機關所做出的行政裁判,真正在保護公民合法權益的基礎上促進法治的進步和推動依法治國方略的有效落實。

3. 行政首長出庭應訴是補充配置司法審查權能,彌補和提升司法形式性權威的有效途徑。

行政訴訟實際上是法院基於司法權對行政權之運作實施監督與審查的行為,而為了保障這種監督和審查目的的有效實現,就必須透過憲法和法律給法院配置足夠的司法審查權能。目前中國法院系統在人事、財政等事項上受制於行政機關的現狀使其在行政審判中的獨立性實難完全確保,因此,法院司法審查的作用也很難充分發揮。但是,面對中國《行政訴訟法》所確立的審判職責,法院又不能以其憲政地位之孱弱作為其堂而皇之的懈怠理由。為此,法院只能「曲線救法」,在原告的訴求與被告的傲慢中尋求司法審查之生存空間,而行政首長出庭應訴制度恰恰能在一定程度上滿足法院的此種需求。同時,「權威是司法的生命所在」,在行政訴訟中,被告的常態性缺席無疑構成了對法院權威的一種嚴重挑戰。而藉助於行政首長出庭應訴制度,司法的形式性權威可以獲得某種程度的彌補。在整個庭審過程中,法官居於法庭的正中位置並控制著訴訟的程序與節奏,行政首長作為訴訟參與人之一同樣必須服從法官的指揮,原告因而獲得了與行政首長當面對質的「平等」地位。這一場景本身顯然是法院展示其司法形式性權威的最佳機會。[14]

(二)行政首長出庭應訴的現實意義

美國著名的法官卡多佐認為:「司法必須與社會現實相適應,對司法過程的意義認識關鍵不在其本身,而在於透過司法達到最良好的社會效果」。[15]如前所

述,行政首長不出庭應訴,不能很好地與行政相對人進行訊息溝通,行政糾紛也得不到公正及時的解決,容易激化「官民矛盾」,某些甚至還可能演化為惡性的群體性事件,最終影響社會的和諧穩定。行政首長出庭應訴,把自己放在和行政相對人同等的位置,可以搭建官民平等對話的平臺,進一步發揮行政訴訟在協調官民關係、化解官民矛盾、保護公民合法權益上的重要作用;同時還可以增強和提高行政機關依法行政的意識和能力,樹立良好的政府形象,從根本上減少侵害相對人權益的違法行政行為的發生。透過形成行政和司法間的良性互動機制,改善和優化行政審判的司法環境,營造支持行政訴訟的良好的社會氛圍,暢通行政爭議司法化解的渠道,進一步發揮行政訴訟在保護公民合法權益、協調官民關係、化解官民矛盾上的重要作用,從而舒緩民眾的對立情緒,有效預防群體性事件,維護社會的和諧穩定。

1. 可以體現行政機關對相對人的尊重,透過搭建官民平等對話的平臺,有利於促成雙方達成和解並保障裁判有效執行,進一步發揮行政訴訟在協調官民關係、化解官民矛盾、保護公民合法權益上的重要作用。

「保護合法權利是行政訴訟是行政審判的根本任務。行政訴訟制度設計的出發點是制約和防止公共權力的濫用,最終目的和根本任務是保護公民、法人和其他組織的合法權利不受行政權的非法侵犯。」[16] 行政首長出庭應訴,能夠讓相對人感受到行政機關對自己的尊重,因而能逐步改變長期以來「官貴民輕」、「權大於法」的傳統觀念,有效地消除牴觸和對抗心理,進而縮短爭議雙方情感上的距離,使雙方以平等地位論辯是非,有力推進行政民主化。一旦行政機關法定代表人出庭應訴,它的意義絕不在於使《行政訴訟法》第七條「當事人在行政訴訟中的法律地位平等」變為現實的對席位置呈現的平等,而在於它能實現一種潛在的官民心理的平等。其次,透過訴、辯程序讓行政機關面對面地接受相對人的質疑,無疑使民眾看到了行政機關解決糾紛的誠意和決心,也有利於行政機關真正瞭解行政相對人起訴的真實動機、目的和要求,增強相互間的理解,避免不必要的爭議和猜疑,平息和化解民眾與政府間的矛盾和紛爭,減少上訪和申訴,達到案結事了的目的,真正發揮行政審判協調官民關係的橋樑作用,從而大大提高法院行政審判工作的質量和效率,實現行政訴訟法律效果與社會效果的統一。最後,行政首長親自出庭應訴,既能夠使行政機關在行政訴訟中全面、準確地掌握案件訊息,根據案件具體的審理情況,在法院居中協調下,準確把握時機直接與對方當事人達成和解協議;又能有效消除行政機關與法院之間可能存在的誤解與衝突,使行政機關正確理解法院的裁判文書,增強其履行法院生效裁判的自覺性,從根

本上解決行政訴訟案件執行難的痼疾。這些都有利於迅速、有效地解決行政糾紛，避免形成老案積案，減少涉訴信訪案件的發生和從源頭上降低導致群體性事件發生的風險。

2. 有助於促使行政機關及其工作人員增強依法行政的意識，不斷提高依法行政的能力和行政執法水平，從源頭上減少侵害民眾權益的違法行政行為的發生。

行政訴訟案件是行政機關與行政相對人在執法過程中產生的糾紛和矛盾的集中體現，行政首長不出庭應訴，往往難以對本機關或部門的行政行為的違法性或不當性形成直觀的瞭解和深入的認識，對透過案件審理所暴露出來的薄弱環節，事後難以作出有針對性的整改，更無法將個案的得失及時轉化為依法行政的經驗教訓，導致一些不依法行政的行為一再出現，進而不斷引發與相對人的行政糾紛。

依法行政是現代法治的核心。行政訴訟是司法機關對行政機關的具體行政行為實施保障和監督，促進行政機關不斷提高依法行政水平的一項重要法律制度。行政首長出庭應訴對於發揮行政訴訟的功能和作用，促使行政機關依法行政具有重要意義。首先，「出一次庭可能等於上十次普法課」，出庭應訴也是一次與具體案例緊密結合的深刻的普法教育，有助於促使行政首長更好地理解和實施法律，提高自身法律素養，樹立依法行政意識和敢於承擔責任意識。訴訟程序允許雙方當事人在庭審過程中充分陳述自己的主張與理由，雙方當事人的抗辯、舉證、質證、認證等庭審程序，將對行政首長產生很大的觸動，促使其從法律的視角來考慮行政問題，進而提高其對依法行政的感性認識，使其更深刻地認識到有權必有責、用權受監督、違法要追究、侵權要賠償的行政法治理念，在糾紛產生之初即積極主動地嚴格執法，克服消極執法現象，把大量糾紛化解在基層，化解在萌芽階段，化解在行政程序中，從源頭上有效預防和減少違法行政行為的發生。其次，行政首長透過出庭應訴，不但能夠客觀真實地瞭解行政糾紛的具體情況，而且還可以及時發現本機關在管理上、制度上以及行政執法過程中存在的問題，全面瞭解本機關的行政執法水平和現狀，落實責任追究，並進行針對性的整改，將個案的得失及時轉化為依法行政的經驗教訓，從而使那些同類型不依法行政的行為不再出現，進而不斷提高依法行政的能力和行政執法水平，將違法行政行為的發生概率降到最低限度。最後，行政首長出庭應訴對行政機關的具體執法人員來說也是一種督促和警醒，將產生良好的導向作用和示範效應，有利於促使行政執法人員增強責任感和提高工作效率，將依法行政意識和執法為民的理念切實貫徹到具體的執法活動中去。

3. 有利於提高政府公信力，樹立良好的政府形象，同時推動政府管理體制改革，構建官民間新的良性互動的社會治理模式。

依常理而言，任何組織或個人都不願充當被告，何況還須面對可能的敗訴風險。但是，長期以來「告官不見官」的現象實際上也給行政機關的整體形象帶來了嚴重損害。民眾（不僅是當事人）會將政府官員拒絕出庭的行為視作政府機關自恃強權而漠視法律之舉，這無疑會極大地傷害政府機關的公眾形象。因此，被告是否出庭已經在一定程度上被演繹為一項關乎政府形象的政治命題。[17]行政首長出庭應訴，是行政機關樹立自身敢於承擔責任良好政府形象的客觀需要和必然要求。行政法權責統一的基本原則要求行政機關在行使權力的同時必須相應地承擔由此引起的責任。由於主觀或客觀等諸多方面的原因，行政機關在履行職能過程中很可能會發生差錯甚至做出某些違法行政行為，出現問題並不可怕，重要的還在於行政機關是否善於認識錯誤和敢於承擔責任。雖然現行立法並沒有強制性要求行政首長出庭應訴，但民眾更願意把行政首長出庭看做是行政官員對司法監督態度的一種轉變，行政首長透過出庭應訴將宣示行政機關更加尊重法律，更加尊重公眾，表明公平、公開、公正地與民眾進行司法對話的態度。行政首長出庭應訴，「一改過去政府官員高高在上俯視百姓的視角，轉變為面對面的平視」，在訴訟中與原告平等地運用法律解決糾紛，聽取民眾的呼聲和要求，解釋做出具體行政行為的理由和依據，接受法院的司法裁判，這無疑是用實際行動向原告和社會公眾詮釋了法律面前人人平等、維護司法權威的法治精神，進而有利於消除原告對行政訴訟的疑慮和與行政機關對立情緒，增進民眾對行政執法活動的理解、信任和支持，在全社會範圍內樹立行政機關依法行政的良好形象和提高政府公信力。

從全能政府（行政國家）向有限政府轉變是中國政治體制改革的一個重要發展方向。「要實現一個政府由管理型到服務型、由人治型到法治型、由訓話型到對話型的跨越，並不容易。這其中，理論邏輯上並沒有多少距離，而觀念和體制上的羈絆卻彌足沉重。在政府轉型和依法行政的進程中，行政訴訟制度的建立和司法的個案闡解，無疑會造成積極的推動作用。」同時，「在政府與民眾為現代化而並肩作戰的今天，作為政府代表的行政首長的出庭應訴其象徵性意義對於全體社會成員而言是十分重大的：行政首長的出庭應訴，意味著民眾的對話身分得到了真正的尊重；而行政首長對行政行為正當性的論證，則又是公共政策透過個案進行表達和解釋的最好形式。在社會走向多元、政府職能轉變的今天，這一略帶『非暴力不合作』色彩的對話途徑的有效建立，使得官司的勝負又反倒是其次

了，而一種全新意義上的公共權力和普通民眾的關係模式，或者說是一種良性互動的社會治理模式，必然會因此而悄悄生成」。[18]

4. 有助於提高法院行政審判的公信力，樹立司法權威，形成行政和司法間的良性互動機制，營造支持行政訴訟的良好的社會氛圍，暢通行政爭議司法化解的渠道。

行政審判需要經常與行政機關打交道，能否得到行政機關的理解、信任和支持，對於開展行政審判工作、改善司法環境至關重要。同時，也有學者認為「與提升司法的形式性權威相比，首長應訴制度更具實質性的功能在於它可以透過定式化的程序建立起對行政首長進行直接說理的途徑。而在首長應訴的案件中，由於判決結果實際上已體現了行政首長與法官的意見交涉過程，因而法院的判決也就更易被行政首長所接受，從而在一定程度上緩解法院司法審查權能之實際不足所引發的行政訴訟的整體危機」。[19]

任何訴訟制度都無一例外地承擔著解決糾紛的功能，化解行政糾紛、解決行政爭議是行政審判的功能。從這個角度來看，訴訟制度的具體設計必須有利於糾紛的實際解決，而行政首長出庭應訴正是改善和優化行政審判環境，有效實現行政訴訟目的和功能的有效途徑。行政首長親自出庭，一方面能讓民眾真切地體會到法律面前人人平等的理念，從而增強其對行政訴訟的信心，減少民眾的猜疑和顧慮，消除「官」貴「民」輕、「權大於法」的誤解，使行政審判更具可信性、公平性和權威性，同時也展示了行政審判形象，拓展了行政審判的空間，有助於優化行政審判秩序和營造和諧的行政審判環境；另一方面也表明了行政機關對行政審判工作積極有力的支持以及行政權對司法權的尊重，彰顯了法院在行政審判工作中應有的地位和權威，提升了司法的公信力，形成司法和行政間的良性互動機制，為解決行政案件「受理難」、「審判難」和「執行難」等問題提供有效途徑，進而在全社會營造支持行政訴訟的良好的社會氛圍，暢通行政爭議司法化解的渠道。

四、建立行政訴訟行政首長出庭應訴制度的具體構想

2004年3月，國務院頒布的《全面推進依法行政實施綱要》中第28點明確規定了「接受人民法院依照行政訴訟法的規定對行政機關實施的監督。對人民法院受理的行政案件，行政機關應當積極出庭應訴、答辯。對人民法院依法作出的生效的行政判決和裁定，行政機關應當自覺履行」，鑒於行政首長出庭應訴對於中國行政法治建設的重要意義，以及當前司法實踐中行政首長不出庭帶來的各種

消極影響，在行政訴訟中推行行政首長出庭應訴制度已成為建設法治國家、構建和諧社會的時代要求和歷史必然。近年來，隨著行政首長出庭應訴制度在中國許多地區的逐步實施，已經積累了一些成功的實踐經驗。[20]同時，學界對於這一制度的研究也日漸成熟，有關的理論研究涉及行政首長出庭應訴制度的各個方面，包括行政首長主體範圍、應訴範圍、應訴原則、應訴機構、應訴模式、監督考核制度等，這些全面而深入的理性思考又為該制度的整體性構建打下了良好的理論基礎。也正如學者所說，「在中國解決社會矛盾，尤其是官民矛盾，構建和諧社會的努力中，行政訴訟制度應該是定紛止爭最重要的而且是最終的制度。現在的問題是如何使這一制度真正充分發揮作用」。[21]

1. 轉變影響行政首長出庭應訴的傳統思想觀念，形成支持行政審判的良好社會氛圍

思想是行動的先導，推行行政首長出庭應訴制度最大的障礙在於思想觀念的轉變。目前，各地實行的行政首長出庭應訴制度還處於起步階段，各級行政首長由於受傳統觀念的影響對此項工作的重要性還存在認識不足的問題，要使這項制度真正建立起來並得到有效實施，首先，必須充分利用新聞、網路等多重宣傳平臺，一方面切實宣傳依法治國的基本方略，促使行政機關工作人員特別是領導幹部自覺樹立起有權必有責、用權受監督、違法要追究、侵權要賠償堅持依法行政的行政法治理念，另一方面及時報導行政首長出庭應訴工作的發展動態，介紹各地的先進做法和經驗，大力宣傳行政首長積極出庭應訴的典型事例，營造行政首長積極參與行政訴訟的氛圍，促進行政機關工作人員特別是領導幹部思想觀念的轉變，摒棄「官本位」和「愛面子」、「放不下架子」、「怕上被告席」等陳舊觀念，從思想上消除障礙，提高出庭應訴的積極性、主動性。其次，可以充分運用理論中心組學習制度和法律研討會等形式，組織行政首長進行法律知識專題學習，促使其深刻認識到行政首長作為行政訴訟中被告的法定代表人出庭應訴實質是一種履行公務的活動，是行政機關接受民眾評議、改進工作作風的另一種有效方式，從而進一步提高行政首長對出庭應訴工作重要性的認識。最後，透過普法教育和法制宣傳，增強全社會學習法律、遵守法律、尊重法律的法律意識和法治觀念，弘揚法治精神，積極引導公民、法人和其他組織依法理性地維護自身權益，營造民眾和社會各界支持和監督行政機關依法行政的良好的社會氛圍，形成支持行政審判的合力。

2. 完善規範行政首長出庭應訴的法律制度

如前所述，近年來在中國許多地區就行政首長出庭應訴的相關規定和學界研究的日漸成熟，以及該制度的實施所取得的初步成效，為該制度整體性和規範化的構建打下了良好的理論基礎，積累了豐富的實踐經驗。與此同時，目前各地對行政首長出庭應訴制度的規定各有不同，出現了「各自為政」、「零打碎敲」的混亂局面，另外，作為這一制度實施依據的相關規範性文件也面臨著某些合法性的危機。[22] 因此，要解決當前行政首長出庭應訴制度所面臨的種種問題，首先應當由最高立法機關透過修改《行政訴訟法》，在行政訴訟制度中明確規定全國統一的行政首長出庭應訴機制，同時吸收各地在實踐中被證明切實有效的制度措施和實踐經驗，結束行政首長出庭應訴制度各自為政的混亂局面。[23]

（1）確立重大案件行政首長必須出庭應訴的法律制度。當前，在中國全面推行行政首長出庭應訴制度的障礙除了觀念上的因素以外，主要還來自於現行立法的缺位和整體性制度的缺失。因此，在修改《行政訴訟法》時，應加入規範行政機關行政首長出庭應訴的條款，就行政首長的範圍、應出庭應訴的案件範圍、組織實施機構作出明確規定並引入相應法律責任約束，從而將這一制度納入正式的法律軌道，為行政首長出庭應訴提供強有力的法律依據和制度支持。當然，對此應在分析和尊重行政機關自身權力運作的規律和特點的基礎上視具體情況區別對待，而不能要求行政首長對所有的案件，不分大小輕重，全部出庭應訴，這不僅不合實際，也會因為缺乏可操作性而最終導致這一制度成為「具文」。這就要求透過立法確立重大行政案件行政首長出庭應訴的法律制度。對特別重大的行政案件，行政首長應當出庭，一般行政案件行政首長可視具體情況決定是否出庭。建議在修改《行政訴訟法》時，可將其中第二十九條「當事人、法定代理人可以委託一至二人代為訴訟」的規定修改為「提起行政訴訟的原告可以委託一至二人代為訴訟；法律法規規定的重大行政訴訟案件，被告行政機關的行政首長必須出庭應訴，並可委託一至二人參加訴訟」。同時，為了配合這一規定的實施，各地可結合本地的實際，依據法律法規制定具體的配套措施，最高司法機關也可以在《行政訴訟法》確立的制度範圍內進行司法操作方面的細化和解釋。

（2）明確界定行政首長及其應出庭應訴的案件範圍。建立重大案件行政首長出庭應訴制度，首先應當透過立法明確界定行政首長的具體範圍。根據《行政訴訟法》的規定，可以作為被告的行政主體包括行政機關和法律、法規授權的組織。在具體訴訟中，作為被告的行政主體是由其法定代表人作為訴訟參加人參與訴訟的，這樣此處的法定代表人既包括行政機關的法定代表人也應包括法律、法規授權的組織的法定代表人。行政首長確有正當理由不能出庭應訴的，應在開庭三日

前提出書面申請並說明理由,經人民法院許可決定後,可以委託本單位分管副職代為出庭應訴。因此,行政首長的具體範圍應當明確為行政機關的法定代表人和法律、法規授權的組織的法定代表人。同時,行政首長作為本機關或部門的第一責任人,總攬工作全局,因此對其應當出庭應訴的案件範圍和數量,不宜規定過寬和過高,否則不切實際,也會缺少可操作性,因此「考慮到行政任務的繁重程度以及對行政效率的保障,應該用一種兼具合理性與現實性的操作方式,可以在不同行政層級之間設定不同的條件,來確定各級行政首長需出庭應訴的案件」。[24] 根據各地司法實踐總結出的成熟經驗,可考慮規定有下列行政訴訟案件情形之一的,行政首長應當出庭應訴:1)本單位本年度的第一件一審案件;2)行政訴訟涉及共同訴訟、集團訴訟的案件;3)行政賠償金額在 3 萬元以上的案件;4)社會影響重大、複雜或人民法院認為確有需要出庭應訴的案件;5)對本機關未來行政執法活動可能產生重大影響的案件;6)同級政府或上級部門相關規定要求出庭應訴的案件;7)行政負責人認為需要出庭應訴的案件;8)行政機關具體負責辦理,但依法以省、市、縣(市、區)人民政府名義作出具體行政行為引起的行政訴訟案件。如果某機關一年之內沒有重大行政案件,可以就這一問題規定一個兜底數字(該年度內無行政案件的除外),以防止有關制度落空。

（3）統一組織實施和考核監督的機構。各級政府法制工作部門是負責政府法律事務的辦事機構,也是政府推進依法行政工作的組織、協調、指導和監督機構,因此應代表政府對各部門行政首長出庭的應訴工作進行組織、協調、指導和監督。因此,應透過立法規定各級政府的法制部門為負責落實本級政府部門和下級政府行政首長出庭應訴的組織實施和考核監督機構,[25] 以發揮其在落實制度實施,推動行政首長出庭應訴中的重要作用。

3. 完善保障行政首長出庭應訴的相關配套制度

對於推動行政首長出庭應訴,在制定了科學合理的工作制度的同時,還需要完善相關的實施機制保障這一制度得以良性運行。

（1）完善應訴前的充分準備制度。由於訴訟的專業性和技術性,並且行政機關具體的行政執法活動大都由本機關具體的工作人員來完成,如果行政首長在出庭應訴前缺乏充分有效的準備,就難以使出庭應訴達到應有的積極效果,甚至可能會使這一制度流於形式。因此,為保證行政首長出庭應訴制度的實施效果,行政首長在應訴前應進行充分有效的準備,這就要求行政首長在出庭前必須詳細瞭解行政案件的具體的案情事實,在熟悉訴訟知識及有關法律法規的基礎上對具體

行政行為做出的法律依據及行政行為的合法性等問題進行客觀分析，特別是要對原告在起訴時提出異議的部分進行仔細研究，準備相關材料並擬定答辯提綱。另外，被訴行政機關還應加強與人民法院的溝通與協調，在行政案件立案後爭取法院及時將案情和開庭時間儘早通知和送達，為行政首長出庭應訴提供充分的準備時間，同時也便於行政首長作好與其他的工作協調和安排。

(2) 加強業務培訓，提高應訴能力。各級人民法院、政府法制部門及相關行政部門可以定期召開聯席會議，分析研判本轄區行政訴訟案件受理、審判和執行的情況，通報訊息，增進共識，加強協作。各級政府及其法制部門應與人民法院密切配合，加強對轄區內行政機關行政訴訟應訴的業務培訓和工作指導，每年至少組織一次行政審判和行政執法業務培訓研討活動，並透過組織集中學習、專題講座、案例評析等形式，分析行政訴訟案件的特點、存在問題和改進措施，提高行政機關行政首長和其他工作人員出庭應訴能力和質量。同時，人民法院還可以定期組織行政機關工作人員，尤其是中層以上幹部到法院觀摩行政案件的庭審活動，現場學習感受行政審判的訴訟程序與相關應訴技巧，幫助行政首長提高出庭應訴能力，消除懼訴壓力，增強其出庭應訴的積極性和自信心。

(3) 建立行政機關涉訴備案和分析通報制度。政府法制部門應加強與人民法院之間的溝通與協作，建立對行政機關涉訴備案和分析通報制度，強化對行政首長出庭應訴的指導和監督。首先，行政機關在發生行政訴訟案件後，應當在規定期限內將出庭應訴的行政首長及工作人員名單向同級政府法制部門報請備案。人民法院立案受理的案件，在向被訴行政機關發送應訴通知的同時，也將副本抄告同級政府法制機構。其次，案件審理結束後，人民法院在發送裁判文書時，應將被告行政首長實際出庭應訴情況和裁判文書副本抄送被告同級人民政府法制部門，半年或一個年度還應將行政案件受理和審理情況綜合抄送法制部門，以便其及時瞭解和全面掌握出庭應訴制度實施的情況和案件審理結果，實現定期統計。最後，政府法制部門還應當對行政首長出庭應訴情況及存在的問題等進行定期和不定期的綜合分析和統計，並形成最終的報告，報所屬人民政府或自行通報。

(4) 嚴格監督考核，落實責任追究。行政首長出庭應訴制度在實施過程中，往往會出現主動性不夠和後勁不足的現象，為了防止這一制度最終流於形式，必須配套有長效的監督考核機制，確保行政首長積極出庭應訴。各級政府法制部門應充分發揮其監督作用，加強對行政首長出庭應訴制度執行情況的監督檢查並將檢查結果及時進行通報。行政首長實際出庭應訴的情況、執行法院裁判文書的情

況和對司法建議的反饋情況應當納入對行政首長及其所在行政機關年度依法行政、行政執法責任制和目標責任制的綜合考核考評範圍，從而提高行政首長出庭應訴的積極性與主動性。同時還應加大考評力度，落實責任追究，對存在拒絕或無正當理由未按規定出庭應訴的，因未依法應訴、舉證和答辯而導致行政案件敗訴且造成重大經濟損失或嚴重後果的，拒絕履行或未及時履行人民法院生效的行政判決書、行政賠償調解書、行政裁定書等法律文書的，對人民法院提出的司法建議未按規定進行處理的，出庭應訴活動中存在其他違法、失職行為等情形的應當由政府或監察部門按照行政監察法和行政效能建設的有關規定追究相應責任，保證行政首長出庭應訴制度的有效實施。各級人大監督機關也可在每年對其任命幹部的述職評議或審查政府工作報告時增加此項內容。

五、結語

實踐證明，一個平等對話的平臺是化解「官民矛盾」的重要前提和基礎，行政首長親自出庭應訴，意味著糾紛的當事人雙方以平等的身分參與到解決糾紛的過程中來，能有效地拉近官民距離，推進行政權與司法權的和諧，對於充分發揮行政訴訟制度定紛止爭的作用具有積極意義，因此，從某種意義上說，行政訴訟逐漸成為國家法制建設的「晴雨表」和官民糾紛的「調節器」。實質上，建立和推行行政首長出庭應訴制度只是一種手段，其根本目的在於透過行政首長出庭應訴改善行政審判的司法環境，使行政糾紛在行政訴訟程序中得到公正和徹底的解決，並促使行政機關不斷提高依法行政的水平，進而保護公民、法人和其他組織的合法權益，進而舒緩民眾的對立情緒，有效預防群體性事件的發生，維護整個社會的和諧穩定，最終實現建設法治國家的目標。所以，如果說行政訴訟是一個地方行政機關依法行政水平的「晴雨表」的話，行政首長出庭應訴便是一個很重要的參數，至少它能反映本地行政機關對民眾利益的重視和對法院司法權威的尊重，而這裡面所蘊涵的中國法律文化特點和政治文明發展建設中存在的問題很值得我們繼續思考和探究。

注　釋

[1]. 根據中國社會科學院「社會形勢分析與預測」課題組 2005 年發表的《社會藍皮書》顯示，從 1993 年到 2003 年間，中國「群體性事件」數量已由 1 萬起增加到 6 萬起，參與人數也由約 73 萬增加到約 307 萬。同時根據公安部公布的資料顯示，2005 年公安部立案的有 8.7 萬餘起，同比上升 6.6%，2006 年超過 9 萬起，並保持上升勢頭。詳見汝信，陸學藝，李培林：《2005 年中國社會形勢分析與預

測——社會藍皮書》,北京:社會科學文獻出版社,2004年版,轉引自李蔚,曾慶:《新媒體與群體性事件》。

[2]. 有學者認為,行政訴訟中的代理應當是一種代理人和被代理人的理性關係,在這種關係中代理人對被代理人提供相應的法律知識和正確應訴的方式方法,透過代理應當強化被告的訴訟意識和訴訟技術。而一些行政主體將所有的訴訟行為一口氣交給代理人的處理方式,看似嚴謹實則在很大程度上割斷了行政被告與人民法院的聯繫,割斷了行政被告與原告的聯繫,割斷了行政被告與整個行政訴訟過程的聯繫,使行政被告甚至不再成為被告,行政被告建立此種代理關係的目的就在於消極地應訴。參見黃學賢,梁玥:《行政訴訟中被告消極應訴的對策研究》,《法治研究》,2010年第6期,第27—28頁。

[3]. 林莉紅等:《湖北行政審判現狀調查報告》,湖北社會科學研究,2009年第10期,第170頁。

[4]. 廣西壯族自治區高級人民法院2011年發布的「2010年行政審判白皮書」,參見《動態與聲音》,《人民法院報》,2011年9月11日第五版。

[5]. 據資料記載,陝西省合陽縣人民政府和縣人民法院於1999年8月聯合下發《關於貫徹行政首長出庭應訴制度的實施意見》,在中國較早建立起行政首長出庭應訴制度。此後這一制度逐漸在全國各地推廣。如2005年江蘇省南通市行政機關與法院在江蘇率先推行行政負責人出庭應訴制度。到2007年底,江蘇省已有11個地級市和31個縣(市、區)的黨委、政府頒布了專門文件,實施行政機關負責人出庭應訴制度。參見唐志強:《樊明亞行政首長出庭應訴芻議》,《上饒師範學院學報》,2009年第5期,第59頁。

[6]. 2004年以來,江蘇省海安縣兩任縣長、206位行政機關負責人先後出庭應訴。最近5年,該縣行政機關負責人出庭應訴率達100%。參見徐育,陳向東等《聚焦行政首長出庭應訴「南通現象」》,《江蘇法制報》,2010年8月20日第1版、裴智勇《江蘇海安7年206位行政領導出庭應訴(見證)》,載《人民日報》,2011年5月4日。

[7]. 善若水:《從「訓話」到「對話」:一步之遙和一念之間》。

[8]. 汪俊英:《傳統行政文化對「依法行政」的負面影響分析》,《學習論壇》,2007年第9期,第77頁。

[9]. 廣西壯族自治區高級人民法院2011年發布的《2010年行政審判白皮書》,參見《動態與聲音》,載《人民法院報》,2011年9月11日第五版。

[10]. 馬守鋒,黃志聰:《冷靜應對行政首長出庭應訴制度》。

[11]. 樊濤:《行政訴訟案法定代表人必須出庭應訴》。

[12]. 沈小平：《民告「官」，「官」須出庭》，新聞月刊，2003年第10期，第28頁。

[13]. 陳端洪：《中國行政法》，北京：法律出版社，1998年版第47頁。

[14]. 呂尚敏：《行政首長應當出庭應訴嗎？——在司法的技術、權能與功能之間》，《行政法學研究》，2009年第4期，第100—101頁。

[15]. ［美］考夫曼·卡多佐，A L. 考夫曼著，《卡多佐》，張守東譯．北京：法律出版社，2001，211。

[16]. 費麗芳：《中國行政審判現狀管窺》，《浙江社會科學》，2005年第3期，第191頁。

[17]. 呂尚敏：《行政首長應當出庭應訴嗎？——在司法的技術、權能與功能之間》，《行政法學研究》，2009年第4期，第99頁。

[18]. 善若水：《從「訓話」到「對話」：一步之遙和一念之間》。

[19]. 呂尚敏：《行政首長應當出庭應訴嗎？——在司法的技術、權能與功能之間》，《行政法學研究》，2009年第4期，第100—101頁。

[20]. 2004年3月，國務院《全面推進依法行政實施綱要》頒布後，推行行政首長出庭應訴已成一種發展趨勢，陝西、遼寧、江蘇、上海、廣東、四川、福建、山東、湖南等地的一些市、縣及政府部門透過制定規範性文件的形式加以規範，要求行政首長在行政訴訟中必須出庭應訴，並且透過實施取得了較好的效果。如瀋陽市《關於建立行政機關法定代表人行政訴訟出庭應訴制度的通知（瀋政辦發〔2002〕15號）》、杭州市《杭州市行政首長出庭應訴工作暫行辦法（杭政辦〔2006〕21號）》、江蘇省公安廳《江蘇省公安機關負責人出庭應訴工作暫行規定（蘇公廳〔2007〕45號）》。

[21]. 陳東昇：《行政首長出庭應訴有合理和必要之處》，《法制日報》2006年8月25日。

[22]. 根據《立法法》有關規定，行政訴訟制度只能由法律規範，政府規章和規範性文件是無權解釋和規範行政訴訟制度的，因此各地所推行的行政首長出庭應訴制度面臨法律上的合法性問題。參見汪成紅：《行政首長出庭應訴制的合法性審視》，《江南大學學報（人文社會科學版）》，2007年第6期，第48—51頁、呂尚敏：《行政首長應當出庭應訴嗎？——在司法的技術、權能與功能之間》，《行政法學研究》，2009年第4期，第98—103頁、喬寧寧：《行政首長出庭應訴制度的「危機」分析》。

[23]. 目前學界持這一觀點的主要有馬懷德教授和黃學賢教授等，其中馬懷德教授認為：各地競相頒布行政首長出庭應訴制度，說明這種做法有著深厚的社會基礎，是有生命力的；推行行政首長出庭應訴制度，同時也為修改《行政訴訟法》探索

出了一條立法途徑。為此，他與 12 名專家教授聯名向全國人大提出建議，在修改《行政訴訟法》時增加這一內容，在他擬訂的《行政訴訟法》修改方案中也明確提出了行政訴訟中行政首長要出庭應訴。參見劉曉燕，朱雲峰：《24 個一把手的 134 次出庭——對合陽縣行政首長出庭應訴制度的調查》，載《人民法院報》2003 年 9 月 25 日，黃學賢，梁玥：《行政訴訟中被告消極應訴的對策研究》，《法治研究》，2010 年第 6 期，第 31 頁。同時也有學者主張「另一種更具合法性、合理性與現實性的制度構建是：並非採取『強制』的方式，讓行政首長逢『案』必『出』，也不能以責任追究為手段來強制推行這一制度，而是應以現行的《行政訴訟法》中規定的行政訴訟代理制度為依據，賦予行政首長出庭與否的自由。但從推行依法行政的角度，可將行政首長出庭應訴工作納入年度依法行政工作考核範圍，以績效獎勵的方式鼓勵、提倡行政首長親自出庭應訴，以此推動行政首長自願出庭應訴，使依法行政與行政審判形成更好的良性互動的新局面。」參見汪成紅：《行政首長出庭應訴制的合法性審視》，《江南大學學報（人文社會科學版）》，2007 年第 6 期第 51 頁。

[24]. 曾潔雪：《行政首長出庭應訴的必要性和可行性探析》，《知識經濟》，2010 年第 20 期，第 21 頁。

[25]. 對此也有學者主張「在監督主體上可以考慮將地方人大法工委和政府法制辦共同作為行政首長出庭應訴的監督主體。由法工委負責本轄區政府首長出庭應訴的總體監督工作，由政府法制辦具體負責政府首長以外的其他行政首長出庭應訴的監督工作」。參加王應強：《論建立行政首長出庭應訴制度》，《學習論壇》，2008 年第 4 期，第 80 頁。

行政機關糾紛解決機制的路徑思考

陳宏光

◎安徽大學法學院教授、法學博士、博士生導師

　　社會糾紛的複雜和多元勢必要求解決機制的多元，在多元解決機制之中，行政機關糾紛解決機制具有專家優勢，其專業知識和判斷是司法機制所無法比擬的，其效益高，主動性強，並具有一定的便宜性和靈活性，容易達到個案的實質公正，使糾紛在平和的氛圍中真正得到解決，這諸多優點已得到公認。一個顯而易見的事實是，和諧社會不但存在矛盾和糾紛，而且具有多樣性，這些矛盾不斷得到妥善解決，社會內部各要素和關係從而得以調整、平衡、優化。對於社會發展過程中的糾紛，「關鍵在於社會必須對糾紛進行適當的調節，使糾紛不以將會毀掉整個社會的暴力方式進行」。[1]

　　中國行政機關糾紛解決機制有多種形態，每一種形態都有各自獨特的解決糾紛功能。然而，現實中卻往往存在這樣的悖異現象：一個糾紛歷經多個行政機關糾紛解決機制，一級級的行政機關糾紛解決機制都無法有效解決，行政機關糾紛解決機制所具有的優勢效能並沒能得到充分的發揮，現實中面臨公信力不足、解決糾紛的決定和結果難以得到當事人信服的困境。本文從行政機關糾紛解決機制因公信力缺失而造成的現實困境出發，歸納提煉出公信力在行政機關糾紛解決機制中的作用，進而嘗試性提出在當下中國提升行政機關糾紛解決機制公信力的可行性路徑。

　　一、行政機關糾紛解決機制的公信力問題

　　（一）公信力一般性內涵

　　從一般意義上探究，「公信力」主要包括三個方面內涵，即「公」、「信」和「力」，三者是一個具有邏輯自洽性、逐層推進的整體。「公」的主要內涵有三：一是指最大多數人，也就是常稱的社會公眾；二是指大家共同擁有或承認的，即一種觀念、制度被大家普遍認同、接受；第三層內涵是在前兩層基礎上的一個邏輯推導，即某制度或觀念被大多數人擁有或承認，進而認同、接受，那麼就被認為是公正的，此語境之下，「公」具有「公正」的涵義。《現代漢語詞典》對「信」的解釋是使公眾信任，即信用與信任。信用是信任的基礎和前提，只有具有信用，才能獲得信任；信任是信用的邏輯結果，公信力中的「信」是一種互信，只有雙

方或多方主體相互之間信任付出,才能取得彼此的信任。「力」是信念力與威懾力有機結合而形成的合力,在合力影響和作用下,公眾具有一種信念,認為某制度或觀念是值得信任的,從而形成了對該制度或觀念自願的信任和服從的態勢。同時,該制度、觀念獲得某種潛在的強制力的維持,當公眾違背其時,會受到外在強制力的制裁。[2]

公信力和權威具有密切聯繫,聯繫的節點在「力」的層次之上。權威是公信力的邏輯結果,是一種精神力量,其作用主要是一種社會心理過程,是施加者利用自身所具有的權力和威望達到使人信任和服從的效果,是權威的接受者對於權威施加者所形成的客觀必然性的認同和選擇,它主要藉助掌權者的威信在公眾情感、信任等方面的影響而發揮作用,是以自覺自願的服從為前提,建立在合法性基礎上的影響力。權威「歸根到底是個信念問題,這種信念關係到權威在其中得以運用的制度體系的正義性,關係到運用者在這個制度體系中充任權威角色的正義性,關係到命令本身或命令的頒布方式的正義性」。[3]

(二) 行政機關糾紛解決機制公信力特定內涵界定和特徵

根據上述公信力的一般內涵,經審慎思考,我們認為採用如下方式對行政機關糾紛解決機制公信力內涵進行界定是合適的:指行政機關糾紛解決機制在處理、解決糾紛過程中所體現出來的真誠守信狀態以及社會公眾對行政機關糾紛解決機制所具有的信任感和心理認同感,並因此自覺地服從和尊重行政機關糾紛解決機制解決糾紛行為和決定的一種社會狀態。[4]

從直觀上講,行政機關糾紛解決機制公信力是民眾對該機制解決糾紛情況的主觀評價。從內部要素構成而言,行政機關糾紛解決機制公信力的內涵可以從兩個角度來理解:就行政機關糾紛解決機制一方來說,公信力意味著行政機關糾紛解決機制有能力使糾紛發生主體認為透過這種機制所作出的解決糾紛決定是「值得認同和服從的」,從而獲得糾紛發生主體的認可和自願服從;就糾紛發生主體一方來說,意味著糾紛發生主體基於某種價值、信念、習慣而信任、認可這種機制,將其視為「正當」的。在這兩方面之中,核心是行政機關糾紛解決機制對社會公眾的信用與社會公眾對行政機關糾紛解決機制的信任,它表明了對行政機關糾紛解決機制的工作成效、信用的信任度和認可程度。

行政機關糾紛解決機制公信力的主要特徵:

(1) 動態的互信。行政機關糾紛解決機制公信力實際上是行政機關糾紛解決機制與公眾之間的一種信用關係,涉及兩個主體的兩種行為,即信任方 (公眾)

的「信」與信用方（行政機關糾紛解決機制）的「被信」，「信」與「被信」隨著實踐而發生變動，實質上是一個雙方互動、動態均衡的信任交往與評價過程。

（2）評判標準的主觀性和多元性。行政機關糾紛解決機制的公信力儘管客觀性因素很強，但畢竟是一種由公眾所作出的主觀性價值判斷，因評判主體不同、情境相異，得到的評判結果可能不同。而且公正作為全社會共同追求的一種價值目標，在行政機關解決具體糾紛之中，不同的價值主體有不同的利益需要和評判維度，所作出的評價也不會全然一致，呈現出多元性。

（3）相關因素的廣泛性。行政機關糾紛解決機制公信力涉及行政機關糾紛解決機制權威，解決糾紛的公正性、獨立性，人員素質，以及公眾的法律素質、信仰，對具體案件的感受等諸多因素，內容十分廣泛。

二、行政機關糾紛解決機制公信力缺失的原因探析

社會變遷帶來的分化，使人們容易產生「離心」傾向，這樣的社會變遷，無論就其速度與規模而言都是巨大的，造成「實然」與「應然」之間的斷裂，常常使人們短時期內難以適應社會的變遷，從而產生「茫然」和「迷失」，人人自危，失去人類相處最基本的互信。

（一）行政機關糾紛解決機制公信力缺失的內在歸因

1. 行政機關糾紛解決機制解決糾紛行為定性模糊。行政機關糾紛解決機制解決糾紛的行為應是行政機關利用自身所形成的優勢，居中裁判，司法性成分要濃一些，至少屬於準司法行為，但實踐中，理論界和實務界長期以來對其定性模糊，從各自的論點出發，有的強調其行政性，有的強調其司法性，定性上的模棱兩可帶來一系列讓人左右為難的問題。[5]

2. 公信力意識不強。一些人認為公信力屬於社會公眾主觀價值判斷的問題，行政機關對此無從掌控，只要在解決糾紛過程中依法而行就可以了；還有的做群眾工作時不細緻，不到位，致使有些案件雖然結了，但問題還沒有解決，造成「案結事沒了」的尷尬情形，當事人不斷申訴、上訪，對行政機關糾紛解決機制公信力和權威性產生負面影響。

3. 行政機關糾紛解決機制中解決糾紛人員的素質整體上不高，難以獲得公眾充分信任。行政機關糾紛解決機制中解決糾紛人員是行政機關糾紛解決機制公信力和權威性的主要載體，社會公眾對行政機關糾紛解決機制的評價，很大程度上來源於對每個行政機關糾紛解決機制中解決糾紛人員的具體解決糾紛行為的認知

及評價，但是現階段行政機關糾紛解決機制中解決糾紛人員的整體素質和解決糾紛能力與公眾的期盼仍有一定的差距，一些糾紛雖然在處理上並無偏差，但由於缺乏必要的說理及事後的解疑釋惑工作，當事人無法理解和認可。

4. 行政機關糾紛解決機制解決糾紛行為效力保障缺乏。眾所周知，行政機關解決糾紛的社會成本較低，且及時，快捷，簡便，然而，實踐之中，行政機關糾紛解決機制解決糾紛行為的效力卻得不到司法機關的認可和支持，從而嚴重削弱了行政機關糾紛解決機制的公信力和權威性，所以，賦予行政機關糾紛解決機制解決糾紛行為法律效力勢在必行。對由政府和行政機關主持達成的調解協議具有何種效力，法律上至今沒有明確規定，這就造成行政性糾紛解決機制無法發揮應有的功能，或不得不與人民調解混同。[6]

5. 行政機關糾紛解決機制相對獨立性不高。行政機關糾紛解決機制既然居中解決糾紛，就需要糾紛解決機制具有相對獨立性，以減少外在干預，保證裁決行為的公正性。在中國，雖然行政機關承擔了大量的司法職能，但基本上沒有獨立性，和一般的行政機關沒有區別。這樣的地位很難保障其裁決的公正性，這也是目前制約行政裁決制度健康發展的關鍵因素。[7]

6. 正當程序缺失。中國立法對行政機關糾紛解決機制程序缺乏規定，程序的不健全導致在解決糾紛過程中「各有各的套路，各有各的高招」，行政機關糾紛解決機制在部門利益的驅動下所制定的程序規範缺乏公正性，難以得到糾紛當事人的認可，有的甚至相互矛盾。一些非訴訟糾紛解決方式程序設置不合理，有的甚至比訴訟程序更複雜，因而當事人選擇規避訴訟外程序。[8]

（二）行政機關糾紛解決機制公信力缺失的外在歸因

1. 長期以來，中國社會的「人治」傳統使公眾對行政機關的信任普遍缺失，這是阻礙行政機關糾紛解決機制公信力形成的歷史文化根源。

社會公眾對行政機關的信任是行政機關糾紛解決機制公信得以產生的前提和基礎，而中國封建社會時期長久，有著悠久的人治傳統，對公眾多以「管治」的思路為主，「官官相護」的思想即使在當下的中國依然有很大的市場，「衙門」裡「當官的」和「老百姓」之間的平等對話、互相尊重在傳統中國很難想像，多數公眾對行政機關的認知有限，對現代政府以及行政機關的服務性認識不夠，難以從傳統的因敬畏或威懾而不得不服從轉變到現代對行政機關解決糾紛過程與結果的客觀理性評價，從而對其信任和認可。

2. 信用危機給行政機關糾紛解決機制公信力帶來消極負面影響。誠實守信是中華民族的優良傳統，也是現代市場經濟和社會發展不可缺少的資源。然而，伴隨市場經濟的負面效應而滋生的人際冷漠和誠信缺失，致使整個社會協商機制尚未形成，無論是家庭內部，還是勞資關係、消費關係、醫患關係、交易夥伴關係等都缺乏基本的信任，對抗程度極強，和解協商難度極大，調解協議的反悔率較高。[9] 社會出現了嚴重的道德失範現象，整個社會信用體系面臨前所未有的道德危機，由公平、公正、誠實守信等價值系統所建立起的「信用」「信任」，已經成為當前中國最需要又最稀缺的社會資源，在此大環境之下，不可避免地影響了行政機關糾紛解決機制的公信力，而且一定程度上加大了行政機關糾紛解決機制提升公信力的難度。

3. 信用保障機制不完善。中國行政機關的運作長期以來存在著以「人治」代替「法治」的現象，行政機關的行為更多地體現出指令性特點。仍然沒有擺脫紅頭文件、政策手段和領導指示、批示這樣的一種行政支配的運作模式，政策的臨時性、應景性色彩很濃，長期性、穩定性十分缺乏，行政機關的一些決定和政策往往朝令夕改，行政機關的行為常常被個人行為所代替，這些非正常現象不斷透支著行政機關的信用，導致信用無法保障。

行政機關解決糾紛的過程中，常常會受到這樣或那樣的非正常干擾，遞條子、電話說情、指示處理等現像在實踐之中並不鮮見，給行政機關糾紛解決機制的公信力造成很多大的消極影響。

4. 監督機制不健全。行政機關糾紛解決機制內部並沒有專門監督部門，往往造成行政機關糾紛解決機制既是運動員又是裁判員——實行自我監督。大量事實證明，自我監督的動力和有效性的確讓人難以信服；而行政機關糾紛解決機制的外部監督又由於專業性不強、訊息不對稱等因素未能發揮其應有的作用，這就導致行政機關糾紛解決機制因缺乏必要的監督制約和改進的動力，傾向於先入為主的偏見或內部決定，解決糾紛過程往往存在「暗箱操作」，這種缺乏監督的權力必然導致腐敗，直接危害行政機關糾紛解決機制公信力。

三、公信力在行政機關糾紛解決機制中的價值

透過對民眾選擇糾紛解決方式偏好進行研究，不僅能夠進一步深化對糾紛本質的科學認識和理性把握，更有助於對民眾選擇糾紛解決方式偏好背後的意識支撐和信念基礎進行考察、探知和理解，進而可以考察和把握現實社會中糾紛解決機制如何建立以及有效運行。

由上文論述可知，在人們發生衝突或糾紛時，通常需要一種信任的機制來均衡矛盾、協調衝突、解決糾紛，選擇何種機制取決於民眾的理性分析，而此種機制能否起作用，則主要取決於人們是否信任和認可這種機制。[10] 質而言之，民眾究竟為何信任、認同或願意接受某種糾紛解決機制，並自願服從其作出的決定。這一問題實際涉及糾紛解決機制有效運行的邏輯起點。要而述之，公信力在行政機關糾紛解決機制中的價值具有以下幾點。

1. 提高行政機關糾紛解決機制的信用度。一個毋庸置疑的事實是：當事人之所以願意將矛盾或糾紛透過某種機制進行解決，總是建立在對該解決機制的信任和認同基礎之上。當糾紛發生主體信任、認同某糾紛解決機制時，就願意將矛盾和糾紛訴諸該糾紛解決機制，也表明他們相信該糾紛解決機制對解決糾紛或衝突是有效的，公平的。糾紛解決機制透過個案的公正解決，持續性地提高自身的信用度、信譽度，從而達到在維繫社會秩序中發揮控制功能的預期目的。公信力的建構和提升，從行政機關糾紛解決機制視角觀之，可以提高自身的信用度，從而獲得公眾的認可和接受。

2. 提高行政機關解決糾紛決定的執行度。實踐當中經常存在這樣的情況，行政機關糾紛解決機制已經就某一糾紛進行解決並作出決定，該決定也得到當事人的認可，但由於各種原因，決定的實際執行情況不盡如人意，糾紛解決的實際效果沒有達到，久而久之，造成當事人以及其他民眾對行政機關糾紛解決機制喪失信任，損害了行政機關糾紛解決機制的公信力。提高行政機關糾紛解決機制公信力，提高行政機關解決糾紛決定的執行度，使行政機關糾紛解決機制的每一個決定都得到切實有效的執行，達到「言必信，信必行，行必果」。

3. 提高行政機關糾紛解決決定的接受度。人們對事物的接受總是建立在信任的基礎之上，只有對某事物信任、認可之後，才有可能接受它。與此同理，在諸多糾紛解決機制之中，選擇哪一種糾紛解決機制並自願服從其決定，取決於該機制一貫所建立和擁有的自身公信力。如果公眾認為行政機關糾紛解決機制具有公信力並值得信任，就會相信這種機制能夠公平、公正解決糾紛，化解矛盾，從而能夠接受行政機關糾紛解決機制所作出的決定，並認為該決定對於他而言是公正的，即使該決定在實際效果上可能是不利於他的

4. 保證行政機關糾紛解決機制的有效運行。行政機關糾紛解決機制得以有效運行必須具有內在和外在兩個條件，內在條件是行政機關糾紛解決機制所具有的合理內部設計和架構，解決糾紛的基本條件具備，即本身所擁有的值得信任的東

西；外在條件是指行政機關糾紛解決機制在長期解決糾紛過程中所形成的「自身形象」，即公眾對其所作的評價狀態及其公信力程度。只有當公眾認為行政機關糾紛解決機制值得信任並且相信其他公眾也會信任該機制時，才願意將糾紛訴諸其並接受其作出的解決糾紛的決定，從而行政機關糾紛解決機制得以有效運行。

5. 促使行政機關糾紛解決機制的完善。人類社會總是在不斷地向前發展，矛盾和糾紛亦隨著社會的發展日益複雜和多元，任何一個糾紛解決機制都不可能盡善盡美，總會存在這樣或那樣的問題，與民眾的期望也會存在一定的距離。但我們不能因此而放棄對糾紛解決機制的發展和完善，就行政機關糾紛解決機制公信力而言，在承認其公信力不高這一最大的實際基礎之上，著力縷析其原因，探索解決問題的路徑，是我們應有的態度，更有利於社會秩序的穩定和發展。

6. 解決糾紛的社會效果得以實現。解決糾紛的過程就是透過一定的方式消除糾紛發生者之間已經產生的分歧，協調和平衡糾紛發生者之間的利益失衡狀態；解決糾紛的目的是為了消除糾紛、平衡利益、協調矛盾，進而維持社會的有序。任何機制解決糾紛所追求的最低層次的目的不應僅是「案結了」，而應當是「案結、事了、社會效果達到」，更不應因解決一個糾紛和矛盾而引發新的或更多的糾紛和矛盾。增強行政機關糾紛解決機制的公信力，強調行政機關糾紛解決機制運行過程中，既要注重個案的公正解決，公平正義的實現，也要強調社會效果的實現，透過公正個案的累積和放大，實現整個社會的公正。

四、行政機關糾紛解決機制之公信力的路徑思考

（一）行政機關糾紛解決機制的內部完善

1. 增強行政機關糾紛解決機制的相對獨立性。行政機關糾紛解決機制作為具有準司法性的糾紛解決機制，相對獨立性是其保證解決糾紛結果公正性的重要條件。然而，現實之中，行政機關糾紛解決機制是行政機關本身或其組成部分，這就決定其不可能獨立於行政系統之外。然而其解決糾紛的目的和功能決定了它的準司法性，保持獨立是其內在要求，所以行政機關糾紛解決機制應在行政系統內部保持相對獨立，而且這種獨立的程度和行政機關糾紛解決機制公信力成正比例關係，即相對獨立性越高，行政機關糾紛解決機制所具有的公信力就越強。

2. 強化行政機關糾紛解決機制專業性。行政機關糾紛解決機制解決糾紛的準司法性決定了其工作人員必須是具有一定專業知識的專業人員，專業性應是對其要求之一。具有實際所要的專業知識和能力，一是可以提高對爭議案件的分析水平，從而增強處理解決問題的能力；二是專業性可以增強職業思維的規範性、判

斷標準的統一性、處理決定的一致性，從而有利於避免行政機關在解決糾紛過程中的隨意性，增強解決糾紛的公正性。[11]

3. 加強行政機關糾紛解決機制程序建構。程序的公正是看得見的公正，加強行政機關糾紛解決機制的程序建構，對於行政機關解決糾紛的過程和決定的公正性和可接受性，具有重要意義，行政機關糾紛解決機制程序性建構過程中，可遵循以下具體路徑。

（1）自願原則。保障當事人參與的平等和自願是行政機關糾紛解決機制得以有效運行的重要條件之一。當事人選擇何種糾紛解決方式，取決於他們的自願選擇，絕不能讓他們接受強制性的和解、決定或以其他方式將意志或決定強加於當事人。從程序的啟動、解決過程的協商到解決糾紛決定的達成等方面都應允許當事人在自願的原則下作出決定，這些環節應當有完善具體的程序規則予以規範。

（2）嚴格的中立性。中立性是行政機關糾紛解決機制公信力的重要淵源之一，也是行政機關糾紛解決機制公正解決糾紛的必然要求，行政機關糾紛解決機制作為處理和解決糾紛的機制，必須遵守嚴格的中立性要求，在解決糾紛的過程中不得有意偏袒某一方，糾紛解決結果不得包含有糾紛解決機制的不當意志。

（3）當事人處分權的保障。選擇行政機關糾紛解決機制是基於糾紛當事人合意作出的選擇，除非有損社會公益或有悖公序良俗的情形存在，行政機關糾紛解決機制作為中立第三方不應當干涉當事人的處分權和選擇權。如果當事人在選擇訴諸行政機關糾紛解決機制之後又自願和解的，行政機關糾紛解決機制就應當允許，因為當事人的和解是基於雙方的意思自治和意志自律作出的選擇，這不僅能夠有效地保證協議的履行，也有利於社會矛盾和糾紛得到根本解決。

4. 自制力的加強。行政機關糾紛解決機制自制力，即行政機關糾紛解決機制具有必要的自我約束能力。外部監督是我們所強調的，但外部監督存在訊息不足、監督不力的狀況，在完善外部監督的同時，著力加強行政機關糾紛解決機制的自我約束能力，構建行政機關糾紛解決機制內部監督制衡體系，對於其有效運行具有重要意義。

（二）行政機關糾紛解決機制的外部強化

1. 提高行政機關糾紛解決機制對公眾期望的回應性。當下的中國社會正處於深刻的社會變革時期，也是矛盾和糾紛頻發期，面對這種實情，就當事人而言，在發生糾紛而透過自我協商又不能解決之際，必然希望訴諸一個中立、公正的糾

紛解決機制，藉助此機恢復、平衡、協調當事人之間失衡的關係；從社會公眾視角來看，穩定和諧的社會秩序是安居樂業、生活發展的必要條件，若大量社會矛盾和糾紛得不到有效解決，長期積聚就可能產生大規模的社會動盪，危及社會的穩定。因此，行政機關糾紛解決機制應發揮自身優勢，提高對公眾期望的回應性，將社會矛盾和糾紛有效化解在萌芽狀態之中。

2. 建立公眾對行政機關糾紛解決機制公信力的情感支持和社會認同。由上文論述可知，行政機關糾紛解決機制公信力的核心是行政機關糾紛解決機制對社會公眾的信用與社會公眾對行政機關糾紛解決機制的信任，無論是行政機關糾紛解決機制所具有的信用還是公眾對其的信任、認可，都共同指向主觀性的價值傾向，即社會公眾的情感支持和認同，從此角度進行逆向性考量，就會發現提升行政機關糾紛解決機制公信力的一個重要條件是增強社會公眾的情感支持和認同，在公眾心目中形成這樣一個狀態——行政機關糾紛解決機制是值得信任的並且其他人也都具有這種信任。

3. 優化行政機關糾紛解決機制的內部結構，增強諸機制之間的協調配合。中國的行政機關解決糾紛有著悠久的歷史，行政機關糾紛解決機制有很多種，如行政復議、行政調解、行政仲裁等，實踐當中，這些機制大都各自為戰，呈現一種「各自為政，各行其是，雜亂無序的狀態」。[12] 諸機制之間配合協調性不高，協調機制缺失，往往一個矛盾或糾紛在一個行政機關沒有得到解決之後，在其他機關也很難得到有效解決。

行政機關糾紛解決機制內部結構還存在一些不容忽視的問題，具體的解決糾紛機關在機構設置、權限劃分、解紛程序等還存在一些不足，不利於行政機關糾紛解決機制的發展，同時也難以滿足社會公眾對解紛機制的需求。因此，構建行政機關糾紛解決機制之間的協調機制，優化行政機關糾紛解決機制的內部結構，發揮行政機關糾紛解決機制的整體優勢，增強互相支持、彼此配合的力度，對於行政機關糾紛解決機制的完善和發展以及社會矛盾和糾紛的解決，無疑具有重要意義。

4. 行政機關糾紛解決機制與其他糾紛解決機制的協調。眾所周知，行政機關糾紛解決機制只是眾多糾紛解決機制之一，還有司法機關糾紛解決機制、社會糾紛解決機制等，任何一個社會的矛盾和糾紛都具有多元性，在今日轉型之中國更是如此。同時，任何一個糾紛解決機制都不可能是完美無缺的，這樣或那樣的問題存在不可避免，又都具有各自獨特的優勢。行政調解、行政裁決、行政仲裁、

行政復議、行政訴訟等多元化行政糾紛解決機制，在矛盾糾紛的解決過程中，都表現出一定的優勢和缺陷。[13] 在這樣的認知前提下，我們所面臨的一個重要課題就是如何協調各糾紛解決機制，形成解決糾紛的整體合力，為滿足多元糾紛解決、建設和諧社會提供支持，在中國目前整合性的研究成果和實踐經驗均較缺乏，應是今後著力的重點之一。

注　釋

[1]. ［美］彼得·斯坦，約翰·香德：《西方社會的法律價值》，中國人民公安大學出版社，1990年版，第38頁。

[2]. 張藝：《論司法公信力的邏輯淵源》一文，《蘭州交通大學學報》，2008年第5期，第18—20頁，對筆者關於公信力一般內涵的界定有一定借鑑意義。

[3]. ［美］D.P. 約翰遜：《社會學理論》，南開大學社會學系譯，國際文化出版公司1988年版，第279頁。

[4]. 此定義把行政機關糾紛解決機制公信力界定為一種狀態，這種狀態隨著實踐變化，影響公信力因素改變而變動的。

[5]. 關於行政機關解決糾紛行為的性質，學者多有論述，比較具有代表性當推沈開舉的《委任司法初探——從行政機關解決糾紛行為的性質談起》一文，《鄭州大學學報（哲學社會科學版）》，2007年第1期，第42—46頁。

[6]. 劉永紅，王安平：《構建多元化糾紛解決機制的法律思考》，《西華師範大學學報（哲學社會科學版）》，2009年第1期。

[7]. 沈開舉：《WTO與中國行政裁決機構公正性研究》，《中國法學》，2002年第5期。

[8]. 範愉：《當代中國非訴訟糾紛解決機制的完善與發展》，《學海》，2003年第1期。

[9]. 範愉：《以多元化糾紛解決機制保證社會的可持續發展》，《法律適用》，2005年第2期。

[10]. 陸益龍：《糾紛解決的法社會學研究：問題及範式》，《湖南社會科學》，2009年第1期。關於糾紛解決機制所需要權威認同的論述對筆者論證行政機關糾紛解決機制公信力具有一定的啟發意義。

[11]. 張華民：《論提升中國行政復議公信力》，《廣東行政學院學報》，2008年第6期。

[12]. 應松年：《行政行為法》，人民出版社1993年版，第872頁。

[13]. 繆文升：《一元亦或多元：行政糾紛解決機制的徘徊與抉擇》，《內蒙古社會科學（漢文版）》，2009年第3期。

臺灣訴願審議委員會制度對大陸行政復議委員會試點工作的啟示

黃磊[1] 王書娟[2]

◎[1] 福建省人民政府法制辦公室行政復議處副處長

◎[2] 福建江夏學院法學系副教授

行政復議是指公民、法人或者其他組織認為具體行政行為侵犯其合法權益，依法向特定行政機關提出申請，由受理該申請的行政機關對原具體行政行為依法進行審查並作出行政復議決定的活動。[1] 在社會管理創新過程中，行政復議制度發揮著化解行政爭議、定紛止爭的重要作用，是解決行政爭議的主渠道。[2] 為了完善行政復議制度和機制，最大程度地發揮其作用，從 2008 年開始，國務院法制辦公室部署在部分地區開展行政復議委員會試點工作。福建作為試點地區之一，目前正在研究推進。試點過程中，除了要汲取大陸其他地區試點的工作經驗外，海峽對岸的臺灣相關制度的實施經驗也很值得研究借鑑。筆者根據掌握的資料，擬以臺灣訴願審議委員會的設置及運行模式為視點，就做好福建省行政復議委員會試點工作提出設想，以期拋磚引玉，加強兩岸在行政救濟制度方面的交流與借鑑。

一、臺灣訴願審議委員會的設置

在臺灣，與大陸行政復議相似的制度為「訴願」制度。臺灣現行訴願制度，可追溯到 1930 年制定的「訴願法」。當時的「訴願法」只有 14 條，比較簡約。其後，「訴願法」經 1937 年、1970 年、1979 年、1995 年、1998 年、1999 年和 2000 年七次修改。現行的「訴願法」是在 2000 年修改基礎上頒布實施的，共 101 條。[3]

根據「訴願法」第二節管轄之規定，不服「鄉（鎮、市）公所」之行政處分的，向「縣（市）政府」提起訴願；不服「縣（市）政府所屬各級機關」之行政處分的，向「縣（市）政府」提起訴願；不服「縣（市）政府」之行政處分的，向「中央主管部、會、行、處、局、署」提起訴願；不服「直轄市政府」之行政處分的，向「中央主管部、會、行、處、局、署」提起訴願；不服「中央各部、會、行、處局、署」之行政處分的，可向「主管院」提起訴願；不服「中央各院」之行政處分的，可向「原院」提起訴願。這樣，臺灣訴願機關的數量基本上可以計算出來。

據有關學者統計，臺灣共有60個訴願機關：在「中央」一級，共有「行政院」及各部等34個訴願機關；在「地方」一級，共有「省、市、縣政府」26個訴願機關。[4]臺灣訴願機關辦理案件一律採取訴願審議委員會的形式。[5]「訴願法」第五十二條規定，各機關辦理訴願事件，應設訴願審議委員會；「訴願審議組織規程及審議規則，由主管院定之」。據此，臺灣「行政院」專門制定了「行政院及各級行政機關訴願審議委員會組織規程」和「行政院及各級行政機關訴願審議委員會審議規則」。[6]其他「院」也制定有相關規則。各有權的「政府」也相應制定了有關規則。比如，臺北市政府訂立了「臺北市政府訴願審議委員會組織規程」，高雄市政府訂立了「高雄市政府訴願審議委員會設置要點」。

綜合上述相關規則，臺灣訴願審議委員會的設置有如下三個特點：

（一）訴願審議委員會是政府的內設機構，是訴願事件的承辦單位，不具有獨立機關的地位，其行為均以所屬政府的名義作出。「訴願法」第八十九條要求，訴願決定書應當載明「決定機關及其首長」。顯然，這是要求訴願審議委員會所作決定以「政府」名義對外。同樣，「臺北市政府訴願審議委員會組織規程」第八條規定：「訴願決定書、訴願撤回之準駁，均以府文行之，其他公文得以本會名義行之。」「高雄市政府訴願審議會設置要點」第六條第一款規定：「訴願決定書、訴願案件之撤回、移轉管轄及勘驗調查，均以本府名義行之。」

（二）訴願審議委員會在內部組織上具有相對獨立性，獨立承辦案件。訴願審議委員會與所屬「政府」之間存在著相對獨立性或者說是權威性。所屬「政府」一般不干涉訴願審議委員會的辦案，尊重訴願審議委員會的決定。雖然「訴願法」沒有明確訴願審議委員會委員獨立行使職權的保障，但「訴願法」第五十三條、第五十四條規定：「訴願決定應經訴願審議委員會會議之決議，其決議以委員過半數之出席，出席委員過半數之同意行之。」「訴願審議委員會審議訴願事件，應指定人員製作審議紀錄附卷。委員於審議中所持與決議不同之意見，經其請求者，應列入紀錄。」換言之，行政機關首長「均不得影響獨立判斷」。[7]相關制度也體現了這種認識。如，「行政院及各級行政機關訴願審議委員會審議規則」第二十八條規定，決定書以本機關名義行之，除載明決定機關及其首長外，並應列入訴願會主任委員及參與決議之委員姓名。「高雄市訴願審議會設置要點」第六條規定，訴願決定書除載明決定機關及市長外，並應列入本會主任委員及參與決議之委員姓名。據有關學者觀察，在馬英九擔任臺北市市長期間，「訴願決定雖然名義上是臺北市政府作出的，馬英九要簽名，但是事實上，訴願委員會討論

案件或者經過口頭審理案件後作出的訴願決定,馬英九從未否決過,完全是照單全收」。也就是說,「行政首長放手讓訴願委員會以自己的名義裁決案件」。[8]

（三）訴願審議委員會的組織規則及審議規則較為獨立。「訴願法」第五十二條第三款規定:「訴願審議委員會組織規程及審議規則,由主管院定之。」如,「行政院及各級行政機關訴願審議委員會組織規程」規定:各機關應依其業務需要訂立訴願會編組表,列明職稱、職等、員額,報經「行政院」核定後實施,專職人員「於本機關預算員額內勻用」。「臺北市政府訴願審議委員會組織規程」第四條規定:「本會置主任祕書、專門委員、組長、祕書、編審、專員、分析師、組員、辦事員及書記。」第七條規定:「本規程所列各職稱之官等職等及員額,另以編製表定之;各職稱官等職等,依職務列等表之規定。」據有關學者觀察,「臺北市政府的訴願委員會配有專職工作人員作為辦案人員」,「均為法律專業畢業,需要透過考試或者遴選才能進入訴願審議委員會」。[9]可見,臺北市政府訴願審議委員會與政府法制局並不是同一批人員,而是有自己獨立的辦事人員和獨立的辦事機構。這也反映了設置訴願審議委員會的初衷之一在於解決訴願辦案人手不足、獨立性不夠的問題。「唯過去縣（市）級政府仍未普遍設置,由祕書室法制股人員兼辦」,「非專設訴願承辦單位,恐不易應付也」。[10]故而要求成立專門訴願審議委員會,並有專門機構、專門人員從事案件辦理。

二、訴願審議委員會委員的構成及選聘

大陸之所以開展行政復議委員會試點,目的之一就在於吸收社會力量參與相關案件辦理,提高行政復議的公信力和權威性。因此,委員的構成決定了行政復議委員會的獨立性和權威性。目前,大陸開展試點的地方都很重視委員的選聘,均以「政府主導、社會參與、專業保障」為指導原則。但具體到委員的構成和選聘,則不同地區又有差異。臺灣在這方面由於有「訴願法」的統一規定,因此,臺灣訴願審議委員會委員的構成及選聘則相對統一。

（一）委員分類。「訴願法」第五十二條規定:「訴願審議委員會,由本機關高級職員及遴聘社會公正人士、學者、專家擔任之;其中社會公正人士、學者、專家人數不得少於二分之一。」據此,臺灣訴願審議委員會委員實際上包含兩部分人員:一部分是行政機關內部人員,即「本機關高級職員」;另一部分是不少於總人數二分之一的社會人士。總體來看,儘管各行政機關訴願審議委員會員組成人數不同,但大致都是由這兩部分人員組成。比如,「行政院及各級行政機關訴願審議委員會組織規程」規定,訴願會置委員五人至十五人,委員由機關首長

就本機關高級職員調派專任或兼任,並遴聘社會公正人士、學者、專家擔任;社會公正人士、學者、專家擔任不得少於委員人數二分之一。「臺北市政府訴願審議委員會組織規程」第二條規定:「本會置委員十二人至十五人,除主任委員及副主任委員為當然委員外,餘由本府就所屬各局、處、會之高級職責派兼之,或遴聘社會公正人士、學者、專家擔任,其中社會公正人士、學者、專家不得少於委員人數二分之一。」「高雄市政府訴願審議會設置要點」第二條規定:「高雄市政府訴願審議會置委員九人至十三人」,「除法制局局長、副局長為當然委員外;其他委員由本府就社會公正人士、學者專家及本府人員聘(派)兼之;其中社會公正人士、學者、專家不得少於委員人數二分之一」。而據高雄市政府法制局網站介紹,高雄市政府的訴願委員除主任委員外,政府內部人員兩名,政府外的社會人士十位,其中學者兩名,會計師一名,律師兩名,法院五名。這樣設定的目的,顯然有利於減少民眾官官相護的疑慮。[11]

　　(二)委員條件。臺灣訴願審議委員會委員有嚴格的任用條件。「訴願法」第五十二條規定:委員「以具有法制專長者為原則」。透過組成人員的專業化,提升訴願決定品質,促進公正,提高公信力。當然,何為「原則」,「訴願法」沒有規定,而其他相關規則中則普遍要求「具有法制專長」的委員不少於委員人數的二分之一。比如,「行政院及各級行政機關訴願審議委員會組織規程」規定:「委員應有二分之一以上具有法制專長。」「臺北市政府訴願審議委員會組織規程」第二條規定:「委員應有二分之一以上具有法制專長。」「高雄市政府訴願審議會設置要點」第二條規定:「委員具法制專長者不得少於二分之一。」

　　(三)委員選任及任期。臺灣訴願審議委員會的委員分為兩個層面。一是主任委員、副主任委員。按照「行政院及各級行政機關訴願審議委員會組織規程」的規定,其五至十五人的委員中有一名為「主任委員」,由「機關首長就本機關副首長或具法制專長之高級職員調派專任或兼任」。臺北市、高雄市政府訴願審議委員會則設主任委員、副主任委員。如根據「臺北市政府訴願審議委員會組織規程」第二條的規定,臺北市政府訴願審議委員會「置主任委員,承市長之命,綜理會務,並指揮監督所屬員工;置副主任委員一人,襄理會務。主任委員辭職或因故不能執行職務時,由副主任委員代理」。高雄市訴願審議委員會的九人至十三人委員中,設一名主任委員、一名副主任委員。主任委員由法制局局長兼任,副主任委員由法制局副局長兼任。二是一般委員。一般委員中又分為行政機關內部人員以及社會人士。行政機關內部人員由行政機關任命或調派。如,「行政院及各級行政機關訴願審議委員會組織規程」規定,由本機關調派高級職員專任或

兼任委員。臺北市、高雄市均由政府「派兼」。社會人士則由政府「遴聘」。所有的委員任期均為二年，期滿可以續派或續聘，任期出缺時，補充遴聘或調派，其任期至原任期屆滿之日止。

三、訴願審議委員會的辦案機制

大陸行政復議委員會試點地區都對運行機制進行了創新。在行政復議委員會及其辦公室之間的分工上，大部分地方的行政復議委員會只是對重大、複雜、疑難的案件進行審議，審議採取合議形式，少數服從多數，在合議意見的基礎上形成合議報告，並據此作出決定；這些案件裡涉及的調查取證等行為，以及程式性行為，則由行政復議委員會辦公室（法制機構）承擔。除重大、複雜、疑難的案件外的大量一般案件，由行政復議委員會辦公室（法制機構）具體辦理，並作出行政復議決定。這一點與臺灣訴願審議委員會有較大的不同。按照「訴願法」第五十三條的規定，「訴願決定應經訴願審議委員會會議之決議」。根據「訴願法」第七十七條至第八十四條的規定，訴願決定包括不受理決定、駁回決定、撤銷變更決定等。換言之，幾乎所有案件都應當由訴願審議委員會透過會議形式決議後作出決定。

（一）案件審查機制

根據「訴願法」的規定，訴願以書面審查為原則，必要時可以聽取陳述意見、進行言詞辯論、實施證據調查。

訴願案件的書面審查、證據調查，由訴願審議委員會指定專人進行審查，提出意見後呈送訴願審議委員會委員審查，並由委員提出審查意見。比如，「行政院及各級行政機關訴願審議委員會審議規則」第十一條規定：「訴願事件經答辯完備，並踐行本法規定之審理程序，承辦人員應即擬具審議意見連同卷證，送由訴願會全體委員或三人以上分組委員審查；委員於詳閱卷證、研析事實及應行適用之法規後，核提審查意見，供審議之準備。」

聽取陳述意見，可以由專門承辦人員完成，也可以指定委員進行。「訴願法」第六十四條規定：「訴願審議委員會主任委員得指定委員聽取訴願人、參加人或利害關係人到場之陳述。」「行政院及各級行政機關訴願審議委員會審議規則」第十條規定：「訴願會主任委員得依本法第六十四條規定，指定委員偕同承辦人員，聽取意見之陳述，並作出紀錄附訴願卷宗。」「臺北市政府訴願審議委員會陳述意見及言詞辯論要點」第四條規定：「陳述意見之聽取，由主任委員指定委員偕同承辦人員於指定場所為之，或於委員會議中由全體委員聽取。」

言詞辯論則要求在訴願審議委員會會議中進行。換言之，言詞辯論要求委員們參加。比如，「行政院及各級行政機關訴願審議委員會審議規則」第十四條規定，言詞辯論應於訴願會會議中進行。「臺北市政府訴願審議委員會陳述意見及言詞辯論要點」第四條規定，言詞辯論於委員會議舉行，由主席指揮之。

這裡就涉及訴願審議委員會專職辦事人員與委員之間的關係的問題，顯然相關規則對此規定也不太明確。有學者提出，「應使訴願辦事人員均成為專任委員，外聘適量的兼任委員。大部分案件由三名專任委員組成的訴願庭解決。外聘的兼任委員與專任委員共同形成的訴願會議，僅專門用來解決專任委員意見不一致，或者三位專任委員中任一認為應提會討論，或者進行言詞辯論的案件，使訴願會議成為專門用來討論案件和進行言語辯論的場所」。[12]

（二）案件審議機制

訴願案件由訴願審議委員會會議決議。「訴願法」第五十三條規定：「訴願決定應經訴願審議委員會會議之決議，其決議以委員過半數之出席，出席委員過半數之同意行之。」第五十四條規定：「審議時應指定人員製作審議紀錄附卷，委員於審議中所持與決議不同的意見，經其請求的，應列入紀錄。」

「行政院及各級行政機關訴願審議委員會審議規則」對審議會議召開程序規定得更加詳細。首先，訴願會委員對訴願案件提出審查意見；然後，由主任委員指定日期開會審議；第三，訴願會會議由主任委員召集，委員應親自出席，不得由他人代理，開會時並以主任委員為主席。主任委員因故不能召集或出席時，指定委員一人代行主席職務。「高雄市政府訴願審議會設置要點」的規定也與此類似。其第三條規定：「本會會議由主任委員召集並為主席；主任委員因故不能出席時，由副主任委員代理；主任委員及副主任委員均不能出席時，得由主任委員指定委員一人代理之。本會委員應親自出席會議，不得代理。」

（三）訴願決定機制

訴願案件由訴願審議委員會委員過半數出席、出席委員過半數同意始能透過決議。決議後，承辦人員應當根據決議內容製作訴願決定書，層送訴願機關行政長官簽發，然後以訴願機關的名義印發。訴願決定書除由首長署名蓋印外，還要列入訴願委員會主任委員及參與決定的委員姓名。

臺灣訴願審議委員會的審理、決議機制，充分體現了委員獨立辦案、獨立判斷的精神。

四、臺灣訴願審議委員會制度對大陸行政復議制度改革的三點啟示

任何解決糾紛的制度，其核心要求都是公正。保障行政復議機構的中立地位，才能保證行政復議的公正性。[13] 大陸試點行政復議委員會，目的也在於提高行政復議制度的公信力，增強相對人對行政復議制度的信任。臺灣訴願審議委員會經過近 40 年的實踐，在確保公正性、獨立性、權威性方面的很多做法值得大陸借鑑，對大陸下一步開展行政復議委員會試點工作、深化行政復議制度改革至少有以下三點啟示：

（一）行政復議委員會的運行要與改革行政復議管轄制度相結合。大陸行政復議制度運行效率不高、成效不彰，一個很重要的原因是管轄的分散。從中央到省、市、縣，不光政府可以成為行政復議機關，政府部門也可以成為行政復議機關，而且申請人對行政復議機關還有選擇權。這雖然方便了申請人，但也造成無端的扯皮與資源浪費。現有的狀況就是各個部門都有人員從事行政復議工作，但各個部門的行政復議力量均感不足。因此，有必要借鑑臺灣訴願制度的做法，實行政府統一管轄，把部門的行政復議權力集中到政府，把分散的行政復議力量集中起來。這也為今後行政復議委員會的組建奠定基礎。否則，一級政府的若干個部門有若干個行政復議委員會，顯然在人員力量安排上不現實。

（二）行政復議委員會試點不要拘泥於「行政化」、「司法化」之爭。一直以來，大陸行政復議制度是走「行政化」道路還是走「司法化」道路爭論不休，影響了改革。這一點，臺灣訴願制度的發展也曾經遇到。臺灣訴願審議委員會實際上是具有「準司法」性質的機制，「訴願審議委員會組織外成員比例不得低於二分之一，企圖使其成為更具公正性的第三者地位；增強委員決議的正確性與透明性；雖然仍採取書面審查和職權調查主義，但加上當事人主動申請舉行言詞辯論及意見陳述、鑒定和查勘等規定，均屬保護人民權利的規定」。[14] 這項制度在具體實踐中對於解決行政爭議、化解社會矛盾造成了積極的作用。據統計，2009 年，臺北市政府訴願審議委員會作出訴願決定 1762 件，其中提起行政訴訟的 149 件；2010 年，臺北市政府訴願審議委員會作出訴願決定 1557 件，其中提起行政訴訟 112 件。這些行政訴訟案件中，法院否定訴願決定的只占不到 8%。[15] 可見，經過訴願後向法院起訴的少，被法院否定的更少。訴願審議委員會的公正性、專業性、權威性無疑得到了最好的印證。因此，只要有利於提高行政復議制度的公信力，有利於增強群眾對行政復議制度的信任度，有利於行政爭議的有效解決，

行政復議委員會的建構就應當被採納，而無論這種設計究竟是「行政化」的還是「司法化」的。

（三）行政復議委員會既要注重委員構成的中立性、專業化，同時也要注重案件辦理效率。選聘行政復議委員會委員不應都是行政機關的工作人員，要做到社會人士參與、專業人士參與，以保障其中立性。在行政復議委員會運行過程中，行政復議委員會的審議與行政復議委員會辦事機構的職能分工也很重要。可以透過設置行政復議委員會，成立行政復議委員會辦事機構，由辦事機構負責承擔行政復議案件的審查和審議準備工作。同時，行政復議委員會辦事機構可以成為市縣政府法制機構的實體機構，進而使政府法制工作機構能夠發揮其最大效能。

注　釋

[1]. 曹康泰主編：《中華人民共和國行政復議法釋義》，中國法制出版社 1999 年 5 月第 1 版，第 1 頁。

[2]. 胡錦濤總書記於 2011 年 3 月在中央政治局第二十七次集體學習時的講話。

[3]. 周漢華主編：《行政復議司法化：理論、實踐與改革》，北京大學出版社 2005 年 4 月第 1 版，第 543 頁。

[4]. 劉莘：《臺灣訴願制度見聞錄》，《法制日報》2010 年 10 月 20 日。

[5]. 1930 年《訴願法》沒有關於訴願機關設置訴願審議委員會的規定。1970 年「訴願法」修訂增加了「各機關辦理訴願事件，應設訴願審議委員會」的規定。1995 年「訴願法」修訂要求訴願審議委員會外聘委員不少於委員總數的 1／3，1998 年修訂時這一比例提高到 1/2。

[6]. 吳劍萍：《臺海兩岸行政復議制度功能解析比較》，《福建論壇：社科教育版》2011 年第 8 期，第 34 頁。

[7]. 周漢華主編：《行政復議司法化：理論、實踐與改革》，北京大學出版社 2005 年 4 月第 1 版，第 551 頁。

[8]. 劉莘：《臺灣訴願制度見聞錄》，載《法制日報》2010 年 10 月 20 日。

[9]. 劉莘：《臺灣訴願制度見聞錄》，載《法制日報》2010 年 10 月 20 日。

[10]. 翁岳生著：《行政法（下冊）》（2000 版），中國法制出版社，2002 年 9 月第 1 版，第 1250 頁。

[11]. 吳劍萍：《臺海兩岸行政復議制度功能解析比較》，《福建論壇：社科教育版》2011 年第 8 期，第 34 頁。

[12]. 周漢華主編：《行政復議司法化：理論、實踐與改革》，北京大學出版社 2005 年 4 月第 1 版，第 552 頁。

[13]. 趙詠梅：《海峽兩岸行政復議制度之立法比較》，《福建省社會主義學院學報》2011 年第 2 期，第 70 頁。

[14]. 周漢華主編：《行政復議司法化：理論、實踐與改革》，北京大學出版社 2005 年 4 月第 1 版，第 546 頁。

[15]. 吳劍萍：《兩岸行政復議制度功能解析比例》，《福建論壇：社科教育版》2011 年第 8 期，第 34 頁。

兩岸有關行政機構事務管轄爭議解決機制的比較與評析

劉文戈

◎武漢大學法學院憲法學與行政法學專業博士研究生

管轄，是行政主體依法律規定，在事務、地域、級別等方面所享有行政職權的界限或範圍。由於行政事務日益紛雜、行政權邊界自身的不明確及權力自我膨脹趨勢的不可避免性，行政管轄爭議因此而產生。近年來，由於行政機構事務管轄爭議所引發的事件屢屢見諸報端，例如，在大陸地區，2005年環保總局與水利部淮河水利委員會有關發布「限制排汙總量」的訊息發布權限爭議、[1]2009年文化部與新聞出版總署間關於網路遊戲「魔獸爭霸」的審批權發生了爭議，[2]臺灣「農委會」和「衛生署」於2011年年發生了有關「瘦肉精」監管的爭議等等。[3]這種管轄爭議表面上看，是行政機構內部的事務，影響了行政機構的行政效能。然而，行政機構間的管轄爭議往往衍生行政越權或行政不作為，進而導致政府在公共事務中的缺位，最終影響著行政相對人和公民的權益。為了提高行政效能，更好地保障行政相對人和公民的權益，兩岸均制定了一些規則以形成行政機構管轄爭議解決機制。兩岸有關行政機構事務管轄爭議解決機制的制度設計有一定區別。因此，對兩岸有關行政機構事務管轄爭議解決機制的有關制度進行比較分析，對於完善行政機構事務管轄爭議解決機制，更好地保障行政相對人和公民的權益具有重要意義。

一、大陸有關行政機構事務管轄劃分與爭議解決的體制

行政機構的管轄權設定是行政組織法的範疇，一般認為屬於法律保留的範圍。在大陸，《憲法》、《國務院組織法》和《地方各級人民代表大會和地方各級人民政府組織法》是行政機構管轄權劃分的基本淵源，對行政機構職權進行了基本劃分。《憲法》第八十九條授權國務院「統一領導全國地方各級國家行政機關的工作，規定中央和省、自治區、直轄市的國家行政機關的職權的具體劃分」。國務院制定了《國務院行政機構設置和編制管理條例》，以編制管理的方式對中央國家行政機關的職權進行劃分。國務院還制定了《地方各級人民政府機構設置和編制管理條例》，對地方各級人民政府的機構編制工作，實行「中央統一領導、

地方分級管理」的體制,由各級政府透過編制管理的方式對各級行政機構的職權進行劃分。

《憲法》、《國務院組織法》和《地方各級人民代表大會和地方各級人民政府組織法》對行政機構的事務管轄作出了宏觀的劃分。例如,《憲法》第八十九條規定了國務院的各項職權,《國務院組織法》第三條規定「國務院行使憲法第八十九條規定的職權」,《地方各級人民代表大會和地方各級人民政府組織法》第五十九條規定縣級以上的地方各級人民政府行使職權包括「……執行國民經濟和社會發展計劃、預算,管理本行政區域內的經濟、教育、科學、文化、衛生、體育事業、環境和資源保護、城鄉建設事業和財政、民政、公安、民族事務、司法行政、監察、計劃生育等行政工作。……」專門性立法規定了具體事務的主管部門,例如《水法》第九條規定「國務院水行政主管部門負責全國水資源的統一管理工作」,《環境保護法》第七條規定「國務院環境保護行政主管部門,對全國環境保護工作實施統一監督管理。縣級以上地方人民政府環境保護行政主管部門,對本轄區的環境保護工作實施統一監督管理」。國務院和各級政府編制管理部門則透過制定「三定」方案,來確定各個行政機構的具體職權。

對於行政機構運行過程中,因為事務管轄可能產生的爭議,法律和法規規定了若干解決機制。由國務院編制管理部門所制定的「三定」方案,規定了「方案由中央機構編制委員會辦公室負責解釋」。[4] 對於行政機構在行使行政處罰權過程中所產生的管轄爭議,《行政處罰法》第二十一條規定:「對管轄發生爭議的,報請共同的上一級行政機關指定管轄。」雖然大陸尚未制定統一的「行政程序法」,但在一些省、市制定了關於「行政程序」的地方政府規章,這些規章對行政過程中可能會產生的管轄爭議進行了規定。[5]

二、臺灣有關行政機構事務管轄劃分與爭議解決的體制

臺灣行政法學者認為,行政機關的管轄屬於「法律保留事項」,應當遵循「管轄法定原則。」[6] 臺灣行政機構的管轄權設定是由「行政程序法」和各行政機構的「組織法」共同調整和規範的。「行政程序法」設專門章節規定「管轄」,各行政機構的「組織法」規定了相應機構的任務和管轄。臺灣「行政程序法」第十一條第一項規定:「行政機關之管轄權,依其組織法規或其他行政法規定之。」行政機構的「組織法」往往在規定機構主管時,明確其管轄權,例如,「衛生署組織法」第一條規定:「行政院衛生署掌理全國衛生行政事務。」「農業委員會組織條例」第一條規定:「行政院為配合國家建設,設農業委員會,主管全國農、

林、漁、牧及糧食行政事務。」「金融監督管理委員會組織法」第二條規定：「本會主管金融市場及金融服務業之發展、監督、管理及檢查業務。」

臺灣著名行政法學者吳庚認為，行政權限爭議即行政管轄權爭議，是指兩個或兩個以上的行政機關，對於同一事件都認為有管轄權或都認為無管轄權而不行使管轄權時產生的權限爭議。[7] 這個觀點把行政權限爭議分為了積極行政管轄爭議和消極行政管轄爭議。對於不同的爭議類型，「行政程序法」均規定了一定的爭議解決機制。在地方層面，也有一些規範來解決行政管轄爭議，例如臺北市就制定了「臺北市政府各機關加強橫向聯繫要點」、「臺北市政府所屬各機關管轄權歸屬及爭議處理要點」、「臺北市政府跨機關人民陳情案件分辦及爭議處理注意事項」等規範性文件來處理行政管轄爭議。

對於一般的行政機關管轄權競合時的解決方法，「行政程序法」進行了原則性規定。臺灣「行政程序法」第十三條第一項規定；「同一事件，數行政機關依前二條之規定均有管轄權者，由受理在先之機關管轄。」原則上，行政機關的管轄權應當由法律規定，但社會發展變化萬千，如果有新興事物產生而不能由現有法規所規制的情形，則會造成管轄權的真空。對於這種情況，臺灣「行政程序法」第十二條規定了若干確定管轄權的原則：「不能依前條第一項定土地管轄權者，依下列各款順序定之：一、關於不動產之事件，依不動產之所在地。二、關於企業之經營或其他繼續性事業之事件，依經營企業或從事事業之處所，或應經營或應從事之處所。三、其他事件，關於自然人者，依其住所地，無住所或住所不明者，依其居所地，無居所或居所不明者，依其最後所在地。關於法人或團體者，依其主事務所或會址所在地。四、不能依前三款之規定定其管轄權或有急迫情形者，依事件發生之原因定之。」

三、兩岸有關行政機構事務管轄爭議的協商性解決機制

治理是現代公共行政的重要特徵。而治理的一個重要表現就是協商與合作。當行政機構間發生事務管轄爭議時，首先應進行行政機構間的協商，透過協商性的機制來解決爭議。

對此，大陸的《地方各級人民政府機構設置和編制管理條例》第十條第二款規定「行政機構之間對職責劃分有異議的，應當主動協商解決。協商一致的，報本級人民政府機構編制管理機關備案」。《湖南省行政程序規定》、《山東省行政程序規定》、《汕頭市行政程序規定》均主張「行政機關之間發生職權和管轄權爭議的，由爭議各方協商解決」。由此可見，協商的主體是發生管轄爭議的行

政機構，協商的結果應報本級人民政府機構編制管理機關備案。對於協商的程序，《湖南省行政程序規定》和《山東省行政程序規定》未進行具體規定，《汕頭市行政程序規定》要求「行政管理事務涉及多個行政機關的，可以建立由主要承辦的行政機關牽線、其他相關行政機關參加的協調會議制度。協調會議制度應當確定牽線行政機關、參加行政機關、工作職責、工作規則等事項」。

臺灣有關制度亦規定了協商性的解決機制。臺灣「行政程序法」第十三條規定：「不能分別受理之先後者，由各該機關協議定之，不能協議或有統一管轄之必要時，由其共同上級機關指定管轄。無共同上級機關時，由各該上級機關協議定之。」協商的主體是發生爭議的行政機構或者是各自的上級機關，協商的結論應以協議確定。在協商的程序方面，臺灣「行政程序法」未作進一步規定，地方層面的規範性文件「臺北市政府所屬各機關管轄權歸屬及爭議處理要點」對於臺北市有關行政機構管轄權歸屬爭議的協商過程進行了規定，其流程參見本文附錄一：《權責區分協調作業流程圖》。

根據這一規範性文件規定，行政機構管轄權爭議的協商程序每一階段的主管機關、參與人員、協商議題、時效等要素非常明確，協商的效能也得以提升。

四、兩岸有關行政機構事務管轄爭議的裁決性解決機制

效率是行政活動的重要指標。在協商性解決機制不能得到結論，或者事務急迫等情形下，行政機構間的事務管轄爭議就需要裁決性的解決機制來給出結論。

階段	期間	參與人員
第一次府內跨局處協商會議	6日	各機關主管級以上人員 研考會（列管爭議案件） 法規會（釐清法規適用異議） 人事處（釐清權限明細）
第二次府內跨局處協商會議	30日	各機關主任秘書級以上人員 研考會（列管爭議案件） 法規會（釐清法規適用異議） 人事處（釐清權限明細） 秘書處（釐清人民陳情案）

大陸的《地方各級人民政府機構設置和編制管理條例》第十條第二款規定：「協商不一致的，應當提請本級人民政府機構編制管理機關提出協調意見，由機

構編制管理機關報本級人民政府決定。」《山東省行政程序規定》規定，行政機關之間協商不成的，發生管轄爭議的，由共同上一級行政機關指定管轄。情況緊急、不及時採取措施將對公共利益或者公民、法人和其他組織合法權益造成重大損害的，行政管理事項發生地的行政機關應當進行必要處理，並立即通知有管轄權的行政機關。《山東省行政程序規定》、《湖南省行政程序規定》、《汕頭市行政程序規定》均規定，在協商不成時，由本級編制管理部門或政府法制部門主導進行協調，然後由本級人民政府決定。如果屬於職權劃分或者是重大事項，往往由編制管理部門或政府法制部門提出意見，本級人民政府決定。如果是涉及執行法律、法規、規章的問題，由有管轄權的政府法制部門依法協調處理。

臺灣「行政程序法」第十四條規定：「數行政機關於管轄權有爭議時，由其共同上級機關決定之。」對於這一裁決程序的啟動，行政相對人有啟動的權利，臺灣「行政程序法」第十四條第二項規定：「前項情形，人民就其依法規申請之事件，得向共同上級機關申請指定管轄，無共同上級機關者，得向各該上級機關之一為之。」對於裁決程序的時效，「行政程序法」要求受理申請的機關應自請求到達之日起十日內決定。對於緊急情形，「行政程序法」也規定了特別程序：「如有導致國家或人民難以回覆之重大損害之虞時，該管轄權爭議之一方，應依當事人申請或依職權為緊急之臨時處置，並應層報共同上級機關及通知他方。」行政機關對管轄所作出的裁決，當事人不得聲明不服。

五、兩岸行政機構事務管轄爭議解決機制差異之評析與展望

比較兩岸的行政機構事務管轄爭議解決機制，可以發現如下差異：大陸的行政機構事務管轄權劃分和爭議解決機制是以組織法為主導，輔以若干地方性法規，而臺灣的行政機構事務管轄權劃分和爭議解決機制是以統一的「行政程序法」為主導，以地方規範性文件為補充的；大陸的行政機構事務管轄權劃分附屬於行政機構人員編制管理，而臺灣的行政機構事務管轄權劃分是有關制度的主旨；大陸的有關制度僅對行政機構事務管轄爭議解決機制作出了原則規定，缺乏對時效、程序、法律後果等的明確規定，臺灣的行政機構事務管轄爭議解決機制無論是協商流程還是裁決程序都規定得較為細緻。儘管有若干差異，兩岸的行政機構事務管轄爭議解決機制仍然具有很多共性：兩岸的行政機構事務管轄爭議解決機制均定位為一種行政部門的內部程序；兩岸的行政機構事務管轄爭議解決機制均包括了協商性程序和裁決性程序，在協商不成的情況下，可以啟動終局性的裁決程序。

在未來，兩岸的行政機構事務管轄爭議解決機制仍然有著較大的改進和完善的空間：

首先，行政機構事務管轄爭議雖然是一個行政權運行的內部問題，但其外部性不言而喻。如果僅僅將這一爭議解決機制侷限為內部程序，作為內部程序，行政相對人則無權參與該程序，因而純粹將行政爭議解決機制視為內部程序，將會影響到行政相對人的權益。因此，應當增加行政機構事務管轄爭議解決機制的透明度與參與度。一方面，法律可以就爭議解決機制的各步驟的時間要求進一步明確，各流程的參與主體及其職責應當清晰；另一方面，行政相對人應當參與到行政機構事務管轄爭議解決機制中，特別是在行政機構消極管轄爭議的情形下，行政相對人應當有權啟動行政機構事務管轄爭議解決機制。

其次，應當保證協商性程序處理程序的合法性。行政管轄爭議的協調性機制的最終產物是行政機關的合意。而這種合意的作出程序並無規可循，因而爭議機關能否充分參與，最終決定是否符合法律規定或是否具備合理性，這些都難以保證。

最後，在統一的行政程序法典尚不能盡快立法的情況下，大陸的行政機構事務管轄爭議解決機制應充分發掘現有的制度資源，統一的編制管理的目標應在防止政府冗員的同時，解決好行政權限爭議，使我們的政府真正成為高效的法治政府。

附錄一：

權責區分協調作業流程圖

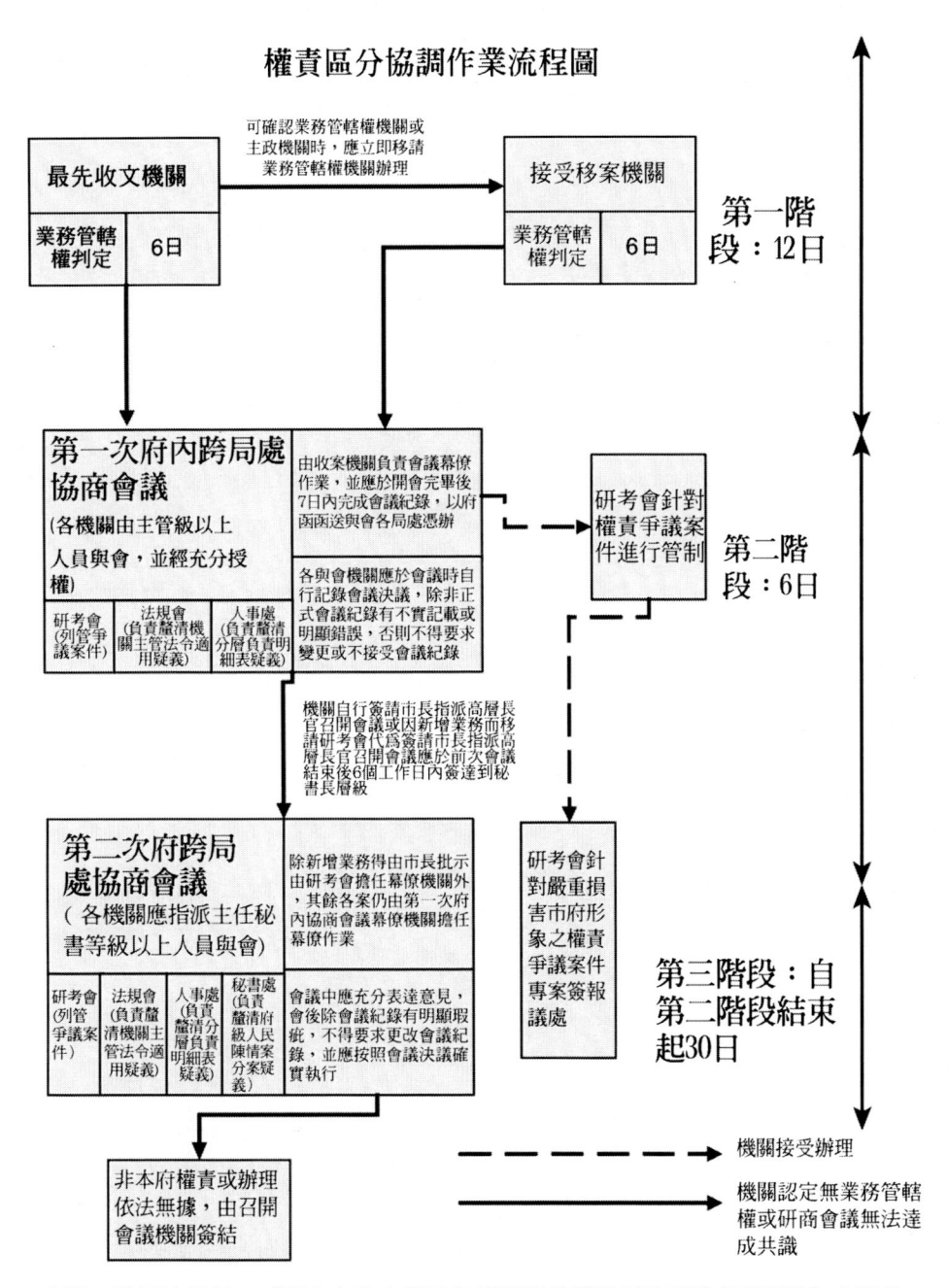

第一階段：12日

- 最先收文機關
  - 業務管轄權判定　6日
- 可確認業務管轄權機關或主政機關時，應立即移請業務管轄權機關辦理
- 接受移案機關
  - 業務管轄權判定　6日

第二階段：6日

- 第一次府內跨局處協商會議
  （各機關由主管級以上人員與會，並經充分授權）
  - 研考會（列管爭議案件）
  - 法規會（負責釐清機關主管法令適用疑義）
  - 人事處（負責釐清分層負責明細表疑義）
- 由收案機關負責會議幕僚作業，並應於開會完畢後7日內完成會議紀錄，以府函送與會各局處憑辦
- 各與會機關應於會議時自行記錄會議決議，除非正式會議紀錄有不實記載或明顯錯誤，否則不得要求變更或不接受會議紀錄
- 研考會針對權責爭議案件進行管制

第三階段：自第二階段結束起30日

- 機關自行簽請市長指派高層長官召開會議或因新增業務而移請研考會代為簽請市長指派高層長官召開會議應於前次會議結束後6個工作日內簽達到秘書長層級
- 第二次府跨局處協商會議
  （各機關應指派主任秘書等級以上人員與會）
  - 研考會（列管爭議案件）
  - 法規會（負責釐清機關主管法令適用疑義）
  - 人事處（負責釐清分層負責明細表疑義）
  - 秘書處（負責釐清府級人民陳情案分案疑義）
- 除新增業務得由市長批示由研考會擔任幕僚機關外，其餘各案仍由第一次府內協商會議幕僚機關擔任幕僚作業
- 會議中應充分表達意見，會後除會議紀錄有明顯瑕疵，不得要求更改會議紀錄，並應按照會議決議確實執行
- 研考會針對嚴重損害市府形象之權責爭議案件專案簽報議處
- 非本府權責或辦理依法無據，由召開會議機關簽結
- 機關接受辦理
- 機關認定無業務管轄權或研商會議無法達成共識

來源：法源法律網，《臺北市政府所屬各機關管轄權歸屬及爭議處理要點》之附件

注　釋

[1]. 新浪網：《環保總局質疑水利部門越權》專題報導。

[2]. 鳳凰網：《新聞出版總署終止魔獸世界審批》專題報導。

[3]. 舒子榕：《瘦肉精管制不當農委會、衛生署遭糾正》，《聯合報》網站。

[4]. 參見《環境保護部「三定」規定》，載中央機構編制委員會辦公室網站。

[5]. 例如《湖南省行政程序規定》、《山東省行政程序規定》、《汕頭市行政程序規定》，分別設專門條文對「管轄」進行了規定，下文將具體分析，本處暫不展開。

[6]. 翁岳生編：《行政法》（上冊），中國法制出版社 2009 年版，第 359 頁。

[7]. 參見吳庚：《行政法之理論與實用》（增訂八版），中國人民大學出版社 2005 年版，第 51 頁。

臺灣行政調解制度之初探

周佳宥

◎中國文化大學法學院助理教授

一、緒論

有關私權爭議問題，目前可以透過訴訟機制或訴訟外的替代性爭議解決機制（Alternative Dispute Resolution，簡稱 ADR），以解決紛爭。前者屬於傳統方法，後者系屬近代發展出來的制度。ADR 之進行，在外觀上並非以訴訟方式進行，絕大部分是由法院以外機關辦理。該項制度設計目的主要系彌補司法救濟不足之處，由於此一新制度具有高度彈性，遂發展出眾多不同類型，例如：和解、調解、仲裁等。為避免討論發散，本文將側重由行政機關所辦理之行政調解制度，於此合先敘明。

由行政機關辦理之 ADR 類型眾多，尤以行政調解制度最為重要，由於歷史悠久且具一定效果，可謂訴訟外糾紛處理制度中甚為重要之一環。行政調解因非屬訴訟必要程序，其受重視程度未如訴訟制度，故研究成果極為稀少。唯有鑒於調解制度可以發揮定紛止爭效果，且其實效性（Effective）應毋庸贅述。是以，本文將以臺灣行政機關辦理之行政調解制度作為研究主軸，首先整理臺灣行政調解制度之定義與類型（二）、分析行政調解與司法權間之關係及行政調解當事人間之法律關係（三），以釐清行政調解制度之本質。

二、行政調解之外在表徵

基於一定行政目的，且達成有效疏減訟源目標，行政機關常於機關內設置 ADR 制度，處理行政機關權限內之爭議問題。臺灣行政機關採取之 ADR 方式呈現多元，類型不一而足，且效果上亦有所區別。是以，對行政調解制度之研究，本文將從制度之定義出發，嘗試對目前法律允許或實務已運作多時之行政機關 ADR 制度作一梳理，並對此項制度之法律定性問題作出分析，以勾勒行政調解制度之外觀。

（一）行政調解之定義與特徵

調解，係指基於私法自治原則，經由雙方當事人同意，透過第三方居中斡旋，以非訴訟之方式解決當事人間之私權爭議。再進一步而論，以非訟方式解決私權

爭議方式包括「和解」與「調解」二種。本文研究之範圍僅限於調解概念，不另比較和解與調解概念，於此合先敘明。

一般而論，調解者，須符合下述要件者：

A. 調解必須以法律為據：調解系屬於一種訴訟外解決糾紛之機制，唯其非司法權之作用，故調解制度僅能成為司法裁判制度外，作為解決紛爭之配套措施。若欲使調解具有司法裁判之效果，則必須另有法律為依據，始符合依法審判之概念。反之，未有法律為據之私權衝突解決模式，僅屬民法概念上之和解。由於行政調解係一種法定制度且具有一定法律效果，故本質上系屬公權力行為。職此，透過法律規範規定包括調解人員資格、調解程序之進行、調解內容等，始符合依法行政之本旨。此外，透過法律規範行政調解機制，更可確保調解之品質與效力，以避免制度運行之弊。

B. 協助解決私權糾紛：調解主要係為解決私權爭議，其中亦包括行政機關立於私人地位與人民發生之私權糾紛，唯行政機關聲請調解，須以個案方式處理，禁止以法令或契約概括規定方式為之。雖然，若干法律允許就告訴乃論之刑事案件進行調解，此類規定系基於特定目的所為之例外性規範，故並非原則性之規定內容。總此，行政調解制度主要系針對私權糾紛，唯在立法者例外允許條件下，方允許針對刑事案件進行行政調解。尚須說明之情況是，某一私權爭議案件同時啟動民事賠償與刑事追訴時，當事人可否針對民事賠償部分聲請調解？針對此一問題，實務採取肯定見解，畢竟調解之目的係為達到有效疏減訟源之目標，故理論上只要發生私權糾紛之當事人有意願從事調解程序，均可依法申請。

C. 具有任意性：調解制度非屬公權力之執行，禁止強制實施，故調解制度具有任意性之特徵。所謂任意性，係指調解須以當事人意願作為基礎，蓋當事人之一方欠缺調解意願，則調解系屬不成立。在尊重當事人意願此一前提下，參與調解之當事人得於任何時間點終止或退出調解程序。唯因調解具有任意性，導致當事人得任意抵制調解制度，使該制度未能達到有效疏減訟源之目標，故若干法律多朝向將調解制度修正為訴訟前置程序，以擴大調解制度功效。唯此等修正是否改變調解制度具有任意性之特徵？本文以為，衡諸修法動機，其目的係為使調解制度能達成疏減訟源之目的，故透過法律規範使制度發揮功能，唯未改變尊重當事人意見之初衷，因為調解是否成立端視調解當事人之意願，而法律並未強制要求調解成功，實際上僅係一種「調解先行程序」（或稱調解先行主義）。為確保調解制度具有任意性，故法律應確立調解程序中當事人之主張不得作為將來司法

裁判之判斷及裁判基礎，否則任意性之特徵將喪失殆盡，畢竟調解非屬司法權，當事人於調解程序中所為之任何行為或主張，不得產生未來調解不成立進入訴訟程序之不利益。

（二）行政調解之類型

1. 以效力作為區別標準

行政機關基於 ADR 制度所作成之決定，若以決定之性質作為判斷標準，略可分為「具行政處分性質之 ADR 決定」與「不具行政處分性質之 ADR 決定」二類。

所謂具有行政處分性質之 ADR 決定，係指行政機關所作之決定為行政處分，對此決定如有不服，應對此提起行政訴訟。儘管行政調解主要適用於私權糾紛，但主管機關針對此類糾紛進行決定後，須依行政爭訟程序提起救濟。據此性質之行政機關決定，尚可再依據法律規範性質區分為：

A. 爭議審議

爭議審議決定之性質為行政處分者，例如勞工保險爭議審議與全民健康保險爭議審議二種。由於上述二種保險在本質上係屬具有強制性的社會保險法制，該法所生之爭議由主管機關以單方行為方式進行決定，對外產生直接法律效果，故在要件上已符合行政程序法第 92 條第 1 項行政處分之要件。

B. 行政調處

所謂行政調處，係指行政機關協助當事人以協議方式解決私權衝突，唯若調解不成，逕由調解機關或交由調解機關之上級機關作成決定。例如：「平均地權條例」第 60 條之 2；「農地重劃條例」第 26 條；「森林法」第 20 條；「礦業法」第 81 條；「漁業法」第 38 條及第 50 條；「鐵路法」第 17 條第 2 項；「電信法」第 16 條第 3 項及第 4 項等。由於此類行政機關決定，將來應循行政救濟程序進行救濟，且此類調處決定符合「行政程序法」之行政處分要件，故屬性上歸類為具行政處分性質之決定。

不具行政處分效力之調解，係指行政機關所為之決定非具行政處分性質，當事人對行政機關所為之調解若有不服，僅得向司法機關——普通法院——提起訴訟，以資救濟。行政機關透過調解制度參與私權爭議，當事人若有不服者，應提起民事訴訟程序，故行政機關進行調解時，無適用行政程序法餘地。此種行政調解，類型上尚可區分為：

A. 陳情

依據「行政程序法」第 168 條之規定：「人民對於行政興革之建議、行政法令之查詢、行政違失之舉發或行政上權益之維護，得向主管機關陳情。」唯行政程序法有關陳情之規定是否亦適用於私權爭議？人民基於私權爭議所為之陳情在性質上僅屬建議、查詢、舉發或請求之性質，行政機關處理陳情事件系屬單方行為，但欠缺對外直接發生法律效果之要件，故非屬行政處分；唯若未能妥善處理，則可能影響人民對行政機關之信賴。

B. 申訴

此處申訴制度，專指消費爭議申訴制度。依據消費者保護法第 43 條第 1 項規定，消費者與企業經營者因商品或服務發生爭議時，得向地方政府消費者服務中心或其分中心進行申訴，如未獲得妥善處理，得向地方政府消費者保護官申訴。究其屬性，消費者申訴事件系典型私權爭議，行政機關對消費申訴之處理須以雙方當事人之意願與意見作為處理依歸，無法單予以決定，且依法不發生對外、直接法律效果，故非屬行政處分。蓋申訴處理成立，僅具有「民法」上一般和解契約之法律效果。綜上，本文以為，消費爭議之處理系屬特殊之行政調解行為，如有不服仍應以民事訴訟管道以資解決。

C. 行政調處

行政調處，係指行政機關協助當事人以協議方式處理私權糾紛，調處成立者應製作調處書並送管轄法院審核。其主要適用於公害糾紛。依據公害糾紛處理法第 31 條之規定，法院核定之調處與民事確定判決有同一效力。蓋未經法院核定之行政調處，非屬最後決定，欠缺對外直接發生法律效果之要件，故非屬行政處分。若有爭執，則應依循民事訴訟程序以資救濟。

2. 以規範密度作為區分標準

A. 一般調解

「鄉鎮市調解」制度是臺灣最具代表性之行政調解制度，其運作系依據鄉鎮市調解條例進行，由於該法僅作最基本之規定，尤其未對聲請人之資格、調解範圍及程序，作特殊規定，故學理上又稱為一般調解。鄉鎮市調解運作之特色包括：

歷史最悠久之行政調解制度

鄉鎮市所成立調解委員會辦理調解業務，系典型透過行政權解決私權衝突之機制。鄉鎮市調解條例自 1955 年實施以來，至今共 57 年，系臺灣實施最久之行政調解制度。

最基本之調解機制

由於鄉鎮市調解條例中並未限制調解類型，申言之，法律僅作最基本規定，對聲請人之資格、調解範圍[1]及程序，均未有特殊限制。

具充分完整性

由於運作時間悠久，故鄉鎮市調解條例之內容多經主管機關訂定行政命令以補充法律，俾使鄉鎮市調解成為臺灣目前運作較為周延之行政調解制度。

B. 特殊調解

所謂特殊調解，係指針對特別事件所成立之調解，且各該特別行政調解系屬特別公權力調解，故須具備特別法之法源。理論上，特別調解事件並不當然排除一般調解之適用，唯若未能針對一般調解與特殊調解進行適度分工，勢必造成功能重疊之弊。

臺灣目前現行之特別行政調解機制，包括有：

勞資爭議調解（1930）

耕地租佃爭議（1951）

建築爭議處理（1971）

不動產爭議調處（1975）

著作權爭議調解（1985）

公害糾紛調處（1992）

消費爭議調解（1994）

採購履約爭議調解（1998）

積體電路電路布局權爭議調解（1999）

拒絕離機爭議調解（2002）

儘管調解內容繁多，但上述各種調解機制的任意性特徵並未被更動，意即法律設置調解制度，並未排除其他糾紛解決制度，故在法條用語均以「得」，而非以「應」表示。就形式上而言，各種行政調解制度如雨後春筍設立，提供當事人除訴訟制度外，其他多元的解決爭端機制，但實際效果如何，則尚待深入探討。

3. 以級製作為區別標準

理論上行政調解不應該有級制之區別，因為級制設計將會破壞行政調解任意性之特徵。以級製作為行政調解運作的區別標準，或許是一個不夠精確的表達，更清楚的說法應該是，與調解有關之運作設計。

A. 一級制

由於調解具有任意性之特徵，故調解之進行原則上對於當事人基於自由意志所為之舉措，無法透過強制力介入調解過程。爰此，行政機關本身無法主導調解是否成立或進行，當事人間若無法調解成立，應當依循司法救濟程序，以求爭議解決，此亦是調解多為採取一級制的主要理由。

臺灣利用一級制之行政調解項目包括：鄉鎮市調解、消費爭議調解、著作權爭議調解與採購履約爭議調解等。除著作權爭議調解外，其他調解程序一旦成立者，即具有與確定判決同一效力；著作權爭議調解爭議成立時，則視同爭議當事人間之契約。

B. 二級制

調解制度設計為二級制者，多系期待行政機關針對特定爭議能夠透過公權力協助處理，並發揮迅速解決紛爭之目標，以避免冗長的訴訟程序。唯如前述，行政機關一旦以公權力介入行政調解，則行政調解之任意性特徵將喪失殆盡。制度上為確保前述特徵得以維持，故第一級多以調解或調處之名義為之。第一級調解若未能成立，將進入第二級之爭端解決機制。實務上，第二級多以「仲裁」、「調處」或「行政裁決」之名為之。然，本文在此必須特別強調，第二級之行政調解本身因具有高度公權力介入之特性，故應非屬本文所稱之（狹義）行政調解。臺灣採取二級制行政調解之事項包括：

（1）耕地租佃爭議：法律明文規定調解（第一級）與調處（第二級）二級，並明定非經上述程序者，不得起訴；而調解成立者，得作為強制執行名義。

（2）勞資爭議處理：依據勞資爭議處理法，勞資爭議事件採取調解與仲裁二級制度。調解成立者，視同爭議當事人間之契約；調解未成立，雙方當事人得共同向主管機關申請交付仲裁程序（§ 25 I）。另，主管機關認有影響公眾生活及利益情節重大，或應目的事業主管機關之請求，得依職權交付仲裁（§ 25 V）。仲裁結果與法院之確定判決具有同一效力（§ 37 I），當事人對仲裁結果不得聲明不服，並視同當事人間之契約。

(3) 公害糾紛處理：針對公害糾紛事件，採取調處、裁決二級。調處或裁決經法院核定後，與民事確定判決具有同一效力（「公害糾紛處理法」第 28 條）。

C. 多級制

所謂多級制，係指三級以上而言。儘管目前實施之訴訟外紛爭調解機制繁多，且名稱混亂，但調解制度採多級制者，亦非常態。因為，回到行政調解制度本身具有高度任意性之特徵，若法律規定強制調解，無疑將違背制度設計的核心理念且恐有侵犯司法權之虞；若法律規定多層次調解之進行，亦將造成拖延爭議之弊。

以「公害糾紛處理法」為例，該法原先採調處、再調處、裁決三級制，後因採取三級制程序過於冗長，故於 2000 年修法過程中將再調處程序刪除，遂成為現今之二級制。

（三）行政調解之法律定性

1. 行政調解系屬行政行為

行政調解系由行政機關辦理，且在性質上非屬司法權之性質，故其性質上應屬行政行為且須適用行政程序，縱使在同一部法律中對於訴訟程序與行政調解程序同時規範，在概念上亦須有所區別。舉例而言，依據「消費者保護法」所規定之處理程序，包括行政程序性質之申訴與調解程序，以及屬於特別民事訴訟程序性質之消費訴訟程序。是以，法制建構上必須釐清，二種紛爭解決方式各自獨立，至於行政調解先行是否成為合法起訴之必要要件，則須回到個別法律之規定。

行政調解既然被定位為行政行為，必須進一步釐清之問題是，行政調解是否屬於「行政程序法」第 3 條第 3 項第 5 款所定「有關私權爭執之行政裁決程序」範圍？因為此將涉及行政機關施行調解程序時，是否須遵守行政程序法之疑義。針對上述疑義，學說間有以下不同主張：

A. 肯定說：有論者以為，行政調解具有司法行為性質，應屬行政程序法第 3 條第 3 項第 5 款所定「有關私權爭執之行政裁決程序」範圍，是以，應完全排除行政調解程序適用「行政程序法」，縱使專屬法規之程序規範不足，仍應以「民事訴訟法」或「非訟事件法」等法規作為補充。

B. 否定說：該說主張，行政調解為純粹行政權，既然定性為行政行為且其程序並非行政裁決程序，故非屬「行政程序法」第 3 條第 3 項第 5 款規定之有關「私法」爭執之行政裁決程序，故僅在專業法律規定中排除行政程序法之適用時，方可排除行政程序法之適用。反之，專業法律未有排除適用規範者，則行政程序法

相關規定仍有補充適用餘地。最後，由於行政調解為行政行為，故縱使在專業法律或行政程序法規範不足時，民事訴訟法與非訟事件法仍不得補充適用。

C. 折中說：有論者以為，行政調解兼具行政權及司法權性質。行政調解之效力及救濟因與司法權息息相關，應視為準司法權之作用，故屬「行政程序法」第3條第3項第5款規定之範圍，唯在組織及程序進行系與行政權有關，因為與裁決程序無關，故不在「行政程序法」第3條第3項第5款規定範圍之內。是以，行政調解程序之進行應遵守專業法規之規定，並以「行政程序法」及「民事訴訟法」等相關程序規定之補充適用。就順序而論，須將「行政程序法」之適用列為優先。

2. 行政調解系屬行政指導行為

所謂行政指導，係指行政機關為達一定行政目的，就其職掌，透過非公權力之任意手段，並基於特定個人或公私法人團體同意或協助，要求其為一定作為或不作為之行政作用。依據前述定義，行政指導要件計有：

A. 須為行政機關之行為

行政調解系由行政機關為行使行政調解權所設置之制度，縱使以任務編組方式為之，亦無不可。

B. 須在該行政機關職權或所掌事務範圍

基本上，行政機關必須基於組織或相關法令上須有明文規定行政調解權限，以避免侵害司法權，故依據法律所設置之行政調解機關，並依據法律執行行政調解。

C. 須實現一定行政目的

行政機關設置行政調解機關並辦理行政調解業務，係為解決雙方當事人私權糾紛，同時亦是行政機關之從事行政行為之目的。

D. 須以不具法律上強制力之方法

行政調解之進行與成立，須以當事人意願作為基礎，除不得強制進行外，更不得作為未來司法裁判之依據，以確保行政調解之任意性。

E. 須對特定人為之

行政調解，系以特定當事人兩造為對象，進行行政調解程序。

綜合上述，本文以為，行政調解之定性系屬行政指導行為。

三、行政調解之內在要素

（一）與司法權之關係

行政調解與司法權二者間存在某種程度的緊張關係，詳言之，行政調解是否侵害司法權之問題，將成為行政調解是否能夠推動之關鍵性因素。針對此一複雜問題，本文以為，或許可以將問題簡化或理解成行政調解是否侵害憲法保障之訴訟權，應該更能清楚理解問題關鍵所在。是以，應該進一步深究的問題是訴訟權的內涵與核心，爾後方能確定行政調解制度是否侵害人民訴訟權。

1. 訴訟權之內涵

所謂訴訟權者，係指人民於生命、自由或權利受有不法侵害時，人民得依法定程序，向司法機關提起訴訟，由司法機關代表國家為一定之裁判之權利。就訴訟權之保護範圍而論，學界與實務則有所區別。有論者以為，訴訟權之保護包括：1. 受獨立審判之權利；2. 接近法院之權利；3. 受公正有效審判之權利；等等。另有論者以為，訴訟權所保障者，包括：1. 無漏洞之權利保護；2. 具有實效性之權利保護；3. 公平審判訴訟程序。本文以為，一個完整的訴訟權保障應該從不同角度出發，以完整權利保護之狀態。爰此，訴訟權保障應該包括：1. 權利遭受損害必有救濟可能性，意即人民權利遭受損害，且損害無論由誰而生，國家均應提供訴訟救濟途徑（參閱釋字第187、201、242、266、295、298、338、430、462、491號解）；2. 提供人民權利救濟管道的同時，應確保從事審判者之資格，亦屬訴訟權保障之範圍。進一步言，訴訟救濟的最後一個審級應由「憲法」意義下之法官組成之法院進行審判，其他機關禁止取代（參閱釋字第220、295、436號解釋）；3. 正當法律程序之確保是實踐訴訟權之客觀要件，意即大陸法系國家遵守公、私法二元制，故涉及公法或私法之爭議必須依據不同之訴訟程序規範進行，以符合法律保留之要求。且訴訟法之規範內容亦必須符合法治國家之正當法律程序（參閱釋字第298、384、393、396、523號解）；4. 審級救濟制度之設置必須發揮一定效用，否則亦屬侵害訴訟權（參閱釋字第256、368號解）。

實務見解則以為，訴訟權保護範圍包括：1. 一種制度保障；2. 立法機關對權利之限制禁止違反比例原則；3. 應提供確實之訴訟保障等。梗概而言，實務見解認為，訴訟權是一種人民司法上的受益權，而此項權利的內涵與運作方式由於憲法並未清楚規範，故必須透過立法者透過立法加以形成，此即學理上所稱之立法者的立法形成自由（Gestaltungsfreiheit des Gesetzgebers），唯此項自由並非

毫無限制，毋寧必須遵守比例原則之界限，且不得侵害訴訟權核心內涵。訴訟權既被定位成受益權，將導出下述結論：非經法定程序，人民權益無法獲得保障，且法定程序之進行必須使人民獲得公平審判之機會，否則即系對訴訟權最大之侵害。

2. 行政調解未侵害訴訟權

本文以為，行政調解制度並未侵害訴訟權，理由如下：第一，依據「憲法」第 16 條之規定，「人民有請願、訴願及訴訟之權」，此項規定系屬典型列舉式規範，且訴訟權內涵並未包括調解權，故調解權並非人民「憲法」上所規定之司法受益權範圍。唯猶如前述，基於權力分立的「憲政」原則基礎下，立法機關在不侵犯司法權前提下，創設行政調解制度及其程序，應不會有「違憲」疑慮。本文於此則必須在此強調，基於訴訟權保護範圍的理解，立法機關在規範行政調解制度及其程序時，不得實際造成剝奪人民之起訴可能性或法院審查可能性，或對人民訴訟權之行使造成障礙，否則即系侵害訴訟權保護。第二，調解制度系由立法機關創設出來的一項程序制度，詳言之，即使啟動（行政）調解制度，並未使法院對案件喪失裁判權，故在結果上行政調解制度並未積極侵害人民之訴訟權。第三，基於尊重私法自治原則與事實上需要，立法者提供一項訴訟外之方法以解決私權紛爭，作為補充以彌補訴訟權保障不足，理論上亦未侵害人民訴訟權。第四，行政調解制度從介入法源、介入時機、介入方式與內容、介入效果均與訴訟有別，在制度上系屬典型之行政行為，與訴願制度相仿，故無法導出侵害訴訟權之結論。

（二）行政調解當事人間之法律關係

有關行政調解之法律關係，因系由行政機關依據法令規定所從事之行政指導行為，故似乎可以從行政機關在調解程序中所扮演之角色來理解彼此間法律關係。在邏輯上可能可以區分為：

A. 一面關係說

由於行政調解具有任意性之特質，行政機關在行政調解過程中對當事人二造均無強制力，法律關係僅發生於當事人之間，而行政機關與當事人間並無法律關係存在，此即所謂一面關係說（參閱圖一）。

図一

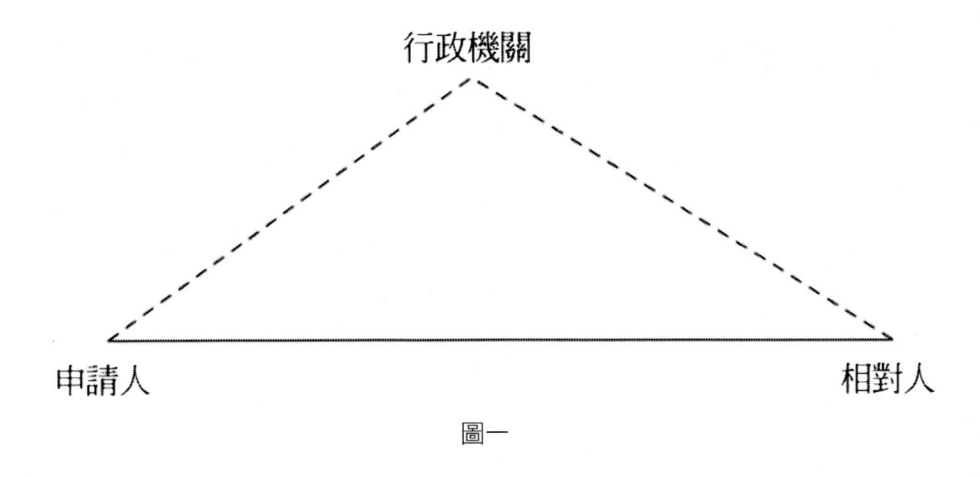

　　　　　　　　行政機關

申請人　　　　　　　　　　　　　　相對人

圖一

B. 二面關係說

　　行政調解之申請，因私權糾紛向行政機關請求啟動調解程序，則申請人與行政機關之間將會發生一種調解法律關係，意即行政機關對申請人所提出之申請具有一定的作為義務。另一方面，行政機關將調解申請書送達對造後，行政機關亦與調解之相對人發生法律關係，亦即課予相對人到場義務。但申請人與對造之間並無直接法律關係存在。為此一說法，必須以行政調解行為具有一定強制力為前提，因為法律必須課予相對人之到場義務，始有二面關係成立餘地（參閱圖二）。

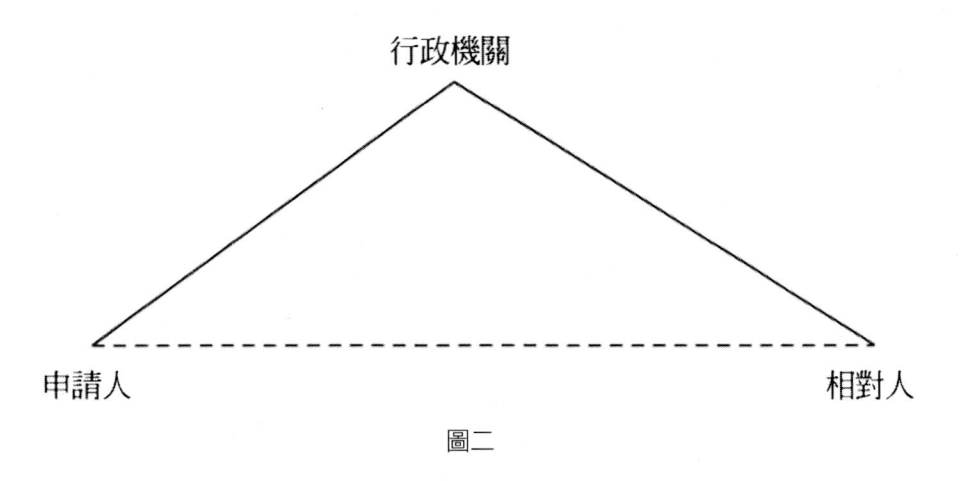

　　　　　　　　行政機關

申請人　　　　　　　　　　　　　　相對人

圖二

C. 三面關係說

　　行政調解過程中，行政機關若具有一定強制力時，除可認定申請人、對造當事人及調解機關三者間均發生一定法律關係外，亦可認為調解雙方當事人間基於

調解法令始發生一定法律關係。此時，行政調解將同具兼具私法行為與訴訟行為性質，三方關係之形成，最主要的原因在於行政調解將依據法律規定發生訴訟法上特別效果之私法行為（參閱圖三）。

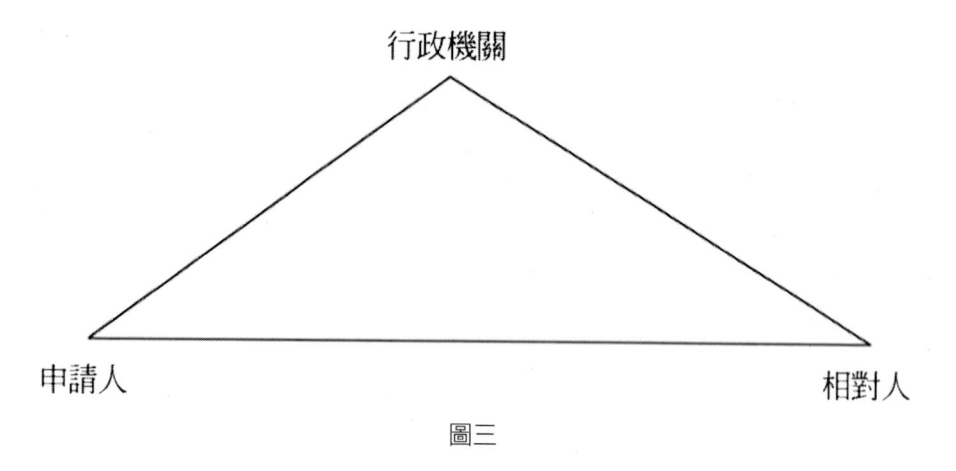

```
              行政機關
               /\
              /  \
             /    \
            /      \
           /        \
          /          \
         /            \
        /_____\
    申請人              相對人
              圖三
```

綜合以上，本文以為行政調解制度的多元性運作似乎無法透過簡單的某一種說法來涵蓋所有的行政調解機制，亦即必須基於法律規範之行政調解運作模式來權衡判斷。

四、結論

有關私權爭議處理的問題，以往係以訴訟方式解決紛爭，晚近以來 ADR 制度已經普遍落實於臺灣各法律領域當中。制度的形成難免在定位上有所爭議，究竟訴訟與訴訟外糾紛處理方法二者間之關係為何？本文以為 ADR 制度雖係訴訟外之糾紛處理制度，其與裁判制度應無分主從，二者應相輔相成。

ADR 制度於臺灣呈現出多元化發展的現況，無論在類型或運用上均難有一致性標準。以公權力介入程度作為判斷，大致可分為以公權力為支撐的 ADR 制度與單純私人間的 ADR 制度。其中前者因為有公權力的參與，故較容易取得人民對制度的信賴，當然重要性亦與日俱增。又，臺灣目前有行政機關參與其中的 ADR 制度包括：鄉鎮市調解、勞資爭議調解、耕地租佃爭議調解、著作權爭議調解、消費爭議調解、採購履約爭議調解等等。

行政調解係以雙方當事人間所發生私法上權益衝突事件為其客體，行政機關在功能上多扮演協調者的角色，調解是否成立須以當事人雙方意願為依歸。唯為避免 ADR 制度喪失功能及避免契約自由原則所產生之流弊，故適度引入公權力行

政調解制度,應有其必要性。唯本文仍然必須再三強調,公權力介入行政調解程序的程度,必須受到調解制度本質之拘束,畢竟行政機關在程序中並非從事審判工作,否則即有侵害司法權之虞。是以,吾人可以導出以下結論:公權力縱使允許介入調解程序,但公權力機關禁止以直接或間接方式,達到事實上操縱調解結果的程度。簡言之,調解仍須以雙方當事人之意願為基礎。

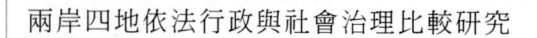

行政救濟視野下的領事服務

鄧曉東

◎福建師範大學法學院講師

引言

　　近年來，伴隨著中國躋身世界第二大經濟體，中國公民在海外留學、工作、生活、旅遊人數也呈幾何級增長態勢。僅從留學人數的統計情況看就足夠驚人，2011年中國出國留學人員達33.97萬人，比2010年增長了38.08%。[1]對境外中國公民提供人權保護和行政服務已經成為國家和社會關注的焦點問題，公眾對領事服務的期望值和要求也不斷提高。領事機構延伸了許多政府部門的職權，因而與海外中國公民的權益保障息息相關。經濟全球化環境所帶來的人員跨境流動對領事服務工作形成了前所未有的壓力與挑戰。領事服務工作所需面對處理的關係錯綜複雜，既有中國政府和境外中國公民的關係，也有中國政府和接受國政府的關係，此外有時還需顧及境外中國公民和接受國政府、境外中國公民與接受國公民之間的複雜關係。從行政救濟的視角審視領事服務制度，更好地保障境外中國公民的合法權益，是一個漸具現實意義的研究課題。

一、當代領事服務的發展

（一）領事及領事服務的由來

　　「領事」是根據國際條約和領事協定由派遣國派駐往接受國某個城市或某個地區負責領事事務的政府代表，其職級一般分為總領事、領事、副領事、領事代理人，駐外使館、領事館是其工作機構。領事的出現不同於作為外交使節的大使，它是伴隨商品經濟發展而產生的稱呼。12世紀末，義大利威尼斯共和國向耶路撒冷王國派駐了人類歷史上第一個官方領事。至19世紀，國際間貿易與人員往來日漸繁榮，歐美各國普遍重視領事制度的價值，開始制定有關駐外領事的法律。中國向外國派駐領事肇始於1860年代，1868年7月28日，清政府派蒲安臣赴美國，與美國政府簽訂了《天津條約續增條款》，清政府可以向美國各通商口岸派駐領事。之後，又陸續與其他一些國家簽訂了類似條約。[2]自有領事制度起，保護境外本國公民並為其提供協助與服務就一直是駐外領事的首要職責。

（二）領事服務的內容

根據《維也納領事關係公約》第 5 條之規定，領事職責共有 13 項，其中與境外本國公民權益保護及服務事宜相關的職責包括：於國際法許可之限度內，在接受國保護派遣國公民（個人與法人）的利益；向派遣國公民頒發護照及旅行證件；為派遣國公民（個人與法人）提供幫助和協助；擔任公證人、民事登記員及類似之職司，並辦理若干行政性質之事務，但應以接受國法律無禁止之規定為限；依接受國法律在接受國境內之死亡繼承事件中，保護派遣國公民（個人與法人）之利益；在接受國法律所規定之限度內，保護為派遣國公民之未成年人及其他無充分行為能力人之利益；以不牴觸接受國法律為限，遇派遣國公民不能於適當期間自行辯護其權利時，在接受國法院及其他機關面前擔任其代表或為其安排適當之代表，依照接受國法律取得保全此等國民之權利與利益之臨時措施；為具有派遣國國籍之船舶、航空機以及其航行人員給予協助。[3]

此外，根據中國外交部 2011 年 11 月 22 日頒布的新版《中國領事保護和協助指南》所確定的領事服務項目，派駐接受國的領事機構為海外中國公民提供的服務包括：中國公民的合法權益在接受國遭到人身財產侵害、發生民事糾紛、涉及刑事案件，可以應請求為其推薦律師、翻譯、醫生，以幫助其訴訟和醫療救助；在接受國發生重大突發事件時，為中國公民撤離危險地區提供諮詢和必要協助；中國公民被拘留、逮捕或服刑時，根據其請求進行探視；中國公民遭遇意外時，協助將事故或損傷情況通知其國內親屬；在中國公民遇到生計困難時，協助其與國內親屬取得聯繫；在中國公民提出請求並已提供被尋人員的詳細訊息的前提下，協助中國公民尋找失蹤親友；根據中國有關法律法規為在境外合法居留的中國公民頒發、換發、補發旅行證件及對旅行證件辦理加注；為遺失旅行證件或無證件的中國公民簽發旅行證或回國證明；根據中國有關法律法規和國際條約為中國公民辦理公證、認證；在與所在國的法律不相牴觸的情況下辦理中國公民間的婚姻登記手續。[4]

綜上，領事服務的內容大致可分為兩類，即頒發證件（認證、公證）和為在海外遇到困難的公民提供協助式保護。由領事辦理頒發的常見證件文書有護照、國際旅行證件、回國證明、婚姻登記、認證文件、公證文書等；公民在海外遭遇的可以向領事求助的困難複雜多樣，例如被捕入獄、遭遇犯罪侵害、公共危機、重大災害以及其他一些涉及人權保護的情形。

（三）人本主義對領事服務理念的重構性影響

領事服務同境外本國公民的權益保障息息相關，政府的執政理念對其領事制度具有直接影響。新中國建立後，國家最初較為側重於集體人權和利益，外交和領事官員受行政管理傳統理念和作風的影響，存在較濃的「官本位」思想，為民服務的意識不強。[5] 近年來，隨著「以人為本，執政為民」理念的提出，尤其是2004 年「保障人權」入憲，使中國的領事服務工作朝著「民本位」方向有了明顯進步。例如 2011 年利比亞撤僑事件的妥善處理，就不僅使海外中國人倍感溫暖，也彰顯了中國在人權保障上的大國風範。

目前中國海外公民和機構不斷增多，海外安全風險日漸多元，安全形勢更趨嚴峻。駐外領事應為海外中國公民和機構提供更加及時全面的安全訊息和更加切實有效的領事保護措施，有力維護海外中國公民和機構的安全和正當權益。同時，中國公民在境外的工作、貿易、生活、求學等活動所需的國內相關行政服務也必須透過駐外領事得以延伸。

西方發達國家的領事服務立足於人權保障和「福利國」觀念，可謂「無孔不入、無微不至」，有力推動了國家榮譽感和愛國情結的形成。例如，2007 年英國外交部所作的一項調查就表明，30% 的英國國民認為如果在國外被關押，外交部能夠幫助他們出獄，理由很簡單，因為他們是英國公民。[6] 英國外交部於 2006 年 3 月公布的《協助海外英國國民指南》向公眾全面介紹了外交部及駐外使領館能夠為公民提供的幫助和不能提供的幫助，勾畫出了一個明確的領事協助和保護的框架。其中規定，外交部每年都要在接受過領事協助的公民中進行抽樣調查，以瞭解服務的質量和需要改進之處；如果有公民對服務不滿意，可以透過不同的方式進行投訴。英國領事保護機制改革體現出全球化背景下外交發展的一些新特點，表明國際關係中「與個人利益相關」的一面日益成為外交工作的前沿。[7]

與西方發達國家相較，中國的領事服務還存在比較大的差距。為了切實推動和規範領事服務工作，維護廣大境外中國公民的合法權益和人身財產安全，中國健全關於領事服務的立法日趨必要。領事服務立法的漸臻完備必將轉變中國駐外領事機構的政治化管理色彩，促進依法行政，注重公民權益保障，切實履行領事職責。值得一提的是，2009 年國務院法制辦向社會發布《中華人民共和國領事工作條例（徵求意見稿）》，開啟了領事服務立法的序幕。該條例（徵求意見稿）在領事職責範圍中區分了應當採取領事保護和依申請採取領事保護的情形，擬規定在下列情形下駐外領事機構和領事官員依職權應當採取領事保護措施：「駐在國有中國公民被拘留、逮捕或者正在服刑以及其他被限制人身自由情形的，對其

進行探訪或者與其通訊，但該中國公民明確表示不接受的除外；駐在國有中國公民傷亡的，將知悉的中國公民的傷亡情況通知其親屬、工作單位或者其國內原戶籍所在地人民政府，必要時協助處理善後事宜；駐在國發生重大突發事件時，中國公民因生命、財產安全受到嚴重威脅要求緊急撤離危險地區的，提供必要協助。」[8] 這不能不說是一個里程碑式的進步，旗幟鮮明地強調了領事服務行為的國家責任屬性。但同時，該條例（徵求意見稿）也存在著顯而易見的問題，全文僅寥寥 19 個條款，且未列入關於「法律責任」的任何內容，這不能不說是一個莫大的遺憾。

二、領事服務行為的性質分析

人們長期以來忽視領事服務領域的行政救濟，其中一個重要的原因即在於對領事服務行為的性質存在錯誤認識，認為凡與外事有關的行為均構成外交行為，不受司法審查。

（一）領事服務行為與外交行為的關係

釐清領事服務行為與外交行為的關係，就必須首先釐清領事機構（領館）與外交機構（使館）的關係。一般來說領館與使館存在以下差異：其一，領館一般只在接受國的領區內，執行各種由相關條約和法律所規定或依國際慣例所實行的領事職務；使館在接受國中「代表派遣國」，處理與接受國間的全部外交事務。其二，領館一般只能與領區內的地方主管當局聯繫或辦理交涉；使館有權「與接受國政府辦理交涉」。其三，領館一般僅限於保護本館轄區內的派遣國及其國民的利益；使館保護接受國全境內的派遣國及其國民的利益。其四，領館和使館雖均有促進兩國友好關係的職務，但兩者在性質和層次上有差別。其五，領事官員只有在一定條件下得準予承辦外交事務，而外交代表可同時執行領事職務。[9]

由此，大致可得出以下結論：領事職務是外交職務的特殊形態；領事服務行為與外交事務有關，但卻以派遣國公民的權益保障和具體事務為工作對象；領事服務行為不僅基於派遣國之國內法，還應遵循國際法以及尊重接受國之國內法。

（二）領事服務行為的行政屬性

儘管外交部頒布的《中國領事保護和協助指南》從嚴格意義上講尚不是法律規範性文件，但從行政法理的信賴保護原則角度理解，完全有理由將其視為中華人民共和國外交部（行政主體）對中國公民（行政相對人）所作之權威承諾以及對駐外領事機構的工作要求，而不是無法律意義的行政指導。《中國領事保護和

協助指南》已構成對駐外領事機構的約束效力,駐外領事負有履行其行政職責的義務。

領事服務行為的行政屬性還可從外交部的官方理解中得到佐證。「按照外交部的工作部署,領事司應積極推進依法行政,進一步提升駐外使領館領事工作水平。下一階段,領事司將繼續完善法制工作,以服務『走出去』戰略、服務中外人員往來作為工作的著眼點,清理現有的不適應形勢發展的規章制度,有針對性地制定和完善相關法律法規,重點抓好《領事工作條例》和《出境入境管理法》的制定及修改工作,使領事工作的依法行政水平更上一層樓,更好地維護包括港澳臺同胞在內的海外中國公民合法權益,更好地服務新時期外交工作大局。」[10]從上述官方文件的內容可鑒,領事服務行為的行政屬性應是一個明確的事實。

三、領事服務行為的可訴性分析

(一)行政相對人不服領事服務行為的維權管道及其缺陷

根據外交部領事司現行適用的行政相對人不服領事服務行為的維權救濟機制,公民如對領事工作有意見,可向外交部領事職能部門、紀檢委和監察局投訴。外交部將依據《維也納領事關係公約》、雙邊領事條約、《中國領事保護和協助指南》以及《涉外人員守則》、《國家公務員暫行條例》、黨紀、政紀等法律和規章的規定,對失職人員依法追究責任。[11]以上維權及監督機制的運行模式,呈現出顯著的跛足形態,側重於行政系統的內部自我監督和問責,對行政相對人的合法權益保障與救濟則未予充分考慮。

(二)司法審查法定原則對中國行政訴訟受案範圍的負面影響

中國行政訴訟的受案範圍以概括式條款加肯定及否定列舉式條款的方式予以確定。凡《行政訴訟法》與其他法律法規未明示的行政行為均為不可訴行政行為,此即中國行政訴訟中「司法審查法定原則」的鮮明體現。

《行政訴訟法》中所確定的受案範圍,決定了行政相對人在權益受到侵犯時能否享有司法救濟權。隨著中國法治化水平的不斷提高和公民權利意識、參與意識的不斷增強,反思和擴展行政訴訟的受案範圍,對充分保護行政相對人的合法權益,嚴格控制行政權力的濫用,促進行政關係的和諧都有著重要意義。

司法審查受案範圍原則的確定,國外採取的立法原則都是可以審查的假定原則,即行政行為在原則上都屬於能夠審查的行為,法院審理行政案件是原則,不受理則是必須加以明示的例外。而中國卻是採取不予審查的假定原則,人民法院

不享有對政府行為進行審查和監督的權力，不得受理任何行政案件，除非有明確的法律規定，也就是所謂「司法審查法定原則」，這就造成了中國司法審查制度的弊端。[12] 如果既有立法並未對某類行政爭議明示規定其可訴性，則法院通常以無法律依據為由不予受理。司法審查法定原則的保守性呈現了一種完全無必要的司法謙抑，導致行政相對人求告無門。

（三）對領事服務進行司法審查的必要性與現實性

享受領事服務是一項個人權利。基於主權的屬人管轄權是領事服務的基礎，但其推動力卻是人權。一國公民有權要求或放棄領事保護。[13] 而法院則應當吸收國際法院的法律解釋和法理邏輯，使得違反《維也納領事關係公約》的行為引起個人可強行的權利、救濟以及實質性的司法審查。[14] 例如在美國，一切行政行為均屬於司法審查的範圍，只有在法律明確授權排除司法審查事項時，法院才放棄司法審查權力。[15]

臺灣關於行政訴訟受案範圍的法定外（無名）訴訟類型之容許性理論，可以為我們提供一種更為現實的借鑒。法定外（無名）訴訟是與法定訴訟相對應的一種對訴訟類型的分類方法。基於權利保護之概括主義，除非依既有法定訴訟類型已能提供人民適當之權利保護，否則即有擴充既有法定訴訟之適用範圍或另外承認法定外訴訟類型之餘地。[16] 人本主義正在重構著我們的行政法，曾經被我們長期奉為圭臬的司法審查法定主管模式也必將因此而動搖。

誠然，領事服務尤其是領事保護工作所能達到的效果受到諸多因素的限制。奠基於國家與個人關係之上的領事保護，本身就是一個涉及內政與外交、主權與人權等複雜關係的問題。[17] 首先，駐外領事對本國公民的保護，本質上是基於國際條約、雙邊領事協定等敦促駐在國執法機關依法履職，秉公處理；其次，領事保護所涉及事務最終的處理效果受制於駐在國法治環境，尤其是當中國公民的行為違反駐在國法律並構成犯罪時，駐外領事必須遵循和尊重駐在國法律，不能袒護中國公民的違法犯罪行為；其三，實施領事保護時所進行的外交交涉受制於兩國關係、法律差異、意識形態等因素，可能成功也可能得不到駐在國政府的配合。因此，公民不能因為外交交涉無果而起訴駐外領事，這是世界各國通行的法律規則。中國《行政訴訟法》第 12 條第 1 項也規定了「人民法院不受理公民、法人或者其他組織對國防、外交等國家行為提起的訴訟」，《行政復議法》同樣也將外交行為排除在受案範圍外。

必須指出的是，雖然駐外使領館在駐在國沒有任何行政權力和強制手段，但如果海外中國公民已依據《中國領事保護和協助指南》向領事機關提出請求，領事不予理睬或怠於履行職責為公民提供領事保護，則無關乎外交事務，應屬於《行政訴訟法》第11條第5項所指「行政機關不履行保護公民人身權財產權法定職責」的行政不作為行為。此外，領事認證（公證）行為不得違反接受國法律規章的這一前提，也會構成領事服務的法律風險。例如，駐在國法律不承認領事婚姻的適用，而駐外領事卻未考慮此關鍵因素為海外中國公民辦理了無效的領事婚姻登記，那麼領事機構就應當為此工作疏忽而承擔行政責任。

四、遠程庭審方式的適用性分析

囿於地理距離的舟車勞頓，傳統的庭審方式常常給異地當事人帶來訟累負擔。如何便利接納來自於異國他鄉的公民救濟請求，解決領事服務司法審查的空間阻隔問題，這是開啟行政救濟之門必須突破的障礙。訊息和網路技術的應用讓天涯變為咫尺，這完全可以為領事服務領域的公民救濟與司法審查開闢一條行之有效的新路徑。

遠程庭審是指藉助網路化訊息系統、音頻視頻傳輸系統、多媒體展示硬體、遠程會議軟體等IT技術，使訴訟參加人在法院指定場所遠程實時參加法院庭審活動的新型審判方式。相較於傳統庭審方式，遠程庭審的優勢一方面體現在有效突破地理障礙，方便遠距離當事人參加訴訟；另一方面在於節約司法資源，提高審判活動的公正與效率。目前，在福建省沙縣法院、江西省南昌中院、上海市第二中院等地方法院已有遠程庭審的嘗試，並取得了一些成功經驗。[18]

新科技的適用尤其是在司法領域的適用當慎之又慎，不斷完善其正當性，相對應地做足立法修正和補充，使其獲得合法性支撐。當前，遠程庭審方式能否推而廣之，關鍵在於能否有效克服以下這些質疑和障礙，諸如「遠程庭審缺少在場感減損法庭權威，弱化審理的真實感和真實性，妨礙當事人表達效果，妨礙訴訟權利的行使，影響證據的質證，庭審受制於網路傳輸的穩定與安全」等等問題。[19]網路環境下，遠程庭審的優點是顯而易見的，其對訴訟的影響也將是變革性的。庭審方式的變革，將導致法定證據類型、證人作證方式、庭審記錄形式、閱卷方式等一系列突破。因此，在相關配套機制和技術措施方面，網上起訴與遠程立案系統平臺的建設、電子法律文書的網上送達、電子簽名及電子證據的採信認可等等都亟待建立和健全。

對遠程庭審方式在領事服務司法審查領域的具體構建，限於本文的篇幅和專業認知程度上的力有不逮，筆者不敢作草率臆斷。但從適用性規劃的層面，遠程庭審方式將來不論是作為在傳統庭審方式外的並行選擇抑或僅能作為在特殊情境下的便宜補充，筆者都贊同範黎紅的觀點，認為應當至少順以下兩方面關係：其一，傳統司法儀式的形式威信與現代遠程審理的靈活性之關係。司法儀式和程序具有法定性，亦存在靈活的空間。對遠程審理中司法威信的理解，應突破傳統形式的條條框框束縛，抓住實質性要素，允許傳統符號與儀式的現代變遷，在遠程審理的嘗試和推廣中，逐步擴大群眾對遠程審理的接受度，樹立遠程審理形式下的司法威信。其二，節約訴訟資源、提高訴訟效率與保障當事人訴訟權利的關係。從遠程審理來看，隨著遠程審理的推廣，其技術和人力成本將大大降低，與傳統審判相比較，將大量節約訴訟成本，優化司法資源配置。然而，這必須建立在保障當事人訴訟權利的基礎之上。否則，犧牲當事人訴訟權利的司法效率之提高，將背離人民司法的本質，導致最大的「不效率」，也違背當代科學技術運用的人權和倫理要求。[20]

　　結語

　　在全球化的變遷中，個人生存的基礎越來越不穩定，如何在這種現代社會中建立人與人之間新的紐帶關係，是十分重要而急迫的課題。[21]「大國崛起」給中國帶來的不僅是一份民族榮耀，更是增添了一份責任。「大國責任」不僅體現為在國際社會中對國家形象的維護，更多的是站在國家責任的高度為每一個身處異國的中國人奉獻一視同仁的民族大愛。領事服務的廣度和深度不僅關係到海外中國公民的生活便利和安全感，更關係到海外中國公民愛國情結之維持。應當逐步推進有關領事服務的立法工作，把「以人為本，外交為民」的理念貫穿於具體的法律制度構建，依法行政，規範領事服務行為，理順領事服務領域的公民權益救濟通道。

注　釋

[1].《2011年度中國出國留學人員情況統計》，中華人民共和國教育部官網。

[2].朱建庚：《中國領事保護法律制度初探》，載《中國司法》2008年第10期，第102頁。

[3].《維也納領事關係公約》，中華人民共和國外交部官網。

[4].《中國領事保護和協助指南》，中華人民共和國外交部領事司官網。

[5]. 黎海波：《中國領事保護理念的人本轉向：具體案例的分析與實證》，載《江南社會學院學報》2010 年第 2 期，第 72 頁。

[6]. Delivering Change Together The Consular Strategy2007-2010.p.7.，轉引自夏莉萍：《20 世紀 90 年代以來英國領事保護機制改革：挑戰與應對》，載《外交評論》2009 年第 4 期，第 116 頁。

[7]. 夏莉萍：《20 世紀 90 年代以來英國領事保護機制改革：挑戰與應對》，載《外交評論》2009 年第 4 期，第 126 頁。

[8]. 《中華人民共和國領事工作條例（徵求意見稿）》公開徵求意見的通知》，中國政府法制訊息網。

[9]. 《領事常識》，中華人民共和國外交部領事司官網。

[10]. 《領事工作依法行政服務中外人員交往——領事司司長黃屏談外交部領事工作》，中華人民共和國外交部官網。

[11]. 吳佩霜：《專訪中國外交部領事司司長羅田廣：中國領事保護正在完善》，載《新聞週刊》2003 年第 23 期，第 37 頁。

[12]. 李豐凱：《行政訴訟法立法目的及其對行政訴訟制度構建之影響》，載《內蒙古農業大學學報》（社會科學版）2010 年第 6 期，第 21 頁。

[13]. 黎海波：《國外學者的領事保護研究：一種人權視角的審視與批判》，載《法律文獻訊息與研究》2010 年第 2 期，第 36 頁。

[14]. 黎海波：《國外學者的領事保護研究：一種人權視角的審視與批判》，載《法律文獻訊息與研究》2010 年第 2 期，第 34 頁。

[15]. 吳凱：《行政訴訟受案範圍制度的比較與建構——基於可以審查的假定原則》，載《嶺南學刊》2011 年第 3 期，第 70 頁。

[16]. 黃韶隱：《大陸與臺灣行政訴訟受案範圍的比較研究》，載《企業導報》2009 年第 9 期，第 141 頁。

[17]. 黎海波：《國外學者的領事保護研究：一種人權視角的審視與批判》，載《法律文獻訊息與研究》2010 年第 2 期，第 35 頁。

[18]. 參見劉敏：《電子時代中國民事訴訟的變革》，載《人民司法》2011 年第 5 期，第 70—74 頁。

[19]. 參見付雄，葉三方：《論遠程審判的適用規則——克服遠程審判之不足的制度設計》，載《內蒙古社會科學（漢文版）》2011 年第 4 期，第 43—44 頁。

[20]. 範黎紅：《遠程審理的適用空間之展望》，載《法學》2010 年第 2 期，第 152 頁。

[21].［日］新保敦子：《全球化下日本公民館的發展及其社會影響》，載《現代遠程教育研究》2011 年第 2 期，第 57 頁。

兩岸行政訴訟若干問題比較研究

王榕

◎福建江夏學院教師

行政訴訟是解決行政爭議的方式，在行政訴訟中占有極其重要的地位。當今世界各國，無論是實行資本主義制度，還是實行社會主義制度，都提倡依法行政，建立法治政府。依法行政必須有制度上的保障，行政訴訟是實現依法行政的最有力的保障，當代文明國家都建立行政訴訟制度，但由於歷史條件不同，社會發展情況各異，行政訴訟制度亦出現許多差別。由於歷史原因，中國大陸和臺灣的行政訴訟制度也存在很大差異，本文主要從以下幾個方面進行比較。

一、行政訴訟體制的比較

世界各國在行政訴訟的體制方面，分為法國式的分離制和英美法系的合併制兩種。分離制，就是在普通法院之外，另設審理行政訴訟案件的「行政法院」。所謂合併制，是指不在普通法院之外設立獨立的「行政法院」，行政訴訟案件由普通法院中的行政審判庭進行審理。中國大陸的行政訴訟制度正式建立於1990年，建立時間不長，行政訴訟案件由普通法院的行政審判庭審理。專門人民法院（如軍事法院、鐵路運輸法院、海事法院）不受理審查和執行行政訴訟案件，人民法庭也不受理審查和執行行政訴訟案件。

現在適用於臺灣的「行政訴訟法」頒行於1933年，其後經過六次修訂，已日趨完善，修正的「行政訴訟法」於1998年透過，2000年7月1日正式實施。臺灣行政訴訟體制採用的是德國式的行政法院體制。「行政法院」隸屬於司法系統，而不隸屬於「行政院」，有利於公正地審理案件，因此，在行政訴訟案件裁判權是司法權的組成部分這一點上，大陸與臺灣是一致的。

大陸行政審判機關實行四級二審制，即最高人民法院、高級人民法院、中級人民法院和基層人民法院。基層人民法院管轄第一審行政案件。中級人民法院管轄以下第一審行政案件：1.確認發明專利權的案件，海關處理的案件。2.對國務院各部門或者省、自治區、直轄市人民政府所作的具體行政行為提起訴訟的案件。3.本轄區內重大複雜的案件。高級人民法院管轄本轄區內重大複雜的第一審行政案件。最高人民法院管轄全國範圍內重大複雜的第一審行政案件。據相關資料統計，大陸目前有基層人民法院2700多個，中級人民法院300多個，高級人民法

院 30 多個。人民法院的設置是與地方各級行政區劃相對應的，方便了「民告官」案件的受理、裁決和執行。

臺灣「行政法院」隸屬於「司法院」，主管行政訴訟審判事務。目前，「行政法院」分「高等行政法院」和「最高行政法院」，[1]即高雄高等行政法院，臺中高等行政法院和臺北高等行政法院。高等行政法院是行政案件的初審法院，負責審理兩類案件：一是不服訴願決定或法律規定視同訴願決定而提起的訴訟；二是其他依法律規定由高等行政法院管轄的案件。臺灣只有一所「最高行政法院」，設在臺北。「最高行政法院」主要有兩類職權：一是審判權，「最高行政法院」負責審理不服高等行政法院裁判而上訴或控告的案件，以及其他依據法律規定由其管轄的案件。二是形成判例法的權力。即「最高行政法院」對自己在裁判中所持的法律見解，認為有必要形成判例時，應依法定程序形成判例。在不影響「行政法院」審判權之獨立性下，司法機關首長對於所屬法院享有司法行政監督權，而「行政法院法官」之遴選與審查，應注意其經驗與行政法學的素養，「行政法院」法官任用後，每年應辦在職進修，以充實行政法學及相關專業素養，提升裁判品質。[2]

實行行政審判庭體制，大陸審判體制長期發展的結果，但是目前面臨許多困境：行政案件起訴難；審理時法院對於行政機關的不獨立，法官的不夠獨立，或者由於專業知識的缺乏，判決時難以達到公正。面對越來越多的行政干預，筆者認為應建立直屬於最高人民法院的行政法院，行使行政案件的審判權，不受最高人民法院以外的任何國家機關、組織和個人的干涉，同時，要借鑑臺灣有關嚴格選拔、任用法官，以及對法官進行經常性的在職進修，提高專業素養的做法，建立一支高素質的司法隊伍。

二、行政審判組織的異同

審判組織是指具體行使國家行政審判職能的組織。當前，世界各國行政審判的運作有兩種形式，一為獨任制，一為合議制。獨任制是由一個審判員代表審判機關行使行政裁判權。合議制則由 3 人以上的單數組成合議庭審理行政案件。

大陸的行政審判組織包括行政審判庭、合議庭和審判委員會。合議庭是行政審判的基本組織，合議庭的組成人員為 3 人以上單數，依少數服從多數原則對案件進行審理和裁判。大陸在行政審判中，無論是一審還是二審都採用合議制，不同的是，一審可以由審判員組成合議庭，也可以由審判員和人民陪審員組成合議庭，但未對審判員和陪審員的比例作規定；二審中必須由審判員組成合議庭，體

現了司法權對行政權的尊重。重大疑難案件由各法院的審判委員會討論決定，審判委員會在目前的行政審判中起著較為重要的作用，但這一制度的弊端也不少，應對之進行改革，防止併力求克服審者不判、判者不審可能帶來的問題。

臺灣「行政法院」的審判組織形式包括獨任制和合議制。高等行政法院在簡易程序中實行獨任制，由一個法官主審，根據臺灣「行政訴訟法」第 229 條的規定，簡易程序主要適用於小數額的公法上財產關係的訴訟和較輕微的行政處分，即：（1）因稅捐課徵事件涉訟，而核定徵收的稅額在新臺幣 3 萬元以下的案件；（2）因不服行政機關作出的新臺幣 3 萬元以下的罰款處分而提起訴訟的案件；（3）其他關於公法上財產關係的訴訟，並且標的額在新臺幣 3 萬元以下；（4）因不服行政機關作出的告誡、警告、記點、記次或其他相似的輕微處分而涉訟的；（5）根據法律的規定應使用簡易程序的案件。高等法院除在簡易程序中採用獨任制外，都採用由 3 個法官組成的合議制形式。「最高行政法院」一律採用 5 個法官組成的合議制形式，另外，大陸實行人民法院獨立審判制，臺灣實行的則是法官依法獨立審判制。

筆者認為，對一些簡單的行政案件，實行簡易程序，由一個審判員獨立行使行政審判權，能夠避免行政案件久拖不決，久拖不結的弊端，迅速解決糾紛，提高辦案效率。大陸應當借鑑臺灣行政案件初審中的簡易程序中的獨任制，進行進一步的探索、創新，完善大陸的行政審判組織。

三、行政訴訟受案範圍和行政訴訟類型的異同

行政訴訟的受案範圍大約有三種基本模式：概括式、列舉式、混合式。一般認為大陸現行《行政訴訟法》使用的是概括加列舉的混合模式：《行政訴訟法》第 2 條屬於概括式的規定，而第 11 條和第 12 條以及《若干解釋》則從正反兩面作了列舉式的規定。

臺灣採用的是概括式。臺灣「行政訴訟法」第一篇第一章是「行政訴訟事件」，旨在回答行政訴訟的受案範圍，然而，該法並沒有對「行政訴訟事件」的含義和範圍進行說明，只是在第 2 條規定「公法上之爭議，除法律另有規定外，得依本法提起行政訴訟」。這裡的法律是「立法院」透過「總統」公布的規範性文件；目前，「其他法律有特別規定」的公法爭議，主要指下面 10 部法律提到的 10 類爭議：（1）「國家」賠償爭議（「國家賠償法」第 11 條和第 12 條）；（2）冤獄賠償爭議（「冤獄賠償法」第 4 條和第 5 條）；（3）選舉罷免爭議（「公職任用選舉罷免法」第 101 條、第 103 條、第 106 條、第 108 條）；（4）公務員懲

戒爭議（「公務員懲戒法」第18條以下）；（5）交通違規爭議（「道路交通管理處罰條例」第88條和第89條）；（6）社會秩序維護法中發生的爭議（「社會秩序維護法」第55條以下）；（7）律師懲戒爭議（「律師法」第41條和第47條）；（8）「立法院」、「行政院」、「司法院」、「考試院」、「監察院」之間的爭執等（「憲法」第44條等）；（9）「司法院」「大法官」有權解釋的事項的範圍爭議（「司法院大法官審理案件法」第4條）；（10）「中央」與地方及地方之間的權限爭議（「地方制度法」第77條）。

比較臺灣和大陸的行政訴訟案件的受案範圍，本人認為，臺灣採用概括式，受案範圍極其廣泛，不僅可以受理直接利益受到侵害的行政爭議案件，而且可以受理間接利益受到侵害的行政爭議案件，大陸目前採取的所謂混合模式是存在邏輯上的漏洞的，形成了受案範圍的灰色地帶，使適法者和執法者在實踐中處於兩難的境地，對某些行政行為是否能夠進行審查無從判斷。一方面產生了法律適用的隨意性問題；另一方面，如此之大的自由裁量權，使規避法律成為可能，腐敗問題由此產生。

在訴訟法學領域，類型化是最基本的研究方法之一，其目的是：「按照一定的標準對社會糾紛進行歸類總結，以為相應訴訟救濟途徑的設計或者訴訟體系漏洞的彌補奠定社會實證基礎。」[3] 行政訴訟的類型又稱為行政訴訟的種類，意指「公民、法人或者其他組織可以行政訴訟請求救濟且法院僅在法定的裁判方法範圍內裁判的訴訟形態」。理想的行政訴訟制度應當區分不同的行政訴訟種類對症下藥，才能達到最佳的司法效果，可以說，一個國家或地區行政訴訟類型的多寡及其設置的科學與否直接影響到其公民行政訴權的保護以及法院司法功能的實現。

行政訴訟的類型化已經成為一種世界性的現象，遺憾的是，中國大陸現行《行政訴訟法》及其司法解釋並未對行政訴訟的類型作出明確規定，僅涉及行政訴訟的判決形式。根據《行政訴訟法》第54條的規定，中國大陸行政判決的基本類型包括維持判決、撤銷判決、履行判決和變更判決等，此外，最高人民法院的司法解釋又結合行政訴訟司法實踐的發展，增加了確認判決和駁回原告訴訟請求判決的兩種判決形式，按照境外有關行政訴訟種類劃分的一般標準，中國大陸行政訴訟有被害人之訴和利害關係人之訴，而沒有公眾之訴和公益之訴，因此只有主觀訴訟，沒有客觀訴訟，維持判決、撤銷判決、變更判決可以歸類於形成之訴，履行判決可以歸於給付之訴，再加上確認之訴。

臺灣「行政訴訟法」第 3—11 條是關於撤銷之訴、確認之訴、給付之訴、公益訴訟和選舉罷免之訴。撤銷之訴，指人民認為自己的權利或法律上的利益受到「中央」或「地方」行政機關的違法行政行為的損害，依法定程序訴請行政法院撤銷該行政處分，撤銷之訴實現訴願前置主義。給付之訴是命令被告對原告為一定行為的判決形式，包括作為、不作為以及忍受等不同方式。在臺灣「行政訴訟法」上，給付判決包括：怠為處分之訴（該法第 5 條第 1 項），拒絕申請之訴（該法第 5 條第 2 項），以及一般給付之訴（該法第 8 條第 1 項），合併請求之給付訴訟（該法第 7 條及第 8 條第 2 項）及撤銷訴訟中命令被告恢復原狀的位置（該法第 196 條）等五種形態。確認之訴包括確認行政處分無效之訴，確認公法上法律關係成立或不成立之訴和確認行政處分違法之訴，人民透過確認之訴來達到自己的目標。公益訴訟，指人民為了維護公共利益，對行政機關作出的與自己的權利和法律上利益無關但違法的行為提起的行政訴訟。從範圍上來看，公益訴訟僅限於法律有特別規定的情形，主要是有關防治環境公害的法律對行政公益訴訟作了規定。「憲法」第 132 條規定「選舉應嚴禁威脅利誘，選舉訴訟，由法院審判之」。此處的法院包括「行政法院」，這類爭議針對的是行政命令，應由行政法院主管。

　　從此上分析可知，大陸與臺灣相比，並不具有嚴格意義的類型化的行政訴訟。退一步講，即使算有，還存在以下問題：第一，行政訴訟類型數量過少，不利於行政相對人合法權益的全面保護。例如：大陸目前的行政訴訟類型都是針對侵害已經發生的情況而設置的，這種「亡羊補牢」式的權利保障體系對於某些特殊情況下不可恢復的被侵害權益的保護就顯得乏力。相反，臺灣的一般給付之訴中就包括了預防的不作為之訴，允許相對人在可能給其造成不可彌補的權益損害的行政決定付諸實施之前，向法院起訴，請求法院審查該行政決定的合法性，阻止其內容的實現。第二，大陸行政訴訟類型的劃分比較粗糙，制約著行政審判功能的正常發揮。大陸行政訴訟中僅注意對相對人主觀權益的保護，而缺少以維護客觀法律秩序為目的的客觀行政訴訟類型，由此導致行政機關的違法行為侵犯國家和公共利益時，因無人具有資格提起行政訴訟而造成國家和公共利益的損失。第三，過分強調法律對行政訴訟類型的硬性規定，不承認行政法官的創造。臺灣行政訴訟法源中有「最高行政法院」的判例，而大陸由於不承認行政法官的「造法」功能，行政訴訟類型就始終不敢越雷池半步，行政相對人合法權益的維護在落後的立法與軟化的司法之間面臨著太多的困惑。

　　四、迴避制度的異同

迴避制度是近代司法的第一原則，為了確保審判公正，《行政訴訟法》和臺灣「行政訴訟法」都明確規定了迴避制度，但兩者存在差異。1. 迴避的原因不同。大陸關於迴避的原因較為概括，僅規定為「與本案有利害關係或者有其他關係可能影響公正審判」，使行政相對人不易界定「有利害關係或者有其他關係」的內涵，不利於申請迴避權的行使。臺灣則將迴避原因作了 11 項具體、明瞭的列舉式規定，迴避的範圍比中國大陸大且明瞭，易於把握。2. 迴避的種類不同。大陸迴避種類包括自行迴避和申請迴避，臺灣的迴避除了以上兩種，還包括職權迴避，指的是有權對迴避申請作出裁定的行政法院或兼任院長的法官認為法官、書記員、翻譯人員有自行迴避的情形時，應依職權作出應予迴避的裁定。在職權迴避中，不以當事人提出迴避申請為前提。3. 迴避的對象範圍不同。大陸規定的迴避對象除了法官、書記員、翻譯人員，還有鑒定人與勘驗人員，臺灣規定的迴避對象主要指法官、書記官與翻譯。4. 迴避的期限規定不同。大陸規定當事人的迴避申請，應在案件開始審理時提出；迴避事由在案件開始審理後知道的，也可以在法庭辯論終結前提出；臺灣則將申請迴避的期限分為兩種：一種是對法官應自行迴避而不迴避的，當事人可在訴訟終結前，隨時申請迴避；另一種是當事人懷疑法官在本案中有偏頗的行為的，應在訴訟聲明或前述前提出申請迴避，除非迴避的原因以後才知道的，才不受限制。5. 迴避申請的處理方法各異。大陸對迴避申請的方法為：院長擔任審判長時的迴避，由審判委員會決定；審判員的迴避，由院長決定；書記員、翻譯人員、鑒定人與勘驗人員的迴避，由審判長決定。臺灣對申請迴避的處理方法由行政法院以合議形式作出裁定，如果因人數不是法定人數而無法合議裁定的，則由兼任院長的法官來裁定；如果不能由兼任院長的法官作出裁定，則由直接上級法院進行裁定。相比較而言，大陸的處理方法更加簡便易行。

　　五、有關訴權的不同規定

　　無論是大陸，還是臺灣，行政訴訟都是以不服行政行為的公民、法人或者其他組織為原告，以作出行政行為的行政機關為被告。但在反訴問題上，大陸與臺灣規定不一致。《行政訴訟法》規定被告對原告不能進行反訴。臺灣「行政訴訟法」第 120 條規定，被告在言論辯論終結前，可以向管轄本訴的行政法院提起反訴，不過，被告的反訴應受到一定限制，並且需要接受行政法院的審查：第一，如果反訴是撤銷之訴，被告不得提起。第二，反訴的請求如果專屬於其他行政法院管轄，或者與本訴的請求或其防禦方法沒有牽連的，不得提起。第三，被告試圖透過反訴來拖延本訴的，行政法院應予駁回。此外，當被告提起反訴後，原告不得針對反訴再次提起反訴。筆者比較贊成大陸的規定，理由如下：第一，從行

政訴訟的性質看,它具有對行政權力行使的監督性,因而必然要以行政機關的行政活動為審查監督的對象,這決定了行政機關應成為被訴並受到司法審查的一方,如果以公民、法人或者其他組織為被告就不符合行政訴訟的監督性質。第二,從行政機關行政職權的屬性講,它作為一種具有強制執行力的國家權力,當行政機關與公民、法人或者其他組織發生有關爭議時,行政機關自己完全可以憑藉這種國家行政權力來強制行政相對人服從自己,由此,行政機關無須作為原告向法院對公民、法人或者其他組織提起訴訟;反之,公民、法人或者其他組織一方卻缺乏要求行政機關服從自己意願的能力,他們只能作為原告向法院對行政機關提出行政訴訟,請求司法機關運用司法權來監督行政權的行使,尋求司法的保護。

六、舉證責任的比較

法院的裁判必須以正確認定事實為基礎,而事實認定離不開證據的支撐。證據制度是行政訴訟制度的重要組成部分。在證據制度中,最關鍵的是舉證責任的分配問題。舉證責任分配是法律規定應當由哪一方當事人對訴訟中的相關事實提供證據加以證明,否則就應當承擔敗訴後果的問題。《最高人民法院關於執行〈行政訴訟法〉若干問題的解釋》第26條至第31條對《行政訴訟法》第五章有關證據的內容作了符合審判實踐要求的解釋,舉證責任的分配制度更加合理,重申在行政訴訟中,被告對其作出的具體行政行為承擔舉證責任,原告對某些事實也承擔舉證責任。《若干問題的解釋》第27條規定:「原告對下列事實承擔舉證責任(1)證明起訴符合法定條件,但被告認為原告起訴超過起訴期限的除外;(2)在起訴被告不作為的案件中,證明其提出申請的事實;(3)在一併提起的行政賠償訴訟中,證明因受被訴行為侵害而造成損失的事實;(4)其他應當由原告承擔舉證責任的事實。」在大陸法律中,強調被告行政機關的舉證責任,是基於以下理由:第一,行政行為的合法要件要求具體行政行為符合法定程序的一個最基本的規則是先取證後裁決。因此,當行政機關作出行政行為後被訴至法院時,應當能夠有充分的事實材料證明其行政行為的合法性。第二,在行政法律關係中,行政機關處於主動地位,其實施行為時,無須徵得公民、法人或者其他組織的同意,而公民、法人或者其他組織則處於被動地位。因而為了體現在訴訟中雙方當事人地位的平等性,就應當要求被告證明其行為的合法性,否則應當承擔敗訴的後果。事實上,由於行政法律關係中雙方當事人的這種不同地位,原告將無法或很難收集到證據,即使收集到也可能難以保全,在這種情況下,當原告不能舉證證明自己的主張時,由原告承擔敗訴後果,是有失公允的。第三,行政機關的舉證能力比原告要強,在一些特定情況下,原告幾乎沒有舉證能力,如對環境造成汙染,

某項獨創是否獲得發明專利,等等,這些都是原告無法收集、保全的,因而要求原告舉證是超出其承受能力的。[4]

臺灣「行政訴訟法」第136條規定:「除本法有規定者外,《民事訴訟法》第277條之規定於本節(指「證據」一節)准用之。」該法的立法理由書中指出:「本法修正後,行政訴訟種類增多,其舉證責任應視其訴訟種類是否於公益有關而異,按舉證責任,可分主觀舉證責任與客觀舉證責任,前者指當事人就自己主張的事實向行政法院提供證據的行為責任,客觀舉證責任是在行政法院對某一待證事實無法查證其真實與否時,依法得予一方當事人以證明義務;當事人未能履行該義務時,則判其敗訴。」臺灣「行政訴訟法」的規定確認行政訴訟舉證責任的分配時,首先要看「行政訴訟法」有無特別規定,若沒有,則適用「民事訴訟法」。依據臺灣的有關規定,不同行政訴訟類型的舉證責任分配規則不同,在撤銷之訴中,被告對負擔性行政處分的構成要件事實負舉證責任;在裁量處分中,被告對裁量決定已經獲得合法授權的事實負舉證責任,而原告對被告構成踰越裁量權或濫用裁量權負舉證責任。在一般給付之訴中,原告對構成自己請求權原因的事實負舉證責任。在課予義務之訴中,原告對自己已經依法提出申請的事實負舉證責任;請求確認行政處分無效的,原告對行政處分無效的原因事實負舉證責任;請求確認公法上法律關係成立的,原告負舉證責任;請求確認公法上法律關係不成立的,被告負舉證責任;請求確認行政處分違法的,被告承擔舉證責任。

比較臺灣和大陸的舉證責任的分配,臺灣除了「行政訴訟法」有特別規定的外,採用「民事訴訟法」的「誰主張,誰舉證」,《行政訴訟法》要求被告承擔舉證責任。本文認為後者具有優越性,充分體現了行政訴訟的目的。首先,有利於促進行政機關依法行政,嚴格遵守先取證,後裁決的規則,從而防止其實施違法行為和濫用職權;其次,有利於保護原告的合法權益,當被告不能證明其具體行政行為合法,法院又不能放棄審判時,作出有利於原告的判決,防止公民、法人或者其他組織的合法權益遭受不法行政行為的侵害。

七、結語

透過上述的對比分析,我們不難看出海峽兩岸在行政訴訟制度上各有所長。臺灣「行政訴訟法」特別值得大陸借鑑的是行政訴訟的類型化。可以預見的是,即將進行的《行政訴訟法》的修訂,若能實現行政訴訟類型化,其內容將更加豐富,結構將更加合理,行政相對人合法權益的司法保護也更加有力,從而穩定社會生活,促進社會和諧。

注　釋

[1]. 蔡志方：《行政救濟法新論》，元照出版公司 2001 年版，p159。

[2]. 臺灣「行政組織法」第 2 條、第 6 條、第 7 條、第 12 條、第 19 條、第 44 條。

[3]. 樊崇義主編：《訴訟原理》法律出版社 2003 年版，P551。

[4]. 應松年主編：《行政訴訟學》，中國政法大學出版社 2003 年版，P127。

論行政糾紛中的替代性糾紛解決機制

劉永平

◎福建華閩南方律師事務所律師

一、行政糾紛中的替代性糾紛解決機制的基本理論

ADR（Alternative Dispute Resolution）是起源於美國的爭議解決的新方式，意為「解決爭議的替代方式」，它通常被譯為「替代性糾紛解決方式」或「選擇性糾紛解決方式」，或者翻譯為「非訴訟糾紛解決程序」。它並非特指某一程序，而是由調解、仲裁、協商等諸多程序構成。由於它沒有複雜的程序，且不傷當事人之間的合作關係，被很多西方國家採用。現在流行的幾種主要ADR方式有以下幾種：談判、調解、仲裁、微型審判。

談判是歷史最悠久的糾紛解決方式。它並不是一項具體的制度，而是一種手段，其目的在於糾紛當事人和對方進行相互說服和交流，從而達成一種交易。它在形式和程序上都很隨意，可以依照當事人約定的方式或者習慣性的方式，甚至請客吃飯時達成解決糾紛的合意，它並不要求第三者的介入。

調解，由中立第三者的身分來介入到雙方達成合意的過程中，以促進合意的形成。第三人必須是保證客觀公正，並能向分別向當事人雙方聽取各自的意見和決定，並透過自己的感受、溝通技巧和協調複雜問題的能力來促進雙方合意的形成。同時，雙方當事人認為自己的地位與對方是一致的，將不會有被剝奪權利的感覺。美國學者JOAN這樣評述調解的價值：「在於爭端雙方，將他們自身的標準，慣例，以及極具個人特色的，尚未得到支持的虛構的觀點融入到爭端中，並基於雙方自己的觀點對案件中各自認為最主要的部分進行論辯，爭議雙方當事人可自主決定和控制糾紛的實體結果。在法律或其他領域（方面）調解將他們從依賴或受限於糾紛外『更高的權威』的觀點標準的束縛中解救出來。」

仲裁是指根據當事人的合意，委託給法院以外的第三方對糾紛進行裁決的糾紛解決方式。當事人一旦同意透過仲裁這種方式來解決糾紛，就不得拒絕仲裁裁決的法律效力。仲裁具有終局性，與法院作出的生效判決具有同等效力，但當事人可以自行決定仲裁過程中適用的規範，不受既定的法律的嚴格限制。當事人雙方特別是商事當事人，具有共同的習慣或商業慣例，因而較容易採取仲裁的方式來解決糾紛。

微型審判並不是一種審判方式，而是一個前置的程序，它是「司法之外的程序，其實質是將法律爭議的解決從法院移到當事人自己手中」。其適用的前提是爭議雙方對於對方的立場、理據以及自己的弱點十分清楚，他們透過自己或者雙方共同選擇的中立第三人來幫助雙方達成合意。它具有高效、低成本的優點，可以節省時間和金錢，主要適用於政府採購合約領域。

二、行政糾紛中的替代性糾紛解決機制確立的必要性分析

構建一種新的制度，先要分析該制度的價值所在，在民事糾紛的解決領域中ADR已經充分展示出其優勢，被廣泛應用，而在行政糾紛領域，對ADR能否被用在行政糾紛的解決中存在著很多的爭議，那麼在中國現有的行政糾紛解決機制系統的背景下，是否有必要引進一種新的制度？我們認為，作為一種新型的糾紛解決機制，其存在和構建是有其必要性的。

（一）行政糾紛中的替代性糾紛解決機制的確立是構建和諧社會、促進行政法治的客觀需要

當前，中國社會正處在社會轉型的關鍵時期，社會矛盾糾紛日益多樣化、複雜化，利益衝突的多元化和糾紛類型的複雜多變，要求建立與之相適應的多元化的有效糾紛解決機制。我們提出的「和諧」社會並不是說沒有矛盾、糾紛，而是指在這樣的一個社會，擁有健全完善的糾紛解決機制，使各種糾紛及時、妥善地得以解決，矛盾得到化解。而替代性糾紛解決機制以合意為其核心，主張透過各種靈活、非對抗的方式解決糾紛，可以及時化解行政糾紛，緩和政府和群眾衝突，有利於和諧社會關係的建構。因此確立ADR這種靈活、適應性強、平和的糾紛解決方式，對於社會的和諧穩定至關重要。充分利用各種訴訟內及訴訟外的糾紛解決機制化解行政糾紛，協調互補，更能促進社會主義行政法治目標的實現，並最終實現社會的和諧。

（二）行政糾紛中的替代性糾紛解決機制的確立是促進中國政府職能轉變的重要途徑

政府職能轉變，是指國家行政機關在一定時期內對社會公共事務管理的職責、作用、功能的轉換與發展變化。包括管理職權、職責的改變（對哪些事務負有行政管理權責，管什麼，管多寬，管到什麼程度），管理角色（主角、配角等）的轉換，管理手段、方法及其模式的轉變等。十六大報告指出政府的職能主要是經濟調節、市場監管、社會管理和公共服務，政府機構須按這個總要求轉變職能，ADR的合理利用也能夠促進政府職能的轉型。中國由於受到傳統「官本位」思想

的巨大影響，政府與公民的關係本末倒置，政府在社會生活中扮演著「管理人」的角色，透過運用 ADR 解決與公民之間的行政糾紛，政府既能夠避免當「被告」而喪失政府的威信力，更為重要的是能夠認識到與公民平等對話、真誠溝通對解決行政糾紛的重大意義。進而會督促政府自身轉變觀念，在以後的行政過程中淡化強勢的地位和管理的行政方式，建立起和不斷鞏固服務行政的理念。

（三）行政糾紛中的替代性糾紛解決機制的確立符合糾紛解決機制多元化趨勢

當今世界各個領域都呈現出多元化的發展態勢，多元化的價值理念已成為人們的普遍共識。而社會總是充滿著各種利益衝突，因此在政府與民眾之間也不可避免會產生矛盾，加上中國目前正處於社會轉型期，因而導致激烈的群體性行政糾紛頻發。如近幾年個別群體聚眾鬧事事件、因拆遷糾紛而自焚的事件，在一定程度上反映了中國目前的行政糾紛救濟機制存在的瓶頸，群眾在告狀無門、尋求救濟無望的情況下，只能被迫採取偏激方式。隨著社會的發展與轉型，不斷出現新的利益衝突及新的糾紛形式，針對日益多樣複雜的糾紛類型，人們也期待有多元的糾紛解決方式可供選擇，以實現權利、利益最大化。在中國行政救濟領域重塑替代性糾紛解決機制，是順應糾紛解決方式多元化的趨勢。

三、行政糾紛中的替代性糾紛解決機制確立的可行性分析

（一）行政糾紛中的替代性糾紛解決機制符合中國群眾的傳統觀念，在中國有強大的文化基礎和群眾基礎

如果一種制度不適合中國的傳統文化與現實國情，就不能發揮其獨特的優勢和作用。因此，ADR 能否適應中國的文化土壤也是我們需要考慮的問題之一。從中國傳統文化來看，「在儒家思想支配下，貴和持中、貴和尚中，成為幾千年來中國傳統法律文化的特徵」。這一思想提倡人民之間應當仁厚、寬容，儘量避免矛盾或衝突的發生。由於訴訟充滿了對抗的氣息，因此大家追求無訟，厭訟，恥訟。在糾紛產生之後，老百姓更願意透過協商、調解等方式解決。特別是調解，在國民傳統的糾紛解決中發揮了極大的作用。社會進步到今天，訴訟對於一般國民來說，依然是迫不得已的選擇。在行政糾紛解決領域，採用和解、調解等非對抗方式，既能滿足雙方的利益需求，又不會因此導致「官民關係」的緊張，有利於高效和徹底解決行政糾紛，將法律效果和社會效果有機統一。因此透過 ADR 方式解決行政糾紛符合中國群眾的傳統觀念，在中國有強大的文化基礎和群眾基礎。

（二）公權力、私權利是可以調和的，不是矛盾衝突的。

反對者認為 ADR 在行政糾紛解決中不適用是因為行政權為公權力，其與私權利是不可調和的，不可能存在兩者達成合意的可能。

根據契約論的觀點，政府的權力來源於人民，人民為了更好地行使自己的權力，達成特殊的契約，從而形成了政府，並把自身權力的一部分讓渡給政府，賦予行政權以存在和行使的正當性，政府的行政權是為了保障人民的私權利得到最佳的實現狀態。可見，公權力不應成為私權利的對立面。兩者本質上是一致的。

從其發展的角度來看，認為公權力與私權利絕對不可調和的觀點已經過時了，單方性的高集權行政，效果並不理想，讓行政相對人容易接受才是目前行政行為追求的理想目標。可見，公權力與私權利的對抗性理論已經被淹沒，現代社會中「行政即管理，管理即服務」的觀念深入人心。

（三）現代行政法治理念的轉變

在行政關係中，傳統的行政法觀念將行政主體置於主導的地位，從而在行政主體與行政相對人之間形成了一種完全不對等的關係。但隨著發展，行政法理念也發生了重大改變，服務行政、行政契約思想等觀念逐漸滲透到行政法中。契約思想是私法中意思自治原則的體現，也是私法的精髓。但是，「契約理念具有廣泛的適用性和強勁的滲透力，它早已跨越私法的界限而延展至所有的法律體系。在公法領域中也處處閃現著契約的身影，只是它作為一種公法現象，在時間上遲於私法而已」。隨著商品經濟和民主政治的發展，人們逐步意識到，政府所享有的權力來自於人民，是人民將手中的部分權力讓渡出來授予政府行使，而政府應當利用這種權力來為公眾服務，否則，政府將由於得不到公眾的支持而被人民拋棄。這實際上是一種存在於公眾與政府之間的無形契約。在行政法領域，一些淡化了管理和強制色彩的行政行為，而契約思想對行政法領域的滲透在政府與公民的關係領域帶來了巨大的改變。無論是外國還是中國，在行政管理和執法上都已經受到了契約理念的深厚影響，其所帶來的平等、合作、服務以及責任、誠信等理念已被接受和樹立。因此，ADR 所要求的平等主體之間進行的協商與對話在行政法領域是完全可以實現的，無論是在行政執法過程中，還是在行政復議、行政訴訟等行政糾紛解決機制的過程中，行政相對人完全有權與行政主體進行協商。

四、行政糾紛中的替代性糾紛解決機制確立的幾點構想

現代行政糾紛的多樣化，決定了只有多元化的行政糾紛解決機制才能滿足社會主體對行政糾紛解決方式的多樣性需求。我們認為應在完善現有行政糾紛解決

途徑的基礎上，引入和解與調解等合意型糾紛解決方式，由此構建和健全一個各種糾紛解決方式分工協作、相互配合和縝密銜接的多元化行政糾紛解決機制。

(一) 現有行政糾紛解決途徑的完善

中國現行的行政糾紛解決途徑有行政訴訟、行政復議、行政申訴、人事仲裁和行政信訪等行政內糾紛解決途徑，基本形成了多元化的行政糾紛解決機制，但是，他們的整體功能並沒有發揮出來，需要進一步完善。首先需要整合和完善現有的行政糾紛解決途徑，充分發揮現有制度資源的功能和效益。幾點應該注意的：一是加強有關糾紛解決機構的獨立性，儘量減少干涉因素。獨立性的缺失，會使行政內糾紛解決途徑的優勢完全抵消，而得不到糾紛當事人的信賴和選擇。所以要加強行政復議機構、人事仲裁機構等行政內糾紛解決機構的獨立性，賦予其相應的法律地位和職權，並給予相關的制度保障，這樣有利於提高這些行政內糾紛解決途徑的公正性和權威性。二是完善行政內糾紛解決途徑的程序設計。例如是否考慮在行政訴訟中也可以進行調解或和解。三是注重各種糾紛解決途徑之間的銜接。加強各種糾紛解決途徑之間的整合和協調，既包括行政內糾紛解決途徑與行政外糾紛解決途徑之間的銜接，例如行政復議與行政訴訟之間，尤其是解決復議前置與行政訴訟之間的關係，也包括各個行政內糾紛解決途徑之間的銜接，例如行政信訪與行政復議之間。

(二) 合意型糾紛解決方式的引入

合意型糾紛解決方式是指雙方當事人就以何種方式和內容來解決糾紛等要點達成合意而使糾紛得以解決的方式，這裡主要指和解與調解。從中國現行立法來看，合意型糾紛解決方式並不包含在現有行政糾紛解決機制之中，但是在實踐中廣泛存在。基於前述理由，為了防止事實存在的合意型糾紛解決方式游離於法律監控之外，充分發揮合意型糾紛解決方式在行政糾紛解決中的功能優勢，應當在行政糾紛解決機制中正式引入合意型糾紛解決方式，將其納入法治的軌道。《行政復議法實施條例》第 50 條即規定「行政復議機關可以按照自願、合法的原則進行調解」，對行政復議調解制度的構建進行了有益的嘗試。現有的行政糾紛解決途徑為合意型糾紛解決方式提供了載體和平臺，後者又是對前者極好的補充和完善，兩者相輔相成，相得益彰。

論行政訴訟調解的制度建構

鄭燕婷

◎北京盈科（廈門）律師事務所律師

2010年3月11日，最高人民法院院長王勝俊在工作報告中提到：「著眼於促進社會和諧，積極探索行政訴訟案件協調和解等工作機制，促進行政相對人與行政機關互相理解、彼此溝通，妥善化解行政爭議。」[1]「協調和解」，其實質仍是「調解」。之所以會出現「協調和解」的稱謂，主要是為了規避《中華人民共和國行政訴訟法》（以下簡稱《行政訴訟法》）第50條的禁止性規定，即「人民法院審理行政案件，不適用調解」。近年來，行政訴訟中應否建立調解制度引起了學術界和實務界的一些爭論。行政審判實踐中的困境迫切要求理論上作出回應。

一、遭遇困境——立法與司法實踐的衝突

1982年頒布實施的《民事訴訟法（試行）》（現已廢止）第3條第2款規定：「法律規定由人民法院審理的行政案件，適用本法規定。」該法規定人民法院審理案件要著重進行調解。然而，1985年11月6日最高人民法院頒布《關於人民法院審理經濟行政案件不應進行調解的通知》，明確規定人民法院審理行政案件不應進行調解。後來頒布的《行政訴訟法》第50條進一步確立了人民法院審理行政案件不適用調解的原則。[2]之所以發生這種轉變，其理論基礎是公權力的不可處分性，具體來說，行政訴訟中的被告是依法行使行政管理職權的行政機關，它所作出的具體行政行為是法律賦予的權力，是代表國家行使職權，因此，作為被告的行政機關應當依法行政，沒有隨意處分的權力。[3]

英國法學家惠爾曾說：「憲法說什麼是一回事，實踐中發生什麼完全是另一回事。」[4]將這句話中的「憲法」置換為「行政訴訟法」，同樣成立。不適用調解的行政訴訟法規範在實踐中已被現實運作中的變相調解所架空，這早已是公開的祕密。

2007年4月24日，最高人民法院印發《最高人民法院關於加強和改進行政審判工作的意見》的通知（法發〔2007〕19號），所附意見第7條指出：「依法保護行政相對人合法權益，是行政審判的首要任務。」第15條指出：「人民法院在查清事實，分清是非，不損害國家利益、公共利益和他人合法權益的前提下，

可以建議由行政機關完善或改變行政行為,補償行政相對人的損失,人民法院可以裁定准許行政相對人自願撤訴。特別是對因農村土地徵收、城市房屋拆遷、企業改制、勞動和社會保障、資源環保等社會焦點問題引發的群體性行政爭議,更要注意最大限度地採取協調方式處理。」在最高人民法院的影響及和諧社會語境的感召下,行政訴訟實踐中的調解一直沒有停止過,並且成了一種重要的結案方式。這從行政訴訟案件一直居高不下的撤訴率可以看出。據最高人民法院統計,自 1989 年至 2002 年的 14 年間,行政案件的撤訴率一直在 30% 以上,平均撤訴率為 43.20%,其中撤訴率最高的為 1997 年,達到 57.3%,撤訴率最低的為 1989 年,也達到 30.44%。[5] 儘管調解並非導致撤訴的唯一原因,但的確是主要原因之一,這是無法否認的。王勝俊院長在工作報告中也指出,在 2009 年審結的行政訴訟案件中,「透過加大協調力度,行政相對人與行政機關和解後撤訴的案件 4.3 萬件,占一審行政案件的 35.9%」。[6]

在禁止調解的立法面前,司法人員選擇了上述透過協調達致撤訴從而結束行政訴訟程序的「變通」方式。與其說法官在規避法律,不如說在不合理的法律面前,法官在能動性地發揮他們的智慧。鑒於司法實踐的現狀,有學者對行政訴訟不適用調解原則作了限制解釋,即「人們法院在審理行政案件時,既不能將調解作為行政訴訟過程中的一個必經階段,也不能將調解作為結案的一種方式」。[7] 這種觀點對於解釋司法實踐中的變相調解現象也說得通。然而,中國畢竟是一個擁有成文法傳統的國家,公權力的性質又要求其運行應有相應的規範依據,因此,立法亟須順應審判實踐的客觀要求作出相應修改。

但是,有學者認為,「在中國行政審判的現實環境下,一旦在實定法上規定調解原則,調解本身所具有的弊端極可能彰顯無疑。從策略上考慮,在撤訴制度實踐事實上已造成調解作用的情況下,不宜再在立法上確立行政訴訟調解原則」。[8] 誠然,這種擔心可以理解,任何制度的建構必然伴隨著利弊兩個方面。然而,我們應做的是在建構制度的同時儘可能地完善相關程序,而不是因噎廢食。況且,現行「協調和解」的結案方式存在諸多危害。

首先,由於沒有相應的規範依據,法院行事時「名不正、言不順」,不符合「法無明文規定即為禁止」的公法原則,同時損害了法律的權威。

其次,可能導致惡意效仿。既然法無明文規定甚至違反法律規定的調解得到了各方默許,那麼,在法律規定的其他場合也可能導致法院的「變通行為」,「變相調解」恰恰可能為這些「變通行為」留下了口實。

最後，基於法律規範的缺位，行政機關在「協調和解」的過程中可能利用其強勢地位壓制行政相對人，最終不能從根本上解決問題。

因此，與其使法院底氣不足地變相調解並可能成為規避法律的一個負面典型，不如明確賦予其合法地位，使之成為權利救濟的一種重要途徑。

二、話語祛魅——撩開「行政權不可處分」的面紗

目前，中國國內贊成行政訴訟中可以適用有限的調解的學者越來越多。誠然，制度的可行性不能簡單地以贊成人數的多寡來衡量，實然存在的行政訴訟調解也並非天然具有正當性。欲構築一種制度，首先要解決的問題是掃清理論上的障礙。行政訴訟調解否定論者一直糾纏於行政權的不可處分性。問題的焦點就在於：如果行政權具有不可處分性（前提），那麼行政訴訟中不得進行調解（結論）；如果改變上述命題的結論，那麼必須推翻其前提。「行政權不可處分」這個前提似乎顛撲不破，事實上並非如此。下面，筆者對於這一帶有濃厚經院主義色彩的前提進行分析和辯駁。

作為行政訴訟不適用調解原則理論基礎的「行政權不可處分」，原是指行政機關不可放棄職權。行政機關的職權與職責具有同一性，一項職權同時也是一項職責，放棄職權等於瀆職，這顯然是不允許的。然而，現代行政法治的兩大特徵就是行政相對人參與和行政自由裁量。茲分述之。

第一，行政權的行使不再是行政機關單方面的意思表示，而是一個行政機關與行政相對人的互動過程。行政機關在聽取行政相對人的意見後，根據具體案情靈活行使行政權，作出相應的行政行為。在未經行政相對人參與或者當事人的意見未被充分聽取的情況下，行政機關作出的行政行為可能因違法瑕疵或欠缺合理從而使相對人難以接受。進入訴訟程序後，雙方當事人的行為仍可被看做行政行為作出的補充性參與的互動過程。在訴訟的互動過程中，若行政機關認識到自己行為的違法或不當從而改變先前的行政行為，行政相對人也能夠接受改變後的行政行為從而自願撤訴，這應當是順理成章之事，在理論和法律規定方面都不存在障礙。在這個過程中，法院只不過擔當了一個主持人的角色，並且基於其客觀中立的立場和守護法律的專業性，防止行政機關和相對人的互相妥協違反法律、侵犯公共利益和第三人利益等情況的出現。

1985年頒布的《關於人民法院審理經濟行政案件不應進行調解的通知》和1989年通過的《行政訴訟法》之所以確立行政訴訟不適用調解的原則，是因為當時中國行政法的發展還處於起步階段，行政相對人參與意識也沒有覺醒。在當時

行政權純屬行政機關單方意思表示的情況下,行政權的處分也僅僅意味著行政職權的放棄,因此確立行政訴訟不適用調解的原則無可非議。

第二,行政權包括行政拘束權和行政裁量權。依筆者愚見,公權力不可處分嚴格適用於行政拘束權的行使,行政自由裁量權的存在打破了「公權力不可處分」的傳統教條,為行政主體和相對人提供了協商「合意」的空間。這是因為,在具有自由裁量權的行政行為中,行政主體對行政相對人的處理本身就表現出了一種處分權。行政職權的個案適用離不開行政主體的掂量、比較、評估、權衡和決定,這本身就隱含了對行政職權的處分;在依法行政過程中,行政機關在不損害國家利益、公共利益的前提下,根據實際需要在行政程序階段和行政訴訟階段,完全可以自主地處置其行政職權。只是這種處分權的行使受到一定的限制,即必須限定在行政機關依法擁有的法定職權範圍內。但行政訴訟中作為公權力持有者的行政主體參與法院的「協調和解」活動是否合法並不必然取決於被告是否享有與被訴行政行為有關的自由裁量權,取決於是否堅持行政合法性原則。行政行為的合法性包括了形式合法性與實質合法性,不存在形式合法性問題時,還有可能存在實質合法性問題,從而應當受到司法控制。從實在法的規定來看,中國《行政訴訟法》有關人民法院有權變更顯失公正的行政處罰、撤銷行政主體濫用職權的行為等規定也表明了司法機關有權審查行政行為的實質合法性加以立法。也就是說,對於自由裁量權範圍內的行政行為合理與否這一實質合法性問題,中國的司法機關並不能置之不理——雖然只能有限地干預。

雖然調解制度是建立在雙方當事人可以自由處分權利的基礎上,但行政權並非都是不可處分,且協調和解並不意味著行政機關的讓步和對權力的任意處分。因此,「公權力不可處分」的內涵應是「公權力不可任意處分」,行政主體在某些方面對行政行為的有限處分權,可以說是行政訴訟能引入調解制度的一個理論基礎。

三、意義追問——行政訴訟調解的價值分析

(一)解決行政行為的合理性問題

根據《行政訴訟法》第 5 條和第 54 條的規定,除了行政處罰顯失公正的情況之外,法院只能對行政行為的合法性進行審查,無權審查其合理性。隨著行政法治的發展,行政機關公然違法的情形可能逐漸減少,而行政行為的合理性問題將會凸顯。對於行政相對人來說,他們所追求的不僅僅是行政行為的合法性,還

有合理性問題。在裁量行政行為產生的爭議方面,調解有利於解決其合理性問題。在行政機關自由裁量權範圍內,雙方透過協商、讓步,最終達成一致意見。

或許有人認為,行政復議也可以解決行政行為合理性問題。的確,按照現有的制度設計,上級行政機關有權為行政相對人遭受下級行政機關不當行政行為侵害提供救濟。然而,提供救濟的主體與侵害行為的主體畢竟是一個系統的上下級關係,難免產生「護犢子」情形。而司法機關基於中立立場,其公正性比行政復議更有保證。退一步來說,即使行政復議在解決行政行為合理性問題方面能夠做到客觀公正,新增一條行政訴訟調解制度對於權利救濟來說更加有利,賦予行政相對人更大的選擇權。

(二)降低訴訟成本

在行政訴訟過程中,原、被告和法院三方都耗費一定的成本,包括直接成本和間接成本。對於原告方來說,直接成本包括律師代理費、訴訟費、差旅費和食宿費等等,間接成本包括機會成本、精神壓力成本、敗訴風險成本、勝訴風險成本等等。[9] 對於被告方來說,直接成本和原告相似,間接成本包括機會成本、行政機關的權威損失成本、行政機關工作人員的名譽成本和影響升遷的成本等等。對於法院來說,主要體現在間接成本上,如錯誤裁判的權威損失成本、造成與行政機關的對立成本等等。

如果適用調解,原被告雙方在法院的主持下,在不違背法律和不侵犯公共利益和第三人利益的前提下,互諒互讓,最終達成一致意見,大大減低了各方成本,達致三方共贏的局面。

(三)減少行政機關和公民的對立

用判決這種「贏者通吃」的方式來解決糾紛,通常是把當事人推向對立而不是互諒互讓,當事人也失去了對解決糾紛過程的控制,沒有機會繼續接觸並協商出不同解決方案,只能機械地等待法院的裁判。結果就是,不論是政府還是老百姓贏得訴訟,兩者之間的合作關係均被徹底摧毀。[10] 而運用調解方式結案,最終雙方當事人均從中受益,不存在敗訴方,這減少了行政機關和公民之間的對立。

(四)符合《行政訴訟法》的目的要求

《行政訴訟法》第1條開宗明義:「為保證人民法院正確、及時審理行政案件,保護公民、法人和其他組織的合法權益,維護和監督行政機關依法行使行政職權,根據憲法制定本法。」根據該條款規定,《行政訴訟法》具有三重目的:保證法

院正確、及時審理行政案件；提供權利救濟；監督行政權。調解完全符合這三重目的的要求。

四、他山之石——域外行政訴訟和解制度之借鑑

一項全新的制度要想獲得適應性和生命力，外在的運作環境尤為重要。行政訴訟中適用和解是一個國際慣例。無論是英美法系的美國、英國，還是大陸法系的德國、日本和臺灣，實際上都有關於行政訴訟調解解決糾紛的規定。

美國法律規定，在法院受理行政訴訟案件後，在一段時間內允許當事人雙方的律師在法院外自行協商和解，法官一般不參與和解過程。如果法官主持和解，和解不成，法院另行組織審理，該法官不得參加該案件的審理，以維護法官的中立性。法官對和解書只關心是否出於雙方自願而不關心和解書是否有失公平，這也是尊重當事人意志的表現。因此，不論和解結果如何都不會損害法律的威嚴和法院的權威，其立法本意是節約訴訟成本和尊重當事人的意志。

瑞士規定了訴訟和解的三種情況：行政機關有自由裁量權且雙方達成認可的；糾紛中兩個平等主體之間達成協議的；涉及調查事實方面需要請專家進行鑒定的。在和解的範圍內行政機關可以作出對原行政行為修改的新的行政行為，雙方依法達成和解，原告選擇撤訴的途徑退出訴訟。

日本的《行政案件訴訟法》中雖然沒有關於和解的明文規定，支配性學說對於承認和解也採取非常消極的態度，法院似乎也在極力迴避透過和解的方式解決訴訟案件。但是在實際上因進行事實上的和解而撤訴，或者在法院的干預下，以不直接觸及行政處分的處理方法進行訴訟和解的情況已有相當數量。

在這些國家中，既有關於行政訴訟和解制度的明確規定，也有法律沒有明文禁止的情況，但在審判實踐中大量運用了和解制度。這些國家的審判實踐事實上已經為我們提供了在行政訴訟設立和解制度的成功典範。他山之石，可以攻玉，這些國家和地區法律中行政訴訟和解制度的存在對中國行政訴訟引入調解制度具有直接的參考和借鑑價值。

五、制度建構——行政訴訟調解的具體構想

（一）概念之確定

在中國，通常把「調解」定義為：在第三方主持下，以國家法律、法規、規章和政策以及社會公德為依據，對糾紛雙方進行斡旋、勸說，促使他們互相諒解、進行協商，自願達成協議，消除紛爭的活動。[11] 由於主持人身分的不同，又分為

人民調解、行政調解、法院調解等。訴訟中的「和解」是指在訴訟進行中，雙方當事人自行協商，達成協議，解決糾紛，結束訴訟的一種活動。而「協調和解」純屬規避法律禁止性規定的生造之詞，實質仍是調解，不予探討。

訴訟中「調解」與「和解」的區別在於：調解是當事人雙方在法院的主持下所達成的自願協議，是一種三方法律關係；和解是當事人雙方私下達成的自願協議，是一種典型的雙方法律關係。然在筆者看來，這種差異不是很大，正如有學者指出的那樣：「在一定意義上，甚至可以說它們（和解和調解）實質上是同一事物，這一本質上相同的事物之所以分別被設定為訴訟上的兩種不同制度，是由於人們在構建訴訟制度時從不同的側面來認識它，來為它定位。訴訟上和解是立足於當事人說明以合意解決爭訟，而法院調解則是以法院為基點解釋以合意解決爭訟。」[12] 考慮到畢竟有法院的介入，所以還是「調解」的提法為好。

（二）原則之確立

筆者認為，行政訴訟調解的原則可以概括為自願原則、合法原則和不損害公共利益和第三人利益原則。

1. 自願原則。法院以調解方式解決行政爭議時，必須建立在當事人自願的基礎之上。它包括程序自願和實體自願兩個方面的內容。程序自願，是指調解程序的啟動和進行取決於當事人的自願，人民法院首先提出調解建議時也須經雙方當事人同意方可進行；實體自願，是指經調解達成的協議是當事人真實的意思表示。

2. 合法原則。調解必須依法進行，程序的進行和達成的協議都不能違背法律的禁止性規定。因此互諒互讓不是無原則地妥協，不能違反法律的禁止性規定這個底線。

3. 不損害公共利益和第三人利益原則。行政行為的變更往往涉及公共利益，「牽一髮而動全身」，不能不謹慎為之。另外，若調解所需的行政行為的變更對第三人利益有所減損時，還要獲得第三人的同意。

（三）範圍之界定

筆者認為，除現行法律已經作出規定的行政賠償訴訟案件之外，可以適用協調的行政訴訟案件有行政裁決案件、不履行法定職責案件、行政自由裁量權類案件、行政合約案件等四類。另外，不適用協調的主要有兩種情形：一是法律或規章明確規定了行政機關作出決定的條件和方式，行政機關沒有自由裁量權的案件；

二是對法律、法規明確規定為「無效」、「不能成立」等具體行政行為提起訴訟的案件。

1. 行政裁決案件的調解

因行政裁決而形成的法律關係較為複雜，一方面存在民事糾紛雙方當事人與作為裁決者的行政機關之間依法產生的權利義務關係，另一方面存在民事糾紛的雙方當事人之間依法產生的權利義務關係。在行政訴訟中，當事人要求糾正行政機關的行政裁決，其實質也在於滿足其民事主張，人民法院在審查行政裁決行為時，必然會涉及查明、確認民事糾紛的事實。民事糾紛雙方當事人在行政訴訟中會始終圍繞著自己民事權利的有無及多少來爭論行政裁決的合法性，法院判斷行政裁決是否正確合法也始終以行政機關對民事糾紛雙方當事人之間民事權利義務關係的確定是否正確合法為準。人民法院透過調解，動員行政機關主動變更或撤銷顯失公平的民事糾紛裁決，讓原告撤訴，可以比較圓滿地處理辦案中的困難和矛盾。當然，行政裁決案件能否調解成功，關鍵在於民事糾紛當事人的和解，如果民事糾紛當事人雙方達成了和解，行政機關的行政裁決就自然喪失價值和作用，這時行政機關變更或撤銷行政裁決行為，實際上是民事糾紛當事人對自己權利自由處分的結果，並不涉及公權力的調整減讓。

2. 不履行法定職責案件的調解，即行政不作為案件的調解

行政機關依法均享有特定的行政職權，這是行政機關取得國家行政管理活動主體資格的法律依據。同時，行政機關在行使行政職權時必須依法承擔相應的義務和責任，即法定職責，對於法定職責，行政機關既不能放棄，也不能違反。行政機關不履行法定職責的案件，通常表現為三種情形，即行政機關拒絕履行、拖延履行或不予答覆。人民法院透過審查認為行政機關應當履行法定職責而沒有依法履行的，對於拒絕發行的行政行為只能判決撤銷，並責令其重作。對拖延履行、不予答覆的只能判決其在一定期限履行。一般地，對原告而言，顯然效率太低，如果行政機關經調解而主動履行其應當履行的職責，這種積極作為既合乎行政目的，對相對人來說正好達到目的，是一種典型的雙贏局面。因此，調解在此類案件中的適用不存在障礙和不當。

3. 涉及行政自由裁量權案件的調解

社會分工的細化，必然要求賦予行政機關廣泛的自由裁量權。《行政訴訟法》規定對合法但不合理的行政行為只能判決維持，而人民法院判決一經作出，行政機關必須不折不扣地執行，社會效果必然不好。為了避免這種情形的發生，最高

法院透過司法解釋規定，對於合法但存在合理性問題的行政行為，人民法院應當判決駁回原告的訴訟請求。該規定實際上為行政機關在判決後行使自由裁量權，變更不合理行政決定創造了條件。事實上，許多法院也更多地對此類案件加大了協調力度（姑且不稱「調解」）。透過人民法院調解，行政機關改變不合理的行政行為，使新的行政行為更加趨於合理，不僅沒有濫用法定職權之嫌，相反會使行政行為更加符合立法旨意。各方牴觸情緒較小，甚至可以說是各類行政訴訟案件中最不損害行政機關權威的一種。

4. 行政合約案件的調解

行政合約是行政主體為便於實現行政管理目的而與行政相對人達成的設立、變更或者終止某種權利義務關係的協議。儘管在行政合約預期目標實現的過程中行政機關具有優益權，但該合約的訂立和履行畢竟是基於行政機關與行政相對人雙方的合意，這種合意性質決定了調解的存在空間。

(四) 程序之構建

行政訴訟調解大致可分為調解的提出、調解的進行、合議庭評議三道程序。調解的意向可以由當事人提出，也可以由法院主動提出。立案前可以進行調解指導，由接待人員解答相關問題，根據當事人的訴訟標的是否可訴，訴訟目的是否能夠達到，告知其訴訟風險和成本，讓其衡量利益得失，勸導當事人儘量自行協商解決，慎重選擇訴訟。立案後開庭之前，根據原被告的訴辯理由及提供的證據，組織證據交換，發現案情簡單且能查明的，在確定雙方的爭議焦點之後，為盡快達到原告的訴訟目的，減輕當事人和法院的訴訟負擔，應及時進行調解。在庭審中，法官可以根據庭審查明的情況，審時度勢，多做一些法律釋明工作，促使被告主動改變或撤銷其違法行為，促成缺乏法律依據的原告止訴，抓住機會引導當事人進行調解。如果庭審中出現了調解的機會調解不成或需要時間進一步調解，儘量不當庭宣判，庭後可以多次做工作，做工作時要講究策略和方法，善於藉助「外力」，採取靈活多樣的方式進行調解。另外，一審、二審期間均可進行，但著重點不一樣。行政訴訟調解案件仍應採用合議制。《行政訴訟法》規定行政案件實行合議制審理，調解時亦應採用合議制，以便對案件的事實和適用法律作出最準確的判斷，發揮每個審判人員調解案件的優勢，充分利用集體的智慧和力量。另外，合議制也可以發揮監督的作用，防止個別辦案人員為私利而違法調解。

注 釋

[1]. 王勝俊：《最高人民法院工作報告》。

[2]. 作為例外，《行政訴訟法》第 67 條第 3 款規定「賠償訴訟可以適用調解」。

[3]. 胡康生：《行政訴訟法釋義》，北京：北京師範學院出版社，1989 年版，第 80 頁。

[4]. ［英］K.C. 惠爾著，翟小波譯：《現代憲法》，北京：法律出版社，2006 年版，第 4 頁。

[5]. 最高人民法院研究室統計處：《1989—2002 年全國各級人民審理一審行政案件情況統計表》，《行政執法與行政審判》，2003 年第 1 輯，北京：法律出版杜，2003 年，第 153 頁。

[6]. 王勝俊：《最高人民法院工作報告》。

[7]. 江必新，梁鳳雲：《行政訴訟法理論與實務》，北京：北京大學出版社，2009 年版，第 46 頁。

[8]. 朱新力等：《行政訴訟應該確立調解原則嗎？》，行政法學研究 .2004 年第 4 期，第 75—81 頁。

[9]. 例如行政機關敗訴後的打擊報復。

[10]. 趙艷花等：《行政訴訟中的調解：西方的經驗與中國的選擇》，《行政法學研究》，2009 年第 3 期，第 91—97 頁。

[11]. 江偉，楊榮新：《人民調解學概論》，北京：法律出版社，1994 年版，第 1 頁。

[12]. 李浩：《關於建立訴訟上和解制度的探討》，《清華法律評論》，第 2 輯，北京：清華大學出版社，1999 年第 211 頁。

內地社會治理法律制度探析

李光宇

◎吉林財經大學馬克思主義學院院長，法學院教授

《國民經濟和社會發展第十二個五年規劃綱要》指出：「培育扶持和依法管理社會組織，支持、引導其參與社會管理和服務。」要不斷完善社會組織法律制度，為社會組織發展提供法律保障，促進社會組織自身建設、增強社會組織服務意識，只有這樣才能充分發揮社會組織作用，提高城鄉社區自治和服務功能，形成社會管理和服務合力。

一、社會組織治理發展現狀及問題

（一）社會組織職能定位不清

提供和承接政府公共服務，既是創新社會管理的需要，也是社會組織自身發展的必然選擇。在美國51%的醫院、46%的大學、86%的博物館、90%的音樂、舞蹈、藝術組織以及58%的各類社會服務由非營利組織提供。然而在中國對社會發展模式的改變，政府、社會組織、公眾似乎都未作好準備。從政府角度，北京等少數地市創新公共服務提供模式，建立「社會組織公共服務平臺」，以便尋求公共資源與公共服務在社會組織與政府之間的最佳配置。而在國家層面，「中國社會組織網」上公共服務項目訊息久未更新，可見仍未受到足夠重視。從社會組織自身來看，也並未作好承接公共服務的準備，在訊息公開、管理架構、人員素質等方面不能滿足政府和公眾的需求，因而無法參與公共服務項目競爭。從公眾角度，公眾對社會組織認識不夠。尤其是在二三線城市，市民對公益事業的參與熱情不高，對社會組織關注度不夠，對本地社會組織沒有認同感，對社會組織參與社會公共服務舉辦社會事業無法造成應有的支持和監督作用。

（二）社會組織發展不均衡

一是地區發展不均衡，城鎮化進程不斷推進使二三線城市對社會組織有著巨大需求。二三線城市的城市管理和社會管理功能尚不成熟，依靠社會組織承擔一部分社會管理職能是完善城市功能的最佳選擇，而多元化的城市精神和文化要求社會組織在二三線城市發展必須不斷創新和調試，產生符合城市特色的社會組織發展模式。由於經濟發展程度、地域面積、人口規模、開放度等原因，二三線城市比起一線城市更容易形成市民之間的情感紐帶，從而奠定社會自治的基礎。但

因為同樣的原因也更不易促進社會組織發展壯大。以柳州市為例，截至2010年全市登記在冊的社會組織只有1511個，會員數50餘萬。不僅數量少，規模小，發展層次不高，且社會認知度低，完全不能滿足轉型期加強社會管理的需要。二是社會組織數量結構不均衡。比如在勞資關係中，作為僱主組織的工商聯合會、企業家協會、企業聯合會、行業協會等發展最為迅速，與之相比勞資關係中的另一方，即普通工人的組織化程度和行動能力則要弱得多。

（三）社會團體面臨生存危機

社會組織生存和發展困難來自於兩個方面：一是缺乏資金來源。除了少數有官方背景的社團，以及一些發展壯大的行業性社團，資金困難幾乎困擾著每一個社團。柳州市反映全國大部分二三線城市社團發展狀況，在柳州市781個社團中，僅有15個社團獲得政府部門的少量資助。由於市民對社會組織認識不足，加上柳州至今沒有基金會無法向社會募捐，資金問題嚴重影響社會組織生存和發展，社會組織對社會管理作出的貢獻相當有限。二是，社會組織缺乏生命力。柳州市社會組織與全國其他地區一樣，在過去，相當一部分社會組織是由各級黨政機構直接創辦，或者本身就是從黨政機構轉變過來，或者由政府部門支持，由黨政機關退下來的老同志，以及與之關係密切的知名人士所創辦。隨著政府職能部門與行業協會全面脫鉤，這些組織在自身制度、管理體系建設方面跟不上時代要求，面臨淘汰的危險。而社會力量新舉辦的社會團體，普遍存在著規模比較小、社會組織發起人和團隊專業化素質不高等問題，嚴重影響社會團體的發展壯大。

二、社會組織治理法律制度存在的問題

（一）社會組織募捐法律制度缺失

在慈善事業比較發達的國家，法律對於募捐行為都有嚴格的規範。目前中國的法律中，對於募捐行為的規範基本上屬於空白。在募捐主體的問題上，2004年修訂的《基金會管理條例》，分別授予公募基金會、非公募基金會以公募和私募的權利。而礙於登記註冊的高門檻，中國尚無民辦公募基金會，一些有公益之心的人士在做慈善的過程中往往面臨諸多政策障礙。目前各個地市都存在志願者藉助網路、廣播電臺號召有志之士捐款開展公益活動的情況。然而這樣的善心卻給號召者帶來巨大的法律風險，號召者在善款使用方面任何不謹慎的行為都可能使這一善舉在法律上質變為「非法集資」行為，從而招致嚴重法律後果。由於無法納入法律監管，費用提取和善款使用方法方面標準的缺失，讓自清者缺乏強有力的自辯工具，也方便了自濁者渾水摸魚。近年大型公益社團遭遇嚴重誠信危機，

立法不僅要以加強社會組織運行過程監管作為回應，更要徹底改變對待小型公益團體的態度。

（二）現行立法鼓勵社會組織業務壟斷

依據《社會團體登記管理條例》第 13 條，「在同一行政區域內已有業務範圍相同或者相似的社會團體，沒有必要成立的」，登記管理機關不予批准籌備。社會團體設立登記遵循非競爭性原則的限制，中國社會組織管理並未遵循市場化客觀規律，在一定程度上減少社會組織的數量，使有幸進入該市場的主體產生怠惰散漫情緒，影響社會組織訊息公開和接受社會監督的主動性。紅十字會應對誠信危機時對社情輿情的遲鈍反應，充分暴露壟斷對社會組織運營效率的影響。作為官方慈善機構的代表，紅十字會誠信危機直接波及整個官辦社會組織。而在中國，《基金會管理條例》第 8 條規定：「設立基金會，應當具備下列條件：……（二）全國性公募基金會的原始基金不低於 800 萬元人民幣，地方性公募基金會的原始基金不低於 400 萬元人民幣，非公募基金會的原始基金不低於 200 萬元人民幣；原始基金必須為到帳貨幣資金。」較高的原始基金要求對私人設立基金會向社會公開募集善款設置較高準入門檻。以至於目前中國國內民間力量舉辦的公募基金會屈指可數，第一家公募基金會「壹基金」於 2010 年 12 月 3 日才於深圳正式登記。社會組織壟斷運營之後，官方公募基金會信用危機和私人公募基金會發展滯後雙重困境，必將公益事業推入發展的寒冬。

（三）訊息披露制度不完善

為促進社會組織的發展，2004 年 8 月 1 日，財政部發布了《民間非營利組織會計制度》，要求社會組織及時反映組織控制的資源狀況、負債水平、資金使用情況及其效果、現金流量等訊息。隨後 2006 年 1 月 12 日民政部發布《基金會訊息公開辦法》，在一定程度上增強了社會組織訊息公開的程度。但首先，兩部規範性文件在訊息公開的主體、內容、形式上過於籠統，不能適應公民、社會和政府對社會組織訊息公開的要求；其次，兩部規範性文件對社會組織訊息公開義務和責任語焉不詳，降低其約束力；再次，非營利組織對組織資金的投向及其資金使用效率的披露態度上不夠主動，內容也不盡翔實，財務披露的質量難盡人意。社會組織訊息不公開的問題，嚴重削弱了社會組織的公信力。

（四）政策導向不明確

社會組織對政府社會管理職能造成替補和承接的作用，因此各國政府均頒布相應優惠政策。中國促進社會組織發展的政策環境尚不健全，表現在：一是優惠

對象不公平。目前優惠措施主要集中於依據《民辦非企業法人登記管理暫行條例》或《社會團體登記管理條例》設立的社會團體。二是重稅收優惠，忽略其他政策手段。政策扶持是為了增加社會組織獲取社會資源的能力。社會組織生存和發展所需的社會資源非常廣泛，比如說宣傳渠道資源。社會組織最根本的資金來源是捐贈，因此在電視、廣播、門戶網站上獲得宣傳渠道對社會組織發展極為重要。目前支持社會組織發展的政策手段仍然比較單一。三是缺乏對捐贈主體的支持和鼓勵。以企業捐贈為例，依據中國《企業所得稅法》及《企業所得稅法實施條例》相關規定，企業只有透過國務院民政部登記的社會團體、基金會進行捐贈且不超過年度利潤總額12%，才能獲得稅前扣除，而透過其他非營利組織或者直接向受贈者進行捐贈均無法獲得稅前扣除。不健全的優惠政策使政府對社會組織的發展無法造成應有作用，社會組織發展舉步維艱。

三、完善社會組織法律制度的對策建議

（一）完善募捐法律制度

向公眾募捐是公益組織運作的最佳模式，募捐制度的缺失嚴重影響社會組織健康發展。地方政府對募捐法律制度開展積極探索，並取得一定成果。湖南省2010年11月27日頒布《湖南省募捐條例》，規定公募基金會之外的社會組織，符合規定條件，經民政部門許可，可以在許可範圍內進行公開募捐。條例對募捐主體申請募捐的條件和程序、財務等訊息的公開、募捐財產的使用和管理加以規定，並對擅自面向社會公眾開展募捐活動行為，募捐主體以募捐名義進行營利活動等六種行為，募捐主體滯留、私分、挪用、貪汙行為，以及管理主體濫用職權、玩忽職守、徇私舞弊等行為，規定了較為明確的法律責任，形成了較為完備的募捐法律制度。2011年7月，《廣州市募捐條例（草案）》（以下簡稱《草案》）提交審議，也規定除公募基金會之外，其他社會組織亦可經許可後獲得募捐資格。湖南和廣州立法嘗試在募捐法律制度建設與完善方面造成先鋒作用，應盡快在國家層面上將募捐制度納入立法規劃，以為公益事業獲得資金來源創造良好法制環境。

（二）充分發揮政策引導作用

首先，強化資格監管。社會組織優惠資格的認證和監管，應當成為社會組織監管的重點。具有明顯的社會目的性是社會組織與其他組織的重要區別，也是國家給予其政策扶持的法律依據，但藉助社會組織優惠措施謀取不法利益在各個國家都普遍存在。為此，優惠資格認證與社會組織登記應當分離，依據設立目的採

取較為嚴格的實質審查，並進行過程監管，依據每年審查情況對優惠資格實行動態管理。其次，擴大優惠範圍。應當依據公益程度和服務社會能力不同設立統一的優惠政策標準，並結合募捐主體資格的擴大不斷擴大政策惠及範圍，使民間社會組織和官方半官方性質社會組織平等競爭。再次，完善稅收優惠政策，在社會組織市場化運作的國家，獲取免稅資格是社會組織，尤其是公益慈善性質的社會組織生存的基本條件，以至於在美國，《國內稅收法典》是社會組織管理制度的主要法律淵源。社會組織稅收優惠，只有堅持免稅與反避稅並重，才能確保稅式支出對社會組織承擔社會管理職能發揮良好促進作用。複次，擴展扶持模式。從提供社會組織成長所需資源角度，不斷創新政策扶持模式，給予社會組織在人才引進、宣傳渠道、辦公場所等多方面政策優惠，形成有利於社會組織成長的政策環境。最後，完善政策對社會組織數量結構的引導。在給予政策扶持時，應當著重於那些存在大量社會問題、迫切需要公民參與的領域，包括一些重要的公共政策領域，如失業與就業、社會保障、勞工權益保護等領域。而對於那些易於得到社會資源、進入門檻較低、開始出現低水平重複的領域則有意識加以引導。

（三）完善訊息公開制度

針對目前社會組織訊息披露存在的不足，為推進社會組織運作市場化，保障群眾對社會組織監督權，強化政府過程監督，應當從基本內容、基本途徑和基本責任三個方面完善社會組織訊息公開制度。首先，逐步建立分類訊息公開制度，根據社會組織的不同類型和規模大小設置規定不同的訊息公開內容。對大型、公益性社會組織實施較高要求，對小型、互助性社會組織要求相對簡化。其次，建立臨時訊息公開制度，對社會組織舉辦的重大公益活動以及引起組織資產大幅增減的重大事件予以公開。再次，完善稅務訊息公開。稅收減免是社會組織最重要的特點，是社會組織得以蓬勃發展的重要原因，也是公眾監督的焦點，因此完善社會組織訊息公開須強化和完善稅務部門對社會組織訊息公開管理。最後，完善訊息公開責任制度。加大社會組織訊息公開的造假成本，完善訊息公開的民事責任和刑事責任，以打擊和遏制惡意發布、傳播虛假訊息的行為，以保證社會組織訊息公開的真實性、完整性、準確性和及時性。

（四）理順政府與社會組織的關係

社會組織作為社會自治管理的重要載體，不僅不會動搖基本政治體制、削弱政府管理，而且還將成為政府服務和管理社會的參謀和助手，幫助政府整合社會力量，促進公眾共同參與社會建設和管理。現行法律制度，不利於社會組織承接

和參與公共事業和公共服務，在社會組織立法中我們有必要進一步理順政府和社會組織的關係。第一，培育社會組織承接和提供公共服務的能力。加快建立政府部門向社會組織購買公共服務的機制，不斷拓寬社會組織參與社會公共管理和民生服務的舞臺，將社會組織培育成為公共服務的「候補」提供者。建立社會組織管理網路平臺，作為公共服務購買訊息發布、社會組織推介、社會組織訊息公開、社會組織監督管理平臺，加快社會組織對政府公共服務職能的承接。第二，優化寬嚴相濟的管理模式。扭轉重準入管理而輕過程管理的監管模式，建立開放市場化的管理模式，增加公共事業和公共服務市場主體數量，鼓勵社會組織開展適度競爭，同時對社會組織尤其是對具有公募資格或取得公募許可的社會組織的運作過程由登記機關、業務主管機關、稅務、審計等部門等高密度監管。第三，建立協調統一管理模式。中國沒有專門的關於社會組織財務監管的法律規範，導致民政部門、財政、稅務、審計部門或「九龍治水」，或監管缺位。加上中國政府對社會組織的財務監督主要透過會計師事務所的審計報告，而審計機構在審計過程中的疏漏，也會影響到監管的科學性和有效性。有必要在各個監管機關和部門之間進行協調，建立統一有序監管機制，形成監管合力。第四，轉變行政管理定位，改業務主管改為業務指導，推行社會組織的民間化和自治化。

兩岸行政處罰制度比較研究——以「秩序行政」與「秩序罰」之分野為討論重心

王晨桓

◎建業法律事務所律師

一、問題意識

設例一：

某甲於臺北 101 大樓旁道路設置簡易鐵架，擺攤販賣少淑女流行服飾營生。某日，警察某乙見甲於路旁擺攤，已明顯違反「道路交通管理處罰條例」第 82 條規定，除令某甲拆除該鐵架，並停止擺攤行為外，並裁處某甲罰鍰新臺幣 1200 元。某甲不服，於救濟程序中主張某乙的行為已經牴觸一行為不二罰原則，該主張是否有理？

參考條文：臺灣「道路交通管理處罰條例」第 82 條規定

有下列情形之一者，除責令行為人即時停止並消除障礙外，處行為人或其僱主新臺幣一千二百元以上二千四百元以下罰鍰：十、未經許可在道路擺設攤位。

設例二：

某丙於臺灣阿里山山區擁有祖傳之農地一筆，幾乎未曾造訪。2012 年 3 月 10 日，主管機關發現該地遭受某丁公司之嚴重汙染，故請某戊公司進行整復。2012 年 8 月 10 日，某丙接獲主管機關來函，要求其負擔整復費用共計新臺幣 1200 萬元。某丙不服，認為其對農地遭受汙染一事毫不知情，故拒絕給付該筆費用，試問，某丙之主張有無理由？

參考條文：臺灣「土壤及地下水汙染整治法」第 31 條第 1 項規定

汙染土地關係人未盡善良管理人注意義務，應就各級主管機關依第十三條第二項、第十四條第三項、第十五條、第二十二條第二項及第四項、第二十四條第三項規定支出之費用，與汙染行為人、潛在汙染責任人負連帶清償責任。

按臺灣「行政罰法」第 2 條規定，將限制或禁止行為之處分（如限制或停止營業）、剝奪或消滅資格、權利之處分（如命令歇業）、影響名譽之處分（如公

布姓名)、警告性處分(如警告、講習、輔導教育)等,列為處罰種類;相較而言,《行政處罰法》第 8 條規定,亦明列警告、責令停產停業、暫扣或者吊銷許可證、暫扣或者吊銷執照、法律或行政法規規定的其他行政處罰為處罰種類。然而,此類之「行政罰」措施,本質上究竟是否為「處罰」?若為處罰,則應以相對人之故意過失為要件,並有一行為不二罰原則之適用。唯細繹該等規定之目的,似並非以「處罰」為其主要目的,而繫著眼於危險狀態之排除或行政秩序之回覆。若要求其以主觀上有故意過失為發動要件,勢將造成行政目的無法達成、行政效能無從發揮之窘境。此類規定究應如何加以解釋適用,為兩岸行政法實務及學理需共同面對之重要議題,爰提出淺見,並就教方家。

二、秩序罰與秩序行政之區辨

欲理解上述問題,須回溯至臺灣與大陸行政處罰法制之師承對象,即德國行政法之實務及理論中,有關「秩序行政」與「秩序罰」(亦稱行政罰)兩者之分野,方得明辨。有關秩序行政與秩序罰之概念,約略如下:

(一)秩序行政

秩序行政之作用,在於行政秩序之回覆與維持,矯正被破壞之公益狀態,有「向將來」之屬性,主觀上亦不以行為人之故意過失為成立要件;後者則係對過去違反行政秩序行為之處罰,須以行為人主觀上有故意過失為要件。

秩序行政系針對具體而可預先安排之情狀所為,是一種課予義務或禁止等規制性手段,因此,行政法上責任之認定,將限制甚至剝奪人民之基本權利。屬典型之干預行政,應有法律保留原則之適用。而於秩序行政之脈絡下,行政機關發動秩序行政之對象,並非毫無限制。原則上,行政機關為防止危害所採取之干涉措施,應對負有「責任」者為之,[1] 負有秩序行政責任者,稱為「責任人」。而措施之對象,大體而言,得由個別授權條文之規定中得知。若規定不明確或於法律概括授權之情形下,始有審查措施之對像是否為「責任人」之問題。「責任人」(Verantwortlicher)一詞在德國法之討論脈絡下,常與「警察義務人」(Polizeipflichter)等同而交替使用,由於德文中「警察」一詞,學理上因法制度之脈絡不同,若採取「警察義務人」一詞,恐遭誤解為狹義警察法(如警察職權行使法)上之義務人,故本文亦統一以「責任人」稱之。

就「責任」一詞,德文中有以 Haftung 表示者,但由於秩序行政義務人之「責任」,其實為義務成立之要件,並無損害賠償之性質,故學者多稱之以 Verantwortlichkeit,以免造成語意上之混淆。德國文獻中亦常以

Polizeipflichter 指稱。過去常用之 Haftung（liability）亦由涵意較廣之 Verantwortlichkeit（responsibility）取代。又秩序行政之「責任」與刑事或行政罰上之「責任」有所不同。前者之原文為 Verantwortlichkeit，目的在排除危險與回覆秩序，原則上以對危害發生應負責任之人為對象。與刑事處罰或行政處罰上之「責任」（Schuld）不同。前者著重在義務之課予；後者以歸責為目的。

各項「責任」概念之辨明：

作用比較 責任類型	目的	性質
秩序行政法上「責任」	回復行政秩序，不以主觀上之故意過失為要件	Verantwortlichkeit，抽象（待行政為予以具體化）
刑法或行政罰上「責任」	制裁行為人過去違反義務之行為	Schuld，具體
損害賠償「責任」	填補損害	Hattung，具體

秩序行政權作為一種干預行政權，系針對侵擾安全及秩序者而為，目的在於排除妨害人（Störer）所導致之危險情狀。因此，干預行政作用自須針對就危險之產生應負責任之妨害人（Verantwortlicher Störer）而為，[2] 引起危害之方式，若為由「人」的行為導致，稱為「行為責任」；如因物之性質或狀態導致，則為「狀態責任」。秩序行政之妨害人，分別稱為「行為妨害人」（Verhaltensstörer）與「狀態妨害人」（Zustandstörer）。因此「責任」之要件，實為行政干預手段發動之前提要件。應負責任之滋擾者（亦即秩序行政之義務人）不但必須忍受秩序行政機關之干預，同時往往亦須承擔為排除危險所產生之費用，且其無權請求行政秩序機關加以補償。[3] 秩序行政中責任要件之要求，亦充分表現了法治的基本理念：只有對危險之產生具有「責任」，而須承擔責任者，始須服從行政機關用以排除危險之禁止或命為做為之誡命，而無「責任」者，原則上並不受到行政機關行政措施之拘束。[4] 由於責任性要件之要求為認定侵擾者之前提，從而亦方能進而確定行政法上義務人，[5] 而行政法上義務人之權利自然受到干預行政行為之限制，基於依法行政原則，秩序行政機關須具備法律授權依據始得為之。

（二）秩序行政下之責任類型

秩序行政下之責任類型，主為「行為責任」及「狀態責任」兩類：

1. 行為責任（Verhaltensverantwortlichkeit）

「行為責任」指因作為或不作為而導致公共秩序或公共安全危害之責任。行為責任之「行為」，並非一定由責任人本身所為，亦可能因他人之行為造成。行為責任之承擔者，不須具備主觀有責性要件，此構成秩序行政與行政罰之關鍵不同：秩序行政作用之目的，在於排除違反秩序的危險狀態，而危險狀態可以由有意或無意之人所引發，亦可能非由人的行為所導致，就秩序行政目的而言，均須加以排除，並不因行為人或應對危險負責之人，是否具有客觀可非難性，而有所不同。

因行為責任而成為秩序侵擾者，其關鍵在於因其行為導致危險，而該危險有排除之必要，此與行為人之能力、條件等無涉。

2. 狀態責任（Zustandsverantwortlichkeit）

「狀態責任」之基礎，在於德國基本法第 14 條，因財產權負有一定之社會義務，享有物之所有權利益者，亦應承擔該物之危險，[6] 例如土地所有權人須負其土地上違章建築之拆除義務，[7] 無論該違建是否為其所搭建。而為達成維護公安之行政目的，不限於以事實上難以查明之物之所有權人，而直接以明顯可辨識之事實上管理人為對象。

狀態責任人之構成，可分為物之所有權人、對物有事實上管領力之人、其他有權利之人：

(1) 物之所有權人

所有人對於物之狀態，原則上最能掌握。若因物之狀態發生妨害公共秩序或危害公共安全之結果，所有權人將成為責任人。物之所有權人若喪失所有權，並不當然失去責任人之適格，而終結其責任。又如所有權人於事實上及法律上已無法排除干擾時（事實上限制例如所有物遭竊、法律上限制則如所有人因破產或受有強制執行而使其所有權受到一定之限制而無法行使），原則上其責任終結。[8]

(2) 對物有事實上管領之人

對物有管領力之人，如承租人、保管人、或使用借貸人，其亦有防止危害之可能。對於行政機關而言，有時查明所有權關係，是相當困難的；並且，對物有實質上管領力者，在某些情形下更適宜作為危害之防免人。

(三) 秩序罰

行政罰是針對行為人過去違法行為（違反行政法上義務）之制裁，以行為人主觀上有故意過失為限，以「制裁」為主要目的。例如：罰鍰。德國違反秩序罰

法（Gesetz über Ordnungswidrigkeiten，OWiG）第 10 條明定，行為除出於行為人之故意（Vorsatz）或過失（Fahrl? ssigkeit）外，不得課處行政罰。行政罰鍰之裁處本身，其本身縱使有懲罰違反行政法上義務者之功能，但實無法有效達成維護安全與秩序之目的，故於德國之行政管制上，系與秩序行政措施相輔相成，以秩序行政管制措施為主，輔以秩序罰之手段，以有效達成管制之目的。就行政執行之手段中，應予辨明者，系臺灣行政執行法第 30 條、或德國行政程序法第 11 條規定，對於不履行一定之義務者，得課處「怠金」（Zwangsgeld）。怠金之課處，作用在於迫使行為人履行一定之公法上義務，為「秩序行政措施」之一種，與德國違反秩序罰法之「罰鍰」（秩序罰）有異。行政罰法為行政處罰之統一性法律，諸多原理原則、裁處程序、救濟途徑（德國之行政罰系適用刑事救濟程序），均自成體系，與行政程序法、行政執行法互不相屬。因此德國聯邦行政程序法第 2 條第 2 項第 2 款將違反秩序行為之處罰（Verfolgung und Ahndung von 0rdnungswidrigkeiten）排除於該法之適用範圍。

秩序行政秩序罰主觀要件不以主觀上故意過失為要件以主觀上之故意過失為要件目的督促未來行政法上義務履行制裁過去違反行政法義務之行為適例怠金罰鍰。

（四）行政罰及秩序行政之混淆

承上，秩序罰與秩序行政間，其性質與功能均有所差異，兩者間應嚴予區分。行政罰鍰之裁處，其本身縱使有懲罰違反行政法上義務者之功能，但實無法有效達成維護安全與秩序之目的，即不符合「適當性原則」之基本要求。

目前臺灣行政實務上之作法，仍留存以行政罰為主，秩序行政手段（如限期拆除回覆原狀）為輔之做法。實則，若能以秩序行政手段（如命回覆原狀）排除危險，則科處罰鍰所欲達到之行政目的既已達成，則罰鍰處分之前提要件消失。而即使違規者仍未依有權機關之要求於期限內回覆行政秩序，則亦僅於原干預處分所定之期限屆至時，原處分機關進一步以罰鍰處分以督促原干預處分所課予義務之履行，方始具備，得依法作出裁罰，但同時仍系以原課以義務之履行為裁罰之目的。故主管機關未於要求回覆原狀之處分中明定相對人義務履行之期限，則相對人是否違反義務即無法明確具體化，於行政行為應明確之要求下，行政機關理應無權於一定期間經過後，便以相對人違反原處分所課予之義務為由，徑行作出行政裁處。就以目前實務上警察取締攤販為例，直接就作出罰鍰處分，亦不論攤販是否離開現場，形同使其取得「臨時營業證」。且實務上亦有認為只要違規

事實得涵攝於行政裁罰之法律規定所要求之構成要件中,則行政機關亦僅得依法為罰鍰、命限期改善等,[9] 導致例如區域計劃法之立法目的,變相成為制裁。使秩序行政化約為行政罰作用。[10]

另外,少數學理上之見解,亦明顯混淆秩序行政與秩序罰之分野,例如若行政秩序罰對行為人造成之權利侵害較大(例如勒令停業、歇業等),則該行為之反倫理性大致較高,要求處罰須具備行為人主觀上可受非難之責任要件,從保障人權的觀點來看,堪稱允當。[11] 首先「勒令停業」或「歇業」是否為秩序罰之性質,尚容待討論。若確為秩序罰屬性,若不以故意過失之可歸責要件作為前提,亦嚴重背離「責任原則」之基本要求。

附帶一提者為,當立法者選擇以行政罰方式作為制裁不法行為之手段時,該行政不法行為之倫理非難性自然亦隨之降低,立法者不應一方面採用行政罰方式制裁處理不法行為,另一方面卻又使該等行政罰之規定實質上具有刑罰制裁性質與程度。行政罰作為由行政機關主導運用之制裁性手段,被裁罰之相對人縱使事後仍得循行政爭訟途徑尋求救濟,但畢竟是在未獲司法審判程序即蒙受之不利處分,因此,實不應令此等行政罰手段得具有與刑罰手段相近之制裁程度。但臺灣諸多行政罰鍰之規定,其數額極高,實已具有「刑罰」之程度,行政罰鍰制度原先輔助行政目的之實現與強化行政法上義務受到遵循之功能,亦質變為以制裁為行政之主要手段。

三、對於現行兩岸行政罰法法制之理解

(一)兩岸行政罰法法制之規範模式:擴張行政罰之種類

在立法例的比較上,德國違反秩序罰法以「罰鍰」(BuBgeld)為處罰手段(德國行政罰法第 1 條規定參照)。相較而言,臺灣行政罰法第 1 條規定:「違反行政法上義務而受罰鍰、沒入或其他種類行政罰之處罰時,適用本法。但其他法律有特別規定者,從其規定。」因此,除罰鍰外,尚包含「沒入」及「其他種類行政罰」。同法第 2 條進一步就「其他種類行政罰」為規定:「本法所稱其他種類行政罰,指下列裁罰性之不利處分:

一、限制或禁止行為之處分:限制或停止營業、吊扣證照、命令停工或停止使用、禁止行駛、禁止出入港口、機場或特定場所、禁止製造、販賣、輸出入、禁止申請或其他限制或禁止為一定行為之處分。

二、剝奪或消滅資格、權利之處分：命令歇業、命令解散、撤銷或廢止許可或登記、吊銷證照、強制拆除或其他剝奪或消滅一定資格或權利之處分。

三、影響名譽之處分：公布姓名或名稱、公布照片或其他相類似之處分。

四、警告性處分：警告、告誡、記點、記次、講習、輔導教育或其他相類似之處分。」另外，於社會秩序維護法上，亦有「拘留」為處罰類型之一。

《行政處罰法》第二章「行政處罰的種類和設定」第8條規定與臺灣之立法模式相近：「行政處罰的種類：（一）警告；（二）罰款；（三）沒收違法所得、沒收非法財物；（四）責令停產停業；（五）暫扣或者吊銷許可證、暫扣或者吊銷執照；（六）行政拘留；（七）法律、行政法規規定的其他行政處罰。」第7款之情形，例如附加適用限期出境或者驅逐出境。大陸「治安管理處罰法」第10條規定：「治安管理處罰的種類分為：（一）警告；（二）罰款；（三）行政拘留；（四）吊銷公安機關發放的許可證。對違反治安管理的外國人，可以附加適用限期出境或者驅逐出境。」處罰之概念元素亦不限於罰鍰。

（二）擴張行政罰種類之妥適性

在立法論上，行政罰法所規範之處罰種類，除罰鍰外，尚包含「其他不利處分」（如撤銷或廢止許可或登記、吊銷證照等，又稱管制罰）是否妥適，有相當之爭議：

1. 肯定說

第一，管制罰具有強烈制裁性質

管制罰系針對特定行政上義務違反之制裁，具有強烈之裁罰性質，與一般之不利處分不同，應嚴格管制其科處要件。

另外，不利益處分之撤銷或廢止，均由原處分機關作成，但管制罰性質之撤銷或廢止，則不當然由原處分機關作成，通常另由專責機關作成（如警察機關、公平會等）。

第二，增加管制罰之警示作用

若行政罰之內涵僅限於罰鍰、沒入等，將無法有效達成對行為人之警示作用。

第三，有效達成行政目的

不利處分與秩序罰若能搭配運用，較能達成行政監督管制目的。[12] 將管制罰納為行政處罰之一種，已是「潮流趨勢」。[13]

543

2. 否定說

第一，混淆行政罰與不利益處分之分界

「裁罰性不利處分」之其他種類行政罰，當中有諸多與「處罰」之性質並不相符，例如「禁止出入港口、機場或特定場所，撤銷或廢止許可登記」等。管制罰所列舉之各項措施，性質上其實即為行政法上之不利益處分（如證照之撤銷或廢止），若將之納入行政罰之範疇，將模糊行政罰與其他不利益處分之界線。

第二，管制罰措施與行政罰之本質不符

管制罰之各項措施，系對於特定行為之持續性管制，以避免公益受進一步之危害，具有「向將來」之特性，與「制裁過去違法行為」之行政罰，本質即不相容。

實則臺灣行政罰法擴張行政罰之範圍，實為遷就立法現實之舉。因許多個別行政法規早已將許多不利益行政處分列為「罰則」，而臺灣地方制度法第 26 條亦已將許多不利益處分列為「處罰」之範疇。學理上則認為，臺灣「大法官」創設「裁罰性不利處分」之概念，旨在將罰鍰以外之不利處分，類比為「行政處罰」，希望能透過「處罰法定主義」之橋樑，證立係爭規定有法律保留原則之適用。但自釋字第 443 號解釋理由書提出干預行政之「層級化法律保留」後，此一概念之重要性已逐漸淡化。換言之，「大法官」創設「裁罰性不利處分」之原因，在於欲建構行政行為應遵循法律保留之基礎。但此一概念，卻為臺灣「行政罰法」第 2 條所援用[14]。學說上另有認為以臺灣之行政法制與作業情形，雖不必然仿效德國法將行政罰極度縮減為罰鍰單一種類，但朝向「精簡化」之方向修正，應屬正途。[15]

而大陸行政處罰之種類，除行政處罰法第 8 條第 7 款為概括條款外，前 6 款均為具體性行政處罰之種類，其立法上之列舉，大致系按照大陸現有行政處罰在具體適用上之頻率，予以劃分及排列。[16] 亦為遷就現實之舉，可能衍生之適用上疑義，恐將在所難免。

（三）現行規範中「秩序罰」與「秩序行政」之釐清

前述立法論上之爭議，並未因臺灣「行政罰法」之立法而息紛止爭。前述承襲德國傳統見解之否定說，看似在立法上未能取勝，但其已成功地將戰場延伸到行政罰法第 2 條規定之解釋與適用上：亦即試圖還原第 2 條「其他種類行政罰」（前述「管制罰」）本應具有之秩序行政面貌，而立主應予限縮適用。[17]

而在臺灣司法實務上，亦有朝向前述「否定說」運作之趨勢。例如臺灣「司法院大法官」於釋字第510號解釋中，有關航空人員體檢不合格之處分，認為「非涉裁罰性之處分」、另於釋字第612號解釋中，對於「清除、處理技術員合格證書」之撤銷，大法官認為「乃為達成有效管理輔導公、民營廢棄物清除、處理機構之授權目的，以改善環境衛生，維護國民健康之有效方法」，對照大法官在理由書中所言「……事後制裁已非達成防制環境污染立法目的之最有效手段」，似已將之與「裁罰性不利處分」相區隔。換言之，於本號解釋中，認為「撤照」並非「裁罰性不利處分」，唯該號解釋廖義男、王和雄、許玉秀「大法官」等之不同意見，則認為應屬之。[18]另外，臺灣與大陸行政法就處罰種類之規定，頗有其近似性，均造成實務運作上界分之困難，以下先就臺灣現行法部分為剖析，或可與大陸相關法制為對照比較。

1. 臺灣「行政罰法」第2條第1款：限制或禁止行為之處分

承上所述，秩序行政之基本目的，在於維護客觀之行政法秩序，一方面具有干預之性質，於公共秩序及安全受有危險時，亦可能為「防禦措施」而排除危險狀態，故對於危險之防免（Gefahrenabwehr），實屬典型之秩序行政性質。行政罰法第2條第1款所列之「限制或停止營業」、「命令停工」、「命停止使用」、「禁止行駛」、「禁止出入港口、機場或特定場所」、「禁止製造、販賣、輸出入」等限制或禁止為一定行為，其主要目的在於防免危險、回覆行政秩序，而非制裁。此目的一旦達成，該類處分即不應存續。

2. 臺灣「行政罰法」第2條第2款：剝奪或消滅資格、權利之處分

「行政罰法」第2條第2款規定之「命令歇業」、「命令解散」、「撤銷或廢止許可登記」、「吊銷證照」、「強制拆除」等剝奪或消滅一定資格或權利之處分，其規範之主要目的在於「回覆行政秩序」。例如強制拆除某建築物，繫著眼於排除因該建築物所生危險，並非以制裁為其目的。因此，該受拆除之建物應限於具有相當危險性者，否則該處分即不應存續。學說上認為，建築物之危險性不存，為原拆除處分之消滅事由。[19]。

3. 臺灣「行政罰法」第2條第3款

「行政罰法」第2條第3款「公布姓名或名稱」、「公布照片」，其目的若是對受處分相對人為名譽上之貶抑，以制裁其過去違反行政法上義務之行為，則為「行政罰」之性質。另一方面，若此一作為之目的，在於確認或尋找該違反義務之行為人，則應屬秩序行政之措施。唯學說上認為，此一作為次涉及加害人自

我羞辱等損及人性尊嚴之手段，似有違背「憲法」第 23 條比例原則而牴觸「憲法」之疑慮（「司法院大法官」釋字第 656 號解釋參照），因此基於「合憲解釋原則」，應將此解為「秩序行政」方屬合理。[20]因此，法規中與危險排除無關之公布姓名、名稱或公布照片規定，即有「違憲」之可能。

4.「行政罰法」第 2 條第 4 款：影響名譽之處分

「警告、告誡、記點、記次」之處分，通常系後續更為嚴重處分前之前置或先行程序，目的在於期許義務人得因而有所警惕，而於將來自行改正其行為，主管機關有時會並用「限期改善處分」，以確保行政秩序之回覆，故應屬「秩序行政」之性質。至於「講習、輔導教育」則系於義務人違反行政法上之義務後，藉由講習、輔導等手段，期待其加以改正，屬性上應非「處罰」。以臺灣煙害防制法之「戒煙教育」為例，其本身並非行政機關對違反此等行政法上義務之人所科處之警告性處分與非難，目的在於教導兒童、青少年反煙、拒煙之方法。[21]

5.臺灣「政府採購法」第 101 條

「政府採購法」第 101 條規定：「機關辦理採購，發現廠商有下列情形之一，應將其事實及理由通知廠商，並附記如未提出異議者，將刊登政府採購公報：一、容許他人借用本人名義或證件參加投標者。二、借用或冒用他人名義或證件，或以偽造、變造之文件參加投標、訂約或履約者。三、擅自減省工料情節重大者。四、偽造、變造投標、契約或履約相關文件者。五、受停業處分期間仍參加投標者。六、犯第八十七條至第九十二條之罪，經第一審為有罪判決者。七、得標後無正當理由而不訂約者。八、查驗或驗收不合格，情節重大者。九、驗收後不履行保固責任者。十、因可歸責於廠商之事由，致延誤履約期限，情節重大者。十一、違反第六十五條之規定轉包者。十二、因可歸責於廠商之事由，致解除或終止契約者。十三、破產程序中之廠商。十四、歧視婦女、原住民或弱勢團體人士，情節重大者。廠商之履約連帶保證廠商經機關通知履行連帶保證責任者，適用前項之規定。」於實務上衍生之疑義為：機關依政府採購法辦理採購，發現廠商有該法第 101 條第 1 項各款情形之一，依該條規定通知廠商將刊登政府採購公報之行為，是否有時效規定之適用？

臺灣「最高行政法院」101 年度 6 月份第 1 次庭長法官聯席會議決議，以「機關因廠商有政府採購法第 101 條第 1 項各款情形，依同法第 102 條第 3 項規定刊登政府採購公報，即生同法第 103 條第 1 項所示於一定期間內不得參加投標或作為決標對象或分包廠商之停權效果，為不利之處分。其中第 3 款、第 7 款至第 12

款事由,縱屬違反契約義務之行為,既與公法上不利處分相連結,即被賦予公法上之意涵,如同其中第1款、第2款、第4款至第6款為參與政府採購程序施用不正當手段,及其中第14款為違反禁止歧視之原則一般,均系違反行政法上義務之行為,予以不利處分,具有裁罰性,自屬行政罰,應適用行政罰法第27條第1項所定3年裁處權時效。其餘第13款事由,乃因特定事實予以管制之考量,無違反義務之行為,其不利處分並無裁罰性,應類推適用行政罰裁處之3年時效期間。」故原則上,除破產之事由(不可歸責)外,其餘皆為行政罰之性質。

6. 臺灣「證券交易法」第66條第2款

臺灣「證券交易法」第66條第2款規定,證券商違反本法或依本法所發布之命令者,除依本法處罰外,主管機關並得視情節之輕重,命令該證券商解除其董事、監察人或經理人職務。而命券商解除其董事、監察人或經理人職務,是否為行政罰?

臺灣「最高行政法院」認為,該條之立法目的係為增強對證券商之管理,防止違規與不法情事之發生,而賦予主管機關於證券商違反法令時,除依該法處罰外,並得視其情節之輕重,採取適當之措施或處分(「證券交易法」第66條第2款立法理由參照)。核其性質,乃為實現健全證券交易秩序,並保障投資之行政目的所為之行政管制措施,屬於「管制性之不利處分」,此與行政罰法第2條所稱之「裁罰性不利處分」,系以違反行政法上義務而對於過去不法行為所為之行政制裁不同,即非屬行政罰法所指之行政罰,自無行政罰法第27條第1項裁處時效3年規定之適用(臺灣「最高行政法院」2012年判字第165號參照)。

(五)秩序行政與秩序罰界限之重新建構

秩序行政與秩序罰之界限,經「行政罰法」第2條規定之混淆後,由前述臺灣法院實務見解可知,系於行政罰、制裁性不利處分外,另行創設「管制性之不利處分」,試圖於秩序行政與秩序罰的混沌中,殺出一條血路。學說上則主張,[22]立法者誤將「裁罰性不利處分」寫入法典成為法律用語,若要免造成混淆,允有必要另創「制裁性不利處分」一詞及概念,以資區隔,並篩選稀釋出屬於處罰性質之不利處分,作為啟動行政罰之樞紐,「行政處罰」之內涵,包括社會秩序維護法上之「拘留」、罰鍰、滯報金、怠報金、一定期間之停業或停止特定行為(不以改善或排除特定危險為必要條件)、[23]剝奪資格或權利(不以改善或排除特定危險為必要條件或無回覆之可能者)。[24]例如醫師法第28條之4:「醫師有下列情事之一者,處新臺幣十萬元以上五十萬元以下罰鍰,得並處限制執業範圍、

停業處分一個月以上一年以下……」，其中「停業處分」不以該違法之醫師是否改善為前提，而是其曾有為法行為之「代價」，故作為一種處罰手段（一定期間之停業或停止特定行為）。醫師法第 28 條之 4 之「廢止醫師證書」，為「剝奪資格或權利」之處分。反之，如「證券交易法」第 59 條第 1 項規定：「證券商自受領證券業務特許證照，或其分支機構經許可並登記後，於三個月內未開始營業，或雖已開業而自行停止營業連續三個月以上時，主管機關得撤銷其特許或許可。」其中之「撤銷」雖具有剝奪權利之法律效果，但該證券商仍得再次申請，即不屬之。

臺灣「行政法院」之見解，系試圖重新界定秩序行政之範疇，透過「制裁性不利處分」，將過去屬於秩序行政，卻因「行政罰法」第 2 條而劃歸為行政罰之領域，逐步予以收復。而學理上則從另一個方向，亦即以「制裁性不利處分」概念，限縮「秩序罰」之範疇，而阻其藉由臺灣「行政罰法」第 2 條規定而任意擴張。雖然方向不同，但卻目的同一：旨在確保行政機關之秩序行政手段，不因「行政罰化」質變，進而影響行政目的之達成。

四、結論

「行政罰法」第 2 條的立法，猶如深入清澈河流的漁夫之手，混淆了一池清水：井然分明的秩序行政與秩序罰。若任令其混濁，將使行政機關之秩序行政手段平白添加本不應有的主觀要件，而難以達成行政目的。試想，若連行政機關主動撤銷一違法之行政處分（如臺灣行政程序法第 117 條規定），皆須證明當事人主觀上的故意過失，行政權將如何運作？長此以往，行政目的如何達成？人民權利又如何確保？面對這一潭渾水，又有誰能從中得利？因此，本文對於臺灣「行政法院」及學理，就回覆「行政罰」、「秩序行政」概念應有面貌之努力，深表贊同。相關見解，或可作為《行政處罰法》第 8 條解釋與適用上之參考。

就文首設例一部分，某甲之主張並無理由，因「令某甲拆除該鐵架」之行政作為屬秩序行政之性質，與罰鍰處分並不構成一行為二罰。設例二中某丙之主張亦無理由，其理在於土地所有權人對於土地環境之保持及清除義務，為「狀態責任」，主管機關對之課付之清除義務（包括代履行後代履行費用之收取），為秩序行政，不以其具有主觀上故意過失違反行政法上義務為要件。

注　釋

[1]. 黃啟禎：《干涉行政法上責任人之探討》，《當代公法新論（中）——翁岳生教授七秩誕辰祝壽論文集》2002 年，元照出版有限公司，第 289 頁以下。

[2].Volkmar Götz，Allgemeines Polizei-und Ordnungsrecht，13.Aufl.，Göttingen 2001，Rn，188f.

[3].Karl Heinlich Friauf，Polizei-und Ordnungsrecht，in：E.Schmidt-Assmann（Hrsg.），Besonderes Verwaltungsrecht，10.Aufl.，Berlin 1995，S.135.

[4]. 蔡宗珍：《從憲法財產權保障之觀點論建築法上之狀態責任》，「第二屆行政法院裁判研究」學術研討會，國立中興大學財經法律學系、社會科學暨管理學院、國立高雄大學財經法律學系主辦，2008年12月12日，臺中。

[5]. 而臺灣除社會秩序維護法外，並無如德國各邦般具有概括性之警察法律或秩序法律規定，各秩序行政領域率多皆以個別之行政法律規範，各該法律通常會規定義務人之範圍。然而，各行政法律中直接規定行政法上之義務人，但卻欠缺該「義務人」責任構成屬性之規定，例如建築法上及直接以所有權人、使用人為義務人，除在個案中易生爭議外。進一步而言，各行政法規中有關義務人範圍之界定是否妥適，其實牽涉立法者對責任範圍之想像，其合憲性亦值得探討。

[6].Möller/Wilhelm，Allgemeines Polizei-und Ordnungsrecht mit Verwaltungszwang und Bescheidtechnik，5 Aufl.，2003 Stuttgart，Rn134.

[7]. 違章建築可分為形式違建及實質違建。形式違建指該違章建築僅違反許可制之程序規定，但仍得以補正申請程序而合法化；實質違建則無法經由補正而合法化。

[8]. 於例外情形下，狀態責任人不因物之移轉而脫免責任。例如土地所有權人於環保法中被課負之責任，將隨土地及土壤問題之惡化，而愈顯升高。德國之「聯邦土壤危害防制與長年汙染整治法」（Gesetz zum Schutz vor schadlichen Bodenveränderungen und zur Sanierung von Altlasten）第4條中，課予土地之前手即使於處分或拋棄其所有權後，仍須承擔該法所定之整治義務。

[9]. 臺灣常見之定型化立法形式「違反第XX條者，（有權行政機關）得處新臺幣……罰鍰」並「得命限期改善、回覆原狀」。

[10]. 學說上亦常見將秩序行政下之狀態責任或行為責任，與行政罰混為一談者，參見洪家殷，《行政罰之狀態責任及一行為不二罰原則—臺北高行政法院九六年訴字第一二八八號判決簡評—》，載《臺灣本土法學雜誌》2008年第104期，頁328以下，臺北：新學林。

[11]. 蔡茂寅：《稅法與行政秩序罰的關係——是否應以故意過失為要件》，載《月旦法學雜誌》1997年第23期，第40頁。

[12]. 廖義男：《行政不法行為制裁規定之研究 - 行政秩序罰法草案》研究報告，第433頁。

[13]. 郭吉助：《論多次違反行政罰鍰處罰規定之適用——以自立晚報刊登小廣告被處罰鍰為例》，載《臺灣本土法學雜誌》2000年第16期，第18頁。

[14]. 李建良：《行政罰法中「裁罰性之不利處分」的概念意涵及法適用上之若干基本問題——「制裁性不利處分」概念之提出》，載《月旦法學雜誌》2010年第181期，第138頁。

[15]. 詹鎮榮：《「裁罰性」不利處分之概念及其範圍界定——兼論煙害防制法第二三條「戒煙教育」之法律性質》，載《臺灣本土法學雜誌》2007年第93期，第138頁。

[16]. 王文杰：《大陸行政處罰法評析》，載《律師雜誌》2003年第289期，第43頁。

[17]. 洪家殷：《（臺灣）「行政院」版「行政罰法草案」有關處罰種類之探討》，載《月旦法學雜誌》2004年第111期，第24—25頁。

[18]. 蔡震榮：《由釋字第六一二號解釋論不利益處分或裁罰性不利處分》，載《臺灣本土法學雜誌》2006年第88期，第149頁。

[19]. 李建良：前揭《行政罰法中「裁罰性之不利處分」的概念意涵及法適用上之若干基本問題——「制裁性不利處分」概念之提出》文，第141頁。

[20]. 李建良，前揭《行政罰法中「裁罰性之不利處分」的概念意涵及法適用上之若干基本問題——「制裁性不利處分」概念之提出》文，第141頁。

[21]. 詹鎮榮，前揭《「裁罰性」不利處分之概念及其範圍界定——兼論煙害防制法第二三條「戒煙教育」之法律性質》文，第138頁。

[22]. 李建良，前揭《行政罰法中「裁罰性之不利處分」的概念意涵及法適用上之若干基本問題——「制裁性不利處分」概念之提出》文，第142頁。

[23].

[24]. 例如「醫師法」第28條之4之「廢止醫師證書」。反之，如「證券交易法」第59條第1項規定：「證券商自受領證券業務特許證照，或其分支機構經許可並登記後，於三個月內未開始營業，或雖已開業而自行停止營業連續三個月以上時，主管機關得撤銷其特許或許可。」，其中之「撤銷」雖具有剝奪權利之法律效果，但該證券商仍得再次申請。

大陸行政即時強制立法之拙見——以《中華人民共和國行政強制法》與臺灣「行政執行法」為視角

陳業業

◎福建社會科學院法學研究所副研究員

　　《行政強制法》是規範行政行為的一部重要法律，與《行政處罰法》、《行政許可法》並稱為行政程序立法的重要「三部曲」。《行政強制法》從1999年開始醞釀，於2005年、2007年、2009年，2011年4月，2011年6月先後五次提請全國人大常委會審議修改，歷經12年的艱辛立法之路，終於在2011年6月30日下午閉幕的十一屆全國人大常委會第二十一次會議上得以表決通過，於2012年1月1日起施行。但遺憾的是，《行政強制法》並未如一般大陸法系國家對行政即時強制作出規定，反而在原則上將行政即時強制排除在《行政強制法》適用範圍之外，實為行政立法之缺失。本文擬以《中華人民共和國行政強制法》與臺灣「行政執行法」的初步比較為視角，提出些微拙見，就教於方家。

　　一、行政即時強制之概念

　　在行政法制史上，首次使用「即時強制」（Sofortiger Vollzug）的是德國學者托瑪（Richard Thoma），他建議以「即時強制」一詞取代「無須行政處分並踐行法定告誡之直接強制」。[1]此後，德國學者F·佛蘭尼（Fritz Fleiner）在其名著《德國行政法之制度》一書中率先使用「即時強制」，至此該詞彙始具學術地位，並被沿用至今。聯邦德國於1953年4月27日制定的《行政強制執行法》第6條第2項第2款規定：「為防止該當刑罰或刑罰構成要件違法行為之發生，或為防止急迫之危險，而有即時執行之必要，且在行政機關法定職權範圍內，得不先為行政處分而實施行政強制。」至此，行政即時強制才告單獨法制化。

　　關於即時強制的概念，日本學者的通說認為，「即時強制，是指為排除目前緊迫障礙的需要，而不是為了強制履行義務，在沒有命令義務的餘暇時，或者其性質上透過命令義務難以實現其目的的情況下，直接對人民的身體或財產施加實際力量，以實現行政上必要狀態的作用」。[2]臺灣學者對行政即時強制是一種無須作成行政處分之行政措施並無異議，但在具體內涵上，少數學者認為行政即時

強制以「非以義務存在為必要,事前無義務存在等為前提」。後者如李震山所言:行政上之行政即時強制,乃係為排除目前急迫之危害,時間上來不及課以義務或性質上雖課以義務亦難以達其目的者,才無須經過預先告誡或其他程序,得逕以實力直接加於人民之身體或財產,以實現行政上必要狀態之作用。即時強制是行為時尚無履行義務之行政處分存在,係以一行為,涵蓋下令、強制方法之選擇與確定,以及強制方法之使用諸過程,屬於處分與強制合一,實系行政強制應有行政處分為前提(行政強制執行)的一項例外產物。李建良卻認為,即時強制與一般行政強制是一種原則與例外的關係。兩者的主要區別是,即使強制無須以行政處分為強制權發動之前提,且無須踐行告誡之程序。所以,即時強制的重點在於「執行程序的簡化」。

關於行政即時強制的內涵與性質,中國大陸學者朱新力在《論行政上的即時強制》一文中指出,有基礎決定才有行政強制。而行政強制又可分為一般強制與即時強制。一般強制由決定、催告程序、強制執行三個階段連鎖而成。而即時強制是行政主體在遇有阻止犯罪、防止危險、避免危害等緊急情況下為實現行政目的而直接作出基礎決定並立即強制執行的活動。作為一項整體制度,即時強制既包含基礎決定的作出(即對相對人權利義務的規定),也包括直接以強力實現基礎決定內容的事實行為。楊臨宏的《即時強制論略》一文認為,即時強制,是一種自由裁量的具體行政行為,具有緊急性和程序的簡易性。閻爾寶不贊成行政即時強制是具體行政行為的觀點,而認為法律行為的意義在於對行政管理事項只作觀念上的處置,形成的只是一種觀念上的法律狀態而非實際的客觀事實狀態。據此,即時強制是行政機關藉助物理上的力量直接作用於相對人的人身或財產,不含有設定義務的過程。因此,行政即時強制是一種事實行為。[3]

各國各地區學界的各種觀點表述行政即時強制的內涵、外延的方式、方法、角度與立法不同,但均可體現出行政即時強制概念中的三點共性:其一是行政即時強制的目的主要在於維護社會公共利益與公共秩序;其二是行政即時強制的實施前提是緊急事件或緊急事態,不緊急即無需即時強制,一般行政強制即可;其三是實施程序高度簡潔,行政機關無須告誡即可直接強制執行。因此,本人對行政即時強制的概念理解如下:有權行政主體,在遇緊急事件或緊急事態時,為維護社會公益,依法定職責與程序,對行政相對人的人身、財產等權利直接作出基礎決定並立即強制執行的行政行為。

二、行政即時強制之特點

(一) 緊急性

　　緊急性應該說是行政即時強制最為顯著的特點，也是區別於一般行政強制行為的標準。緊急性或緊急事件的存在，是行政即時強制的適用前提。因為這種緊急事件嚴重影響著國家、社會的安全與公民的合法權益，如果不予即時制止，則將嚴重破壞與侵犯社會公共秩序與社會公益。這種緊急性，決定了行政即時強制的根本目的在於及時、果斷地制止或預防這種社會危險或災害事故的存在與發生。「如果在事實上並不存在某些重大的緊急情況，則不能採取行政法上的即時強制行為，因為即時強制制度的一系列規定都是建立在緊急性的基礎之上的，喪失了緊急性基礎的即時強制不僅不能維護合法的權益，反而會構成對行政相對方合法權益的非法侵害。」[4]

(二) 公益性

　　即時強制活動存在的事實前提便是發生了重大災害事故，以及其他嚴重影響國家、社會、集體乃至公民個人利益的緊急情況，這些災害、事故和緊急情況的存在直接威脅和嚴重影響了公共利益和公民個人利益的安全，而往往是以公共利益所受威脅最受關注，即時強制行為也正是主要以挽救社會公共利益為自己的出發點和歸宿點。[5] 公益性特點成為行政即時強制的實施標準，只有為了公共利益，才能實施行政即時強制，實現最大多數人的利益要求。在公共利益與個人利益之間，行政即時強制選擇了前者，這也是行政即時強制之補償制度存在的事實基礎，也是行政即時強制制度公益性的體現。

(三) 直接強制性（基礎決定與執行措施密切結合性）

　　直接強制性，又稱基礎決定與執行措施密切結合性，也是行政即時強制區別於一般行政強制行為的重要特徵。一般行政強制行為，由基礎決定與執行措施兩個階段組成，分成決定（基礎決定）、告誡（催告程序）和執行（強制執行）三個程序。在這一系列程序中，行政機關作出決定後，可告誡行政相對人主動履行，告誡未果的方可強制執行，但對於行政即時強制而言，因其面對緊急事件，須維護社會公益，故其將決定、告誡與執行三個程序合一，一經作出基礎決定，則即時強制執行。

三、臺灣行政即時強制之立法

　　關於行政即時強制的立法體例模式，有集中模式與分散模式兩種，前者是指制定行政即時強制的基本法和一定數量的單行法來共同構築成行政即時強制法律

體系（這種集中不是絕對的、全面的集中，而是將行政即時強制的原則、程序、一般制度等規定在行政強制基本法中，將具體的各類型即時強制行為規定在各方面、各部門的單行法中），後者是指無關於行政即時強制的基本規定或統一規定，而是在諸多各類型的單行法律文件散見關於行政即時強制的法律規定。德國、日本等傳統大陸法系國家均採用集中模式。在德國，1953年的《行政強制執行法》、1957年的《萊因邦柏爾茲行政強制執行法》，體現了德國行政即時強制的基本規定，而1972年的《聯邦邊防警察法》等部門法體現了部門法關於德國即時強制的規定。在日本，1948年《行政代執行法》體現了日本行政即時強制的基本規定，而1948年《消防法》、1951年《出入國管理令》等部門法體現了日本即時強制的規定。

臺灣採取的也是集中模式立法體系，而且其法典化特徵更為明顯，因為臺灣1998年「行政執行法」用了整個章節（第四章《即時強制》）共6個條文來全面、系統地規定了臺灣行政即時強制制度，內容涵蓋了行政即時強制的實施前提、方法、對人身的即時強制、對物品的即時強制、對住宅等的即時強制以及即時強制的救濟與補償等內容。

（一）臺灣「行政執行法」第36條規定：行政機關為阻止犯罪、危害之發生或避免急迫危險，而有即時處置之必要時，得為即時強制。可見，在臺灣行政法上，即時強制既是行政機關的權力，也是行政機關的義務，其適用條件是「為阻止犯罪、危害之發生或避免急迫危險，而有即時處置之必要」。同時根據該條規定，即時強制方法有四種：（1）對於人之管束；（2）對於物之扣留、使用、處置或限制其使用；（3）對於住宅、建築物或其他處所之進入；（4）其他依法定職權的為之必要處置。

但是，這些方法的使用不是無條件的。相反，它有嚴格的限制。臺灣「行政執行法」第37條至第40條對上述方法的適用規定了特別的條件。

（二）第37條規定：「對於人之管束，是直接影響被執行人的人身自由權的即時強制措施，故限於有下列情形之一者方可使用：（1）瘋狂或酗酒泥醉，非管束不能救護其生命、身體之危險，及預防他人生命、身體之危險者；（2）意圖自殺，非管束不能救護其生命者；（3）暴行或鬥毆，非管束不能預防其傷害者；（4）其他認為必須救護或有害公共安全之虞，非管束不能救護或不能預防危害者。其中，對人的管束不得逾24小時。」該條詳細規定了對人身採取行政即時強制的條件、前提與期限。

（二）第 38 條規定：「軍器、凶器及其他危險物，為預防危害之必要，得扣留之。扣留之物，除依法應沒收、沒入、毀棄或應變價發還者外，其扣留期間不得逾 30 日。但扣留之原因未消失時，得延長之，延長期間不得逾兩個月。扣留之物無繼續扣留必要者，應即發還；於一年內無人領取或無法發還者，其所有權歸屬國庫；其應變價發還者，亦同。」該條規定了對於軍器、凶器及其他危險物等物品採取行政即時強制的前提、程序與期限。

　　（三）第 39 條規定：「對遇有大災、事變或交通上、衛生上或公共安全上有危害情形，非使用或處置其土地、住宅、建築物、物品或限制其使用，不能達防護之目的，得使用、處置或將限制其使用。」該條規定了對於土地、住宅、建築物、物品採取行政即時強制之前提。

　　（四）第 40 條規定：「對於住宅、建築物或其他處所之進入，以人民之生命、身體、財產有迫切之危害，非進入不能救護者為限。」該條規定了進入住宅、建築物或其他處所採取行政即時強制之前提。

　　（五）第 41 條規定：「人民因執行依法實施即時強制，致其生命、身體或財產遭受特別損失時，得請求補償。但因歸責於人民之事由者，不在此限。前項損失補償，應以金錢為之，並以補償實際所受之特別損失為限。對於執行機關所為損失之決定不服者，得依法提起訴願及行政訴訟。損失補償，應於知有損失後，二年內向執行機關請求之。但自損失發生後，經過五年者，不得為之。」該條規定了行政即時強制的救濟途徑、方式、程序、賠償標準與期限。

　　四、大陸行政即時強制之立法

　　儘管中國大陸立法沒有明確行政即時強制規定的概念，但在龐雜的行政法律法規中卻能時時看到行政即時強制的身影，如《中華人民共和國人民警察法》第 8 條、第 9 條，《中華人民共和國集會遊行示威法》第 27 條，《中華人民共和國傳染病防治法》第 39 條，《中華人民共和國國境衛生檢疫法》第 12 條，《中華人民共和國海關法》第 6 條，《中華人民共和國消防法》第 33 條，《中華人民共和國防洪法》第 45 條，《中華人民共和國治安管理處罰法》第 87 條等。除了上述法律規定外，尚有諸多部門規章規定了行政即時強制。這樣的立法狀況，導致中國關於行政即時強制的法律規範存在重疊或衝突，造成行政即時強制權濫用、亂用與越權現象嚴重。但《行政強制法》並沒有解決這個問題，相反，《行政強制法》在行政即時強制立法方面存在矛盾。

（一）《行政強制法》第 2 條規定：行政強制分為行政強制措施與行政強制執行。行政強制措施，是指行政機關在行政管理過程中，為制止違法行為、防止證據損毀、避免危害發生、控制危險擴大等情形，依法對公民的人身自由實施暫時性限制，或者對公民、法人或者其他組織的財物實施暫時性控制的行為。行政強制執行，是指行政機關或者行政機關申請人民法院，對不履行行政決定的公民、法人或者其他組織，依法強制履行義務的行為。

《行政強制法》第 3 條規定：行政強制的設定和實施，適用本法。發生或者即將發生自然災害、事故災難、公共衛生事件或者社會安全事件等突發事件，行政機關採取應急措施或者臨時措施，依照有關法律、行政法規的規定執行。行政機關採取金融業審慎監管措施、進出境貨物強制性技術監控措施，依照有關法律、行政法規的規定執行。

由此可見，中國大陸的行政即時強制，不但未如臺灣「行政執行法」那樣在行政強制立法體例中享有獨立的法律地位，相反已經被《行政強制法》排除在外，因為「發生或者即將發生自然災害、事故災難、公共衛生事件或者社會安全事件等突發事件，行政機關採取應急措施或者臨時措施，依照有關法律、行政法規的規定執行。行政機關採取金融業審慎監管措施、進出境貨物強制性技術監控措施，依照有關法律、行政法規的規定執行」。筆者以為，其一，行政即時強制，是一種特殊的行政強制行為，與一般行政強制行為一起共同構成行政強制，《行政強制法》不但不賦予行政即時強制以獨立的法律地位，反而將行政即時強制排除在《行政強制法》的適用範圍之外，不但不利於系統建立、完善中國行政即時強制制度，也不利於清理、規範目前中國繁雜的行政即時立法，實可斟酌。其二，《行政強制法》是關於行政強制的特別立法，其規定的一般原則與程序，應當被所有的行政強制的法律法規所尊重與遵循。針對發生或者即將發生自然災害、事故災難、公共衛生事件或者社會安全事件等突發事件所採取的行政即時強制，應當首先遵守《行政強制法》的規定，在其他相關部門法有特別規定的情況下，方可適用該特別規定。

（二）《行政強制法》雖然將行政即時強制排除在外，但其第 19 條與第 20 條又規定了行政即時強制的一般程序與對人身採取行政即時強制的一般程序。第 19 條規定：「情況緊急，需要當場實施行政強制措施的，行政執法人員應當在二十四小時內向行政機關負責人報告，並補辦批准手續。行政機關負責人認為不應當採取行政強制措施的，應當立即解除。」第 20 條規定：「依照法律規定實施

限制公民人身自由的行政強制措施，除應當履行本法第十八條規定的程序外，還應當遵守下列規定：（一）當場告知或者實施行政強制措施後立即通知當事人家屬實施行政強制措施的行政機關、地點和期限；（二）在緊急情況下當場實施行政強制措施的，在返回行政機關後，立即向行政機關負責人報告並補辦批准手續；（三）法律規定的其他程序。實施限制人身自由的行政強制措施不得超過法定期限。實施行政強制措施的目的已經達到或者條件已經消失，應當立即解除。」這種立法不是與《行政強制法》第3條的規定有所矛盾嗎？

鑒於此，筆者建議對《行政強制法》第3條作如下修改：

「行政強制的設定和實施，適用本法。

發生或者即將發生自然災害、事故災難、公共衛生事件或者社會安全事件等突發事件，行政機關採取應急措施或者臨時措施，依照本法實施，有關法律、行政法規另有規定的，依照其規定執行。

行政機關採取金融業審慎監管措施、進出境貨物強制性技術監控措施，依照本法實施，有關法律、行政法規另有規定的，依照其規定執行。」

注　釋

[1].Richard Thoma，Der Polizeibefehl im Badischen Recht，1906，S95，轉引自李建良：《行政上即時強制之研究》，《1998年海峽兩岸行政法學術研討會實錄》，1998年版，第239頁。

[2].［日］鹽野宏：《行政法》，楊建順譯，法律出版社1999年版，第180頁。

[3].朱新力，項新：《中國法學會行政法研究會2000年年會行政強制部分綜述》，《行政法學研究》，2001年第2期，第100頁。

[4].城仲謀：《行政法之基礎理論》，三民書局1993年修訂新版，第190頁。

[5].葉必豐，何琳：《行政即時強制界說》，《求是學刊》，2000年第1期。

對加強住房公積金行政執法力度的反思

詹雲燕

◎福建社會科學院法學研究所副研究員

一、引言

　　長期以來，住房公積金執法難是困擾各地住房公積金管理機構的一大難題。所謂「執法難」主要表現在：除了國家機關、事業單位與經營效益較好的國有企業以外，其他非公企業的繳存情況都不盡如人意。從全國各地的住房公積金統計數據來看，多數地方的住房公積金覆蓋率在50%至70%之間。因此，如何讓住房公積金擴大覆蓋面成了各地住房公積金管理中心（以下簡稱「管理中心」）的一項長期任務。為了「擴面」，各地的管理中心可謂是煞費苦心，但是除了加大宣傳力度獲得企業支持以外，似乎沒有強有力的更有效的辦法。雖然國務院頒布《住房公積金管理條例》第37、38條賦予了管理中心一定的執法權，但實踐當中各地方大多沒有動真格去貫徹落實。因為如果嚴格執行的話，那麼面對如此之眾的違法者，又該如何下手？但如果沒有行政執法權的保障的話，住房公積金的「強制性」就得不到落實。最近幾年，各地的管理中心明顯加大了行政執法的力度，主要表現在兩個方面：一是各地紛紛頒布了地方的住房公積金行政執法細則，另一個是住房公積金的行政處罰案件與申請法院強制執行案件開始增多，相關案例屢見報端。住房公積金行政執法開始發力，這對各地的管理中心而言無疑很令人振奮，但對非自願參加該制度的企業與職工來說，未必是福音。

二、住房公積金制度對非公企業和職工的利益分析

　　一項法律制度如果長期受到適用主體的抵制，包括積極與消極的抵制，那麼該制度的合理性與正當性是值得懷疑的。如果這種抵制在某個特定群體中表現得特別突出，可以想見該制度於該特定群體而言是不受歡迎的，有可能損害了他們的利益，至少參加該制度對他們來說是不利的。為什麼大部分非公企業都不願意參加住房公積金制度？筆者認為，正是因為現行的住房公積金制度無論對於企業還是職工來說，很難說是一項「利多」的事業，甚至有損於他們的利益。

　　（一）對非公企業的利益分析

　　1991年首創於上海的住房公積金制度是應中國城鎮住房改革發展的要求而建立起來的。新中國成立以來，中國一直實行福利分房制度，住房完全由政府和國

有企業投資建造,並實行無償分配,住房建設無法形成資金良性循環,住房建造與供應跟不上不斷增長的城鎮人口和住房需求,城市居民的住房短缺日益嚴重。[1] 新中國成立 30 年,中國城市的人均居住面積反而從 1949 年的 4.5 平方米下降到 1979 年的 4.4 平方米。[2] 福利分房制度已經嚴重不能適應社會經濟發展的需要與人民最基本的住房需求。因此,從 1980 年代開始全國各個城市陸續展開住房制度改革,總的思路是從福利分房制過渡到住房市場化,主要由市場承擔建設與分配住房的功能,從而使政府擺脫沉重的住房建設與維護的負擔。改革的路徑之一,就是職工原先享有的實物分房福利轉變為貨幣工資分配,具體的實現方式為發放住房補貼與繳存住房公積金。住房公積金作為實物分房轉化為貨幣分房的改革產物,90 年代迅速在全國推廣開來。值得注意的是,在改革前只有政府機關、事業單位與國有企業才是福利分房制度的主要受益者,也正是這些單位在住房公積金制度建立之後構成了繳存者的主體,因為這是對員工取消實物分房之後的補償。而對於非公企業來說,本來就沒有實物分房之福利,也就不存在住房制度改革之後對員工的補償,要求非公企業繳納住房公積金構成了企業一項額外的負擔。特別是隨著市場經濟的發展、民營企業與三資企業的壯大,非公企業逐步取代國有企業占據了市場的主流,這些企業都不是舊制度的受益者,現在卻要求他們分擔舊制度改革的成本,消極抵制住房公積金當然成為這些企業的選擇。

　　90 年代末到 21 世紀初,中國住房制度的市場化改革基本完成,住房公積金作為房改的制度設計之一對促進住房市場化造成了積極作用,因此被延續並推廣開來。1999 年國務院頒布了《住房公積金管理條例》,以行政法規的形式強制各類型企業為其職工繳存住房公積金。即使有了法律的強制力,但多年以來住房公積金的繳存主體仍侷限在政府機關、事業單位與效益較好的國有企業,非公企業參與的熱情依然不高。這裡固然有歷史的因素,也有現實的利益考量。對於政府機關與事業單位來講,其繳存的住房公積金歸根結底是財政撥款,於這些單位而言是一項福利而不會增加負擔;對於效益好的國有企業來講,其盈利很大程度上得益於國家賦予的壟斷優勢,依靠壟斷利益給職工多發福利並不會對企業的經營構成負擔;而非公企業多半身處市場競爭非常充分的行業,其勞動力成本的高低對企業的競爭力有非常直接的影響。隨著勞動與社會保險制度的完善、《勞動合約法》與《社會保險法》的實施,企業必須為職工繳納「五險一金」。「五險」包括養老、醫療、工傷、生育和失業這五項社會保險,「一金」就是指住房公積金。光是「五險」的繳納比例大概就占到職工工資總額的 40%,超出了大多數國家的社保繳費水平,[3] 而各地住房公積金比例多是單位與個人各繳 12%。也就是

說，如果要繳納住房公積金的話，企業必須在 40% 的社會保險支出的基礎上再增加 24% 的工資支出，這無疑是一項高額的成本負擔，對於勞動密集型企業的影響尤為顯著。如果企業的競爭市場僅限於中國國內，並且全國各地的繳費水平是一致的，那麼大家都繳納住房公積金的結果是提高了所有企業的平均勞動力成本，對每家企業都是公平的，但在全球化的今天，企業的競爭對手遍布世界，提高平均勞動力成本無疑降低了中國企業的全球市場競爭力。這也是為什麼雖然《住房公積金管理條例》早在 1999 年就確立了強制性繳納原則，但各地方政府在執法方面實際上是睜一隻眼閉一隻眼，袒護企業不交或少交住房公積金，以免削弱本地企業的市場競爭能力。

(二) 對企業職工的利益分析

住房公積金是一種長期性住房儲金，由職工個人和其所在單位按職工本人上一年度月平均工資的一定比例逐月繳納，作為職工個人的住房基金專戶儲存、專項使用，其所有權歸屬於職工個人。因此，本質上而言，住房公積金是職工工資的一部分，是職工勞動收入的一種表現形式。住房公積金制度的作用只是將勞動者應得的一部分勞動收入轉化成住房公積金而已。在供求關係不發生變化的情況下，取消住房公積金制度雖然可能在一定時期內會影響勞動者的名義勞動收入，但從長遠看勞動力的勞動收入曲線是不會發生變化的。[4] 通俗地講，對於職工個人而言，住房公積金並非是一項額外的福利，只是將自己左邊口袋的錢放進右邊口袋而已。同理，加入住房公積金體系在短期內會增加企業的勞動力成本支出，但長期來看，住房公積金對企業勞動力成本支出的影響甚微。因此，非公企業不願加入住房公積金體系並不是為了逃避對職工的責任，而是在對這一部分工資的發放方式上選擇了直接支付給職工而不是繳存住房公積金。既然住房公積金不影響企業的長期勞動支出，只是影響到職工勞動收入的表現形式，因此真正作出傾向性選擇的決定因素在於職工本身，非公企業不願加入住房公積金體系的表象背後，是企業職工不願加入該體系。

一旦職工的勞動收入轉化成住房公積金，雖然名義上仍然屬於職工個人，但職工對這部分收入的支配權卻受到極大的限制，必須專項用於住房消費。根據《住房公積金管理條例》第 5 條的規定，住房公積金只能用於職工購買、建造、翻建、大修自住住房，甚至連用來支付房租都受到嚴格限制。[5] 在目前城鎮住房的供應模式下，職工幾乎只有透過購房的方式才能動用自己名下的住房公積金。而住房公積金制度對繳存者最大的優惠就是提供低於商業銀行利息的貸款，職工也只有

透過購房才能享受這一優惠。但如今的房價已遠遠超出普通職工家庭的購買能力，只有中上收入家庭才有能力購買商品房。對於無力購房的低收入職工而言，繳納住房公積金不但自己用不上，還要「逆向補貼」給中高收入家庭享受低息貸款的福利。此外，並不是所有的人都有購買住房的意願，即使有能力購房的職工也可能因為各種原因而不買房，或許是已經擁有住房且無計劃再購房，或許是因為工作流動的關係更傾向於租房。總而言之，住房公積金只對有購房意願且有能力購房的職工才具有實際的效用；對於無意購房或無力購房的職工而言，繳存住房公積金不但無用武之地，而且因為工資總額的 24% 被限制使用，勢必影響職工在住房之外的其他消費水平，一定程度上降低了其生活水準。

　　職工繳存的住房公積金如果不能用於住房消費，長期來看，這部分住房儲金必然會貶值。住房公積金儲蓄存在三種貶值風險：政策性低利率貶值、普遍的通脹性貶值和快速上漲的房價帶來的公積金購房支付能力急劇貶值。後兩種貶值，對於一般的銀行儲蓄也存在，但第一種政策性低利率貶值卻是住房公積金制度人為設計的結果。[6] 一般的銀行儲蓄遵循自願的原則，老百姓將錢存在銀行表明他願意接受存款可能貶值的風險；住房公積金則不然，因為是一種強制性的長期儲蓄，並且實行低存低貸，相當於強迫職工將工資的一部分以低於市場的利率長期存在公積金帳戶，存款貶值的風險是制度強加給職工的。根據 1996 年國務院房改領導小組發布的《關於加強住房公積金管理的意見》，「當年歸集的職工個人住房公積金按照活期存款利率，上年結轉的職工個人住房公積金本息暫按 3 個月整存整取利率計息」。以 2012 年 6 月 8 日公布的最新利率水平來看，當年歸集的住房公積金存款利率僅為 0.4%，上年結轉的住房公積金存款利率為 2.85%，遠低於同期銀行的五年期存款利率 5.1%。如此低水平的利率顯然不能保證住房公積金的保值增值，在漫長的歲月中只能被通貨膨脹啃噬掉原先的價值。

　　綜上，相較於政府、事業單位與壟斷型國企，非公企業消極抵制住房公積金是出於「理性人」的必然選擇；對企業職工而言，則因職工自身住房消費意願與家庭經濟能力的差異而產生不同的效用，對實際購房並獲得公積金貸款的職工有一定的正面效益，對無意或無力購房的職工則是負效益。一項法律制度如果明顯損害一部分參加者利益，為另一部分參加者圖利，且這一損一益之間存在明顯「劫貧濟富」的傾向時，強制所有用人單位及其職工參加的合理性與公平性令人質疑，以強制性為基礎的住房公積金行政執法權也因此失去正當性。

　　三、住房公積金行政執法的合法性不足

住房公積金的行政執法權不僅因為制度設計不公平不合理使其正當性受質疑，而且其執法的依據也存在合法性不足的問題。《住房公積金管理條例》是整個住房公積金制度的法律基礎，如果這部條例本身就存在合法性的疑問，那麼以該條例第37、38條為依據的行政執法權的合法性也要畫上一個大大的問號了。

（一）國務院無權對住房公積金制度立法

根據憲法學國家機關的分工理論，國務院行使的應當是行政權而不是立法權，立法權只能由民意機關行使。但在中國的立法實踐中，又確實存在大量的行政立法，行政立法權的膨脹事實上已成為近20餘年來中國立法體制的基本特點。[7]行政立法包括授權立法與職權立法。行政授權立法的出現是因為現代社會的發展使得立法事務日益繁雜，立法機關沒有足夠的精力與能力應對社會對法律規範的需要，故而將一部分本應當由自己行使的立法權轉授給行政機關行使。行政機關本來只是執行法律的機關，並沒有立法權，它之所以能夠制定行政法規和規章，就是因為立法機關的委託或授權，授權應當是行政機關立法權力的唯一權力來源。由於行政授權立法有其合理性與合法性的基礎，所以被學界通說所接受。行政職權立法是指行政機關依照憲法和組織法所賦予的行政管理權限，在其職權範圍內自主地制定和發布文件的活動。對於行政職權立法，學者多有批評。因為未經立法機關的授權，直接透過憲法與法律將立法權限賦予行政機關，等於讓行政機關集行政權與立法權於一身，既是規則的制定者又是規則的執行者，極易導致行政機關濫用權力，肆意侵害公民的自由與權利。

《住房公積金管理條例》作為一項全國性的經濟制度安排，這部行政法規的制定並沒有獲得全國人大的授權，不屬於行政授權立法，只能屬於行政職權立法。根據中國《憲法》第89條以及《立法法》第56條的規定，國務院不但有權為執行法律的需要而制定行政法規，還有權就其行政管理職權範圍內的事務制定行政法規，《立法法》第8條所列的必須制定法律的事項除外。因此，從實在法層面判斷，國務院確實有權就住房公積金制度進行立法。但就應然法的層面而言，制度設計是立法機關的專屬權責，國務院作為行政機關，除非獲得立法機關授權，否則無權對住房公積金制度立法。

（二）行政法規無權限制公民私有財產權

住房公積金制度是對公民私有財產權的一種限制，公民的一部分財產收入被強制儲存專項用於住房消費，其所有權名義上雖未轉移，但實質上的占有、使用、收益與處分權卻受到種種限制。不僅如此，根據《住房公積金管理條例》第29條

563

的規定，住房公積金的增值收益除了用於公積金貸款風險準備金和管理中心的管理費用，還要用作城市廉租房的補充資金。建設城市廉租房是政府的責任，建設經費理當由政府財政承擔，而住房公積金的增值收益作為法定孳息屬於繳存職工所有，將公積金的增值收益用作廉租房建設無疑是侵占了繳存職工的私有財產權。根據各國的憲政實踐，只有國家立法機關制定的法律才能對公民的私有財產權進行限制和剝奪。中國的《憲法》第 13 條規定：「公民的合法的私有財產不受侵犯。國家依照法律規定保護公民的私有財產權和繼承權。國家為了公共利益的需要，可以依照法律規定對公民的私有財產實行徵收或者徵用並給予補償。」《憲法》明確了對私有財產權的保護和限制應當依照「法律」這個效力等級的淵源。而根據《立法法》的規定，只有全國人大和其常委會才有權制定法律。住房公積金的立法主體是國務院，《住房公積金管理條例》只是一部行政法規，而非法律，以一部行政法規來限制公民的私有財產權本身就「不合法」。

四、結語

其實自 1990 年代住房公積金制度實行以來，住房公積金的繳存主體幾乎沒有太大變化，一直侷限於政府機關、事業單位與國有企業，非公企業則是能躲就躲，想方設法避免加入該制度。但在之前，各地的管理中心並不熱衷於行政執法，強制非公企業為其職工繳納住房公積金。一方面政府也考慮到非公企業的經營環境與利害得失，且違法企業眾多，執法難度大；另一方面大多數地方的住房公積金使用效率不高，大量資金沉澱，沉澱資金占繳存餘額的比例多在 20% 以上，因為資金不緊張，現有的公積金用不完，所以管理中心也沒有催繳的必要。但在 2008 年金融海嘯以後，國家大力推進保障性住房建設，由於建設資金的巨大缺口，2008 年底國務院明確提出要將住房公積金的閒置資金用於經濟適用房等住房建設。正是這一輪保障性住房建設熱潮對資金的巨大需求，才使得各地方加大了住房公積金的執法力度，紛紛頒布執法細則，狠抓資金的落實。這樣突然被強化的行政執法，實際上違背了依法行政的本義，是政策的指揮棒在利用法律，利用《住房公積金管理條例》第 37 與 38 條為政府籌措保障房建設資金。這樣的行政執法不是為了公積金的真正主人謀福利，而是為政府的施政求方便。在住房公積金制度本身的合理性與公平性存疑、合法性與正當性不足的條件下，帶有強制性的住房公積金行政執法權本就應當自我克制、謹慎行使，更不應該為政府一時的施政利益而藉機膨脹。與其加大執法力度，強行實施一部並不受歡迎的法規，不如反思制度本身的合理性與合法性，改進制度設計，提高效力層級。如果住房公積金

立法本身能夠獲得多數用人單位與職工的支持，那麼行政執法的難度就會大大降低，不但降低行政機關的執法成本，更能透過執法收穫良好的社會效益。

注　釋

[1]. 叢誠：《中國住房和公積金制度發展大綱》，上海辭書出版社 2008 年版，第 4 頁。

[2]. 朱劍紅，王國淨：《住房住房》，遼寧人民出版社 1998 年版，第 2 頁。

[3]. 《籌劃「十二五」》，載《新世紀》週刊 2010 年第 10 期。

[4]. 周威，葉劍平：《住房公積金制度的法律與經濟分析》，載《經濟體制改革》2009 年第 1 期。

[5]. 根據《住房公積金管理條例》第 24 條的規定，房租超過家庭工資收入的規定比例的方可提取公積金。

[6]. 叢誠：《中國住房和公積金制度發展大綱》，上海辭書出版社 2008 年版，第 168 頁。

[7]. 袁明聖：《行政立法權擴張的現實之批判》，載《法商研究》2006 年第 2 期。

完善行政監督體系建設 構建和諧社會

官本仁

◎福建社會科學院法學研究所副研究員

　　早在 2004 年胡錦濤總書記在黨的十六屆四中全會上第一次提出「構建社會主義和諧社會」的科學論斷，並在其後的多個場合和 2005 年的省部級領導幹部《提高構建社會主義和諧社會能力專題研討班》上再次全面論述了和諧社會的內涵，指出和諧社會是一個「民主法治、公平正義、誠信友愛、充滿活力、安定有序、人與自然和諧相處的社會」。但是，和諧是對立事物之間在一定的條件下、具體、動態、相對、辯證的統一，是不同事物之間相同相成、相輔相成、相反相成、互助合作、互利互惠、互促互補、共同發展的關係。在共同發展的前提下，在有序的基礎上，促進社會的進步與繁榮，在公平、公正的社會環境中為社會的每一個成員創造富裕的生活，這種公正、公平需要法律來維護，在公平、公正的法律環境中實現社會每一個成員的利益訴求。所以，民主法治是構建和諧社會的基礎，而完善健全的法律制度是構建和諧社會的前提和保障，在法律共同的準則下管理社會，才能實現和諧社會的局面，只有按照制定的法制規則才能保證社會的有序運行，社會成員乃至行政機構在一個準則之中行使權利或者權力，履行義務，行使行政職權才能實現社會的和諧。因此，構建社會主義和諧社會，必須具備健全的法律制度，在健全的法律制度下開展社會各項事務活動，包括政治、經濟、文化、教育、科技以及行政等的各種社會活動，在公平公正的法律制度下保障公民的合法權益，在公平公正的法律制度下開展各種經濟活動，保障參與者的合法權益，維持社會秩序和公平，從而推動和諧社會的構建。但是，公民的社會活動和經濟活動，乃至日常生活中的活動都與行政法律法規和行政機關，以及行政人員執法的行為息息相關，不管是在經濟領域的活動，還是公民的個人行為，幾乎公民從出生到死亡都和行政機關有著密切的關係，行政機關透過行政執法管理社會，約束社會成員的行為，維護社會秩序。所以行政機關或者行政人員的執法行為直接關係到公民的權益，如果沒有公正、公平地行使行政權力，甚至濫用行政權力損害公民權益，或者缺乏依法行政，執法不嚴，甚至違法行使行政權力，對公民、社會構成危害，公民也會對行政機關乃至對政府產生不信任，對社會產生不滿情緒，構建和諧社會就無從談起。因此，構建法治政府，要求行政機關依法行政，依法行使行政權力，是構建和諧社會的首要任務。

1. 完善行政法規

現行行政相關的法律法規在許多方面對行政機關行使行政權力或行政人員在行使行政權力上缺少責任條款，或者只有原則性的規定，尚無明確規定在行使行政權力損害公民權益時應該承擔什麼程度的責任，或者說什麼樣的情況是屬於損害公民權益的行為，缺乏詳細明確的責任和義務的規定，這必然導致執法者瀆職行為或者玩忽職守對待行政相對人，損害行政相對人的權益。這種行政法制環境，很容易讓行政機構或者行政執法人員在行使行政權力時，對自身行使的行政權力缺乏承擔責任的認識。這種無責任意識的行政機關、行政執法人員在履行職責時缺乏行使職權的責任感，同時也會產生一種錯覺，認為公民在請求行政機關履行行政職責的時候，為公民辦理行政手續時，是公民在向行政機構請求幫助，而不是行政機關應盡的職責，所以缺乏服務意識，錯誤地把公民賦予他們的權力占為己有，隨意對行政相對人行使行政權力。而這種缺失責任感的行政行為必然會讓執行者產生瀆職行為，對行政相對人也會因為責任感缺失而缺乏服務意識，甚至發展成為權力尋租行為，進行權錢交易，從而損害行政相對人的權益，引發行政相對人——公民或者法人的不滿情緒，給和諧社會的建設帶來不利影響。因此，構建和諧社會首先應該在法治的前提下構建負責任的行政行為，明確行政執法人員的執法責任，嚴肅行政人員在執法、履行行政職責中的權力和義務，嚴肅對待行政人員行使行政權力的行為，促進構建服務型政府以及服務型的行政機關。從具體上說，應該完善為公民辦理行政手續的程序，公開透明向公眾展示行政程序和申請行政所要提交的材料等，同時公示舉報電話和上級監督機關的舉報電話，促進行政機關更好地為行政相對人服務。比如，公民辦理一項行政手續，往往不能一次性地辦妥，少則來往行政機關兩三次，多則四五次，才能獲得行政機關的蓋章，這種時間成本和經濟成本都由行政相對人自己承擔，難道與行政機構或者行政人員在履行行政職責時的服務水平毫無關係嗎？顯然，都由行政相對人承擔也不盡合理，往往是服務不夠到位所致，很大程度上是由於行政手續中所需要的相關文件不夠齊全，而沒有細心說明指導所致。但是，由於行政執行人員無責任感，以應付了事的態度應對行政相對人的行政請求，往往缺乏耐心的解釋，沒有向行政相對人傳遞完整的訊息，導致行政相對人無謂地在來回的路上浪費時間和金錢。而行政相對人的這種損失正是由於行政人員沒有充分地履行職責所致，他們也應該承擔部分的責任。所以，在現階段應該規定行政機構在執行行政權力或者在辦理行政手續等的程序，明確各程序的責任和義務，同時予以公布，接受監督。

2. 完善行政執法的監督機制

　　構建和諧社會，雖然內容十分豐富，但是法治和公平是構建和諧社會的基礎。特別是以行政執法行為的公平公正，是建立行政機關的公信力為基礎的，而行政公信力是由秉公執法、公平公正行使行政權力為先導，由此構建可信賴的政府，從而推動和諧社會的構建。但是，公平公正執法既要求行政機構依法行政，也要求政府和行政機關承擔相應的責任，並由完善的監督體系監督政府和行政機關依法行政，承擔責任。所以，法治政府應當是一個負責任的政府。但是，在現行法制環境和社會制度的現實環境中，實現政府部門公平公正執法，一個重要的環節就是建立行政執法的監督機制，如果缺少有效的監督機制，行政執法人員就會膽大妄為，蓄意侵害行政相對人的權益而得不到處置和糾正。所以行政執法要建立在健全的行政法的基礎上，建立公開、透明的行政制度，接受社會公眾或行政相對人的監督，督促行政機關、行政執法人員更好地服務於社會。一切腐朽的東西一旦暴露在陽光之中，將會得到有效的遏制。一個和諧社會是一個有責任的社會，不但要求公民為自身的行為負責，也要求政府在行政執法中承擔責任。但是，要行政機構承擔執法責任，在現行制度還不夠完善的環境中，培育行政相對人的法制意識就顯得至關重要。行政相對人在自身的權益受到侵害時，應該是最積極地為自身爭取權利的當事人，除了透過司法途徑，還可以透過媒體監督。在當前網路時代，可以透過相關的網站反映行政機構不正當的執法行為，來維護行政相對人的權益。這是一種最自由最有效的表達個人意見的形式，又可以有效地引起社會公眾共同關注，從而形成社會力量，共同監督行政機關的行政行為。除此之外，政府應該建立自身的監督體系，自上而下實現自身的監督，完善行政行為，對自身存在的問題及時作出修正，更好地為社會和行政相對人服務，構建負責任的服務型政府。但是，行政機關往往會因為這種監督形式影響自身政績而採取不恰當的方式對自身存在執法不當行為進行包庇，甚至打擊報復舉報的行政相對人，或其他舉報人員。所以，建立行政機關負責人的問責制度，在行政機構系統內的監督體系中就顯得尤其重要，足以對行政機關負責人產生威懾作用，從而加強對行政執法人員的監督。

　　中國現行行政監督體制大致包括政府內部監督、國家權力機關監督、司法機關監督、社會團體監督、公民監督和輿論監督六種形式。以下我們從三個方面分析在現行監督體系下行政監督存在的問題。

(1) 政府內部監督。政府內部監督通常是一種上下級的隸屬關係，由上級機關或者行政部門負責人對自身存在的問題進行監督，這種內部監督行使雖然對自身內部存在的問題比較容易發現，如果能夠秉公執法，公平、公正、公開地對待，應該是最有效的一種監督方式。但是，政府內部是一個利益共同體，政府自身存在的問題，除了內部能夠解決的，會責成相關部門進行整改，與外部發生矛盾時，政府部門或者部門負責人首先考慮的是要保護自身部門利益，或者負責人的政績。所以，政府內部監督往往不夠徹底，需要外部對政府行政執法行為的監督。

(2) 媒體監督。外部監督最有力的手段是媒體監督，媒體在監督行政機關行政行為時，應該發揮積極的作用。但是，因為新聞媒體都由政府所控制，有的影響到政府形象的報導或多或少地會受到壓制，或者不痛不癢輕描淡寫地作些報導，不容易構成對政府機關的監督作用，甚至觸及政府部門利益的時候，還要經過政府相關部門的批准，新聞報導缺乏其獨立性，對行政執法行為監督弱化。我們所看到的新聞報導多是一些已經受到紀檢機關調查的官員違法的事件報導，未能發揮其檢舉、揭發的監督作用，缺乏動員社會輿論督促行政機關改善行政行為的作用。新聞媒體這種強大的監督工具喪失了應有的監督功能，使政府相關部門減輕了不少的壓力，同時也會造成行政機關和行政人員缺乏責任感缺失，而責任感缺失的行政機關和行政人員只會給社會製造矛盾。在這種監督不力的社會環境中，社會也不會得到長期的繁榮和可持續發展，構建和諧社會也就難以成就。

(3) 人大監督。中國憲法規定人民代表大會是中國的最高國家權力機關，各級人民代表大會所作的決定由各級行政機關執行。所以，行政機關必須對人大負責，並接受人大及其常委會的監督。人大的監督是代表廣大人民行使監督權，具有最高權威性。中國人大對行政機關及其執法人員實施的監督方式，主要有：1) 政府行政機關對憲法和法律實施情況的監督。從以下三個方面具體體現人大行使監督權：一是透過制定法律、決議，規定政府機構設置、職能、權力責任和活動原則與程序等，以文件的形式規定政府管理社會活動的範圍；二是對行政機關執行法律的情況進行監督；三是對本機構和下級政府制定的與憲法和法律牴觸的法規、規章、決定、命令等依法進行修改或撤銷；2) 定期聽取和審議政府、法院、檢察院的工作報告；3) 審查和批准國民經濟與社會發展計劃、預算以及執行情況的報告。各級人大常委會在人大閉會期間，檢查國民經濟與社會發展計劃執行情況和預算使用情況，並審查批准其調整方案；4) 向國家行政機關提出質詢和詢問。透過質詢和詢問，人大代表可以瞭解、檢查政府的工作情況，對出現的問題提出質疑，並追究責任；5) 對政府工作進行視察和檢查，並向政府機關提出意見、批

評或建議。從以上幾項監督內容上看，人大的監督範圍多數屬於宏觀範疇，對於微觀層面的監督涉及得比較少，對百姓關心的行政執法問題可能就難以顧及。況且，中國在選舉人大代表制度上有所欠缺，人大代表的權力來自人民的意識比較淡薄，為人民負責也只是一種宏觀的概念，對個體人民群眾反映的行政執法問題，因為不存在任何來自選民的約束而怠慢對行政機構的監督。所以，人大對政府行政執法的監督也是很有限的。

由於以上幾種監督體制對行政執法部門監督的侷限性，而導致行政機關行政執法為民服務的意識遲遲得不到改善，所以我們建議在完善行政執法立法的同時，加強對行政執法人員的法制教育，增強公務員的法律意識和責任意識。

3. 加強法制教育，建立問責制度，加強監督

行政執法人員在執法中，缺乏法律意識，個人意志比較盛行，情緒化比較嚴重，對行政相對人的態度缺乏友善，甚至態度比較惡劣情況也時有發生，由此給民眾留下了不良的印象，使之對政府行政機關產生不滿的情緒，長此以往必然激化社會矛盾，構成社會不安定因素，在這種行政環境中，顯然是難以構建和諧社會的。因此，為了構建和諧社會，應該是在完善法律制度的基礎上，加強執法人員的法律意識，使之充分認識到在執法的過程中，要有法可依，違法必究。「有法可依」是要求執法人員以及行政機關負責人懂法，明白執法的範圍，而「違法必究」是要求執法人員嚴格按照法律行政，違反法律規定，觸犯行政相對人的權益要受到法律的制裁，承擔相應的責任。所以，要讓行政執法人員學習法律知識，熟悉行使權力範圍，違法所要承擔的責任，以發揮法律的威懾作用。同時，在現行法律環境中，加強對行政執法的監督，以有效的形式監督執行者就顯得非常重要。

（1）建立學法制度

學法制度的建設對於行政執法人員尤其重要，如果執法人員在執法中對自己執行的法律內容缺乏瞭解，對自身的權力範圍不明確，對自身在執法中所要履行的義務和責任缺乏認識，必然會出現盲目執法、損害執法相對人權益的現象，社會民眾也對行政機構，乃至政府產生不滿情緒，構建和諧社會就難以實現。

行政執法人員在上崗之前應該接受相關的培訓學習，經過考試合格者才能上崗行政，並在工作期間對行政人員定期安排學習相關法律法規，不斷提高行政人員的法律素質和執法的責任意識。在錄用行政人員、公務員，以及在公務員晉級前舉行的錄入、晉升的考試中引入法律內容，對於在執法中出現違規執法的人員，

或者對於群眾舉報的在執行行政公務中不符合行政程序的執法人員，進行再學習，經考試合格者才能重新上崗，對於嚴重違反執法程序，經教育、考試沒有達標的人員應該予以調離執法崗位。

(2) 建立部門領導問責制度

行政部門會出現問題，或者是群眾滿意度較低，往往是該部門的領導團隊不夠得力，機構缺乏管理制度，主要負責人對管轄的部門管理不力，甚至包庇、縱容、袒護部分行政人員，導致行政人員膽大妄為、瀆職，造成具體行政執行人員對手中的權力缺少足夠的認識，進而利用手中的權力實現自我價值，滋生權力尋租行為，敗壞了政府在群眾中的威信，對政府產生不滿情緒。因此，應該建立行政機關主要領導問責制度，對群眾反映的情況，上級部門可以根據群眾舉報的情況進行監督檢查，追究相關人員的責任，並對社會公開；對於群眾反映強烈的行政執法行為，嚴重違法違紀的部門領導應當予以撤換。嚴肅部門領導問責制度，並切實貫徹執行，足以威懾行政機構的部門負責人，使其重視本部門的行政服務水平，重視行政相對人對行政執法行為的反饋意見，推動服務型政府的構建。

(3) 建立群眾舉報網路

從以上對監督體系的分析中我們可以看到其中的不足，在現行的監督體系下依然存在著監督不夠徹底的情況，「漏監」、「虛監」、「難監」現象依然比較嚴重，而監督不到位的權力必然產生權力濫用，損害行政相對人的權益。所以，在現行法律環境中，建立群眾舉報和群眾對行政機關的評價體系，發揮群眾的監督作用，透過各級政府建立的網站，在網頁中設立舉報或者評價窗口，舉報人可以在行政機關的上級部門舉報或評價各行政部門的服務質量，對群眾舉報比較強烈的行政機關，或者評價比較差的行政機構，上級政府部門應該對相關負責人或人員，要求限期改善，提高群眾的滿意度，如果在限定的期限內沒有明顯的改善，應該認定為部門領導管理不善而通報批評，或者撤換負責人，以強化行政部門的服務意識，改善行政服務態度，實現行政為民的和諧局面。

兩岸「共同管理」體制機制研究——海西區與平潭實驗區

鄭振清

◎清華大學公共管理學院、清華大學臺灣研究所副教授,博士

一、「共同管理」在「五個共同」中的定位

1. 核心地位

「共同管理」是「五個共同」的核心制度。這種核心地位體現在如下兩個層面。一方面,兩岸共同管理的原則應該體現在共同規劃、共同開發、共同經營以及共同受益之中。這就是說平潭綜合實驗區的發展模式應該超越以大陸人力資源和制度規定為唯一基礎、以大陸特定區域經濟發展為單一目標的區域發展模式,邁向兩岸人力資源聚集平潭並且共管共建平潭,以平潭為紐帶牽動兩岸經濟共同發展的模式。另一方面,兩岸共同管理本身應該是一種創新的、綜合的管理制度安排,使兩岸優良的管理制度資源可以在平潭融匯創新。按照「先行先試」和「綜合實驗」的定位,我們希望創新性的「共同管理」將使平潭不僅僅是對臺的地理前沿,而且也是對臺的經濟社會交流前沿乃至制度前沿,這樣才能把平潭真正建設成為兩岸同胞的共同家園。

定位1:在平潭探索和推動「共同管理」,要體現「建設兩岸共同家園」戰略思路。這個戰略思路體現在「共同管理」上,就是要以兩岸同胞平等和共同管理的體制機制創新,吸引臺灣各行業精英和民眾到平潭來就業和生活,發展事業,把平潭建成兩岸同胞的共同家園,增強臺灣民眾對兩岸同屬一個國家的認同。

定位2:在平潭探索和推動「共同管理」,要體現「綜合實驗」的綜合範圍和「先行先試」的膽識。轉變單純政策優惠的經濟開發區做法,在經濟管理、社會管理、行政管理和文教管理體制和運行機制上進行創新試驗。

定位3:「共同管理」要善於避開兩岸官方互不承認的政治僵局,探索大陸地方政府與臺灣社會力量的協作和共同治理。這種共同治理的重點在於推進經濟事務管理和社會事務管理體制創新,建立具有兩岸特色的區域經濟社會發展與管理模式。

透過吸引臺灣同胞共同管理平潭綜合實驗區範圍內的經濟事務、社會管理事務和文教管理事務，共同建設和管理兩岸共同家園，一為兩岸關係和平發展樹立新標竿，二為海峽西岸經濟發展建立新高地。

2. 範圍和階段

平潭綜合實驗區管轄的全部範圍，包括全區整體範圍（原平潭縣域和周邊協作區域）和下轄四大功能區域範圍。全區範圍的管理，又包括全區管委會（平潭綜合實驗區管委會）和平潭綜合開發公司兩個主體，前者現在雖屬福建省政府派出機構，但應逐步轉向地級市政府定位，享有相應地廳級權限與職能，後者是具有招商引資與綜合開發任務的地方國有企業。此外，還需做好未來發展空間規劃，把福清和長樂市劃為平潭綜合實驗區的兩翼，最終形成「一島兩區」的空間格局。

「共同管理」應該在全實驗區範圍內實施，包括在全實驗區管委會及綜合開發公司，全區管委會下屬各部門、各事業單位、各功能區管委會、各社區、各科技文教機構等。當然，可以根據不同層級和不同部門的具體情況，設計各具特點的共同管理體制機制。

「共同管理」的啟動，應該與「五個共同」的整體推進步驟相協調，分階段、有步驟地推進。所謂協調，一方面要在共同規劃、共同開發之時就透過具體的形式安排切實做到兩岸民眾共同、平等的管理。另一方面，要使專門設計的共同管理制度安排按照初級階段、中級階段和高級階段三大步驟來推進。初級階段，共同管理可以先在經濟管理、文教管理領域推行。中級階段，即等到平潭開發建設進入快軌，行政管理機構轉型到位時，在社會管理和行政管理領域推行共同管理。高級階段，亦即臺灣人口在平潭達到一定比例（20%—30%），平潭經濟發展實現規劃的高級階段時，推行直接民主和協商民主相結合、臺灣行政管理體制與大陸行政管理體制相融合的共同管理體制機制。

值得指出的是，「共同管理」不侷限於經濟管理，而應該擴展到社會管理、文教管理、綜合行政管理等方面；同時，臺灣人力資源的作用不應侷限於顧問諮詢或輔助行政角色。平潭現行和將要試行的管理制度，應該吸收臺灣優良的管理制度和經驗，建立讓臺灣人才與大陸人才進行平等共同管理的平臺，建立讓兩岸民眾平等就業發展的平臺。這是因為，平潭要做到對臺「先行先試」，要能夠吸引臺灣人力和資金等各項優良資源，光靠經濟優惠措施和通關特殊政策是不夠的，還應該尋求綜合行政管理上的體制機制創新，給予臺灣民眾前來營建新家園、發展新事業的強烈吸引力。近年來，臺商在大陸的投資布局基本成型，很難輕易調

動轉赴平潭投資。珠三角地區和長三角地區的基礎設施、投資環境、區位優勢、產業鏈基礎都超過海西地區，平潭產業經濟發展短期內先天不利，缺乏競爭力。因此要推動平潭綜合實驗區建設，應該拓寬視野，從經濟管理、社會管理、文教管理、行政管理等方面全方位推進兩岸優秀人才和制度資源的共管共治，才能形成對臺灣同胞具有較強吸引力的發展新平臺。

二、「共同管理」的路徑與參考模式

1.「跨域治理」路徑

在海峽兩岸特殊政治關係的背景下，要在平潭綜合實驗區推行兩岸共同管理，應該引進「治理」和「跨域治理」的理念與做法。治理（governance）的概念，源自現代治理理論，是指超越傳統的政府由上而下單方面決策的管理方式，建立政府、社會組織／社區與企業之間密切互動框架，形成多方主體參與的公共決策，有效解決公共事務問題的新管理方式。「跨域治理」，包括跨越不同行政區域的合作治理以及跨越地方政府、企業、社會組織／社區等不同部門的合作治理，是全球化背景下應對複雜公共事務問題的共同管理模式。

為什麼在平潭探索「共同管理」應該走「跨域治理」路徑呢？原因有二：第一，平潭綜合實驗區的發展定位，要求吸引臺灣方面參與管理，但是按照兩岸互不承認法律地位的現狀，臺灣當局有關部門無法直接參與合作管理，可行之計只有尋求與臺灣社會團體和企業組織的跨部門合作管理。第二，平潭的發展，要保持對臺灣企業和民眾的吸引力，必須拓寬視野，對臺灣開放經濟、社會、文教、行政等跨領域的管理崗位，保障臺灣民眾參與在平潭「當家做主」的權利和權力。

因此，在平潭推行跨域治理，是指在臺灣當局不參與、甚至限制臺灣政務官和公務員參與大陸地區政府管理的情況下，實行大陸地方政府與臺灣社會團體和企業團體聯合管理平潭區域事務的管理方式。而且，這樣的管理方式存在任務和領域多元、管理層次和形式多元的特點，跨兩岸、跨部門、跨領域以及跨行業，協調政府、市場與社會力量，建立兩岸同胞共同家園。

推行跨域治理，要探索解決兩岸共同管理中管理「主體為何」以及「如何共同」的問題。從治理本身的要求來看，平潭發展的主體不應再完全「以我為主」，發展的途徑不應再沿襲大陸地方政府由上而下的管制方式，而應該積極照顧臺灣民眾和臺資企業的發展利益和權利。只有從體制設計上保障臺灣民眾和企業的權利和利益，落實兩岸人民享有平等的管理權利和公開的管理路徑，才有可能建立新激勵機制吸引臺灣人才、資金、技術和管理資源聚集平潭。否則，平潭不用說

相對於珠三角、長三角的臺商聚集區來說沒有競爭力，就是相對於閩南三角地區和天津、重慶等新開放高地來說也處於弱勢。

2010年諾貝爾經濟學獎獲得者、美國公共管理學家埃莉諾·奧斯特羅姆建立的制度分析與發展的「多中心治理」，可以成為這種跨域多元治理的理論依據。多中心治理是當代國際公共管理的前沿理論，是相對於傳統的政府單一中心管理而言的一種新社會管理秩序，包容了政府力量、市場力量和社會力量的協作，特別是引入社會力量的有效參與治理，以克服單靠政府或單靠市場來管理公共資源的弊端。這種理論運用在公共經濟管理、公共社會事務管理、社區自主治理等方面，具有動員多方面力量和資源及時有效提供問題解決方案的效果。由於兩岸政治關係的特殊性，在平潭試行兩岸共同管理，其實在某種程度上恰好可以體現多中心治理模式。

2. 參考模式

（1）橫琴模式。2009年6月24日，國務院常務會議通過《橫琴總體發展規劃》，將橫琴島納入珠海經濟特區範圍，成立珠海橫琴新區，任何適用於珠海經濟特區的法律法規及產業政策、重大項目等都將適用於橫琴島，並實行比經濟特區更加優惠的特殊政策，將橫琴定位為：「逐步建成探索粵港澳合作新模式的示範區、深化改革開放和科技創新的先行區、促進珠江口西岸地區產業升級的新平臺。」根據國務院批覆，珠海市橫琴新區將創新通關制度，主要措施是將橫琴與澳門之間的口岸設定為「一線」管理，橫琴與內地之間設定為「二線」管理，按照「一線」放寬、「二線」管住、人貨分離、分類管理的原則實施分線管理；在橫琴與澳門之間人員通關按現有模式管理的同時，研究對澳門居民進出橫琴實行更加便利通關措施。規劃至2020年橫琴島上人口規模28萬，達到發達國家以服務業為主導的中心城市水平，並成為新興的連接粵港澳三地的交通樞紐。

《橫琴總體發展規劃》透過後，全國人大常委會決定，同意澳門特別行政區政府以租賃方式，取得橫琴島澳門大學新校區的土地使用權。這就是將橫琴島1%的土地以「租賃」方式租賃給澳門，由澳門主導開發，所有適用於橫琴校區土地以外的橫琴島土地上的珠海經濟特區的法律，都將不適用於澳大橫琴校區。橫琴澳門大學新校區與橫琴島的其他區域隔開管理，橫琴澳門大學新校區依照澳門特別行政區法律實施管轄，但期限內不得變更該校區土地的用途。租賃期限屆滿後，經全國人大常委會決定，可以續期。我們建議平潭綜合實驗區的規劃開發可以比照橫琴的「特中有特」理念，在通關管理、經濟管理、社會管理、文教管理乃至

行政管理等方面享有比一般經濟特區和經濟開發區更加特殊的政策,發揮特殊政策對臺灣人才和各種資源的特殊吸引力。

　　(2) 蘇州工業園區模式。蘇州工業園區的共同管理模式,第一個層次是由中新兩國政府專門成立聯合協調理事會,由雙方各派一位副總理任理事會聯合主席,及時協調解決園區發展中的重大問題。第二個層次是中新雙邊工作委員會,由蘇州市市長和新加坡裕廊鎮管理局主席共同主持,蘇州市政府、園區管委會及新加坡有關部門和機構負責人組成該委員會,定期召開會議研究協商園區發展的問題,向理事會雙方主席報告工作。第三個層次是聯絡機構,由新加坡貿工部軟體項目辦公室和蘇州工業園區借鑑新加坡經驗辦公室負責日常聯絡工作。在這三個層次的管理框架下,蘇州工業園區設立園區管委會,作為蘇州市政府的派出管理機構,在轄區內行使經濟事務和社會事務綜合管理權限。另外,中新雙方共同投資,成立中新蘇州工業園區開發有限公司,作為園區開發建設的主體,負責園區的基礎設施建設、招商引資、物業管理等事項。其中,中方財團由中糧、中遠、中化、華能等 14 家大型企業集團組成,新方財團由新加坡政府控股公司、有實力私人企業和著名跨國公司聯合組成。蘇州工業園區的多層次共管共建模式,啟發我們可以參照在平潭構建多層次和多元的共同管理方案。雖然無法由兩岸官方高層共建類似中新聯合協調理事會之類的高位協調機制,也無法與臺灣地方政府共建工作委員會和管委會,但是同樣可以設計多層次的管理體制,在不同層級按照不同的管理方案讓臺灣人才參與管理、共同管理甚至完全自主管理。另外,蘇州工業園區開發有限公司的體制也可以借鑑,可由平潭管委會和兩岸企業共同組建平潭綜合開發公司。

　　(3) 東盟成長三角模式。1990 年代,新加坡、印尼和馬來西亞合作建設「南東盟成長三角」,這是迄今為止發展得最為成功的次區域成長三角之一。南東盟成長三角發起之始,其合作主要集中於新加坡和印尼廖內群島中的巴淡島以及馬來西亞的柔佛州,因而被稱為「新柔廖成長三角」。隨著合作的不斷推進,1996 年擴大到包括馬來西亞南部 4 個州,1997 年又加入了印尼 6 個省,又稱為「新馬印尼成長三角」。該成長三角的巴淡工業園為新加坡科技工業集團(30% 股份)、裕廊環境工程公司(10% 股份)與印尼三林集團(60% 股份)三家公司注資的巴印投資公司所有,由巴印經濟管理局進行管理。此外,印尼政府還推出了一系列的優惠條件:稅金方面,推行保稅區政策,進出口關稅全部豁免,免徵奢侈品稅等多種賦稅;持股比例方面進一步放寬;土地方面,外商對其投資的基礎設施擁有 50 年建築權,期滿後可繼續申請,一旦獲得土地使用權,即可開發或以此申請

貸款；等等。東盟成長三角的參股式共同管理經驗，可以引進和複製到平潭下屬多個功能園區的共同管理上，亦即由臺灣企業、社團組織參股管理。甚至獨資管理。

三、共同管理的體制創新及實施步驟

根據理論基礎和參考模式的分析，我們可以根據平潭開放開發、先行先試的情況和要求，提出並論證共同管理的一些基本形式和組織框架，以及分步驟實施這些形式的政策方案。

1. 橫向分析：共同管理的結構形式

（1）管理形式。兩岸共同管理可以表現為多種具體的形式。表1列出四種基本形式，包括參與式管理、授權式管理、競選／競聘式管理和契約式管理，以及每種管理形式的內容和適用範圍。需要說明的是，這四種管理形式都在不同程度上體現兩岸同胞公平、公開、公正進行共同管理的特點。我們可以根據不同管理事務、不同範圍、不同階段、不同層級採取相應的管理形式，這正好體現了「多中心治理」的原則與方法。

表1：兩岸共同管理的四種形式

類型	1. 參與/參股式管理	2. 授權式管理	3. 競選/競聘式管理	4. 契約式管理
內容	招收台籍居民加入管委會，或吸引台企機構參股功能園區管理	劃出特定功能區域，交由台籍領導的兩岸管理團隊，負責園區發展管理	設立基本條件，鼓勵符合條件的兩岸人士或團隊公開、公平、公正競選或競聘領導職位	比照中外合資企業法人，由大陸企業和台灣企業出資組建，聯合組建公司治理結構
適用範圍	適用於政府機構和專業服務機構（醫療、環境保護、文化教育等）、經濟性功能園區	適用於科技產業園區、高教園區（含大學）、旅遊園區等	適用於政府、企業、事業單位的領導職位	適用於招商引資、開發經營管理領導職位

（2）組織形式。推動兩岸在平潭共同管理，應該認識到其中包括從地方到地方基層的多個層級，並不是每個層級都要採取相同的管理形式和組織機構形式，而要根據大陸行政管理體制的特點，引進特定的兩岸聯合管理與共同管理的組織機構，在不同層級建立不同的組織機構，採取不同的管理形式。表2說明了適合於平潭綜合實驗區先行先試共同管理的機構、任務、形式及其範圍。

表2：兩岸共同管理的不同層級、不同組織和不同形式

層級	機構	任務	形式	範圍
中央—省級	國台辦—福建省平潭綜合實驗區建設領導小組	協調海西區和福建省區域發展事務，協調平潭、長樂、福清的跨區域發展事務		跨行政區域協調
地市級	平潭綜合實驗區管委會	負責原平潭縣域範圍內的社會管理、經濟管理和治安事務	競選/競聘式管理	平潭全境
	平潭綜合開發公司	負責實驗區基礎設施投資開發、招商引資與重要企業運營管理	契約式管理	平潭全境
縣處級	各功能區管委會	負責平潭實驗區內部四大功能區各自的經濟管理事務	授權式管理/參股式管理	各功能區/組團
	各居委會	居委會自治	競爭式管理	各街道/村

　　基本上，平潭與周邊行政區跨區域行政協調管理，由國務院臺辦—福建省平潭綜合實驗區建設領導小組及辦公室負責。平潭實驗區的整體經濟事務管理和整體社會事務管理，都應由平潭綜合實驗區管委會負責。平潭實驗區下轄各功能區的經濟管理，包括中心商務區、港口經貿區、科技文教區和旅遊休閒區，由各功能區管委會負責。平潭實驗區管委會，領導團隊成員應該包括一定比例的臺灣同胞（30%—50%），管委會主任由國臺辦—福建省平潭綜合實驗區建設領導小組任命；管委會下屬各職能部門由兩岸人才公開競選上崗。在這個過程中探索兩岸人才多組搭配競選（「平潭模式」）。至於各功能區管委會成員，由兩岸人才公開競聘上崗，或探索兩岸人才多組搭配競選。

　　（3）管理框架。平潭在經濟管理、社會管理、文教管理以及整個行政管理體制上的先行先試，不能建立在推翻大陸現有人民代表大會制度和行政層級制度的基礎上，而要做好對現有政治制度和行政管理層級的銜接。圖1說明如何做好這種銜接，建立可行的宏觀管理框架。

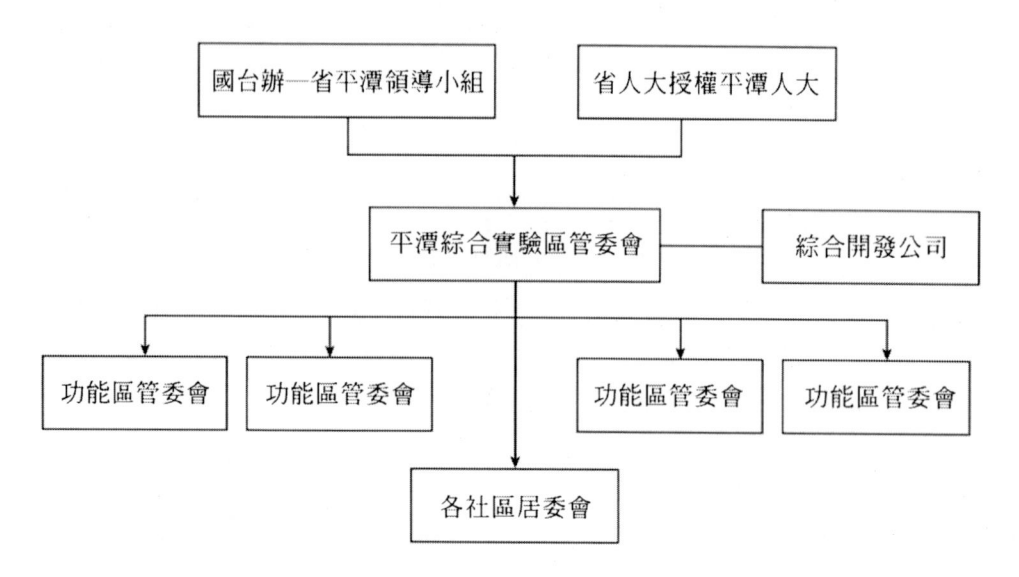

```
┌─────────────────────────┐      ┌─────────────────────┐
│ 國台辦—省平潭領導小組   │      │ 省人大授權平潭人大  │
└───────────┬─────────────┘      └─────────────────────┘
            │
            ▼
       ┌──────────────────────┐      ┌──────────────┐
       │ 平潭綜合實驗區管委會 │─────▶│ 綜合開發公司 │
       └──┬────┬────┬────┬────┘      └──────────────┘
          │    │    │    │
  ┌───────┘    │    │    └───────┐
  ▼       ▼    │    ▼             ▼
┌──────┐┌──────┐│┌──────┐     ┌──────┐
│功能區││功能區│││功能區│     │功能區│
│管委會││管委會│││管委會│     │管委會│
└──────┘└──────┘│└──────┘     └──────┘
                ▼
          ┌──────────────┐
          │ 各社區居委會 │
          └──────────────┘
```

圖 1 平潭綜合實驗區管理框架

在這個框架中，平潭綜合實驗區管委會（簡稱「全區管委會」）行使地方政府職能，要對平潭人民代表大會會負責，同時接受國臺辦—福建省平潭綜合實驗區建設領導小組的業務指導。全區管委會負責平潭的經濟管理、社會管理、文教管理和整體行政管理，下轄四大功能區管委會和各居民委員會。這就是說，全區管委會的經濟和專業管理職能和各功能區管委會的管理職能直接對口指導，同時全區管委會負責一般的社會事務管理，直接對口指導各居委會。居委會自選自治本地方一般事務。另外，由福建省投資集團公司和臺灣企業出資聯合設置平潭綜合開發公司，建立公司治理結構，作為基礎設施開發建設、招商引資、融資投資的主體。這樣，全區管委會作為政府負責一般經濟社會管理和行政事務，平潭投資公司作為企業主體負責投融資和開發建設，兩者相輔相成。

2. 縱向分析：共同管理的實施步驟

兩岸共同管理雖然可以透過多種形式，參與不同層級的組織機構，但是並非要一蹴而就，全部推行的，而是應該根據「五個共同」的整體發展階段的情況，在初級階段、中級階段和高級階段啟動體現本階段任務和特點的管理形式。

(1) 初級階段

初級階段，即開發起步階段（2009 年至 2012 年）。這一階段的主要任務是搞好規劃和基礎設施建設，探索和落實共同規劃、共同開發。根據這一階段的任

務特點，共同管理應體現在共同規劃和共同開發之中，還不具備以獨立的共同管理體制運行的條件。

具體而言，這一階段共同管理的形式包括契約式管理、參與/參股式管理，參與主體主要是臺資的企業、建築公司、諮詢機構和規劃設計單位，以及部分臺灣規劃、設計、施工、監理人才。參與領域主要是經濟開發及規劃，以及部分文教管理，要讓臺灣規劃設計資源與企業投資在平潭落地，開闢合法盈利的途徑，進而讓臺灣同胞認識到平潭的活力和前景，產生到平潭發展的動力。這可以算是比較低程度的共同管理，也是共同管理各種具體形式的基礎。

（2）中級階段

中級階段，即全面開發階段（2013年至2020年）。這一階段的主要任務是建立共同管理的基本框架和體制機制，全面推進平潭的經濟與社會發展。這一階段要求把臺灣的企業、社團、學校以及達到相當規模的臺灣民眾吸引到平潭來，充分發揮契約式管理、參與參股式管理、競選競聘式管理、授權式管理的功能，根據不同組織層級和不同管理領域的實際需求，落實共同管理。

這一階段的共同管理延伸到社會管理和部分行政管理領域，包括社區管理、功能區管理、經濟管理、教育管理，以及平潭綜合實驗區管委會的部分行政管理。這一階段長達7—8年，要做到大量吸引臺灣精英人才和普通民眾前來平潭就業發展，並且吸引福建省及周邊省市的人力資源聚集平潭，使平潭的總人口達到70—80萬，形成臺灣之外的「小臺灣」。在這一階段，把平潭的經濟總量和人口規模都提上去，使社會需求多樣化，社區管理和服務機構大量發展。這樣才能使共同的社會管理有必要和需求，從而快速吸收兩岸優秀的社會管理經驗，推進社會管理創新和部分行政管理機制創新。這是屬於較高程度的共同管理。

（3）高級階段

高級階段，即發展完善階段（2021年至2030年）。這一階段的主要任務是根據兩岸關係和平潭發展的現實需求，推動共同管理體制機制不斷完善，讓兩岸同胞共同受益，形成共同家園。這一階段除了要擴大吸引臺灣企業和各界人力資源之外，還要吸引臺灣當局到平潭參與發展獲益，吸引臺灣普通民眾把平潭當做職業發展的新舞臺。因此這一階段的共同管理方式可以更加靈活，吸收臺灣現行選舉制度和民意監督問政制度的優良方面，同時繼承大陸優質高效的行政管理體制，讓兩種行政體制甚至政治體制互相取長補短，共同融合發展，使平潭發展成

為令人矚目的經濟發展新高地、社會管理新平臺、行政管理新體制。這是深度融合的全面的共同管理。

以上三個階段的初步劃分和管理形式探索，旨在說明共同管理的內涵是隨著時間的推進不斷擴大的，範圍和領域也是不斷擴大的，參與主體和參與民眾數量也是不斷增加的。

四、實施「共同管理」的困難與出路

在中國大陸的行政管轄區域內推行境內外人士共同管理，這是史無前例的思路。有關共同管理的體制機制設計與論證因此也是史無前例，很難找到直接參照系。主要困難體現在如下幾個方面，相應的出路也參見如下。

（1）轉變管理觀念上的困難。過去很多地方政府建設開發區，普遍存在「以我為主」的思路，都視臺灣資源為可利用的經濟發展工具而已，但是這套思路在平潭很難走得通，應該轉變觀念。一來平潭缺乏區域經濟競爭力優勢，二來平潭的定位是對臺「先行先試」、建設「共同家園」，因此務實之計是大陸政府要真正開放胸懷吸收臺灣人才與大陸人才在平等基礎上共同管理，吸引臺灣人力資源赴平潭就業發展，把平潭建成「兩岸的平潭」，而不僅僅是「福建的平潭」。

（2）管理主體由大陸人士變為海峽兩岸人士或社團共同管理，面臨一系列前所未有的兩岸行政管轄衝突難題，包括戶籍、身分、權利、義務等，需要綜合配套的管理體制改革。我們要克服臺灣當局和法規對臺灣居民赴大陸設籍、就業等方面的限制，應該盡力做好可操之在我的部分，力行創新，讓臺灣民眾對到平潭視之如歸。隨著兩岸關係和平發展的推進，我們還要努力促使臺灣當局逐步修訂「兩岸人民關係條例」及有關實施細則、當局公告中限制臺灣居民赴大陸行政管理部門就業發展的限制（參見本文附錄）。

（3）管理制度由大陸地方政府管理制度變為特殊管理制度，而且光複製經濟特區的特殊優惠政策和制度也還不夠有吸引力，還必須擴展到社會、文教、行政管理等方面實行特殊管理制度，為此，制度創新需要高難度的頂層設計和綜合配套。

（4）管理法規必須適應兩岸在人力上和制度上共同管理的要求，這就直接觸及60多年來兩岸法政系統的差異和衝突之處。因此，就要透過全國人大常委會授權福建省人大，賦予平潭綜合實驗區人大特別立法權，制定共同管理條例和相關條例規定。平潭綜合實驗區應撤銷或修訂既有的與兩岸共同管理相牴觸的法律法

規，頒布平潭綜合實驗區公務人員管理條例，放寬公務人員招考條件，實行兩岸同胞同等錄取，允許臺灣不同政黨背景的人士報考。

五、「共同管理」的實施條件及分領域政策建議

兩岸共同管理要真正成為一種創新的、有效的管理制度安排，要使平潭對臺具有獨特的吸引力，首先必須體現在兩岸共同合作的經濟和社會管理創新上。因此，兩岸共同管理的實施是有條件的：

第一，平潭的經濟規模必須發展上去。目前，平潭處於開發建設初期，各方面優惠政策初步形成，資金和資源正在投入，基礎設施建設正在緊鑼密鼓地推進，整體來看給人民一定的信心。但是廈門經濟特區是經過幾十年才發展到今天的成就的，平潭也無法違背經濟發展的基本規律一蹴而就。可以說，目前平潭在經濟上的快速啟動為兩岸共同規劃、共同管理提供了初步的基礎，但還需要進一步的經濟積累才能使共同管理發揮出影響力。

第二，平潭的人口規模，特別是臺灣籍人口規模必須達到一定的程度。以廈門市為參照系，目前在廈門常住的臺灣籍人口大約 8 萬人，加上非常住但經常往來的臺籍人口大約 3 萬人，一共不到 12 萬人，只占廈門市區人口的 10%。這是在廈門特區經過 30 多年發展以後才擁有的臺籍人口規模。對平潭來說，希望在幾年之內就能吸引 10 萬以上的較高素質的臺籍人口並不現實。只有從共同規劃的初級階段起，不斷創造並提供新的就業崗位給臺籍居民，不斷釋放出優惠的措施吸引臺籍居民來平潭就業、投資、求學等，才有可能在 10 年內（「五個共同」的中級階段）達到 10 萬人以上臺籍人口規模（預計可占屆時平潭總人口的 15% 左右）。在此過程中，共同管理中的兩岸共同社會管理才有其必要性。如果在 2020 年以後平潭的臺籍人口達到總人口的 20%，這樣實施的共同管理，特別是社會管理將會有重要的影響力。

下面是分領域共同管理政策建議。

1. 行政管理

（1）政府管理。平潭綜合實驗區管委會由省政府派出機構轉變為地方政府，各功能區管委會作為其派出機構，逐步吸收原平潭縣及各鄉鎮的行政職能（需特別立法規定）。全區管委會和功能區管委會作為政務系統，其管理層可以透過公推直選、個人競選、兩岸聯合團隊競選等形式引進臺灣優秀人才。一般崗位可以直接對臺招聘，或者以企業合約招聘後再借調事業單位或公務員編制的形式對臺

招聘，吸引臺灣民眾就業，提供兩岸同等待遇和平等權利。遇到涉臺敏感問題時實行兩岸成員聯繫協商制度。公共政策決策要公開、透明，必要時進行民意調研，注意進行公共政策反饋調查與調整。推行政務公開，做到預算公開可查詢。

（2）府際協調。與海西區、福州市及周邊市縣的府際行政協調。成立國臺辦—福建省平潭綜合實驗區建設領導小組及辦公室，由國臺辦主任和福建省長擔任組長，主管對臺經貿、項目投資、城市規劃、工業發展、經貿合作的副省長和福州、廈門兩市領導擔任副組長，省直機關負責人擔任小組成員，領導小組辦公室設在省政府辦公廳，實行機構單列。辦公室的職責是協助領導小組協調平潭綜合實驗區的規劃、項目報批以及細化國家各部委支持平潭綜合實驗區建設的指導意見，頒布具有可操作性的政策措施，並幫助平潭管委會解決跨區域、跨行政部門的重要事務。

（3）中共（黨）組織。黨組織不變，在平潭人大和全區管委會可成立黨組和紀檢機構，根據黨政分際原則，不直接參與管委會業務管理。削減黨的經濟管理職責，調整黨務重點與範圍。黨務系統負責發展黨員、組織優秀人才參與競聘或競選，透過從政黨員對政務系統和公共政策有監督權、建議權等。

（4）人大。人大代表制度不變，增加賦予特別立法權，落實民意代表的職、權、責，探索設立專職給薪人大代表，為其配備固定辦公室，完善人大代表的調查、質詢等民意代表職能。

（5）政協。由省政協指導，轉為政策諮詢和民意調研機構。

2. 經濟管理

推行管委會政務系統授權平潭綜合開發公司招商引資、投資融資、開發建設的模式。兩岸企業可組成財團，聯合投資組建平潭綜合開發公司。

推行管委會和臺資企業之間的契約式管理，具體形式包括 BOT 模式、各種服務外包形式等，合作領域包括重大項目建設、物業管理、企業生產運營管理服務等。

3. 社會管理和社區管理

平潭綜合實驗區採取功能區和行政區疊加的模式，功能區管委會逐步吸收鄉鎮行政機構的經濟管理職能，但社會管理職能統一由平潭全區管委會統一行使。

撤銷街道辦，成立社區居委會，推行社區服務和社區自治。平潭全區管委會成立社區服務中心對接各社區居委會。全區管委會一方面提供社會服務資源，開

展治安、婚姻、人口登記、基礎設施等方面的服務；另一方面直轄各社區居委會，指導居委會實行本社區的社會管理，包括行業管理、社團管理、網路管理、輿論管理等。各居委會負責人由兩岸同胞競選、競聘。

目前，平潭的社區建設還處在初級階段，社會組織和公共輿論都不發達，因此短期內平潭的社區公共服務、社區民主建設以及公眾參與都需要全區管委會推動。中期和長期而言，推行社團、媒體在平潭區域自由設立和備案制度，鼓勵社會組織發展和輿論監督。

4. 文教管理

推行管委會和臺灣私立大學以及臺灣社團之間的授權管理和契約管理。設立院校董事會，制定大學章程，按美國大學管理模式，由董事會聘任大陸和臺灣高級人才建設和管理平潭大學、海峽學院等文教機構，引進臺灣職業技術院校的師資和課程，培養實用型技術人才。

5. 政治體制的銜接

平潭綜合實驗區管委會目前作為省政府派出機構，應該逐步轉向地級市政府，享有相應權限和職能，並向重新選出的平潭綜合實驗區人大（而非原來的平潭縣人大）負責，同時接受國臺辦—福建省平潭建設領導小組的領導。政治協商會議制度保留，但扮演民意諮詢、政策調研與問政監督的角色。中國共產黨的領導體現在人民代表大會制度之中，在平潭人大和管委會成立黨組和紀檢機構，透過對從政黨員幹部的動員和監督體現現代政黨的合法參政功能，但不直接參與管委會業務工作。允許其他民主黨派在人大成立黨組，扮演參政和監督的角色。

附錄1：「臺灣與大陸地區人民關係條例」（節錄）

（2003年10月29日修正公布全文96條；2006年7月19日修正公布第9條）

第五條之一：臺灣各級地方政府機關（構），非經「行政院大陸委員會」授權，不得與大陸地區人民、法人、團體或其他機關（構），以任何形式協商簽署協議。臺灣之公務人員、各級公職人員或各級地方民意代表機關，亦同。

臺灣人民、法人、團體或其他機構，除依本條例規定，經「行政院大陸委員會」或各該主管機構授權，不得與大陸地區人民、法人、團體或其他機關（構）簽署涉及臺灣公權力或政治議題之協議。

第九條之一：臺灣人民不得在大陸地區設有戶籍或領用大陸地區「護照」。（違者喪失臺灣人民之身分、權利並註銷戶籍）

第三十三條之一：臺灣人民、法人、團體或其他機構，非經各該主管機關許可，不得為下列行為：

與大陸地區黨務、軍事、行政、具政治性機關（構）、團體或涉及對臺政治工作、影響國家安全或利益之機關（構）、團體為任何形式之合作行為。

與大陸地區人民、法人、團體或其他機構，為涉及政治性內容之合作行為。

與大陸地區人民、法人、團體或其他機構聯合設立政治性法人、團體或其他機構。

臺灣非營利法人、團體或其他機構，與大陸地區人民、法人、團體或其他機構之合作行為，不得違反法令規定或涉有政治性內容；如依其他法令規定，應將預算、決算報告報主管機關者，並應同時將其合作行為向主管機關申報。

第三十三條之二：臺灣各級地方政府機關（構）或各級地方立法機關，非經「內政部」會商「行政院陸委會」報請「行政院」同意，不得與大陸地區地方機關締結聯盟。

第三十三條之三：臺灣各級學校與大陸地區學校締結聯盟或為書面約定之合作行為，應先向「教育部」申報，「教育部」未於三十日內決定者，視為同意。

附錄2：2004年3月1日「行政院陸委會」公告（陸法字0930003531-1號）

依據「兩岸人民關係條例」第三十三條第二項規定，臺灣人民、法人、團體或其他機構，不得擔任大陸地區黨務、軍事、行政或具政治性機關（構）、團體之職務。

臺灣人民、法人、團體或其他機構，不得為大陸地區黨務、軍事、行政或具政治性機關（構）、團體之成員。

有關「大陸地區黨務、軍事、行政或具政治性機關（構）、團體」說明：

1. 黨務系統（含直屬機構、派出機構、事業機構、辦事機構、工作部門或議事領導機構及所屬團體）；

2. 軍事系統（含直屬機構、事業單位、團體）；

3. 政務系統：國務院及其所屬各部委（含直屬特設機構、直屬機構、直屬事業單位、直屬辦事機構、部委管理國家局等）；各級人民政府（省、直轄市、自治區、縣區市旗、鄉鎮行政組織）、各級人民法院、各級人民檢察院及該等行政機關所屬機構、事業單位、團體。

4. 其他具政治性之機關（構）、團體：各級人民代表大會制度組織、各級政治協商會議制度組織、村級行政組織、黨派群眾組織團體、大眾傳播體系組織、具有準官方性質之社會團體；大陸地區法人、團體或其他機構之性質涉及對臺工作、對臺研究，有妨害「國家」安全或利益之虞。

平潭綜合實驗區之社會治理模式——法制建構層面之重要課題

王志誠[1] 方斯遠[2]

◎[1] 中正大學法學院教授、法學博士

◎[2] 中山大學法學博士

一、楔子

自 1979 年中國大陸與臺灣恢復經貿關係以來，兩岸的經濟合作可謂在曲折中前進，不僅在規模上日益增大，在合作層次上亦不斷提升。可以想見，兩岸未來在經貿方面的聯繫會更加緊密與高端。

在這一背景之下，中國大陸提出建立平潭綜合實驗區，探索兩岸共管的治理模式，具有重要的時代意義。縱觀兩岸經貿合作的歷史，從 1980 年代的「臺灣接單、大陸生產、香港轉口、海外銷售」這種小規模來料加工模式，到本世紀以來設立與投資高新技術企業為主的合作模式，儘管整體發展趨勢蒸蒸日上，但是其中仍出現了不少問題，尤其是在法律規範層面的缺失所引致的糾紛，相當程度上影響了兩岸經貿的合作。因此，本文擬從法制建構層面切入，透過檢討兩岸經貿合作史上的典型問題，探討如何為平潭實驗區的發展構建合適的法制環境，推動兩岸經貿合作之長期發展。

本文擬先從社會治理模式的內涵界定入手，探討平潭實驗區在模式上的應然選擇；進而分析在這一模式之下平潭實驗區法制建構層面的問題，對此，應當先將實驗區在法制上先行先試的「創新空間」作為先決問題予以討論，本文的側重點在於經貿環境的制度建設，因此將會借鑑世界銀行（World Bank）從 2004 年逐年提出「營商環境報告（Doing business）」的若干分析框架，[1] 分析制度建構層面的具體問題，提出相關的制度建議；最後分析臺灣的應對策略。

二、社會治理之內涵及模式選擇

（一）「治理」與「社會治理」的內涵界定

基本上，英美社會科學文獻賦予治理（governance）一詞的內涵較豐富，在新制度經濟學的視野中，治理可以被理解為為追求特定經濟目標而形成的各種社會組織方式。依科斯（Ronald Coase），最早提出市場與企業是兩種可以

相互替代的治理模式，[2]而後續的研究者將這一洞見發揚光大。依據諾貝爾經濟學獎委員會的報告，2009年諾貝爾經濟學獎的獲得者艾利諾·奧斯特姆（Elinor Ostrom）及奧利弗·E. 威廉姆森（Oliver E.Williamson），即因其對經濟治理的卓越研究而獲此殊榮。其中，奧利弗·E. 威廉姆森的研究側重於合約關係的治理，其核心觀點為，為節省締約成本，市場、科層、官僚體制及其混合形式均為可相互替代的治理模式（models of governance），[3]艾利諾·奧斯特姆則側重於研究公共資源的利用，在公共選擇方面尤有建樹，其認為避免公共資源「公地悲劇」的方式並不限於國有化或私有化，集體行動可以作為第三條道路供選擇。[4]簡言之，制度經濟學對治理研究共同的研究主線是制度的多樣性，包括正式制度與非正式制度，均可當納入研究範圍。

一般來說，「治理」與「管制」（regulation）是相對概念，主要強調主體之間的互動。[5]因此，社會治理是一種以協商、參與機制為基礎的互動過程，它是政府、市場和社會共同作用的結果，這一範疇興起於1980年代末期的西方國家一些國際性組織，例如世界銀行、國際貨幣基金會（IMF）及經濟合作發展組織（OECD）等，[6]主要用以描述公共權力與社會的關係，乃至於政府部門與民間團體及個人之間互動過程和網路。[7]相對地，英文文獻中對社會治理（social governance）這個概念的運用，突出了現代社會在管理和控制上的多元性、互動性和動態性的特點，並強調現代社會治理不同於傳統的政府統治，亦即其不僅依靠自上而下的政府行政權力，還要更多地容納和依靠非政府組織或主體的自治行動。[8]

社會治理這一範疇引入中國大陸之後，若干研究者多將「社會治理」理解為一個社會對其不同組成部分的協調和整合，而社會治理結構則是指實現這類社會整合的各種制度方式。其基本體現是各種政治、行政和法律體制，但又不侷限於這類正式制度，尚應涵蓋著社會的道德規範和價值體系。從這樣的角度來看，社會治理問題的核心涉及兩個方面：其一，恰當處理政府與各類非政府組織或主體（企業、機構、群體、個人）的關係；其二，恰當處理各類社會主體之間的利益關係。所謂「社會治理模式轉型」，主要是指使一個國家的社會治理向適應經濟市場化要求的方向轉變，以形成能協調多元社會利益、實現社會有效整合的制度體系。

（二）社會治理模式演進的一般規律

人類社會不同階段的社會經濟發展水準決定了主導社會治理模式的不同。大體而言，在前工業化時代，社會治理主要依靠建立在身分區別基礎上、以權力為主導的治理模式；在進入工業化時代之後，「經濟發展」成為政權合法性基礎的重要組成部分，「從身分到契約」的變革在很大程度上消解了舊有的等級制，[9]而代之以地方自治與分權化的治理模式。此一時期採用自由放任的經濟政策，人格平等、私權神聖、契約自由及過失責任（過錯責任）等法制理念，[10]都屬於這一模式的組成部分。最為明顯的例證是19世紀的美國，美國法官透過案例法（case law），而非藉由國會立法，作為引導社會變革的工具，並不僅是在個案中實現公平正義的規範體系，由此形塑了財產法、合約法與競爭法等多項制度，在相當程度上扶持了工業化時代的經濟發展。[11]然而，隨著經濟活動複雜性的增加，自由放任經濟帶來的各種社會問題的加劇，各國均加大了管制的力度，例如美國自20世紀以來，制定法的數量大幅度增長（statutorification），甚至被形容為過量（orgy of statute making），即為典型例證。[12]

矯枉過正在歷史上屢見不鮮，制度的變革往往也如鐘擺一般在兩極間徘徊，儘管政府的管制在很大程度上糾正了市場失靈的問題，降低了經濟活動的負面外部性，但亦帶來了新的問題，其造成的後果就是政府規模過大，機構臃腫，人浮於事的局面，更為嚴重的是官員的尋租問題。[13]因此，去行政化，加強社會力量的多元社會治理模式逐漸興起，這種模式強調治理主體的多元化，並不限於傳統的市場與政府兩級，而是擴展到包括個人、企業、社區等在內的各種社會主體，在治理方式上，更為接近艾利諾奧斯特姆（Elinor Ostrom）所言的「中間道路」，亦即主要依賴社會主體自發的各種集體行動，強調其民主參與，共同合作。[14]本文以為，各種社會治理模式本身均有其正當性邊界，[15]多元治理模式則更為適合當前社會環境高度複雜、充滿不確定性的整體狀況。

（三）中國大陸社會治理模式的演進路徑

中國大陸傳統社會的治理模式存在二元性的特徵，在正式制度的層面，是以官僚體制基礎上的管制為主。相對地，中國大陸更是一個非常強調地方自治的國家，中央政府的規模始終很小，家庭、宗族、士紳等組成了複雜的、多元的地方權威，大多數的糾紛都在這個層面上解決，即「private ordering」和「independent judges」。[16]應注意者，由於中國地大物博，加強管制，維護中央集權已成為制度演進的基因，嵌入了中國的制度改革中。尤其是在1950年之後，中國大陸形成了執政黨主導一切、國家（包括黨、政府、軍隊及其他公共組織）急劇膨

脹進而支配社會的「總體性」結構。改革開放以來的社會變遷雖然在相當程度上消解了此種總體性,但有關「國家與社會」的這一結構仍在一定範圍內存在並得到更新乃至強化,從而在正和負的兩個方面構成了「中國模式」或「中國道路」的一種因素或含義。[17] 這一時期幾乎所有的社會組織,均依照行政機關的組織模式建立,在資源配置的方式上市場幾乎完全讓位於官僚體制。

此種「總體性」結構對社會資源配置造成了極大的負擔,在這一背景下,中國大陸啟動了改革開放的進程。然而,制度資源的有限性決定了改革必然是路徑依賴(path dependence)與路徑獨立並存,[18] 而形成了大陸經濟轉軌的「域外經驗」與「本土資源」並存的二元局面。一方面,儘管改革者認識到現有制度的缺陷及放鬆監管(解除管制)的必要性,但由於沒有可以直接借鑑的制度改革經驗,而且中國大陸各地區之間由於先天稟賦上的區別,經濟發展方式各不相同,中央立法難以顧及各地方不同的發展狀況,以致中央無法透過統一適用各地方的計劃來具體指揮改革,[19] 而只能透過起草寬泛而模糊的條款進行授權(包括《中華人民共和國憲法》在內的各級立法均帶有不同程度的不完備[20]),賦予各地方先行先試的自由裁量權,推動了地區(政府)間的競爭,由此激發地方經濟的活力,以恢復私有產權和市場制度;[21] 但另一方面,「總體性」的格局仍未被消解,大政府的格局依舊存在,行政壟斷、市場分割等現象依舊嚴重。[22]

概言之,在「萬能政府」、「大有為政府」的大前提下,中國大陸的社會治理主要存在著兩大問題:其一是政府對其他領域過度干預,其二是社會力量相對薄弱。近年來各界大多提倡減弱政府干涉,培育社會力量,主要的政策建議集中在下列兩方面:首先是轉變政府職能,確立服務型政府的新定位。目前政府職能轉變應在塑造國家與社會的高度來認識,增強服務性職能,加強透明度和公眾參與度,規範政府決策。其次是發展民間組織的力量。政府職能在不斷轉變的同時,原來由政府包辦的各種社會服務,需要有嶄新、更為有效率的組織來承擔。[23] 本文認為,多元化的治理模式是中國大陸未來經濟社會改革的首選模式,而平潭綜合實驗區正是制度改革的重要試點。

三、建立平潭綜合實驗區之相關法制問題

鑑於多元社會治理模式的運行必須以法治為基礎,強調運用法律調整的手段,將政府行政機關的行政權限、行使權限的方式及應有的行政程序,設定或固定其框架,且將政府與企業、政府與公民之間的權力及義務加以明確化,[24] 不僅有利

於遏止政府對市場的不當干預,且能降低官員尋租的空間。唯有避免政府的過度干預,才有利於企業、個人等社會主體自發探索合適的治理模式。

又基於法律是現代社會善治的基本依據和保障,故在法制建構層面上,本文側重於營商環境的法制建設。首先,應當考察的是平潭綜合實驗區在制度創新上的空間。其次,參考世界銀行營商環境分析報告的體例,以商業籌建、公司融資、投資者保護等幾個重要角度,探索相關法制建設的問題。

(一)前置問題:先行先試的制度空間

在《平潭綜合實驗區總體發展規劃》中,國家發展和改革委員會多次提及要推動平潭在對臺交流合作中先行先試。因此,可供檢討的經驗主要有下列二者:一方面是改革開放的早期階段,廣東省的先行先試現象;另一方面是深圳特區的特別立法。[25]

1. 廣東省的經驗

廣東省在改革開放的早期,透過制度上的先行先試,取得了巨大的成果。不僅促進了廣東省的經濟發展,更加推動了中國立法、司法進程,為國家級的立法、行政法規及相關司法解釋的頒布,提供寶貴經驗。學者透過「法律與經濟增長」的理論框架分析,將相關經驗歸納為以下幾點:

首先,所謂政策先行,即政府政策檔先行於相關法律頒布,在法律缺失或滯後的制度背景下,透過政策「發現」新規則,指導相關法律法規的制定,甚至直接上升到法律法規層次,或發揮法律的替代作用,提高了制度彈性。

其次,涉外立法先行,是指在涉外經濟領域,在中央未頒布相應中央立法的情形下,廣東省為引進外資,透過制定地方法規的形式率先進行立法,加大對國外投資者的保護。

再次,司法先行,是指在中國法制建設剛剛起步,國家成文法的制定依舊處於探索階段,立法數量較少,條文過於原則抽象難以具體適用的情況下,法院透過個案的裁判,以及根據裁判經驗形成的指導性司法政策,在一定程度上替代了立法,發揮著規則形成作用。

最後,適度容忍法律規避,[26]中央對廣東的改革開放給予了強大的政策支持,在一些敏感問題上,以寬容、「不爭論」的態度看待廣東「繞著紅燈走」的做法,給予了寬鬆的制度創新環境。[27]

不可否認在特殊的歷史背景下,廣東省在改革開放期間的各種先行先試現象均有其制度誘因,亦具有一定的合理性。在一定意義上,甚至可以認為,這是一種特殊的多元治理模式,因為這一發展過程離不開地方政府、法院、企業乃至於個人的共同參與,其規則的形塑在相當大的程度上,是這些主體集體行動的結果。然而,這種模式是否能適用於平潭綜合實驗區,仍須深入檢討。

事實上,廣東省的先行先試模式本身亦存在著不少問題。首先,這種做法嚴重損害了市場環境的確定性,以致商人或企業無法形成理性預期。實際上,商人或企業是自己利益的最佳判斷者,因此商事制度的確定性甚至比效率與公平更重要。[28] 由立法者、政策制定者乃至法官的判斷來替代商業判斷的做法並不可取。其次,制度環境的高度不確定性遏止了專用性投資的動機,在缺乏政府信用的情況下,商事交易規模受到若干限制。最後,此種做法亦給予了行政官員較大的尋租空間,損害了市場公平交易的環境。

對比之下,大陸現在的市場環境及法制環境顯然與改革開放初期不可同日而語。首先,隨著經濟的發展轉型,建立統一市場的呼聲日趨高漲,內資、外資企業區分立法的雙軌制模式已逐漸不適應新的發展形勢。[29] 其次,隨著《立法法》的頒布,大陸立法權限分配的制度框架已經確立,地方制度創新亦因而受到明確約束。此外,具有中國特色的社會主義法律體系已經基本形成,包括《物權法》、《合約法》與《公司法》在內的重要立法,基本上已經齊備,統一法律適用已經成為當前司法工作的重點。[30] 由此觀之,目前大陸營商制度環境的建構,更為追求公平透明。因此,平潭綜合實驗區在先行先試的制度創新中,實應特別注意營商制度之透明化,始符合現階段大陸的市場環境及法制環境。

2. 深圳特區的經驗

鑒於多元社會治理模式的運行必須以法治為基礎,故在符合現代法治要求的前提下,平潭綜合實驗區的開放開發中,立法空間勢必決定改革空間,立法權的實質內容將影響改革權的創新空間。問題在於,如何平衡推動制度創新與維護法制統一的對立、矛盾,這是所有「先行先試」發展模式首須應對的難題。目前平潭綜合實驗區爭取全國人民代表大會或全國人大常委會授予福建省人民代表大會及其常委會特別立法權,期能因地制宜制定地方性法規,並對法律、行政法規的有關規定進行調整的整體思路已經確立。[31] 因此,關於平潭綜合實驗區的特別立法權,似可以與包括深圳特區在內的經濟特區立法經驗,進行對比借鑒。

儘管深圳特區在1980年代末期，就已經制定了大量的地方法規，但是遲至1992年始取得特別立法權，且這一進展過程並非一帆風順，例如1989年深圳地方政府向全國人民代表大會遞交了《在原國務院授權廣東、福建兩省有立法權的基礎上，授權深圳立法權的議案》，當時即因與會代表激烈的反對而作罷。從發展情況來看，深圳其後有效地運用了特別立法權，不僅使1992年之前制定的經濟法規擺脫了「違憲」之嫌，更推動了之後中央多部經濟法的頒布。

相較於深圳特區，平潭綜合實驗區如果取得了特別立法權，仍應特別注意下列三點問題及實踐狀況：

（1）深圳特區取得特別立法權之際，《立法法》尚未頒布施行，因此平潭綜合實驗區在行使特別立法權的時候，應當注意《立法法》確立的立法權限分配，尤其是《立法法》第8條及第9條中「法律保留」和「授權立法」的範圍。

（2）深圳特區在若干方面並未能完全充分發揮特別立法權的優勢。例如委託學者起草，由深圳市人大常委會通過的《深圳經濟特區商事條例》，雖然在相當多的方面體現了較為先進的商法理念，引入了商人概念、營業轉讓、代理商等國內商事立法欠缺的規定，但由於商人、法官與律師普遍對《深圳經濟特區商事條例》的效力抱持懷疑態度，以致在實踐中相關規定基本上並無用武之地。

（3）深圳特區在某些立法上又「走過了頭」，發生過猶不及的負面作用。例如近期向社會徵求意見的《深圳經濟特區商事登記若干規定》中，[32]在公司資本制度上實行有限責任公司註冊資本認繳登記制度，無須登記實收資本、無須提交驗資證明檔（《深圳經濟特區商事登記若干規定》第16條）及有限責任公司股東約定出資繳足期限最長不得超過十年（第17條）等規定，即與現行《公司法》相互牴觸。儘管推動商事登記制度的改革理念在於「活躍市場，促進經濟繁榮」，無可厚非，但卻忽視債權人的保護，且破壞《公司法》適用的統一性，難謂合理。事實上，出現此種情形並非深圳特區所獨有，在此之前亦發生在《中關村科技園區條例》的制定。在當時中國大陸尚未立法通過《有限合夥法》的立法情況下，直接引入了「有限合夥」制度，中國第一家有限合夥企業「北京天綠企業投資中心」即是據此設立。然而，中國證券監督管理委員會認為此舉違規，責令作為有限合夥人的上市公司限時收回資金，中關村管理委員會為此援引《中關村科技園區條例》中對有限合夥的規定與中國證券監督管理委員會進行協商。固然，中關村管理委員會認為《中關村科技園區條例》中對於有限合夥的規定，是作為中關村科技園區率先實施的一項特別法律規定，只適用於中關村科技園區內的風險投

資機構，但這一論點似忽略根據《中關村科技園區條例》所設立企業的交易對象或舉債對象，並不以中關村科技園區內的企業為限。此外，該項做法實際上對債權人利益造成了重大威脅，亦存在相當大的風險，最終該上市公司迫於監理機關的壓力，退出其在中關村科技園區的投資，事實上亦宣告這類制度創新模式的效力，並不穩定[33]。

綜上所述，本文認為，平潭綜合實驗區先行先試的制度空間，仍應當堅持尊重立法權限的分配，不得與現行法規相互牴觸的原則。因此，似可以考慮設立法制專門委員會，對各類創新立法事先進行合理性及合法性的審查，以避免出現深圳特區與中關村立法失誤的局面。創新立法應當側重於對現行法律、行政法規及部門規章的細緻化完善，[34]如果某些制度改革確有必要，且與現行法律、行政法規及部門規章相互牴觸，則應當報請立法機關取得特別立法授權，乃至於積極與國務院及各部會相互協商，以修正各種窒礙難行的行政法規及部門規章。

（二）營商環境的宏觀制度建構

在平潭綜合實驗區的營商環境的制度建構上，關鍵在於如何平衡「管制」與「自治」的對立關係。關於解決管制與自治的緊張關係，《公司法》的發展歷程，似可作為重要參考。

在實踐當中，公司及其投資者透過法律規避私下建立新交易模式的現象具有一定普遍性，但這一類「失範的公司自治行為」亦可能轉變為公司法強制性規範及相關管制措施改革的內生動力，進而「由下至上」的推動公司法制的誘致性變遷。[35]實際上，這一問題的根源在於，大陸的公司立法在很大程度上並非「市場回應型」，而是在中國國內特定政策目標之下對域外法改造而來，[36]相當多的規定欠缺效率。儘管2005年修正《公司法》在很大程度上放鬆了管制力度，但路徑依賴的因素依舊在很大程度上制約了法律實施的效果，[37]而讓《公司法》修法的初衷大打折扣。在這種情況下，商人自發的「法律規避行為」反而發揮了「效率檢驗、資訊回饋甚至創新示範的功能」。[38]然而，過多的「失範行為」則會破壞法制的統一，影響營商環境的確定性。因此，本文認為，不僅要鼓勵商人自治，頂層設計亦不能缺位。

所謂頂層設計，應當兼顧公私法兩方面。在公法層面，宜通過《平潭綜合實驗區條例》的制定，對平潭綜合實驗區的發展定位、管理體制、產業發展、法制保障等予以全面規定。[39]尤其值得一提者，即為市場準入制度。[40]在《海峽兩岸經濟合作架構協議》（ECFA）簽訂之後，放寬的非金融機構服務行業有：會計、

審計及簿記服務類、電腦軟體服務類、自然科學、工程學研究、實驗開發服務、會議服務、專業設計服務、醫院服務及飛機維修類服務等。在金融服務方面，允許臺灣保險公司以集團名義準入大陸保險市場，允許臺灣銀行在大陸設立獨資銀行、分行及經營人民幣業務，[41]臺商在大陸投資的領域已經大大增加。在此背景下，近年來中國大陸若干地區都制定了具體的條例規章放寬市場準入。[42]縱觀這些規章，其主要精神可概括為「非禁即入」，即允許除法律法規禁止之外、不涉及國家產業安全的各類臺商投資項目進入市場，平潭綜合實驗區理應承繼此等自由開放的精神，並且可考慮由有關部門結合平潭本地實際情況與國家宏觀政策，制定投資指引。

本文以為，放寬市場準入應當以符合法律及行政法規為限。例如福建漳州頒布的《鼓勵臺商創業和支援臺資企業發展措施》中，以商標權、專利權、科技成果等智慧財產權出資設立臺商投資企業，智慧財產權出資額最高可占註冊資本的70%，儘管放寬臺商投資企業出資方式，但符合《公司法》第 27 條的規定，[43]應值贊同。

在私法層面，則可考慮借鑑深圳特區的做法，制定一部規範商業組織及商業交易的《商事通則》作為商事一般法。近年來，大陸學界普遍達成共識，認為目前的商事單行法立法模式難以達到完善商法的目的，由於「政出多門、多頭立法」的情形在相當程度上影響了商法的統一與法律適用的效果，有必要制定一部商事基本法。[44]因此，似可以借鑑《深圳經濟特區商事條例》[45]及中國商法學會主持草擬的《中華人民共和國商事通則》建議稿[46]。

應注意者，《深圳經濟特區商事條例》制定以來運行效果不佳的一個重要因素是商人、法官等對其的效力感到不確定性，而導致《深圳經濟特區商事條例》在實踐中被架空。[47]有鑑於此，可以考慮的有效做法，應在平潭綜合實驗區的《商事通則》中，對其效力作出明確說明，給予市場主體遵循及適用法律的信心。

（三）商業籌建的相關法律問題

1. 臺商投資利益的保護

目前大陸在法律規定上對臺商投資保護的問題，規定了一般性的原則及具體的投資形式，茲整理如表 1 所示。

首先，在臺商投資實踐中所出現的問題主要是，《臺灣同胞投資保護法》界定的投資形式是直接投資，但相當多的臺商採取了間接投資的形式，以至於其在

大陸投資註冊時，無法按照《臺灣同胞投資保護法》獲得「臺商投資企業」的資格。最高人民法院在 1996 年向全國人大常委會《關於檢查〈中華人民共和國臺灣同胞投資保護法〉執行情況的報告》中稱「不少臺商到大陸往往不用自己的名義而以代理人的名義進行投資活動。例如臺商先在香港註冊一個公司，其後再以香港公司的名義在大陸投資。亦有臺商採用隱名合夥的方式進行投資。依據深圳中級人民法院調查反映，在工商登記中直接以臺商名義投資的企業到現在為止大約 600 餘家左右，而在當地臺灣辦公室的統計，具體有涉臺因素的合資企業則有 2000 多家。臺商的上述複雜而曲折的投資方式，導致在實踐中出現種種權屬不清的糾紛」，[48]對此《臺灣同胞投資保護法實施細則》試圖透過「類推」的方式解決此等問題。依《臺灣同胞投資保護法實施細則》第 30 條規定：「臺灣同胞以其設在其他國家或者地區的公司、企業或者其他經濟組織作為投資者在大陸投資的，可以比照適用本實施細則。」但是此等規定仍未能徹底解決問題。首先，並沒有規定類推適用的具體標準，以致具體實踐中產生爭議，例如「深圳市大工業區的臺資企業華稷園農業綜合開發（深圳）有限公司的土地徵用投訴」中，因涉案公司的臺商投資是透過香港公司簽訂的合約，國土管理部門與臺商就是否能夠認定臺商的投資者身分而適用《臺灣同胞投資保護法實施細則》發生爭議。[49]儘管該案件並沒有走入司法程序，但從大陸司法實踐的形式主義傾向來看，法官並不願意透過類推適用的方式來解決問題，可以想見類似案件如果進入司法程序，亦會引起較大爭議。由此觀之，未來可以透過明確類推適用的標準，以彌補法律規範的不足。

表 1：中國大陸對臺商投資保護的主要法規

	國家法律法規	具體條款
一般規定		
1	中華人民共和國台灣同胞投資保護法(1994年)	第3條：國家依法保護台灣人民投資者的投資、投資收益和其他合法權益
2	中華人民共和國台灣同胞投資保護法實施細則(1999年)	第3條：台灣人民投資者的投資、投資收益和其他合法權益受國家法律保護，任何機關、單位或者個人不得侵占、損害。 第18條：台灣人民投資企業依照國家有關法律、行政法規和經審批機關批准的合同、章程，享有經營管理的自主權。台灣人民投資企業經營管理的自主權受國家法律保護，不受任何機關、單位或者個人的非法干預和侵犯。
台商投資形式		
1	國務院關於鼓勵台灣人投資的規定(1988)	第3條：台灣投資者在大陸可以下列形式進行投資： (一)舉辦台灣投資者擁有全部資本的企業； (二)舉辦合資經營企業、合作經營企業； (三)開展補償貿易、來料加工裝配、合作生產； (四)購買企業的股票和債券； (五)購置房產； (六)依法取得土地使用權，開發經營； (七)法律、法規允許的其他投資形式。
2	中華人民共和國台灣同胞投資保護法(1994年)	第2條本法所稱台灣人民投資是台灣地區的公司、企業、其他經濟組織或者個人作為投資者在其他省、自治區和直轄市投資。 第7條：台灣人民投資，可以舉辦合資經營企業、合作經營企業和全部資本由台灣人民投資者投資的企業(以下統稱台灣人民投資企業)，也可以採用法律、行政法規規定的其他投資形式。
3	中華人民共和國台灣同胞投資保護法實施細則(1999年)	第8條：台灣人民投資，可以依法採用下列投資形式： (一)舉辦合資經營企業、合作經營企業或者全部資本由台灣投資者投資的企業(以下統稱台灣同胞投資企業)； (二)合作勘探開發自然資源； (三)開展補償貿易、加工裝配、合作生產； (四)購買企業的股票、債券； (五)購置房產； (六)取得土地使用權，開發經營； (七)購買國有小型企業或者集體企業、私營企業； (八)法律、行政法規允許的其他投資形式。

其次，在臺商投資實踐中更為重要的一個問題，則是臺商採取隱名投資形式時如何進行身分認定。[50]由於立法與司法解釋的缺乏，此一問題多年來對實務界

造成很大困擾。最高人民法院於 2010 年頒布的《關於審理外商投資企業糾紛案件若干問題的規定》與 2011 年頒布的《關於適用〈中華人民共和國公司法〉若干問題的規定（三）》中，即進行較為細緻化的規定。上開二項解釋確認實際投資者與名義投資者之間是合約關係，因此合約在因未違反或規避大陸法律、法規的強制性規定而有效的情形下，成為隱名投資的臺商主張權利的主要依據。至於隱名投資的臺商則需要面對雙重風險。其一，其要確認股東身分非常困難，在法律適用上，《關於適用〈中華人民共和國公司法〉若干問題的規定（三）》與《關於審理外商投資企業糾紛案件若干問題的規定》之間是一般法與特別法的關係，後者優先於前者適用。因此，作為實際投資者的臺商確認股東身分的依據，即是《關於審理外商投資企業糾紛案件若干問題的規定》第 14 條，而必須同時滿足實際投資者已經實際投資、名義股東以外的其他股東認可實際投資者的股東身分、人民法院或當事人在訴訟期間就將實際投資者變更為股東徵得外商投資企業審批機關的同意等三個條件，其難度極大。其二，在委託協議無效的情形下，《關於審理外商投資企業糾紛案件若干問題的規定》按照股權價值與實際投資額的比較，以決定股權收益的分配，儘管平衡了雙方利益，但是在企業採取有限責任公司形式的時候，如何認定股權價值，亦是司法實踐中的難題。

應注意者，臺商採取隱名投資的動機，主要有規避大陸投資準入法規、規避臺灣當局的限制及避免雙重課稅、規避審批註冊程式規定以便利辦理公司設立手續、法律理解差異、規避監管、利用優惠政策、規避債務及個人資訊保密等方面。[51] 由於大陸目前在市場準入方面已經大幅度放開，可以想見透過隱名投資來規避市場準入管制的情形，將會大幅度減少。因此，未來可以考慮的改革方向，即是利用《信託法》的正式制度，以降低隱名投資的需求。[52] 大陸的《信託法》雖然發布多年，但是在實踐中因為各種限制，並沒有完全發揮效力，相比之下，臺灣的《信託法》在適用上則普具成效，其先進經驗可為平潭綜合實驗區的重要參考。另外，亦可考慮探索股權定價的方式，以便在委託協定無效的情形下，正確分配合約雙方的利益。[53]

2. 商事登記

商事登記是目前大陸地區商事立法改革的重點，平潭綜合實驗區應可在這一方面先行先試，透過登記制度的改革給國家未來的立法改革提供經驗。就大陸目前商事登記制度存在的問題而言，主要是緣於計劃經濟時代，商事登記制度的制度設計偏向便於行政機關進行管理，以致在諸多方面較為僵化。另外，各種商業

登記的立法分散，層次較多，非常混亂，不僅影響市場運作，還形成較大的尋租空間，給商人造成諸多障礙。[54]

平潭綜合實驗區在商事登記的改革上，宜強調商事登記的私法價值，即以鼓勵創業為主，減少前置無謂之程式要求。例如可以借鑑珠海特區的改革經驗。2012年5月甫生效的《珠海經濟特區橫琴新區商事登記管理辦法》，[55] 即對商事登記進行較為科學的設計。其中一大亮點，即為正式區分開市場主體資格與經營資格，企業法人資格的取得與經營資格的審批許可相脫鉤。詳言之，經營資格審批許可不再作為商事主體登記的前置條件，商事主體登記只進行形式要件審查，材料齊全，符合法定形式，可及時辦理。[56] 此等做法，實糾正了大陸法律在登記程式上並沒有區分法人主體登記和營業登記，採用統一登記模式的做法。[57] 從現實的制度運行而言，這一改革可謂取得較好的效益，從事一般經營項目的企業甚至可以一天落戶，無疑對鼓勵創業發揮積極作用。[58]

另應注意者，即為關於公司資本制度的改革。《國家工商總局關於支持平潭綜合實驗區開放開發，促進兩岸交流合作的意見》中提出支持按照公司註冊資本的功能和法律原則，開展註冊資本登記改革探索，而《福建省工商行政管理局關於認真貫徹落實支持平潭綜合實驗區開放開發促進兩岸交流合作意見的通知》則進行了細緻化規定，提出：「要積極開展註冊資本登記改革探索，按照註冊資本功能和法律原則，進一步拓寬註冊資本制度改革試點的空間。一是貫徹落實省政府辦公廳轉發的提高工商服務水準七條措施中賦予平潭綜合實驗區『註冊資本零首付』 的先行先試政策，即設立註冊資本100萬元以下內資有限公司允許註冊資本實行『零首付』。支持以智慧財產權等法律法規和行政規章允許的非貨幣財產出資設立企業，積極運用股權出質、股權出資、債權轉股權等登記行政職能，做好企業股權出資、債權轉股權登記工作。二是在實驗區黨工委、管委會的支援下，開展臺資企業以新臺幣直接投資，並作為其註冊資本幣種的登記試點工作；從方便企業資金周轉、服務企業發展入手，開展重大臺商投資專案企業根據專案建設進度確定出資時間等註冊資本制度改革探索。」

實際上，類似的改革在珠海特區亦業已開始。例如《珠海經濟特區橫琴新區商事登記管理辦法》即實行有限責任公司註冊資本認繳制度，實收資本不作為登記事項，無需提交驗資證明。《公司法》確立的資本制度過於強調「資本信用」，在實踐中的弊端日益顯現，因此這些改革可謂進步，但亦有一定風險。按照《公司法》第27條第3款與《公司登記管理條例》的規定，全體股東首次出資不得低

於註冊資本的 30% 與法定註冊資本的最低限額，註冊資本與實收資本是公司登記的必備事項，因此前引包括「零首付」在內的改革措施直接與此牴觸，是否符合國家工商總局所提出「按照公司註冊資本的功能和法律原則」的改革原則，亦頗令人存疑。本文以為，若未取得立法機關的特別立法授權，資本制度的改革宜在現行法律法規的框架下進行，不應超越《公司法》第 27 條第 3 款與《公司登記管理條例》的相關規定。

此外，在商事登記方面，尚應關注者，應屬個體工商戶的登記制度，《國家工商總局關於支持平潭綜合實驗區開放開發，促進兩岸交流合作的意見》與《福建省工商行政管理局關於認真貫徹落實支持平潭綜合實驗區開放開發促進兩岸交流合作意見的通知》對於具體的改革方式，均言之不詳。

相對地，《珠海經濟特區橫琴新區商事登記管理辦法》實行個體工商戶豁免登記制度，自然人從事經營活動的，無須辦理個體工商戶登記，直接辦理稅務登記。問題在於，這一制度卻牴觸 2011 年國務院頒布的《個體工商戶條例》第 2 條規定：「有經營能力的公民，依照本條例規定經工商行政管理部門登記，從事工商業經營的，為個體工商戶。」另外，以稅務登記取代工商戶登記的做法，似乎難謂合理。本文認為，改革方嚮應當是簡化審批程式，而非完全廢除工商戶登記。

3. 企業融資

融資困難的問題一直制約著大陸的經濟發展，且在 2008 年金融危機之後，顯得愈加嚴重。[59] 目前各金融機構對平潭的開發多持支持態度，都單列了信貸額度，增加了信貸規模，15 家商業銀行給予平潭 670 億元的總承貸資金，推動設立平潭銀行和產業基金，加快海峽股權交易所的組建運行，吸引臺灣金融機構進入平潭。[60] 本文以為，有兩個方面可以透過先行先試探索新的改革措施。

首先，即是股權轉讓的問題，由於法律及司法解釋的不明確，股權轉讓在大陸的司法實踐中引起相當多爭議，各地頒布的裁判規則及相關判決可謂相當混亂，在涉及臺資企業的情況下，由於法律規定在股權轉讓合約生效的條件上附加報批義務，因而增加合約效力的不確定性，在實踐中引起較多的糾紛。《關於審理外商投資企業糾紛案件若干問題的規定》，即對實踐中的一些問題作出了原則性規定，主要包括如未經審批、未保護其他股東優先購買權對股權轉讓合約的效力影響。平潭實驗區可考慮對此再作細化規定，也為相關司法解釋的頒布進行試驗。

其次，則為融資方式的改革問題。目前有學者提出應構建多層次融資體系，建設大陸臺資企業融資的集中市場。[61] 另外，亦有學者建議加強產業投資基金的

作用,而認為與其他融資方式比較,產業投資基金融資規模大,能在短期內籌集到大量的長期建設資金,具有較強的資金聚合功能及優化企業財務結構等優點,應當使之成為平潭島開發建設的主導力量。[62] 本文以為,上開建議均具有一定程度的可操作性,頗值採納。唯應注意者,《證券投資基金法》正在醞釀修改,本次修改的一個動向是將私募入法,加以成文化,平潭綜合實驗區即有先行先試的空間,為《證券投資基金法》提供改革經驗。

(四) 公司治理模式的問題

目前大陸一個較為嚴重的問題是公司治理的危機。評論者即指出,中國面臨著一個漏洞百出的公司治理,如果放任其發展下去,勢必會在不久的將來給中國帶來重大的經濟危機。[63] 大陸公司治理問題的根源在於路徑依賴的影響,誠如鄧峰教授指出,自1908年清末變法之後,中國法律體系的進化由於政治上、經濟上與世界的隔離,更多地吸收了蘇聯模式,進而透過政治—經濟的官僚體系,將這一模式的內核延伸到了公司治理之中,而是一種進化不足的表現。這就意味著,儘管存在著大股東和小股東之間的利益衝突和矛盾,存在著股東利益保護和管理層謊報和偷懶之間的對立,存在著國有股和非國有股之間的市場分割而帶來的對立,但是在公司法和公司治理上的核心問題,仍然是過度規制和市場自由之間的矛盾,也表現為事前的行政規制和事後的司法裁判之間的權衡問題。要跳出這一惡迴圈模式,最好的辦法是透過產品市場、資本市場的競爭,造成公共權威機關的壓力,而迫使規則發生趨向於市場的優化。[64]

首先,平潭綜合實驗區可以發揮其優勢,引入臺灣公司治理的先進制度,探索進化的模式。目前已有在平潭的局部區域和範圍進行「共同管理」試點,如經營管理方面,在冠捷、協力科技產業園區和海峽如意城引進臺灣先進的企業管理、社區管理模式,進一步的改革可以考慮的方向是對在試驗區的臺商投資企業,適當放寬臺資投資的股比構成。[65]

其次,理論上亦可能存在一種更為大膽的改革方式。亦即允許平潭綜合實驗區的公司自由選擇依照大陸《公司法》或臺灣「公司法」確立的治理模式,應當有助於透過更強有力的進化競爭,推動公司法規則的優化。[66] 考慮到中國現在本身具有的多元法律體系(香港,澳門,臺灣等)的優點,這種改革方式並非空中樓閣,且更有利於實現兩岸法律融合、鼓勵投資的政策目標。這種規則選擇模式必然會為法律適用帶來新的問題,可以在未來的發展中總結經驗,促成共同進步,也可以為大陸《公司法》的第三次修訂提供具體的參考經驗。

（五）其他得先行先試的若干制度

目前還存在一些領域，由各種原因導致立法缺位，亦可以在平潭綜合實驗區進行探索。

首先，即為外資併購。目前在實踐中外資併購糾紛越來越多，但是司法解釋迄今未能頒布。最高人民法院的法官指出，其主要原因在於此類糾紛非常複雜，不僅涉及私法領域，還涉及反壟斷法等公法領域，而且理論爭議較大，審判經驗不足，法律依據欠缺。[67] 基於平潭綜合實驗區特殊的營商環境，可以預見外資併購可能會大量發生，因此應有較好的條件進行規則的探索。

其次，則為商事審判的法律適用。法律為實踐科學，法律制度的優劣只有在法律適用中才能體現出來。因此，如何在審判中援引臺灣的民商法律，即為一項亟待解決的問題。目前大陸對此問題的直接規定，應屬 2011 年 1 月 1 日起施行的最高人民法院《關於審理涉臺民商事案件法律適用問題的規定》第 1 條第 2 款規定：「根據法律和司法解釋中選擇適用法律的規則，確定適用臺灣民事法律的，人民法院予以適用。」唯若能在平潭綜合實驗區對此進行更為細緻化的規定，應有助於促進兩岸民商法律的融合。

最後，應為糾紛解決機制。在審判及仲裁中引入臺灣人士作為陪審員或仲裁員，或成立專門的涉臺仲裁機構，亦是需要在未來深入探索的重要問題。[68]

四、臺灣對平潭綜合實驗區發展之觀察及因應

（一）平潭綜合實驗區對臺灣的主要影響

國家發展和改革委員會於 2011 年 3 月提出《海峽西岸經濟區發展規劃》。其後福建省委復提出關於進一步貫徹實施《海峽西岸經濟區發展規劃》的決定，於 2011 年 7 月 18 日經中國共產黨福建省第八屆委員會第十一次全體會議透過，強調積極探索兩岸「共同規劃、共同開發、共同經營、共同管理、共同受益」的合作新模式。

國家發展和改革委員會於 2011 年 11 月所提出的《平潭綜合實驗區總體發展規劃》，即明示：「抓住海峽兩岸經濟合作框架協議簽署的有利時機，發揮平潭在兩岸交流合作中的『綜合實驗』作用，以兩岸全面對接為突破口，加快創新體制機制，推動全方位開放，推進平潭開發建設，在兩岸交流合作和對外開放中發揮示範作用。」顯示「平潭綜合實驗區開放開發」在構建兩岸交流合作前沿平臺，以「加大招商引資力度，加快引進一批大項目、好專案」的經濟策略思維。因此，

大陸顯然計劃將平潭綜合實驗區將建設成為「探索兩岸合作新模式的新示範區」，是為了發展「海峽西岸經濟區發展的先行區」，也是十二五規劃對臺政策重點之一。全國人民代表大會通過的《十二五規劃》，明定「加快平潭綜合實驗區開放開發」，推行「先行先試」政策，以「探索兩岸合作新模式」，使成為支持海西區與臺灣間的產業、金融與經濟等「區域試點合作」新模式的重要平臺。[69]

整體而言，平潭綜合實驗區對臺灣採行的「先行先試」政策，在本質上與大陸其他地方採用的「招商引資」政策，其目的大致相同，但平潭綜合實驗區則具有全面性、深度性、綜合性、靈活性、實驗性的特質。《平潭綜合實驗區總體發展規劃》，同意海潭島及嶼頭島、大（小）練島、東（小）癢島、塘嶼島、草嶼島等附屬島嶼作為平潭綜合實驗區的核心區域及重要組成部分，並在通關模式、財稅支援、投資準入、金融保險、對臺合作、土地配套等方面賦予平潭綜合實驗區更加特殊、更加優惠的政策。申言之，在創新通關制度和措施方面，實施「一線」放寬、「二線」管住、人貨分離、分類管理的管理模式；在稅收政策方面，對從境外進入平潭與生產有關的貨物給予免稅或保稅；在財政和投資政策方面，放寬臺資市場準入條件和股比限制等政策；在金融政策方面，支持臺灣金融機構在平潭設立經營機構，支持銀行業金融機構在平潭設立分支機構；在方便兩岸直接往來政策方面，支持設立平潭水運口岸，設立兩岸快捷客貨滾裝碼頭；在方便臺胞就業生活政策方面，允許臺灣的建設、醫療等服務機構及執業人員，持臺灣有權機構頒發的證書，在平潭綜合實驗區開展相應業務：在土地配套政策方面，支持平潭綜合實驗區開展土地管理改革綜合試點，積極探索土地管理改革新舉措、新政策。

國家發展和改革委員會及福建省委所提出的規劃內容，無異對平潭開發提出新的經濟策略思維，而對臺灣造成諸多重大影響：

1. 臺灣金融業的機會

（1）開放金融機構的設立

《平潭綜合實驗區總體發展規劃》不僅支持臺灣金融機構在平潭設立經營機構，支持銀行業金融機構在平潭設立分支機構，且支持符合條件的臺資金融機構根據相關規定在平潭設立合資證券公司、合資基金管理公司，支持平潭綜合實驗區在大陸證券業逐步擴大對臺資開放的過程中先行先試。因此，不僅銀行業有機會在平潭地區設立子行或分行，且證券業亦可在平潭地區設立合資證券公司、合資基金管理公司。

(2) 雙幣制

《平潭綜合實驗區總體發展規劃》不僅允許福建省內符合條件的銀行機構、外幣代兌機構、外匯特許經營機構在平潭綜合實驗區辦理新臺幣現鈔兌換業務,且允許在平潭綜合實驗區的銀行機構與臺灣銀行之間開立人民幣同業往來帳戶和新臺幣同業往來帳戶,允許平潭綜合實驗區符合條件的銀行機構為境內外企業、個人開立人民幣帳戶和新臺幣帳戶,並積極研究具體操作辦法。換言之,未來將在平潭地區實行「雙幣制」,放寬人民幣與新臺幣的兌換業務及帳戶開立。

2. 專業人才證照的承認及保障

《平潭綜合實驗區總體發展規劃》不僅允許臺灣的建設、醫療等服務機構及執業人員,持臺灣有權機構頒發的證書,在其證書許可範圍內在平潭綜合實驗區開展相應業務,且在平潭綜合實驗區內就業、居住的臺灣同胞可按國家有關政策規定參加當地養老、醫療等社會保險。因此,平潭地區將承認臺灣證照,允許臺灣相關的服務機構以及執業人員持臺灣有權機構頒發的證書開展業務,實施「四個一千」的人才工程,[70]吸引臺灣的優秀人才。問題在於,雖然計劃向臺灣招聘1名平潭綜合實驗區管委會副主任、4名管委會部門副局長,但依《臺灣與大陸地區人民關係條例》第33條第2項規定:「臺灣人民、法人、團體或其他機構,不得擔任經行政院大陸委員會會商各該主管機關公告禁止之大陸地區黨務、軍事、行政或具政治性機關(構)、團體之職務或為其成員。」臺灣人民如違反者,依《臺灣與大陸地區人民關係條例》第90條第3項規定,將處以10萬至50萬元新臺幣罰款。

3. 租稅減免及補貼的誘因

依據《平潭綜合實驗區總體發展規劃》,不僅在制定產業準入及優惠目錄的基礎上,對平潭符合條件的企業減按15%的稅率徵收企業所得稅;且在平潭工作的臺灣居民涉及的個人所得稅問題,暫由福建省人民政府按內地與臺灣個人所得稅負差額對臺灣居民給予補貼,納稅人取得的上述補貼免徵個人所得稅。上開特殊的租稅政策,的確已成為臺商投資所關注的焦點。因此,若《平潭綜合實驗區總體發展規劃》能夠逐一落實及實現,對於臺商將具有高度的吸引力,是否造成臺灣第二波的產業外移,值得密切關注。

(二) 臺灣的因應策略

鑒於平潭綜合實驗區的開發內容及配套措施尚未完全具體，其產業支援系統亦不完整，各種配套機制雖不斷陸續頒布，但尚未完全透明，其可預測性仍有待觀察，而呈現一定程度的不穩定性，臺商的投資仍存在一定風險。

特別是大陸積極推動平潭開發採用先行先試的政策，臺灣方面仍應根據臺灣在產業發展願景和分工布局的需求，確立雙方可以合作之項目、主軸及策略。[71]亦即，臺灣與大陸應依據《海峽兩岸經濟合作架構協議》（ECFA）第 6 條規定，持續進行協商，以建立有效的推動機制，降低未來臺商在平潭綜合實驗區進行投資的風險。

五、結論

中國大陸傳統社會的治理模式存在二元性的特徵，一則以官僚體制基礎上的中央管制為主，二則地方自治亦扮演重要角色。過去在「大政府」的大前提下，中國的社會治理主要存在著兩大問題：其一，是政府對其他領域過度干預；其二，是社會力量相對薄弱。然而，多元化的治理模式是中國大陸未來經濟社會改革的首選模式，而平潭綜合實驗區正是制度改革的重要試點。

在《平潭綜合實驗區總體發展規劃》中，國家發展和改革委員會多次提及要推動平潭在對臺交流合作中先行先試。所謂先行先試，重在「先」，勇於「試」，始能促使兩岸交流合作不斷邁出新步伐。本文認為，基於法律是現代社會善治的基本依據和保障，故平潭綜合實驗區的發展，應側重於營商環境的法制建設，不僅應考察平潭綜合實驗區在制度創新上的空間，且應參考世界銀行營商環境分析報告的體例，以商業籌建、公司融資、投資者保護等幾個重要角度，探索相關法制建設的問題。至於在經驗傳承上，可以廣東省在改革開放的早期階段所採行的先行先試現象及深圳特區的特別立法，作為試點標竿。

在平潭綜合實驗區的營商環境的制度建構上，其關鍵問題在於如何平衡「管制」與「自治」的對立關係。本文認為可參考大陸《公司法》的發展歷程，以解決管制與自治的緊張關係。以市場準入制度為例，固然應承襲「非禁即入」的原則，允許除法律法規禁止之外、不涉及國家產業安全的各類臺商投資項目進入市場，但放寬市場準入應當以符合法律及行政法規為限。因此，建議可考慮由有關部門結合平潭本地實際情況與國家宏觀政策，制定投資指引。

另就商業籌建的相關法律問題而言，應重視臺商投資利益的保護、商事登記及企業融資等問題，注意最高人民法院所頒布司法解釋的適用問題，簡化商事登記程序，降低登記成本，構建多層次融資體系及加強產業投資基金的作用。

再者，平潭綜合實驗區可以發揮其優勢，引入臺灣公司治理的先進制度，探索進化的模式。除可在平潭的局部區域和範圍進行「共同管理」試點外，亦可嘗試其他大膽的改革方式，以促進兩岸的商事法律融合，達成鼓勵投資的政策目標。

最後，鑒於平潭綜合實驗區的開發內容及配套措施尚未完全具體，其產業支援系統亦不完整，為保障臺商的投資，兩岸應依據《海峽兩岸經濟合作架構協議》，繼續進行協商，以建立有效的推動機制。

注　釋

[1]. 世界銀行的《營商環境報告》包含兩類數據和指標。一類指標集專注於產權和投資者保護的力度，這類指標集以如何根據書本上的法律和規定處理案例情景來衡量。《營商環境報告》對更有力的產權和投資者保護（例如：關聯方交易中更嚴格的披露要求）會給予更高的分數。第二類指標集側重於監管程序的成本和效率，例如：開辦企業、登記財產和辦理施工許可證。關於《營商環境報告》中涉及到的方法及研究文章，主要參閱世界銀行網站的專欄。

[2]. See Ronald Coase，The Nature of the Firm，4（16）ECONOMICA 386，386-405（1937）.

[3]. See OLIVER E.WILLIAMSON，THE MECHANISM OF GOVERNACE 7（Oxford University Press，1996）.

[4]. ［美］埃莉諾·奧斯特羅姆：《公共事務的治理之道——集體行動制度的演進》，余遜達等譯，上海三聯書店 2000 年 6 月第 1 版，第 31 頁。

[5]. 宋麗敏：《住房租賃合約的社會控制研究——兼與許德風博士商榷》，載《東方法學》2011 年第 4 期，2011 年 8 月，第 33—43 頁。

[6]. 北京大學軟實力課題組：《軟實力與社會治理有什麼關係？》。

[7]. 王亞新：《程式·制度·組織——基層法院日常的程式運作與治理結構轉型》，載《中國社會科學》2004 年第 3 期，2004 年 7 月，第 84—96 頁。

[8]. 韓朝華：《利益多元化與社會治理結構轉型》，載《中國特色社會主義研究》2007 年第 1 期，2007 年 1 月，第 49—53 頁。

[9]. 「所有進步社會的運動在有一點上是一致的，在運動發展的過程中，其特點是家族依附的逐步消滅以及代之而起的個人義務的增長。……用以逐步代替源自家族各種權利義務上那種相互關係形式的……關係就是契約。……可以說，所有進步社會的運動，到此處為止，是一個從身分到契約的運動」。參閱［美］梅因（Henry Summer Maine）：《古代法》，沈景一譯，商務印書館 1996 年 7 月第 1 版，第 96—97 頁。

[10]. 劉凱湘：《民法總論》，北京大學出版社 2008 年 3 月第 2 版，第 11 頁。

[11].「明顯區分19世紀與18世紀法律的標準是,普通法法官在引導社會變革進程中發揮其基礎性作用的程度。……在認同和引導經濟發展方面,普通法至少發揮了和立法同樣重要的作用。……到1820年,普通法的裁判過程承擔了許多立法性質的職責。法官……基於對社會和經濟政策的自覺衡量,開始制定普遍性的法律」。參閱〔美〕霍維茨(Morton J.Horwitz):《美國法的變遷(1780-1860)》,謝鴻飛譯,中國政法大學出版社2005年4月第1版,第1—2頁。

[12].「最近的50到80年間,美國法發生了一個根本性的變化。這段時間內,我們已經從一個由法院所宣誓的普通法主導的法律制度,進入到一個由立法者所制定的制定法成為首要法律淵源的法律制度中」。參閱〔美〕卡拉布雷西:《制定法時代的普通法》,周林剛、翟志勇、張世泰譯,北京大學出版社2006年11月第1版,第1頁。「自從國會於1887年設立第一個現代規制機構——州際貿易委員會來規制鐵路以來,美國對經濟的規制已大幅擴張」。參閱〔美〕布雷耶:《規制及其改革》,李洪雷、宋華琳、蘇苗罕、鐘瑞華譯,宋華琳統校,北京大學出版社2008年5月第1版,第1頁。

[13].(過度)規制的危害得到了廣泛的批評,批評者認為其無效、無能與不民主使之陷入了四面楚歌的境地,具體來說,規制的缺陷體現在成本遠遠超過收益、程式不公平且可操作性不強、過程不民主且缺乏正當性、效果不可預見甚至隨意等。參閱〔美〕裘蒂·弗裡曼:《合作治理與新行政法》,畢洪海、陳標沖譯,商務印書館2010年12月第1版,第9—29頁;〔美〕布雷耶:《規制及其改革》,李洪雷、宋華琳、蘇苗罕、鐘瑞華譯,宋華琳統校,北京大學出版社2008年5月第1版,第2—6頁。

[14].唐秋偉:《探尋合作的社會治理模式——基於民主治理現實困境的思考》,載《社會科學家》2011年第7期,2011年7月,第120—123頁。實際上,亦有學者提出在社會治理模式模式的演進中要強調倫理精神的回歸,其實質也不失為一種對多元化治理模式的支援,因為合作基礎上的集體行動離不開社會成員在思想模型上的統一認知,在制度經濟學看來,道德亦為這種思想模型的一種。參閱謝治菊:《社會治理模式演進中倫理精神的迷失與回歸——基於張康之教授〈論倫理精神〉的社會治理歷史反思》,《學習論壇》2012年第4期,2012年4月,第55—60頁。

[15].施萊弗即準確地指出,「我並不認為,監管是普遍需要的;與法院相比,監管者有更多的問題。關鍵在於兩者之間的權衡取捨」。參閱〔美〕安德列·施萊弗:《有效監管》,載吳敬班主編:《比較》第47輯,中信出版社2010年4月第1版,第47頁。

[16].參閱鄧峰:《清末變法的法律經濟學解釋——為什麼中國學習了大陸法》,載《中外法學》2009年第2期,2009年3月,第183頁。

[17]. 參閱陳杭平：《論中國法院的「合一制」——歷史、實踐和理論》，載《法制與社會發展》2011年第6期，2011年11月，第57頁。

[18]. ［美］卞歷南（Morris L.Bian）：《制度變遷的邏輯：中國現代國營企業制度之形成》，卞歷南譯，浙江大學出版社2011年5月第1版，第18—20頁。

[19]. 這一現象的另一種較為重要的原因在於立法技術的落後，從1980年代起，中國的立法系統不再是一個統一的自上而下的政策制定系統，而是一個「多步驟，多領域」（multi-stage，multi-arena）的過程，法案要成為立法必須經過五個步驟：日程設定；代理人相互審查；最高層許可；人大論證與透過；闡明、實施與裁判，這種變遷，擺脫了過去僅依靠中央推進立法的僵化局面，使得更多的利益訴求能夠在立法過程得到考慮，這種新形勢也為立法機關的工作增加了沉重的負擔，最終促成了中國法制自下而上而非自上而下的一種建構特色。See Murray Scot Tanner，How a Bill Becomes a Law in China：Stages and Processes in Lawmaking.The China Quarterly，141 SPECIAL ISSUE：CHINA'S LEGAL REF0RMS，39，39-64（Mar.1995）。

[20]. 根據合約理論「契約理論」，所有下位法均可視為憲法的次級合約，其必須在憲法所確立的制度框架之內進行機制設計，但是，中國的憲法條文更多側重於宣言式的表述，對制度框架的實質規定不多。如張五常在考察中國經濟轉型的時候，就論述到「一九七九年，中國修訂的憲法，比起美國的憲法，內容更遠為含混不清……它是否認同私有產權制度，不是問題所在；重要的是必須替整個社會的產權結構，作出明確的界定。中國的憲法，不僅沒有替社會和經濟活動設立一套明確的產權制度，反而更使權利混淆不清」。由於憲法在這個問題上含糊不清，中國經濟發展主要依靠次級立法，然而用次一級的立法界定和保障權利，總會受到上一級的含糊不清的憲法的影響。參閱張五常：《中國會走向資本主義嗎？》。

[21]. 其代表性觀點，參閱錢穎一、B·Weingast：《中國特色的維護市場的經濟聯邦制》，載於張軍、周黎安編：《為增長而競爭：中國增長的政治經濟學》，格致出版社、上海人民出版社2008年1月第1版，第35—48頁；張五常：《中國的經濟制度》，中信出版社2009年10月第1版，第141—146，158—166頁。

[22]. 對此有學者指出，如何在制度層面釐清「官商關係」，才是中國商事立法進程最重要的問題。「官商關係這個幽靈，雖不受重視，卻始終惦記著人間……中國商業法制進程的第一步，不是爭論立法形式的取捨，也不是探究商法與相關部門法的邊界劃分，而是必須首先縛住這個幽靈」。參閱姜鵬：《官商關係——中國商業法制的前置問題》，法律出版社2008年5月第1版，第215頁。

[23]. 近年來論者均從不同社會主體的特性出發，對其在社會治理中的定位進行了研討，其代表性研究成果，參閱吳巧瑜：《粵港民間商會社會治理功能比較研究》，《中國行政管理》2011年第12期，2011年12月，第111—114頁；江國華：《透

過審判的社會治理——法院性質再審視》,《中州學刊》2012 年第 1 期,2012 年 1 月,第 64—70 頁。

[24]. 孫曉莉:《多元社會治理模式探析》,《理論導刊》2005 年第 5 期,2005 年 5 月,第 5—8 頁。

[25]. 實際上,這種發展模式貫穿了中國大陸改革開放的始終,可謂中國大陸經濟發展的成功因素——地方競爭——的動力所在,例如浙江省也有類似的經驗。事實上,各地方所採用先行先試的原理類似,所不同的是各地方基於自身條件不同所採取的發展方式、產業模式及經濟政策。因此,本文僅以廣東省作為參照範例。關於先行先試模式的法理探討。參閱王誠:《改革中的先行先試權研究》,法律出版社 2009 年 9 月第 1 版,第 1—138 頁。至於浙江省的例證,參閱孫笑俠:《先行法治化:「法治浙江」三十年回顧與未來展望》,浙江大學出版社 2009 年 1 月第 1 版;盧群星:《立法先行的理想圖景與現實困境——關於浙江立法的一種解釋》,載《浙江學刊》2010 年第 3 期,2010 年 6 月,第 150—155 頁。

[26]. 法律規避即脫法行為,意指以迂迴手段的行為規避法律的強制性規定,王澤鑒:《民法總則》,中國政法大學出版社 2001 年 7 月第 1 版,第 284 頁。

[27]. 周林彬主編:《法律與中國經濟發展的廣東經驗》,中國民主法制出版社 2011 年 12 月第 1 版,第 20—35 頁、第 76—82 頁、第 119—136 頁,第 175—187 頁。

[28]. 蔣大興:《商法:如何面對實踐?——走向/改造「商法教義學」的立場》,載《法學家》2010 年第 4 期,2010 年 8 月,第 155—165 頁。

[29]. 改革之初,低價的土地和廉價的勞動力對外資無疑具有重要的吸引力,但時至今日,資本進入更為看重的是一個地區或區域是否具有保障資本運營安全與效率的穩定和公平的法治環境。參閱黃洪旺:《平潭開放開發與法同行——平潭大開發呼喚法律跟進》,載《人民政壇》2011 年第 11 期,2011 年 11 月,第 6—9 頁;徐崇利:《市場經濟與中國涉外經濟立法導向》,載《法學研究》1994 年第 6 期,1994 年 11 月,第 36—43 頁。

[30]. 長期以來,大陸的司法帶有很強的地方性特徵,表現在各地法院均以《辦法》、《指導意見》的名義作成帶有司法解釋性質的文件,在本地區推行適用。對此,最高人民法院、最高人民檢察院在今年聯合發布了《關於地方人民法院、人民檢察院不得制定司法解釋性質文件的通知》,明確規定「為了維護國家法制統一,正確實施法律,促進公正司法……地方人民法院、人民檢察院一律不得制定在本轄區普遍適用的、涉及具體應用法律問題的「指導意見」、「規定」等司法解釋性質文件,制定的其他規範性文件不得在法律文書中援引」,在最近啟動的《民事訴訟法》修改工作中,也有意見認為應當對中國法院系統的職能進行優

化調適，最高法院和各省高級法院應當著重於統一法律適用。參閱方斯遠：《司法資源稀缺，尤需職能優化》，《法制日報》2012年7月3日第3版。

[31]. 王曉杰：《建設先行先試的共同家園——「平潭綜合實驗區立法問題研究」研討會綜述》，載《福建法學》2012年第1期，2012年7月。

[32]. 深圳市人民政府法制辦公室於2012年56月19日提出《深圳經濟特區商事登記若干規定（草稿）》，公開徵求意見。

[33]. 應注意者，任何一項制度的成本與收益，均需要在實踐中，透過參與者的重複博弈逐步呈現，但是，如學者所指出，國家科層結構決定了啟動繼受程序的遲緩性，新的制度或規則退出後，其作用範圍將相當廣泛，即使採取先試點後推廣的模式，風險的放大效應仍不可小視，而且一旦實踐中暴露出未曾意料的問題，國家往往會本能地採取收縮措施，停止試驗，從而剝奪了商人再次嘗試的機會。參閱姜鵬：《官商關係——中國商業法制的前置問題》，法律出版社2008年5月第1版，第207頁。

[34]. 對此，筆者較為贊同有論者提出的「創新的空間應由單項法規的創制轉向主要對國家法的拾遺補缺和適度變通」這一主張。參閱王方玉：《論平潭綜合實驗區地方立法中的幾個特殊問題》，載《福建省社會主義學院學報》2011年第5期，2011年9月，第85—88頁。

[35]. 董淳諤：《公司法改革的路徑檢討和展望：制度變遷的視角》，《中外法學》2011年第4期，2011年8月，第821頁。

[36]. 早期股份制的引入主要是為瞭解決知青回城就業壓力過大的工作問題，而1993年的公司法主要是為瞭解決國企改制的問題。參閱厲以寧，馬國川：《股份制是過去三十年中最成功的改革之一（上）、（下）》，載《讀書》2008第5期、第6期，2008年5月、6月，第3—15頁、第11—19頁；劉俊海：《改革開放30年來公司立法的回顧與前瞻》，載《法學論壇》2008年第3期，2008年5月，第5—12頁。

[37]. 周林彬，方斯遠：《忠實義務：存續抑或路徑依賴》，載《中山大學學報（哲學社科版）》2012年第4期，2012年4月，第157—168頁。

[38]. 董淳諤：《公司法改革的路徑檢討和展望：制度變遷的視角》，《中外法學》2011年第4期，2011年8月，第820—836頁。

[39]. 徐華：《打造兩岸融合的法律支持體系》，載《人民政壇》2011年第11期，2011年11月，第10—11頁；王曉杰：《建設先行先試的共同家園——「平潭綜合實驗區立法問題研究」研討會綜述》，載《福建法學》2012年第1期，2012年7月。

[40]. 市場準入的問題，可以說是臺商投資大陸最為關心的問題之一，近年來大陸逐漸取消立法的雙軌制模式，臺資企業在稅收等方面享受的優惠待遇逐步消失，

因此尋找新的投資領域自然成為了臺商的關注焦點。參閱臺海網 11 月 20 日訊：《挑商選資臺商盼市場準入》，轉載於鳳凰網新聞頻道。

[41]. 福建廈門蘭花香律師事務所：《投資立項中的法律服務及合作——以臺商服務企業準入大陸市場為視角》。

[42]. 例如天津市 2011 年頒布的《關於進一步支援臺商投資企業加快發展的意見》規定，實施「非禁即入」準入政策。對臺商投資適應經濟發展和公眾需求而出現的新興行業，凡法律、行政法規未明確禁止的，予以辦理審批登記註冊。又例如湖北省 2012 年《關於進一步支援臺資企業加快發展的若干意見》規定，除法律、法規或國家明令禁止的行業外，向臺商投資企業全面開放，同時提出鼓勵臺商投資高新技術、先進製造業、現代服務業、生物科技等重點產業，加強鄂臺金融合作，鼓勵臺灣中小企業投資，支援臺資大項目建設等。

[43]. 《公司法》第 27 條規定：「股東可以用貨幣出資，也可以用實物、知識產權、土地使用權等可以用貨幣估價並可以依法轉讓的非貨幣財產作價出資；但是，法律、行政法規規定不得作為出資的財產除外。對作為出資的非貨幣財產應當評估作價，核實財產，不得高估或者低估作價。法律、行政法規對評估作價有規定的，從其規定。全體股東的貨幣出資金額不得低於有限責任公司註冊資本的百分之三十。」

[44]. 其代表性觀點，參閱江平：《中國民法典制定的宏觀思考》，載《法學》2002 年第 2 期，2002 年 5 月，第 3—7 頁；王保樹：《商事通則：超越民商合一與民商分立》，載《法學研究》2005 年第 1 期，2005 年 1 月，第 32—41 頁。

[45]. 關於廣東省深圳市人大常委會於 2004 年 4 月 16 日頒布的《深圳經濟特區商事條例》。

[46]. 關於《中華人民共和國商事通則》建議稿，載於王保樹主編：《商事法論集》第 20 卷，法律出版社 2012 年 4 月第 1 版。

[47]. 筆者之一方斯遠曾參與《商事通則》立法調研，在深圳訪談的時候，就有實務界人士表達過這一憂慮，儘管其承認，《商事條例》有很多規定，尤其是營業轉讓制度具有重要的現實意義，但是實務界普遍不確定按照條例去操作的商行為效力如何，在這種情形下，寧可選擇較為穩妥的做法，不選擇條例的適用。

[48]. 最高人民法院關於落實《全國人大常委會執法檢查組關於檢查〈中華人民共和國臺灣同胞投資保護法〉執行情況的報告》的報告。

[49]. 案例來源：深圳市臺灣事務辦公室。

[50]. 根據國務院商務部的統計，截至 2006 年底，中國大陸共有 7.18 萬多個臺資項目，協投資為 1016.35 多億美元。可是，根據臺灣「投審會」的統計，截至 2006 年，投資大陸的臺資卻只有 3.44 萬個項目，投資額僅為 548.98 億美元，兩者統計資料差異的根源，應在於一些臺商選擇隱名投資方式，其差距之大，可見

這一問題的普遍性與嚴重性。參閱林銀木：《臺商在祖國大陸公司中隱名投資糾紛的司法救濟》，載林貽華主編：《涉臺民商事調解案例選——暨涉臺審判實務論文集》，廈門大學出版社 2009 年 9 月第 1 版，第 194 頁。

[51]. 林振通：《臺商隱名投資的法律風險及防範》，載《人民司法·應用》2010 年第 13 期，2010 年 7 月，第 70—76 頁。

[52]. 實務界也有法官提出這一思路，林振通：《臺商隱名投資的法律風險及防範》，載《人民司法應用》2010 年第 13 期，2010 年 7 月，第 70—76 頁。應注意者，相對於隱名投資，信託制度更為穩定，相關的法律規定也更為完善。事實上，即便是透過司法解釋對隱名投資問題進行了規定，實務界整體還是對之較為排斥，參與制定司法解釋的劉貴祥法官即無奈地指出：「特別需要說明的是，《規定》第十四條至二十條針對隱名投資作出的相關規定的意圖並非是鼓勵隱名投資，而是針對現實中客觀存在的隱名投資現像在現有法律框架內竭力尋求對當事人民事權益予以救濟的途徑，但隱名投資存在較大的法律風險，較之於居民投資，司法保護顯然有失周全。」參閱劉貴祥，高曉力：《解讀〈關於審理外商投資企業糾紛案件若干問題的規定〉》，載於奚曉明主編：《商事法律檔解讀》2010 年第 10 輯，人民法院出版社 2010 年 10 月第 1 版，第 15 頁。

[53]. 目前在大陸，包括股權在內的財產定價問題是個困擾司法界的難題，因此在這方面的探索性改革具有一般性的意義。參閱許德風：《論私法上財產的定價——以交易中的估值機制為中心》，載《中國法學》2009 年第 6 期，2009 年 11 月，第 65—75 頁。

[54]. 在實踐中，一些工商局的工作人員就利用這一制度缺陷，透過拒絕為異地企業辦理登記的方式進行索賄，而商人鑒於多方考慮（尤其是畏懼工作人員日後製造更多障礙），往往選擇忍氣吞聲的方式。

[55]. 關於《珠海經濟特區橫琴新區商事登記管理辦法》之內容。

[56]. 財新網報導：《珠海橫琴試行商事登記註冊公司不需驗資證明》。

[57]. 這一模式在實踐中造成了較大的問題，舉一典型案例說明，1998 年 9 月 10 日，光華信用社與恆達水泥廠（以下簡稱恆達廠）、宏達建材廠（以下簡稱宏達廠）簽訂了一份由恆達廠借款 75 萬元並由宏達廠提供抵押擔保的最高額抵押擔保借款合約。信用社依約履行借款義務後，恆達廠卻未能按約歸還借款本息，宏達廠也未履行擔保義務。信用社經催要未果，遂於 2002 年 6 月 25 日以恆達廠為第一被告、以宏達廠為第二被告向法院提起訴訟。法院經審理查明，恆達廠為股份合作制企業，因未按規定參加 1999 年度企業年檢，其已於 2000 年 9 月 25 日被吊銷了企業法人營業執照，之後既沒有成立清算組，也無人應訴。參閱王留洪、姜旭陽：《企業法人被吊銷營業執照後的訴訟主體資格》。

[58]. 藍之馨：《珠海橫琴首推商事登記：企業最快一天落戶》。

[59]. 張世軍，廖融：《構建中國中小企業政策性信用擔保機構的若干思考——中小企業融資的難點及其對策》，載於王保樹主編：《商事法論集》第 18、19 合卷，法律出版社 2011 年 1 月第 1 版，第 38—44 頁；鐘凱：《中小企業融資問題的法經濟學分析——兼論金融危機背景下的中國金融改革》，清華法學 2010 年第 1 期，2010 年 1 月，第 57—72 頁。

[60]. 溫婷：《多部委力推平潭開發建設駛入「快車道」》。

[61]. 高建平：《平潭綜合實驗區發展定位與發展模式研究》，載《發展研究》2010 年第 8 期，2010 年 8 月，第 4—6 頁。

[62]. 李鴻階，單玉麗：《關於加快推進平潭綜合實驗區建設的若干建議》，載《亞太經濟》2010 年第 3 期，2010 年 5 月，第 144—148 頁。

[63]. ［美］埃裡克·杰克森：《中國必須正視公司治理危機》。

[64]. 參閱鄧峰：《中國公司治理的路徑依賴》，《中外法學》2008 年第 1 期 2008 年 1 月，第 62—63 頁。

[65]. 大陸在法律法規中限制外資的股比，主要是出於國家經濟安全，「把握住」企業控制權的考慮，然而隨著經濟的發展，市場開放程度越來越高，這種限制僅在少數領域才有意義，可預見這些限制會越來越少，實際上，相關改革近年來已經在大陸不同地區逐步開始，如發改委新的《外商投資產業指導目錄》進一步擴大對外開放，取消了部分領域對外資的股比限制，鼓勵類和限制類中有股比要求的條目比原來減少 11 條，《財經》綜合報導：《發改委：取消部分領域對外資股比限制》。

[66]. 「尤其是中國現在本身具有的多元法律體系的優點，大陸的大陸法系，香港的英美法系，以及澳門的法國法系，允許公司在這些法域的規則中進行選擇，比如將香港變成中國的「特拉華」，用更強有力的進化競爭，推動公司法規則的優化，才能真正解決公司法進化的路徑依賴，早日向現代公司法轉軌。」參閱鄧峰：《中國公司治理的路徑依賴》，載《中外法學》2008 年第 1 期，2008 年 1 月，第 65 頁。

[67]. 劉貴祥，高曉力：《解讀〈關於審理外商投資企業糾紛案件若干問題的規定〉》，載於奚曉明主編：《商事法律檔解讀》2010 年第 10 輯，人民法院出版社 2010 年 10 月第 1 版，第 8 頁。

[68]. 黃志興：《淺議平潭綜合實驗區開放開發「五共同」司法保障》。

[69]. 蔡宏明：《面對平潭開發應有規劃策略》，國家政策研究基金會科經（析）101-015 號。

[70]. 所謂「四個一千」人才工程，主要是面向臺灣引進 1000 名專才、面向海內外招聘 1000 名高層次人才、從省內選派 1000 名年輕幹部到平潭工作、培養

1000 名實驗區人才。「四個一千」人才工程主要配套政策的總體原則是「引進臺灣專才待遇適當高於臺灣水準，引進國外人才待遇大體與國外標準持平，引進國內高層次人才待遇適當高於廈門水準」。對全職引進的省「百人計劃」專家、學科帶頭人、教授（高管）、副教授（中層管理人員）、博士等分別給予 20 萬—200 萬元人民幣生活工作津貼，並提供 50—120 平方米的 3 年免租金住房；對項目引進的團隊，按國際水準、國內水準分別給予 300 萬—1000 萬元人民幣的專項經費補助；對到平潭創業的臺灣高校畢業生，給予創業資金資助、小額貸款等方面的支援。今年（2012 年）將根據平潭建設需要，面向海內外引進 400 多名高端人才，其中包括面向臺灣招聘 1 名平潭綜合實驗區管委會副主任、4 名管委會部門副局長等，面向海外引進電子資訊、新能源等 6 個領域創新創業團隊，面向臺灣引進城市規劃等 4 個方面項目團隊，並著力吸引一批臺灣高校畢業生來平潭創業。資料來源：中共中央臺灣辦公室、國務院臺灣事務辦公室網站。

[71]. 蔡宏明：《面對平潭開發應有規劃策略》，國家政策研究基金會科經（析）101-015 號。

試論平潭綜合實驗區的性質、法律地位及若干立法問題

熊文釗[1] 鄭毅[2]

◎[1] 中央民族大學法學院教授、博士生導師、法學博士

◎[2] 中央民族大學法學院教師、法學博士

2009年5月，國務院正式下發《關於支持福建省加快建設海峽西岸經濟區的若干意見》（下稱《意見》），其中明確提出：「在現有海關特殊監管區域政策的基礎上，進一步探索在福建沿海有條件的島嶼設立兩岸合作的海關特殊監管區域，實行更加優惠的政策。」作為貫徹落實《意見》的重大舉措，福建省委省政府在深入調研的基礎上，於2009年7月作出了設立福州（平潭）綜合實驗區的決定。2010年8月，福州（平潭）綜合實驗區升格為正廳級單位──「福建省平潭綜合實驗區」，並由福州市常務副市長兼任管委會主任。[1]2011年3月，國家發改委發布《海峽西岸經濟區發展規劃》（下稱《海西規劃》），對平潭綜合實驗區開發建設進行了專節的指引，強調了平潭綜合實驗區的先行先試權。[2]由此，平潭綜合改革實驗區正式駛入了建設發展快車道。2011年11月15日，福建省委書記孫春蘭在《堅持科學發展跨越發展為建設更加優美更加和諧更加幸福的福建而奮鬥──在中國共產黨福建省第九次代表大會上的報告》中對平潭的開放開發工作給予了「成效顯著」的評價。2011年12月國家發改委發布《平潭綜合實驗區總體規劃》（下稱《平潭規劃》），再次為作為海西經濟區前沿的平潭的跨越式發展注入了一針強心劑。

綜合實驗區的建立對平潭、福州、福建乃至整個臺灣海峽地區而言都無疑是一個利好消息。然而對於這個雖屬初生、卻志在「比廈門更廈門，比大連更大連」的「試驗田」來說，[3]卻尚有許多制度（尤其是法律制度）問題需要理順。如，平潭綜合實驗區的性質為何？法律地位怎樣？它同近年來如雨後春筍般湧現的其他試驗區、示範區、先導區等試點有何不同？它在建設過程中已經面臨或將會面臨的法制問題有哪些？應當如何應對？等等。囿於篇幅，本文謹對其中部分重要問題作一管窺。

一、實驗與試驗內涵之析：平潭綜合改革實驗區的性質管窺

近年來，中國國內各類試驗區、先導區、示範區如雨後春筍般湧現，而法學界對於地方改革、地方試點等相關問題的研究也正如火如荼地開展。在這一大背景下，平潭綜合實驗區在誕生伊始就不缺乏來自法學研究領域的觀照。然而，一個鮮有人注意到的問題是，國家之前設立的創新試點改革區域的名稱大多為「試驗區」，而唯獨福建平潭名為「實驗區」。[4] 實驗和試驗，這兩個在漢語表述上如此相近的詞語，在命名過程中是否映射著國家某種差異化的政策意圖呢？

從現代語言學的一般視角來說，「實驗」和「試驗」幾無區別。《辭海》對「實驗」一詞的解釋為：「又稱『試驗』，根據一定目的，運用必要的手段，在人為控制的條件下，觀察事物本質和規律的一種實踐活動。」[5] 在當前的媒體新聞和研究成果的表述中，基本持將兩者加以混用的態度。[6] 那麼，它們是不是真的別無二致？筆者以為未必。在平潭綜合實驗區建立和運行的基本依據——《平潭規劃》中，對兩者實際上是區別適用的。其中，「試驗」共出現2次，除了「潮汐能發電試驗基地」的專業稱謂之外，「試驗」唯一一次作為純表述性用語出現是在對建設平潭綜合實驗區基本原則之二「先行先試，大膽創新」的解釋中，即：「圍繞深化兩岸交流合作，在開發規劃、經營管理、利益共享等方面先行試驗。」除此外，其他應當使用「實驗」或「試驗」的位置全部以「實驗」的表述出現，共52次之多。如果忽略《平潭規劃》本身出現筆誤的可能性，那麼上述現象至少反映了三個問題。第一，「實驗」和「試驗」在《平潭規劃》的特殊語境下是存在區別的。第二，「實驗」在《平潭規劃》語境中的重要性和適用性要高於「試驗」。[7] 第三，「試驗」的出現本身與「先行先試」具有緊密的內在關聯性。由此可見，即使平潭綜合改革「實驗區」同國家之前批准設立的一系列「試驗區」相近似，但亦應存在某些差異。

在探討「實驗」和「試驗」的區別之前，先來看一個同兩者的區別具有莫大關聯、且「出鏡率」較高的詞（《平潭規劃》中共出現14次）——「先行先試」。福建省發改委負責人在作相關解讀時曾言：「先行先試是平潭未來繼續發展的方向和靈魂所在。所謂『先行』，就是在沒有可借鑑的模式和經驗中闖出一條新路；所謂『先試』，就是要把平潭作為開放開發的試驗田，在相關法律與政策框架內，大膽探索，創造性突破。」[8] 有學者亦指出：「『先行先試』是《海西規劃》最核心價值之所在，是中央給予福建新一輪改革發展含金量最高的政策支持。」[9] 可見，只要明確了「行」與「試」的內容，就應當能夠在一定程度上反推出「實驗」和「試驗」的區別。而《平潭規劃》對於「先行先試」的解釋無疑最能體現原旨，也最為權威：「圍繞深化兩岸交流合作，在開發規劃、經營管理、利益共享等方

面先行試驗,創新經濟、社會、行政等管理制度,探索兩岸合作新模式。」可見,「先行先試」的適用其實被限定在具有特定的語境——「兩岸關係」中。基於此,對《平潭規劃》中「實驗」和「試驗」的界分中所隱含的政策意圖或可從如下四個方面解讀。

首先,從宏觀目標上來說,與其他試點地區以「促進本地發展」為主要目標的濃重的地方功利性色彩不同,平潭綜合實驗區的目標在於為在全國範圍中探討兩岸關係的全面發展提供實踐經驗,定位更為宏觀,意義更為深遠。試點的建立,一般體現為地方政府從加速當地建設和經濟發展的考量出發,向中央索取更為優惠、更為靈活的政策支持,並最終獲得中央批准的過程。因此,以獲得政策試點的成效為核心目標,以特定政策的創新與嘗試為成效實現途徑,主要體現為「自下而上」的進路。雖然很多人(包括相當數量的臺商)對平潭實驗區設立的理解亦存在「將其視為純粹是解決中國大陸的內部平衡發展問題,認為海西經濟區可以為兩岸關係產生作用的觀點,只是福建省向中央要資源的一項說法而已」的誤區,[10] 然而事實卻並非如此——雖然也有地方政府追求發展績效的訴求在內,但實際上平潭綜合實驗區更為重要的身分卻是國家為海西經濟區的發展乃至整個對臺政策的落地而設立的「橋頭堡」,而最終地點確定在平潭只是福建省自主選擇的結果而已。因此,平潭實驗區的設立除了能夠促進地方經濟發展以外,其更重要的意圖則在於國家實踐相關政策以及創新和修正實踐方式的需要,即主要體現為一種「自上而下」、以國家對臺政策的實踐和創新為主、地方經濟發展為輔的獨特進路。

其次,從實施範圍上而言,與其他試點地區以某項特定制度或理念創新進行嘗試和經驗總結的任務不同,平潭綜合實驗區的主要任務在於將國家的宏觀對臺戰略進行全面的實踐。對於一般實驗區而言,追求更好的發展績效的新途徑,就是對特定制度和政策進行創新與試驗,並總結其經驗,以期在中國國內其他地方進行推廣與應用。上海浦東新區和天津濱海新區試驗的是綜合配套改革,武漢和長株潭試驗的是資源節約型和環境友好型社會建設綜合配套改革,山西省試驗的是資源型和經濟轉型綜合配套改革,溫州市試驗的則是金融綜合配套改革。而平潭所關注的則是國家對臺政策的整體,是兼具政治、法制、經濟、文化、社會、管理等諸多方面的一口氣實踐。一方面,《平潭規劃》中「先行先試」、「試點」、「探索」等詞語的運用幾乎均以「兩岸」為前提限定,因此,即使是具有創新嘗試的意蘊,其仍以「五個共同」為核心,[11] 即本質上乃國家對臺政策的實踐;另一方面,從國家策略的角度來說,許多宏觀設想和頂層設計亦亟須找到一個適合

的試點來具體實施,而在對臺領域兼具地緣、文化、歷史等天然優勢的平潭也就順理成章地成為了福建省政府的不二之選。[12]

再次,從創新層面上來講,與其他試點地區對制度發展策略的嘗試與創新的功用不同,平潭綜合實驗區的主要功用在於國家對臺政策具體實施模式的嘗試與創新。也就是說,在其他試驗區中,國家側重於劃定試驗的領域和範疇,而具體的策略和制度則由試點區域在不斷的「試驗」中摸索獲得。而作為海西經濟區建設大業中重要一環的平潭綜合實驗區則不同。宏觀來說,國家已經確定了對臺戰略和兩岸發展的方針;中觀來說,ECFA及一系列重要協議的簽訂已經初步提供了實施的策略與原則,所欠缺的,只是微觀層面的具體實踐——方針、戰略、原則最終必須落實到現實操作的層面,而這些現實操作當然也需要突破原來形成的一些經驗性認知,以結合客觀實踐的創新求實踐。因此,雖然平潭和其他試點都具有「創新」的成分,但實施創新的領域和層面的側重顯然是不同的。

最後,從問題指向的敏感性上來說,平潭綜合實驗區的「先行先試」亦應被限定在政策實踐方式的領域之中,其在政策制定層面的創新則空間有限。對臺政策一向是中國決策層面極為重要而又具有一定敏感性的問題,這在本質上就決定了對臺政策的形成過程本身必須具有濃厚的「中央決策」色彩,而留給地方能夠介入的空間則十分有限。但在實施的層面中情況則與之相反——中央所制定的對臺政策亟須在特定地方進行全面實驗,在實現從宏觀到微觀、從理論到實踐轉型的同時,達到進一步的深化、發展與完善。也就是說,在對臺政策實現領域中,中央與地方不同的角色安排就已經決定了平潭綜合實驗區的「實驗」只能在政策實施模式的方面尋求更多的創新和突破。這也就從反面凸顯了為何其他試點均名為「試驗」而唯獨平潭試點以「實驗」謂之的深層原因。

可見,雖然「實驗」和「試驗」都具有「驗」(prove)的內涵,但平潭的「實驗」應當以實踐和具體操作(practice)為主,在此基礎上進行實踐模式的嘗試與創新(try),而一般試點地區的「試驗」則恰恰與之相反。這無疑與一般語言學語境下所呈現的兩詞的內涵關係頗為不同。綜上,平潭綜合實驗區的性質應當是在福建省設立的,對既定兩岸戰略、方針和政策進行綜合性實踐並在此基礎上總結實施經驗,創新實施模式,以實現構建科學的實施制度目標的國家級試點。正如中國城市規劃協會會長、原建設部副部長趙寶江所指出的:「平潭綜合實驗區不是一般的開發區、特區,也不是城市新區,而是要透過探索兩岸『共同規劃、

共同開發、共同經營、共同管理、共同受益』的合作新模式,努力建設兩岸同胞的共同家園。」[13]

二、立法與行政地位之困:平潭綜合實驗區的法律地位初探

性質決定地位。平潭綜合實驗區既然兼具級別較高和側重點明顯的性質特徵,則其地位(主要是法律地位)也應當與之相適應。然而遺憾的是,作為「指導平潭綜合實驗區開發建設和編制相關專項規劃的重要依據」的《平潭規劃》,僅是將其稱為「兩岸交流合作的先行區、體制機制改革創新的示範區、兩岸同胞共同生活的宜居區和海峽西岸科學發展的先導區」,而並未對實驗區的法律地位給予實質明確。這就導致平潭綜合實驗區在自身法律地位的明確過程中亦不得不同樣採用「先行先試」乃至於「自行自試」的思路。而事實證明,這種「試點」實際上並不成功。

一方面,從立法主體地位上來說,平潭綜合實驗區的主體地位缺乏憲法和立法法基礎。《憲法》第 30 條對中國行政區域進行了明確的劃分,而《立法法》則是在此基礎上對各類地方立法權進行層層劃分的。雖然這類所謂的「試驗區」均不屬於其中任何一類正式的地方行政區域,但從之前建立的國家級試點來看,卻無不以既有的地方政府組織為基礎,即不僅具有憲法依據,而且具有明確的立法主體資格。如浦東和濱海試驗區的立法主體基礎在上海和天津兩個直轄市,山西試驗區的立法主體基礎則在於山西省,即使是武漢城市圈、長株潭等城市群式的試驗區,也上有省級立法加以統一協調,下有各市立法(主要是武漢、長沙等「較大的市」)具體承載。反觀平潭綜合實驗區,雖然在縣域建制基礎上發展而來,但其行政級別被人為拔高後卻已遠非傳統的縣級地方所能承受,從而形成「空中樓閣」似的主體樣態——枉具「正廳級」身分,卻在當前的立法體系中並無任何自主立法之可能。制度創新的核心在於法制的創新,而法制創新的基礎則在於能夠依據客觀實踐適時地、自主地制定相應的法律規範。而由於缺乏必要的憲法和法律基礎,平潭綜合實驗區自主性內生立法的制度空間被極大窒息,而只能仰仗外部立法資源的轉移性供給。從目前來看,這種外部供給主要有兩個來源,一是作為省會所在地的市的福州市制定的地方性法規和規章,二是福建省制定的地方性法規和規章。而一個現實的突出矛盾卻是:當前常規的地方性立法根本無法為平潭綜合實驗區作為國家級試點的制度創新和法制需求提供有效的立法資源供給。雖然目前許多學者注意到這一問題,並積極主張全國人大常委會對於福建省人大的授權立法,即「提請全國人大及其常委會在平潭實驗區的建設方面予以特

別授權立法,授權福建省人大及其常委會和福建省人民政府就兩岸合作模式創新和『共同管理』平潭實驗區的有關事項制定地方性法規和地方政府規章,在平潭實驗區範圍內組織實施」,[14]但這一看似最為常規也最為可行的解決進路卻並未就「對福建省的授權始終不能解決平潭綜合實驗區對外部立法資源轉移的依賴性」這一核心問題作出回應。相關地方政府對於立法權的壟斷,使得平潭在法制需求上無法「造血」而只能寄望於自上而下的「輸血」,而這種外部供給的「法制之血」在立法級別、立法效率、與實踐需求的契合度乃至上級地方的利益保留方面,都將會從根本上對平潭先行先試構想的全面展開形成消極的制度性掣肘。

另一方面,從行政主體地位上來說,平潭綜合實驗區的管委會亦非中國法定行政機關的任何一種,即不具備法定的行政主體資格。這一缺陷對於這個平潭綜合實驗區的核心組織機構而言無疑是致命的。有學者即作了如下歸納:第一,增加了管委會的違法風險。欠缺行政主體資格就意味著平潭綜合實驗區管委會並不能以自己的名義從事行政行為,而只能以接受委託的方式、以委託機關的名義行使行政職權。但實踐中出於行政效率的考慮,管委會又不得不對所轄行政事項作出決策迅速、程序簡化的反應。這二者之間的矛盾常常會催生管委會超越委託權限或不以委託機關名義行使行政職權事件的出現。第二,降低管委會執法權威,從而影響其所實施的行政行為效力。第三,不利於管委會責任的承擔。理論上,欠缺行政主體資格的平潭管委會也並不能為其行政行為承擔責任,這極有可能會導致實踐中責任模糊、相互推諉情況的發生。[15]顯然,單純的行政級別高配是一種行政主導性思維的典型體現,主要是在形式上解決平潭擴權之後其行政級別同所承擔的實際職能不對等的困境,但卻並不能從根本上解決平潭實驗區行政主體地位模糊的問題,更不能使平潭獲得與其地位相適應的行政資源。因此,當前對於平潭實驗區行政主體地位的構建所採取的一系列努力實際上只可「錦上添花」,而難以「雪中送炭」。

那麼,上述困境應如何解決呢?筆者認為,根本的進路在於如何令地位懸空的平潭綜合實驗區既能在國家政策的支持下「仰望星空」,又能在既有的法制框架中「腳踏實地」——目前看來,依據其既有的法定層級適當給予立法權高配似乎最為可行。即參照深圳、廈門未將經濟特區範圍擴展至全市時的模式,將平潭作為福州市下轄的「類經濟特區」概念,[16]或直接理解為基於平潭綜合實驗區而將福州市闢為新的、近似於「經濟特區」的特殊地方。[17]這樣做的優勢至少有三。第一,能夠維持現行的憲法和法律規定,在不對平潭綜合實驗區試點權予以限縮的前提下,明確其行政地位和立法地位,令其真正「坐實」。第二,不僅不會對

福州市自身的行政級別以及福州和平潭之間的行政隸屬關係造成衝擊或影響，也能使平潭能夠獲得屬於自己的、具有一定位階的特區立法資源。[18]第三，福建省亦可依據之前基於廈門特區而已獲得的特殊的地方立法權對平潭的法制建設給予輔助性的外部供給。[19]在此基礎上，平潭本身的行政級別為何，已經不重要了。需要強調的是，作為國家綜合實驗區的平潭同深圳、廈門等一般意義上的經濟特區在目標、定位、功能等方面都是具有本質區別的。

三、困境與回應路徑之選：平潭綜合實驗區立法面臨的若干問題及其應對策略

平潭綜合實驗區始於政策，卻注定成於法制。而目前平潭綜合實驗區的建設卻頗有些「剃頭挑子一頭熱」的意味，[20]對臺灣的吸引力有限，原因比較複雜。除了政策過於原則性之外，[21]其中的關鍵，正如臺灣綜合研究院研三所所長戴肇洋指出的：「若要發展好，除非平潭能像香港一樣……有很健全的法制。」[22]那麼，平潭綜合實驗區面臨的主要法制問題為何？又應當如何回應呢？

（一）平潭立法的定位問題

綜合實驗區的各方面制度需要以立法的方式加以確定，則相關的立法應當如何定位？大致可從如下四個方面予以解析。

第一，對臺方針的實踐法。如前文所述，平潭綜合實驗區是在福建省設立的，對既定兩岸戰略、方針和政策進行綜合性實踐並在此基礎上總結實施經驗，創新實施模式，以實現構建科學的實施制度目標的國家級試點。因此，平潭綜合實驗區的立法首要目標是對國家對臺政策進行具體實施並加以檢驗。國家對於臺灣問題的處理和應對目前已經初步形成了由憲法、法律和政策所構成的較為完整的體系框架，但大多原則性有餘而可實施性不強。這些方針和原則雖符合歷史發展規律，並在特定領域得到了一定程度的實施，總體說來實現程度依然不高，亟須積累具體的實踐基礎和經驗。因此，作為對臺前沿的平潭綜合實驗區相關立法就應當充分考量這部分制度需求，爭取透過這些對臺方針、原則的全面落實而進行綜合性實踐，探索實施路徑，提純實施規律，創新實施模式，總結實施經驗，為這些宏觀方針在全國範圍內的法制化、體系化和規範化提供先在基礎。正如廈門大學臺研院李非教授指出的：「臺灣與大陸簽ECFA、MOU，目標太過宏大了，最好這些都在福建『先行先試』，發展好了，再向別的地方推廣。」[23]這也是平潭「試點」所蘊含的核心要義。

第二，兩岸關係的促進法。在落實對臺方針的基礎上，平潭綜合實驗區的相關立法還應當在力所能及的範圍內促進兩岸關係的深化與發展。就這方面而言，其立法所依據的主要藍本除了中國的相關立法之外，還應當充分考慮以 ECFA 為代表的一系列兩岸協議的面向和內容。易言之，以 ECFA 為代表的兩岸協議雖然在近年來兩岸關係的發展中發揮了極為重要的作用，但是其畢竟不是兩岸官方所簽署的正式法律文件，尤其在大陸領域內尚無嚴格的法律執行效力。[24] 因此，雖然在兩岸關係的蜜月期能夠發揮較大的積極作用，但是兩岸關係一旦發生動盪，其效力就無法得到法律的全面保障。在當前兩岸關係政治化色彩濃重、敏感領域較多的情況下，倘若暫時不適宜由官方對這些協議的效力給予全面承認，那麼大可以先在特定的區域內賦予其法律效力，提供法制保障，促使其應然效用的最大化發揮。平潭綜合實驗區立法就提供了這樣一個難得的制度可能性和實施樣本。

第三，具體制度的構建法。如前所述，平潭綜合實驗區立法的最大特徵就在於試點具體制度的構建，亦即以具體制度的法制化為宗旨。因此，同國家政策規劃相比，實驗區立法宜實不宜虛；從各領域的綜合性規範來看，實驗區立法宜聚不宜散。目前，《平潭規劃》已經針對綜合交通、市政工程、綜合防災減災體系、高新技術產業、服務業、海洋產業、旅遊業、社會事業、生態建設和環境保護等方面進行了專題設計；而福建省的交通、海關、稅務等部門也紛紛頒布了針對平潭綜合實驗區的優惠舉措；國家質檢總局甚至在今年 3 月專門頒布了《關於支持平潭綜合實驗區開放開發的意見》。目前最重要的，就是如何將這些政策和舉措以明確的法律規範的方式確定下來，變鬆散的政策為集中的法律，為平潭綜合實驗區具體制度的建立和試點的探索提供堅實的法制支撐。從立法形式上來說，可以考慮構建「一核多極」的格局，即制定一部《平潭綜合實驗區條例》對宏觀性、原則性問題進行統一的規定，成為實驗區的「小憲法」，再在不同領域制定相應的法律規範，其法律效力由《平潭綜合實驗區條例》統一承認。這一格局形成的關鍵，在於中央對於《平潭綜合實驗區條例》的概括性立法授權。

第四，臺商權益的保障法。平潭綜合實驗區的重要功能之一是「形成臺灣高端產業轉移的重要基地」，因此除了在立法中考慮如何透過硬環境和軟環境（尤其是軟環境）吸引臺商投資之外，最重要的莫過於如何切實保障來此投資的臺商的切實利益。有學者在解讀臺商為何不看好平潭綜合實驗區乃至整個海西經濟區時指出：「還有人用懷疑的態度來看海西，認為以福建現有的建設，如果臺商在優惠政策不明的情形下率然投入，可能會掉進陷阱，因而也是保持觀望，謹慎面對。」[25] 因此，倘若不以法律的形式將基於臺商的種種優惠政策正式確定下來，

就難以實現建立平潭綜合實驗區的基本目標,更遑論以之作為兩岸關係發展與深化的先行先試「特區」了。根據前文所設計的立法格局,臺商權益保障由《平潭綜合實驗區條例》規定方針和原則,由不同領域的具體規範給予分別確認,其核心在於法定救濟途徑的建設。

(二)平潭地方立法的制定依據問題

在平潭綜合實驗區獲得了「類經濟特區」的地位後,其立法主體問題已經基本得到瞭解決。而從中央與地方關係的角度來說,作為地方立法的平潭綜合實驗區立法勢必要秉持「先行先試」的宗旨對中央立法形成一定的突破,那麼,這種突破是否具有堅實的法律基礎呢?當前,對於各種地方改革試點立法的合法性甚至合憲性問題的探討如火如荼,而以「良性違憲」為代表的一系列法學理論亦在這類問題的分析過程中扮演了重要的註釋角色。從分類學的意義上而言,一般試驗區以區域經濟發展為目標的立法的合法性困境在平潭問題上表現得並不明顯——類經濟特區的地位本身就解決了當地經濟領域立法突破上位法的合法性問題。而對於平潭綜合實驗區,除了促進本地經濟發展的立法之外,更重要的是實踐兩岸政策方針這一極具政治性色彩領域的立法問題,這也是類經濟特區地位所無法回應的。那麼,平潭綜合實驗區立法中的政治性條款如何獲得其合法性乃至於合憲性?

首先,關於改革路徑的選擇問題,中國和西方國家實際上採取了不同的策略。在以美國為代表的西方國家,對於特定中央意志的實現,往往遵循著透過先行立法確立意志的國家性、權威性和司法保障性,而後才透過各項跟進政策進行細化和完善的思路;[26]而中國卻恰恰相反,即一般是先由中央頒布某項具有宣示性、抽象性的政策,而後在各級地方貫徹落實的過程中最大限度地發掘既有法律規範資源作為輔助性的依據或支撐,最後才就實施過程中體現出的類型化或典型化問題進行法律化。[27]簡言之,前者側重於形式合法性,而後者則側重於實質合法性。亦即,雖然形式上對上位法有所突破,但是並未明顯違背憲法和法律相關條文中明顯的、可明確推導得出的意旨和取向,即可以契合實質合法性而對形式合法性之一進行抗辯。因此,平潭綜合實驗區立法中的政治性條款只要在本質上符合憲法與法律的原則與精神,即應可獲得相應的上位法基礎。

其次,前文提到的「原則與精神」應當如何判斷?這涉及廣義上的法律解釋(包括憲法解釋)的具體適用問題。從理論上來說,法律解釋的結果不僅會由於採用不同的解釋方法而產生不同,而且也會由於解釋者的立場、當時所處的社會

歷史現實等因素的干擾而產生不確定性。更何況，在解釋的過程中是否應當尊重立法者（制憲者）的原旨本身就存在爭論。[28]因此實際操作起來非常棘手。為了提高對法律原則與精神把握的準確性，結合平潭綜合實驗區先行先試本身急需要一定讓渡空間的實踐要求，可選取一種較為寬鬆的解釋標準。蔡定劍教授曾指出：「地方立法『不牴觸原則』中的『不牴觸』是指不能違反禁止性規定，不能行使法定的中央專屬立法權，而並不是說上面沒有規定，下面就不能規定。」[29]筆者亦認為，只要不違反憲法和法律的禁止性規定，就可以視作上位法為平潭綜合實驗區立法提供了充分的規範空間，否則就有違「先行先試」的本意。

最後，對中央政策的契合性會在一定程度上對平潭綜合實驗區立法補充合憲性和合法性。既然中國體制改革中頗具特色的「政策先行」模式並未對法治原則構成實質的挑戰，那麼中央政策作為平潭綜合實驗區立法的淵源之一、並為其補充合憲性和合法性就在理論和實踐中具有巨大可能。從理論上說，作為中央政策的《平潭規劃》的頒布，其本身就應當已經通過了合憲性與合法性的雙重檢查；從實踐中來說，平潭綜合實驗區立法所涉及的領域和範圍亦是以《平潭規劃》為基礎確定的。因此，在以《平潭規劃》為代表的中央政策的基礎上進行平潭綜合實驗區立法，自然也就具備了一定程度的合憲性與合法性基礎。

綜上，不論在經濟領域還是政治領域，平潭綜合實驗區的相關立法都具有較為堅實的上位法依據。

（三）平潭地方立法的內容與特色

關於平潭地方立法內容的確定，有學者曾描述了一整套精細的思路：「以《平潭規劃》為藍本，從中提取、分析平潭實驗區的立法資源和立法事項，接著結合自身的立法職權進行甄別，並將它們與現行法律法規進行對比，明確哪些方面的改革和創新是存在法律空白和法律盲點的；哪些方面的改革和創新存在相關法律規定，但立法滯後，需要改進的；哪些方面的改革和創新有相關法律法規規定，而立法不完善，存在模糊帶的；哪些方面的改革和創新有相關規定，卻與國際慣例不協調、不適應的。在此基礎上列出詳細清單，作為向中央申請授權文件的附件的組成部分。」[30]在此，筆者不欲討論具體事項如何確定的問題，因為除了規劃中確定的事項之外，許多範圍問題還需要在具體實踐中劃定。這裡僅對「五個共同」的問題作一探討。「五個共同」在很大程度上是平潭綜合實驗區的核心，因此平潭地方立法必須要對其作出明確的制度化回應。但問題在於，「五個共同」在法制化過程中面臨的境況卻是不同的。如果說「共同規劃」、「共同開發」、

「共同受益」易於實現的話,那麼「共同經營」和「共同管理」在目前看來則面臨著制度化乃至法制化的困境。臺灣方面有觀點認為,對於「共同經營」而言,其主要問題在於兩岸根本經濟制度的差異上。如果在平潭適用大陸的主體經濟制度,那麼臺商的許多訴求就無法完全體現;如果直接移植臺灣的經濟制度,那麼無疑會形成更大的制度突破,這種事實上的「一國兩制」能否實現亦存疑。[31] 如果說「共同經營」面臨的只是一個經濟上的二選一問題的話,那麼「共同管理」所面臨的問題無疑更麻煩。正如臺灣綜合研究院研三所所長戴肇洋所指出的:「說平潭與臺灣『共建共管』我看是不可能的事,請一個臺灣人過來管理可能嗎?畢竟,政治因素很複雜。」[32] 而歷任臺灣「總統府國統會」研究委員、「國安會」副祕書長、現為中華經濟研究院副院長的張榮豐教授也認為「共同管理」的創意不錯,但是實施起來困難重重。[33] 可見,如何在立法過程中巧妙地貫徹相關政策確立的原則和內容,是重要且複雜的,尤其對於「共同經營」和「共同管理」的法制化難題,尚需要深入的調研以及制度革新的創意和勇氣。筆者認為,作為一種初步的設想,可將「共同經營」和「共同管理」的實行暫時置於公司合營的層面,即在不過多介入實驗區行政管理領域的前提下,透過兩岸共同設立的開發公司來負責絕大多數的實驗區建設事務,而在這類公司的日常管理中即深入貫徹「共同經營」和「共同管理」的理念,實現兩岸的共同規劃、共同開發和共同受益。待到適宜的制度環境具備之後,再將「共同經營」和「共同管理」的領域延伸至整個實驗區的行政管理領域。

　　關於平潭地方立法的特色。雖然平潭綜合實驗區被寄予厚望,每天投入的建設資金超過一個億,但成效卻沒有預期或官方宣稱的那般輝煌──臺灣對平潭的回應實可用「冷淡」來形容。從臺灣當局來說,不管大陸公布任何關於平潭建設的消息,臺灣當局的態度大多是「三不一沒有」,即「不贊成、不反對、不說明、沒有回應」;[34] 而從臺灣民間而言,大多臺商亦持觀望態度──要麼大陸投資的布局已形成(如東南汽車),要麼同平潭主打的轉口貿易不契合(如旺旺集團),要麼對大陸遲遲不頒布細化政策即相關法律的行為猶疑不決,要麼在ECFA的大背景下乾脆不願將投資限制在平潭乃至海西,而是把眼光投向了更為廣闊的大陸腹地。[35] 因此,平潭綜合實驗區成敗關鍵,其實不在於歷史、文化甚至地緣等既有因素,[36] 而恰恰在於足夠寬鬆的政策環境和足夠堅實的法律保障。因此,如何體現特色就成為平潭地方立法所需解決的重要問題之一。對此,筆者謹提出三點建議。第一,平潭地方立法應當全面、集中地體現大陸的宏觀對臺格局,成為集中反映大陸惠臺政策的縮影。當前全國各地區雖然都對中央對臺政策予以不同程

度的貫徹落實，但無不侷限在「促進本地經濟發展」的狹隘支點之上，因此無法避免對相關對臺政策的選擇性實施。而平潭綜合實驗區的設立，很大程度上就是為了對大陸對臺政策進行全方位、一口氣的實踐，從而擺脫了地方功利主義和地方保護主義的束縛。因此只要在其立法上全面、集中地體現大陸的宏觀對臺格局，自然就會形成其他任何地方都無法趕超的對臺制度的規模效應。第二，在前一點的基礎上，平潭地方立法應當在規範化、具體化、法制化、重視具體實施的方面做足功夫。縱觀諸多地方試驗區的制度實踐，不僅一紙規劃大同小異，而且在政策的法制化、法律規範的具體化、實現程度等方面的缺陷同樣大同小異。這種局面導致了許多政策優勢無法真正轉化為實踐優勢。而在臺商已經對此有所顧慮的情況下，平潭地方立法更應當吸取這一教訓，不僅關注法律規範的制定，更要關注法律的實施，以促進制度優勢的真正形成。第三，平潭地方立法應當將大陸和臺灣各自法制體系的優勢進行重組與融合。一方面，臺商已經適應了臺灣的法制環境，如果在平潭實驗區的立法中能夠對臺灣的法制特色加以兼顧，勢必會降低臺商適應當地法律制度的難度；另一方面，從更為長遠的角度來說，在未來海峽兩岸推行一國兩制之後，勢必也會面臨不同法制傳統之間關係協調與融合的問題，而平潭的地方立法恰恰可以實現這方面經驗的初步積累，這也是其作為綜合實驗區「先行先試」特徵的新體現。

四、結語

雖然平潭綜合實驗區已經取得了巨大的發展，但相對於硬體建設而言，法制軟環境的建設才是關乎實驗區成敗的核心之戰和攻堅之戰。本文的淺見尚無法對諸多法制建設的實際問題提供有力的回應，這些問題的解決仰仗於在實驗區建設過程中不斷的經驗積累與總結。我們有理由相信，有了平潭的先行先試，海西經濟區乃至整個兩岸關係都一定會從中大受裨益，這也是平潭綜合實驗區所肩負的重要歷史使命。

注　釋

[1]. 張亞中：《臺灣是如何看待海西的》，載《中國報導》2009 年第 10 期，第 94 頁。

[2]. 潘書宏，王書娟：《關於平潭綜合實驗區的授權立法問題探析》，載《福建江夏學院學報》2012 年第 1 期，第 71 頁。

[3]. 鐘眠源：《臺灣專家反觀福建「平潭開發」》，載《南風窗》2009 年第 25 期，第 23 頁。

[4]. 典型的「試驗區」如：作為國家綜合配套改革試驗區的上海浦東新區（2005年6月）和天津濱海新區（2006年5月），作為全國資源節約型和環境友好型社會建設綜合配套改革試驗區的武漢城市圈（2007年12月）和長株潭城市群（2007年12月），作為國家資源型和經濟轉型綜合配套改革試驗區的山西省（2010年12月），作為國家金融綜合配套改革試驗區的溫州市（2012年3月）等。

[5]. 《辭海》，上海辭書出版社1989年版，第2657頁。

[6]. 當然，目前尚未見在探討平潭綜合改革實驗區時對「實驗」和「試驗」的內涵加以專門對比分析的文獻，而是體現為在行文過程中下意識地直接相互替代使用。

[7]. 雖然兩者的出現頻次（26：1）無法直接作為兩者之於規劃的重要性的對比關係，但在某種程度上可以之管窺。

[8]. 參見李呵：《先行先試 加快體制機制改革創新——省發展改革委有關負責人解讀平潭〈規劃〉》，載《福建日報》2012年1月5日，第02版。

[9]. 林建偉，王書娟：《論平潭綜合實驗區的立法創新及其制度空間》，載《海峽法學》2011年第4期，第4頁。

[10]. 張亞中：《臺灣是如何看待海西的》，載《中國報導》2009年第10期，第94頁。

[11]. 即「共同規劃、共同開發、共同經營、共同管理、共同受益」。

[12]. 平潭對臺交往歷史久遠，具有對臺交往的「橋頭堡」重要地位。平潭歷史上就是東南沿海對臺貿易和海上通商的中轉站，清咸豐年間被闢為福建省五個對臺貿易的港口之一。是全國最早被批准設立的臺輪停泊點、臺胞接待站和對臺小額貿易縣之一。30年多來，平潭接待的臺輪和臺胞總數居全國各臺輪停泊點的前列。平潭縣在臺灣的鄉親有數萬人，兩岸既有同名的「蘇澳鎮」，又有同名的「北厝村（街）」，民間交流交往十分密切。張夢：《平潭：海西戰略「對臺特區」》，載《中國外資》2010年第6期，第27頁；王方玉：《論平潭綜合實驗區地方立法中的幾個特殊問題》，載《福建省社會主義學院學報》2011年第5期，第86頁。

[13]. 陳帥：《平潭綜合實驗區規劃研討會專家發言摘錄》，載《平潭時報》2012年3月2日。

[14]. 參見杜力夫，許川：《兩岸「區域合作」實驗區立法問題初探——以福建平潭綜合實驗區為例》，載《福建論壇·人文社會科學版》2011年第9期，第134頁。

[15]. 邢亮，於靜濤：《平潭綜合實驗區管委會的建構模式探析》，載《海峽法學》2011年第4期，第10頁。

[16]. 即將福州闢為類經濟特區，但是特區政策僅在平潭綜合實驗區內實施，福州市其他區域依然作為一般省會所在地的城市進行定位和管理。當然，「準經濟特

區」的稱謂在表述上更順，但「準」卻似乎隱含「不及」之意，這與平潭綜合實驗區在諸多制度突破上要超越經濟特區的現實不符，因此暫用「類經濟特區」的提法，且供商榷。

[17]. 有學者曾提出類似的觀點，即「以某種形式將廈門特區的相關待遇延伸至平潭實驗區，使平潭實驗區的立法享受經濟特區的立法權限。」杜力夫、許川：《兩岸「區域合作」實驗區立法問題初探——以福建平潭綜合實驗區為例》，載《福建論壇·人文社會科學版》2011年第9期，第134—135頁。但這種思路的實現是必要以平潭行政隸屬關係由福州轉移至廈門為前提，制度振動過大。

[18]. 《立法法》第81條第二款規定：「經濟特區法規根據授權對法律、行政法規、地方性法規作變通規定的，在本經濟特區適用經濟特區法規的規定。」

[19]. 《立法法》第65條規定：「經濟特區所在地的省、市的人民代表大會及其常務委員會根據全國人民代表大會的授權決定，制定法規，在經濟特區範圍內實施。」

[20]. 鐘眠源：《臺灣專家反觀福建「平潭開發」》，載《南風窗》2009年第25期，第23頁。

[21]. 張亞中：《臺灣是如何看待海西的》，載《中國報導》2009年第10期，第94頁。

[22]. 鐘眠源：《臺灣專家反觀福建「平潭開發」》，載《南風窗》2009年第25期，第24頁。

[23]. 鐘眠源：《臺灣專家反觀福建「平潭開發」》，載《南風窗》2009年第25期，第23頁。

[24]. 2010年8月17日晚間臺灣立法機構二讀表決通過《海峽兩岸經濟合作框架協議》，ECFA由此在臺灣正式形成法律效力。然而大陸方面，ECFA的法律地位卻一直未得到全國人大的正式確認。因此嚴格說來，ECFA目前在大陸尚不具備法律效力。有學者甚至認為，倘若不儘早實現ECFA的內法化，會從公法法理方面為「臺獨」尋找突破口。尤樂：《論ECFA的法律性質》，載《嶺南學刊》2011年第2期，第86頁。

[25]. 張亞中：《臺灣是如何看待海西的》，載《中國報導》2009年第10期，第94頁。

[26]. 以這一思路大而化之，實際上歐盟的產生過程就是一個典型的立法「先行先試」的過程。詳見吳漢東、汪峰、張忠民：《「先行先試」立法模式及其實踐——以「武漢城市圈」「兩型」社會建設立法為中心》，載《法商研究》2009年第1期。

[27]. 從另一個角度來說，由於政策監督與控制在實施過程中可能遭遇各種立法者難以預判的情形，因此在政策實施之後再謀求法律化的進路實際上是一種藉由確保法律同客觀實踐的高度契合性而向實質法治化「致敬」的方式。

[28]. ［美］戴維‧斯特勞斯：《活的憲法》，畢洪海譯，中國政法大學出版社2012年版，第10—11頁。

[29]. 轉引自林建偉，王書娟：《論平潭綜合實驗區的立法創新及其制度空間》，載《海峽法學》2011年第4期，第8頁。

[30]. 潘書宏，王書娟：《關於平潭綜合實驗區的授權立法問題探析》，載《福建江夏學院學報》2012年第1期，第75頁。

[31]. 戴肇洋就曾指出，平潭若要成功，「除非能像香港一樣，完全搞另外一套制度」。鐘眠源：《臺灣專家反觀福建「平潭開發」》，載《南風窗》2009年第25期，第24頁。

[32]. 鐘眠源：《臺灣專家反觀福建「平潭開發」》，載《南風窗》2009年第25期，第24頁。

[33]. 鐘眠源：《臺灣專家反觀福建「平潭開發」》，載《南風窗》2009年第25期，第24頁。

[34]. 謝明輝：《臺灣應如何看待平潭綜合實驗區》。

[35]. 鐘眠源：《臺灣專家反觀福建「平潭開發」》，載《南風窗》2009年第25期，第24頁；張亞中：《臺灣是如何看待海西的》，載《中國報導》2009年第10期，第94頁。

[36]. 如戴肇洋就曾尖銳地指出：「我看平潭的位置也不是核心的位置啊，就在兩岸間，離臺灣近些，就靠這點來吸引嗎？會不會太牽強了？」鐘眠源：《臺灣專家反觀福建「平潭開發」》，載《南風窗》2009年第25期，第24頁。

保障與促進平潭綜合實驗區「先行先試」法律機制的初步思考

彭莉

◎廈門大學臺灣研究院教授

引言:「一國兩法域」及其衝突效應的調節

中國的法制經過了 1997 年香港回歸和 1999 年澳門回歸後,發生了歷史性的重大變化。在新中國成立後的近半個世紀裡,中國的法律制度一直處於單一性狀態,這種狀態首先被香港回歸所打破,其後的澳門回歸更加凸顯了中國法制多元化的趨勢,如果把臺灣問題考慮進來,中國將出現「一個中國兩種制度三法系四法域」並存的局面,而僅就臺灣問題而言,則將形成「一國兩法域」共同發展的格局。

海峽兩岸「一國兩法域」條件下的法律的衝突,同任何法律衝突一樣,其結果必然存在著兩個走向相反的效應,其一是正面效應,即兩法域因衝突而相互借鑑;其二是負面效應,即兩法域因衝突而相互抗拒。這兩種可能效應不論從「兩法域」間的衝突、「兩法系歸屬」間的衝突還是從「兩種法律制度」間的衝突中都可能產生,因此,如何使兩法域衝突的借鑑效應最大化是兩岸關係發展中值得探討的重要問題。具體而言,既然在兩法域衝突的條件下,兩法域間的衝突效應必然存在著正向與負向兩種效應,這是不論主體如何進行調節都會必然產生的現象,即使人們理性地選擇了一種堪稱最優秀的調節兩法域衝突效應的方法,但要完全排除其間的負向效應,亦幾乎是不可能的,因此,人們理性所能夠做到的,只是使兩法域衝突的正向效應最大化,負向效應最小化。[1]

一、平潭綜合實驗區:兩法域衝突正向效應最大化的試驗基地

如上所述,在兩法域衝突的條件下,人們所能夠做到的只能是理性地進行調節,使兩法域衝突的正向效應最大化,那麼,如何進行調節呢?建設兩岸共同家園是可行途徑之一,而具有獨特地理與政策優勢的平潭綜合實驗區顯然是打造兩岸共同家園的首選區域。平潭兩岸共同家園作為兩法域衝突效應最大化的調節試驗基地,其核心價值主要透過建構保障與促進地方先行先試法律機制表現出來,這種先行先試不論從中國法制現代化的發展進程還是從涉臺法制的發展進程來看,都具有特別重要的意義。

（一）地方「先行先試」是中國法制現代化的經驗之一

眾所周知，20世紀的中國走上了一條政府推進型的法律演進道路，這種政府推進型的法制現代化道路屬於強制性制度變遷的一種。由國家進行強制性制度變遷所面臨的一個深層次的困境就是如何才能使國家的強制性制度變遷提供的制度成為有效的制度，從20餘年來中國法制現代化演進道路來看，地方「先行先試」是解決這一困境的成功經驗之一。地方「先行先試」即各地結合本地區的實際情況和利益進行制度創新尤其是誘致性制度創新，然後由中央比較各地的經驗，從中總結出可以在全國範圍內推行的做法並加以實施。多年來，在中央沒有頒布某項全國性法律、法規之前，經常是由各省市地區透過地方性立法活動探索先行，為中央的全國性立法提供試驗和基礎，在時機和經驗成熟之後，再頒布中央的立法。

（二）地方「先行先試」在涉臺法制建設中具有特殊意義

1. 在涉臺法制建設上地方「先行先試」符合兩岸關係循序漸進發展的需要

兩岸的開放是循序漸進，由點到面的，從最初的探親訪友到投資經商再到今天的就業就學定居，從部分省市逐漸擴展到全國各地。因此，涉臺法律事務往往最早出現在福建等與臺灣人文、經濟關係密切的部分省市，呈現較明顯的地方先行探索、部門推動全局的演進路徑。在涉臺法制建設中地方立法「先行先試」不但有助於該地區涉臺關係的發展，同時也在相當程度上推動了涉臺法制建設全局的發展，為日後中央立法和對臺工作造成「試驗田」的作用。例如，1996年福建省頒布的《福建省閩臺近洋漁工勞務合作辦法》，為其後中央調整和規範對臺漁工勞務合作業務創造了條件，隨後對臺漁工勞務合作業務逐步由沿海推進到了內地。

2. 在涉臺法制建設上地方「先行先試」有利於求同存異、糾正偏差

基於兩岸互涉性法律規範所反映的社會經濟關係的特殊性，加之這種規範的制定長期以來難以擺脫政治的介入，因此，它的產生與發展並非常規性的「廢、改、立」，更多的是一種法制變革。這種變革由於影響面大，政治敏感性強，往往使得某些議題不宜由中央頒布具體的方針政策和法律，在這種的情況下，地方的先行先試，能夠擱置一時難以解決的基本矛盾，面對實務，求同存異。此外，地方先行先試也有利於瞭解臺灣人民的意願，試探臺灣當局的態度，糾正實踐中的偏差。

（三）近 20 年涉臺法制建設的實踐表明，地方涉臺法制先行先試是行之有效的重要舉措之一

近 10 年來，大陸大多數省、直轄市和有立法權的市透過人大頒布了大量的地方性涉臺法規，如《福建省實施〈臺灣同胞投資保護法〉辦法》、《廈門市臺灣同胞投資保障條例》等等。據不完全統計，目前大陸涉臺立法共有近 150 項，其中地方立法約占一半的比例，這些法規是對國家涉臺法律、行政法規的一種補充和完善，不但有效維護了兩岸同胞尤其是臺灣同胞的合法權益，而且推動了兩岸人員、經貿、文化、教育的交流，增進了雙方的共識。

二、平潭綜合實驗區「先行先試」法律機制的功能和內涵

將平潭綜合實驗區打造為兩岸共同家園不僅僅是兩個區域的經濟、政治的密切聯動，還是兩法域內兩種制度某種程度的對接，是一個有利於兩岸在政治、經濟、社會、文化、教育等諸領域進行有效對話與合作的平臺，因而是一個系統工程，「先行先試」法律機制在這一系統工程中有著重要作用。

（一）平潭綜合實驗區先行先試法律機制的功能

「先行先試」法律機制的功能主要包括以下三層次的內容：第一，規制的功能。將紛繁複雜的涉臺社會關係轉化為法律特有的權利義務機制加以調整，進而透過調整權利義務關係來實現對社會的調控，以期達到共建兩岸共同家園的目的；第二，對接的功能。大陸和臺灣兩法域間的法律衝突在相當長一段時間內還將存在，但這並不妨礙在兩法域的部分領域（如經貿、公共事務管理等領域）法律制度的嘗試性相互對接；第三，示範的功能。「先行先試」法律機制的建立不僅限於促進嵐臺民間往來互利互補活動的長足發展，更主要的還在於成為日後海峽兩岸的全面融合的試點和示範。

（二）平潭綜合實驗區先行先試法律機制的內涵

臺灣問題具有高度複雜性，涉及經濟、政治、文化、社會、外交等各個領域，牽涉到公權力與公權力之間、公權力與私權利之間以及私權利與私權利之間錯綜複雜的法律關係。[2] 因此，兩法域間的衝突效應的調節也具有複雜多樣性，不僅包括調整公權力與公權力之間、公權力與私權利之間的公法規範，也包括調整私權利與私權利之間的私法規範。但是，兩岸共同家園先行先試法律機制作為具有地方性質的「一國兩法域」衝突正向效應最大化的試驗基地，現階段其所涉及的

領域應有所偏重,具體而言,其重點應放在公權力機關對涉臺事務如何處理,主要透過行政法規範表現出來。

臺灣現行「法律制度」是平潭綜合實驗區先行先試法制建設中應理性面對的問題。對此,首先必須積極吸收、借鑑臺灣「法律制度」中的合理元素,關於這一問題學術界已多有探討,不多贅述。其次,必須充分利用臺灣「法律制度」中的有利元素。例如,馬英九曾表示,因應兩岸形勢變化,「陸委會」應全面檢討現有大陸事務相關法規。[3] 可以預見,臺灣當局的大陸事務法規將面臨進一步鬆綁。對於這一有利因素,平潭在對臺法制建設中應即時反映,充分利用。再次,必須技巧規避臺灣「法律制度」中的不利元素。例如,根據現行的「臺灣與大陸地區人民關係條例」,臺灣民眾不能到大陸各級政府的相關機關、機構、團體、附屬單位任職。臺「陸委會主委」賴幸媛並且表示,由於兩岸法律無法相容,目前不會修法允許民眾出任大陸公職。[4]「共同管理」是平潭「五共同」的核心與難點,這一限制如不解除,將導致「共同管理」難以實現,對此,江丙坤提出的「臺商出任大陸政協委員的聘書只要改為『特邀』或『特聘』,就可以解決問題」,或許可為我們提供一些解決的思路。

三、平潭綜合實驗區先行先試法律機制的幾點思考

(一)關於《平潭綜合實驗區條例》:「法規—規章」的立法模式

目前,立法先行已成為平潭開發開放中的共識。例如,中國社科院發行所所長李林建議應由「全國人大常委會作出《關於平潭綜合實驗區開放開發的決定》,使之具有更高的權威性和法律效力。此外,授予福建人大及其常委會對於平潭綜合實驗區特別立法權」。「這就像一部實驗區的『基本法』一樣,指引著發展方向,不至於因領導人的改變而改變。」[5]

對於平潭綜合實驗區的「基本法」——《平潭綜合實驗區條例》的立法模式,個人讚同福建省人大法制委員會《關於平潭綜合實驗區建設及其法制保障有關問題的研究》報告中提出的1加X模式。該報告認為,平潭開放開發是涵蓋政治、經濟、社會、文化等各個領域的綜合實驗,其豐富的內涵、複雜內容、特殊定位決定了其所需要立法不是單項的,而是一個近期與遠期相結合、綜合與專項相配套的法規團組。這裡所謂的「一」即「一個龍頭」——《平潭綜合實驗區條例》,而「X」即X個「配套法規」,包括《平潭綜合實驗區招商引資若干規定》、《平潭綜合實驗區對臺快捷通道建設若干規定》、《平潭綜合實驗區兩岸教育合作若干規定》等。[6] 有所不同的是,個人更傾向於建構一個「法規—規章」的團組。

具體而言，福建省人大根據全國人大的授權，制定《平潭綜合實驗區條例》，《平潭綜合實驗區條例》作為平潭綜合實驗區的「基本法」，僅就平潭綜合實驗區的管理機構、管理體制以及經貿、旅遊、教育、文化的交流與合作作出原則性的規定，同時授權行政部門頒布行政規章，就相關事項制定具體的實施辦法。首先，這一立法模式更能適應平潭對臺關係複雜多變的需要。眾所周知，兩岸關係發展有其階段性特徵，嵐臺關係亦是如此，平潭地方涉臺立法因而有其階段性任務，必須因應對臺形勢的變化而快速調整。其次，這一立法模式也是借鑑臺灣「法律元素」的集中反映之一。目前，臺灣立法體系最為值得平潭直接借鑑者當屬「臺灣與大陸地區人民關係條例」，及「離島建設條例」等區域性立法，而上述立法的特色之一即「高度」或「較高度」的將具體辦法的制定權交予行政機關。多年來的實踐證明，臺灣的這種立法模式是成功與科學的。

（二）關於平潭綜合實驗區的涉臺司法：以設置臺胞法庭（院）為起點

平潭「五共同」中的「共同管理」引申到司法領域就是兩岸司法合作問題。有文章指出，兩岸共同司法面臨的首要問題是共同司法機構組成問題，共同司法機構的組成，可供的選擇有：第一，緊密型。由兩岸共同組織平潭綜合實驗區司法機構管轄；第二，鬆散型。由兩岸各自在平潭綜合實驗區設置司法機構管轄；第三，分離型。由兩岸司法機構對原本區籍的平潭綜合實驗區居民管轄。其中兩岸共同組成司法機構是理想選擇。[7] 上述設想頗為大膽，但短期內要實現兩岸共組司法機構顯然存在較大困難。

近年來，平潭縣法院堅持能動司法，充分發揮審判職能，率先成立了獨立建制的涉臺案件審判庭，集中統一審理民商事、刑事和行政等各類涉臺案件，實行專業化審判，聘請臺商協會以及臺胞代表等擔任法院特邀調解員，取得了一定成效，但其創新的力度與實現兩岸共同家園的目標間顯然還存在一定的距離。在兩岸共組司法機構條件尚不成熟的現階段，參照廈門海滄模式，設置臺胞法庭（院）容或為現實可行的起點。2011年12月，最高人民法院批覆海滄法院集中管轄涉臺案件的司法改革項目，福建省高院於2012年1月中旬批覆海滄法院集中管轄廈門全市案件標的達3000萬的一審民商事糾紛案件。有關專家學者並建議海滄法院涉臺法庭應在廈門全市範圍內選拔任用法官；審判案件可以借鑑臺灣模式，實現陽光審判；涉臺法庭建設可以參照臺灣法院建築風格，讓臺灣建築設計院參與設計。[8] 平潭綜合實驗區的涉臺司法制度先行先試可以設置臺胞法庭（院）為起點，

並在此基礎上更加創新,吸納臺灣法官加盟、借鑑臺灣合理的制度等,待條件成熟再向更高層級的合作模式邁進。

此外,平潭綜合實驗區還應密切關注兩岸形勢的最新變化,爭取在探討中的建構「兩岸商務仲裁聯合調解機制」等問題中有所作為。[9]

(三)平潭綜合實驗區的涉臺法律服務:以成為大陸涉臺法律服務中心為目標

隨著海峽兩岸交往的不斷增加,涉臺法律案件大量湧現。兩岸各領域的交流合作需要法律上的保障,臺灣同胞更是需要法律上的幫助。為因應現實的發展,近20年來,福建的涉臺法律服務以律師、公證業務為窗口,基本形成全方位、多層次的涉臺法律服務網。平潭作為建設中的兩岸共同家園,應積極引進知名的律師事務所、公證機構等涉臺法律服務機構,逐步形成有一定影響力的「涉臺法律服務中心」。除一般性的涉臺業務外,該區域內的涉臺法律服務機構應利用其獨特優勢,將業務範圍拓展至以向政府推舉臺灣工商界高層人士、為引進優質的投資項目穿針引線、協助大陸企業赴臺投資等為主。

而現階段可以立即作為的即爭取平潭成為臺灣律師事務所駐大陸代表處或律師事務所的所在地,並擴大其業務範圍。2010年12月臺灣葉大慧律師事務所駐廈門代表處等7家代表處獲準設立,上述7家律師事務所駐大陸代表處的設立只是海西法律服務市場對臺率先開放的第一步,平潭應在這項特殊政策未來的持續開放過程中發揮其應有的作用。具體而言,平潭應力爭成為大陸第八家臺灣律師事務所代表處乃至第一家律師事務所的設置地。平潭不僅應引進臺灣最具規模和影響力的律師事務所,使其在實力上居於領先地位,而且應在業務上有所擴展。按照司法部2009年發布的《取得國家法律職業資格的臺灣居民在大陸從事律師職業管理辦法》以及福建省司法廳2010年9月公布的《臺灣律師事務所在福州廈門設立代表機構試點工作實施辦法》,臺灣律師事務所大陸代表處及其代表的業務範圍均受到一定的限制,具體而言,在訴訟法律事務方面,臺籍律師在非訴訟法律事務領域雖然不受限制,但在訴訟法律事務領域則只能從事涉臺婚姻、繼承案件。這一限制將造成臺籍律師大陸執業的尷尬。平潭綜合實驗區應爭取獲得司法部及福建司法廳的支持,允許臺灣律師事務所或代表處的業務範圍在現有規定上有所突破,進而將平潭建設成兩岸律師事務交流與合作的重鎮,真正成為兩岸律師界更緊密合作的先行先試區域。

此外，基於近幾年隨著海峽兩岸經貿、人員等方面交流與往來日趨頻繁和深化，兩岸對於法律服務方面的需求均日益迫切的現實考量，把平潭建設為兩岸律師和涉臺公證人員的培訓基地既具有可能性，也具有必要性。

注　釋

[1]. 謝暉：《價值重構與規範選擇》，山東大學出版社，2002年版，第111頁。

[2]. 周葉中：《論構建兩岸關係和平發展框架的法律機制》，載《法學評論》2008年第3期。

[3]. 《馬英九：將檢討現有兩岸事務法規》。

[4]. 《修改兩岸法規 賴幸媛：禁臺民任陸公職不變》。

[5]. 《專家建議授予福建省對平潭立法權》。

[6]. 福建省人大法制委：《關於平潭綜合實驗區建設及其法制保障有關問題的研究》，載《平潭綜合實驗區立法問題研討會論文彙編》，2011年12月。

[7]. 邱瑞麟：《論海峽兩岸事務法院——平潭綜合實驗區兩岸共同司法的困惑羅列及思索》，載《海峽兩岸司法事務研討會論文彙編（下）》（2011.1廈門）。

[8]. 楊伏山，曹法貴：《廈門海滄法院獲準設立涉臺法庭，加快籌建》。

[9]. 2010年2月，國民黨「立委」丁守中在臺灣「立法院」召開了「建立兩岸商務仲裁聯合調解機制」公聽會。會上，臺灣知名律師李念祖提出：隨著兩岸交流愈來愈密切，應該建立一個可以解決彼此糾紛的機制。臺灣「陸委會」副主委高長則表示，對於兩岸成立商務仲裁聯合調解機制樂觀其成。

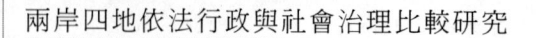

警政視角下的社會治理——以推動平潭共同家園為例

鄭陽錫[1] 孫楊杰[2]

◎[1] 臺灣金門縣警察局督察員、博士

◎[2] 廈門大學公共事務學院博士研究生

前言

2011 年 11 月,國務院發布《平潭綜合實驗區總體發展規劃》,作為推動平潭在對臺交流合作,先行先試,開發建設和編制相關規劃的重要依據。平潭開發特點「五個共同」——共同規劃、共同開發、共同經營、共同管理、共同受益,目的在建設平潭宜居、宜業的環境。其中宜居以積極借鑑臺灣在社區管理、社區服務、民間社會服務組織發展等方面的經驗,鼓勵臺胞參與所在生活社區與經濟組織之管理與服務,作為臺胞參與管理的試點,以實現建設兩岸共同家園的目的。

社會管理,是大陸管理社會秩序與維護社會穩定的特有機制。社會治理,是指運用公、私領域以管理公共事務諸多方法的總和。不論是創新社會管理或是社會治理改革,都是對政府與市場、政府與社會、政府與公民這三對基本關係的反思與互動,是政府公共事務的重要價值理念和實踐追求。作為兩岸共同家園試點的平潭綜合實驗區,極需從社會管理與社會治理的觀點,來處理因兩岸政治、經濟、文化差異與兩岸行政管理部門職能轉變所產生的兩岸事務的管理問題。至於其創新和改革,吾人以為,兩岸事務必須先除去政治立場,從社會治理與警政角色的視角出發。2009 年兩岸簽訂的《海峽兩岸共同打擊犯罪及司法互助協議》所建構的司法互助對口機制,是從警政視角推動社會管理的法治基礎,而共同家園的開發與建立,則必須從更深層的警政管理來思考,以達到建設平潭宜居、宜業環境的目的。因此,本文試從臺灣警政參與社區安全維護政策的經驗基礎上,提出社會管理創新的積極做法,為兩岸和平共治提出合理可行的社會治理改革模式。

一、社會管理創新與社會治理改革

社會管理,是大陸管理社會秩序與維護社會穩定的特有機制,被納入政府的職能體系。作為一項重要的政府重要職能,相對於政治與經濟上的管理,社會管

理是政府對社會生活、社會結構、社會制度、社會事業和社會觀念等各環節進行組織、協調、服務、監督和控制的活動過程。

社會治理，是指運用公、私領域以管理公共事務諸多方法的總和。傳統政府行政，政府是維繫社會生活公共領域唯一的承擔者。面對訊息化、全球化以及社會對公共服務的需求，治理（governance）模式成為政府確保和傳送政府政策的重要模式。治理與統治不同，是指政府統合各相關行政機關、單位的力量，並連結非政府組織（包括非營利組織及企業組織），建構一個資源整合的行政網路，有效解決公共問題的一種政府運作模式（Mark Bevir，2007）。

隨著社會環境的變遷，傳統的社會管理已無力應對改革開放後社會結構的複雜化與公民意識的抬頭。[1] 為確保社會活力與和諧穩定，減少不和諧因素，解決影響社會和諧穩定問題，大陸的社會管理政策，由過去傳統的嚴打轉型為創新社會管理。此一轉變，符合現階段，和諧發展路線與健全法治建設的需要，也是維護「十二五」（中共中央關於制定國民經濟和社會發展第十二個五年規劃的建議）經濟社會發展安全穩定的積極做法。[2] 其方式在以創新社會管理和社會治理改革的手段，來化解非傳統安全領域的社會矛盾，並以全面法政建設發展，作為推動經濟社會發展的維穩主流。

維穩是可說大陸社會治理的重點，也是其社會管理的最主要目的。社會管理的基本任務，包括協調社會關係、規範社會行為、解決社會問題、化解社會矛盾、促進社會公正、應對社會風險、保持社會穩定等問題。[3] 以上七項基本任務，明確指出的創新社會管理，是以維繫社會秩序為核心，透過政府主導，增強官民互信共治，形塑公民意識，具體實踐公民社會，以提升社會治理政策之整體效能[4]。因此，創新社會管理，是大陸公共事務朝開放的、包容的、透明的、公平的、柔性的新的社會治理模式（包括中共執政方式）轉變，打破過去社會一元治理模式，朝著多元化發展，廣泛吸收社會群體參與社會建設，而使社會治理更具公共性。2012年6月29日由中央編譯局於清華大學所發表的《中國社會治理評價指標體系》，即在評估社會管理創新和社會治理改革的成就，發現社會管理和社會治理中存在的問題，[5] 是邁向社會主義創新民主社會，以符合人民對政府基本要求的積極舉措。

社會管理創新和社會治理改革的重心在基層，強調自下而上的新公共服務精神（Denhardt，2003），徹底解決社會矛盾與社會秩序問題。就「安全」（security）的意涵而言，安全是指對各種潛在風險的評估與成功管理後所獲得

的一種期欲的狀態。德國學者 Ulrich Beck 提出風險社會（Risikogeselleschaft）的概念，強調工業（現代）社會所發展的工業化、現代化所產生的自相衝突和矛盾，使人民對後現代產生不安全感因而形成許多的風險與災難，似可印證兩岸的發展，在政治、經濟、文化以及人口流動中產生的不確定因素與不安全感，這絕對不是政治可以解決的問題。穩定社會秩序與治安，必須藉由社會管理與社會的共同治理來共同解決，同時必須藉由落實的警察活動來維持。因此，作為推動對臺交流合作的平潭綜合實驗區，要完成維護實驗區內的社會秩序與安全，則需作好完善的社會管理規劃。就此觀點，警政模式的選擇以及警察權運用的安全治理概念，應可作為當前社會管理創新的重要內容。因為透過警政的風險管理或安全管理，可以有效地化解社會衝突，幫助預防危機的發生。即使衝突發生，其損失的幅度也會降到最低的程度，甚至轉而回到安全的境界，常言「危機即轉機」就是這個道理。特別是實驗區的開發與發展，「公共財私有化」現象將會普遍，私人廠區、醫療院所、學校與社區等與國民生計有密切關係之基礎設施日益增設，亟須投入大量人力以進行安全維護。有限政府管理及警力，將無法因應。故須廣納企業組織（如保全公司）及非營利組織（如志工團體）之力量，結合公私資源協力共同營造安全的生活環境，建立社會安全管理網路與安全社區。

二、警察職權與治安管理

警察職權為警察任務的下位概念及警察業務的上位概念。警察職權概念的最大功能，在於縮小警察任務的範圍，並將警察的對外業務，適度抽象化，以便警察機關能據以行事，俾區分警察機關與各行政機關間的工作範圍。

公安的職權，則包括治安行政管理權與刑事偵查權。其中治安管理部分，屬國家行政權範圍。就法律的實踐上，公安機關於組織上實行「雙重領導」體制，同時受制於上級公安機關，以及同級人民政府的管轄。在刑事偵查權部分，公安機關的警察權，與檢察權與審判權共同置於司法權下，由公、檢、法等三刑事司法機關，分工配合，相互制約，共同完成懲治犯罪與維護治安的任務，兼具行政權與司法權（準司法權）之雙重屬性。其功能在於保護廣大人民群眾的根本利益，其政策目的，則以保衛共產黨領導的人民政權、保障人民的民主權利，以及保障中國共產黨和國家在各時期中心工作的順利進行、各項法規政策的圓滿落實為依歸，充分表現出「以黨領政」的制度下，階級性與群眾性的特質[6]。

臺灣警察職權與德日英美各國相同，限縮於「個人生命身體財產之保護、犯罪預防、犯罪偵查、交通管理、公共安全秩序之維護」等職權，並受公共行政理

論發展影響,重視為民服務等工作,以及因應刑事司法制度對「犯罪被害人」服務(保護)等措施。受傳統公私二分法的影響,臺灣警察執法依據——警察法規,普遍認為是具有濃厚公法屬性的領域,但仍包涵部分私法或私權爭議之處理。如:私權保護與警察公共原則的折衝、警察的私法行為(行政輔助行為、行政營利行為、私法性質的給付行政等)、私人參與警察工作之行政委託私人及由私權提供完成公益等行為。此與大陸警察職權範圍,並無太大差異。於此,我們可以大膽地說,警察職權的行使於兩岸社會治理的功能與任務上,是最沒有爭議與政治色彩的,但卻是社會安全與秩序管理上最重要的部分。

維護治安之任務,是政府維持人民共同生活秩序的基本任務。另受現代國民主權理念支配的影響,保障人權(大陸稱維權),亦為政府責無旁貸之事。以此,警察主要任務可歸納為人權保障與治安維護兩大部分。

人權保障與治安維護,受社會環境、時代背景,乃至思潮主流之影響,調和並不容易,因其二者並非「零和」關係。維護治安是政府常用以限制人權最常見理由。但若過度以治安為目的而限制人權,其實是忽略民主法治國家之治安任務系以保障人權為目的,以及缺乏手段應受目的制約的合比例性考慮,所產生的目的與手段錯置之現象。蓋民主法治之國家,絕不會輕易以安全為由,限制自由,而生行政效率與人權保障之衝突。況且,政府基於治安理由,以法律賦予警察任務,並藉以限制人民基本權利。仍應體認「主權在民」之信念,並依憲法保障人民權利之概念,審酌不確定法律概念,遵守比例原則及法律保留原則。藉以調和保障人權及治安維護之任務,化解治安與人權之間隱存的緊張關係(李震山,2002)。

警察任務的擴張或縮減,民意、學術理論及實務經驗影響警察職權的決策與立法。現代警察任務與其職能發展,在全球化、在地化,以及「新公共管理」理論發展趨勢的影響下,從傳統「由上而下」的政府控制機制,轉向承受「自下而上」的公民意識與權力分散的政策網路概念。參與「治安維護」性質的警察任務者,並非全屬警察機關與人員,尚包括其他政府機關人員以及其他私人介入。因此,本於社會公益、懷於社會責任,為維護秩序與安全,警察部門開始廣邀政府以外的部門,如企業、協會、非營利組織及廣大市民等平行地參與政策過程,即所謂「安全治理」的概念[7]。

1970年代起全球警政興起以社區為基礎的治安治理策略,如社區警政、社區處遇、社區治安等治理策略,關鍵詞包括夥伴關係、公私協力、跨域治理等概念。

治理是全球政府管理的趨勢，是中國創新社會管理的基礎，也是當前以社區為中心警察政策的核心概念。治理所倡導的公民社會、社區意識與信任關係等理念，更是警察藉以接觸民眾、連結社區網路、發展治安治理的重要條件。

而治安管理上的治理是整體政府的概念，強調制度化、經常化和有效的跨界合作，以增加公共價值，來達成政府人權保障與治安維護的任務。其核心特徵是合作的跨域性，而表現於同級政府部門之間、上下級政府之間、不同政策領域之間、公私部門之間等。兩岸之間的合作發展，藉由民間的交流到互設海協與海基兩會的非官方接觸，到江陳會的定期會談等，無處不見兩岸為臺海安定建立互信制度與跨區合作的蹤影。

三、警政策略與社會治理

如果說社會管理創新是社會治理改革的重心。那我們可以說，警政策略，不只是政策科學研究社會管理的實質領域，也是解決社會問題的重要工具。從警察政策的分析與解決的角度來看，社會管理除需理性地規劃警察活動外，還需要在政策推動過程中，能說服普通民眾、政黨、利益團體、媒體、民意代表、學者專家、政府系統的其他部門、甚至是執行警察政策的警察機關與警察人員，透過警察勤務與業務的不斷創新與執行，才能解決或調整因社會結構變遷所產生的矛盾、衝突、犯罪與社會安全等問題。

面對社會管理，警政所關注的問題，在於社會發展過程中有關社會環境安全社會控制等領域的問題。警政策略，重在探討有關後現代社會對社會安全的需求、社會控制的途徑以及安全空間的領域變化等問題。而創新警政管理的目的，在使社會控制的手段能滿足社會的安全需求途徑與適應社會的發展與變化。這也是當代警政社區化、民間化、問題導向、質量警政、情報導向等警政管理的理念所追求的目的，目的在提升警政治安效率與服務質量。[8]

警察政策的形成，乃透過警察政策的分析，警政分析者可從警政統計資料中分析與界定問題，並藉由情報與問題導向，選擇管理工具或訂定法令規則，再由警察的管理層明白實施他們所要的警務概念模型。警察政策之於社會治理，其實就是社區警政的根念。在社區警政工作的格局下，警政分析員透過社區統計和犯罪地圖（Rachel Boba，2009）支持社區警政。民意調查、電話的投訴，以及警察參與社區活動瞭解其他社團的訴求等，是警政問責與策略調整的訊息來源，進而發現問題並對問題進行評估，最後提出對策。因此無論是電腦訊息統計警政

（compstat）、社區警政、問題導向警政，以及當前最新的情報導向警政，都已趨向於整合型社區警政（integration community policing）發展。

社區警政強調犯罪預防與社會資源的整合，其解決社會問題的方法，在於「整合」各種社會層次、團體與資源，共同以「治理」的模式來解決治安問題。此種為建立「公民社會」而努力的「社區治安共同圈」的自主力量，正於全球蓬勃發展。警察維持社會秩序的功能，與社會管理的目的一致。而治安治理策略與新的社會治理模式，打破過去社會一元治理模式，朝著多元化發展，廣泛吸收社會群體參與社會建設的參與方式相同。因此，作為兩岸共同合作開發宜居、宜業平潭實驗區創新的社會管理模式，也應有從「兩區」分治到共同「治理」（from district to governance）的新觀念。[9] 因共同家園的開發與建立，不只是需要兩岸共同打擊犯罪及司法互助，[10] 更需要深層的創新警政思維。因為代表警政治理模式的整合型社區警政，是最不具政治立場的社會管理創新的實踐，透過兩岸警政之合作、協商、夥伴的關係，共同治理認同與確立的和平的共同目標，是建立安全社區與共同家園的重要基石。

四、臺灣經驗與兩岸社會治理

平潭綜合實驗區的概念推動後，兩岸反應冷熱不一，[11] 衍生出許多如「統戰」、「共同」的解讀、在大陸任公職以及招商安全等相關問題。抹殺了原本共同合作、先行先試以及和平共榮的美意。其最主要的問題，在於兩岸政治的本位主義，以及法律制度的不同，造成在實驗區的業務推動上，受限於意識形態的割裂，未能以區域或都會發展為基礎，造成諸般齟齬及對立的現象。加上兩岸不同的行政體制，在政治議題上時有矛盾衝突，造成許多「跨兩岸」的棘手事務，協調起來困難重重，甚至彼此對立嚴重。特別是臺灣當局與地方在歷經多次選舉後，形成不同政黨執政之分治政府（divided government）現象，各政黨間之互動，處於緊張的磨合時期，造成凡與兩岸事務有關的敏感議題，分屬不同政黨的中央、地方政府或地方政府間，基於政黨屬性或意識形態的不同，常以政治為名，無法有效合作，甚至迭生齟齬，錯失共同協力解決區域性問題的機會。加上兩岸現行的法律並無跨區域的合作機制的詳細規範，對造成「五個共同」，徒具宣示形式，使得兩岸共同家園的營造，仍無法跳脫政治的邏輯思考。但如排除政治的意識形態，兩岸於經濟以及其他社會議題的依存上，卻又是如此密切和不可分，甚至可謂是一體的。這也是為何本文主張，以警政的視角，尋求共建社會安全管理機制的契始。

關於社區治安的治理工作，臺灣自 1996 年起即由「行政院」召開「治安會議」決議，將「社區守望相助」列為犯罪預防對策，作出「積極推行社區守望相助」與「普遍推動家戶聯防警聯系統」的結論；1998 年頒布「建立治安維護體系——守望相助再出發推行方案」，大力鼓勵推動社區守望相助巡守隊的成立。2005 年基於推動「全民拼治安」的思維，感於健全社區對於治安安定的力量，將「社區治安」納入社區總體營造面向，推動「臺灣健康社區六星計劃推動方案」。[12] 其中「社區治安」為其重點計劃，同時啟動警政、社政、民政、消防、家暴防治等單位，結合社區民眾，妥善運用社區人力資源，共同推動社區治安工作，強化社區自我防衛能力，以建構優質的安全社區。

　　臺灣「治安社區」的理念，以強調新公共服務「由下而上」公民參與的服務理念，藉由「中央」輔導地方及社區組織，推動社區治安工作。其政策的操作上，採多元與跨域整合的「網路治理」協力模式，由社區組織召集轄內機關、團體、學校、公司行號、金融機構、意見領袖、婦女組織及居民等，舉行治安會議，參與治安營造，實施治安診斷與分析。目的在找出治安死角，以建立社區安全維護體系，[13] 落實社區防災系統，及建立家暴防範系統，建構整體社區安全營造的管理體系，[14] 由政府與民眾共同參與，發現及解決社區治安的問題。

　　兩岸於治安工作上，共同合作機制的平臺的建立雖已有數年，但大抵為非正式的協議、區域的對話與所謂的共識與默契。這類平臺也傾向聯誼會議的性質為主，缺乏明確的定位，組織也未能法制化，較難發揮兩岸人民實質生活區域內，安全社區建構與決策執行的合作功能。

　　此外，過去兩岸於治安合作的內容，大部分止於共同打擊犯罪的案例。鮮少以兩岸生活圈區域安全的管理為議題。但是，因全球化之發展，簽 ECFA、開放觀光、自由行等政策實施後，已使兩岸區域之間，各地方縣市政府面臨更多跨兩岸區域的社會問題。這些亟待解決處理的跨區域問題包括：犯罪問題、新移民管理、就業服務、社會衝突、戶籍管理，以及社會秩序與社會安全等問題。

　　因此，借鑑臺灣於社區管理、社區服務、民間社會服務組織發展等方面的經驗，以強調「公民參與」及「社區化」的警政合作，似可為解決以上問題之鑰，有關社會管理的警政作為，較不涉及實體法律制度的約束，可完全拋開政治立場，[15] 於「在地安全服務」的營造理念下，朝「五個共同」的目標努力。建設共同家園，必須在和平共榮與擱置爭議的基礎下，藉由兩岸人民對區域合作與共同開發的認同，克服政治因素與法律制度的障礙，以及政府機關主導的形勢。自發性的邀集

實驗區內的機關、團體、學校、公司行號、婦女組織等,從社會安全的角度,建立互信,務實建構兩岸社會管理合作平臺,並以此創新思維,集結共識,進行不同程度的跨域合作,讓警政與社區之間的關係更為緊密,協助建立「安全、穩定」的共同家園。

五、兩岸治安共同治理模式：力求與建議

「建立互信、擱置爭議、求同存異、共創雙贏」是兩岸和平發展,共同合作的基本原則。[16] 從警政的視角,推動兩岸和平共處的「社區安全」與建立「在地服務」的觀念,則是建立共同家園的具體做法。

鑒於兩岸社會制度、經濟模式以及文化生活的不同,面對兩岸差異所引發的社會問題,有關兩岸警政的合作應不止於共同打擊犯罪及司法互助,建立常態化、制度化、規範化、訊息化與行動化的高效能的合作關係,有其必要。因此,關於平潭共同家園社會管理的模式,必須對綜合實驗區的區域發展,以及兩岸關係未來發展的趨勢作出預測與總結性的歸納。進而關注如何對實驗區內社區及場所進行管理和控制,提出對實驗區內空間領域的分類方式、控制方法(警政策略)等,作兩岸社會管理與法律制度的比較研究,最後再就因社會管理所生法律規範的形成,在政治環境與法律制度許可的範圍內,就犯罪預防與警政服務的角色,展開研究和探討。相關建議如下：

一、透過建立常態化合作機制,增速各執法部門、學術機構的合作,強化司法互助和懲治兩岸跨域犯罪問題之研究,藉以調整彼此交流管道與模式。

二、創建具司法及警政權責的組織,以整合海峽兩岸的法律、警政策略、交流模式以及教育訓練等,並探討警政合作的範疇與未來發展。

三、以更務實的態度解決共同監管社會秩序、預防犯罪以及犯罪問題,於社會管理合作的過程中,解決共同難題。

四、推動警政改革,不管是外部環境或內部管理,從資源、制度與文化等三個層面上,尋求包含文化、人(警)力、技術、預算等資源整合,建立包括法規、政策、流程等良好的制度,發揮社會管理高效功能。

五、加強兩岸的警政合作,透過修正政策和法律規範,就執法依據、執法環境、執法理念、執法方式、執法技巧等要求,改善警政服務提供的結構。穩定社會秩序,創建雙贏的社會管理制度。

六、建構社區安全管理體系，如警衛安全、照應顧客、預防犯罪、預防反社會行為、執法和使用制裁手段、對緊急事件和正在實施的犯罪作出反應、收集和處理有關訊息等機制。

綜上，警政各項策略發展的目的在建構一個使人民能安居樂業的社會，而警政管理既需隨時代變遷與時俱進，更需結合相關理論的思潮，型塑新的警政治理模式。兩岸刑事司法互助與共同打擊犯罪，是解決跨域的犯罪問題。研究兩岸警政合作，則是尋求兩岸社會管理更為廣泛的合作與實踐，從警政的視角，探討平潭社會管理的創新與社會治理的改革，不只是地方層面的合作與工作關係，更是解決政治、法律制度及對犯罪、社會秩序、人民權力（利）的概念、定義等差異，推動兩岸警政與社會維穩的夥伴關係。因此，兩岸警政與社會管理的共同合作，亟待透過建立制定合作策略、交流和蒐集訊息，以及促進區域合作與推動革新方案等方式邁進。

注　釋

[1].改革開放後，中國社會結構因市場經濟體制的改變，新社會階層的產生，與工人、農民與知識等傳統階層，產生包含勞資糾紛、拆遷爭議以及集會活動等新的社會衝突與矛盾。此外，隨著社會環境的市場化、城市化與訊息（訊息）化，民眾開始意識到與自身利益有關的社會議題，開始重視有關社會保障、社會安全、環境衛生等社會治理問題，並積極參與政治與政府監督等活動。

[2].北京全國政法會議周永康講話：「要全面貫徹黨的十七屆五中全會精神，深入貫徹落實科學發展觀，深化社會矛盾化解、社會管理創新、公正廉明執法三項重點工作，進一步加強政法部隊建設，推動政法事業全面發展進步，更好服務《十二五》經濟社會發展。」（2010年12月20日），《中央政府門戶網站》。

[3].同上，國家主席胡錦濤在省部級主要領導幹部社會管理及其創新專題研討班開班式上發表重要講話。

[4].俞可平：《營造官民共治的社會治理格局》，中國新聞網。

[5].鳳凰網：《中國社會治理評價指標體系在京發布》。

[6].群眾路線是毛澤東信奉的理論觀點，其理論基礎是假設政府的官府決策角色，應該明顯降低，並且偶爾被直接參與的人民取代，有關公安的任務，理所當然地置入「群眾路線」的思想。

[7].治理，是社會中權力運用的制度或程序。治理程序，涉及社會中做成決定的方式，也涉及市民與各種團體在政策形成與執行過程中的互動，也就是說，治理程序強調各種不同組織與團體的參與。

[8].全球警政策略模式,主要有警政社區化(Community Oriented Policing)、警政民間化(Privatization of Policing)與公民社會之公私協力(Public-Private Partnership)共同治理、問題導向警政(Problem-Oriented Policing,SARA模式:Scanning,Analysis,Response,Assessment)、質量警政(Quality Policing)、電腦訊息統計之警政策理(COMPSTAT & CITISTAT)及知識經濟之管理、整合型警政(Integrating Policing)及情報導向之警政(Intelligence-led Policing)等七種策略。參照梅可望等合著(2008),警察學,桃園龜山:中央警察大學,2008:399-427。

[9].自1980年代中葉「治理」逐漸成為歐、美政治人物及社會科學研究者常用的概念,更成為後現代社會的精神。

[10].2009年兩岸簽訂的《海峽兩岸共同打擊犯罪及司法互助協議》,以簽訂書面協議之方式,強化司法合作之互惠意願,同時律定合作之程序及相關細節,提升合作之效率及質量。

[11].針對平潭綜合實驗區公布「五個共同」,臺灣社會普遍認為有統戰的意味,官方對於五個共同的說法,讓外界以為是兩岸「共同」推動平潭實驗區,而認為平潭不同於一般單純招商引資的經濟開發區,具有強烈政治意涵,因而僅承認該實驗區是一個經濟投資的商業行為。但臺灣也有「立法委員」表示,當局不要抹殺「共同」的經濟合作的美意。

[12].2005年有鑒於健全之社區為臺灣社會安定的力量,臺灣提出「臺灣健康社區六星計劃」,以產業發展、社福醫療、社區治安、人文教育、環境景觀、環保生態等六大面向作為社區發展的目標,稱之為「六星」。

[13].其中社區安全維護體系,以成立守望相助隊、設置錄像監視系統、劃設校園安心走廊、認養社區治安區塊、發行社區治安報導、提供防竊諮詢服務、以及提升社區自我防衛能力為主軸。內政部推動社區治安工作實施計劃。

[14].包含建立社區安全維護體系、落實社區防災系統及建立家暴防範系統等三部分,臺灣內政部推動社區治安工作實施計劃,陸、執行要領。

[15].兩岸過去警政的合作在「海峽兩岸共同打擊犯罪及司法互助協議」的基礎上上,於情報交流、聯合辦案、逃犯緝捕、贓物追繳及人犯移交等工作,展現亮麗的成績,原因在於治安是兩岸事務中,最不受政治及法律因素的影響的部分。

[16].2008年4月29日,總書記胡錦濤於北京釣魚臺國賓館會見國民黨榮譽主席連戰,提出改善兩岸關係的十六字箴言。

公法人路徑下平潭實驗區管委會組織架構的思考

於靜濤[1] 陳明添[2]

◎[1] 福建江夏學院法學系副教授

◎[2] 福建江夏學院法學系教授

2011年11月，國務院正式批准《平潭綜合實驗區總體發展規劃》（以下簡稱《總體規劃》）以來，平潭綜合實驗區各項事業的發展已逐步走入了快車道。而《總體規劃》中提出的「將平潭建設成為兩岸同胞合作建設、先行先試、科學發展的共同家園」的構想也隨之迎來更加審慎的路徑選擇。平潭綜合實驗區應如何構建？如何發展？「五個共同」理論應如何實現？實驗區治理機構——管委會應採何種模式建立等，都成為亟待解決的問題。本文擬就平潭綜合實驗區管委會構建進行探究與思考。

一、「共同管理」背景下的平潭綜合實驗區及其管委會角色訴求

平潭綜合實驗區管委會構建的特殊意義在於管委會是實現兩岸「共同管理」、深度合作的重要載體，故而，我們的研究也必須圍繞著兩岸「共同管理」這一背景展開。以平潭綜合實驗區為試點實現兩岸共同管理的交流合作新模式之構想初見端倪於2009年5月國務院下發的《關於支持福建省加快建設海峽西岸經濟區的若干意見》。在《意見》首次提出，「在現有海關特殊監管區域政策的基礎上，進一步探索在福建沿海有條件的島嶼設立兩岸合作的海關特殊監管區域，實行更加優惠的政策」。其後不久的2010年4月，國家發改委發布了《海峽西岸經濟區發展規劃》。《規劃》中設「建設兩岸合作的平潭綜合實驗區」專節，從「探索兩岸合作新模式」、「構建兩岸經貿合作特殊區域」、「建設兩岸同胞的共同家園」三方面，定位了平潭綜合實驗區於兩岸深度合作方面承載的特殊功能（該《規劃》已於2011年3月由國務院正式批准）。在2011年11月由國務院正式批准的《平潭綜合實驗區總體發展規劃》中，更是將兩岸共同家園構想具體化為兩岸「共同規劃、共同開發、共同經營、共同管理、共同受益」的「五個共同」理論。沿著以上政策線索，可以逐漸清晰地作出界定——基於其特殊的發展定位和功能預期，「共同管理」背景下的平潭綜合實驗區本身就將成為區別於「經濟特區」、「開發區」、「國家綜合配套改革試驗區」等以往中國任何特殊區域的「實驗區」。

平潭綜合實驗區這個特殊區域所應承擔的歷史使命應具體體現為以下三方面：1. 微觀層面——促進兩岸經貿交流，提升兩岸經濟發展潛力。透過對平潭島的開放開發加強兩岸經貿往來，既促進臺灣經濟向外向型發展、實現與大陸經濟的產業對接，亦帶動平潭、福建、海西乃至全國各涉臺地區經濟的發展。2. 中觀層面——逐步探索兩岸先經後政、先易後難的區域合作新模式。能夠以區域合作為路徑，適度迴避政治敏感問題，全方位、多形式地實現兩岸經貿、文化乃至某些政治層面的合作。3. 宏觀層面——成為和平解決臺灣問題，早日實現統一的實驗平臺。藉助平潭綜合實驗區這塊試驗田去創造一國兩制下兩岸對話、合作、融合的一系列新模式，逐步實現雙方意願的對接；透過創新政策、創新制度來進一步展示中央政府解決臺灣問題的善意、勇氣和智慧，從而對促進和平統一大業的早日實現作出貢獻。[1] 對實驗區如此之高的功能訴求，決定了作為實驗區常規管理機構的平潭管委會之性質定位與組織結構必將不能與其他特殊區域管委會相提並論。在筆者看來，除了應具備其他特殊區域管委會已有的、日常經濟、社會事務管理職能外，平潭管委會還應當承擔以下三個特殊角色：1. 兩岸平潭合作事項對話的組織者。按照已獲國務院正式批准的《平潭綜合實驗區總體發展規劃》的設想，在平潭實驗區要實現兩岸產業的深度對接，要推動兩岸投資自由貿易化，推進兩岸多種形式的民間交流合作，要積極承接臺灣產業轉移，努力建設依託臺灣、面向大陸的兩岸合作低碳經濟示範區。以上這些設想只有在兩岸相關實體充分協商對話的基礎之上才有可能完成。而對兩岸相關具體合作事項的對話主體、對話層次、對話方式、可協商範圍的確定等都離不開平潭管委會的組織、扶植。2. 兩岸合作資源的整合者。2008年以來，隨著臺灣島內政治環境的變化，兩岸關係進入了前所未有的和平穩步發展時期。兩岸直接、全面三通的實現，以「擴大民間交流、加強兩岸合作、促進共同發展」為主題的海峽論壇的舉辦，兩岸ECFA協議的簽署等都是在這一時期形成的兩岸合作交流的寶貴成果。如何將這些來自經濟、文化、政治、社會等各個方面的成果有機整合起來，並在此基礎上形成合力，以平潭為實驗區建設兩岸「共同家園」，亦是平潭管委會所應承擔的主要職能。3. 平潭綜合實驗區「共同」決策平臺的提供者。《平潭綜合實驗區總體發展規劃》提出積極探索兩岸同胞「共同規劃、共同開發、共同經營、共同管理、共同受益」的合作新模式的構想，實現這「五個共同」的基礎即是要提供兩岸對平潭綜合實驗區開發事項的共同決策平臺。這一平臺的提供和運作者，應主要由平潭綜合實驗區管委會來擔任。

面對平潭綜合實驗區的特殊定位和由此產生的對平潭管委會的特殊角色訴求，似乎無法在中國現有制度範疇內完成平潭管委會的組織架構。中國行政組織法當中沒有關於「綜合實驗區管委會」的相關規定，也不適宜將平潭管委會當做一級人民政府或一級人民政府的派出機關、派出機構來處理。歷史使命訴求下的平潭管委會必須是一個具有強大管理職能但政府色彩大大削弱的組織。因此，筆者建議借鑑域外的公法人制度架構平潭管委會。

二、典型性國家的公法人制度略述

大陸法系國家習慣於將法人區分為公法人與私法人。其中公法人一般是指為滿足公眾需要、增進公共福利而設立的法人。以這種區分為基礎，法國、德國甚至於作為英美法系國家的英國都逐漸形成了相應的公法人制度。

（一）法國

在法國，行政主體概念基本等同於公法人概念。其公法人分為三類：其一是國家，其二是對地方性行政事務具有決定權力，並承擔相應義務和責任的地方團體，其三是以實施公務為目的而成立的公共設施或公共機構，中國一般將之譯稱為公務法人。法國本來並沒有獨立的公務法人（公共機構）概念，公務法人常常同公法人概念混淆使用。1856年法國民事最高法院的一個著名判例後，公務法人就用以特指國家及地方自治團體之外的其他公法人。法國的公務法人分為國屬、省屬和市鎮屬的三個級別：國屬公務法人包括國家醫療單位、公立教育機構、農業及商業機構、與公共工程相關的機構、與銀行和經營業務相關的機構、榮譽勛位團和國家鐵路的行政管理機構，省屬公務法人如公立瘋人院、乞丐收容所，市鎮屬公務法人包括醫院和收容所、濟貧所、初等教育基金會、市鎮分區、市鎮聯合會、各勞工聯合會、市鎮博物館、溫泉或氣候療養企業。[2]

二戰以後，隨著行政社會化程度的不斷提高，法國的公法人制度也逐步健全和完善起來。其中以公務法人的發展最為顯著，國家大量採用由公務法人來實施行政分權後的部分職權的方式來完成公務。這種背景下的公務法人具有以下幾個特點：第一，公務法人屬於公法人的一種。法國在理論上將公法人分為一般公法人和特別公法人。其中一般公法人指的是國家和地方團體，而特別公法人則指公務法人。因此，公務法人是公法人的一個特殊的類別。第二，公務法人具有獨立的法律人格，享有自己的財產，能以自己的名義行使公共權力，參加訴訟。第三，公務法人基於行政事務分權而產生，因而承擔的公共事務大都以非地域性的行業

或領域為基礎,但有時也可以地域為基礎。如法國早期的大區以及市鎮聯合體組織等就是以地域為基礎的公務法人。

(二) 德國

在德國,公法人概念項下又包括了公法社團、公法財團和公營造物三個子類。公法社團是指由一定成員依據公共目的而組成的不因成員更替變化而變化的團體。如聯邦、州、鄉鎮、鄉鎮聯合體、律師公會、醫療保險組織協會、教會等都屬於公法社團。公法社團具有如下特點:第一,依公共目的而設立,以執行公務為基本任務。第二,由一定成員組成,但團體本身不受成員更替變化的影響。第三,具有自治行政權。能夠制定自治規章並享有自由度很大的執行權。第四,接受國家法律監督。

公法財團是指依據公法、透過捐助等行為而設立的,利用一定的資金或物質來實施公務、追求公益的財團。德國目前財團法人已經相對較少,主要為一些基金會和其他公益財團,如普魯士文化資產財團法人、協助殘障兒童財團法人、聯邦總理威爾布朗特財團法人等。財團法人的特徵有:第一,必須有設立人的捐助行為才能得以成立,是以金錢而非人員為支撐。第二,公法財團是因其財產捐助行為而被國家賦予公法人的地位的。公營造物是指為了達到一定的行政公務目的,以人和物有機結合所組成的公法人。聯邦銀行、德意志圖書館、聯邦鐵路局、聯邦郵局、地方自治團體所屬的學校等都屬於公營造物。與公法社團及公法財團不同,公營造物具有以下特徵:第一,公營造物是人(行政人員)與物(公共設施)在法律意義上的虛擬結合。第二,依據行政主體專為公營造物制定的法規而設立。第三,公營造物與其利用者之間形成任意或強制利用關係,利用者有權據以請求公營造物提供一定的給付。

(三) 英國

英國的公法人概念範疇較為狹小,實際只相當於法國的公務法人或德國的公營造物。英國的公法人機構也是在二次世界大戰後才迅猛發展的。因為「這時出現的大量新型公共事物事務已不適宜由傳統的行政部門去處理,如國有化企業的經營、社會福利政策的推行,不得不設立一些新型機構,於是公法人的組織便廣泛流行」。[3] 英國的公法人分為工商企業公法人、行政執行公法人、獨立監管公法人、諮詢性公法人四類。

工商企業公法人是政府為了加強對工商業的干涉而設立或對原有企業實行國有化而形成的公法人。二戰以後,英國對一些涉及國家重大利益或風險性大、私

人不願投資的企業實施國有化，同時為經營某些特殊的行業也設立了一些公法人。像全國煤炭委員會、原子能機構、英格蘭銀行、中央電業局等都在此列。

行政執行公法人是享有較大公務權力，能夠以自己的名義執行某方面的公共政策和職務，地位類似於政府執行機關的公法人。例如全國海港委員會，其主要負責管理全國海港的發展計劃的制訂，再如各區域內的衛生機構，主要職責是執行衛生政策，行使衛生行政管理權。

獨立監管公法人是負責制定並監管實施某些行為標準的公法人。其負責監督法律的實施情況，同時制定一些涉及質量、物價、計量、檢測、食品安全等方面的具體條例。英國的公共機構地理位置分布局就是這樣的公法人，其主要負責鼓勵政府機構從倫敦遷往外地。除此之外，像全國放射性射線保護局、自然環境保護委員會都屬於該類公法人。

諮詢性公法人是負責提供諮詢和解服務的公法人組織。英國的許多諮詢委員會、顧問委員會、行政裁判所委員會、就業機會平等委員會等都是屬於諮詢性公法人。

（四）小結

從前述簡略研究可得出以下幾個初步結論：第一，在英、法、德等主要西方國家中都有較為成熟健全的公法人制度。以上各國的公法人儘管在名稱、體系、職能上各有不同，但卻能找到一個顯著的共同點——即都是因公務目的、依公法而設立，且都是行政社會化的產物。第二，在公法人中，都有獨立於國家和地方政府之外的行政主體體系，如法國的公務法人、德國的公營造物、英國的公法人等。第三，各國的公法人制度都旨在解決行政權力過於集中與社會公共事務範疇不斷擴大之間的矛盾，增加非國家機關組織在提供公共產品時的獨立性和自由度，彌補行政科層制體系下的官僚主義、內耗僵化的弊端。

三、「共同管理」背景下引入公法人制度的特殊意義

（一）行政多元化的內在要求

1970、80年代，在西方各國興起了新公共管理運動及治理理論，理論界普遍認為，面對日漸增多的行政事務，政府應當適度分權或還權於社會，公共行政事務不應當再由國家行政所壟斷，而應由多元化的公共行政予以分擔。在此基礎上，各國都開展了以政府重構、委託行政、行政公私合作等為內容的大刀闊斧的行政多元化改革。當前，行政多元化已成為現代行政的最顯著特徵。在這一背景下，

中國也並無例外地發生了由行政一元化到行政多元化的深刻變革。「全能國家的逐步解體，以及社會、市場要素的重新整合與分化，並促使傳統政府壟斷『公共職能』的行政模式得以瓦解，新的適應市場需求的行政體制正逐漸建立與完善起來。」[4]這種背景下，以行政分權、適度自治為基礎的行政法人制度已呼之欲出，缺少的，似乎正是一次個案事件的推動。

雖則作為一個前身為經濟欠發達的地區的實驗區，平潭的公共行政基礎（行政分權意識、社會行政組織發育等）並不甚理想，但在中國公共行政改革呼聲日益高漲的大背景下，行政多元化已是不可逆轉的大勢所趨。平潭綜合實驗區承載著兩岸人民合作建設先行先試、科學發展的共同家園的歷史使命，其在行政模式上必須具備現代行政的基本元素。而且，客觀上「小政府、大社會」的類經濟開發區式運作模式也決定了未來平潭綜合實驗區將必須面對較一般政府治理模式更為豐富繁贅的行政事務。這就要求作為行政管理職能主要實施者的平潭管委會選取比單一的政府組成模式更為多元化的組織方式。

（二）為兩岸合作減少政治阻力內在要求

政治因素一直是決定兩岸合作深度與廣度的重要因素。質言之，兩岸間實際缺乏的並非是合作模式的創新而是在一個中國原則下有效解決政治分歧的合理途徑。就平潭綜合實驗區的實際而言，政治因素的高度敏感性，往往會制約其踐行「五個共同」構想的創新能力。這種情況下，純政府模式的合作運行方式會變得阻力重重。因此，在「一個中國」的前提下，採用公法人模式將合作對象構建為包括政府和非政府的公務法人在內的多元化主體模式，來實現廣泛、深入的合作，不失為一種能夠擱置爭議、解決問題的方法。

（三）為兩岸尋找契合點，拓展合作深度和廣度的內在要求

值得注意的是，平潭綜合實驗區的戰略構想，似乎並沒有引起臺灣各界的廣泛共鳴。有臺灣人士就曾尖銳指出，在平潭建立兩岸區域合作共同家園的設想是沿用大陸計劃經濟時代的思維解決問題，缺乏站在臺灣角度的換位思考，有福建省一廂情願之嫌。[5]這反映出兩岸雙方在合作意願上還是存在一定偏差的。因此，要避免「五個共同」流於「一頭熱」，就必須找到雙方合作的契合點。臺灣由於受大陸法系影響，公法人制度已發展得較為成熟。以公法人模式下兩岸雙方認同的各種形式來合作，既避免了一些政治尷尬，又能夠使得合作規模不僅僅停留在引進臺商、臺資的初級層面，而向文化、社會、政治等各個方面過渡，真正最大限度地有效踐行「五個共同」構想。

四、公法人模式下平潭管委會組織架構的相關設想

筆者關於以公法人模式來架構平潭管委會的設想主要是引入公法人理論體系，並參照該理論體系對平潭管委會予以法律性質定位，再根據其法律性質，依其在公法人體系中所處的位置予以具體架構。

（一）公法人模式下平潭管委會的法律性質定位

從平潭管委會成立、運行的現實情況不難看出，其應當而且必須是獨立享有行政職權的行政組織。依中國行政主體理論，在中國，能獨立享有行政職權、承擔行政責任的組織是行政主體，具體包括行政機關和法律法規授權的組織兩大類。但很顯然，平潭管委會既不能被劃入行政機關，也不屬於法律、法規授權的組織。[6]在中國現有行政主體制度框架下無法完成對平潭管委會的法律性質定位。此時如果仍將目光停留於現有制度規範，在此基礎上去構建平潭管委會，不但會造成削足適履的牽強結果，而且也無法滿足對平潭綜合實驗區的特殊的功能期許與角色訴求。應該看到，行政主體理論並非中國獨創，它是中國對大陸法系行政法理論「舶來」的結果。但是在這個「舶來」的過程中我們卻選擇性地將行政主體理論從其賴以存在的大陸法系公法人制度中剝離出來，形成了我們特有的行政主體形式。因此在對平潭管委會的法律性質定位時應適度地跳出中國現有行政主體制度，將其還原至作為基礎的公法人制度環境下去考察。

在公法人模式下，平潭管委會應當被劃入獨立於行政機關之外的公共管理組織範疇，這裡筆者參照法國公法人定義方式將其稱為公務法人。平潭管委會符合公務法人的相關特徵，其法律性質可以界定為政府之外行使行政權力的公務法人：首先，平潭管委會是依公法而設立的組織，其設立目的是因公共目的，其宗旨就是進行公共管理、服務活動。其次，平潭管委會一經成立就享有行政規劃、行政決策、行政處罰等公共權力，其權力來源類似於職權性行政主體。第三，平潭管委會具有獨立的法律人格，它並不依附於省、市、縣的任何一級政府而存在。第四，平潭不能被劃定為中國行政主體理論體系下的政府、政府工作部門、派出機關中任何一種，是獨立於行政機關之外的公共管理組織。

（二）公法人模式下平潭管委會的權力來源

筆者認為，作為公務法人的平潭管委會的行政權力應當來源於兩個方面：1.基於法律、法規的規定而獲得的權力。這裡的法律、法規的規定區別於授權——並不侷限在某一個單一的領域，而是透過法律、法規來全面設定平潭管委會的權力範圍。具體又可以透過三個層次來完成：（1）宏觀法律層面，中國應當考慮制定

《行政法人法》，通過《行政法人法》對中國各類行政主體的公法人身分予以肯定，對中國現有的行政主體類型進行重新梳理，將包括平潭管委會在內的眾多類型的實際享有行政職權、進行行政管理活動的組織納入到公法人範疇之內，最終確立中國公法人制度。（2）地方性法規層面，透過制定《平潭綜合實驗區條例》，對平潭管委會的公務法人地位予以確認，同時對其職權職責予以概括性的規定。（3）透過制定《平潭綜合實驗區管理委員會組織章程》對平潭管委會的具體職權範圍、機構設置予以規定。2.基於行政機關委託獲得的行政權力。出於行政管理的需要，國務院各部門、福建省政府各職能部門可以將部分未經法律、法規規定的職權透過委託的方式交由平潭管委會行使。

（三）公法人模式下平潭管委會的組織機構設置

「管委會模式」本是中國經濟開發區發展過程中形成的一種管理模式。其採取「小政府、大社會」的精簡運作模式，目的就是使經濟開發區甩掉社會管理包袱，輕裝上陣，集中力量搞經濟建設。但如前所述，平潭綜合實驗區的功能定位並不應僅僅侷限於經濟層面，這就要求實驗區的管理主體既要滿足精簡、高效的需要，又不得不插手部分社會事務，這顯然給平潭管委會的組織建構提出了巨大的難題。一方面如果出於突出實驗區創新性考慮，完全劃清其與所在地人民政府的職能界限，勢必會造成管委會內設機構「大而全」的結果，而且由於平潭綜合實驗區和平潭縣在區域範圍上的趨同性，這樣的設計很有可能造成許多行政管理職能的交叉、重疊、衝突；另一方面如果出於突出精簡功能的考慮，將大部分社會職能仍交由所在地人民政府職能部門管理，則又會造成管委會「有名無權」，無力撬動行政管理槓桿的現象。筆者認為，要想解決這一矛盾，應從以下環節入手：一是分清管委會與平潭縣政府的職能界限，在管委會設置時不應面面俱到，不屬於管委會必須插手的社會事務，則交由原政府機關來管理；而對於那些與經濟開發、合作交流直接相關的事務，則設立管委會與之相對接的組織機構進行管理。二是以先行先試理念審慎設置各內設機構，並在此基礎上根據實踐情況進行適當調整，以適應實際管理的需要。在具體機構設置中甚至可以考慮跳出以往經濟區管委會的行政機關式的設置模式，嘗試採取委員會制的架構方式——由大陸和臺灣駐平潭代表人員共同組成「管理委員會」來實施日常管理。三是在管委會組建過程中，可以充分依託海協會和海基會這兩個準官方的民間組織來加強兩岸的協商與合作，以期在探索兩岸共同管理模式方面取得更為有利的突破性進展。

注　釋

[1]. 於靜濤：《平潭綜合實驗區「共同管理」主體架構的形成性思考》，《海峽法學》2011 年 2 月，第 22 頁。

[2]. 王名揚：《法國行政法》，中國政法大學出版社 1988 年版，第 128—131 頁。

[3]. 董晚宇著：《別具特色的英國公法人》，《中國行政管理》2006 年第 6 期，第 41 頁。

[4]. 李昕：《論公法人制度建構的意義和治理功能》，《甘肅行政學院學報》2009 年第 4 期，第 12 頁。

[5]. 鐘眠源：《臺灣專家反觀福建「平潭發展」》，《南風窗》2009 年第 25 期，第 23—24 頁。

[6]. 以上觀點的具體論述參見：於靜濤：《困局、歸因及抉擇：平潭實驗區管委會法律性質分析》，《福建江夏學院學報》，2011 年第 2 期。

平潭綜合實驗區社會治理模式初探

陳輝庭

◎福建省委黨校副教授、法學博士

一、探索平潭綜合實驗區社會治理模式的背景和意義

平潭綜合實驗區建設是在兩岸制度性合作逐步深入的背景下展開的。

以 2008 年以來兩岸簽署一系列協議為標誌，兩岸交往與合作關係取得了重大的突破，兩岸關係的和平發展階段得以確立。兩岸關係的和平發展階段是一個長期的歷史時期。對於兩岸關係的本質，「胡六點」深刻地指出：「1949 年以來，大陸和臺灣儘管尚未統一，但不是中國領土和主權的分裂，而是 1940 年代中後期中國內戰遺留並延續的政治對立」，「兩岸復歸統一，不是主權和領土的再造，而是結束政治對立」。[1] 因此，兩岸分歧的關鍵並不是主權和領土之爭，而是由國共內戰遺留下來的政治對立。這種對立的本質是對不同社會制度和發展道路的選擇。當年雙方曾試圖用戰爭方式加以解決，但並沒有完全解決。此後，兩岸各自走上不同的現代化發展道路，而政治對立則延續至今。顯然，在時空轉換的歷史背景下，用戰爭方式來解決兩岸政治對立已不合時宜。以和平談判方式解決的統一問題，最為符合當今世界歷史的背景和發展潮流，最為符合兩岸廣大人民的根本利益，也最為有利於中華民族走向現代化的長遠目標和利益。[2] 鑒於兩岸 60 多年來發展道路和社會制度的巨大差別，兩岸政治談判絕不可能一蹴而就，這就明確了國家統一前兩岸關係將長期處於和平發展的歷史階段。

兩岸關係的和平發展，將為兩岸政治談判創造有利的社會基礎和歷史條件。「必須把兩岸的和平統一融入到兩岸和平發展的大戰略中，不是先統一再發展，而是應在兩岸關係的前進和發展中求統一。」[3] 以和平發展求統一，就是要首先擱置高階的政治爭議，聚合兩岸政治認同與政治共識，逐步鞏固和深化兩岸的政治互信基礎。與此同時，要優先發展兩岸之間的經濟、社會和文化交流與合作，不斷推進兩岸經濟與社會的漸進性融合。[4]

目前，兩岸已簽署的以 ECFA 為核心的大部分協議及其內容都是圍繞經濟合作展開，並以經濟合作帶動相關社會和文化領域的合作。由於兩岸之間的政治和社會制度差異明顯，兩岸之間的政治和社會合作仍面臨著較大的障礙。在此背景下，平潭綜合實驗區建設為推進兩岸制度性合作提供了一個新的重要平臺。平潭

綜合實驗區的發展目標是透過「五個共同」方式，建設「兩岸人民的共同家園」。經過平潭綜合實驗區先行先試過程中的制度創新和實踐檢驗，可以探索兩岸同胞能夠共同接受的制度模式和生活方式。這就為兩岸在社會乃至政治領域的合作提供了一個試驗平臺。

對平潭綜合實驗區社會治理模式的探索，是落實先行先試政策的核心內容。社會治理模式既涉及社會管理方面，也與政府行政管理密切相關。平潭綜合實驗區所要確立的「小政府、大社會」的社會治理目標模式，既涉及社會自治功能的培育，又涉及對政府行政管理權力的規範和約束。以探索和完善平潭綜合實驗區的社會治理模式為立足點，來落實兩岸同胞以「五個共同」方式建設「共同家園」，可以部分淡化兩岸在政治分歧方面的敏感性，避免不必要的政治障礙；同時又能夠進一步深化兩岸之間的制度性合作，成為兩岸關係和平發展的重要增長點。

二、平潭建設「小政府、大社會」目標模式的法理探討

平潭綜合實驗區作為兩岸制度性合作的試點，在社會治理模式上既要考慮到兩岸的制度差異，又要順應大陸地區社會發展的形勢需要，探索一種既符合大陸地區的社會發展規律，又能為兩岸同胞所共同接受的社會治理模式。

近年來，大陸地區隨著經濟社會的持續快速發展，累積的社會問題日益增多，社會矛盾也呈現不斷激化的態勢。社會問題多發有諸多因素的影響，其中一個重要因素就是現有的社會管理體制難以適應經濟社會快速而深刻的變化，這就迫切要求改革和創新社會管理體制。加強和創新大陸地區的社會管理，已經成為中共執政黨在新時期面臨的一項重要任務。[5]當前，大陸地區正經歷從「人治」走向「法治」的社會治理模式的重大變革。原有的社會管理模式以高度行政化的控制為主，社會自治力量薄弱。為適應市場經濟條件下民眾日益多元化的社會需要，就應當改變計劃經濟條件下政府包攬社會治理的傳統模式，創造各種有效方式，由人民群眾依法進行自我管理，逐步形成「小政府、大社會」治理模式。

平潭綜合實驗區建設「兩岸人民的共同家園」，應當確立「小政府、大社會」的社會治理目標模式。這一模式主要包含以下幾個方面的思路：

第一，合理設置政府行政權力，並充分利用社會力量對其進行嚴格的監督和約束，防範政府公權力的濫用。社會治理模式的變革與行政管理體制改革息息相關。社會治理模式的變革即是將原有過於集中的政府行政管理權力歸還給社會，改變政府包攬一切的做法，加強社會的自治和民眾的自我管理。從社會契約的角度，民眾建立政府的目的是為了更好地使之提供公共服務，維護公平合理的社會

秩序。因此，一方面政府公權力的設置和運轉應當處於社會民眾的掌控之下；另一方面，政府的公權力只在必要情形下才能得以設置和行使，不得任意干涉社會民眾既有的自治權。因此，政府行政機構所承擔的職能是必要的引導、規範和服務。正確處理政府與社會的關係，是確立「小政府、大社會」社會治理模式的基礎。

　　第二，重新分配與使用原有的社會資源，大力培育社會力量，加強社會自治能力。人民群眾是歷史的創造者，是市場經濟和社會管理的主要參與者，是社會資源的真正擁有者。因此，民眾的社會自治應該構成社會管理的基礎。以往，政府尤其行政管理機構掌握了大量的社會資源。但由於過度集中，這些社會資源無法得到合理的配置，利用效率較為低下。與此同時，由於政府承擔了過多的社會責任，許多社會工作無法得到有效開展，導致社會矛盾日趨尖銳，政府承擔的社會壓力日益加大，成為民眾發泄不滿的焦點和對象。社會管理創新，就是將本該由社會承擔的事務交給還給社會，將政府所掌握的大量社會資源交還給民眾，由民眾透過各種方式進行自我管理，並透過市場機制提高社會資源的使用效率。這樣既減輕政府承擔的社會壓力，又培育了社會力量，加強民眾的政治和社會參與。民眾透過政治和社會參與，剝離政府過於臃腫的機構和職能，減輕公共開支負擔，同時也能對政府權力運行進行更為有效的監督，增加政府運轉的合法性。

　　第三，要充分發揮政府、社會和公眾在社會治理中的合力，使幾方面的力量協調運轉。社會力量在社會治理中承擔最為基礎的作用，是配置和運用社會資源的基本力量；政府行政機構專注於提供公平規範的競爭和合作環境，並提供必要社會公共服務。公眾則透過社會參與成為社會組織和社會力量的主要承載者，並透過政治參與促進、監督和約束政府的運轉，增強政府權力運行的透明度和合法性。

三、平潭綜合實驗區社會治理模式的具體構建

　　從長遠目標看，平潭綜合實驗區要建設成為「兩岸人民的共同家園」。它首先要求對在平潭定居或工作的兩岸同胞一視同仁，無論其是大陸籍或是臺灣籍，均享受同等的居民待遇。同時，充分保障兩岸同胞以「五個共同」方式參與平潭綜合實驗區的建設，暢通社會參與和政治參與的渠道，充分發揮社會自治在公共事務管理中的作用。然而，平潭綜合實驗區的建設是一個相對長期的過程，不可能一蹴而就。因此，在平潭綜合實驗區建設的初期階段，需要充分發揮政府的主導作用，逐步地培育社會力量。

第一，促進政府行政管理體制的規範化，是構建平潭「小政府、大社會」社會治理模式的重要組成部分。

從機構設置來看，平潭綜合實驗區管理框架由政府、政府下屬職能部門、功能區辦公室和鄉鎮派出機構組成。政府下屬機構包括公安、發改、工信、商務、工商、財政、稅務等職能部門，在原有行政職能基礎上進行適當歸併。原先下轄的部分鄉鎮政府撤銷，部分改為平潭綜合實驗區管委會的派出機構，並在四大功能區的基礎上成立功能區辦公室。各派出機構屬垂直管理，代表綜合實驗區負責辦理戶口、工商、稅務、土地管理、農林水利設施等事務，對轄區居委會具體指導。各功能區辦公室負責實施本區發展規劃、項目招商、基礎設施建設等。透過一段時間的發展，逐步實現鄉鎮派出機構和功能區管理機構徹底合併。[6] 到「十三五」期間，平潭綜合實驗區將出現以功能區為核心的行政架構。各功能區辦公室職責除了原有的工作任務之外，還要為區內的居民和企業提供基本的公共服務。

第二，合理配置社會資源，培育社會力量，促進民眾的社會自治是構建平潭「小政府、大社會」社會治理模式的關鍵部分。

社會力量主要是指企業、非政府組織和個人。社會力量的參與範圍廣泛涉及規劃、環保、教育、衛生等社會公共事務。促進社會組織積極參與社會治理，可以更為有效地配置社會資源，更好地滿足民眾日益增長的多元化需要；同時也能減輕和緩解政府在行政管理方面的壓力，增進其合法性基礎。

社區是平潭綜合實驗區提供公共服務最基本的載體，社區自治是民眾社會自治最基本的表現形式之一。社區自治模式的形成，在構建「小政府、大社會」社會治理模式中發揮著重要的作用。目前，大陸地區的社區管理機構主要包括居委會和物業管理部門，前者屬於基層政府派出的辦事機構，後者則是營利性企業單位。在以往政府包攬一切的管理模式，社區自治功能受到嚴重抑制，社區組織所提供服務往往難以滿足民眾日益增長的多元化需求。從平潭綜合實驗區的實踐發展需要看，社區管理機構應當賦予更高的自治權利，充分發揮社區成員的自治功能，由以往單純的「自上而下」管理模式，逐步發展為「自上而下」和「自下而上」相互結合模式，並最終發展為以社會自治為主的社區治理模式。在此過程中，社區居委會應當逐步實現從傳統的管理型機構向服務型機構轉變。以往，社區居委會的社區管理主要體現地方政府的意志並統攬各項社會事務，而在社區自治模式下，社區管理工作應當更加體現社區居民的意志，並滿足其日益增長的多元化需求。傳統社區管理機構的部分職能如社會治安、環境整治等也可以逐步分離出來，

由民間社團和個人志願者承擔。透過更多的社區參與，有利於培養居民的社區歸屬感。在社區自治模式下，還應充分重視社區民主化建設，透過民主選舉來組成和變更社區的自治機構，如社區居委會和社區監事會等。

此外，應當充分注重發揮非政府組織在社會治理中的重要作用。民間組織是政府與公眾溝通的有效平臺，民間組織能夠提供社會服務，透過社會互濟互助活動，實現社會資源的有效整合和利用。例如在香港，政府完全依靠民間服務機構，開辦各類社會福利和社會服務事業，如老人院、幼稚園、心理輔導、家庭治療等等。這些機構不僅可以收取較低的服務費用，而且還有機會得到政府的資助金。在平潭綜合實驗區建設過程中，應當重視以立法方式扶持、培育和規範非政府組織的發展，使之成為兩岸民眾進行社會參與的重要組織形式。對於目前平潭已經存在的各類行業協會和農民專業合作社等社會中介組織，應當進行重點培育和扶持。

第三，平潭綜合實驗區社會治理的人員參與方面，應堅持兩岸同胞平等參與和平等待遇原則，積極鼓勵臺灣同胞參與平潭的發展和治理。

從平潭現有的行政管理架構上看，在綜合實驗區管委會層面上，透過公開招聘和委託推薦等方式，臺灣同胞可擔任平潭綜合實驗區管委會的任何職務，以體現兩岸同胞的平等性。在基層公共管理層級中，一方面，在現有基層公共管理機構中大量引進臺灣人員參與各類園區、社區管理；另一方面，在以臺胞為主的園區或社區實行臺灣同胞自我管理。形成以大陸管理人員為主體、臺灣管理人員為主體和兩岸人員共同管理的多種形式的基層公共管理體系。[7]

在平潭合作建設模式中，要明確規定和充分保證參與平潭合作建設的兩岸人員、組織和機構享受完全一樣的待遇，必須服從完全一樣的責權利安排，能夠擁有完全一樣的發展機會和發揮才幹的空間。為鼓勵和保障臺灣同胞參與平潭建設的平等權利，應積極推進平潭綜合實驗區內兩岸人員流動的自由化，建立便捷兩岸人員往來的政策和管理機制。進一步放開兩岸人員往來交流的政策，進一步放寬臺灣民眾進入大陸的入境管理辦法，對臺灣非官方人員憑臺灣簽證落地免簽，承認臺灣相應權威機構與組織授予的技術職稱的有效性；同時放寬大陸民眾赴臺的規制，下放審批權以縮短審批時間、簡化審批手續，進而促進兩岸各界交流與往來的開展。要確立居民待遇原則，臺籍居民到平潭經商、就業、旅遊和上學，都能享受與本地居民同等的待遇，並享有相應的政治權利。允許臺灣居民與企業設立自我管理組織。

吸收臺灣公務人員參與平潭綜合實驗區的共同管理，需要兩岸在人員流動方面制定更為寬鬆的政策。最適宜的方式是透過兩岸協議加以解決。然而，由於兩岸之間的政治互信仍有待進一步深化，目前平潭建設只能由大陸地區單方主導進行。在平潭任職的臺灣人員，可以在臺灣委託單位，招募符合公務人員條件的人員，經錄取後，大陸認可其資格，並視同具備大陸公務人員條件。兩岸人員同職同薪，且不低於雙方任何一方的標準。如果將來選擇在大陸定居，享有應有的醫療、社會保險與退休金。[8] 這種做法需要臺灣方面的配合。隨著兩岸和平發展關係的進一步深化，這一問題有望取得進展。

第四，積累探索適合平潭綜合實驗區發展的民主參與制度。

由於兩岸分隔了 60 多年後，政治和社會制度差異明顯。如何彌合兩岸政治分歧，目前尚不具備全面的條件。正因為如此，劃出平潭這一特殊的地區，專為兩岸社會制度性的銜接與彌合提供社會試驗，具有重大的意義。它有助於促進兩岸同胞的互信與融合，探索兩岸同胞能夠共同接受的社會制度和生活方式。

目前，在機構設置上，可以考慮先在平潭綜合實驗區管委會之外創設平潭綜合實驗區咨政會，作為平潭綜合實驗區兩岸合作建設初級階段的協調委員會。咨政會在現有「促進平潭開放開發顧問團」基礎上設立，主要由關心平潭綜合實驗區兩岸合作共建的政界、學界、實業界等人士組成。它的職能主要是對平潭兩岸合作共建具體實踐過程中的具體事務發揮參政議政作用。待到兩岸同胞共同參與平潭建設達到一定的水平和規模之後，可嘗試建立平潭立法院，行使地方立法權。立法院委員採取全民推選形式，從包括臺灣同胞在內的所有平潭居民中產生。[9] 依照張亞中先生的建議，立法院民意代表初期可由兩岸人民自行分別選聘，即所謂「協和式」（consociational）民主，待條件成熟後再由選區或依政黨比例代表選出。[10]

在平潭綜合實驗區行政管理機構組成人員方面，也將逐步由上級政府任命逐步過渡到公開選拔和全民選舉的階段。積累探索民主化進程，實行黨政分開，政府主要負責人可由不同黨派和無黨派人士透過競選產生，最後由上級政府透過任命形式對外公布，每屆政府任期五年，最多可連任兩屆。民意是政府官員執政的基礎，立法機構可根據民意解散現任政府管理團隊。按照聘用制辦法進行人事管理體制改革，行政管理機構取消公務人員和事業單位人員用人體制，改為管理隊伍的全員聘用。平潭綜合實驗區黨委除負責本區黨務工作之外，不再直接干涉政府事務，但可享有監督政府運用的權力。[11]

四、探索平潭社會治理模式應注意的幾個問題

從兩岸關係的實踐來看，要推進兩岸在社會領域、政治領域的合作交流，顯然要比經濟領域中的合作交流發展複雜得多。平潭綜合實驗區在兩岸社會和政治領域的合作方面發揮著重要的先行先試作用，這也決定了平潭合作共建問題的複雜性。在探索平潭「小政府、大社會」社會治理模式過程中，應重點關注以下幾個方面問題：

第一，要高度重視對平潭合作共建的法制保障。

平潭社會治理模式的設定和有效運轉，取決於相關法律的充分保障。政策手段的最大不足在於其相對不穩定性，容易出現「政策隨人，人亡政息」的弊端。大陸和臺灣都是如此。目前，臺灣已經實施了政黨輪替的定期選舉制度，這決定了臺灣當局所執行的兩岸關係政策將不可避免地隨著政局的變動而變動。在這種背景下，過度依賴於政策手段必然會使兩岸和平發展關係陷入反覆起伏的不穩定狀態。因此，政策手段在平潭建設初期具有重要的主導作用，但隨著兩岸同胞合作共建的深入，它難以滿足平潭綜合實驗區長期發展的需要。法律手段所具有的長期穩定性、可靠性和可預期性等特徵，決定了它在平潭發展建設過程中具有不可替代的地位和作用。

從臺灣同胞的角度來說，由於兩岸關係的不確定性，及兩岸法律與政策的互斥狀態，臺灣同胞進入平潭定居，可能損失在臺灣當地原有的既得權益。如果缺乏法律的可靠保障，臺灣同胞參與平潭合作建設將面臨巨大的法律和政策風險。因此，如何為平潭兩岸合作制度建設提供可靠、全面的法律保障，關係平潭發展建設的全局，意義重大。

第二，要正確處理中共作為大陸地區執政黨在平潭建設中所發揮的地位和作用。

平潭是兩岸制度性合作的試驗區，其合作的領域既涉及經濟領域，又涉及社會領域和政治領域。這就需要綜合考量兩岸同胞所能共同接受的社會制度和生活方式。在平潭建設的初期，仍然要發揮中共作為執政黨的主導作用；但隨著平潭綜合實驗區合作共建的深入，應當逐步實行黨政分開，黨委不再直接干涉平潭綜合實驗區的政府事務。中共作為大陸地區執政黨，其作用應當集中在控制兩岸關係發展的全局，透過全國人大立法方式確立平潭在兩岸制度性合作中的地位，從宏觀角度正確處理平潭與中央的關係。平潭事務的具體管理，主要透過平潭高度自治的方式加以解決。

第三，充分重視發揮政府在平潭綜合實驗區建設初期的主導作用。

平潭綜合實驗區的開發建設是一個逐步深入的過程。平潭現在發展最大的瓶頸是基礎建設不足，支撐未來發展所需的產業尚未形成。同時，城市發展所需要的各方面人才急需引進，人口結構和人口素質均需要全方位調整和提升。在這一過程中，應當充分發揮政府的主導作用，以加快平潭的資金投入和開發建設。待到平潭綜合實驗區建設初具規模，臺灣同胞的參與逐步深入時，政府應當及時將公共資源向社會傾斜，以培育社會力量，並不斷強化社會自治功能，以推動「小政府、大社會」社會治理模式的形成。

以上觀點屬個人見解，不代表本人所在的單位。其中不足之處，尚請批評指正。

注　釋

[1].2008 年 12 月 31 日，胡錦濤《攜手推動兩岸關係和平發展 同心實現中華民族偉大復興——在紀念〈告臺灣同胞書〉30 週年會上講話》。

[2]. 參見拙文《兩岸關係法治化的必然性和可行性探討》，載《閩臺關係研究》2012 年第 1 期。

[3]. 李家泉：《改革開放三十年與臺海形勢》，載《百年潮》2008 年第 10 期。

[4]. 劉國深：《兩岸政治互動的象限管理芻議》，載《臺灣研究集刊》2011 年第 5 期。

[5].2011 年 7 月 1 日，胡錦濤總書記在慶祝中國共產黨成立 90 週年大會上的重要講話中，強調要加強和創新社會管理，完善黨委領導、政府負責、社會協同、公眾參與的社會管理格局，建設中國特色社會主義社會管理體系，全面提高社會管理科學化水平，確保人民安居樂業、社會和諧穩定。

[6]. 參見黃速建、李鴻階主編《平潭綜合實驗區開放開發研究》，經濟管理出版社會 2011 年版，第 149 頁。

[7]. 參見臺盟福建省委員會：《創新合作建設模式，將平潭建設成兩岸同胞的共同家園》，載宋炎、王秉安等主編《平潭綜合實驗區兩岸合作共建模式研究》，社會科學文獻出版社，2011 年版本，第 18 頁。

[8]. 參見張亞中《對於將平潭定位為「兩岸共同體實驗特區」的意見》，選自宋炎、王秉安等主編《平潭綜合實驗區兩岸合作共建模式研究》，社會科學文獻出版社，2011 年版，第 217 頁。

[9]. 參見「關於拓展閩臺交流合作前沿平臺的研究」綜合報告課題組：《平潭綜合實驗區「五個共同」兩岸合作新模式的研究》，載中共福建省委政研室《調研文稿》第 29 期（2011 年 12 月 12 日），第 13—16 頁。

[10]. 參見張亞中《對於將平潭定位為「兩岸共同體實驗特區」的意見》，選自宋炎、王秉安等主編《平潭綜合實驗區兩岸合作共建模式研究》，社會科學文獻出版社，2011 年版，第 217 頁。

[11]. 參見黃速建、李鴻階主編《平潭綜合實驗區開放開發研究》，經濟管理出版社，2011 年版，第 150 頁。

試驗性立法的憲法界限

陳靜慧

◎中國文化大學法學院專任助理教授，法學博士

一、前言

　　平潭綜合實驗區的開發，被賦予探索兩岸合作交流模式先行先試的功能。而此等先行先試的政策，必須透過體制創新來加以實現，而制度的重要載體是法制。平潭開放開發在法制層面的建構，除了必須有中央政府視平潭開發開放的實際需要授權地方有制定地方性法規之權限為前提外，還有必要制定一部《平潭綜合實驗區條例》，作為平潭開發開放的基礎性立法，並且制定相關配套法規，作為涵蓋政治、經濟、社會、文化等各個領域綜合實驗的法制基礎。《平潭綜合實驗區條例》與相關配套法規的目的在於挖掘可能之立法空間，以探索兩岸合作立法以及法制接軌的空間和方式，故性質上屬於試驗性立法（experimentelle Gesetzgebung）。無獨有偶，臺灣近年對於某些新制度的建構，也採取了試驗性立法的方式作為決定是否建構全面、一體適用法規範的前行階段。[1]本文的目的即在探討試驗性立法的憲法界限，包括試驗性立法在憲法上的容許性，以及試驗性立法必須受哪些憲法原則的拘束，論述依據之理論則以適用於臺灣之「憲法」理論與規範為基礎，茲先敘明。唯《中華人民共和國憲法》與臺灣「憲法」均未明文提及試驗性立法的概念，故本文擬探討之議題必須回到憲法的一般原理原則來作探討，因此本文以下的內容原則上應兼能提供兩岸在思考試驗性立法合憲性與制定界限問題時若干參酌。

二、試驗性立法之體系定位

（一）試驗性立法之概念

　　廣義地來看，每個法規範都蘊含了試驗的性質，蓋法規範是為規範不能確切預知的未來人事物而制定，因此「預測」是制定法規範時不可避免地會存在的一個要素。亦即立法者要先對於待規範事務之未來發展先為預測，再以此為基礎制定出相應的規則，法規範公布施行後，若有必要時依據施行的經驗與發掘到的錯誤來修正法規範，確保法規範能適切地規範待規範的法律事實。從這個角度來觀察，任何法規範的制定與後續修正都展現了一種試錯（trial and error）的過程，[2]因此可以理解為一種「試驗」，但是這種「試驗」，並非立法者在制定法規範

時即被有意當做主要的立法目的。本文欲探討的「試驗性立法」，不是廣泛地以一般法規範為標的，而是以最初立法者在制定法律時，即明確展現欲以制定的法規範作為蒐集如何規範待規範法律事實的經驗，藉由法規範施行的效果有計劃地、理性地評估是否將來要制定一般性、長久適用的法規範。[3]「試驗性立法」在內容上展現與一般法規範之不同點，例如立法者會設定試驗性法規範僅於一定期間內有效與施行（Befristung），也有可能僅在特定區域施行，但施行地域之侷限性並非試驗性立法概念的必要要素。[4] 此外，設置特定評估與改進施行效果的措施（Evaluationsvorkehrungen）也是試驗性立法特徵之一，舉凡在法規範中明定改進誡命、設置改進委員會、報告義務等屬之。[5] 試驗性立法與一般法規範相較之另一不同點是，後者的內容至少在制定當時是立法者有共識地認為系正確或者適當的解決問題方式，並預設短時間內不需要再持續探索進一步的解決辦法，即便不排除未來隨時有修正的可能，但這種修正不似試驗性法規範的修正是一開始就有意設定的目的，而且試驗性立法可能會因為新觀點的發掘而被改變或者捨棄，亦即對於試驗性法規範最後是否付諸一般性、長久適用的法規範這點是完全開放的[6]。

（二）試驗性立法之類型

在試驗性立法的概念下又可細分為兩種子型態的立法模式：「試驗法」（Experimentiergesetze）及「試驗條款」（Experimentierklausel）[7]。兩者同具有為將來可能制定施行的法規範，系統性地蒐集經驗，以克服無法評估與預測若徑行全面適用新的制度其效果與影響困難的功能。兩者的差異則在於，「試驗法」是直接以制定「法律」的方式形塑試驗及蒐集經驗的條件，「試驗法」也可以歸類為限時法（Zeitgesetz）下的一種子類型，因為其僅在所設定的期間內有效，有別於其他限時法之處則在於其系基於「試驗」之目的而制定。[8] 而「試驗條款」則用以授權（地方）立法者或行政機關，允許其制定不同於現行法律狀態之法規範，使得原來一體適用之法律部分地受到限縮。亦即「試驗條款」乃授權可以制定與試驗目的相符之法規範的基礎，其只作為容許偏離或排除現行一般適用法律規範之依據，本身並未蘊含擬進行試驗的實質內容，而是交由被授權得為偏離現行法律規定者依其裁量制定符合試驗目的的規範內容。[9] 此外，前開兩類型的試驗性立法在實務上被運用的時機亦有區隔。[10]「試驗法」通常用在欲進行一項改革時，各方對於是否改革尚未達成共識，為了消除反對進行改革者的疑慮，以具體擬定展現改革理性、但僅暫時施行的法律，作為將來達成政治決定共識的手段，在此意義下，試驗法具有增加政策透明度的功能（Hilfe zur

Transparenzsteigerung)。[11]而「試驗條款」則用在各方對於進行改革之必要性已有共識，但因可能採用的手段皆不可避免地會帶來若干負面效果，故授權有權實行試驗的機關，開放其自行試驗甚至發展更多可能採用之改革方案與模式，以多方地蒐集及評估不同改革手段所造成的施行效果與經驗，故有稱「試驗條款」為「新操控模式的試驗」（Erprobung neuer Steuerungsmodelle）者。[12]當「試驗法」是選定某一特定模式加以試驗及評估效果——此時系所謂的「模式試驗法律」（Modellversuchsgesetz），在這種情況下「試驗法」與「試驗條款」的功能近似。[13]

目前為止大陸地區主要將試驗性立法運用於推進區域發展規劃的改革試驗進程，此間雖然也牽涉中央或省人大常委會授權地方就實施改革發展規劃得起草制定地方性法規，容許立法創造與嘗試新的體制機制，但由於實務上均是個別地就特定區域開發計劃作出支持及允許實驗區建設的決定，並非一般性地授權各地方政府有偏離中央或省法規的規範制定權限，故相關授權非屬「試驗條款」的類型，而曾經為了推進區域發展規劃及綜合配套改革試驗而頒布的法律，性質則近似於「試驗法」；[14]而臺灣立法實務上運用試驗性立法的實例，也主要為「試驗法」的類型。因此下文在討論試驗性立法的合憲界限時，將以「試驗法」此一類型為主進行論述，並不再贅述試驗性立法指涉的是試驗法；試驗法憲法界限之討論，某種程度也適用於試驗條款，但本文限於篇幅，不另深入討論專適用於試驗條款的憲法界限。

三、試驗性立法之憲法界限

（一）容許試驗性立法之基礎：立法者就未來不確定待規範事實之預測權限

在制定任何法規範時，都會面臨如何讓該法規範目的得以實現、如何讓該規範發生實效、如何提升該規範被接受的程度，以及如何降低執行該規範需費之成本等問題。從功能最適的觀點來看，立法者無疑是最適合就上開問題享有先行裁量判斷的權限。特定法規範於未來施行的效果不能確知這點，並不構成限制立法者制定新法的原因，而是會產生要求立法者在制定法律時有就重要的立法事實為調查之義務，以確保所制定之法規範的合理性及可信賴性。試驗性立法之實際實施經驗，能提供立法者對未來發展為較準確預測的基礎，進而能符合憲法對於立法活動必須符合「理性」（Rationalität）的要求。[15]試驗性立法既為法律之一環，其在憲法上的容許性，可以從立法者對立法事實的調查、評估與對未來發展預測

的權限導出,在特定情況下——例如貿然立法可能造成嚴重侵害人民重要基本權利的結果－甚至可能導出立法者有必須採取試驗性立法的義務。[16]

試驗性立法的問題,不在於試驗性立法不符合一般法規範所具之一般與抽象性之特徵,而是在於其效力的侷限性,以及試驗性法律對於其嘗試之內容,不排除最後不付諸常態性法規範的可能,這使得試驗性立法較一般法規範展現較低的權威性與公信力,也削弱了法規範應具有之法確定性(Rechtssicherheit)。有鑒於此,若立法者欲採行試驗性立法,即負有必須特別明示該法律之性質為尚未終局決定是否施行、僅為測試之義務,輔以「試行」或「暫行」命名一方面揭示該法施行效力有限制,另一方面也指出該法內容並非必然為合乎事理或難以指摘者,以排除人民對該法律的內容與存續主張信賴保障的可能。[17]試驗性立法既然會造成前述疑慮,採用試驗性立法的手段無疑應屬例外情況而不能濫用。憲法原則上不禁止立法者採取試驗性立法作為評估日後是否制定公布一般性法律的可能手段之一,並不表示立法者在制定任何一項法律時都可以或適宜採用試驗性立法,這牽涉立法者在符合何種要件得採取試驗性立法的問題,以下將就採行試驗性立法必須遵守之若干憲法要求為探討。

(二)於個案採取試驗性立法之合法要件

首先,試驗目的必須有其正當性。當涉及事實相當複雜的事務領域,致待規範事實之發展趨勢相當不確定時,尤有採取試驗性立法的正當性,試驗性立法基此理由常被運用在社會保險、稅法與經濟政策領域。[18]其次,試驗性立法所涉及之實體事項必須是可以試驗的標的(Testbarkeit des Testziels),且不能踰越憲法所賦予立法者之權限;若不能作為一般法規範的內容,也不容許成為試驗性立法的試驗題材,否則違憲。[19]此外,必須有試驗的需要(Testbedürfnis)。若欲藉由試驗性立法獲取的經驗在國內其他地區或者其他國家已有可資援引作為風險與實施效果評估的基礎——前提是該地區或國家的狀況與條件具可比較性——那麼就沒有採取試驗性立法的必要。[20]試驗性立法還必須遵守比例原則的要求:獲取所需經驗的目的必須能藉由採行試驗性立法的方式達到;(Testgeeignetheit)[21]如果能以試驗性立法以外之較簡易方法,例如單純以模型建構、電腦演算模擬即足以獲得同等價值訊息者,就無採取試驗性立法作為效果預測手段的必要性(Testerforderlichkeit)[22];最後,以試驗性立法取得的利益與因此所帶來的風險與可能的損害必須合比例(Testangemessenheit)。在此檢視的不僅是試驗所獲得的資訊與因此對社會各層面造成的副作用不能不合比

例，同時也應考量若直接施行一項立法者就其要件制定與效果仍無法掌握的法律與採取試驗性立法可能造成之效應兩者間的關係，以判斷是否有採行試驗性立法的必要。若採取試行性法律帶來的損害低於徑行施行效力未設限之一般法律，則無違反比例原則的疑慮，例如以試驗性立法試行收取費用乃典型之例。[23] 在肯定有採行試驗性立法的必要性之後，尚應進一步檢視其所設計之試驗機制。試驗性立法之目的既在蒐集所需經驗，設置依據試驗過程狀況彈性調整測試條件的機制（例如設置定期評估試驗效果之委員會）因此為試驗性立法的典型表徵之一，有關此機制是否能確保試驗能蒐集到有助於最後儘可能作成最理性決定的資訊，[24] 亦是以比例原則來審查試驗設計（Experimentaldesign）的合憲性。

　　既然基於比例原則之要求，於個案判斷是否有採取試驗性立法之必要乃是利益衡量的結果，因此可以想見有某些事務領域本質上比較不適合採用試驗性立法，尤其是直接涉及人民基本權利保障的事項。觀察德國實務經驗，就不訝異於試驗性立法於該國主要應用於經濟、媒體、交通、建築與能源政策領域的事實。[25] 在德國另一個廣為運用試驗性立法的事務領域是教育改革，由於對若干新的學程（例如碩士學程）、學校類型（例如綜合中學）在德國實施的可行性無從確知，因此先以試驗性立法的方式在特定區域、一定時期內實施，以作為逐步改革與建構新的教育體制的基礎。於教育領域運用試驗性立法尚須考量在此中人民基本權受到衝擊的程度，來判斷採行試驗性立法在法律評價上是否沒有疑義。倘若參與實驗性學程的學生畢業之後的工作機會明顯地受限，或者被迫只能繼續選擇另一無實益的學程，那麼這種試驗已影響了參與試驗者的社會生活權利。從人民基本權保障必要的角度來看，有認為試驗性立法不該採取強制人民參與教育改革的試驗方案，只能從自願參與改革方案試驗者的經驗去獲取所需觀點與資訊。畢竟要人民擔任國家機關試驗新政策小白鼠的角色並不合理，且極端的情況下人民甚至會變成僅是國家行為的客體而有違反人性尊嚴之虞。[26] 此外，德國聯邦憲法法院曾在判決中指出，若會對人民受高度保障的法益（例如生命、身體、人性尊嚴）造成影響，在沒有足夠的資訊證明可以排除對個體受高度保障的法益造成侵害之可能，即便整體利益衡量的結果顯示採取試驗性立法對於公益之增進有助益，仍禁止採用試驗性立法。[27] 這些會涉及人民須受高度保障法益的事務範圍，被稱為「不利於試驗的事務領域」（Experimentierfeindlichkeit von Sachbereichen）[28]，在此範圍內基於所涉法益特殊，是否可以量化的方式來衡量試驗性立法對於整體公益的促進程度是值得被再三思考的。[29]

一個只用於審查試驗性立法合憲性的要求，是試驗性立法之採行必須是在政治部門對於特定立法的態度仍處於開放未決（Noch-Nicht-Abgeschlossenheit）的狀態，以避免試驗性立法被當成一種政治運作的手段而有被濫用之虞。而結果開放性的要求系透過試驗性立法的合法前提要件確保：試驗必須是有期限（Befristung）且必須保有事實與法律狀態的可回覆性（Notwendige Reversibilität）。試驗性立法必須設定效力期間，但關於期間的長短僅須合理而無一絕對標準，至於所設之期間是否合理，應視具體個案所牽涉之事務領域而定。[30] 此外，試驗不能導致永久不可回覆的改變，因為只有這樣才能確保未來立法者有依據試驗的結果自主決定是否將試驗法規範內容常態化的可能。而所謂可回覆性，要求的並不是嗣後要將實行試驗所留下的軌跡、造成的結果全部回覆到如同沒有進行試驗前的狀態，而是指不能造成阻斷立法者回到試驗的出發點、採取另一種方式解決問題的可能[31]。有關是否具可回覆性的評斷，蘊含的仍是一種必須符合比例的要求：在試驗結束後，尤其在試驗失敗的情況下，從經濟、社會與政治各個層面綜合來評估，都還能以付出合理、可接受的成本除去因試驗所造成的負面影響。[32] 若干試驗性法律僅擇定特定區域施行（Räumliche oder örtliche Begrenzung），即含有確保回覆可能性的意義。[33]

（三）試驗性立法與平等原則

由於試驗性立法有可能只以特定群體為適用對象，甚至只選擇特定區域施行，導致僅對於可得特定之人民發生效力而產生差別待遇，因此平等原則也是討論試驗性立法合憲性不可迴避的一環。平等原則對於立法者在採用試驗性立法時產生的拘束力，可以依據試驗性立法內容是否涉及人民基本權利加以區分。若試驗性立法對於人民的法律地位沒有直接影響，例如只發生拘束行政機關的效力──通常是發生在「試驗條款」的類型──這時平等原則之意義在於拘束行政機關試驗之行政行為必須標準一致，亦即平等原則實際上發生效力的層面會從法規範的制定移轉到法規範的適用。[34] 若試驗性立法造成兩個或兩個以上群體應分別適用不同法規範，其法律效果又對於人民權利義務有影響者，此時要問的問題是，是否此不平等待遇系合乎事理而可被正當化：必須被選擇出來適用試驗性法規範者從所涉規範事務領域來看，相較於其他未納入試驗性法規範適用範圍者所處法律地位不同，而此不同點之「重要程度」足以正當化不平等待遇。換言之，試驗性立法是否牴觸平等原則時，應視人民基本權利受影響的程度與所涉事務領域來考量是否該差別待遇合比例[35]，例如究竟適用試驗性法規範者相較其他不在規範範圍者系受較優惠抑或較不利待遇、所涉及之法益重要程度，都會影響判斷結果。以

平潭綜合實驗區條例與其配套法規為例,其目的除在引進優惠與促進經濟發展措施的法律,更在試行建立一個兩岸一致或至少是能相互確認之便捷程序法規體系、富有臺灣特點的社會組織培育發展制度、社區自治制度等,相關法規範主要涉及的是組織與制度的創新,即便不排除該條例與其配套法規有影響人民之權利與法律地位之可能,但原則上應非直接且明顯之不利影響,因此違憲的疑慮較低。相反地,若試驗性法律會對人民之基本權利造成限制或侵害,除非受該法規範拘束的基本權主體是自願參與該試驗,否則難以免除違憲的疑慮,[36]必須依個案情況進一步細就係爭差別待遇是否合理、合比例為審視。

四、試驗性立法適用之審查標準與密度與一般法規範之異同

憲法具有拘束所有國家機關行為之效力,試驗性立法既為立法者本於職權所制定,即便其試驗性效力在時間或地點上有侷限性,仍非免於憲法拘束之自由立法空間。例如立法者行試驗性立法時不能踰越其憲法上權限、必須遵守立法程序要件及其他憲法原則(例如法律保留原則)乃屬當然。有疑義的是,於審查試驗性立法合憲性時,是否適用相較一般法規範不同之審查標準與相對寬鬆的審查標準。當待規範事務的未來不確定性在立法當時愈高,會相對地擴大立法者的立法自由形塑空間。然而不得不辨的是,前開所謂立法者享有較大的立法形塑空間,指的是當立法者面臨規範事務之高度不確定性時,本於其對事務未來發展的預測權能,容許其於「手段選擇」——決定要直接制定一般效力之法規範,或者採取試驗性立法先蒐集經驗時——有高度自主決定權:只要不是明顯地可預見試驗性立法會導致不可接受的高度風險或者必然違憲的結果,即便不能排除有這樣的可能性,立法者仍有採取試驗性立法作為履行其規範不確定事務時應負之風險調查與預測義務方式的正當性。[37]又因係爭法律本來就是為了要測試不能確知其未來的事務而制定,因此不排除視測試狀況修正試驗性立法的內容,這同時也意味著對試驗性立法內容的明確性、法安定性及立法者所應盡的調查與預測義務的要求降低。[38]除此之外,就審查試驗性立法其餘內容之合憲性為審查時,並無理由一般性地降低所適用之審查標準的密度,尤其當試驗性立法有侵害基本人權或踰越憲法上權限劃分的情況,不能以其具蒐集經驗與創新制度的功能為由而降低對其合憲性要求。[39]

五、結論

試驗性立法除了其所具兩個特徵——在一定期間有效(Befristung)、設有「改進措施」(Evaluationsvorkehrungen)——外,本質上與一般法規範無異。

其相較於一般法規範獨特之處，毋寧是試驗性立法所能發揮的功能：試驗性立法是立法者在立法過程中面臨無法預測是否能承受改革所致風險、無法確定何為適當落實政策的方法、可能採取之措施的效果不明等問題，可能可以採取的一種技術。尤其若相較於貿然地公布施行普遍適用的一般法律，運用試驗性立法顯然是立法者面臨上開不確定狀態時較適當、合比例的手段，例如前者會造成事實或法律面無可回覆的結果或對人民造成不必要的侵害，基於過度禁止原則的要求，在特定情況甚至可以導出立法者有採取試驗性立法先行測試的義務。在政治層面，因試驗性立法有視試驗狀況調整試驗要件的彈性、對於測試內容最後是否付諸決定持開放態度的特性，可以系統性地蒐集及評估可能付諸實行之改革方案的實務效果，發揮消除疑慮、增加政策透明度、促進共識形成的功能。試驗性立法所具前開功能，可以作為立法者因應目前多變繁雜社會事實致法規範效果難以預測難題的手段，提高嘗試新的改革方案的意願與可能性，同時兼顧民主社會中尊重多元意見的價值。但試驗性立法畢竟有影響法安定性的疑慮，因此立法者在運用此手段時，除了不能踰越一般法規範也須遵守的憲法框架外，試驗性立法的目的是否正當、必要，以及因試驗性立法特性所衍生之必要特有措施（例如試行期限、地點與改進措施）也須符合前文所述憲法要求。觀察大陸地區改革開放的軌跡：從早期「先闖先幹」、「先幹再批」的試錯先行模式，到近年來要求必須有法律作為試行改革模式之基礎，以達引導改革，確保開放開發有系統、有秩序，可見試驗性立法就發展因應經濟、社會所需之改革模式有助益，也可以預見試驗性立法在未來仍將持續甚至更廣泛地被運用。唯試驗性立法只有在前開憲法要求形成之界限內被運用，才能既發揮促進改革、使法制狀態隨社會需要與時俱進的正面功能，又能確保既有憲政秩序不被破壞。

注　釋

[1]. 目前許多試驗性立法被運用在司法事務改革的範疇內，例如：「民事訴訟合意選定法官審判暫行條例」（2008.9.5 廢止）、地方法院實施家事事件調解試行要點（2008.3.31 期滿失效後，「司法院」另定「地方法院辦理家事調解事件實施要點」，作為現行辦理準則）、「最高法院」、高等法院或其分院法官候選人推薦試行要點（1990.12.29 發布、自 1991.1.1 施行）以及目前仍在草案階段的「人民觀審試行條例」草案。

[2]. Vgl. Stettner，Verfassungsbindungen des experimentierenden Gesetzgebers，NVwZ 1989，806.

[3]. Maaß, Experimentierklauseln für die Verwaltung und ihre verfassungsrechtlichen Grenzen, 2001, S.30.

[4]. Maaß, a.a.O. (Fn.3), S.34.

[5]. Hoffmann-Riem, Experimentelle Gesetzgebung, in: Bull (Hrsg.), Festschrift für Werner Thieme zum 70.Geburtstag, 1993, S.55 (56).

[6]. Kloepfer, Gesetzgebung im Rechtsstaat, in: VVDStRL 40, 1982, S.63 (92).

[7]. 又有稱為「開放條款」（Öffnungsklausel）或「嘗試條款」（Versuchsklausel）者。參照 Grzeszick, Öffnungsklauseln für die Kommunalverwaltung, Die Verwaltung 1997, 545 ff；Horn, Experimentelle Gesetzgebung unter dem Grundgesetz, 1989, S.28.

[8]. Maaß, a.a.O. (Fn.3), S.34.

[9]. Beck, Die kommunalrechtliche Experimentierklausel als Reforminstrument, LKV 2004, 488 f.

[10]. Hoffmann-Riem, a.a.O. (Fn.5), S.55 (58).

[11]. Hoffmann-Riem, a.a.O. (Fn.5), S.55 (68).

[12]. Seidentopf, Experimentierklausel-eine「Freisetzungsrichtline」für die öffentliche Verwaltung, DÖV 1995, 193.

[13]. Kloepfer, a.a.O. (Fn.6), S.63 (92).

[14]. 例如中關村科技園區條例、天津濱海新區條例、武漢城市圈資源節約型和環境友好型社會建設綜合配套改革試驗促進條例、深圳經濟特區前海深港現代服務業合作區條例，但制定之目的顯然是要在選定之區域內試行創新之制度與機制，並訂有視試行情況與需要為法律修改與續造之條款，雖然上開條例皆未設定施行期限，性質近似於「試驗法」。

[15]. Vgl.Stettner, a.a.O. (Fn.2), S.806 (807).

[16]. Kloepfer, a.a.O. (Fn.6), S.63 (93).

[17]. Stettner, a.a.O. (Fn.2), S.806 (810).

[18]. Stettner, a.a.O. (Fn.2), S.806 (811).

[19]. Pirson, Vorläufige und experimentelle Rechtssetzung im Schulrecht und Hochschulrecht, in: Seidl-Hoh enveldern (Hrsg.), Festschrift für Hermann JahrreiB zum 80.Geburtstag, 1974, S.181 (188).

[20]. Hoffmann-Riem, Modellversuch als Scheintest-zur geplanten Einführung der Kabelkommunikation in Ludwigshafen, ZRP 1980,

S.31（32）；Pestalozza，Gesetzgebung im Rechtsstaat，NJW 1981，2081（2084）.

[21].Hoffmann-Riem，a.a.O.（Fn.20），S.31（32）.

[22].Kloepfer，a.a.O.（Fn.6），S.63（94）.

[23].Pirson，a.a.O.（Fn.19），S.181（191）.

[24].Hoffmann-Riem，a.a.O.（Fn.5），S.55（67）.

[25].Stettner，a.a.O.（Fn.2），S.806（811）；Hoffmann-Riem，a.a.O.（Fn.5），S.55（57）.

[26].Pirson，a.a.O.（Fn.19），S.181（192）.

[27].Vgl.BVerfGE 39，1（60）（第一次墮胎案判決）.

[28].Stettner，a.a.O.（Fn.2），S.806（811）；相同見解 Hoffmann-Riem，a.a.O.（Fn.5），S.55（68）；Kloepfer，a.a.O.（Fn.6），S.63（93）.

[29].Pirson，a.a.O.（Fn.19），S.181（191）.

[30].Stettner，a.a.O.（Fn.2），S.806（810）.

[31].德國聯邦憲法法院曾在判決中就試驗性立法必須保留之可回覆性作詳細闡述，參見 BVerfGE 74，297（339）（5.Rundfunkentscheidung）.

[32].Stettner，a.a.O.（Fn.2），S.806（810）.

[33].Hoffmann-Riem，a.a.O.（Fn.5），S.55（65）.

[34].MaaB，a.a.O.（Fn.3），S.150.

[35].Pirson，a.a.O.（Fn.19），S.181（193）.

[36].MaaB，a.a.O.（Fn.3），S.150.

[37].Stettner，a.a.O.（Fn.2），S.806（812）.

[38].Kloepfer，a.a.O.（Fn.6），S.63（96）.

[39].Hoffmann-Riem，a.a.O.（Fn.5），S.55（63）.

創設平潭綜合實驗區社會治理新型模式問題研究

翁齊斌

◎福建君立律師事務所律師

前言

2011年11月,中國國家發展和改革委員會批准的《平潭綜合實驗區總規劃》指出,平潭綜合實驗區的發展定位之一是建成「體制機制改革創新的示範區」、「加快平潭在經濟、社會、行政管理等方面的體制機制改革創新」;同時指出:「按照精簡、統一、效能的原則,健全平潭綜合實驗區管理機構,建立起機構精簡、職能綜合、結構扁平、運作高效的管理體制和運作機制」,「創新政府管理和服務方式。深化行政管理體制改革,加快政府職能轉變,進一步強化經濟調節、市場監管、社會管理和公共服務職能,構建服務型政府。開展社會管理綜合改革試點,推進社會管理改革創新,完善社會管理和服務體系,提高社會管理的科學化水平」。福建省黨政領導人蘇樹林等人在關於建設平潭綜合實驗區的規劃方面也強調,平潭將採取海峽兩岸「共同規劃、共同經營、共同開發、共同管理、共同受益」的「五共同」合作模式,實行「放地、放權、放利」的措施,在平潭劃定一些區域,由臺灣市縣或機構按照總體規劃來進行開發或共同開發,在放地的區域內由臺灣同胞進行管理,讓到平潭來的臺灣同胞、臺企及與平潭合作的臺灣的市縣、機構獲得實實在在的利益。

筆者認為,「經濟建設,制度先行」,因此,平潭綜合實驗區建設成敗的關鍵應當是如何創設新型的社會治理模式。但是,應當如何創設創新的社會治理模式和制度?筆者認為,首先應當在《平潭綜合實驗區總規劃》基本藍圖內,在吸收借鑑各地區和國家先進經驗基礎上,結合本地區地理、環境、人文、政策各方面具體情況,切實做到「先行先試」,創立新型社會治理模式的原則性導向制度,以讓平潭綜合實驗區能在一張白紙上做好文章、設計好家園,以讓投資者放心,讓廣大民眾寬心。具體來說,筆者認為應當將以下各方面作為平潭綜合實驗區社會治理模式建設的原則性舉措進行規劃建設。

一、簡化政府設置,建立一級政府機制

根據《平潭綜合實驗區總規劃》，平潭綜合實驗區將依據海壇島及其附屬島嶼的自然地理特點，在主島海壇島內採取組團推進的方式，構建「六區、十一組團」：

1. 中心商務區。位於海壇島東中部，包括（1）潭城組團（現有城區）、（2）嵐城組團、（3）竹嶼組團等，布局發展兩岸合作的高端商務、金融保險、行政辦公、高尚居住及旅遊服務設施，打造中部核心區。

2. 港口經貿區。位於海壇島西南部和東部，包括（5）金井灣組團、（6）吉釣港組團、（7）澳前組團等，發展保稅加工、保稅物流、貨運代理、轉口貿易及港口物流業，建設商貿、海產品加工及臺灣農產品交易中心。

3. 高新技術產業區。位於海壇島北部的（8）中原組團，布局發展電子訊息、新材料、新能源等戰略性新興產業，建設兩岸高新技術產業基地和低碳科技應用示範基地。

4. 科技研發區。位於海壇島西北部的（9）幸福洋組團，主要發展研發設計，建設兩岸合作的產業技術研發及應用基地；探索建立兩岸合作的集智慧交通、智慧生活、智慧建築等為一體的智慧化示範新城區。

5. 文化教育區。位於海壇島中北部的（10）平洋組團及周邊地區，規劃建設兩岸教育合作園區；建設文化創意產業園、動漫遊戲城，建成兩岸高等教育、職業技術教育和文化創意產業合作示範基地。

6. 旅遊休閒區。位於海壇島東南部的（11）壇南灣組團及鄰近島礁，發展海上運動、養生保健等旅遊休閒產業，建成國際知名的觀光旅遊休閒渡假區。

另外，在附屬島嶼的嶼頭島發展高端居住區、休閒渡假區及海洋文物區，建設沉船博物館和海底文物研究中心、沉船打撈技術研究中心；在大練島發展特色船舶（含遊艇）修造產業；在東癢島發展海洋觀光漁業；在草嶼島建設臺灣海峽海上補給基地；在塘嶼島規劃發展高端渡假區。

根據上述區功能分區情況，平潭綜合實驗區實際上打破原來的縣、鄉鎮、村等三級行政區劃格局，完全從經濟功能上定位平潭綜合實驗區的規劃和發展格局。因此，筆者認為，從平潭綜合實驗區政府管理角度，應當簡化政府級別和機構設置，完全取消原來的縣、鄉（鎮）、村三級政府的多級政府建制，建立平潭綜合實驗區管委會、區人民政府一級黨政機構。在實驗區黨政機關以下單位不設行政機構，由實驗區黨委、區政府統一處理全區各項行政事務。在實驗區黨委、區政

府以下建立地方社區自治團體，具體的行政管理事項（包括鄉公職人員的選舉及罷免等）、財政管理、社會服務、教育文化環境衛生、交通觀光、公共安全、公營事業的經營與管理等事項均由地方社區組織自己處理。透過這樣「一級政府」的黨政機構精簡設置，可以避免多重行政、重複管理的情況，以造成加強效率、行政透明的作用。

二、建立重點引導經濟的「小政府、大社會」行政管理模式

對於處於起步階段的平潭綜合實驗區，在規劃和研究社會治理模式時，首先應當做到切實轉變政府觀念，把政府權力逐漸從公共服務的一些領域撤出，建立「小政府、大社會」的政府管理模式，由「全能政府」向「好政府」、「強政府」方向轉變。也就是說，政府及其部門要把適宜於社會組織行使的職能，委託或轉移給社會組織，使社會組織處理部分管理社會公共服務的職能工作。因為，對於先行先試的平潭綜合實驗區，如果繼續採用政府包管一切的行政管理模式，那完全難以適應實驗建設和發展的需要，實驗區政府應當從過多的社會服務管理工作中脫身出來，加強引導經濟發展的作用，以促進經濟有序和有特點發展。在日常工作中，實驗區政府不應當進行直接或過度的干預經濟工作，工作的重點主要應當在於引導經濟秩序，對經濟發展起一個帶頭和促進的作用。

所以，實驗區政府應當「簡政放權」，大力培養發展和規範管理社會民間組織，加大政府職能轉移力度，向社會組織放權，讓民間社會組織參與社會治理。當然，政府也應當在道德操守、遵紀守法、關心社會群體和企業發展等方面建立起政府權威，避免因政府權威的喪失而引起社會管理混亂。

三、建立民營化非營利性組織和法定機構參與社會治理的制度

在政府設置簡化、政府職能轉變的同時，原來由政府包辦的社會服務，需要有新的、更有效率的社會組織來承擔，這必然產生對社會服務需求的巨大空間。因此，必須將原來由政府社會公共管理部門承擔的工作，比如婦女、慈善工作等，轉由社會民間組織來承擔，必須建立民營化的非營利性組織來參與社會管理工作。多年來，香港、新加坡均透過由民間化的非營利組織參與社會管理的方式形成了一套成熟的社會治理機制，透過有效的社會服務，實現了有序的社會管理，政府完全依靠民間服務機構開辦各類社會福利和社會服務事業，如老人院、幼稚園、心理輔導、家庭治療等等，這些機構不僅可以收取較低的服務費用，而且還有機會得到政府的補助資金。這樣，透過社會民間組織直接而有效的服務，既幫助了

有需求的人，造成穩定社會的作用，同時又能夠在申請政府購買服務的過程中，提升服務水平和組織能力。

因此，為了在社會治理方面有所創新，必須將傳統的收容、救濟、醫療、辦學、文化和社會服務功能的單位改造成民間非營利性組織，加強對非營利性社會組織的培育、扶持和管理，建立政府與民間非營利性社會組織的有效溝通渠道，促進民間非營利組織的發展。透過這些民間非營利性組織的公益活動，使社會各階層需要關愛的人接受社會關愛，解決政府無法解決的實際困難，緩解社會矛盾。這樣，既有利於對社會的良好治理，也有利於促進政府管理方式的轉變，以建立積極有效的社會治理機制。當然，社會公共服務非營利性組織特性之一是志願性，它以服務和幫助有需要的人為根本目的，並以項目結果和資金效益為評估標準，因此，對社會公共服務非營利性組織進行民營化並不是由民間非營利性組織透過提供公共服務而贏利；非營利性組織如果透過民營化運作能夠產生盈利時，也不能將盈餘用於分紅或者搞內部福利等，應當將盈餘用來作為科學研究或增加設施、改善被服務人員待遇之用。

另外，為了政府部門適當地調控市場、促進經濟發展的需要，平潭綜合實驗區在創設社會治理模式時，應當在必要的時候，按照《平潭綜合實驗區總體規劃》和國家法律、行政法規、地方法規、地方政府規章的規定，設立一些職能隸屬政府但運行獨立的社會機構來參與社會管理，並承擔管理社會事務的責任。

四、建立布局科學的自治社區組織，強化多位社會服務系統

上述簡化政府設置、建立一級黨政機構設置制度後，勢必產生綜合實驗區黨政機關處理行政事務的強大壓力，為了化解這種壓力，應當重新布局設立各區的社區組織。這些社區組織屬於非營利性的公益組織建制，區別於事業單位或企業、公司。社區組織的具體組成人員必須打破政府公務員或所謂事業單位格局，透過社會招考合約制人員或由自願者參與管理，但是，在政府機構簡化設置的過渡期內，可由原來的縣、鄉鎮、村級幹部職工透過選拔、考核、轉任取得上崗資格。透過在平潭綜合實驗區各個功能區內建立布局科學合理的社區組織的方式，可以建立起多位能動的社會服務體系，以方便政府和居民之間的溝通和協調，協助處理好各個社區的日常管理事務。

同時，應當培育社區自治的力量，推進社區自治，建立自治性社區。隨著改革開放的深入，中國大量的社會管理和服務職能由政府部門轉移到社區，基層社區的工作範圍進一步拓寬，服務功能也不斷多元化和社會化。但是，在中國現有

的社區中，居民自治功能難以發揮，社區的一些決策、監督機制流於形式，社區居民委員會仍然屬於政府職能部門的延伸，社區組織的基層性、群眾性和自治性無法充分體現。隨著平潭綜合實驗區各功能區的劃分和定位，不但必須打破原來設定的社會組織格局，建立符合功能區定位的社區組織，而且，必須建立起社區組織的自治性制度，賦予社區組織高度的自治性。透過直接選舉和競選的方式組織社區組織的管理機構，拓寬社區成員參與社區管理、表達意願、反映問題的渠道和平臺，建立社區組織直接選舉制度、社區代表會制度，建立不同社會群體可以在社區代表會中擁有自己的代表、協調各自利益、審議社區預算和決算、監督社區管理服務人員施政的制度，以確立社區組織的「平權式」治理結構。同時，應當進一步擴大社區組織與政府機構的聯繫，使社區組織在與政府相互交往和學習中，共享訊息，減少分歧，增進合作，共同治理好社會。

五、建立政府管理服務工作合約化制度

在目前的世界性政府改革過程中，政府管理服務的合約化是公共服務市場化供應的一種基本工具和基本方向。政府管理服務合約化是指由政府確定某種公共服務項目的數量和質量標準，採用契約外包或招標的方式，發包給非營利性公共管理社會組織或發包給企業，承包方按照合約的要求提供服務，政府部門負責檢查工作績效和服務質量。政府管理服務合約化有多種方式，包括將政府管理服務透過招投標的方式外包給企業，或由承擔政府公共管理的組織以合約的方式來承包提供服務等。當然，政府管理工作合約化方面主要涉及市場化水平較高的法定機構，如質量檢驗、法律援助、涉訴信訪、民生服務、證照管理等。透過政府管理工作合約化，可以改進公共服務部門的原來人浮於事、不盡責服務的工作體制，提高公共管理工作的服務質量，同時，也可以克服因政府設置簡化後所產生的政府工作人員不足的問題。

六、建立完善的民眾利益表達機制和善治、監督機制

社會治理不是某一政府的單一行為，而是以協商、參與為機制和基礎的互動過程。平潭綜合實驗區在規劃社會治理模式時，必須充分考慮到在未來的試驗區管理和建設過程中，社會群體和群體文化的多元性，各個社會群體、經濟實體、基層組織和民眾參與意識逐漸增強，民主化的籲求也將日益顯現。因此，必須考慮到民眾政治參與和利益表達的需求，建立完善和制度化的民眾利益表達機制，否則，就可能容易引發各種各樣的社會危機。筆者認為，除了加強對黨政機關的監督管理機制外，應當透過以下方式建立完善的民眾利益表達和善治、監督機制：

1. 強化社區組織和公益非營利組織的管理。建立社區組織的民主管理、直接選舉、社區事務公開、民主監督、管理人員引退機制和問責制度等。

2. 建立和強化執政黨直接聯繫群眾機制。為了切實做到聯繫群眾，化解群眾難題，傾聽群眾聲音，應當設立共產黨管理領導在固定時間接見片區民眾的制度，設定黨員領導幹部每月定期安排會見社區內民眾，為民眾解決各種實際困難。對於未能履行職責和未能切實反映、反饋群眾訴求情況的黨員幹部，必須建立嚴格的懲處機制。

3. 在各個行政機構、社區管理單位、非營利性組織切實建立首問責任制。首問責任制在有些單位建設得比較規範，並取得很好的成效，比如在福建省的地稅系統。但是，這個首問責任制應當推行並切實落實到各個公共管理、公益性機構。小到社區物業服務部門、大到綜合實驗區管理委員會都必須推行並切實落實首問責任制，遇有群眾投訴事項，一經查實，必須給予相應的處理，做到真正從嚴管理公益、公共管理組織和黨政機構，以切實化解社會矛盾。

4. 創建公開透明的權力運行機制。平潭綜合實驗區屬於多種文化、多種社會制度背景的投資者或管理人員參與的多功能性改革開放區，涉及的人員可能來源世界各地。在這種情況和背景下，平潭綜合實驗區建設的成敗，與當地黨政機關的自身管理和權力運行機制的建設分不開，平潭綜合實驗區作為先行先試的地區，應當創建公開和透明的權力運行機制。對此，筆者認為應當建立以下機制：政府官員每年財產申報機制、政府官員不得利用職權從事商業和投資活動的機制、政府官員不得收受禮品和接受請吃的機制、下屬收受禮品必須上報機制、政府訊息完全公開機制（除了涉及國家安全的訊息外）等等，以讓權力真正在陽光下運行，真正做到權力的公開、透明。

結語

《平潭綜合實驗區總規劃》賦予平潭綜合實驗區可以「先行先試，大膽創新」的權力，其目標是使之成為「體制機制改革創新的示範區」，因此，對於平潭綜合實驗區社會治理創新性的建設只要不違反《憲法》應當都是可行的。無「先例」可循謂之「創新」，但是，創設社會治理「新的模式」首先必須以改變主政者的思維定向為基礎，必須讓主政者拋棄舊有觀念，拋棄自身利益雜念束縛，才能真正而「為之」。筆者在本文中的想法或建議一些是「讀來已久」，一些是「常有所思」，現加以整理，權當對平潭綜合實驗區建設的掛念之想。但，對錯自有公論，敬請批評和指正。

國家圖書館出版品預行編目（CIP）資料

兩岸四地依法行政與社會治理比較研究 / 張大共主編 . -- 第一版 . -- 臺北市：崧博出版：崧燁文化發行, 2019.02

面； 公分
POD 版
ISBN 978-957-735-680-2(平裝)

1. 行政決策 2. 社會行政

572.9　　　　　　　　　　　　　　　　108001903

書　　名：兩岸四地依法行政與社會治理比較研究
作　　者：張大共 主編
發 行 人：黃振庭
出 版 者：崧博出版事業有限公司
發 行 者：崧燁文化事業有限公司
E - m a i l：sonbookservice@gmail.com
粉 絲 頁：　　　　　網　址：
地　　址：台北市中正區重慶南路一段六十一號八樓 815 室
8F.-815, No.61, Sec. 1, Chongqing S. Rd., Zhongzheng Dist., Taipei City 100, Taiwan (R.O.C.)
電　　話：(02)2370-3310 傳　真：(02) 2370-3210
總 經 銷：紅螞蟻圖書有限公司
地　　址：台北市內湖區舊宗路二段 121 巷 19 號
電　　話:02-2795-3656 傳真:02-2795-4100　　網址：
印　　刷：京峯彩色印刷有限公司（京峰數位）

　　本書版權為九州出版社所有授權崧博出版事業股份有限公司獨家發行電子書及繁體書繁體字版。若有其他相關權利及授權需求請與本公司聯繫。

定　　價：1350 元
發行日期：2019 年 02 月第一版
◎ 本書以 POD 印製發行